KB126257

신역

시경집전

신역
新譯

시경집전

성백효 역

한국인문고전연구소

차례

詩經集傳 (上)

卷五

卷六

〈당풍(唐風)〉 1-10〔一之十〕

〈진풍(秦風)〉 1-11〔一之十一〕

卷七

〈진풍(陳風)〉 1-12〔一之十二〕

발 간 사

성백효(成百曉) 선생님께서 새로 번역하신 삼경집전(三經集傳) 가운데 신역(新譯)《주역전의(周易傳義)》가 지난 1월 출간되었고, 뒤이어 이번에 신역《시경집전(詩經集傳)》이 출간된다. 감사와 축하의 말씀을 먼저 올린다.

《시경》은 유가경전(儒家經典) 가운데 시(詩)·서(書)라 하여《서경(書經)》과 함께 쌍벽을 이루어온 대표 경전이다.

《시경》은 제목 그대로 중국 역대의 아름다운 시(詩)를 총망라한 경전이다. 연대로 보면 3000년 전후에 이루어졌는바, 국풍(國風)의 '남녀 상렬지사(男女相悅之詞)'로부터 사신(使臣)을 연향하고 제후들을 위로하는〈소아(小雅)〉와〈대아(大雅)〉, 종묘(宗廟)에서 제사하면서 선왕의 공덕을 칭송한 송시(頌詩)의 내용까지 다양하여 고대의 민속을 알 수 있는 데에도 좋은 자료이다. 그리고 내용이 아름다워 파경(葩經)이라고도 칭한다.

《예기(禮記)》〈경해(經解)〉에 각 경전의 효용(效用)을 소개하면서 "온유돈후(溫柔敦厚)가《시경》의 가르침이다." 하였다. 이는 곧《시경》을 잘 배우면 사람의 심성(心性)을 순화시키고 자신의 의사를 완곡히 표현하여 사람을 온화하고 유순하며 돈후(敦厚:후덕)하게 만든다는 것이다. 오늘날처럼 모든 일을 자기 중심으로 생각하여 각박하기 이를 데 없는 세태(世態)를 바로잡으려면 이《시경》만한 책이 없을 것이다. 공자는 일찍이《논어》에서《시경》의 우수성을 여러 번 강조하였다.〈위정(爲政)〉편에서는 "《시경》 300편을 한 마디 말로 축약하면 '생각함에 간사함이 없다'는 것이다.〔詩三百一言以蔽之, 曰思無邪.〕" 하였으며,〈태백(泰伯)〉편에서는 "배우는 자들은 시(詩)에서 선(善)한 마음을 흥기시키고 예(禮)에서 행실을 확립하고 악(樂)에서 완성된다.〔興於詩, 立於禮, 成於樂.〕" 하였다.

오늘날 우리 사회는 갈등과 불만, 원한과 보복의 연속이라 해도 지나친 말이 되지 않을 것이다. 이는 심성을 순화하지 못하고 자기의 감정만을 내세워 부모와 형제, 부부간에도 조금만 마음이 맞지 않으면 상대방을 원망하며 인연을 끊고 왕래하지도 않는다. 남녀 간의 관계에도 예외가 아니다. 서로 좋아할 때에는 물불을 가리지 않고 사랑하다가 몇 년이 지나면 애정이 식어 서로를 이해하거나 용서하지 못하고 헤어진다. 참으로 안타까운 일이다.

더욱이 고시(古詩)는 난해하기로 유명하며 글자 역시 처음 보는 글자가 많은데 이 《시경》을 더욱 알기 쉽게 번역해주신 성백효 선생님께 거듭 감사드리며, 그동안 바쁘다는 핑계로 고전(古典)을 가까이 하지 못한 것을 반성하고 이번 신역 《시경집전》의 발간을 계기로 《시경》을 옆에 두고 공부를 다시 해보리라 다짐한다. 선생님이 노쇠하기 전에 우리 고전을 계속 번역해 주시기를 바라마지 않는다.

西曆 2023년 11월

金 成 珍

해동경사연구소 이사장

간행사

신역(新譯)《시경집전(詩經集傳)》을 출간하며(해제)

본서(本書)는《시경(詩經)》20권과 이에 대한 주자(朱子)의《집전(集傳)》에 현토(懸吐)하고 역주(譯註)한 것이다.《시경》은 B. C. 11세기부터 B. C. 5세기 즉 서주(西周)로부터 춘추시대(春秋時代)에 이르기까지 약 6백 년간의 운문(韻文)을 모은 것으로, 세계에서 가장 아름답고 가장 오래된 시집(詩集)으로 알려져 있다. 일찍이《서경(書經)》·《역경(易經)》과 함께 삼경(三經)으로 칭해지고, 여기에《예경(禮經)》·《악경(樂經)》·《춘추경(春秋經)》을 더하여 육경(六經)으로 불리며 모든 경(經)의 으뜸으로 손꼽혀 왔다.

유학(儒學)의 원조(元祖)인 공자(孔子) 역시《시경》을 최고의 경전(經典)으로 중요시하였다.《예기(禮記)》·《효경(孝經)》·《춘추좌씨전(春秋左氏傳)》에 무수히 인용하였을 뿐만 아니라,《논어(論語)》에는 특히 그의 우월성을 강조하셨다.〈술이(述而)〉편에는 "공자께서 평소에 늘 말씀하신 것은 시(詩)와 서(書) 및 예(禮)를 행하는 일이었다.〔子所雅言, 詩書執禮.〕" 하였으며,〈태백(泰伯)〉편에는 "학자들은 시에서 선(善)한 마음을 흥기시키고 예(禮)에서 행실을 확립하며 악(樂)에서 완성된다.〔興於詩; 立於禮; 成於樂.〕"고 말씀하셨다.〈계씨(季氏)〉편에는 그의 아들 백어(伯魚)에게 "너는 시를 배웠는가? 사람이 시를 배우지 않으면 말을 할 수가 없다.〔學詩乎? 不學詩, 無以言.〕" 하였으며, 또한 "사람이〈주남(周南)〉·〈소남(召南)〉을 배우지 않으면 얼굴을 담장에 대고 서있는 것과 같다.〔人而不爲周南召南, 其猶正墻面而立也與.〕" 하여, 이남(二南)의 중요성을 특히 강조하셨다. 또〈양화(陽貨)〉편에는 "제자들아! 너희들은 어이하여 시를 배우지 않는가? 시는 선한 마음을 흥기시키고 덕행(德行)과 정사(政事)를 관찰할 수 있으며, 여럿이 모여 화(和)하게 지낼 수 있고 완곡한 표현으로 원망스러운 심경(心境)을 토로할 수 있으며, 가까이는 어버이를 섬기고 멀리는 군주를 섬기며 조수(鳥獸)와 초목(草木)의 물명(物名)에 대해서도 많이 알게 된다.〔小子何莫學夫詩? 詩可以興; 可以觀; 可以

羣; 可以怨, 邇之事父; 遠之事君, 多識於鳥獸草木之名.〕" 하여, 《시경》이야말로 모든 학문의 근본임을 역설하였다.

공자는 또 《시경》은 내용이 충후(忠厚)하여 사람의 심성(心性)을 수양함을 누누히 말씀하였다. 《논어》〈위정(爲政)〉에는 "《시경》 3백 편을 한 마디 말로 요약하면 마음에 간사(부정)함이 없는 것이다.〔詩三百, 一言以蔽之, 曰思無邪.〕" 하였고, 또 "《시경》의 〈관저(關雎)〉는 즐거워하면서도 지나치지 않고 슬퍼하면서도 화(和)를 손상하지 않는다.〔關雎樂而不淫, 哀而不傷.〕" 하셨으며, 《예기》〈경해(經解)〉에는 육경(六經)의 가르침을 설명하면서 '溫柔敦厚 詩敎也'라 하여, 시를 배우면 사람의 마음이 온유 돈후(溫柔敦厚)해진다고 말씀하였다. 즉 《시경》은 인심(人心)을 순화시키고 자신의 의사를 완곡히 표현하여 사람을 감동시키므로, 인간의 윤리 · 도덕으로부터 정치 · 외교 등 폭넓은 학문을 할 수 있다는 뜻이다.

이 때문에 공자는 《논어》〈자로(子路)〉에서 "《시경》 3백 편을 외우면서도 정사를 맡아 제대로 처리하지 못하고 사신(使臣)이 되어 사방으로 나가서 마음대로 외교 임무를 수행하지 못한다면 아무리 시를 많이 외운들 어디에 쓰겠는가.〔誦詩三百, 授之以政, 不達, 使於四方, 不能專對, 雖多亦奚以爲.〕"라고 하신 것이다.

《시경》은 모두 311편으로 엮어져 있다. 이 가운데 〈소아(小雅)〉의 생시(笙詩)인 〈남해(南陔)〉 · 〈백화(白華)〉 · 〈화서(華黍)〉 · 〈유경(由庚)〉 · 〈숭구(崇丘)〉 · 〈유의(由儀)〉의 6편은 가사가 없으므로 실제는 305편인 셈이다. 이 때문에 보통 '시삼백(詩三百)'이라고 불리고 있다. 또한 시는 문장의 정화(精華)라 하여 파경(葩經)이라고도 한다.

《시경》은 사언(四言)이 주종(主宗)을 이루고 있지만 삼언(三言)에서부터 구언(九言)에 이르기까지 참으로 다양하다. 그리하여 후세의 사부(辭賦)는 물론이요, 각종 시체(詩體)도 이 《시경》에서 발달되었다. '江有汜, 振振鷺'와 같은 삼언시(三言詩)는 이백(李白)의 〈천마가(天馬歌)〉로 이어졌고, '誰謂雀無角, 何以穿我屋'과 같은 오언시(五言詩)는 한대(漢代) 오언시의 기원이 되었으며, 육언(六言)과 칠언(七言)은 특히 악부(樂府)에 많은 영향을 주었다.

《시경》이 만들어지기까지는 채시(採詩)·헌시(獻詩)·산시(刪詩)의 3단계를 거쳤다고 보는 것이 일반적인 설(說)이다. 주대(周代)에는 열국(列國)의 풍속과 정치 상황을 고찰하기 위하여 채시관(採詩官)을 두어 여러 나라의 시를 채집하였으며 또한 경대부(卿大夫)들로 하여금 시를 지어 바치게 한 다음 태사(太師)와 악관(樂官)이 이를 편찬·정리했다는 것이다. 산시설(刪詩說)은 사마천(司馬遷)의 《사기(史記)》에 "공자가 시·서를 산정(刪定)했다."는 말에 근거한 것으로, 공자가 당시 유행하는 시편(詩篇) 중에 권선징악(勸善懲惡)이 될 만한 것만을 뽑아 만들었다는 것이다. 물론 이러한 주장은 근거가 확실치 않으며, 당(唐)의 공영달(孔穎達)과 남송(南宋)의 주자(朱子), 청(淸)의 주이존(朱彝尊) 등도 모두 의문을 제기하였다. 다만 《논어》〈자한(子罕)〉에 '내가 위나라에서 노나라로 돌아온 뒤에 음악이 바루어져서 아(雅)와 송(頌)이 각각 제자리를 얻게 되었다.〔吾自衛反魯然後樂正, 雅頌各得其所.〕'란 공자의 말씀으로 미루어, 공자가 현재와 같은 체재로 정리한 것이라고 생각된다.

《시경》은 사시(四始)·육의(六義)로 나누기도 한다. 사시란 풍(風)·소아(小雅)·대아(大雅)·송(頌)을 이르며, 육의란 풍·아·송의 삼경(三經)과 흥(興)·부(賦)·비(比)의 삼위(三緯)를 이르는바, 풍·아·송은 시의 내용과 성질을 말하고, 흥·부·비는 시의 체재와 서술방식을 말한다. 또한 풍·소아·대아를 정(正)·변(變)으로 구분하여, 〈주남(周南)〉·〈소남(召南)〉을 정풍(正風), 〈패풍(邶風)〉 이하 십삼열국풍(十三列國風)을 변풍(變風)이라 하며, 〈소아〉는 〈녹명(鹿鳴)〉에서부터 〈정정자아(菁菁者莪)〉까지를 정소아(正小雅), 〈육월(六月)〉에서부터 〈하초불황(何草不黃)〉까지를 변소아(變小雅)라 하고, 〈대아(大雅)〉는 〈문왕(文王)〉에서부터 〈권아(卷阿)〉까지를 정대아(正大雅), 〈민로(民勞)〉에서부터 〈소민(召旻)〉까지를 변대아(變大雅)라 하는바, 이에 대해서는 주자의 해설이 《집전》에 실려 있거니와 남송(南宋)의 왕질(王質)과 정대창(程大昌), 청대(淸代)의 고염무(顧炎武)는 남(南;〈주남〉·〈소남〉)을 독립시켜 남(南)·풍·아·송의 넷으로 나눌 것을 주장하기도 하였다.

《시경》에 실려 있는 시들은 원래 모두 음악으로 연주할 수 있는 것들이었으나 후대 악보(樂譜)의 실전(失傳)과 원시예술(原始藝術)의 분화과정에서 한갓 가사만이 남게 되었다. 하지만 반복어(反覆語), 첩어(疊語), 또는 보편적인 용운(用韻)으로 그 음악성이 무궁하다 하겠다. 특히 청대(淸代)에는 고운(古韻)의 연구가 활발히 이루어졌는바, 고염무는《시경》에 다음 세 가지의 말구용운법(末句用韻法)이 쓰여졌음을 제시하였다. 즉 제1, 2, 4구(句)의 용운과 격구용운(隔句用韻), 그리고 매구용운(每句用韻)이 그것이다. 이밖에도 2 · 3구의 환운법(換韻法)과 구수용운법(句首用韻法), 구복용운법(句腹用韻法)이 불규칙적으로 사용되었으며, 쌍성첩운(雙聲疊韻) 등이 널리 쓰여졌음을 확인하게 되었다. 앞으로도《시경》의 음운연구가 더욱 심도 있게 이루어지길 기대해 마지 않는다.

끝으로 중국학자 증소몽(曾小夢)의《선진전적인시고론(先秦典籍引詩考論)》에 의하면《시경》을 언급, 또는 인용한 회수로《춘추좌씨전》266개,《예기》140개,《순자(荀子)》83개,《국어(國語)》37개,《맹자》37개,《논어》19개,《안자춘추(晏子春秋)》16개,《여씨춘추(呂氏春秋)》16개,《묵자(墨子)》11개,《효경(孝經)》10개,《전국책(戰國策)》7개,《한비자(韓非子)》5개,《장자(莊子)》1개이다. (안희진,『공자의《시경》인용을 논함』에서 발췌)

위에서 살펴본 바와 같이《시경》을 언급(인용문 포함)한 경전은《춘추좌씨전》이 266개로 제일 많았다. 그 이유는《시경》의 시어(詩語)가 당시의 의사표현으로 많이 활용되었기 때문이다. 고대 중국 사람들은 자신의 의견을 직설적으로 표현하지 않고 시를 읊어 자신의 의견을 시어로 대신 표현하는 것이 수준 높고 품위 있는 행위로 인식되었다. 그리하여 당시의 사신이나 대신(大臣)은《시경》의 내용을 모두 정치와 외교에 활용하였던 것이다. 그리하여 공자는 "《시경》300편을 외더라도 정사를 맡겨줌에 제대로 처리하지 못하고 사방으로 사신 가서 단독으로 처리하지 못한다면《시경》을 많이 외운들 어디에 쓰겠는가."라고 하신 것이다.

《춘추좌씨전》에 인용한 것을 다 밝힐 수는 없고, 그 중 대표적이라 할 수 있는 것은 소공(昭公) 6년 여름 4월의 기사이다. 이때 진(晉)나라는 강대국이고 그 옆에 있던 정(鄭)나라는 약소국인데다가 5공자(公子)의 왕위(王位) 쟁탈로 인해 내란이 계속되어 진나라의 구원을 갈망하고 있었다. 이때 진나라의 경(卿)으로 실권을 쥐고 있던 한기(韓起;시호는 선자(宣子))가 정나라에 빙문(聘問)을 갔다가 돌아오니, 정나라의 육경(六卿)들이 모두 나와 그를 교외(郊外)에서 전송하였다. 이때 한기가 청하기를 "여러분이 모두 시(詩)를 읊어주시기를 바랍니다. 이 한기 역시 이로써 정나라의 뜻을 알려고 합니다." 하였다.

이에 영제(嬰齊)가 〈야유만초(野有蔓草)〉의 '우연히 서로 만나니 나의 소원 이루리라.〔邂逅相遇, 適我願兮.〕'를 읊으니, 한기는 "유자(孺子;영제를 가리킴)가 훌륭하십니다. 제가 바라는 바입니다." 하였다. 자산(子産)이 〈정풍(鄭風) 고구(羔裘)〉의 '저 분이시여! 목숨을 버릴지언정 절개를 변치 않으리라……저 분이시여! 사람의 잘못을 바로잡는 나라의 사직(司直)이로다……저 분이시여! 나라의 훌륭한 선비로다.〔彼其之子, 舍命不渝……彼其之子, 邦之司直……彼其之子, 邦之彦兮.〕'를 읊으니, 한기는 "제가 이를 감당할 수 없습니다." 하였다. 자태숙(子太叔)이 〈건상(褰裳)〉의 '그대가 나를 사랑하여 생각해준다면 내 치마를 걷고라도 진수(溱水)를 건너가 그대에게 의탁하겠지만, 그대가 나를 생각해주지 않는다면 어찌 의탁할 다른 사람이 없겠는가.〔子惠思我, 褰裳涉溱. 子不我思, 豈無他人.〕'를 읊으니, 한기는 "이 한기가 여기에 있으니, 감히 그대가 딴 사람에게 가서 의탁하는 수고로움을 끼치겠습니까." 하였다. 자태숙이 감사하다는 뜻으로 절하니, 한기는 "훌륭합니다. 그대가 마음을 변치 않도록 경계한 이 시를 읊음이여! 그대가 이 시를 읊어 나를 깨우쳐주지 않았다면 어찌 진(晉)·정(鄭) 두 나라가 끝까지 우호할 수 있겠습니까." 하였다. 자유(子游)는 〈풍우(風雨)〉의 '내 이제 군자를 만나보니, 마음이 어찌 평탄해지지 않겠는가.〔旣見君子, 云胡不夷.〕'를 읊었고, 자기(子旗)는 〈유녀동거(有女同車)〉의 '아름다운 여인(한기를 가리킴)과 수레를 함께 타니, 그 여인 참으로 아름답고 한아(閑雅)하도다.〔有女同車, 洵美且都.〕'를 읊었고, 자류(子柳)는 〈탁혜(蘀兮)〉의 '나를 부르면 내 그대에게 화답하리라.〔倡予和女〕'를 읊었다.

한기는 크게 기뻐하며 "여러 군자께서 군주의 명령을 받고 멀리 교외로 나와서 나를 전별하면서 읊은 시가 모두 정나라의 시(정풍의 시)이고 모두 친애와 우호를 표현한 내용이었습니다. 여러 군자께서는 자손이 대대로 대부(大夫)의 지위를 맡을 것이니, 정나라는 이제 두려움이 없을 것입니다." 하고 여러 사람에게 좋은 말(글)을 주고서 자신은 〈주송(周頌) 아장(我將)〉의 '날로 사방을 안정시키고 밤낮으로 하늘의 위엄을 두려워한다.〔日靖四方, 我其夙夜, 畏天之威.〕'를 읊어 자신이 사방의 제후들을 안정시키겠다는 결연한 의지를 보였다. 자산이 한기에게 절하고서 다섯 명의 경(卿)들에게 한기를 향해 절하게 하며 말하기를 "그대가 우리나라의 혼란을 안정시키겠다고 하시니, 어찌 그 은덕에 배사(拜謝)하지 않겠습니까." 하였다.

한기는 귀국 후 자신이 읊은 시를 실천하여 정나라의 내란을 안정시키고 두 나라의 우호관계를 계속 유지하여 훌륭한 경(卿)이 되었다. 시는 단장취의(斷章取義)라 하여 시를 처음 지을 적의 본래 뜻을 취하지 않고 상황에 따라 변형하여 사용하는 것이 특징이다. 〈건상〉은 원래 여인이 자기를 좋아하는 남자에게 "그대가 나를 사랑하여 생각해준다면 내가 치마를 걷고서 진수를 건너가 그대를 따라가겠지만, 그대가 나를 사랑하여 생각하지 않는다면 어찌 따라갈 남자가 없겠는가." 라고 한 내용인데, 여기서는 그 남자를 한기로 바꾸어 쓴 것이다. 여인과 수레를 함께 타니 참으로 아름답고 또 한아하다는 내용 역시 단장취의한 것이다.

《시경》의 해설서로는 한대(漢代)에 신공배(申公培)의 노시(魯詩), 원고생(轅固生)의 제시(齊詩), 한영(韓嬰)의 한시(韓詩) 등 금문(今文:한례(漢隸))에 의한 삼가시(三家詩)가 있었으나 모두 송대(宋代) 이전에 실전(失傳)되었으며, 지금에 전하는 것은 오직 한대에 모형(毛亨)과 모장(毛萇)이 고문(古文:과두문자(蝌蚪文字))으로 훈고(訓詁)한 것 뿐이다. 이 때문에 《시경》을 '모시(毛詩)'라고도 칭한다. 좀 더 구체적으로 전수과정을 설명하면 공자의 제자인 자하(子夏)가 〈서(序)〉를 지어 증신(曾申)에게 전하였고, 증신은 이극(李克)에게, 이극은 맹중자(孟仲子)에게, 맹중자는 근모자(根牟子)에게, 근모자는 순경(荀卿)에게, 순경은 모형(毛亨)에게, 모형은 《훈고전(訓詁傳)》을 지어 모장(毛萇)에게 전했다고 하는바 모형을 대모공(大毛公), 모장을 소모공(小毛公)이라 칭한다.(이에 대해서는 이설이 분분하다.) 그 후 후한(後漢) 말기 정현(鄭玄)이 《모시(毛詩)》를 근거하여 《시전(詩箋)》을 지었으며 당나라 때 공영달이 《모전(毛傳)》과 《정전(鄭箋)》을 취하여 《시경정의(詩經正義)》를 지음으로써 《모시》만이 세상에 전해지게 되었다. 그러다가 송대(宋代)에 이르러 구양수(歐陽脩)의 《시본의(詩本義)》, 소철(蘇轍)의 《시집전(詩集傳)》, 왕질(王質)의 《시총문(詩總聞)》, 정초(鄭樵)의 《시변망(詩辨妄)》, 주자(朱子)의 《시서변설(詩序辨說)》 등이 나옴으로부터 《모전》과 《정전》에 대한 신봉(信奉)이 퇴색하였다. 그러나 역시 《정전(鄭箋)》은 주자의 《집전》과 함께 최고 권위 있는 주해서(註解書)로 인정되고 있음은 물론이다.

주자의 《집전》은 해박한 훈고(訓詁)와 철저한 고증(考證)으로 모든 전주(箋註)를 압도하였다. 원대(元代)와 명대(明代)는 말할 것도 없으며, 특히 우리나라에서는 오직《집전》만을 공부하여《시경》이라 하면 '시전(詩傳)'을 연상하게 되었다. 청대(淸代) 고증학(考證學)이 나오면서 주자설(朱子說)에 대한 비판이 없지 않았으나 역시 그 위치는 확고부동하였다.

오늘날 우리가《시경》을 공부함에 있어서는 굳이 주자설에만 집착할 필요는 없다고 본다. 다만 초학자들은 훈고(訓詁)와 뜻풀이가 비교적 명확한 주자의《집전》에 입각(立脚)하여 경문(經文)을 완전히 파악한 다음 타당성 있는 이설(異說)을 수용하는 것이 학시(學詩)의 첩경(捷徑)이라고 여겨진다. 이렇게 함으로써《시경》을 보다 쉽게 접근할 수 있으며, 또한 우리 선조들의 시사상(詩思想)을 엿볼 수 있을 것이다.

《시경》은 사서(四書)와 달리 사용하는 조사(助辭)와 발어사(發語辭)가 자주 보인다. 일부를 든다면, 조사로는 言, 只, 思, 斯, 逝, 且, 止, 乃, 迺, 式, 侯, 只且이고 발어사는 維, 誕, 則, 載, 抑, 亦, 聿이며, 而는 汝, 猶는 猷, 龍은 寵, 何는 荷, 瑕는 何, 將은 請, 爰·于는 於是, 薄言은 잠깐, 願言은 생각함이다.

《시경》에 인용된 새와 짐승, 풀과 나무, 물고기 중에는 이미 멸종되어 없어진 것도 있고 우리나라에는 원래 없는 것들도 있을 것이다. 또한 영토가 넓은 중국의 특징상 이름은 같으나 실제는 다른 것도 없지 않을 것이다.《시경》에 나오는 물고기들은 모두 민물고기이다.〈소아(小雅) 어리(魚麗)〉에 나오는 '상(鱨)'에 대해 일부 자전(字典)에는 '날치' 또는 '자가사리'로 훈(訓)하였다.《집전(集傳)》에는 "鱨은 날치이니, 지금의 황협어(黃頰魚)이다. 제비 머리와 비슷하고 물고기의 몸통이며 형체가 두껍고 길고 크며 볼의 뼈가 정황색(正黃色)이며, 물고기 중에 크고 힘이 있어 날 수 있는 놈이다.〔鱨, 揚也. 今黃頰魚是也. 似燕頭, 魚身, 形厚而長大, 頰骨正黃, 魚之大而有力解飛者也.〕"라고 풀이하였다. 날아갈 수 있어 '날치'라고 이름한 것으로 추측되나 그 모습이 분명치 않으며, '자가사리'는 일명 동자개로 이마와 뺨이 황색이기는 하나 물고기 중에 크고 힘이 있어 날아갈 수 있는 것은 아니다. 또《시경》에 전어〔鱣〕와 상어〔鮪〕가 보이는데,《집전》에 의하면 전어는 용(龍)과 비슷하고 등 위와 배 아래에 철갑이 있으며 무게가 천여근(千餘斤)이다 하였으며, 상어는 전어보다 작다 하였다. 이로 보면 두 어종 모두 철갑상어이나, 우리나라에 있는 어종이 아니다. 그리고 귀뚜라미〔蟋蟀〕, 베짱이〔促織〕, 메뚜기〔莎

鷄]를 《집전》에 모두 똑같은 물건이라 하였다. 주자(朱子)의 《집전》은 정이천(程伊川)의 설을 따른 것이라 하는데 주자 역시 이러한 오류가 있으니, 《시경》에 나오는 물명(物名)에 너무 집착할 필요가 없다고 생각한다. 본인이 어렸을 때에 그토록 많이 보았던 뜸부기가 50여 년이 지난 지금에는 멸종위기에 처하여 시골에 가도 볼 수가 없으며, 뜸북뜸북 우는 소리도 들을 수 없다. 《시경》이 지어진 지 3000년이 지난 지금에 이것을 다 규명하는 것은 불가능한 일이라고 사료된다.

또한 나무의 명칭에 있어서도 본인은 어려서 당(棠)과 체(棣), 두(杜)와 이(移), 수(檖)를 모두 아가위나무로 배웠다. 그런데 현재 유행하는 《자전》에는 당(棠)은 팥배나무(산매자나무, 물앵두나무), 체(棣)는 산앵두나무(산이스랏나무), 두(杜)는 당(棠)과 같이 팥배나무라 하고 당체(棠棣)와 상체(常棣)를 모두 산앵두나무라 하였으며, 아가위나무는 산사(山査)나무라 하고 수(檖)는 능금나무과에 속하는 돌배나무라 하였다. 이것이 정확한지는 모르겠으나 통일하지 않을 수 없으므로 《집전》과 다르더라도 《자전》을 따라 위와 같이 훈(訓)하고 해석하였음을 밝혀둔다.

본인은 일찍이 17세 때에 선친(先親)으로부터 《시집전(詩集傳)》을 배웠으며, 1977년 민족문화추진회(民族文化推進會) 국역연수원(國譯硏修院)에서 우전(雨田) 신호열(辛鎬烈) 선생으로부터 《시경》 강의(講義)를 들은 적이 있다. 우전 선생은 청대(清代)의 학설(學說)까지 두루 수용하여 《집전》과 다른 해석을 하시는 경우가 많았으나 이것을 정리하여 집대성하지 못한 것이 못내 아쉬울 뿐이다. 그 후 본인은 몇 차례 《시경》을 강의하면서 본서의 간행에 뜻을 두게 되었다. 그리하여 1990년 사서집주(四書集註)가 마무리되면서 삼경(三經;주역, 시경, 서경)을 완역(完譯)하라는 동학들의 끈질긴 요구에 못 이겨 다시 본서를 작업한 지 3년여에 비로소 결실을 보게 되었다. 그러나 1993년에 초판본(初版本)을 발간한 지가 어언 30여 년이 훌쩍 지나갔다. 이제 다시 삼경을 최종적으로 정리 출판한다는 계획을 세우고 예전에 참고했던 《채전방통(蔡傳旁通)》과 《삼경석의(三經釋義)》, 《경서변의(經書辨疑)》 외에 호산(壺山) 박문호(朴文鎬, 1846~1918)의 《시경집전상설(詩經集傳詳說)》을 참고하여 인용된 경전(經傳)의 출전을 밝히고 주석을 보완하였다. 본문(本文)에 음운(音韻)을 표시한 것이라든지, 《모전(毛傳)》의 〈서(序)〉를 각 편의 뒤에 붙여 《집전》과 대비하게 한 점이 본서의 특징이라면 특징일 것이다. 하지만 아직도 미진한 부분이 많아 수괴(羞愧)스러운 마음 더욱 간절하다. 선후배 제현(諸賢)의 아낌없는 질정(叱正)을 기다리는 바이다. 끝으로 본서가 나오기까지 원고 전체를 교정해주신 박희재(朴喜在) 이사님과 교정을 도와 준 백광인(白廣寅) 선생과 신선명(申先明) 군에게 심심한 사의(謝意)를 표하며 이 삼경을 출판해주신 한국인문고전연구소에도 감사 말씀을 드린다.

西曆 2023년 歲在癸卯 復月

成百曉
해동경사연구소장

일러두기

1. 본서(本書)는 내각본(內閣本)을 국역대본(國譯臺本)으로 하고, 경진내각판(庚辰內閣版) 시경언해본(詩經諺解本)과 중국(中國) 중화서국(中華書局)의 《시집전(詩集傳)》, 일본(日本)의 한문대계본(漢文大系本), 호산(壺山) 박문호(朴文鎬)의 《시집전상설(詩集傳詳說)》을 참고하여 상 · 중 · 하 3책(冊)으로 번역하였다.
2. 《시경(詩經)》 원의(原義)의 이해를 돕기 위하여 편마다 〈모시소서(毛詩小序)〉를 부기(附記)하고 번역하였다. 다만 〈모시(毛詩)〉에는 〈서(序)〉가 앞에 있던 것을 《집전(集傳)》의 체재를 맞추기 위하여 각 편의 맨 뒤에 붙였다.
3. 원문 이해의 도움을 위하여 현토(懸吐)하였다. 단, 언해의 현토를 수정한 경우 '我馬玄黃하니(이란대)'로 표시하였다.
4. 번역은 원의에 충실하게 하여 원전강독(原典講讀)에 도움이 되도록 하였다.
5. 역주(譯註)는 중요한 출전(出典)이나 이해하기 어려운 문맥(文脈)과 타당성이 있다고 여겨지는 이설(異說), 참고할 만한 호산의 《상설》 및 오탈자(誤脫字)를 대상으로 하였고, 원문의 난해자(難解字)는 자의(字義)를 하단(下段)에 실었다.
6. 본문의 오자(誤字), 가차자(假借字) 등은 다음 부호(符號)를 사용하였다.

   오자의 예(例) : 豝牡〔牝〕豕也
   가차자의 예 : 妃(配)匹之際

※ 다만 본문의 반절(反切)의 오류는 소자쌍행(小字雙行)임을 고려하여 부호를 사용하지 않고 곧바로 정정하였다.

7. 어려운 글자에는 경문과 《집전》에 음을 표기하였다.
8. 시 본문에 운자(韻字)를 표시하였다. 《시경》의 용운(用韻)에 대해서는 굳이 《집전》을 따르지 않고 《시경고운금주(詩經古韻今註)》와 《모시운율(毛詩韻律)》을 참고하였으며, 수구용운(首句用韻) · 수복용운(首腹用韻) · 구말용운(句末用韻) 등이 있으나 구복(句腹)과 구말(句末)의 용운(用韻)만을 표시하였다. 그러나 오기(誤記) 또는 미상(未詳), 누락된 부분이 없지 않은 것으로 보인다.
9. 원문 가운데 본문과 《집전》은, 활자(活字)의 대소(大小)로 구분하고 번역문도 이에 따랐다.
10. 본서의 이해를 돕고자 시전도(詩傳圖)를 부록(附錄)하였으며, 〈소아(小雅)〉의 십수(什數)는 《집전》과 《모전(毛傳)》이 상이(相異)하므로 목차(目次) 뒤에 《모전》의 십수(什數)를 붙여 참고하게 하였다.
11. 본서의 사용 부호는 다음과 같다.

〈〉: 보충역(補充譯)	( ) : 간주(間註) 및 참고사항
〈〉: 편명(篇名)	〔 〕: 참고원문 및 한자
《》: 서명(書名)	、: 원문에서는 동격나열(同格羅列)

운자표시(韻字表示)	• : 평상운(平常韻)
	◦ : 격구운(隔句韻)

詩經集傳 上

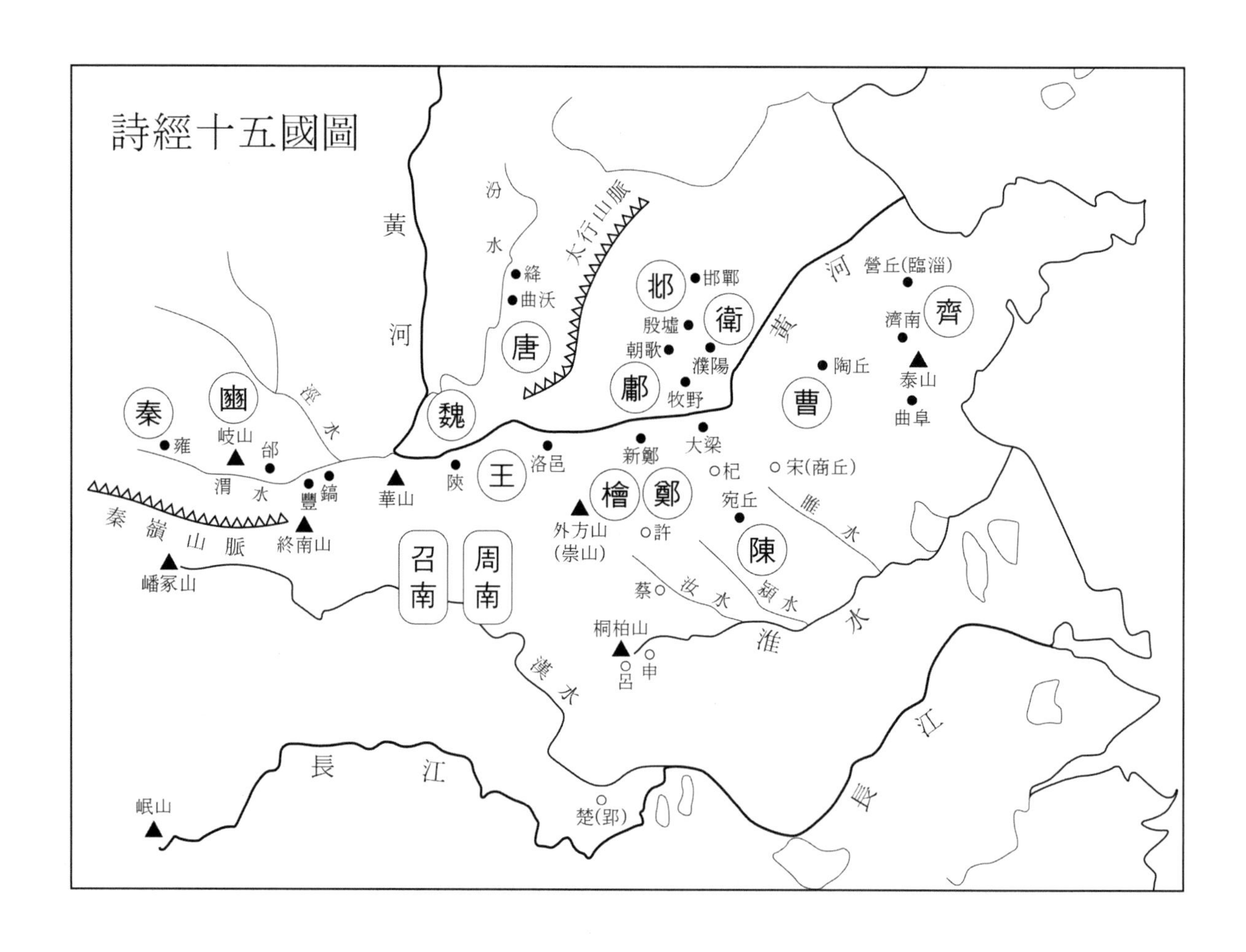
詩經十五國圖
黃河
汾水
太行山脈
絳
曲沃
唐
邶
邯鄲
衛
殷墟
朝歌
濮陽
鄘
牧野
黃河
營丘(臨淄)
齊
濟南
泰山
陶丘
曹
曲阜
秦
豳
涇水
雍
岐山
邰
渭水
豐
鎬
華山
魏
陝
王
洛邑
新鄭
大梁
杞
宋(商丘)
檜
鄭
宛丘
睢水
外方山
(崇山)
許
陳
秦嶺山脈
終南山
嶓冢山
召南
周南
蔡
汝水
潁水
淮水
桐柏山
呂
申
漢水
長江
岷山
楚(郢)
長江

周王朝 世系

- 西周 以前

  <邰> 后稷 - 不窋 - 鞠 - <豳> 公劉 - 慶節 - 皇僕 - 差弗 -
  毁隃 - 公非 - 高圉 - 亞圉 - 公叔祖類 - <岐山> 太王 - 王季 -
  <豐> 文王

- 西周時代：鎬京, BC1046 ~ BC771

  武王 - 成王 - 康王 - 昭王 - 穆王 - 共王 - 懿王 - 孝王 - 夷王 -
  厲王 - (共和) - 宣王 - 幽王

  ※共和時代：BC841 ~ BC828

- 東周時代：洛邑(洛陽), BC771 ~ BC256

  春秋時代：BC771 ~ BC403

  平王 <東遷> - 桓王 - 莊王 - 釐王 - 惠王 - 襄王 - 頃王 - 匡王 -
  定王 - 簡王 - 靈王 - 景王 - 悼王 - 敬王 - 元王 - 貞定王 - 哀王 -
  思王 - 考王 - 威烈王

  戰國時代：BC403 ~ BC221

  威烈王 <三晉 公認> - 安王 - 烈王 - 顯王 - 愼靚王 - 赧王

商王朝 世系

- 殷墟 以前：亳 囂 相 庇 邢 等 BC1600년경 ~ BC1300년경

  湯(太祖) - 外丙 - 仲壬 - **太甲(太宗)** - 沃丁 - 太庚 - 小甲 - 雍己 -
  太戊(中宗) - 中丁 - 外壬 - 河亶甲 - 祖乙 - 祖辛 - 沃甲 - 祖丁 -
  南庚 - 陽甲

- 殷墟 時代：殷墟, 朝歌 BC1300년경 ~ BC1046

  盤庚(世祖) - 小辛 - 小乙 - **武丁(高宗)** - 祖庚 - **祖甲(世宗)** -
  廩辛 - 庚丁 - 武乙 - 太丁 - 帝乙 -帝辛(紂王)

시경집전 서(詩經集傳序)

或이 有問於予曰 詩는 何爲而作也오 予應之曰 人生而靜은 天之性也요 感於物而動은 性之欲也라 夫旣有欲矣면 則不能無思요 旣有思矣면 則不能無言이요 旣有言矣면 則言之所不能盡하여 而發於咨嗟詠歎之餘者 必有自然之音響節族(주)而不能已焉하니 此詩之所以作也니라

혹자(或者)가 나에게 묻기를 "시(詩)는 무엇 때문에 지었습니까?" 하기에, 나는 다음과 같이 대답하였다.

"사람이 태어나서 정(靜)할 때에는 천성(天性)이 그대로 보존되어 있고, 사물에 감동되어 동(動)하면 성(性)의 욕구(欲求;욕망(欲望))가 나온다. 이미 욕구가 있으면 생각이 없을 수 없고, 이미 생각이 있으면 말이 없을 수 없고, 이미 말이 있으면 말로써 다할 수 없어서 자차(咨嗟)하고 영탄(詠歎)하는 나머지에 발(發)하는 것이 반드시 자연스러운 음향(音響)과 절주(節族;가락과 리듬)가 있어서 그칠 수 없으니, 이것이 시(詩)를 짓게 된 이유이다."

右第一節이니 論詩之所以作[1]이라

이상은 제1절이니, 시가 지어진 이유를 말한 것이다.

曰 然則其所以敎者는 何也오 曰 詩者는 人心之感物而形於言之餘也니 心之所感이 有邪正이라 故로 言之所形이 有是非라 惟聖人在上이면 則其所感者無不正하여 而其言이 皆足以爲敎요 其或感之之雜하여 而所發이 不能無可擇者[2]면 則上之人이 必思所以自反하여 而因有以勸懲之하니 是亦所以爲敎也니라 昔周盛時에 上自郊廟、朝廷으로 而下達於鄕黨、閭巷히 其言이 粹然無不出於

••••••

1 右第一節 論詩之所以作 : 서문의 분절(分節)은 호산(壺山) 박문호(朴文鎬)의 《시집전상설(詩集傳詳說)》을 따른 것이다.

2 而所發 不能無可擇者 : 가택(可擇)은 좋은 것과 나쁜 것이 뒤섞여 있어서 가릴만 함이 없지 못한 것으로 아래의 '其言粹然無不出於正者'와 정반대이다.

••• 咨 : 탄식할 자 嗟 : 탄식할 차 族 : 풍류가락 주 懲 : 징계할 징 郊 : 교제사 교 閭 : 마을 려 巷 : 거리 항

正者는 聖人이 固已協之聲律하여 而用之鄕人하며 用之邦國하여 以化天下하시고 至於列國之詩하여는 則天子巡守에 亦必陳而觀之하여 以行黜陟(출척)之典이러시니 降自昭、穆而後로는 寖以陵夷하고 至於東遷[3]하여 而遂廢不講矣라 孔子生於其時하사 旣不得位하사 無以行[4]勸懲黜陟之政일새 於是에 特擧其籍而討論之하사 去其重複하고 正其紛亂하며 而其善之不足以爲法과 惡之不足以爲戒者는 則亦刊而去之하사 以從簡約하여 示久遠하여 使夫學者로 卽是而有以考其得失하여 善者師之而惡者改焉케하시니 是以로 其政이 雖不足以行於一時나 而其敎는 實被於萬世하니 是則詩之所以爲敎者然也니라

"그렇다면 그 〈시(詩)가〉 가르침이 되는 이유는 무엇입니까?"

"시(詩)는 사람의 마음이 사물에 감동되어 말의 나머지(끝)에 나타난 것이니, 마음의 감동하는 바에 사(邪)와 정(正)이 있다. 그러므로 말에 나타나는 바에 시(是)와 비(非)가 있는 것이다. 오직 성인(聖人)이 윗자리에 계시면 그 감동된 것이 바르지 않음이 없어 그 말(시)이 모두 충분히 가르침이 될 수 있는 것이요, 혹시라도 감동됨이 잡(雜)되어 발(發)하는 바가 가릴만한 것이 없지 못하면 윗사람이 반드시 스스로 돌이킬 바를 생각해서 이것을 인하여 선(善)을 권면하고 악(惡)을 징계함이 있었으니, 이 또한 가르침이 되는 것이다.

저 옛날 주(周)나라의 전성기에 위로는 교제(郊祭)와 종묘(宗廟)의 제사와 조정(朝廷)으로부터 아래로는 향당(鄕黨)과 여항(閭巷)에 이르기까지 그 〈시(詩)의〉 말이 순수하여 모두 바름[正]에서 나온 것은 성인이 진실로 이것을 성률(聲律)에 맞추어 지방 사람들에게도 사용하고 국가에도 사용하여 천하를 교화하셨고, 열국(列國)의 시(詩)에 이르러는 천자(天子)가 순수(巡狩)할 때에 또한 반드시 이것을 채집해 올려 진열하고 관찰하여 출척(黜陟)의 법을 행하셨다. 그런데 시대가 내려와서 소왕(昭王)·목왕(穆王) 이후로는 점점 침체하고 동쪽으로 천도(遷都)함에 이르러는 마침내 〈채집하는 것이〉 폐지되고 강(講)하지 않았다.

공자(孔子)께서 이때에 태어나시어 이미 〈천자의〉 지위를 얻지 못하여 권징(勸懲)하고 출척(黜陟)하는 정사를 행할 수 없으셨다. 이 때문에 다만 그 전적(典籍)을

······

3 至於東遷 : 동천(東遷)은 평왕(平王)이 견융(犬戎)의 난(難)을 피하여 동도(東都)인 낙양(洛陽)으로 천도(遷都)함을 이른다.

4 無以行 : 내각본(內閣本)에는 행(行) 아래에 '제왕(帝王)' 두 글자가 있다.

··· 守 : 순행 수 黜 : 내칠 출 陟 : 올릴 척 昭 : 밝을 소, 신주차례 소 穆 : 화목할 목, 신주차례 목 寖 : 점점 침 夷 : 평이할 이 刊 : 깎을 간 卽 : 나아갈 즉

들어 토론하사 그 중복된 것을 제거하고 그 분란(紛亂)한 것을 바로잡으며, 〈시의 내용이〉 선(善)하나 충분히 법이 될 수 없는 것과 악(惡)하나 충분히 경계가 될 수 없는 것은 또한 삭제하여 제거해서 간략함을 따라 구원(久遠)함을 보여주어서, 배우는 자들로 하여금 이것을 가지고 그 득실(得失)을 상고하여 선(善)한 것은 본받고 악(惡)한 것은 고치게 하셨다. 이 때문에 그 정사가 비록 한 시대에 행해지지는 못하였으나, 그 가르침은 실로 만세(萬世)에 입혀졌으니, 이것은 시경(詩經)의 가르침이 되는 이유가 그러한 것이다."

右第二節이니 論詩之所以敎이라

이상은 제2절이니, 시가 가르침이 되는 이유를 말한 것이다.

曰 然則國風、雅、頌之體가 其不同若是는 何也오 曰 吾聞之하니 凡詩之所謂風者는 多出於里巷歌謠之作하니 所謂男女相與詠歌하여 各言其情者也라 唯周南、召南은 親被文王之化以成德하여 而人皆有以得其性情之正이라 故로 其發於言者 樂而不過於淫하며 哀而不及於傷이라 是以로 二篇이 獨爲風詩之正經이요 自邶(패)而下는 則其國之治亂不同하고 人之賢否亦異하여 其所感而發者 有邪正、是非之不齊하니 而所謂先王之風者 於此焉變矣라 若夫雅、頌之篇은 則皆成周之世에 朝廷、郊廟樂歌之詞라 其語和而莊하고 其義寬而密하여 其作者往往聖人之徒니 固所以爲萬世法程而不可易者也요 至於雅之變者하여는 亦皆一時賢人君子閔時病俗之所爲어늘 而聖人取之[5]하시니 其忠厚惻怛(측달)之心과 陳善閉邪之意가 尤非後世能言之士所能及之라 此는 詩之爲經이 所以人事浹於下하고 天道備於上하여 而無一理之不具也니라

"그렇다면 국풍(國風)과 아(雅) · 송(頌)의 체(體)가 그 똑같지 않음이 이와 같음은 어째서입니까?"

"내가 들으니, 무릇 시(詩) 중에 이른바 풍(風)이란 것은 이항(里巷)의 가요(歌謠)의 작품에서 나온 것이 많으니, 이른바 남녀(男女)가 서로 읊고 노래하여 각기 그 정(情)을 말했다는 것이다. 오직 〈주남(周南)〉과 〈소남(召南)〉은 친히(직접) 문왕(文

5 而聖人取之 : 호산(壺山)은 "이 〈서문〉에 성인(聖人)이 네 번 나오는데 가리킨 바가 각기 다르다.〔此序有四聖人, 而所指各異.〕" 하고, "여기의 성인은 공자이다." 하였다.《詩集傳詳說》

··· 雅 : 바를 아 頌 : 기릴 송 謠 : 노래 요 邶 : 패나라 패 閔 : 불쌍히여길 민 惻 : 슬퍼할 측 閉 : 닫을 폐 浹 : 젖을 협

王)의 교화를 입어 덕(德)을 이루어서 사람들이 모두 그 성정(性情)의 올바름을 얻었다. 그러므로 그 말에 나타난 것이 즐거우면서도 너무 지나치지(빠지지) 않고, 슬프면서도 화(和)를 상(傷)함에 이르지 않은 것이다. 이 때문에 〈주남〉·〈소남〉 두 편은 홀로 풍시(風詩)의 정경(正經)이 되었고, 〈패풍(邶風)〉 이하는 그 나라의 치란(治亂)이 똑같지 않고, 사람(작자)의 현부(賢否)가 또한 달랐다. 〈이 때문에〉 그 감동하여 발(發)한 것이 사정(邪正)과 시비(是非)의 똑같지 않음이 있으니, 이른바 선왕(先王)의 풍(風)이라는 것이 여기에서 변하였다.

아(雅)·송(頌)의 편(篇)으로 말하면 모두 성주(成周)의 세대에 조정(朝廷)과 교묘(郊廟)에 쓰이던 악가(樂歌)의 내용이다. 그 말이 화(和)하면서도 장엄하고, 그 의(義:뜻)가 너그러우면서도 치밀하여, 작자(作者)가 왕왕 성인(聖人)의 무리였으니, 진실로 만세(萬世)의 법정(法程)이 되어 변할 수 없는 것이다. 아(雅)의 변(變)으로 말하면 〈이것〉 또한 모두 한 때의 현인(賢人)·군자(君子)가 세상을 걱정하고 풍속을 안타깝게 여겨 지은 것인데, 성인(공자를 가리킴)이 이를 취하셨으니, 그 충후(忠厚)하고 측달(惻怛)한 마음과 선(善)을 말하고 간사함을 막으려는 뜻은 더욱 후세(後世)에 문장을 잘하는 선비들이 미칠 수 있는 바가 아니다. 이는 《시경(詩經)》이 인간의 일이 아래에 무젖고 천도(天道)가 위에 갖추어져 한 이치도 구비하지 않음이 없는 이유이다.

右第三節이니 論四詩之體하니 應第二節之上一半이라

이상은 제3절이니, 네 가지 시(詩)의 체제(體制)를 말하여 제2절의 위 절반에 조응(照應)한 것이다.

曰 然則其學之也는 當奈何오 曰 本之二南하여 以求其端하고 參之列國하여 以盡其變하고 正之於雅하여 以大其規하고 和之於頌하여 以要其止니 此는 學詩之大旨也라 於是乎章句以綱之하고 訓詁以紀之하며 諷詠以昌之하고 涵濡以體之하여 察之情性隱微之間하고 審之言行樞機之始면 則修身及家, 平均天下之道가 其亦不待他求而得之於此矣리라

"그렇다면 이 시를 배움은 어떻게 해야 합니까?"

"이남(二南;〈주남〉·〈소남〉)에 근본하여 그 단서를 찾고, 열국(列國)의 풍(風)을 참고하여 그 변(變)을 다하고, 아(雅)에서 바루어 그 규모를 키우고, 송(頌)에 화(和)

••• 詁 : 훈고 고 諷 : 풍자할 풍 涵 : 젖을 함 濡 : 젖을 유 樞 : 지도리 추

하여 그 그침(귀결)을 요약하여야 하니, 이것이 《시경》을 배우는 대지(大旨)이다. 이에 장구(章句)로써 큰 벼리를 삼고 훈고(訓詁)로써 작은 벼리를 삼으며, 읊어 창달하고 무젖어 체득하여, 이것을 성정(性情)의 은미한 사이에서 살피고 이것을 언행(言行)의 추기(樞機)의 시작에서 살핀다면, 몸을 닦아 집안에 미치고 천하를 평균(平均)히 하는 방도가 그 또한 다른 데서 구할 필요 없이 여기에서 얻어질 것이다."

右第四章이니 論學詩之法하니 應二節之下一半이라

이상은 제4절이니, 시를 배우는 방법을 논하였으니, 제2절의 아래 절반에 조응한 것이다.

問者唯唯而退어늘 余時方輯詩傳일새 因悉次是語하여 以冠其篇云이라

이에 묻는 자가 '예예' 하고 물러갔다. 나는 이때 막 《시전(詩傳)》을 편집하고 있었으므로 인하여 이 말을 모두 차례로 엮어서 이 편(篇)의 머리말로 삼는 바이다.

右第五節이니 論集傳之事라

이상은 제5절이니, 《시경집전(詩經集傳)》의 본래 일을 논한 것이다.

淳熙四年丁酉冬十月戊子에 新安朱熹는 書하노라

순희(淳熙) 4년 정유년(丁酉年 1183) 겨울 10월 무자일(戊子日)에 신안(新安) 주희(朱熹)는 쓰다.

··· 唯 : 대답할 유 熹 : 밝을 희

시서 변설(詩序辨說)*

詩序之作은 說者不同이라 或以爲孔子하고 或以爲子夏하고 或以爲國史나 皆無明文可考요 唯後漢書儒林傳에 以爲衛宏**作毛詩序라하니 今傳於世는 則序乃宏作이 明矣라 然鄭氏又以爲 諸序는 本自合爲一編이러니 毛公이 始分以寘(置)諸篇之首라하니 則是毛公之前에 其傳已久어늘 宏이 特增廣而潤色之耳라 故로 近世諸儒 多以序之首句로 爲毛公所分하고 而其下推說云云者는 爲後人所益이라하니 理或有之라

〈시서(詩序)〉를 지은 것은 해설한 자가 똑같지 않다. 혹자는 공자(孔子)라 하고 혹자는 자하(子夏)라 하고 혹자는 국사(國史;국가의 사관(史官))라고 하나 모두 상고할 만한 분명한 글이 없고, 오직 《후한서(後漢書)》 〈유림전(儒林傳)〉에 "위굉(衛宏)이 〈모시서(毛詩序)〉를 지었다." 하였으니, 지금 세상에 전하는 것은 〈시서(詩序)〉를 위굉이 지었음이 분명하다. 그러나 정씨(鄭氏;정현(鄭玄))는 말하기를 "여러 〈서(序)〉가 본래 합하여 한 편(編)이었는데, 모공(毛公;모형(毛亨)과 모장(毛萇))이 처음으로 나누어서 여러 편의 머리에 두었다." 하였으니, 그렇다면 모공 이전에 그 전(傳)함이 이미 오래였는데, 위굉이 다만 증광(增廣)하고 윤색(潤色)하였을 뿐이다. 그러므로 근세(近世)의 여러 학자들이 대부분 〈서(序)〉의 첫 번째 구〔首句〕를 모공이 나눈 것으로 여기고, 그 아래 이리이리 미루어 말한 것은 후인(後人)이 덧붙인 것으로 여기니, 이치에 혹 있을 수 있다.

但今考其首句하면 則已有不得詩人之本意而肆爲妄說者矣온 況沿襲云云之誤哉아 然計其初하면 猶必自謂出於臆度(탁)之私요 非經本文이라 故로 且自爲一編하여 別附經後하고 又以尙有齊、魯、韓氏之說이 竝傳於世라 故로 讀者亦有以知其出於後人之手하여 不盡信也러니 及至毛公引以入經하여는 乃不綴篇後而超冠

••••••

* 詩序辨說 : '시서(詩序)'는 모공(毛公:모형(毛亨)과 모장(毛萇)을 가리킴)이 지었다 하여 〈모서(毛序)〉, 또는 〈소서(小序)〉, 〈서(序)〉라고도 하며, '변설(辨說)'은 주자가 이에 대해 논변한 것인데, 여기서는 우선 그 대강만을 싣고 자세한 내용은 뒤에 부록한 〈시전강령(詩傳綱領)〉을 참고하기 바란다.

** 衛宏 : 자는 경중(敬仲)·차중(次中)이며, 동해(東海) 사람이다. 후한(後漢)의 학자로 광무제(光武帝) 때 의랑(議郎)이 되었다. 사만경(謝曼卿)과 두림(杜林)에게서 수학했으며, 《모시서(毛詩序)》·《고문상서(古文尙書)》·《훈지(訓旨)》 등을 지었다.

••• 宏 : 클 굉 寘 : 둘 치(置同)

篇端하고 不爲注文而直作經字하고 不爲疑辭而遂爲決辭라 其後三家之傳이 又絕하고 而毛說孤行하니 則其牴牾(저오)之迹을 無復可見이라 故此序者 遂若詩人先所命題하고 而詩文反爲因序以作이라 於是에 讀者轉相尊信하여 無敢擬議하고 至於有所不通하여는 則必爲之委曲遷就하여 穿鑿而附合之하여 寧使經之本文으로 繚戾(료려)破碎하여 不成文理언정 而終不忍明以小序爲出於漢儒也라 愚之病此久矣라 然이나 猶以其所從來也遠이요 其間에 容或直有傳授證驗而不可廢者라 故既頗采以附傳中하고 而復幷爲一編하여 以還其舊하고 因以論其得失云이라

다만 이제 그 수구(首句)를 상고해보면 이미 시인(詩人)의 본의(本意)를 얻지 못하여 멋대로 망령된 말을 하였는데, 더구나 이리이리 말한 잘못을 인습(因襲)함에 있어서랴. 그러나 그 처음을 헤아려 보면 오히려 반드시 스스로 억탁(臆度)한 사사로움에서 나오고 경문(經文)의 본문(本文)이 아니라고 여겼다. 그러므로 우선 따로 한 편을 만들어서 경문의 뒤에 별도로 붙였던 것이다. 또 《상서(尚書)》에 〈제시(齊詩)〉, 〈노시(魯詩)〉와 한씨(韓氏)의 설이 함께 세상에 전하므로 읽는 자들이 왕왕 이것(〈소서〉)이 후인의 손에서 나온 줄을 알아서 다 믿지는 않았다.

그러다가 모공이 이것을 인용하여 경문에 넣음에 이르러는 마침내 편 뒤에 엮지 않고 편 머리에 우뚝이 놓았으며, 주석(注釋)의 글(소자쌍행(小字雙行))로 여기지 않고 곧바로 경문의 글자(대자(大字))로 여기고, 의심하는 말을 하지 않고 마침내 결단하는 말로 삼았다. 그 뒤에 삼가(三家:제(齊)·노(魯)·한(韓))의 전함이 또 끊기고 모씨의 설만이 외로이 행해지니, 그 서로 모순〔牴牾〕되는 자취를 다시는 볼 수 없었다. 그러므로 이 〈시서〉를 지은 자가 마침내 시인이 먼저 명제(命題;서문)를 짓고 시문(詩文)이 도리어 〈서문〉을 인하여 지은 것이라고 여기게 되었다.

이에 독자(讀者)들이 더욱 서로 〈시서〉를 높이고 믿어서 감히 비견하여 비난하지 못하고, 통하지 못하는 바가 있는 곳에 이르면 반드시 굽혀 이리저리 끼워 맞추어 천착(穿鑿)하여 덧붙여서 차라리 경문의 본문이 어긋나고 파쇄(破碎)되어 문리(文理)를 이루지 못할지언정 끝내 차마 〈소서(小序)〉가 한유(漢儒)에게서 나왔다고 밝히지를 못하였다.

내가 이것을 병통으로 여긴지가 오래되었다. 그러나 그래도 그 유래한 것이 오래되었고 그 사이에 간혹 곧바로 전수받아 징험해서 폐할 수 없는 것이 있었다. 그러므로 이미 자못 채택하여 《집전(集傳)》 가운데에 붙였고 다시 아울러 한 편을 만들어 그 옛것으로 돌아가고 인하여 그 득실(得失)을 논하였다.

••• 沿 : 따를 연 襲 : 인습할 습 臆 : 생각할 억 度 : 헤아릴 탁 綴 : 엮을 철 牴 : 부딪힐 저 牾 : 거스를 오
繚 : 얽힐 료 碎 : 부서질 쇄 采 : 채집할 채

1

국풍國風 일一

詩經集傳卷一

국풍(國風) 일(一)

國者는 諸侯所封之域이요 而風者는 民俗歌謠之詩也라 謂之風者는 以其被上之化以有言하고 而其言이 又足以感人하니 如物이 因風之動以有聲하고 而其聲이 又足以動物也라 是以로 諸侯采之하여 以貢於天子어든 天子受之하여 而列於樂官하여 於以考其俗尙之美惡하여 而知其政治之得失焉하니라 舊說[1]에 二南은 爲正風이니 所以用之閨門、鄕黨、邦國而化天下也요 十三國은 爲變風[2]이니 則亦領在樂官하여 以時存肄(이)하여 備觀省而垂監戒耳니 合之凡十五國云이라

'국(國)'은 제후(諸侯)를 봉(封)한 지역이요, '풍(風)'은 민속(民俗)의 가요(歌謠)의 시(詩)이다. 이것을 풍(風)이라고 이르는 이유는, 윗사람의 교화를 입어서 말이 있게 되었고 그 말이 또 충분히 사람을 감동시키니, 마치 물건이 바람의 동(動)함으로 인하여 소리가 있게 되었고 그 소리가 또 충분히 물건을 동하는 것과 같기 때문이다. 이러므로 제후가 이것을 채집하여 천자에게 바치면 천자가 받아서 악관(樂官)에게 진열하게 하고, 이로써 그 풍속이 숭상하는 바의 좋고 나쁨을 상고하여 그 정치의 득실을 알았던 것이다.

구설(舊說)에 "이남(二南)은 정풍(正風)이 되니, 이는 규문(閨門)과 향당(鄕黨)과 방국(邦國)에 사용하여 천하를 교화하는 것이요, 십삼국(十三國)은 변풍(變風)이 되니, 이 또한 악관에게 소속되어 있어서 때로 잊지 않고 익혀 관생(觀省)에 대비하고 감계(監戒)를 드리운 것이다. 합하여 모두 십오국(十五國)이다." 하였다.

······

1 舊說 : 옛날의 해석이란 뜻으로 주소(注疏)를 가리킨다.

2 十三國爲變風 : 변풍(變風)에 대하여 안성 유씨(安成劉氏)가 말하였다. "남녀가 인륜을 어지럽힘에 〈패풍(邶風)〉·〈용풍(鄘風)〉·〈위풍(衛風)〉·〈정풍(鄭風)〉이 변하였고, 군주와 신하가 도를 잃음에 〈왕풍(王風)〉과 〈빈풍(豳風)〉이 변하였다.〔男女亂倫, 而邶、鄘、衛、鄭之風變; 君臣失道, 而王、豳之風變.〕"《詳說》

··· 采 : 채집할 채 閨 : 규방 규 肄 : 익힐 이

〈주남(周南)〉 1-1[一之一[3]]

周는 國名이요 南은 南方諸侯之國也라 周國은 本在禹貢雍州境內岐山之陽하니 后稷十三世孫古公亶父(단보) 始居其地하니라 傳子王季歷하고 至孫文王昌하여 辟(闢)國寖廣이라 於是에 徙都于豐하고 而分岐周故地하여 以爲周公旦, 召公奭之采邑[4]하며 且使周公爲政於國中하고 而召公宣布於諸侯하니 於是에 德化大成於內하여 而南方諸侯之國과 江沱汝漢[5]之間이 莫不從化하니 蓋三分天下에 而有其二焉하니라 至子武王發하여 又遷于鎬하고 遂克商而有天下하시니라 武王崩하고 子成王誦立한대 周公相之하여 制作禮樂할새 乃采文王之世 風化所及民俗之詩하여 被之筦弦(管絃)하여 以爲房中之樂하고 而又推之하여 以及於鄕黨邦國하시니 所以著明先王風俗之盛하여 而使天下後世之修身、齊家、治國、平天下者로 皆得以取法焉이라

'주(周)'는 국명(國名)이요, '남(南)'은 남방의 제후국이다. 주(周)나라는 본래《서경(書經)》〈우공(禹貢)〉의 옹주(雍州) 경내(境內)인 기산(岐山)의 남쪽에 있었는데, 후직(后稷)의 13세손(世孫)인 고공단보(古公亶父)가 처음으로 이 땅에 거주하였다. 아들인 왕계 력(王季歷)에게 전하고 손자인 문왕 창(文王昌)에 이르러 나라를 개척하여 점점 넓어졌다. 이에 도읍을 풍(豐)으로 옮기고는 기주(岐周)의 옛 땅을 나누어 주공 단(周公旦)과 소공 석(召公奭)의 채읍(采邑:식읍)으로 삼았다. 또 주공(周公)으로 하여금 국중(國中)에서 정사를 다스리게 하고, 소공(召公)은 제후들에게 교화를 펴게 하였다. 이에 덕화(德化)가 나라 안에 크게 이루어져서 남방(南方)의 제후국과 강(江)·타(沱)·여(汝)·한(漢)의 사이에 있는 나라들이 모두 따라서 교화되지 않음이 없었다. 그리하여 천하를 삼분(三分)함에 삼분의 이(二)를 소유한 것이다.

아들인 무왕 발(武王發)에 이르러 다시 도읍을 호(鎬)로 옮기고, 마침내 상(商)

······

3 一之一 : 일지일(一之一)은 1의 1이란 뜻으로, 〈주남(周南)〉·〈소남(召南)〉과 열국(列國)의 모든 풍(風)을 1로 하고, 소아(小雅)를 2, 대아(大雅)를 3, 나머지 송(頌)을 4로 구분하고 다시 이에 따라 세분(細分)하였다.《대전본(大全本)》에 "〈소남〉에 대한 해설을 함께 붙였다." 하였다.

4 以爲周公旦召公奭之采邑 : '채읍'에 대하여 안씨(顏氏)는 "채는 벼슬이란 뜻이니, 벼슬로 인해 땅에서 나오는 것을 먹기 때문에 '채지'라 했다.〔采, 宦也, 因宦食地, 故曰采地.〕" 하였다.《詳說》

5 江沱汝漢 : 강(江)·타(沱)·여(汝)·한(漢)은 네 물의 이름으로, 강은 장강(長江:양자강)을 가리키며, 나머지 셋은 장강의 지류이다.

··· 雍 : 화락할 옹 岐 : 산이름 기 亶 : 믿을 단 父 : 남자이름 보 辟 : 열 벽 旦 : 아침 단 奭 : 클 석 采 : 식읍 채 沱 : 물이름 타 筦 : 피리 관(管同) 弦 : 줄 현(絃同)

나라를 이기고 천하를 소유하였다. 무왕이 붕(崩)하고 아들인 성왕 송(成王誦)이 즉위하자, 주공이 〈정승이 되어〉 성왕(成王)을 보필하여 예악(禮樂)을 제정하였는데, 마침내 문왕의 세대에 풍화(風化)가 미친 바의 민속(民俗)의 시(詩)를 채집하여, 이것을 관현(管弦)의 악기(樂器)에 올려서 방중(房中)의 음악(후부인(后夫人)의 음악)으로 삼았고, 또 미루어 향당(鄕黨)과 방국(邦國;제후국)에까지 미쳤으니, 이는 선왕(先王)의 풍속의 훌륭함을 드러내어 밝혀서 천하와 후세에 수신(修身)·제가(齊家)·치국(治國)·평천하(平天下)하는 자들로 하여금 모두 법을 취함이 있게 하려는 것이었다.

蓋其得之國中者에 雜以南國之詩하여 而謂之周南[6]하니 言自天子之國而被於諸侯요 不但國中而已也라 其得之南國者는 則直謂之召南[7]하니 言自方伯之國으로 被於南方하여 而不敢以繫于天子也라 岐周는 在今鳳翔府岐山縣이요 豐은 在今京兆府鄠(호)縣終南山北하니라 南方之國은 卽今興元府京西湖北等路諸州요 鎬는 在豐東二十五里하니라 小序曰 關雎、麟趾之化는 王者之風이라 故로 繫之周公이요 南은 言化自北而南也라 鵲巢、騶虞之德은 諸侯之風也니 先王之所以敎라 故로 繫之召公이라하니 斯言이 得之矣로다

국중(國中)에서 얻은 것에 남국(南國)의 시(詩)와 뒤섞어 '〈주남(周南)〉'이라 일렀으니, 천자의 나라(주나라)로부터 제후국에 입혀졌고, 단지 국중에만 미친 것이 아님을 말한 것이다. 남국에서 얻은 것은 곧바로 〈소남(召南)〉이라고 일렀으니, 방백(方伯)의 나라로부터 남방(南方)에 입혀져서 감히 천자국(天子國)에 달 수 없었기 때문이었다.

기주(岐周)는 지금의 봉상부(鳳翔府) 기산현(岐山縣)에 있었고, 풍(豐)은 지금의 경조부(京兆府) 호현(鄠縣) 종남산(終南山) 북쪽에 있었다. 남방의 나라는 바로 지금의 흥원부(興元府)와 경서(京西)·호북(湖北) 등로(等路)의 여러 주(州)이고, 호(鎬)는 풍(豐)의 동쪽 25리(里) 지점에 있었다.

6 謂之周南 : '주남(周南)'에 대하여 호산은 "주나라와 남쪽 나라이다.〔謂周與南也.〕" 하였다.《詳說》

7 則直謂之召南 : '소남(召南)'에 대하여 호산은 "소(召)의 남쪽을 이른 것이니, '주남'과 '소남'이 그 뜻이 약간 다르다.〔謂召之南也. 周南召南其義微異.〕" 하였다.《詳說》

··· 繫 : 맬 계 翔 : 날 상 鄠 : 땅이름 호 雎 : 증경이 저 趾 : 발가락 지 鵲 : 까치 작 巢 : 둥지 소
騶 : 마부 추, 짐승이름 추 虞 : 짐승이름 우, 염려할 우

《소서(小序:모씨서(毛氏序))》에 이르기를, "〈관저(關雎)〉와 〈린지(麟趾)〉의 교화는 왕자(王者)의 풍(風)이므로 이것을 주공(周公)에 달았으며, 남(南)은 교화가 북(北)에서 남(南)으로 갔음을 말한 것이다. 〈작소(鵲巢)〉와 〈추우(騶虞)〉의 덕(德)은 제후의 풍(風)이니, 선왕이 가르친 것이므로 이것을 소공(召公)에 달았다." 하였으니, 이 말이 맞다.

【鄭註】 自는 從也니 從北而南은 謂其化從岐周하여 被江漢之域也라 先王은 斥大(太)王、王季라

자(自)는 부터이니, '종북이남(從北而南)'은 그 교화가 북쪽에 있는 기주(岐周)로부터 남쪽에 있는 강(江)·한(漢)의 지역에 입혀짐을 이른다. 선왕(先王)은 태왕(太王)과 왕계(王季)를 지적한 것이다.

1. 관저(關雎)

① 關關雎〔七余反〕鳩, 在河之洲. 窈〔烏了反〕窕〔徒了反〕淑女, 君子好逑〔音求〕.

關關雎鳩	관관(關關)히 우는 저구새
在河之洲로다	하수(河水)의 모래섬에 있도다
窈窕淑女	요조한 숙녀
君子好逑로다	군자의 좋은 짝이로다

興也라 關關은 雌雄相應之和聲也라 雎鳩는 水鳥니 一名王雎라 狀類鳧鷖(부예)하니 今江淮間有之라 生有定偶而不相亂하고 偶常竝遊而不相狎이라 故로 毛傳에 以爲摯而有別이라하고 列女傳에 以爲人未嘗見其乘居而匹處[8]者라하니 蓋其性然也라 河는 北方流水之通名이요 洲는 水中可居之地也라 窈窕는 幽閒之意라 淑은 善也라 女者는 未嫁之稱이니 蓋指文王之妃大姒(사) 爲處子時而言也라 君子는

8 乘居而匹處 : 승(乘)은 넷이며 필(匹)은 독(獨)의 뜻으로, 여럿이 모여 있거나 또는 외로이 혼자 있음을 가리킨다.

··· 關 : 새우는소리 관 鳩 : 비둘기 구 洲 : 섬 주 窈 : 고요할 요 窕 : 고요할 조 逑 : 짝 구 鳧 : 물오리 부 鷖 : 갈매기 예 狎 : 친압할 압 摯 : 지극할 지 乘 : 넷 승 匹 : 홑 필 姒 : 언니 사, 성 사

則指文王也라 好는 亦善也라 逑는 匹也라 毛傳之摯字는 與至通하니 言其情意深至也라

흥(興)이다. '관관(關關)'은 자웅(雌雄)이 서로 응하는 화락(和樂)한 소리이다. '저구(雎鳩)'는 물새이니, 일명은 왕저(王雎;물수리, 정경이)이다. 모양이 부예(鳧鷖;물오리)와 유사하니, 지금 장강(長江)과 회수(淮水) 사이에 있다. 태어나면서부터 정해진 짝이 있어서 서로 난잡하지 않고, 짝이 항상 같이 놀면서도 서로 친압(親狎)하지 않는다. 그러므로 《모전(毛傳;모형(毛亨)이 지은 시훈고전(詩訓詁傳))》에는 "정이 두터우면서도 분별이 있다." 하였고, 《열녀전(列女傳)》에는 "사람들이 일찍이 네 마리가 같이 살거나 혼자서 거처하는 것을 본 자가 없다." 하였으니, 그 천성(天性)이 그러한 것이다. '하(河)'는 북방(北方)으로 흐르는 물의 통칭이요. '주(洲)'는 물속에 거주할 만한 땅(모래섬)이다.

'요조(窈窕)'는 그윽하고 고요(얌전)한 뜻이다. '숙(淑)'은 선(善;좋음)이요, '여(女)'는 시집가지 않은 여자의 칭호이니, 이는 문왕(文王)의 비(妃)인 태사(太姒)가 처녀(處女)로 있을 때를 가리켜 말한 것이다. '군자'는 문왕을 가리킨다. '호(好)' 또한 좋음이다. '구(逑)'는 짝이다. 《모전(毛傳)》에 "지(摯)는 지(至)와 통하니 그 정의(情意)가 깊고 지극함을 말한 것이다." 하였다.

○ 興者는 先言他物하여 以引起所詠之詞也라 周之文王이 生有聖德하고 又得聖女姒氏하여 以爲之配하시니 宮中之人이 於其始至에 見其有幽閒貞靜之德이라 故로 作是詩하여 言彼關關然之雎鳩는 則相與和鳴於河洲之上矣요 此窈窕之淑女는 則豈非君子之善匹乎아 言其相與和樂而恭敬이 亦若雎鳩之情摯而有別也니 後凡言興者는 其文意皆放此云이라 漢匡衡[9]曰 窈窕淑女 君子好逑는 言能致其貞淑하여 不貳其操하여 情欲之感이 無介乎容儀하고 宴私之意가 不形乎動靜이라 夫然後에 可以配至尊而爲宗廟主니 此는 綱紀之首요 王敎之端也라하니 可謂善說詩矣로다

○ 흥(興)은 먼저 다른 사물을 말하여 읊을 말을 일으키는 것이다. 주(周)나라 문왕은 태어나면서부터 성덕(聖德)이 있었고, 또 성녀(聖女)인 사씨(姒氏)를 얻어

9 漢匡衡 : 전한(前漢) 동해(東海) 사람으로 자는 치규(稚圭)인데, 경전(經傳)을 두루 꿰뚫고 특별히 《시경》을 잘 설명하였다. 뒤에 승상(丞相)이 되고 낙안후(樂安侯)에 봉해졌다. 《史記九十六》

••• 放 : 같을 방 貳 : 변할 이 介 : 낄 개 宴 : 편안할 연

배필로 삼으니, 궁중(宮中)에 있는 사람들이 태사(太姒)가 처음 시집올 때에 그 유한(幽閒)하고 정정(貞靜)한 덕(德)이 있음을 보았으므로 이 시(詩)를 지어서, "저 관관연(關關然)히 우는 저구새는 서로 하주(河洲)의 위에서 화락(和樂)하게 울고 있고, 이 요조(窈窕)한 숙녀(淑女)가 어찌 군자의 좋은 짝이 아니겠는가."라고 말한 것이다. 〈부부간에〉 서로 화락하면서도 공경함이 또한 저구새가 정이 두터우면서도 분별이 있음과 같음을 말한 것이니, 뒤에 무릇 흥(興)이라고 말한 것은 그 글뜻이 모두 이와 같다.

한(漢)나라 광형(匡衡)이 말하기를, "'요조숙녀 군자호구(窈窕淑女 君子好逑)'라는 것은 능히 그 정숙함을 지극히 하여 그 지조를 변치 않아서, 정욕(情欲)의 느낌(섹시한 느낌)이 용의(容儀)에 개입함이 없고, 연사(宴私:사사로이 즐거워함)의 뜻이 동정(動靜)에 나타나지 않음을 말한 것이다. 그러한 뒤에야 지존(至尊:군주)에 짝하여 종묘의 주인이 될 수 있는 것이니, 이는 기강(紀綱)의 첫 번째요 왕교(王敎)의 단서이다." 하였으니, 시(詩)를 잘 설명했다고 이를 만하도다.

② 參〔初金反〕差〔初宜反〕荇〔行猛反〕菜, 左右流之. 窈窕淑女, 寤寐求之. 求之不得, 寤寐思服〔叶蒲北反〕. 悠哉悠哉, 輾〔哲善反〕轉反側.

參差荇菜(참치행채)를	들쭉날쭉한 마름나물을
左右流之로다	좌우로 물길따라 취하도다
窈窕淑女를	요조한 숙녀를
寤寐求之로다	자나깨나 구하도다
求之不得이라	구하여도 얻지 못하는지라
寤寐思服하여	자나깨나 생각하고 그리워하여
悠哉悠哉라	아득하고 아득해라(그리움이 길고도 길다)
輾轉反側하소라	전전(輾轉)하며 뒤척이노라(잠 못 이루고 뒤척이노라)

興也라 參差는 長短不齊之貌라 荇은 接余也니 根生水底하고 莖如釵股(차고)하니 上青下白하고 葉紫赤이요 圓徑寸餘하니 浮在水面이라 或左或右는 言無方也라 流는 順水之流而取之也라 或寤或寐는 言無時也라 服은 猶懷也라 悠는 長也라 輾者는 轉之半이요 轉者는 輾之周며 反者는 輾之過요 側者는 轉之留니 皆臥不安席之意라

··· 參 : 들쑥날쑥할 참 差 : 어긋날 치 荇 : 마름 행 寤 : 잠깰 오 寐 : 잠잘 매 服 : 생각할 복
悠 : 아득할 유, 멀 유 輾 : 구를 전 莖 : 줄기 경 釵 : 비녀 차 股 : 다리 고 徑 : 지름 경

흥(興)이다. '참치(參差)'는 길고 짧음이 똑같지 않은 모양이다. '행(荇)'은 접여(接余;마름)이니, 뿌리는 물 밑에서 자라고 줄기는 비녀다리와 같으니, 위는 푸르고 아래는 희며, 잎은 자주색이고 둘레는 지름이 한 치 남짓한데, 수면(水面)에 떠 있다. 혹은 왼쪽에서 하고 혹은 오른쪽에서 하는 것은 일정한 방소가 없음을 말한 것이다. '류(流)'는 물의 흐름에 따라 순(順)히 하여 채취하는 것이다. 혹은 잠을 깨기도 하고 혹은 잠들기도 하는 것은 일정한 때가 없음을 말한 것이다. '복(服)'은 회(懷;그리워함)와 같다. '유(悠)'는 〈그리워함이〉 깊이다. '전(輾)'은 몸을 뒹굴기를 반쯤 하는 것이요, '전(轉)'은 전(輾)을 한 바퀴 도는 것이며, '반(反)'은 전(輾)을 지남이요, '측(側)'은 전(轉)을 멈춤이니, 모두 누워 있으나 자리를 편안히 여기지 못하는 뜻이다.

○ 此章은 本其未得而言이라 彼參差之荇菜는 則當左右無方以流之矣요 此窈窕之淑女는 則當寤寐不忘以求之矣라 蓋此人此德은 世不常有하니 求之不得이면 則無以配君子而成其內治之美라 故로 其憂思之深하여 不能自已가 至於如此也라

○ 이 장(章)은 그 배필을 얻지 못했을 때를 근본하여 말한 것이다. 저 들쭉날쭉한 행채(荇菜)는 마땅히 좌우로 일정한 방소가 없이 채취할 것이요. 이 요조숙녀는 마땅히 자나깨나 잊지 않고 구해야 하는 것이다. 이 사람과 이 덕(德)은 세상에 항상 있는 것이 아니니, 구하여 얻지 못하면 군자의 배필이 되어 내치(內治)의 아름다움을 이룰 수 없다. 그러므로 그 근심하고 생각함이 깊어서 스스로 그치지 못함이 이와 같음에 이른 것이다.

③ 參差荇菜, 左右采〔叶此禮反〕之. 窈窕淑女, 琴瑟友〔叶羽已反〕之. 參差荇菜, 左右芼〔莫報反 叶音邈〕之. 窈窕淑女, 鍾鼓樂〔音洛〕之.

參差荇菜를	들쭉날쭉한 마름나물을
左右采之로다	좌우로 취하여 가리도다
窈窕淑女를	요조한 숙녀를
琴瑟友之로다	거문고와 비파로 친애하도다
參差荇菜를	들쭉날쭉한 마름나물을
左右芼(모)之로다	좌우로 삶아 올리도다

… 琴 : 거문고 금 瑟 : 비파 슬 友 : 친할 우 芼 : 삶아서올릴 모

窈窕淑女를	요조한 숙녀를
鍾鼓樂(락)之로다	종과 북으로 즐겁게 하도다

興也라 采는 取而擇之也요 芼는 熟而薦之也라 琴은 五弦 或七弦이요 瑟은 二十五弦이니 皆絲屬이니 樂之小者也라 友者는 親愛之意也라 鍾은 金屬이요 鼓는 革屬이니 樂之大者也라 樂은 則和平之極也라

흥(興)이다. '채(采)'는 채취하여 가림이요, '모(芼)'는 삶아서 올리는 것이다. '거문고[琴]'는 다섯 줄 또는 일곱 줄이며 '비파[瑟]'는 25줄이니, 모두 현악기의 등속으로 악기 중에 작은 것이다. '우(友)'는 친애하는 뜻이다. '종(鍾)'은 쇠로 만든 악기의 등속이요, '북[鼓]'은 가죽으로 만든 악기의 등속이니, 악기 중에 큰 것이다. '락(樂)'은 화평함이 지극한 것이다.

○ 此章은 据(據)今始得而言이라 彼參差之荇菜를 旣得之면 則當采擇而亨(烹)芼之矣요 此窈窕之淑女를 旣得之면 則當親愛而娛樂之矣라 蓋此人此德은 世不常有하니 幸而得之면 則有以配君子而成內治라 故로 其喜樂尊奉之意 不能自已가 又如此云이라

○ 이 장(章)은 지금에 문왕이 처음 배필을 얻었을 때를 근거하여 말한 것이다. 저 들쭉날쭉한 마름나물을 이미 얻었으면 마땅히 가려서 삶아 올려야 할 것이요, 이 요조숙녀를 이미 얻었으면 마땅히 친애하고 즐거워해야 할 것이다. 이 사람과 이 덕은 세상에 항상 있는 것이 아니니, 다행히 얻었으면 군자를 짝하여 내치(內治)를 이룰 수 있다. 그러므로 그 기쁘고 즐거우며 높이고 받드는 뜻이 스스로 그치지 못함이 또 이와 같은 것이다.

關雎三章이니 一章은 四句요 二章은 章八句라

〈관저(關雎)〉는 삼장(三章)이니, 한 장(章)은 사구(四句)이고 두 장(章)은 장마다 팔구(八句)이다.

孔子曰 關雎는 樂而不淫하고 哀而不傷[10]이라하시니 愚謂 此言은 爲此詩者 得其性

······

10 孔子曰……哀而不傷 : 이 내용은 《논어》 〈팔일(八佾)〉에 보이는데, 주자(朱子)는 "음(淫)은 즐거움이 지나쳐 그 바름을 잃는 것이요, 상(傷)은 슬픔이 지나쳐 그 화(和)를 해치는 것이다."라고

··· 鼓 : 북 고 亨 : 삶을 팽(烹同)

情之正，聲氣之和也라 蓋德如雎鳩하여 摯而有別이면 則后妃性情之正을 固可以見其一端矣요 至於寤寐反側，琴瑟鍾鼓하여 極其哀樂而皆不過其則焉이면 則詩人性情之正을 又可以見其全體也라 獨其聲氣之和를 有不可得而聞者 雖若可恨이나 然學者姑卽其辭하여 而玩其理以養心焉이면 則亦可以得學詩之本矣리라

공자께서 말씀하시기를 "〈관저〉는 즐거우면서도 너무 지나치지 않고, 슬프면서도 화(和)를 상(傷)하지 않았다." 하셨으니, 나는 생각건대, 이 말씀은 이 시(詩)를 지은 자가 성정(性情)의 올바름과 성기(聲氣;음악소리)의 화(和)함을 얻었음을 말씀한 것이라고 여겨진다.

덕(德)이 저구새와 같아 정이 돈독하면서도 분별이 있다면 후비(后妃)의 성정(性情)의 올바름을 진실로 그 일단(一端)을 볼 수 있고, 오매 반측(寤寐反側)하고 금슬 종고(琴瑟鍾鼓)로 즐거워하여 그 슬픔과 즐거움을 지극히 하되 모두 그 법도에 지나치지 않음에 이르러는 시인(詩人)의 성정의 올바름을 또 그 전체를 볼 수 있다. 다만 지금 그 성기(聲氣)의 화(和)한 곡조(曲調)를 얻어 들을 수 없는 점이 비록 한스러울 듯하지만, 배우는 자가 우선 그 말(가사(歌辭))에 나아가 그 이치를 관찰하여 마음을 기른다면 또한 시(詩)를 배우는 근본을 얻게 될 것이다.

○ 匡衡曰 妃(配)匹之際는 生民之始요 萬福之原이니 婚姻之禮正然後에 品物遂而天命全이라 孔子論詩에 以關雎爲始하시니 言太上者는 民之父母라 后夫人之行이 不侔乎天地면 則無以奉神靈之統하여 而理萬物之宜라 自上世以來로 三代興廢가 未有不由此者也니라

○ 광형(匡衡)이 말하였다. "배필이 되는 즈음은 생민(生民)의 시초요 만복(萬福)의 근원이니, 혼인의 예(禮)가 바루어진 뒤에야 품물(品物;만물)이 이루어져 천명(天命)이 온전해진다. 공자께서 시(詩)를 논하실 적에 〈관저〉를 시초로 삼으셨으니, 태상(太上;왕자(王者))은 백성의 부모이므로, 후부인(后夫人)의 행실이 천지(天地)에 비견할 만하지 못하면 〈종묘의 주인이 되어〉 신령(神靈)의 전통을 받들어 만물의 마땅함을 다스릴 수가 없음을 말씀한 것이다. 상고(上古)시대 이래로 삼대(三代)의 흥(興)하고 폐(廢)함이 이에 말미암지 않은 적이 없었다."

••••••
풀이하였다.

••• 姑 : 우선 고 玩 : 완미할 완 匡 : 바로잡을 광 妃 : 짝 배(配同) 遂 : 이룰 수 侔 : 짝할 모

【毛序[11]】 關雎는 后妃之德也요 風之始也니 所以風天下而正夫婦也라 故로 用之鄕人焉하고 用之邦國焉하니라 風은 風也, 敎也니 風以動之하고 敎以化之니라

〈관저(關雎)〉는 후비(后妃)의 덕(德)을 읊은 것이요 국풍(國風)의 시작이니, 천하를 풍동(風動)하여 부부(夫婦)의 도를 바르게 한 것이다. 그러므로 이 시(詩)를 향인(鄕人)에게도 쓰고 방국(邦國)에서도 쓴 것이다. 풍(風)은 풍동(風動)하고 교화(敎化)함이니, 풍(風)을 일으켜 움직이게 하고 가르쳐 변화하게 하는 것이다.

〈〈大序〉 詩者는 志之所之也니 在心爲志요 發言爲詩라 情動於中而形於言하나니 言之不足故로 嗟歎之하고 嗟歎之不足故로 永(詠)歌之하고 永歌之不足이면 不知手之舞之足之蹈之也라 情發於聲하니 聲成文을 謂之音이라 治世之音은 安以樂하니 其政和하고 亂世之音은 怨以怒하니 其政乖하고 亡國之音은 哀以思하니 其民困이라 故로 正得失, 動天地, 感鬼神은 莫近於詩라 先王이 以是經夫婦하고 成孝敬하고 厚人倫하고 美敎化하고 移風俗이라 故로 詩有六義焉하니 一曰風이요 二曰賦요 三曰比요 四曰興이요 五曰雅요 六曰頌이라 上以風化下하고 下以風刺(자)上하여 主文而譎(휼)諫하여 言之者無罪하고 聞之者足以戒라 故로 曰風이라 至于王道衰하여 禮義廢, 政敎失하여 國異政하고 家殊俗하여 而變風、變雅作矣라 國史明乎得失之迹하여 傷人倫之廢하고 哀刑政之苛하여 吟詠情性하여 以風其上하니 達於事變而懷其舊俗者也라 故로 變風은 發乎情하여 止乎禮義하니 發乎情은 民之性也요 止乎禮義는 先王之澤也라 是以로 一國之事로 繫一人之本을 謂之風이요 言天下之事하여 形四方之風을 謂之雅라 雅者는 正也니 言王政之所由廢興也라 政

••••••

11 毛序:〈모서(毛序)〉는 〈모공서(毛公序)〉라고 하는바, 〈시서(詩序)〉·〈소서(小序)〉·〈서문〉·〈서〉는 모두 〈모서〉를 가리킨 것이다. 진말한초(秦末漢初)에 노(魯)나라 사람 모형(毛亨)이 시에 밝아 '시훈고전(詩訓詁傳)'을 지어 조카인 모장(毛萇)에게 전수하니, 이로 인해 모형을 '대모공(大毛公)', 모장을 '소모공(小毛公)'이라 하였다. 여기의 〈모서〉는 〈대서(大序)〉와 〈소서(小序)〉로 나뉘는바, 〈대서〉는 〈관저(關雎)〉 편의 서(序)로 〈관저〉 편의·뜻에만 국한하지 않고 《시경》 육의(六義)의 전체 뜻을 풀이하였기 때문에 '〈대서〉'라 하는데, 주자(朱子)는 이 중 '시자지지소지(詩者志之所之)'부터 '시지지야(詩之至也)'까지를 〈대서〉로 보고, 그 나머지 앞·뒤에 있는 것은 '관저소서(關雎小序)'라 하였다. 또한 그 뒤의 각 편(篇)에 있는 〈서(序)〉 역시 〈소서〉라 하는바, 정현(鄭玄)은 '〈대서〉는 자하(子夏)가, 〈소서〉는 자하와 모공의 합작(合作)'이라고 하였으나 이에 대한 이론이 분분하여 결론짓기 어려운 실정이다. 〈관저〉의 〈모서〉에는 〈대서〉가 함께 들어 있으므로 〈대서〉는 〈 〉으로 표시하고 주자의 〈변설〉 등은 마지막 권 끝에 부록으로 붙인 〈시전강령(詩傳綱領)〉에 자세히 실었으니 참고하기 바라며, 〈갈담(葛覃)〉 이하는 〈모서〉와 정현의 주(註), 주자의 〈변설〉을 모아 기재하여 참고하기 편리하게 하였다.

••• 嗟 : 감탄할 차 永 : 읊을 영(詠同) 蹈 : 뛸 도 乖 : 어그러질 괴 刺 : 풍자할 자 譎 : 속일 휼

有小大라 故有小雅焉하고 有大雅焉이라 頌者는 美盛德之形容하여 以其成功告於神明者也니 是謂四始[12]니 詩之至也니라〉

시(詩)는 뜻(마음이)이 가는 것을 나타낸 것이니, 마음속에 있는 것을 지(志)라 하고 말로 나타내면 시(詩)라 한다. 정(情)이 심중(心中)에 동하면 말에 나타나니, 말로는 부족하기 때문에 차탄(嗟歎:감탄)하고, 차탄으로는 부족하기 때문에 영가(詠歌:길게 노래를 읊조림)하고, 영가로 부족하면 자신도 모르게 손으로 춤을 추고 발로 뛰는 것이다. 정(情)은 성(聲)에서 나타나니, 성(聲)이 문(文)을 이룬 것을 음(音)이라 한다.

치세(治世)의 음악은 편안하고 즐거우니 그 정사가 화(和)하며, 난세(亂世)의 음악은 원망하고 노여워하니 그 정사가 괴리되며, 망국(亡國)의 음악은 애처롭고 그리워하니 그 백성이 곤궁하다. 그러므로 정사(政事)의 득실(得失)을 바루고 천지(天地)를 동하고 귀신(鬼神)을 감동시킴은 시(詩)보다 더함이 없는 것이다.

선왕(先王)이 이로써 부부를 정상적으로 만들고 효경(孝敬)을 이루고 인륜을 후(厚)하게 하고 교화를 아름답게 하고 풍속을 바꾸었다. 그러므로 시(詩)에는 육의(六義)가 있으니, 첫째는 풍(風)이요 둘째는 부(賦)요 셋째는 비(比)요 넷째는 흥(興)이요 다섯째는 아(雅)요 여섯째는 송(頌)이다. 윗사람은 풍(風)으로써 아랫사람을 교화하고 아랫사람은 풍(風)으로써 윗사람을 풍자하되, 문장을 위주하여 은근히 빗대어 간하기 때문에 이것을 말한 자가 죄를 받지 않고 이것을 듣는 자가 충분히 경계로 삼을 수 있다. 이 때문에 풍(風)이라 한 것이다.

왕도(王道)가 쇠(衰)하여 예의(禮義)가 폐기되고 정교(政敎)가 잘못되어 나라마다 정사가 다르고 집마다 풍속이 달라짐에 이르러 변풍(變風)과 변아(變雅)가 나오게 되었다. 국사(國史:사관(史官))가 정사에 대한 득실(得失)의 자취를 밝게 알아 인륜이 폐지됨을 서글퍼하고 형정(刑政)의 가혹함을 슬퍼하여 정성(情性)을 읊어 윗사람을 풍자하였으니, 사변(事變)을 통달하고 옛 풍속을 그리워한 것이다. 그러므로 변풍(變風)은 정(情)에서 나와 예의(禮義)에 그친 것이니, 정(情)에서 나옴은 백성의 성(性)이요, 예의에 그침은 선왕의 유택(遺澤)이다. 이 때문에 일국(一國)의 일로서 한 사람의 근본(뜻〔意〕)에 관계됨을 풍(風)이라 하고, 천하의 일을 말하

12 四始:풍(風)과 소아(小雅)·대아(大雅)·송(頌) 네 가지를 군주가 행하면 나라가 흥하고 행하지 않으면 나라가 침체한다 하여 이름한 것이다.

여 사방의 풍속(風俗)을 나타냄을 아(雅)라 이른다. 아(雅)는 정(正)의 뜻이니, 왕정(王政)이 이로 말미암아 폐기하고 흥(興)하게 된다. 정사에 소대(小大)가 있기 때문에 소아(小雅)가 있고 대아(大雅)가 있는 것이다. 송(頌)은 성덕(盛德)의 형용(形容)을 찬미하여 그 성공을 신명(神明)에게 고(告)한 것이다. 이것을 사시(四始)라 하니, 시(詩)의 지극함이다.

【毛序】 然則關雎、麟趾之化는 王者之風이라 故로 繫之周公하니 南은 言化自北而南也라 鵲巢、騶虞之德은 諸侯之風也니 先王之所以敎라 故로 繫之召公하니라 周南、召南은 正始之道요 王化之基라 是以로 關雎는 樂得淑女以配君子하고 憂在進賢하여 不淫其色이라 哀窈窕하고 思賢才하여 而無傷善之心焉하니 是關雎之義也[13]니라

그렇다면 〈관저(關雎)〉와 〈린지(麟趾)〉의 교화는 왕자(王者)의 풍(風)이므로 주공에게 단 것이니, 남(南)은 교화가 북쪽에서 남쪽으로 퍼져나감을 말한 것이다. 〈작소(鵲巢)〉와 〈추우(騶虞)〉의 덕(德)은 제후의 풍(風)이니, 선왕이 가르친 것이다. 그러므로 소공(召公)에게 단 것이다. 〈주남〉·〈소남〉은 시작을 바로잡는 도(道)요 왕화(王化)의 기본이다. 이 때문에 〈관저〉는 〈후비(后妃)가〉 숙녀(淑女)를 얻어 군자(君子)에 짝함을 즐거워하고 근심이 훌륭한 현자(賢者 ; 훌륭한 여인)를 등용해서 여색(女色)에 빠지지 않음에 있는 것이다. 그리하여 요조숙녀를 얻지 못함을 서글퍼하고 현재(賢才 ; 현덕이 있고 재능이 있는 자)를 생각하여 선(善)한 사람을 상(傷)하려는 마음이 없으니, 이것이 〈관저〉의 의의(意義)이다.

【辨說】 后妃는 文王之妃大姒也니 天子之妃曰后라 近世諸儒 多辨文王未嘗稱王하니 則大姒亦未嘗稱后요 序者蓋追稱之라하니 亦未害也라 但其詩雖若專美大(太)姒나 而實以深見(현)文王之德이어늘 序者徒見其詞하고 而不察其意하여 遂壹以后妃爲主하고 而不復知有文王하니 是固已失之矣라 至於化行中國하여 三分天

••••••

13 是以……是關雎之義也 : 《모시정의(毛詩正義)》의 소(疏)에는 후비가 숙녀를 찾아 군자의 배필로 천거하여 같이 섬기는 것을 자신의 소임으로 여겨, 총애를 독차지하려고 자신의 미모를 지나치게 꾸미지 않고 언제나 보이지 않는 곳에 있을 숙녀를 찾고자 한 것으로 해석하고 있다.〔后妃心之所樂, 樂得此賢善之女, 以配己之君子, 心之所憂, 憂在進擧賢女, 不自淫恣其色, 又哀傷處窈窕幽閒之女, 未得升進, 思得賢才之人, 與之共事君子.〕

••• 姒 : 언니 사

下하여도 亦皆以爲后妃之所致라하니 則是禮樂征伐이 皆出於婦人之手요 而文王者는 徒擁虛器하여 以爲寄生之君也니 其失이 甚矣라 唯南豐曾氏之言曰 先王之政이 必自內始라 故其閨門之治로 所以施之家人者 必爲之師傅保姆(무)之助와 詩書圖史之戒와 珩璜琚瑀(형황거우)之節과 威儀動作之度하여 其敎之者有此具라 然古之君子 未嘗不以身化也라 故로 家人之義가 歸於反身하고 二南之業이 本於文王하니 豈自外至哉아 世皆知文王之所以興이 能得內助하고 而不知其所以然者 蓋本於文王之躬化故로 內則后妃有關雎之行하고 外則羣臣有二南之美하여 與之相成이요 其推而及遠이면 則商辛之昏俗과 江漢之小國과 兎罝(저)之野人이 莫不好善而不自知하니 此所謂身修故로 國家天下治者也라하니 竊謂此說이 庶幾得之라하노라

후비(后妃)는 문왕(文王)의 후비인 태사(大姒)이니, 천자의 비(妃)를 후(后)라고 한다. 근세의 여러 학자들이 문왕이 일찍이 왕을 칭한 적이 없었음을 많이 변론하니, 그렇다면 태사 또한 일찍이 후를 칭하지 않았을 것이요 〈서(序)〉를 지은 자가 추후에 칭한 것이다. 하니, 또한 의리에 해롭지 않다.

다만 이 시가 비록 오로지 태사를 찬미한 듯하나 실제로는 이로써 문왕의 덕을 깊이 나타낸 것인데, 〈서(序)〉를 지은 자가 그 가사만 보고 그 뜻을 살피지 못해서 마침내 한결같이 후비를 위주로 하고 다시는 문왕이 있음을 알지 못하니, 이는 진실로 이미 잘못되었다. 그리고 교화가 중국에 행해져서 천하를 셋으로 나눔에 3분의 2를 소유함에 이르러도 또한 모두 후비가 이룬 것이라고 말하니, 그렇다면 이는 예악(禮樂)과 정벌(征伐)이 모두 부인(태사)의 손에서 나온 것이니, 문왕이란 분은 다만 군주라는 빈 그릇(지위)을 가지고 있어서 기생(寄生)하는 군주가 되는 것이니, 그 잘못됨이 심하다.

오직 남풍 증씨(南豐曾氏)가 말하기를 "선왕(先王)의 정사가 반드시 안(집안)으로부터 시작되었다. 그러므로 규문(閨門)의 다스림으로 가인(家人)에 베푼 것이 반드시 위하여 사부(師傅)와 보무(保姆)의 도움과 시서(詩書)와 도사(圖史)의 경계와 형황(珩璜)과 거우(琚瑀)의 절(節;패옥소리의 리듬)과 위의(威儀)와 동작(動作)의 절도를 만들어서 그 집안사람(부인)을 가르친 것이 이러한 도구가 있었다. 그러나 옛날 군자가 일찍이 자기 몸으로써 집안을 교화하지 않은 적이 없었다. 그러므로 가인괘(家人卦)의 의의(意義)는 자기 몸을 돌이킴에 귀결되고 이남(二南;주남(周南)과 소남(召南))의 기업(基業)은 문왕에게 근본하였으니, 이것이 어찌 밖으로부터(문왕 말고)

••• 擁 : 낄 옹 姆 : 여스승 무 珩 : 패옥 형 璜 : 패옥 황 琚 : 패옥 거 瑀 : 패옥 우 罝 : 그물 저

이른 것이겠는가.

세상 사람들은 모두 문왕이 흥왕(興旺)한 이유가 능히 내조(內助)를 얻은 것만 알고, 이렇게 된 이유가 문왕이 몸소 교화함에서 근본하였으므로 안으로는 후비가 관저(關雎)의 행실이 있고 밖으로는 군신(羣臣)들이 이남(二南)의 아름다움이 있어서 더불어 서로 이루었음을 알지 못하며, 그 미루어서 멂에 미쳐서는 상신(商辛;주(紂))의 혼우(昏愚)한 풍속과 강(江)·한(漢)의 작은 나라와 토끼 그물을 치는 야인(野人)들도 선(善)을 좋아하지 않는 이가 없으면서도 스스로 〈그 이유를〉 알지 못했으니, 이는 이른바 몸이 닦여졌기 때문에 나라와 집안과 천하가 다스려졌다는 것이다." 하였으니, 나는 적이 이 말이 거의 맞는다고 여기노라.

【辨說】 所謂關雎之亂이 以爲風始是也라 蓋謂國風篇章之始요 亦風化之所由始也라

이른바 〈관저(關雎)〉의 난(亂;마지막 장)이 풍(風)의 시작이 되었다는 것이 이것이다. 이는 국풍(國風) 편장(篇章)의 처음이고, 또한 풍화(風化)가 이로 말미암아 시작됨을 말한 것이다.

【辨說】 說見(현)二南總論이라 邦國은 謂諸侯之國이니 明非獨天子用之也라

해설이 이남(二南)의 총론(總論)에 보인다. 방국(邦國)은 제후의 나라를 이르니, 홀로 천자만 사용한 것이 아님을 밝힌 것이다.

【辨說】 承上文하여 解風字之義하니 以象言則曰風이요 以事言則曰教라

윗글을 이어서 풍(風) 자의 뜻을 해석하였으니, 상(象)으로 말하면 풍이라 하고, 일〔事〕로 말하면 교(教)라 한다.

【辨說】 說見二南卷首라 關雎、麟趾에 言化者는 化之所自出也요 鵲巢、騶虞에 言德者는 被化而成德也니 以其被化而後成德이라 故로 又曰 先王之所以教라하니 先王은 卽文王也라 舊說에 以爲大(太)王、王季라하니 誤矣라 程子曰 周南、召南은 如乾坤하니 乾統坤하고 坤承乾也니라

해설이 이남(二南)의 권(卷) 첫머리에 보인다. 〈관저(關雎)〉와 〈린지(麟趾)〉에 교화를 말함은 왕의 교화가 말미암아 나온 것이요, 〈작소(鵲巢)〉와 〈추우(騶虞)〉에 덕을 말함은 교화를 입어서 덕을 이룬 것이니, 그 교화를 입은 뒤에 덕을 이루었다. 그러므로 또 선왕(先王)이 가르친 것이라고 말하였으니, 선왕은 바로 문왕(文王)이다. 구설(舊說)에 태왕(太王)과 왕계(王季)라고 말하였으니, 이는 잘못이다.

••• 統 : 통솔할 통

정자(程子)가 말씀하기를 "〈주남〉과 〈소남〉은 《주역(周易)》의 건괘(乾卦)와 곤괘(坤卦)와 같으니, 건괘는 곤괘를 통솔하고 곤괘는 건괘를 받든다." 하셨다.

【辨說】 王者之道는 始於家하여 終於天下하니 而二南은 正家之事也라 王者之化 必至於法度彰하고 禮樂著하여 雅頌之聲作然後에 可以言成이라 然無其始면 則亦何所因而立哉아 基者는 堂宇之所因而立者也라 程子曰 有關雎、麟趾之意然後에 可以行周官之法度라하시니 其爲是歟인저

왕자(王者)의 도는 집안에서 시작하여 천하에 끝마치니, 이남(二南)은 집안을 바르게 하는 일이다. 왕자의 교화는 반드시 법도가 밝게 펼쳐지고 예악이 드러나서 아(雅)·송(頌)의 풍악 소리가 울려퍼진 뒤에야 이루어짐을 말할 수 있다. 그러나 그 시작이 없으면 또한 무엇을 인하여 이것을 세우겠는가. 기(基)라는 것은 집이 터전을 인하여 세워지는 것이다. 정자가 말씀하기를 "〈관저〉와 〈린지〉의 뜻이 있은 연후에 《주관(周官;주례(周禮))》의 법도를 행할 수 있다." 하셨으니, 아마도 이 때문일 것이다.

【鄭註】 哀는 蓋字之誤也니 當爲衷이라 衷은 謂中心恕之라 無傷善之心은 謂好逑也라

애(哀)는 아마도 오자(誤字)인 듯하니, 마땅히 충(衷)이 되어야 한다. 충은 중심에 용서함을 이른다. 선(善)을 상하는 마음이 없다는 것은 호구(好逑;좋은 짝)를 이른다.

【辨說】 按論語에 孔子嘗言 關雎는 樂而不淫하고 哀而不傷이라하시니 蓋淫者는 樂之過요 傷者는 哀之過라 獨爲是詩者 得其性情之正이라 是以로 哀樂中節하여 而不至於過耳어늘 而序者乃析哀樂淫傷하여 各爲一事而不相須하니 則已失其旨矣요 至以傷爲傷善之心이면 則又大失其旨하여 而全無文理也라 或曰 先儒多以周道衰에 詩人이 本諸袵(衽)席而關雎作이라 故라 揚雄以周康之時에 關雎作이니 爲傷始亂이라하고 杜欽亦曰 佩玉晏鳴이어늘 關雎歎之라한대 說者以爲 古者后夫人이 鷄鳴佩玉하고 去君所어늘 周康后不然故로 詩人이 歎而傷之라하니 此魯詩說也니 與毛異矣라 但以哀而不傷之意推之하면 恐其有此理也라하니라 曰 此不可知矣라 但儀禮에 以關雎爲鄕樂하고 又爲房中之樂하니 則是周公制作之時에 已有此詩矣라 若如魯說이면 則儀禮不得爲周公之書니 儀禮不爲周公之書면 則周之盛時에 乃無鄕射、燕飮、房中之樂하여 而必有待乎後世之刺詩也리니 其不然也明矣라 且爲人子孫하여 乃無故而播其先祖之失於天下니 如此而尙可以爲風化

••• 彰 : 밝을 창 袵 : 옷깃 임, 요 임

之首乎아

살펴보건대《논어(論語)》〈팔일(八佾)〉에 공자께서 일찍이 말씀하시기를 "〈관저〉는 즐거우나 지나치지 않고 슬프나 화(和)를 상하지 않는다.〔關雎, 樂而不淫, 哀而不傷.〕" 하셨으니, 음(淫)이라는 것은 즐거움이 지나친 것이요, 상(傷)이라는 것은 슬픔이 지나친 것이다. 홀로 이 시를 지은 자는 그 성정(性情)의 바름을 얻었다. 이 때문에 슬픔과 즐거움이 절도에 맞아서 과함에 이르지 않았는데, 〈서(序)〉를 지은 자는 마침내 애(哀)와 락(樂), 음(淫)과 상(傷)을 나누어서 각각 한 가지 일로 삼아 서로 필요하지 않은 것으로 여겼으니 이미 그 본지(本旨)를 잃었고, 상(傷)은 선(善)을 상하는 마음이라고 함에 이르러는 또 그 본지를 크게 잃어서 전혀 문리(文理)가 없다.(되지 않는다.)

혹자는 말하기를 "선유(先儒)들이 대부분 주(周)나라 도(道)가 쇠함에 시인이 부부간의 잠자리〔袵席〕에 근본하여 〈관저〉가 지어졌다고 여겼다. 그러므로 양웅(揚雄)은 '주나라 강왕(康王) 때에 〈관저〉가 지어졌으니, 이는 나라가 처음 혼란한 것을 서글퍼한 것이다.' 하였고, 두흠(杜欽) 또한 말하기를 '패옥(佩玉)소리가 늦게 울리자 〈관저〉에서 탄식했다.' 하였는데, 해설하는 자가 이르기를 '옛날 후부인(后夫人)이 닭이 울면 패옥을 차고서 군주의 처소를 떠나갔는데, 주나라 강후(康后:강왕의 후비)는 그렇지 않았다. 그러므로 시인이 탄식하고 서글퍼한 것이다.' 하였으니, 이는 〈노시(魯詩)〉의 설이니, 모씨(毛氏)의 설과 다르다. 다만 슬퍼하여도 화(和)를 상하지 않은 뜻을 가지고 미루어 보면 이러한 이치가 있을 듯하다."라고 하였다.

이에 내가 말하였다. "이는 알 수 없다. 다만 《의례(儀禮)》에 〈관저〉를 지방의 풍악이라고 하였고 또 '방안의 풍악〔房中之樂〕이라 하였으니, 그렇다면 이는 주공(周公)이 예악을 제작할 때에 이미 이 시가 있었던 것이다. 만약 〈노시〉의 설과 같다면 《의례》는 주공의 책이 될 수가 없으니, 《의례》가 주공이 지은 책이 되지 않는다면, 주(周)나라가 성(盛)할 때에 도리어 향사(鄕射)와 향음(鄕飮)과 방중(房中)의 풍악이 없어서 반드시 후세에 풍자하는 시를 기다림이 있어야 하는 것이니, 그 옳지 않음이 분명하다. 또 자손이 되어서 마침내 까닭 없이 그 선조(先祖)의 잘못을 천하에 퍼뜨림이 이와 같고서도 오히려 풍화(風化)의 첫 번째가 될 수 있겠는가."

2. 갈담(葛覃)

① 葛之覃兮, 施〔以豉反〕于中谷. 維葉萋萋, 黃鳥于飛, 集于灌木, 其鳴喈喈〔叶居奚反〕.

葛之覃兮	칡덩굴이 뻗어감이여
施(이)于中谷하여	골짜기 가운데에 뻗어
維葉萋萋어늘	잎이 무성도 하거늘
黃鳥于飛	황조가 날아
集于灌木하여	관목(灌木)에 모여 앉아
其鳴喈(개)喈러라	그 울음소리 화락(和樂)하도다

賦也라 葛은 草名이니 蔓生하고 可爲絺綌(치격)者라 覃은 延이요 施는 移也라 中谷은 谷中也라 萋萋는 盛貌라 黃鳥는 鸝(리)也라 灌木은 叢木也라 喈喈는 和聲之遠聞也라

○ 賦者는 敷陳其事而直言之者也라 蓋后妃既成絺綌하고 而賦其事하여 追敍初夏之時에 葛葉方盛而有黃鳥鳴於其上也라 後凡言賦者는 放此[14]하니라

부(賦)이다. 칡〔葛〕은 풀 이름이니, 만생(蔓生)하고 치격(絺綌;갈포(葛布))을 만들 수 있다. '담(覃)'은 뻗음이요, '이(施)'는 옮겨감이다. '중곡(中谷)'은 골짜기 가운데이다. '처처(萋萋)'는 무성한 모양이다. '황조(黃鳥)'는 꾀꼬리이다. '관목(灌木)'은 총목(叢木;무더기로 자라는 나무)이다. '개개(喈喈)'는 화락한 꾀꼬리 소리가 멀리 들리는 것이다.

○ 부(賦)는 그 일을 그대로 펴서 곧바로 말하는 것이다. 후비(后妃)가 이미 치격(絺綌)을 이루고서 이 일을 읊어, 초하(初夏)의 때에 칡잎이 막 무성하였는데 꾀꼬리가 그 위에서 울었음을 추서(追敍)한 것이다. 뒤에 모두 부(賦)라고 말한 것은 이와 같다.

••••••

14 後凡言賦者 放此 : 호산(壺山) 박문호(朴文鎬)는《시경》전체에 대해 "풍(風)은 비(比)·홍(興)·부(賦)의 많고 적음이 비슷하고, 아(雅)와 송(頌)은 부가 많고 흥·비가 적다.〔風則與比興賦其多少可相敵, 雅頌則賦多而與興比少.〕" 하였다.《詳說》

••• 覃 : 뻗을 담 施 : 뻗어날 이 萋 : 무성할 처 喈 : 새소리 개 蔓 : 덩굴 만, 뻗을 만 絺 : 가는갈포 치 綌 : 굵은갈포 격 鸝 : 꾀꼬리 리(려) 敷 : 펼 부

② 葛之覃兮, 施于中谷. 維葉莫莫, 是刈〔魚廢反〕是濩〔胡郭反〕, 爲絺〔恥知反〕爲綌〔去逆反 叶去略反〕, 服之無斁〔音亦 叶弋灼反〕.

葛之覃兮	칡덩굴이 뻗어감이여
施于中谷하여	골짜기 가운데에 뻗어
維葉莫莫이어늘	잎이 무성도 하거늘
是刈(예)是濩(확)하여	이에 베며 이에 삶아서
爲絺爲綌호니	고운 갈포와 굵은 갈포 만드니
服之無斁(역)이로다	입음에 싫음이 없도다

賦也라 莫莫은 茂密貌라 刈는 斬이요 濩은 煮也라 精曰絺요 麤曰綌이라 斁은 厭也라 ○ 此는 言盛夏之時에 葛既成矣라 於是에 治以爲布하여 而服之無厭이라 蓋親執其勞하여 而知其成之不易일새 所以心誠愛之하여 雖極垢弊나 而不忍厭棄也라

부(賦)이다. '막막(莫莫)'은 무성하고 빽빽한 모양이다. '예(刈)'는 벰이요, '확(濩)'은 삶음이다. 정(精)한 것을 치(絺;고운 갈포)라 하고, 거친 것을 격(綌;굵은 갈포)이라 한다. '역(斁)'은 싫어함이다.

○ 이는 성하(盛夏)의 때에 칡이 이미 다 자랐다. 이에 이것을 다스려 갈포를 만들어서 입음에 싫어함이 없음을 말한 것이다. 친히 수고로운 일을 하여 그 이루어짐이 쉽지 않음을 알기 때문에 마음에 진실로 사랑하여 비록 지극히 때가 끼고 해졌으나 차마 싫어하여 버리지 못하는 것이다.

③ 言告師氏, 言告言歸. 薄汚我私, 薄澣〔戶管反〕我衣, 害〔戶葛反〕澣害否〔方九反〕, 歸寧父母〔莫後反〕.

言告師氏하여	사씨(師氏)에게 여쭈어
言告言歸호라	친정에 갈 것을 말하라고 했노라
薄汚我私며	잠깐 내 평상복(平常服)을 빨며
薄澣(한)我衣니	잠깐 내 예복(禮服)을 빠니
害(할)澣害否오	어느 것은 빨고 어느 것은 빨지 않을까
歸寧父母호리라	내 돌아가 친정 부모에게 문안하리라

… 莫 : 성할 막 刈 : 벨 예 濩 : 삶을 확 斁 : 싫어할 역 煮 : 삶을 자 麤 : 거칠 추 垢 : 때 구 薄 : 잠깐 박
汚 : 문대어빨 오 澣 : 빨 한 害 : 어찌 할

賦也[15]라 言은 辭也라 師는 女師也라 薄은 猶少也라 汚는 煩撋(연)之하여 以去其汚니 猶治亂而曰亂也라 澣은 則濯之而已라 私는 燕服也요 衣는 禮服也라 害은 何也라 寧은 安也니 謂問安也라

○ 上章엔 旣成絺綌之服矣요 此章은 遂告其師氏하여 使告于君子以將歸寧之意하고 且曰 盍治其私服之汚而澣其禮服之衣乎아 何者當澣而何者可以未澣乎아 我將服之하여 以歸寧於父母矣라하니라

부(賦)이다. '언(言)'은 어조사이다. '사(師)'는 여스승이다. '박(薄)'은 소(少;잠깐)와 같다. '오(汚)'는 번거롭게 문대어서 더러운 때를 제거하는 것이니, 난(亂)을 다스림을 난(亂)이라고 말하는 것과 같다. '한(澣)은' 〈문대지 않고〉 그대로 빨 뿐인 것이다. '사(私)'는 연복(燕服;평상복)이요, '의(衣)'는 예복(禮服)이다. '할(害)'은 어찌이다. '령(寧)'은 편안함이니, 〈친정부모에게〉 문안함을 이른다.

○ 상장(上章)에서는 이미 치격(絺綌)의 옷을 이루었고, 이 장(章)에서는 마침내 사씨(師氏)에게 여쭈어 군자(君子;남편)에게 장차 친정에 돌아가 문안할 뜻을 말하게 하였으며, 또 말하기를, "어찌 사복(私服)의 더러운 것만 다스리고 예복의 옷은 빨지 않겠는가. 어느 것은 빨고 어느 것은 빨지 않겠는가. 내 장차 이 옷을 입고 돌아가 친정 부모에게 문안하겠다."고 한 것이다.

葛覃三章이니 章六句라

〈갈담(葛覃)〉은 3장이니, 장마다 6구이다.

此詩는 后妃所自作이라 故로 無贊美之詞라 然이나 於此에 可以見其已貴而能勤하고 已富而能儉하며 已長而敬不弛於師傅하고 已嫁而孝不衰於父母하니 是皆德之厚而人所難也라 小序에 以爲后妃之本이라하니 庶幾近之[16]로다

이 시(詩)는 후비(后妃)가 스스로 지었다. 그러므로 찬미(贊美)한 말이 없는 것이다. 그러나 여기에서 신분이 이미 귀해졌는데도 능히 부지런하고, 이미 부(富)

······

15 賦也 : 주자가 말씀하였다. "비록 가탁하여 말하였으나 자신의 소회를 스스로 말했으면 이는 부(賦)의 체이다.〔雖託言而自言我之所懷, 則是賦體也.〕"《詳說》

16 小序 以爲后妃之本 庶幾近之 : 〈갈담〉에 대하여 남헌 장씨(南軒張氏)는 다음과 같이 말하였다. "주나라는 후직으로부터 농사일을 소중히 여겨, 그 실가(아내)들이 베 짜는 일을 소중히 여겼으니, 이는 실로 주나라 왕업의 근본이다.〔周自后稷, 重稼穡之事; 其室家則重織紝之勤, 此實王業之根本也.〕"《詩集傳詳說》

··· 撋 : 문댈 연 濯 : 씻을 탁 燕 : 편안할 연 盍 : 어찌아니할 합 弛 : 해이할 이

한데도 능히 검소하며, 이미 장성하였는데도 공경이 사부(師傅)에게 해이하지 않고, 이미 시집갔는데도 효성이 친정 부모에게 쇠하지 않음을 볼 수 있으니, 이는 모두 덕(德)이 후한 것이어서 사람이 하기 어려운 바이다. 〈소서(小序)〉에 '후비(后妃)의 근본'이라 하였으니, 거의 이에 가까울 것이다.

【毛序】 葛覃은 后妃之本也라 后妃在父母家면 則志在於女功之事하여 躬儉節用하여 服澣濯之衣하고 尊敬師傅하니 則可以歸安父母하여 化天下以婦道也라

〈갈담〉은 후비의 근본을 읊은 것이다. 후비가 〈시집가기 전〉 친정 부모의 집에 있으면 뜻이 여공(女工)의 일에 있어, 몸소 검소하고 절용(節用)하여 빤 옷을 입고 사부를 존경하였으니, 돌아가 친정 부모에게 문안을 올려 부도(婦道)로써 천하를 교화할 수 있는 것이다.

【鄭註】 躬儉節用이 由於師傅之教어늘 而後言尊敬師傅者는 欲見(현)其性亦自然이라 可以歸安父母는 言嫁而得意로되 猶不忘孝니라

몸소 검소하여 절용(節用)함이 사부의 가르침에서 말미암았는데 뒤에 사부를 존경한다고 말한 것은 그 성품이 또한 자연스러움을 나타내고자 한 것이다. 친정에 돌아가 부모에게 문안할 수 있음은 시집가서 득의(得意)를 하였으나 오히려 친정부모에게 효를 잊지 않음을 말한 것이다.

【辨說】 此詩之序는 首尾皆是요 但其所謂在父母家者一句는 爲未安이라 蓋若謂未嫁之時면 卽(則)詩中에 不應遽以歸寧父母爲言이요 況未嫁之時엔 自當服勤女功이니 不足稱述以爲盛美라 若謂歸寧之時면 卽詩中에 先言刈葛而後言歸寧하니 亦不相合이라 且不常爲之於平居之日하고 而暫爲之於歸寧之時도 亦豈所謂庸行之謹哉아 序之淺拙이 大率類此하니라

이 시의 〈서(序)〉는 처음과 끝은 모두 옳고 다만 그 이른바 '친정 부모의 집에 있었다.〔在父母家〕'는 한 구(句)는 온당치 못하다. 만약 시집가기 전의 때라고 한다면, 시 가운데 대번에 부모에게 귀녕(歸寧;친정부모에게 돌아가 문안함)한다고 말할 수가 없고, 더구나 시집가지 않았을 때에 딸은 본래 마땅히 여자의 일에 부지런히 힘써야 하니, 이것을 칭술(稱述)하여 성대한 아름다움으로 삼을 수가 없다. 만약 친정 부모에게 돌아가 문안할 때라고 한다면 바로 시 가운데 먼저 칡을 벰을 말하고 뒤이어 친정에 돌아가 문안함을 말한 것 또한 서로 부합하지 않는다. 또 항상 이것을 평거(平居)의 날에 하지 않고, 잠시 친정에 돌아갈 때에 했다고 하는 것 또

••• 見 : 나타낼 현 暫 : 잠시 잠 拙 : 졸렬할 졸

한 어찌 이른바 평상시의 행실을 삼갔다고 하겠는가. 〈서(序)〉의 천박하고 졸렬함이 대체로 이와 같다.

3. 권이(卷耳)

① 采采卷〔上聲〕耳, 不盈頃〔音傾〕筐. 嗟我懷人, 寘彼周行〔叶戸郎反〕.

采采卷耳호되	권이(卷耳)를 채취하고 채취하였으나
不盈頃(傾)筐하여서	기운 광주리에도 채우지 못하고서
嗟我懷人이라	아 내 님을 그리워하는지라
寘(置)彼周行호라	큰 길가에 버려두노라

賦也라 采采는 非一采也라 卷耳는 枲耳니 葉如鼠耳하고 叢生如盤이라 頃은 欹(의)也라 筐은 竹器라 懷는 思也라 人은 蓋謂文王也라 寘는 舍也라 周行은 大道也라 ○ 后妃以君子不在而思念之라 故로 賦此詩라 託言 方采卷耳호되 未滿頃筐하여 而心適念其君子라 故로 不能復采하여 而寘之大道之旁(傍)也라

부(賦)이다. '채채(采采)'는 한 번만 채취하는 것이 아니다. 권이(卷耳;도꼬마리(모시풀))는 시이(枲耳)이니, 잎이 서이(鼠耳;쥐 귀)와 같고 총생(叢生)하여 쟁반과 같다. '경(頃)'은 기욺이다. '광(筐)'은 대나무 그릇이다. '회(懷)'는 그리워함이다. 사람은 아마도 문왕(文王)을 가리킨 듯하다. '치(寘)'는 버려둠이다. '주행(周行)'은 큰 길이다.

○ 후비(后妃)가 군자(남편)가 집에 있지 않아 그를 그리워하고 생각하였기 때문에 이 시(詩)를 읊은 것이다. 그러므로 가탁해서 말하기를, "막 권이(卷耳)를 채취하되 기운 광주리에도 채우지 못하고서 마음에 마침 그 군자를 생각하였다. 그러므로 더 이상 채취하지 못하고 큰 길가에 버려두었다."고 한 것이다.

② 陟彼崔〔徂回反〕嵬〔五回反〕, 我馬虺〔呼回反〕隤〔徒回反〕. 我姑酌彼金罍, 維以不永懷〔叶胡隈反〕.

陟彼崔嵬(외)나	저 높은 산에 오르려 하나

··· 盈 : 찰 영 頃 : 기울 경(傾同) 筐 : 광주리 광 寘 : 둘 치(置同) 枲 : 수삼풀 시 盤 : 서릴 반 欹 : 기울 의
陟 : 오를 척 嵬 : 산뾰족할 외

我馬虺隤(회퇴)인댄(란대)　　내 말이 비루먹었으니
我姑酌彼金罍(뢰)하여　　내 우선 저 금술잔에 술 부어
維以不永懷호리라　　길이 그리워하지 않으리라

賦也라 陟은 升也라 崔嵬는 土山之戴石者[17]라 虺隤는 馬罷(피)하여 不能升高之病이라 姑는 且也라 罍는 酒器니 刻爲雲雷之象하고 以黃金飾之라 永은 長也라
○ 此又託言 欲登此崔嵬之山하여 以望所懷之人而往從之나 則馬罷病而不能進이라 於是에 且酌金罍之酒하여 而欲其不至於長以爲念也라

부(賦)이다. '척(陟)'은 오름이다. '최외(崔嵬)'는 토산(土山)이 돌을 이고 있는 것이다. '회퇴(虺隤)'는 말이 파리하여 높은 데 올라가지 못하는 병이다. '고(姑)'는 우선이다. '뢰(罍)'는 술그릇인데, 구름과 우뢰의 형상을 새기고 황금으로 장식한 것이다. '영(永)'은 깊이다.

○ 이는 또 가탁하여 말하기를 "이 최외(높음)의 산에 올라가서 그리워하는 님을 바라보고 따라 가고자 하나, 말이 파리하고 병들어 능히 나아가지 못하니, 이에 우선 금술잔에 술을 부어 길이 그리워함에 이르지 않고자 한다."고 한 것이다.

③ 陟彼高岡, 我馬玄黃. 我姑酌彼兕〔徐履反〕觥〔古橫反 叶古黃反〕, 維以不永傷.

陟彼高岡이나　　저 높은 산마루에 오르려 하나
我馬玄黃하니(이란대)　　내 검은 말이 누렇게 병들었으니
我姑酌彼兕觥(시굉)하여　　내 우선 저 뿔잔에 술 부어
維以不永傷호리라　　길이 서글퍼하지 않으리라

賦也라 山脊曰岡이라 玄黃은 玄馬而黃이니 病極而變色也라 兕는 野牛니 一角, 靑色이요 重千斤이라 觥은 爵也니 以兕角爲爵也라

부(賦)이다. 산등성이를 강(岡)이라 한다. '현황(玄黃)'은 검은 말이 〈병들어〉 누

••••••

17 崔嵬 土山之戴石者 :《이아(爾雅)》〈석산(釋山)〉에는 "석산이 흙을 이고 있는 것〔石山戴土〕"이라 하여 《집전》과 상반된다.

••• 虺 : 비루먹을 회 隤 : 무너질 퇴 姑 : 우선 고 罍 : 뇌문(雷文)놓은술잔 뢰 戴 : 일 대 罷 : 고달플 피, 파리할 비 兕 : 외뿔소 시 觥 : 뿔술잔 굉 脊 : 등뼈 척 爵 : 술잔 작

렇게 된 것이니, 병이 심하여 색깔이 변한 것이다. '시(兕)'는 들소이니, 뿔이 하나이고 청색이며 무게가 천 근에 이른다. '굉(觥)'은 술잔이니, 들소의 뿔로써 술잔을 만든 것이다.

④ 陟彼砠〔七餘反〕矣, 我馬瘏〔音塗〕矣, 我僕痡〔音敷〕矣, 云何吁矣.

陟彼砠(저)矣나	저 석산(石山)에 오르려 하나
我馬瘏(도)矣며	내 말이 병들었으며
我僕痡(부)矣니	내 마부가 병들었으니
云何吁矣오	어찌 나를 한숨짓게 하는가(멀리 바라보게 하는가)

賦也라 石山戴土曰砠[18]라 瘏는 馬病하여 不能進也요 痡는 人病하여 不能行也라 吁는 憂歎也라 爾雅註에 引此作盱하고 張目望遠也라하니 詳見何人斯篇[19]하니라

부(賦)이다. 석산(石山)에 흙을 이고 있는 것을 '저(砠)'라 한다. '도(瘏)'는 말이 병들어 나아가지 못함이요, '부(痡)'는 사람이 병들어 길을 걷지 못하는 것이다. '우(吁)'는 근심하고 탄식함이다. 《이아(爾雅)》의 주(註)에 이 시(詩)를 인용하면서 우(吁)를 우(盱)로 쓰고, "눈을 뜨고 멀리 바라보는 것이다." 하였으니, 이에 대한 해설이 〈하인사(何人斯)〉 편에 자세히 보인다.

卷耳四章이니 章四句라

〈권이(卷耳)〉는 4장이니, 장마다 4구이다.

此亦后妃所自作이니 可以見其貞靜專一之至矣라 豈當文王朝會征伐之時어나 羑(유)里拘幽之日而作歟아 然이나 不可考矣니라

이 또한 후비(后妃)가 스스로 지은 것이니, 그 정정(貞靜)하고 전일(專一)함이 지

••••••

18 石山戴土曰砠 : 《이아》 〈석산〉에는 "토산에 흙을 이고 있는 것〔土山戴石〕"이라 하여 《집전》과 역시 상반된다.

19 爾雅註……詳見何人斯篇 : 〈하인사(何人斯)〉는 〈소아(小雅)〉의 편명으로 여기에 "한 번 오신다면 내 어찌 이리도 멀리 바라보겠는가.〔壹者之來, 云何其盱.〕"라고 보이는데, 《집전》에 "우(盱)는 바라봄이다. 《자림(字林)》에 '우(盱)는 눈을 뜨고 멀리 바라보는 것이다.'"라고 풀이하였다. 고자(古字)에는 우(吁)와 우(盱)를 통용한 것으로 보인다.

••• 砠 : 흙산에돌박힐 저 瘏 : 피곤할 도 痡 : 병들 부 吁 : 한숨쉴 우 盱 : 바라볼 우 羑 : 권할 유

극함을 볼 수 있다. 이는 아마도 문왕(文王)이 조회가고 정벌을 나갔을 때이거나 유리(羑里)의 감옥에 구류(拘留)되어 있던 때를 당하여 지은 듯하다. 그러나 상고할 수 없다.

【毛序】 卷耳는 后妃之志也라 又當輔佐君子하여 求賢審官하여 知臣下之勤勞하니 內有進賢之志하고 而無險詖私謁之心하여 朝夕思念하여 至於憂勤也라

〈권이〉는 후비의 뜻을 읊은 것이다. 또 마땅히 군자(남편)를 보좌하여 현자(賢者)를 찾고 관직을 살펴 신하들의 수고로움을 알아야 하니, 안에 현자를 진용(進用)하려는 뜻이 있고, 험하고 편벽되며 사사로이 청탁하려는 마음이 없어, 조석(朝夕)으로 사념(思念)해서 근심하고 수고로움에 이른 것이다.

【鄭註】 謁은 請也라

알(謁)은 간청함이다.

【辨說】 此詩之序는 首句得之요 餘皆傅會之鑿說이라 后妃雖知臣下之勤勞而憂之나 然曰嗟我懷人이면 則其言親暱(닐)이니 非后妃之所得施於使臣者矣라 且首章之我는 獨爲后妃요 而後章之我는 皆爲使臣이니 首尾衡(횡)決하여 不相承應하니 亦非文字之體也니라

이 시의 〈서〉는 수구(首句)는 맞고 나머지는 모두 견강부회(牽强附會)하여 천착(穿鑿)한 말이다. 후비(后妃)가 비록 신하의 근로(勤勞)함을 알고 이것을 근심할지라도, 〈시에서〉 '아! 내가 사람을 그리워한다.〔嗟我懷人〕'고 하였으면 그 말이 너무 친압하니, 후비가 사신에게 베풀 수 있는 것이 아니다. 또 첫 번째 장(章)의 '나〔我〕'만 홀로 후비가 되고 뒷장의 '나'는 모두 사신이 되니, 머리와 끝이 멋대로 분열되어서 서로 이어지고 응하지 못하니, 또한 문자(문장)의 체제가 아니다.

4. 규목(樛木)

① 南有樛〔居虯反〕木, 葛藟〔力軌反〕纍〔力追反〕之. 樂〔音洛〕只〔之氏反〕君子, 福履綏之.

南有樛(규)木하니	남산에 규목(늘어진 나무)이 있으니

⋯ 審 : 살필 심 謁 : 청할 알 鑿 : 천착할 착 暱 : 친할 닐 樛 : 가지늘어질 규

葛藟纍(갈류루)之로다　　　칡넝쿨이 감겨 있도다
樂(락)只君子여　　　즐거운 군자여
福履綏(수)之로다　　　복록(福祿)으로 편안히 하리로다

興也라 南은 南山也라 木下曲曰樛라 藟는 葛類라 纍는 猶繫也라 只는 語助辭라 君子는 自衆妾而指后妃니 猶言小君、內子也라 履는 祿이요 綏는 安也라
○ 后妃能逮下而無嫉妬之心이라 故로 衆妾이 樂其德而稱願之曰 南有樛木하니 則葛藟纍之矣요 樂只君子는 則福履綏之矣라하니라

흥(興)이다. '남(南)'은 남산(南山)이다. 나무가 아래로 굽은 것을 '규(樛)'라 한다. '류(藟:칡넝쿨)'는 칡의 종류이다. '루(纍)'는 계(繫:매여 있음)와 같다. '지(只)'는 어조사이다. '군자'는 여러 첩(妾)들이 후비(后妃)를 가리킨 것이니, '소군(小君)', '내자(內子)'라는 말과 같다. '리(履)'는 복록(福祿)이요, '수(綏)'는 편안함이다.

○ 후비의 덕(德)이 능히 아랫사람에게 미쳐 질투하는 마음이 없었다. 그러므로 여러 첩(妾)들이 그 덕을 즐거워하고 칭원(稱願)하기를 "남산에 규목이 있으니 칡넝쿨이 감겨 있고, 즐거운 군자는 복록으로 편안히 한다."고 한 것이다.

② 南有樛木, 葛藟荒之. 樂只君子, 福履將之.

南有樛木하니　　　남산에 규목이 있으니
葛藟荒之로다　　　칡넝쿨이 덮혀 있도다
樂只君子여　　　즐거운 군자여
福履將之로다　　　복록이 도와주리로다

興也라 荒은 奄也라 將은 猶扶助也라

흥(興)이다. '황(荒)'은 가리움(덮음)이다. '장(將)'은 부조(扶助:붙들어주고 도와줌)와 같다.

③ 南有樛木, 葛藟縈〔烏營反〕之. 樂只君子, 福履成之.

南有樛木하니　　　남산에 규목이 있으니

··· 藟 : 칡덩쿨 류 纍 : 맬 루 履 : 복 리 綏 : 편안할 수(유) 逮 : 미칠 체 嫉 : 미워할 질 妬 : 미워할 투
荒 : 덮을 황 將 : 받들 장, 도울 장 奄 : 가릴 엄

葛藟縈(영)之로다　　칡넝쿨이 얽혀 있도다
樂只君子여　　즐거운 군자여
福履成之로다　　복록이 이루어주리로다

興也라 縈은 旋이요 成은 就也라
흥(興)이다. '영(縈)'은 감돎이요, '성(成)'은 이룸이다.

樛木三章이니 章四句라
〈규목(樛木)〉은 3장이니, 장마다 4구이다.

【毛序】 樛木은 后妃逮下也니 言能逮下而無嫉妬之心焉이니라
〈규목〉은 후비의 은덕이 아래에 미침을 읊은 것이니, 은덕이 아랫사람들에게 미치고 질투하는 마음이 없음을 말한 것이다.
【鄭註】 后妃能和諧衆妾하여 不嫉妬其容貌하고 恒以善言逮下而安之라
후비가 능히 여러 첩들과 화합해서 그(첩)의 용모를 질투하지 않고 항상 선언(善言)으로 아랫사람에게 미쳐서 편안하게 하는 것이다.
【辨說】 此序는 稍平하니 後不注(註)者는 放此라
이 〈서(序)〉는 다소 평탄하니, 뒤에 따로 주(注:변설을 가리킴)를 달지 않은 것은 이와 같다.

5. 종사(螽斯)

① 螽〔音終〕斯羽, 詵詵〔所巾反〕兮. 宜爾子孫, 振振〔音眞〕兮.

螽(종)斯羽　　베짱이의 깃이
詵(선)詵兮니　　화(和)하게 모였으니
宜爾子孫이　　너의 자손이
振振兮로다　　번성함이 당연하도다

… 縈:얽힐 영 旋:감돌 선 諧:화합할 해 螽:메뚜기 종 詵:많을 선

比也라 螽斯는 蝗屬이니 長而青하고 長角長股하니 能以股相切作聲하며 一生九十九子라 詵詵은 和集貌라 爾는 指螽斯也라 振振은 盛貌라
○ 比者는 以彼物比此物也라 后妃不妬忌而子孫衆多라 故로 衆妾이 以螽斯之羣處和集而子孫衆多比之하니 言其有是德而宜有是福也라 後凡言比者는 放此하니라

비(比)이다. '종사(螽斯:사(斯)는 조사)'는 메뚜기의 등속이니, 몸이 길고 푸르며 뿔이 길고 다리가 긴데, 다리를 서로 비벼서 우는 소리를 내며, 한 번에 99마리의 새끼를 낳는다. '선선(詵詵)'은 화(和)하게 모여 있는 모양이다. '이(爾:너)'는 종사를 가리킨다. '진진(振振)'은 성(盛)한 모양이다.

○ 비(比)는 저 물건을 가지고 이 물건을 비유하는 것이다. 후비가 투기하지 않아 자손이 많으므로, 여러 첩(妾)들이 종사가 한 곳에 떼 지어 살면서 화(和)하게 모여 있어 자손이 많음으로써 비유한 것이니, 이러한 덕(德)이 있으면 이러한 복(福)을 소유함이 당연함을 말한 것이다. 뒤에 모든 비(比)라고 말한 것은 이와 같다.

② 螽斯羽, 薨薨兮. 宜爾子孫, 繩繩兮.

螽斯羽	베짱이의 깃이
薨(홍)薨兮니	떼 지어 나니
宜爾子孫이	너의 자손이
繩繩兮로다	계속 이어짐이 당연하도다

比也라 薨薨은 羣飛聲이요 繩繩은 不絕貌라

비(比)이다. '홍홍(薨薨)'은 여럿이 떼 지어 나는 소리요, '승승(繩繩)'은 끊이지 않는 모양이다.

③ 螽斯羽, 揖揖〔側立反〕兮. 宜爾子孫, 蟄蟄〔直立反〕兮.

螽斯羽	베짱이의 깃이
揖揖兮니	모였으니
宜爾子孫이	너의 자손이
蟄蟄兮로다	번성함이 당연하도다

··· 蝗 : 메뚜기 황 股 : 다리 고 切 : 갈 절 薨 : 메뚜기떼로날으는소리 홍 繩 : 이을 승 揖 : 모을 집 蟄 : 모일 칩

比也라 揖揖은 會聚也라 蟄蟄은 亦多意라

비(比)이다. '집집(揖揖)'은 모여 있는 것이다. '칩칩(蟄蟄)' 또한 많다는 뜻이다.

螽斯三章이니 章四句라

〈종사(螽斯)〉는 3장이니, 장마다 4구이다.

【毛序】 螽斯는 后妃子孫衆多也니 言若螽斯不妬忌면 則子孫衆多也라

〈종사〉는 후비의 자손이 많음을 읊은 것이니, 종사가 투기(妬忌:질투)하지 않으면 자손이 많음과 같음을 말한 것이다.

【鄭註】 忌는 有所諱惡於人이라

기(忌)는 악(惡)을 남에게 휘(諱)하는 바가 있는 것이다.

【辨說】 螽斯聚處和一하여 而卵育蕃多라 故로 以爲不妬忌則子孫衆多之比라 序者不達此詩之體라 故遂以不妬忌者로 歸之螽斯하니 其亦誤矣로다

종사(螽斯)가 한 곳에 모여 거처하면서 화합하여 일체가 되어 알을 까 기름〔育〕이 많다. 그러므로 투기(질투)하지 않으면 자손이 많은 비유로 삼은 것이다. 〈그런데〉 〈서〉를 지은 자는 이 시의 체(體)를 알지 못하였다. 그러므로 마침내 투기하지 않는 것을 종사에 돌렸으니, 이 또한 잘못이다.

6. 도요(桃夭)

① 桃之夭夭〔於驕反〕, 灼灼其華〔芳無呼瓜二反〕. 之子于歸, 宜其室家〔古胡古牙二反〕.

桃之夭夭여	복숭아나무의 어리고 예쁨이여
灼灼其華로다	곱고 고운 그 꽃이로다
之子于歸여	이 아가씨의 시집감이여
宜其室家로다	그 실가(室家)를 화순하게 하리로다

興也라 桃는 木名이니 華紅이요 實可食이라 夭夭는 少好之貌요 灼灼은 華之盛也니

… 諱 : 꺼릴 휘 蕃 : 많을 번 桃 : 복숭아 도 夭 : 어릴 요 灼 : 꽃활짝필 작 華 : 꽃 화

木少則華盛이라 之子는 是子也니 此는 指嫁者而言也라 婦人謂嫁曰歸라 周禮에 仲春에 令會男女라하니 然則桃之有華는 正婚姻之時也라 宜者는 和順之意라 室은 謂夫婦所居요 家는 謂一門之內라

○ 文王之化가 自家而國하여 男女以正하고 婚姻以時라 故로 詩人이 因所見以起興하여 而歎其女子之賢하여 知其必有以宜其室家也라

흥(興)이다. '도(桃;복숭아)'는 나무 이름이니, 꽃이 붉고 열매를 먹을 수 있다. '요요(夭夭)'는 어리고 예쁜 모양이요 '작작(灼灼)'은 꽃이 성(盛)함이니, 나무가 어리면 꽃이 성하다. '지자(之子)'는 이 사람이니, 여기서는 시집가는 자를 가리켜 말한 것이다. 부인(婦人)이 시집가는 것을 일러 '귀(歸)'라 한다.《주례(周禮)》〈매씨(媒氏)〉에 "중춘(仲春)에 남녀(男女)를 모이게 한다." 하였으니, 그렇다면 복숭아꽃이 필 무렵은 바로 혼인할 때인 것이다. '의(宜)'는 화순(和順)한 뜻이다. '실(室)'은 부부가 거처하는 곳(방안)을 이르고, '가(家)'는 한 가문의 안을 이른다.

○ 문왕의 교화가 집안으로부터 나라에 미쳐서 남녀가 바루어지고 혼인을 제때에 하였다. 그러므로 시인이 자기가 본 바를 인하여 기흥(起興)해서 그 여자가 어질어 반드시 실가를 화순하게 할 줄을 안다고 감탄한 것이다.

② 桃之夭夭, 有蕡〔浮雲反〕其實. 之子于歸, 宜其家室.

桃之夭夭여	복숭아나무의 어리고 예쁨이여
有蕡(분)其實이로다	많고 많은 그 열매로다
之子于歸여	이 아가씨의 시집감이여
宜其家室이로다	그 가실을 화순하게 하리로다

興也라 蕡은 實之盛也라 家室은 猶室家也라

흥(興)이다. '분(蕡)'은 열매가 성함이다. '가실(家室)'은 실가(室家)와 같다.

③ 桃之夭夭, 其葉蓁蓁〔側巾反〕. 之子于歸, 宜其家人.

桃之夭夭여	복숭아나무의 어리고 예쁨이여

••• 蕡 : 열매많이열릴 분

其葉蓁蓁이로다	그 잎이 무성하고 무성하도다
之子于歸여	이 아가씨의 시집감이여
宜其家人이로다	그 집안사람들을 화순하게 하리로다

興也라 蓁蓁은 葉之盛也라 家人은 一家之人也라

흥(興)이다. '진진(蓁蓁)'은 잎이 무성함이다. '가인(家人)'은 한 집안의 사람이다.

桃夭三章이니 章四句라

〈도요(桃夭)〉는 3장이니, 장마다 4구이다.

【毛序】 桃夭는 后妃之所致也라 不妬忌하면 則男女以正하고 婚姻以時하여 國無鰥(환)民也라

〈도요〉는 후비(后妃)의 덕(德)으로 이룬 것을 읊은 시(詩)이다. 후비가 질투하지 않으면 남녀가 바루어지고 혼인을 제때에 하여 나라에 홀아비로 있는 백성이 없게 된다.

【鄭註】 老無妻曰鰥이라

늙어서 아내가 없는 것을 환(鰥;홀아비)이라 한다.

【辨說】 序首句는 非是요 其所謂男女以正하고 婚姻以時하여 國無鰥民者는 得之라 蓋此以下諸詩는 皆言文王風化之盛이 由家及國之事어늘 而序者失之하여 皆以爲后妃之所致라하니 既非所以正男女之位요 而於此詩에 又專以爲不妬忌之功하니 則其意愈狹而說愈疎矣니라

〈서(序)〉의 수구(首句)는 옳지 않고, 그 이른바 '남녀가 바루어지고 혼인이 제때에 이루어져서 나라에 홀아비가 없었다.'는 것은 맞다. 이하의 여러 시가 모두 문왕의 풍화(風化)의 훌륭함이 집안을 말미암아 나라에 미치는 일을 말하였는데, 〈서〉를 지은 자가 잘못하여 모두 후비(后妃)가 이룬 것이라고 하였으니, 이는 이미 남녀의 자리를 바로잡는 것이 아니요, 이 시에 대해서는 또 오로지 투기하지 않는 공(功)이라 하였으니, 그 뜻이 더욱 좁아서 말이 너무 엉성하다.

··· 蓁 : 무성할 진 鰥 : 홀아비 환 狹 : 좁을 협

7. 토저(兎罝)

① 肅肅兎罝〔子斜反 又子余反 與夫叶〕, 椓之丁丁〔陟耕反〕. 赳赳武夫, 公侯干城.

肅肅兎罝(저)여	정돈된 토끼 그물이여
椓之丁丁이로다	말뚝을 땅땅〔丁丁〕 치도다
赳(규)赳武夫여	굳세고 굳센 무부여
公侯干城이로다	공후의 간성이로다

興也라 肅肅은 整飭貌라 罝는 罟(고)也라 丁丁은 椓杙(탁익)聲也라 赳赳는 武貌라 干은 盾也니 干城은 皆所以扞外而衛內者라

○ 化行俗美하여 賢才衆多하여 雖罝兎之野人이라도 而其才之可用이 猶如此라 故로 詩人이 因其所事하여 以起興而美之하니 而文王德化之盛을 因可見矣로다

흥(興)이다. '숙숙(肅肅)'은 정돈된 모양이다. '저(罝)'는 그물이다. '정정(丁丁)'은 〈그물을 치기 위해〉 말뚝을 치는 소리(땅땅)이다. '규규(赳赳)'는 굳센 모양이다. '간(干)'은 방패이니, 방패와 성(城)은 모두 밖을 막아 안을 보호하는 것이다.

○ 교화가 행해지고 풍속이 아름다워서, 어진 사람과 재주 있는 사람이 많아 비록 토끼 그물을 치는 야인(野人)이라 하더라도 그 재주의 쓸 만함이 오히려 이와 같았다. 그러므로 시인(詩人)이 그 일삼는 바를 인해서 기흥(起興)하여 찬미하였으니, 문왕의 덕화(德化)의 성함을 인하여 볼 수 있도다.

② 肅肅兎罝, 施于中逵. 赳赳武夫, 公侯好仇〔叶渠之反〕.

肅肅兎罝여	정돈된 토끼 그물이여
施(이)于中逵(규)로다	길 가운데 쳤도다
赳赳武夫여	굳세고 굳센 무부여
公侯好仇로다	공후의 좋은 짝이로다

興也라 逵는 九達之道라 仇는 與逑同하니 匡衡引關雎에도 亦作仇字하니라 公侯善匹은 猶曰聖人之耦니 則非特干城而已니 歎美之無已也라 下章放此하니라

··· 兔 : 토끼 토 罝 : 그물 저 椓 : 칠 탁 赳 : 헌걸찰 규 飭 : 삼갈 칙 罟 : 그물 고 杙 : 말뚝 익 盾 : 방패 순 扞 : 막을 한 逵 : 길거리 규 仇 : 짝 구 耦 : 짝 우

흥(興)이다. '규(逵)'는 아홉 거리로 통하는 큰 길이다. '구(仇)'는 구(逑:짝)와 같으니, 광형(匡衡)이 〈관저(關雎)〉를 인용한 글에도 또한 구(仇) 자로 되어 있다. 공후(公侯)의 좋은 짝은 '성인(聖人)의 짝'이라는 말과 같으니, 그렇다면 다만 간성(干城)일 뿐만이 아니니, 탄미(歎美)하기를 마지 않은 것이다. 하장(下章)도 이와 같다.

③ 肅肅兎罝, 施于中林. 赳赳武夫, 公侯腹心.

肅肅兎罝여	정돈된 토끼 그물이여
施于中林이로다	숲 가운데 쳤도다
赳赳武夫여	굳세고 굳센 무부여
公侯腹心이로다	공후의 복심(심복)이로다

興也라 中林은 林中이라 腹心은 同心同德之謂니 則又非特好仇而已也라

흥(興)이다. '중림(中林)'은 숲 속이다. '복심(腹心)'은 마음이 같고 덕(德)이 같음을 이르니, 그렇다면 또 다만 좋은 짝일 뿐만이 아닌 것이다.

兎罝三章이니 章四句라

〈토저(兎罝)〉는 3장이니, 장마다 4구이다.

【毛序】 兎罝는 后妃之化也니 關雎之化行이면 則莫不好德하여 賢人衆多也라

〈토저〉는 후비의 교화를 읊은 것이니, 〈관저〉의 교화가 행해지면 덕(德)을 좋아하지 않는 이가 없어 현인(賢人)이 많은 것이다.

【辨說】 此序首句는 非是요 而所謂莫不好德하여 賢人衆多者는 得之라

이 〈서(序)〉의 수구는 옳지 않고, 이른바 덕을 좋아하지 않는 이가 없어서 현인이 많다는 것은 맞다.

8. 부이(芣苢)

① 采采芣〔音浮〕苢〔音以〕, 薄言采〔叶此禮反〕之. 采采芣苢, 薄言有〔叶羽已

反〕之.

采采芣苢을　　　　캐고 캐는 부이를
薄言采之호라　　　잠깐 뜯노라
采采芣苢를　　　　캐고 캐는 부이를
薄言有之호라　　　잠깐 소유하노라

賦也라 芣苢는 車(차)前也니 大葉長穗하고 好生道旁(傍)이라 采는 始求之也요 有는 旣得之也라

○ 化行俗美하여 家室和平하니 婦人無事하여 相與采此芣苢하여 而賦其事以相樂也라 采之는 未詳何用하니 或曰 其子治産難이라

부(賦)이다. '부이(芣苢)'는 차전(車前; 질경이)이니, 잎이 크고 이삭이 길며, 길가에 자라기를 좋아한다. '채(采)'는 처음 구함이요, '유(有)'는 이미 얻은 것이다.

○ 교화가 행해지고 풍속이 아름다워서 가실(집안)이 화평하니, 부인이 일이 없어 서로 이 부이를 채취하면서 그 일을 읊어 서로 즐거워한 것이다. 이것을 채취함은 어디에 쓰는지 상세하지 않으니, 혹자는 말하기를, "그 씨(차전자(車前子))가 난산(難産)을 치료한다."고 한다.

② 采采芣苢, 薄言掇〔都奪反〕之. 采采芣苢, 薄言捋〔力活反〕之.

采采芣苢를　　　　캐고 캐는 부이를
薄言掇(철)之호라　잠깐 줍노라
采采芣苢를　　　　캐고 캐는 부이를
薄言捋(랄)之호라　잠깐 훑노라

賦也라 掇은 拾也요 捋은 取其子也라

부(賦)이다. '철(掇)'은 주움이요, '랄(捋)'은 그 씨를 취하는 것이다.

③ 采采芣苢. 薄言袺〔音結〕之. 采采芣苢, 薄言襭〔戶結反〕之.

··· 芣 : 질경이 부 苢 : 질경이 이 薄 : 잠깐 박 穗 : 이삭 수 旁 : 곁 방 掇 : 주울 철 捋 : 뽑을 랄

采采芣苢를	캐고 캐는 부이를
薄言袺(결)之호라	잠깐 옷소매에 담노라
采采芣苢를	캐고 캐는 부이를
薄言襭(힐)之호라	잠깐 옷깃에 넣노라

賦也라 袺은 以衣貯之而執其衽也요 襭은 以衣貯之而扱(삽)其衽於帶間也라

부(賦)이다. '결(袺)'은 옷에 넣고 그 옷깃을 잡는 것이요, '힐(襭)'은 옷에 넣고 그 옷깃을 띠 사이에 꽂는 것이다.

芣苢三章이니 章四句라

〈부이(芣苢)〉는 3장이니, 장마다 4구이다.

【毛序】 芣苢는 后妃之美也니 天下和平이면 則婦人樂有子矣니라

〈부이〉는 후비의 아름다움을 읊은 것이니, 천하가 화평해지면 부인들이 자식을 둠을 즐거워하게 된다.

【鄭註】 天下和하고 政教平也라

천하가 화합하고 정교(政教)가 평(平)한 것이다.

9. 한광(漢廣)

① 南有喬木, 不可休息〔吳氏曰 韓詩作思〕. 漢有遊女, 不可求思. 漢之廣〔叶古曠反〕矣, 不可泳〔叶于誑反〕思. 江之永〔叶弋亮反〕矣, 不可方〔叶甫妄反〕思.

南有喬木하니	남쪽에 교목(喬木)이 있으니
不可休(息)[思]로다	다가가서 쉴 수가 없도다
漢有遊女하니	한수(漢水)에 놀러나온 여자가 있으니
不可求思로다	구할 수가 없도다
漢之廣矣	한수가 넓어
不可泳思며	헤엄쳐 갈 수 없으며

··· 袺 : 옷섶잡을 결 襭 : 옷깃 힐 衽 : 옷깃 임 扱 : 끼울 삽 喬 : 높을 교 泳 : 헤엄칠 영

江之永矣	강수(江水)가 길어
不可方思로다	뗏목으로 갈 수 없도다

興而比也라 上竦(송)無枝曰喬라 思는 語辭也니 篇內同이라 漢水는 出興元府嶓冢(파총)山하여 至漢陽軍大別山하여 入江이라 江漢之俗은 其女好遊하여 漢、魏以後猶然하니 如大堤之曲[20]에 可見也라 泳은 潛行也라 江水는 出永康軍岷山하여 東流與漢水合하여 東北入海라 永은 長也[21]라 方은 桴也라

○ 文王之化 自近而遠하여 先及於江漢之間하여 而有以變其淫亂之俗이라 故로 其出游之女를 人望見之하고 而知其端莊靜一하여 非復前日之可求矣라 因以喬木起興하고 江漢爲比하여 而反復詠歎之也라

흥이비(興而比;흥(興)이면서 비(比))이다. 나무가 위로 쭉 뻗어 올라가고 가지가 없는 것을 '교(喬)'라 한다. '사(思)'는 어조사이니, 편(篇) 안의 사(思)가 모두 같다. 한수(漢水)는 흥원부(興元府) 파총산(嶓冢山)에서 발원(發源)하여 한양군(漢陽軍) 대별산(大別山)에 이르러 장강(長江)으로 들어간다. 강(江)·한(漢) 지방의 풍속은 여자들이 놀기를 좋아하여, 한(漢)나라와 위(魏)나라 이후에도 그러하였으니, 대제곡(大堤曲) 같은 것에서 볼 수 있다. '영(泳)'은 물 속으로 잠겨서 헤엄쳐 가는 것이다. 강수(江水;장강)는 영강군(永康軍) 민산(岷山)에서 발원하여 동쪽으로 흘러서 한수와 합류하여 동북(東北)으로 바다에 들어간다. '영(永)'은 긺이다. '방(方)'은 뗏목이다.

○ 문왕의 교화가 가까운 곳에서부터 먼 데까지 이르러 먼저 강·한의 사이에 미쳐서 그 음란한 풍속을 변화시킴이 있었다. 그러므로 그 놀러 나온 여자들을 사람들이 바라보고는 용모가 단장(端莊)하고 성정(性情)이 정일(靜一)하여 다시는 옛날처럼 구할(유혹할) 수 있는 바가 아님을 알았다. 인하여 교목으로써 기흥(起興)하고 강·한으로 비유하여, 반복하여 영탄(詠歎)한 것이다.

······

20 如大堤之曲 : 대제(大堤)는 한수(漢水)의 제방이다. 남조(南朝)의 송(宋)나라 수왕(隋王) 유탄(劉誕)이 양주 자사(襄州刺史)가 되었을 때에 지은 악부(樂府) 44곡(曲)이 있는데 여기에 '대제곡'이 있다. 옛 가사에 "아침에 양양성을 출발하여 저녁에 대제에서 유숙하였네. 대제에 있는 여러 아가씨들 꽃처럼 요염하여 사나이 눈을 놀래키네.〔朝發襄陽城, 暮至大堤宿, 大堤諸兒女, 花艶驚郎目.〕" 하였다.

21 永 長也 : 광한 장씨(廣漢張氏;장식(張栻))가 말하였다. "광(廣)은 횡으로 건너감을 이르고 영(泳)은 직선으로 물결을 거슬러 올라감을 이른다.〔廣, 謂橫渡也; 泳, 謂沿泝也.〕"《詳說》

··· 方 : 뗏목 방 竦 : 우뚝솟을 송 嶓 : 산이름 파 堤 : 둑 제 岷 : 산이름 민 桴 : 뗏목 부

② 翹翹[祈遙反]錯薪, 言刈其楚. 之子于歸, 言秣其馬[叶漢補反]. 漢之廣矣, 不可泳思. 江之永矣, 不可方思.

翹(교)翹錯薪에	쭉쭉 뻗은 잡목 속에
言刈(예)其楚호리라	회초리나무를 베리라
之子于歸에	이 아가씨가 시집감에
言秣其馬호리라	그 말에게 꼴을 먹이리라
漢之廣矣	한수가 넓어
不可泳思며	헤엄쳐 갈 수 없으며
江之永矣	강수가 길어
不可方思로다	뗏목으로 갈 수 없도다

興而比也라 翹翹는 秀起之貌라 錯은 雜也라 楚는 木名이니 荊屬이라 之子는 指游女也라 秣은 飼也라

○ 以錯薪起興而欲秣其馬하니 則悅之至요 以江漢爲比而歎其終不可求하니 則敬之深이라

홍이비(興而比)이다. '교교(翹翹)'는 쭉쭉 뻗은 모양이다. '착(錯)'은 섞임이다. '초(楚)'는 나무 이름이니, 형(荊:가시나무)의 등속이다. '지자(之子)'는 놀러 나온 여자를 가리킨 것이다. '말(秣)'은 말에게 먹이를 먹이는 것이다.

○ 착신(錯薪)으로써 기흥(起興)하고 그 말을 먹이고자 하였으니 기뻐함이 지극한 것이요, 강(江)·한(漢)으로써 비유하고 끝내 구할 수 없음을 탄식하였으니, 공경함이 깊은 것이다.

③ 翹翹錯薪, 言刈其蔞[音閭]. 之子于歸, 言秣其駒. 漢之廣矣, 不可泳思. 江之永矣, 不可方思.

翹翹錯薪에	쭉쭉 뻗은 잡목 속에
言刈其蔞(려)호리라	그 쑥대를 베리라
之子于歸에	이 아가씨가 시집감에
言秣其駒호리라	망아지에게 먹이를 먹이리라

… 翹 : 빼어날 교 錯 : 어긋날 착 刈 : 벨 예 楚 : 가시나무 초 秣 : 먹일 말 荊 : 가시나무 형 飼 : 먹일 사
蔞 : 물쑥 려(루) 駒 : 망아지 구

漢之廣矣	한수가 넓어
不可泳思며	헤엄쳐갈 수 없으며
江之永矣	강수가 길어
不可方思로다	뗏목으로 갈 수 없도다

興而比也라 蔞는 蔞蒿也니 葉似艾하고 靑白色이요 長數寸이니 生水澤中이라 駒는 馬之小者라

흥이비(興而比)이다. '려(蔞)'는 물쑥이니, 잎이 쑥과 같고 청백색이며, 길이가 몇 치〔寸〕쯤 되는데 수택(水澤) 가운데에서 자란다. '구(駒)'는 말 중에 어린 것이다.

漢廣三章이니 章八句라

〈한광(漢廣)〉은 3장이니, 장마다 8구이다.

【毛序】 漢廣은 德廣所及也라 文王之道 被于南國하여 美化行乎江漢之域하여 無思犯禮하여 求而不可得也니라

〈한광〉은 덕택이 널리 미침을 읊은 것이다. 문왕의 도(道)가 남쪽 나라에 입혀져 아름다운 교화가 강(江)·한(漢)의 지역에 행해져서 예(禮)를 범할 것을 생각하지 아니하여 〈예전처럼 여인을〉 구하여도 얻을 수 없었다.

【鄭註】 紂時에 淫風이 徧於天下어늘 維江漢之域이 先受文王之敎化하니라

주(紂) 때에 음풍(淫風)이 천하에 두루 미쳤는데, 오직 강(江)·한(漢)의 지역이 먼저 문왕(文王)의 교화를 받은 것이다.

【辨說】 此詩는 以篇內有漢之廣矣一句得名이어늘 而序者謬誤하여 乃以德廣所及爲言하니 失之遠矣라 然其下文은 復得詩意하니 而所謂文王之化者는 尤可以正前篇之誤라 先儒嘗謂序非出於一人之手者는 此其一驗이라하니라 但首句未必是요 下文未必非耳어늘 蘇氏乃例取首句하고 而去其下文하니 則於此類에 兩失之矣로다

이 시는 편(篇) 안에 '한수가 넓다.〔漢之廣〕'는 한 구(句)가 있으므로 〈한지광(漢之廣)〉이라는 편명을 얻었는데, 〈서〉를 짓는 자가 잘못하여 마침내 덕이 널리 미친 것으로 말하였으니 잘못됨이 크다. 그러나 그 아래 글은 다시 시의 뜻을 얻었으니, 이른바 문왕의 교화라고 한 것은 더욱 전편(前篇:〈관저〉 편)의 잘못을 바로잡을 수 있다. 선유(先儒)가 일찍이 "'〈서〉가 한 사람의 손에서 나오지 않은 듯하다.'

••• 蒿 : 다북쑥 호 艾 : 쑥 애

는 말은 이것이 한 증거이다." 하였다. 다만 수구(首句)가 반드시 옳지는 않고, 아랫글도 반드시 잘못되지는 않았다. 그런데 소씨(蘇氏)는 마침내 의례히 수구는 취하고 그 아랫구를 제거하였으니, 그렇다면 이러한 종류에 두 가지 모두 잘못한 것이다.

10. 여분(汝墳)

① 遵彼汝墳, 伐其條枚〔叶莫悲反〕. 未見君子, 惄〔乃歷反〕如調〔張留反〕飢.

遵彼汝墳하여	저 여수(汝水)의 제방을 따라
伐其條枚호라	나뭇가지의 줄기를 베노라
未見君子라	군자(남편)를 보지 못한지라
惄(녁)如調(주)飢호라	허전하여 거듭 굶주린 듯하노라

賦也라 遵은 循也라 汝水는 出汝州天息山하여 逕蔡、潁州하여 入淮라 墳은 大防也라 枝曰條요 幹曰枚라 惄은 飢意也라 調는 一作輖(주)하니 重也라
○ 汝旁之國이 亦先被文王之化者라 故로 婦人이 喜其君子行役而歸하고 因記其未歸之時에 思望之情如此하여 而追賦之也라

부(賦)이다. '준(遵)'은 따름이다. 여수(汝水)는 여주(汝州)의 천식산(天息山)에서 발원하여 채주(蔡州)와 영주(潁州)를 지나 회수(淮水)로 들어간다. '분(墳)'은 큰 제방이다. 나무의 가지를 '조(條)'라 하고, 줄기를 '매(枚)'라 한다. '녁(惄)'은 굶주린 뜻이다. '조(調)'는 일본(一本)에는 주(輖)로 되어 있으니, 거듭이다.

○ 여수 곁의 나라 또한 문왕의 교화를 먼저 입은 곳이었다. 그러므로 부인이 군자(남편)가 부역을 갔다가 돌아옴을 기뻐하고, 인하여 남편이 돌아오기 전에 그리워하고 바라던 정(情)이 이와 같았음을 기억하고 추념(追念)하여 지은 것이다.

② 遵彼汝墳, 伐其條肄〔以自反〕. 旣見君子, 不我遐棄.

遵彼汝墳하여	저 여수의 제방을 따라

… 汝 : 물이름 여 墳 : 둑 분 枚 : 가지 매 惄 : 허전할 녁 調 : 아침굶을 주 逕 : 지날 경 潁 : 물이름 영
幹 : 줄기 간 輖 : 무거울 주, 거듭 주

伐其條肄(이)호라　　그 나뭇가지와 다시 자란 가지를 베노라
旣見君子호니　　이미 군자를 만나보니
不我遐棄로다　　나를 멀리하여 버리지 않는도다

賦也라 斬而復生曰肄라 遐는 遠也라
○ 伐其枚而又伐其肄면 則踰年矣라 至是에 乃見其君子之歸하고 而喜其不遠棄我也라

부(賦)이다. 나무를 베어낸 뒤에 다시 가지가 나온 것을 '이(肄)'라 한다. '하(遐)'는 멂이다.

○ 그 나뭇가지를 베어낸 뒤에 또다시 자란 가지를 베었으면 한 해를 넘긴 것이다. 이때에 이르러서야 비로소 군자가 돌아옴을 보고는 자기를 멀리하여 버리지 않음을 기뻐한 것이다.

③ 魴〔符方反〕魚赬〔勅貞反〕尾, 王室如燬〔音毁 下同〕. 雖則如燬, 父母孔邇.

魴魚赬(정)尾어늘　　방어의 꼬리가 붉거늘
王室如燬(훼)로다　　왕실이 불타는 듯하도다
雖則如燬나　　비록 불타는 듯하나
父母孔邇(이)시니라　　부모(문왕)가 매우 가까이 계시니라

比也라 魴은 魚名이니 身廣而薄하고 少力細鱗이라 赬은 赤也니 魚勞則尾赤이라 魴尾本白而今赤이면 則勞甚矣라 王室은 指紂所都也라 燬는 焚也라 父母는 指文王也라 孔은 甚이요 邇는 近也라
○ 是時에 文王이 三分天下에 有其二로되 而率商之叛國以事紂라 故로 汝墳之人이 猶以文王之命으로 供紂之役이라 其家人이 見其勤苦而勞之曰 汝之勞旣如此어늘 而王室之政이 方酷烈而未已라 雖其酷烈而未已나 然文王之德이 如父母然하여 望之甚近하니 亦可以忘其勞矣라하니라 此는 序所謂婦人能閔其君子로되 猶勉之以正者라 蓋曰 雖其別離之久하여 思念之深이로되 而其所以相告語者 猶有尊君親上之意하고 而無情愛狎昵(압닐)之私하니 則其德澤之深과 風化之美를 皆可見矣라 一說에 父母甚近하니 不可以懈於王事而貽其憂라하니 亦通이라

··· 肄 : 움싹 이　遐 : 멀 하　踰 : 넘을 유　魴 : 방어 방　赬 : 붉을 정　燬 : 불탈 훼　孔 : 심할 공　邇 : 가까울 이
紂 : 임금이름 주　勞 : 위로할 로　酷 : 심할 혹　閔 : 걱정할 민　昵 : 친할 닐　貽 : 끼칠 이

비(比)이다. '방(魴;방어)'은 물고기 이름이니, 몸이 넓고 얇으며 힘이 적고 비늘이 가늘다. '정(赬)'은 붉음이니, 물고기가 피로하면 꼬리가 붉어진다. 방어의 꼬리는 본래 흰데, 이제 붉어졌으면 피로함이 심한 것이다. '왕실(王室)'은 주(紂)가 도읍한 곳을 가리킨다. '훼(燬)'는 불탐이다. 부모는 문왕을 가리킨다. '공(孔)'은 심함이요, '이(邇)'는 가까움이다.

○ 이때에 문왕이 천하를 삼분(三分)함에 삼분의 이(二)를 소유하고도 상(商)나라의 배반한 제후들을 거느리고 주(紂)를 섬겼다. 그러므로 여분(汝墳)의 사람들이 아직도 문왕의 명(命)에 따라 주(紂)의 역사(役事)에 일하였다. 그리하여 가인(家人)이 그(남편)의 근고(勤苦)함을 보고 위로하기를, "당신의 수고로움이 이미 이와 같지만, 왕실의 정사가 아직도 혹렬(酷烈)하여 그치지 않고 있다. 비록 혹렬하여 그치지 않고 있으나, 문왕의 덕이 부모와 같아 바라보면 매우 가까우니, 또한 그 수고로움을 잊을 수 있다."고 한 것이다.

이는 《모서(毛序)》에 이른바 "부인이 능히 그 군자를 걱정하면서도 오히려 정도(正道)로써 권면하였다."는 것이다. 이는 비록 그 이별한 지가 오래되어 그리움이 깊으나, 그 서로 말해준 것은 오히려 군주를 높이고 윗사람을 친애하는 뜻이 있고 정애(情愛)로 친압하는 사사로움이 없으니, 그렇다면 그 덕택의 깊음과 풍화(風化)의 아름다움을 모두 볼 수 있다. 일설(一說)에 "부모가 매우 가까우시니, 왕사(王事)를 태만히 하여 걱정을 끼쳐드릴 수 없다."라고 하니, 또한 통한다.

汝墳三章이니 章四句라

〈여분(汝墳)〉은 3장이니, 장마다 4구이다.

【毛序】 汝墳은 道化行也라 文王之化 行乎汝墳之國하니 婦人能閔其君子로되 猶勉之以正也니라

〈여분〉은 도덕(道德)과 교화가 행해짐을 읊은 시(詩)이다. 문왕의 교화가 여분의 나라에 행해지니, 부인이 부역 간 군자를 걱정하면서도 오히려 정도(正道)로써 권면한 것이다.

【鄭註】 言此婦人被文王之化하여 厚事其君子라

이는 부인이 문왕의 교화를 입어서 그 남편을 잘 섬김을 말한 것이다.

11. 린지지(麟之趾)

① 麟之趾, 振振〔音眞〕公子〔叶奬里反〕. 于〔音吁〕嗟麟兮.

麟之趾여	기린의 발이여
振振公子로소니	인후(仁厚)한 공자이니
于(吁)嗟麟兮로다	아, 이들이 기린이로다

興也라 麟은 麕(균)身, 牛尾, 馬蹄니 毛蟲之長也라 趾는 足也니 麟之足은 不踐生草하고 不履生蟲이라 振振은 仁厚貌라 于嗟는 歎辭라
○ 文王后妃 德修于身하여 而子孫宗族이 皆化於善이라 故로 詩人이 以麟之趾로 興公之子하여 言麟性仁厚故로 其趾亦仁厚하고 文王后妃仁厚故로 其子亦仁厚라 然이나 言之不足이라 故로 又嗟歎之하여 言是乃麟也니 何必麕身牛尾而馬蹄然後에 爲王者之瑞哉아하니라

흥(興)이다. 기린〔麟〕은 노루의 몸에 소의 꼬리요 말의 발굽을 하였으니, 모충(毛蟲;털이 있는 짐승) 중에 으뜸이다. '지(趾)'는 발이니, 기린의 발은 생풀을 밟지 않고 살아있는 벌레를 밟지 않는다. '진진(振振)'은 인후(仁厚)한 모양이다. '우차(于嗟)'는 감탄사이다.

○ 문왕의 후비가 덕(德)을 자기 몸에 닦아서 자손과 종족(宗族)이 모두 선(善)에 교화되었다. 그러므로 시인이 기린의 발로써 공자(公子)를 흥(興)하여 말하기를 "기린의 성품이 인후(仁厚)하기 때문에 그 발 또한 인후하고, 문왕의 후비가 인후하기 때문에 그 자손 또한 인후하다."고 한 것이다. 그러나 말로는 부족하기 때문에 또 감탄하여 말하기를, "이들이 바로 기린이니, 어찌 반드시 노루의 몸에 소의 꼬리를 하고 말의 발굽을 한 뒤에야 왕자(王者)의 상서(祥瑞)가 되겠는가."라고 한 것이다.

② 麟之定〔都佞反〕, 振振公姓. 于嗟麟兮.

麟之定(題)이여	기린의 이마여
振振公姓이로소니	인후한 공성이니

… 麟 : 기린 린 趾 : 발지 麕 : 노루 균 蹄 : 발굽 제 定 : 이마 정

于嗟麟兮로다　　　　아, 이들이 기린이로다

興也라 定은 額也니 麟之額은 未聞이라 或日 有額而不以抵也라 公姓은 公孫也니 姓之爲言은 生也라

흥(興)이다. '정(定)'은 이마이니, 기린의 이마는 알려져 있지 않다. 혹은 말하기를, "이마가 있어도 떠받지 않는다."고 한다. '공성(公姓)'은 공손(公孫)이니, 성(姓)이란 말은 낳는다는 뜻이다.

③ 麟之角〔叶盧谷反〕, 振振公族. 于嗟麟兮.

麟之角이여　　　　기린의 뿔이여
振振公族이로소니　　　　인후한 공족이니
于嗟麟兮로다　　　　아, 이들이 기린이로다

興也라 麟은 一角이니 角端有肉이라 公族은 公同高祖니 祖廟未毁하여 有服之親이라

흥(興)이다. 기린은 뿔이 하나인데 뿔 끝에 살이 있다. 공족(公族)은 공과 고조(高祖)를 함께 한 자손이니, 조묘(祖廟)가 철훼(撤毁)되지 않아 복(服)이 있는 친족이다.

麟之趾三章이니 章三句라

〈린지지(麟之趾)〉는 3장이니, 장마다 3구이다.

序에 以爲關雎之應이라하니 得之라

《모서(毛序)》에 "〈관저〉의 효응이다." 하였으니, 그 말이 맞다.

【毛序】 麟之趾는 關雎之應也라 關雎之化行이면 則天下無犯非禮하여 雖衰世之公子라도 皆信厚如麟趾之時也라

〈린지지〉는 〈관저〉의 효응을 읊은 시이다. 〈관저〉의 교화가 행해지면 천하에 예(禮)가 아닌 것을 범하지 아니하여 비록 쇠망(衰亡)한 세상의 공자(公子)라도 모두 성실하고 인후함이 린지(麟趾)의 때와 같은 것이다.

【鄭註】 關雎之時에 以麟爲應이라 後世雖衰나 猶存關雎之化者는 君子之宗族이

••• 抵 : 떠받을 저

猶尙振振然하여 有似麟應之時하여 無以過也라

관저(關雎)의 때에 기린(麒麟)을 응함으로 삼았다. 〈주나라는〉 후세에 비록 쇠하였으나 오히려 관저의 교화가 남아있었던 것은, 군자의 종족이 아직도 진진(振振)하여 기린이 응하던 때와 같음이 있어서 이보다 더할 수가 없기 때문이다.

【辨說】 之時二字는 可删이라

지시(之時) 두 글자는 삭제할 만하다.

周南之國은 十一篇이니 三十四章이요 百五十九句라

〈주남(周南)〉은 11편(篇)이니, 34장(章)이요 159구(句)이다.

按此篇首五詩는 皆言后妃之德하니 關雎는 擧其全體而言也요 葛覃, 卷耳는 言其志行之在己요 樛木, 螽斯는 美其德惠之及人이니 皆指其一事而言也라 其詞雖主於后妃나 然其實則皆所以著明文王身修家齊之效也라 至於桃夭, 兎罝, 芣苢하여는 則家齊而國治之效요 漢廣, 汝墳은 則以南國之詩附焉하여 而見(현)天下已有可平之漸矣라 若麟之趾는 則又王者之瑞니 有非人力所致而自至者라 故로 復以是終焉이어늘 而序者以爲關雎之應也라하니라 夫其所以至此는 后妃之德이 固不爲無所助矣라 然이나 妻道無成하니 則亦豈得而專之哉아 今言詩者 或乃專美后妃하고 而不本於文王하니 其亦誤矣로다

살펴보건대 이 편(篇)의 첫머리에 있는 다섯 편의 시는 모두 후비의 덕을 말했으니, 〈관저(關雎)〉는 그 전체를 들어 말한 것이요, 〈갈담(葛覃)〉과 〈권이(卷耳)〉는 그 뜻과 행실이 자신에게 있음을 말한 것이요, 〈규목(樛木)〉과 〈종사(螽斯)〉는 그 덕(德)과 은혜가 남에게 미침을 찬미한 것이니, 모두 한 가지 일을 가리켜 말한 것이다. 그 내용은 비록 후비를 위주로 하였으나, 그 실제는 모두 문왕의 몸이 닦아지고 집안이 가지런해진 효험을 드러내어 밝힌 것이다. 〈도요(桃夭)〉·〈토저(兎罝)〉·〈부이(芣苢)〉에 이르러는 집안이 가지런해져 나라가 다스려진 효험이요, 〈한광(漢廣)〉·〈여분(汝墳)〉은 남국(南國)의 시(詩)를 붙여, 천하가 이미 평(平)해질 수 있는 조짐이 있음을 나타낸 것이다. 〈린지지(麟之趾)〉로 말하면 또 왕자의 상서이니, 인력으로 이르게 할 수 있는 바가 아니요, 저절로 이른 것이다. 그러므로 다시 이것으로써 끝을 맺었는데, 《모서》를 지은 자가 이르기를 "〈관저〉의 효응이다." 하였다.

··· 删 : 깎을 산 漸 : 조짐 점 瑞 : 상서 서

여기에 이르게 된 것은 후비의 덕이 진실로 도운 바가 없지 않으나, 아내의 도(道)는 스스로 이룸(완성함)이 없으니, 그렇다면 또한 어찌 후비가 아름다움을 독차지할 수 있겠는가. 지금 시(詩)를 말한 자 중에 혹은 도리어 오로지 후비만을 찬미하고 문왕에게 근본하지 않았으니, 또한 잘못이다.

〈소남(召南)〉 1-2[一之二]

召(邵)는 地名이니 召公奭之采邑也라 舊說에 扶風雍縣南에 有召亭이라하니 卽其地라 今雍縣은 析爲岐山, 天興二縣하니 未知召亭的在何縣이라 已見周南篇하니라

'소(召)'는 지명이니, 소공 석(召公奭)의 채읍(采邑)이다. 구설(舊說:경전석문(經典釋文)의 옛 주소)에 "부풍(扶風)의 옹현(雍縣) 남쪽에 소정(召亭)이 있다."라고 하였으니, 바로 이 지역이다. 지금 옹현은 나뉘어 기산(岐山)과 천흥(天興) 두 현(縣)이 되었으니, 소정(召亭)이 분명히 어느 현(縣)에 있었는지는 알지 못하겠다. 나머지는 이미 〈주남(周南)〉 편에 보인다.

1. 작소(鵲巢)

① 維鵲有巢, 維鳩居〔叶姬御反〕之. 之子于歸, 百兩〔如字 又音亮〕御〔五嫁反 叶魚據反〕之.

維鵲有巢에	까치가 둥지를 소유함에
維鳩居之로다	비둘기가 살도다
之子于歸에	새아씨가 시집옴에
百兩(輛)御(아)之로다	백 대의 수레로 맞이하도다

興也라 鵲、鳩는 皆鳥名이니 鵲善爲巢하여 其巢最爲完固요 鳩性拙하여 不能爲巢하고 或有居鵲之成巢者라 之子는 指夫人也라 兩은 一車也니 一車兩輪이라 故로 謂之兩이라 御는 迎也라 諸侯之子 嫁於諸侯에 送御皆百兩也라

○ 南國諸侯 被文王之化하여 能正心修身以齊其家하니 其女子亦被后妃之化하여 而有專靜純一之德이라 故로 嫁於諸侯에 而其家人美之曰 維鵲有巢면 則鳩來居之라 是以로 之子于歸에 而百兩迎之也라하니라 此詩之意는 猶周南之有關雎也라

흥(興)이다. '까치〔鵲〕'와 '비둘기〔鳩〕'는 모두 새 이름이니, 까치는 둥지를 잘 만들어 그 집이 가장 완고(完固)하고, 비둘기는 성질(재주)이 졸(拙)하여 둥지를 잘

••• 奭 : 클 석 采 : 채읍 채 鵲 : 까치 작 巢 : 둥지 소 鳩 : 비둘기 구 兩 : 수레 량 御 : 맞을 아

만들지 못하고 간혹 까치가 만든 둥지에 사는 경우가 있다. '지자(之子)'는 시집 온 부인을 가리킨 것이다. '량(兩)'은 한 대의 수레이니, 한 수레에 바퀴가 둘이기 때문에 량(兩)이라고 이른다. '어(御)'는 맞이함이다. 제후의 딸이 〈다른〉 제후에게 시집갈 적에 보내고 맞이함을 모두 수레 백 량으로 한다.

○ 남국(南國)의 제후가 문왕의 교화를 입어 마음을 바루고 몸을 닦아서 그 집안을 가지런히 하니, 그 딸자식 또한 후비의 교화를 입어서 전정(專靜)하고 순일(純一)한 덕(德)이 있었다. 그러므로 제후에게 시집옴에 그 가인(家人)들이 찬미하기를 "까치가 둥지를 소유하면 비둘기가 와서 산다. 이 때문에 지자(之子)가 시집옴에 수레 백 량으로 맞이한다."고 한 것이다. 이 시(詩)의 뜻은 〈주남(周南)〉에 〈관저〉가 있는 것과 같다.

② 維鵲有巢, 維鳩方之. 之子于歸, 百兩將之.

維鵲有巢에	까치가 둥지를 소유함에
維鳩方之로다	비둘기가 차지하도다
之子于歸에	새아씨가 시집감에
百兩將之로다	백 대의 수레로 전송하도다

興也라 方은 有之也라 將은 送也라

흥(興)이다. '방(方)'은 소유함이다. '장(將)'은 전송함이다.

③ 維鵲有巢, 維鳩盈之. 之子于歸, 百兩成之.

維鵲有巢에	까치가 둥지를 소유함에
維鳩盈之로다	비둘기가 가득히 살도다
之子于歸에	새아씨가 시집옴에
百兩成之로다	백 대의 수레로 예(禮)를 이루도다

興也라 盈은 滿也니 謂衆媵(잉)姪娣之多라 成은 成其禮也라

흥(興)이다. '영(盈)'은 가득함이니, 여러 잉첩(媵妾)인 조카와 여동생이 많음을

••• 方 : 차지할 방 將 : 보낼 장 媵 : 잉첩 잉 姪 : 조카 질 娣 : 손아래누이 제, 여동생 제

이른다. '성(成)'은 그 예(禮)를 이룸이다.

鵲巢三章이니 章四句라

〈작소(鵲巢)〉는 3장이니, 장마다 4구이다.

【毛序】 鵲巢는 夫人之德也라 國君이 積行累功하여 以致爵位어늘 夫人起家而居有之하니 德如鳲鳩[22]라야 乃可以配焉이니라

〈작소〉는 부인의 덕(德)을 읊은 것이다. 국군(國君)이 훌륭한 행실과 공(업적)을 쌓아 작위(爵位)를 이루었는데, 부인(夫人)이 집안을 일으켜 거유(居有;차지)하니, 덕이 시구(鳲鳩;뻐꾸기)와 같아야 짝할 수 있는 것이다.

【鄭註】 起家而居有之는 謂嫁於諸侯也라 夫人有均壹之德이 如鳲鳩然而後에 可配國君이니라

〈남자가〉 집을 일으킴에 여자가 차지하여 소유함은 왕희(王姬)가 제후에게 시집감을 이른다. 부인이 균일(均壹)한 덕이 있어 시구(鳲鳩)처럼 공평한 뒤에야 국군(國君)에게 배필이 될 수 있는 것이다.

【辨說】 文王之時에 關雎之化 行於閨門之內하니 而諸侯蒙化以成德者는 其道亦始於家人이라 故其夫人之德如是어늘 而詩人美之也라 不言所美之人者는 世遠而不可知也니 後皆放此하니라

문왕의 때에 〈관저(關雎)〉의 교화가 규문(閨門)의 안에 행해지니, 제후가 이 교화를 입어 덕을 이룬 자는 그 도(道)가 또한 집안 식구에서 시작되었다. 그러므로 그 부인의 덕이 이와 같았는데 시인이 찬미한 것이다. 찬미한 사람을 말하지 않은 것은 세대가 오래되어서 누구인지 알 수 없어서이니, 뒤에도 모두 이와 같다.

••••••

22 夫人起家而居有之 德如鳲鳩 : '기가(起家)'를 정현(鄭玄)의 《시전(詩箋)》에는 '제후에게 시집가는 것'이라 해석하였고, 공영달(孔穎達)도 소(疏)에서 이렇게 해석하였다. '덕이 시구(鳲鳩)와 같다.'라는 것은 뻐꾸기가 새끼를 키울 때 아침에는 위에서 아래로, 저녁에는 아래서 위로 먹이를 먹이는 것처럼 공평한 덕을 지님을 말한다. 〈曹風 鳲鳩〉 시구(鳲鳩)는 자전(字典)에 '뻐꾸기'라고 훈(訓)하였으나, 지금에 보면 뻐꾸기는 제가 새끼를 낳아 기르지 않고 뱁새의 둥지에 알을 낳으면 뱁새가 기르는 것으로 알려져 있다.

••• 鳲 : 뻐꾸기 시

2. 채번(采蘩)

① 于以采蘩, 于沼于沚. 于以用之, 公侯之事〔叶上止反〕.

于以采蘩을(이)	이에 새발쑥을 뜯기를
于沼于沚로다	못가에서 하고 물가에서 하도다
于以用之를	이에 이것을 쓰기를
公侯之事로다	공후의 제사에 하도다

賦也라 **于**는 **於也**라 **蘩**은 **白蒿也**라 **沼**는 **池也**요 **沚**는 **渚也**라 **事**는 **祭事也**라
○ **南國**이 **被文王之化**하여 **諸侯夫人**이 **能盡誠敬**하여 **以奉祭祀**하니 **而其家人**이 **敍其事以美之也**라 **或曰 蘩**은 **所以生蠶**이니 **蓋古者**에 **后夫人有親蠶之禮**하니 **此詩**는 **亦猶周南之有葛覃也**라하니라

부(賦)이다. '우(于)'는 어(於;이에)이다. '번(蘩)'은 흰 쑥이다. '소(沼)'는 못이요, '지(沚)'는 물가이다. '사(事)'는 제사이다.

○ 남국(南國)이 문왕의 교화를 입어 제후의 부인이 능히 정성과 공경을 다하여 제사를 받드니, 가인들이 그 일을 서술하여 찬미한 것이다. 혹자는 말하기를 "새발쑥은 누에를 치는 것이니, 이는 옛날에 후부인(后夫人)이 친히 누에치는 예(禮)가 있었으니, 이 시(詩)는 또한 〈주남(周南)〉에 〈갈담(葛覃)〉이 있는 것과 같다." 한다.

② 于以采蘩, 于澗之中. 于以用之, 公侯之宮.

于以采蘩을(이)	이에 새발쑥을 뜯기를
于澗之中이로다	시냇물 가운데서 하도다
于以用之를	이에 이것을 쓰기를
公侯之宮이로다	공후의 사당에서 하도다

賦也라 **山夾水曰澗**이라 **宮**은 **廟也**라 **或曰 卽記所謂公桑蠶室也**라

부(賦)이다. 산이 물을 끼고 있는 것을 '간(澗)'이라 한다. '궁(宮)'은 사당이다.

… 蘩 : 새발쑥 번 沼 : 못 소 沚 : 물가 지 蒿 : 다북쑥 호 渚 : 물가 저 澗 : 시내 간

혹자는 말하기를, "바로 《예기》〈제의(祭義)〉에 이른바 공상(公桑;국가에서 기르는 뽕나무)의 잠실(蠶室)이란 것이다."라고 한다.

③ 被〔皮寄反〕之僮僮〔音同〕, 夙夜在公. 被之祁祁, 薄言還歸.

被之僮僮이여	머리꾸밈의 엄숙함이여
夙夜在公이로다	이른 새벽부터 밤늦도록 공소에 있도다
被之祁(기)祁여	머리꾸밈의 단정함이여
薄言還歸로다	잠깐 돌아가도다

賦也라 被는 首飾也니 編髮爲之라 僮僮은 竦敬也라 夙은 早也라 公은 公所也[23]라 祁祁는 舒遲貌니 去事有儀也라 祭義曰 及祭之後에 陶(요)陶遂遂[24]하여 如將復入然이라하니 不欲遽去는 愛敬之無已也라 或曰 公은 卽所謂公桑也라

부(賦)이다. '피(被)'는 머리꾸밈이니, 머리를 엮어서 만든다. '동동(僮僮)'은 머리털을 곧게 올려 공경함이다. '숙(夙)'은 일찍이다. '공(公)'은 공소(公所)이다. '기기(祁祁)'는 펴지고 느린 모양이니, 제사를 마침에 위의(威儀)가 있는 것이다. 《예기》〈제의(祭義)〉에 "제사를 다 지낸 뒤에는 요요(陶陶)하고 수수(遂遂)해서 장차 다시 사당에 들어가는 것처럼 한다." 하였으니, 서서히 하여 대번에 떠나고자 하지 않음은 〈선조에 대한〉 사랑과 공경이 다함이 없어서이다. 혹자는 말하기를 "공(公)은 바로 이른바 공상(公桑)이란 것이다."라고 한다.

采蘩三章이니 章四句라

〈채번(采蘩)〉은 3장이니, 장마다 4구이다.

【毛序】 采蘩은 夫人不失職也니 夫人可以奉祭祀면 則不失職矣니라

••••••

23 公 公所也 : 주자가 말씀하였다. "공소는 종묘의 가운데요 사실이 아니다.〔宗廟之中, 非私室也.〕"《詳說》 '공소(公所)'는 대체로 임금이 계신 곳을 가리키나 여기서는 제사를 말하였기 때문에 사당의 안이 되는 것이다.

24 陶陶遂遂 : 요요(陶陶)는 부모를 생각하는 마음이 안에 있는 것이고, 수수(遂遂)는 부모를 생각하는 마음이 외모에 나타나는 것이라 한다.

••• 被 : 머리꾸밀 피 僮 : 굽신거릴 동 祁 : 느릴 기 陶 : 따라갈 요 遂 : 따를 수 遽 : 급할 거

〈채번〉은 제후의 부인(夫人)이 직분을 잃지 않음을 읊은 것이니, 부인이 제사를 받들면 직분을 잃지 않는다.

【鄭註】 奉祭祀者는 采蘩之事也요 不失職者는 夙夜在公也라

제사를 받든다는 것은 〈채번(采蘩)〉의 일이요, 직책을 잃지 않았다는 것은 이른 새벽이나 밤늦도록 공소(公所)에 있는 것이다.

3. 초충(草蟲)

① 喓喓〔於遙反〕草蟲, 趯趯〔託歷反〕阜螽. 未見君子, 憂心忡忡〔勅中反〕. 亦既見止, 亦既覯止, 我心則降〔戶江反 叶乎攻反〕.

喓(요)喓草蟲이며	찌르르 우는 풀벌레며
趯(적)趯阜螽이로다	펄쩍펄쩍 뛰는 메뚜기로다
未見君子라	군자를 만나보지 못한지라
憂心忡(충)忡호라	근심하는 마음 두근거리노라
亦既見止며	또한 이미 그를 만나보며
亦既覯止면	또한 이미 만나보면
我心則降(항)이로다	내 마음 가라앉으리로다

賦也라 喓喓는 聲也라 草蟲은 蝗屬이니 奇音青色이라 趯趯은 躍貌라 阜螽은 蠜(번)也라 忡忡은 猶衝衝也라 止는 語辭라 覯는 遇요 降은 下也라

○ 南國이 被文王之化하여 諸侯大夫行役在外에 其妻獨居할새 感時物之變하여 而思其君子如此하니 亦若周南之卷耳也라

부(賦)이다. '요요(喓喓)'는 풀벌레 우는 소리이다. '초충(草蟲)'은 메뚜기 등속이니, 우는 소리가 기이하고 색깔이 푸르다. '적적(趯趯)'은 뛰는 모양이다. '부종(阜螽)'은 메뚜기이다. '충충(忡忡)'은 충충(衝衝;근심함)과 같다. '지(止)'는 어조사이다. '구(覯)'는 만남이다. '항(降)'은 내림이다.

○ 남국(南國)이 문왕의 교화를 입어 제후의 대부(大夫)가 부역을 가서 밖에 있자, 그 아내가 홀로 거처하면서 시물(時物)의 변화에 감동하여 그 군자(남편)를 생

… 喓 : 벌레소리 요 趯 : 뛸 적 阜 : 언덕 부 螽 : 메뚜기 종 忡 : 근심할 충 覯 : 만나볼 구 降 : 가라앉을 항
蝗 : 메뚜기 황 蠜 : 메뚜기 번

각하기를 이와 같이 한 것이니, 또한 〈주남(周南)〉의 〈권이(卷耳)〉와 같은 것이다.

② 陟彼南山, 言采其蕨. 未見君子, 憂心惙惙〔張劣反〕. 亦既見止, 亦既覯止, 我心則說〔音悅〕.

陟彼南山하여	저 남산에 올라가
言采其蕨호라	고사리를 뜯노라
未見君子라	군자를 만나보지 못한지라
憂心惙(철)惙호라	근심하는 마음 간절하노라
亦既見止며	또한 이미 그를 만나보며
亦既覯止면	또한 이미 만나보면
我心則說(열)이로다	내 마음 기쁘리로다

賦也라 登山은 蓋託以望君子라 蕨은 鼈也[25]니 初生無葉時可食이니 亦感時物之變也라 惙은 憂也라

부(賦)이다. 산에 올라감은 아마도 이를 칭탁하여 군자를 바라보려고 한듯하다. '궐(蕨)'은 고사리이니, 처음 나와서 잎이 없을 때에 먹을 수 있으니, 이 또한 시물(時物)의 변화에 감동한 것이다. '철(惙)'은 근심함이다.

③ 陟彼南山, 言采其薇. 未見君子, 我心傷悲. 亦既見止, 亦既覯止, 我心則夷.

陟彼南山하여	저 남산에 올라가서
言采其薇호라	고미를 뜯노라
未見君子라	군자를 만나보지 못한지라
我心傷悲호라	내 마음 슬프노라
亦既見止며	또한 이미 그를 만나보며

25 蕨 鼈也 : 《이아(爾雅)》 〈석문(釋文)〉에 "고사리가 처음 나왔을 때에 자라〔鼈〕의 다리(발)와 비슷하므로 별이라 이름한 것이다.〔初生似鼈脚, 故名.〕" 하였다. 《詳說》

… 蕨 : 고사리 궐 惙 : 근심할 철 鼈 : 고사리 별 薇 : 고미 미

亦旣覯止면	또한 이미 만나보면
我心則夷로다	내 마음 화평해지리로다

賦也라 薇는 似蕨而差大하고 有芒而味苦하니 山間人食之하고 謂之迷蕨이라 胡氏曰 疑卽莊子所謂迷陽者라하니라 夷는 平也라

부(賦)이다. '미(薇:고미)'는 궐(蕨)과 비슷한데 조금 크고 가시가 있으며 맛이 쓰다. 산간(山間) 사람들이 이것을 먹는데, 〈궐(蕨)과 혼동된다 하여〉 미궐(迷蕨)이라 이른다. 호씨(胡氏)가 말하기를, "의심컨대, 《장자(莊子)》〈인간세(人間世)〉에 이른 바 미양(迷陽)이라는 것인 듯하다." 하였다. '이(夷)'는 화평함이다.

草蟲三章이니 章七句라

〈초충(草蟲)〉은 3장이니, 장마다 7구이다.

【毛序】 草蟲은 大夫妻能以禮自防也라

〈초충〉은 대부의 아내가 능히 예(禮)로써 스스로 방한(防閑:단속함)하였음을 읊은 것이다.

【辨說】 此는 恐亦是夫人之詩요 而未見以禮自防之意로라

이는 또한 부인의 시인 듯하고, 예로써 스스로 방비한 뜻을 볼 수 없다.

4. 채빈(采蘋)

① 于以采蘋, 南澗之濱. 于以采藻, 于彼行潦〔音老〕.

于以采蘋을(이)	이에 마름을 뜯기를
南澗之濱이로다	남간의 물가에서 하도다
于以采藻를	이에 마름을 뜯기를
于彼行潦(로)로다	저 흐르는 물에서 하도다

··· 夷 : 평할 이 芒 : 가시 망 防 : 막을 방 蘋 : 마름 빈 濱 : 물가 빈 藻 : 마름 조 潦 : 장마물 로(료)

賦也라 蘋은 水上浮萍[26]也니 江東人謂之薸(표)라 濱은 厓也라 藻는 聚藻也니 生水底(저)하고 莖如釵(차)股하며 葉如蓬蒿라 行潦는 流潦也라

○ 南國이 被文王之化하여 大夫妻能奉祭祀하니 而其家人이 敍其事以美之也라

부(賦)이다. '빈(蘋)'은 물 위에 떠있는 마름(부평초(浮萍草))이니, 강동(江東) 사람들은 표(薸)라고 한다. '빈(濱)'은 물가이다. '조(藻)'는 취조(聚藻;마름)이니, 물 밑에서 자라며, 줄기는 비녀다리와 같고 잎은 쑥과 같다. '행로(行潦)'는 흐르는 물이다.

○ 남국(南國)이 문왕의 교화를 입어 대부의 아내가 제사를 잘 받드니, 그 가인(家人;집안 식구)들이 그 일을 서술하여 찬미한 것이다.

② 于以盛〔音成〕之, 維筐及筥〔居呂反〕. 于以湘之, 維錡〔宜綺反〕及釜〔符甫反〕.

于以盛之를	이에 담기를
維筐及筥로다	네모진 광주리와 둥근 광주리에 하도다
于以湘之를	이에 삶기를
維錡(의)及釜로다	세 발 가마솥과 가마솥에 하도다

賦也라 方曰筐이요 圓曰筥라 湘은 烹也니 蓋粗熟而淹以爲葅(저)也라 錡는 釜屬이니 有足曰錡요 無足曰釜라

○ 此는 足以見其循序有常하여 嚴敬整飭之意니라

부(賦)이다. 네모진 것(광주리)을 '광(筐)'이라 하고, 둥근 것을 '거(筥)'라 한다. '상(湘)'은 삶음이니, 약간 삶아서 담가 김치를 만드는 것이다. '의(錡)'는 가마솥의 등속이니, 솥에 발이 있는 것을 의(錡)라 하고, 발이 없는 것을 부(釜)라 한다.

○ 이는 순서를 따라 일정함이 있어서, 엄경(嚴敬)하고 정칙(整飭;정돈되고 삼감)한 뜻을 충분히 볼 수 있다.

③ 于以奠之, 宗室牖下〔叶後五反〕. 誰其尸之, 有齊〔側皆反〕季女.

••••••

26 水上浮萍 : 화곡 엄씨(華谷嚴氏)가 말하였다. "마름은 세 종류가 있다. 빈(蘋)은 잎이 둥글고 넓으며 넓이가 한 치[寸] 쯤 되니, 빈은 먹을 수 있으나 평(萍;부평초)은 먹을 수 없다. 곽박(郭璞)은 이것을 물 위에 떠있는 부평(浮萍)이라 하였으니, 잘못이다.[萍有三種, 蘋葉圓活, 蘋可茹而萍不可食. 郭璞以爲水上浮萍, 誤矣.]"《詳說》

••• 萍 : 마름 평 薸 : 머구리밥 표 厓 : 물가 애 底 : 밑 저 釵 : 비녀 차 盛 : 담을 성 筥 : 광주리 거 湘 : 삶을 상 錡 : 세발가마솥 의 淹 : 담글 엄 葅 : 김치 저

于以奠之를	이에 올리기를
宗室牖(유)下로다	종실의 창문 아래에 하도다
誰其尸之오	누가 이것을 주장하는고
有齊(재)季女[27]로다	공경하는 계녀(어린 딸)로다

賦也라 奠은 置也라 宗室은 大宗之廟也니 大夫士祭於宗室이라 牖下는 室西南隅니 所謂奧也라 尸는 主也라 齊는 敬이요 季는 少也라 祭祀之禮는 主婦主薦豆하니 實以菹醢(저해)라 少而能敬하니 尤見其質之美하여 而化之所從來者遠矣니라

부(賦)이다. '전(奠)'은 둠(올려놓음)이다. '종실(宗室)'은 대종(大宗)의 사당이니, 대부와 사(士)는 종실에서 제사를 지낸다. '유하(牖下)'는 방의 서남쪽 모퉁이이니, 이른바 오(奧)라는 것이다. '시(尸)'는 주장함이다. '재(齊)'는 공경함이요, '계(季)'는 어림이다. 제사의 예(禮)는 주부(主婦)가 두(豆:나무로 만든 제기)를 올리는 것을 주장하는데, 두(豆)에는 김치와 젓갈을 담는다. 나이가 어리면서도 공경하니, 더욱 그 자질이 아름다워서 교화의 소종래(所從來)가 멂을 볼 수 있다.

采蘋三章이니 章四句라

〈채빈(采蘋)〉은 3장이니, 장마다 4구이다.

【毛序】 采蘋은 大夫妻能循法度也니 能循法度면 則可以承先祖, 共(供)祭祀矣니라

〈채빈〉은 대부의 아내가 법도(法度)를 잘 따랐음을 읊은 것이니, 법도를 잘 따른다면 선조(先祖)를 받들고 제사를 올릴 수 있는 것이다.

【鄭註】 女子十年이면 不出하고 姆(무)教婉娩(완만)聽從하며 執麻枲하며 治絲繭(견)하며 織紝組紃하여 學女事하여 以共(供)衣服하고 觀於祭祀하여 納酒漿籩豆菹醢하여 禮相助奠이니라 十有五而笄하고 二十而嫁[28]니라 此言能循法度者는 今旣嫁爲大夫妻하여 能循其爲女之時所學所觀之事하여 以爲法度니라

••••••

27 季女: 호산은 "계녀는 어린 부인이니, 바로 대부의 아내이다.〔季女, 少婦也, 卽大夫妻也.〕" 하였다.《詳說》

28 女子十年……二十而嫁: 이 내용은《예기》〈내칙(內則)〉에 그대로 보인다.

••• 牖 : 들창문 유 尸 : 주장할 시 奧 : 아랫목 오 豆 : 제기 두 醢 : 육장 해 婉 : 순할 완 娩 : 정숙할 만 枲 : 모시풀 시 繭 : 누에고치 견 織 : 짤 직 紝 : 짤 임 組 : 끈 조 紃 : 끈 순 漿 : 장 장, 음료 장 籩 : 제기 변 奠 : 제수올릴 전 笄 : 비녀 계

여자가 10년(열 살)이면 밖에 나가지 않고 여스승이 공손하게 부모의 말씀을 들어 따름을 가르치며, 삼과 모시를 잡으며 실과 누에고치를 다스리며, 비단을 짜고 끈을 짜서 여자의 일을 배워 의복에 공급하고, 제사를 살펴보아서 술과 장(漿), 변(籩)과 두(豆), 김치〔菹〕와 젓갈〔醢〕을 올려서 예(禮)로 도와 제수를 올림을 돕게 한다. 15세에 비녀를 꽂고 20세에 시집간다.

여기에서 능히 법도를 따랐다고 말한 것은 이제 이미 시집가서 대부의 아내가 되어, 처녀가 되었을 때에 배운 바와 살펴본 바의 일을 따라서 법도로 삼음을 말한 것이다.

5. 감당(甘棠)

① 蔽芾〔非貴反〕甘棠, 勿翦勿伐, 召伯所茇〔蒲曷反〕.

蔽芾(패)甘棠을	무성한 감당(팥배)나무를
勿翦勿伐하라	자르지 말고 베지 말라
召伯所茇(발)이니라	소백이 초막으로 삼으셨던 곳이니라

賦也라 蔽芾는 盛貌라 甘棠은 杜梨也니 白者爲棠이요 赤者爲杜라 翦은 翦其枝葉也요 伐은 伐其條幹也라 伯은 方伯也라 茇은 草舍也라
○ 召伯이 循行南國하여 以布文王之政할새 或舍甘棠之下러니 其後에 人思其德이라 故로 愛其樹而不忍傷也라

부(賦)이다. '패패(蔽芾)'는 성한 모양이다. '감당(甘棠;팥배나무)'은 두리(杜梨)이니, 꽃이 흰 것을 당(棠)이라 하고, 붉은 것을 두(杜)라 한다. '전(翦)'은 가지와 잎을 잘라내는 것이요, '벌(伐)'은 가지와 줄기를 치는 것이다. '백(伯)'은 방백(方伯)이다. '발(茇)'은 초사(草舍;초막)이다.

○ 소백(召伯)이 남쪽 나라를 순행하면서 문왕의 정사를 펼 적에 혹 감당나무 아래에 머물렀었는데, 그 뒤에 백성들이 그의 덕(德)을 그리워하였다. 그러므로 그 나무를 아껴 차마 손상하지 못한 것이다.

… 蔽 : 우거질 폐 芾 : 우거질 패 棠 : 팥배나무 당 翦 : 벨 전 茇 : 초막 발 杜 : 팥배나무 두 幹 : 줄기 간
舍 : 머무를 사, 집 사

② 蔽芾甘棠, 勿翦勿敗〔叶蒲寐反〕, 召伯所憩〔起例反〕.

蔽芾甘棠을	무성한 감당나무를
勿翦勿敗하라	자르지 말고 꺾지 말라
召伯所憩(게)니라	소백이 쉬어가신 곳이니라

賦也라 敗는 折이요 憩는 息也라 勿敗면 則非特勿伐而已니 愛之愈久而愈深也라 下章放此하니라

부(賦)이다. '패(敗)'는 꺾음이요, '게(憩)'는 쉼이다. 꺾지 말라고 하였으면 다만 베지 말라고 할 뿐만이 아니니, 사랑함이 더욱 오랠수록 더욱 깊은 것이다. 하장(下章)도 이와 같다.

③ 蔽芾甘棠, 勿翦勿拜〔叶變制反〕, 召伯所說〔始銳反〕.

蔽芾甘棠을	무성한 감당나무를
勿翦勿拜하라	자르지 말고 휘지 말라
召伯所說(세)니라	소백이 머무셨던 곳이니라

賦也라 拜는 屈이요 說는 舍也라 勿拜면 則非特勿敗而已라

부(賦)이다. '배(拜)'는 굽힘이요, '세(說)'는 머무름이다. 굽히지 말라 하였으면 다만 꺾지 말라고 할 뿐만이 아닌 것이다.

甘棠三章이니 章三句[29]라

〈감당(甘棠)〉은 3장이니, 장마다 3구이다.

······

29 甘棠三章 章三句 : 호산은 다음과 같이 말하였다. "〈소남〉의 여러 시는 〈주남〉과 서로 유사한 점이 있으나 홀로 이 〈감당〉 편은 특별히 따로 한 시가 되어서 여러 시의 중간에 두었으니, 이 편이 〈소남〉의 주체가 됨을 알 수 있다. 이 한 풍을 〈소남〉이라고 이름한 것은 아마도 이 시 때문인 듯하니, 이는 주공(周公)과 공자의 뜻일 것이다.〔召南諸詩, 與周南皆有相倫, 而獨此篇, 特自爲一詩, 以置諸詩之中間, 乃知其爲召南之主也. 此一風之名以召南, 蓋以此詩耳, 是周孔之義也.〕"《詳說》

··· 憩 : 쉴 게 拜 : 굽힐 배, 휠 배 說 : 머무를 세

【毛序】 甘棠은 美召伯也니 召伯之敎 明於南國하니라

〈감당〉은 소백(召伯)을 찬미한 시(詩)이니, 소백의 교화가 남쪽 나라에 밝혀진 것이다.

【鄭註】 召伯은 姬姓이요 名奭이라 食采於召하고 作上公하여 爲二伯이러니 後封於燕하니라 此美其爲伯之功이라 故言伯云이라

소백은 희성(姬姓)이고 이름이 석(奭)이다. 소(召) 땅을 채읍(采邑;식읍)으로 받고 상공(上公)이 되어서 주공(周公)과 함께 이백(二伯)이 되었는데, 뒤에 연(燕)나라에 봉해졌다. 여기서는 그가 백(伯)이 된 공을 찬미하였다. 그러므로 백(伯)이라고 말한 것이다.

6. 행로(行露)

① 厭〔於葉反〕浥〔於及反〕行露, 豈不夙夜〔叶羊茹反〕, 謂行多露.

厭浥(염읍)行露에	함초롬히 이슬이 젖어 있는 길에
豈不夙夜리오마는	어찌 이른 새벽과 늦은 밤에 다니지 않으리오마는
謂行多露니라	길에 이슬이 많아서 못하느니라

賦也라 厭浥은 濕意라 行은 道요 夙은 早也라

○ 南國之人이 遵召伯之敎하고 服文王之化하여 有以革其前日淫亂之俗이라 故로 女子有能以禮自守하여 而不爲强暴所汚者 自述己志하여 作此詩以絶其人이라 言道間之露方濕하니 我豈不欲早夜而行乎리오마는 畏多露之沾濡(점유)而不敢爾라 蓋以女子早夜獨行이면 或有强暴侵陵之患이라 故로 託以行多露而畏其沾濡也라

부(賦)이다. '염읍(厭浥)'은 젖어 있는 뜻이다. '행(行)'은 길이요, '숙(夙)'은 이른 아침이다.

○ 남국(南國)의 사람들이 소백의 가르침을 따르고 문왕의 교화에 복종하여, 옛날의 음란한 풍속을 변함이 있었다. 그러므로 여자가 능히 예(禮)로써 자신을 지켜서 강포(强暴)한 자에게 더럽힘을 당하지 않은 자가 스스로 자기의 뜻을 기술

··· 奭 : 클 석 厭 : 축축할 엽 浥 : 젖을 읍 夙 : 일찍 숙 沾 : 젖을 점 濡 : 젖을 유 託 : 핑계될 탁

하여 이 시(詩)를 지어 그 사람(남자)을 거절한 것이다. 길 사이의 이슬이 한창 축축하니, 내 어찌 이른 새벽과 늦은 밤에 다니고 싶지 않으리오마는 이슬이 많아 옷이 젖을까 두려워서 감히 이렇게 하지 못한다고 한 것이다. 여자가 이른 새벽과 밤늦게 홀로 다니면 혹 강포한 자에게 침탈(侵奪:겁탈)을 당하고 능욕(陵辱)을 당할 우려가 있다. 그러므로 길에 이슬이 많아서 옷을 적실까 두렵다고 칭탁한 것이다.

② 誰謂雀無角〔叶盧谷反〕, 何以穿我屋. 誰謂女〔音汝〕無家〔叶音谷〕, 何以速我獄, 雖速我獄, 室家不足.

誰謂雀無角이리오	누가 "참새가 뿔이 없다고 말하리오
何以穿我屋고하며	〈없다면〉 어떻게 내 지붕을 뚫었겠는가." 하며
誰謂女(汝)無家리오	누가 "네가 실가(혼인)의 예(禮)가 없다 하리오
何以速我獄고컨마는	〈없다면〉 어찌 나를 옥사(獄事)에 불러들였겠는가."라고 하건마는
雖速我獄이나	비록 나를 옥사에 불러들였으나
室家는 不足하니라	실가의 예(禮)는 부족하였느니라

興也라 家는 謂以媒聘으로 求爲室家之禮也라 速은 召致也라

○ 貞女之自守如此나 然猶或見訟而召致於獄하니 因自訴而言하되 人皆謂雀有角이라 故로 能穿我屋이라하니 以興人皆謂汝於我에 嘗有求爲室家之禮라 故로 能致我於獄이라 然이나 不知汝雖能致我於獄이나 而求爲室家之禮는 初未嘗備하니 如雀雖能穿屋이나 而實未嘗有角也니라

흥(興)이다. '가(家)'는 중매로써 맞이하여 실가(室家:아내)를 이루는 예(禮)를 구함을 이른다. '속(速)'은 불러들임이다.

○ 정녀(貞女)가 스스로 자신을 지킴이 이와 같았으나 오히려 혹 송사(訟事)를 당하여 옥(獄)에 불려가자, 인하여 스스로 하소연하기를 사람들이 모두 "참새가 뿔이 있다. 그러므로 능히 나의 지붕을 뚫는다."라고 말하니, 이것을 가지고 사람들이 모두 "네가 나에게 일찍이 실가가 되기를 구한 예(禮)가 있었다. 그러므로 능히 나를 옥사에 불러들인 것이다."라고 말함을 흥(興)한 것이다. 그러나 네가 비록 나를 옥사에 불러들였으나, 실가가 되기를 구한 예가 애당초 갖추어지지 않았으

··· 穿 : 뚫을 천 速 : 부를 속 獄 : 옥 옥 媒 : 중매 매 聘 : 장가들 빙, 초청할 빙

니, 마치 참새가 비록 지붕을 뚫을 수 있으나 실제로 뿔이 있지 않은 것과 같음을 모른다고 한 것이다.

③ 誰謂鼠無牙〔叶五紅反〕, 何以穿我墉. 誰謂女無家〔叶各空反〕, 何以速我訟〔叶祥容反〕. 雖速我訟, 亦不女從.

誰謂鼠無牙리오	누가 "쥐가 어금니가 없다 하리오
何以穿我墉고하며	〈없다면〉 어떻게 내 담을 뚫었겠는가." 하며
誰謂女無家리오	누가 "네가 실가의 예(禮)가 없다 하리오
何以速我訟고컨마는	〈없다면〉 어찌 나를 송사에 불러들였겠는가."라고 하건마는
雖速我訟이나	비록 나를 송사에 불러들였으나
亦不女從호리라	또한 나는 너를 따르지 않으리라

興也라 牙는 牡齒也라 墉은 墻也라
○ 言汝雖能致我於訟이나 然其求爲室家之禮 有所不足하니 則我亦終不汝從矣니라

흥(興)이다. '아(牙)'는 큰 이빨(송곳니)이다. '용(墉)'은 담이다.

○ 네가 비록 나를 송사에 불러들였으나, 실가가 되기를 구한 예(禮)에 부족한 바가 있으니, 내 또한 끝내 너를 따르지 않겠다고 한 것이다.

行露三章이니 一章은 三句요 二章은 章六句라

〈행로(行露)〉는 3장이니, 한 장은 3구이고 두 장은 장마다 6구이다.

【毛序】 行露은 召伯聽訟也라 衰世之俗微하고 貞信之敎興하여 彊暴之男이 不能侵陵貞女也라

〈행로〉는 소백이 송사를 다스림을 읊은 시(詩)이다. 쇠퇴(衰退)한 세상의 풍속이 줄어들고 정신(貞信)의 가르침이 일어나 강포(彊暴)한 남자들이 정녀(貞女)를 침범하지 못한 것이다.

【鄭註】 衰亂之俗微하고 貞信之敎興者는 此殷之末世와 周之盛德이니 當文王與

••• 牙 : 어금니 아 墉 : 담 용 牡 : 숫짐승 무(모) 陵 : 능멸할 능

紂之時라

'쇠퇴하고 어지러운 풍속이 줄어들고, 정신(貞信)의 가르침이 일어났다'는 것은 이는 은(殷)나라 말세와 주(周)나라의 성덕(盛德)이니, 문왕(文王)과 주(紂)의 때를 당했을 것이다.

7. 고양(羔羊)

① 羔羊之皮〔叶蒲何反〕, 素絲五紽〔徒何反〕. 退食自公, 委〔於危反〕蛇〔音移 叶唐何反〕委蛇.

羔羊之皮여	고양(羔羊)의 가죽이여
素絲五紽(타)로다	흰 실로 다섯 곳을 꿰맸도다
退食自公하니	공소(公所:임금 계신 곳)에서 물러나와 집에서 밥을 먹으니
委蛇(이)委蛇로다	의젓하고 의젓하도다

賦也라 小曰羔요 大曰羊이라 皮는 所以爲裘니 大夫燕居之服이라 素는 白也라 紽는 未詳하니 蓋以絲飾裘之名也라 退食은 退朝而食於家也라 自公은 從公門而出也라 委蛇는 自得之貌라

○ 南國이 化文王之政하여 在位皆節儉正直이라 故로 詩人이 美其衣服有常而從容自得이 如此也라

부(賦)이다. 작은 것을 '고(羔:염소)'라 하고, 큰 것을 '양(羊)'이라 한다. '피(皮:가죽)'는 갖옷을 만드는 것이니, 대부가 사사로이 거처할 때의 의복이다. '소(素)'는 백색이다. '타(紽)'는 자세하지 않으니, 아마도 실로써 갖옷을 꾸미는 이름일 것이다. '퇴식(退食)'은 조정에서 물러나와 집에서 밥을 먹는 것이다. '자공(自公)'은 공문(公門:궁문)에서 나오는 것이다. '위이(委蛇)'는 자득(自得)한 모양이다.

○ 남국(南國)이 문왕의 정사에 교화되어 지위에 있는 자들이 모두 절검(節儉)하고 정직(正直)하였다. 그러므로 시인(詩人)이 그 의복에 떳떳함이 있고, 종용(從容:여유로움)하고 자득(自得:스스로 만족해함)함이 이와 같음을 찬미한 것이다.

··· 羔 : 염소 고 紽 : 꿰맬 타 蛇 : 늘어질 이, 든든할 이 裘 : 갖옷 구

② 羔羊之革〔叶訖力反〕, 素絲五緎〔音域〕. 委蛇委蛇, 自公退食.

羔羊之革이여	고양의 가죽이여
素絲五緎(역)이로다	흰 실로 다섯 곳을 꿰맸도다
委蛇委蛇하니	의젓하고 의젓하니
自公退食이로다	공소에서 물러나와 집에서 밥을 먹도다

賦也라 革은 猶皮也라 緎은 裘之縫界也라

부(賦)이다. '혁(革)'은 피(皮)와 같다. '역(緎)'은 갖옷의 꿰맨 솔기이다.

③ 羔羊之縫〔符龍反〕, 素絲五總〔子公反〕. 委蛇委蛇, 退食自公.

羔羊之縫이여	고양의 꿰맨 솔기여
素絲五總이로다	흰 실로 다섯 곳을 꿰맸도다
委蛇委蛇하니	의젓하고 의젓하니
退食自公이로다	공소에서 물러나와 집에서 밥을 먹도다

賦也라 縫은 縫皮合之하여 以爲裘也라 總亦未詳이라

부(賦)이다. '봉(縫)'은 가죽을 꿰매어 합쳐서 갖옷을 만드는 것이다. '총(總)' 또한 자세하지 않다.

羔羊三章이니 章四句라

〈고양(羔羊)〉은 3장이니, 장마다 4구이다.

【毛序】 羔羊은 鵲巢之功效也라 召南之國이 化文王之政하여 在位皆節儉正直하여 德如羔羊[30]也라

30 德如羔羊 : 《모시정의(毛詩正義)》의 소(疏)에 "《주례(周禮)》 〈대종백(大宗伯)〉의 주(注)에 '염소를 폐백으로 사용하는 것은 염소가 무리를 이루어 그 무리를 잃지 않음을 취한 것이다.'라고 하였고, 《의례(儀禮)》 〈사상견례(士相見禮)〉에 '염소를 폐백으로 사용하는 것은 무리 지음에 편당

··· 緎 : 혼솔 역 縫 : 꿰맬 봉

〈고양〉은 〈작소(鵲巢)〉의 공효이다. 〈소남(召南)〉의 나라들이 문왕의 정사에 교화되어 지위에 있는 자들이 모두 검소하고 정직하여 덕(德)이 〈고양〉의 시와 같았다.

【鄭註】 鵲巢之君이 積行累功하여 以致此羔羊之化하여 在位卿大夫가 競相切化하여 皆如此羔羊之人이니라

〈작소〉의 군주가 행실을 쌓고 공을 쌓아서 이 〈고양〉의 교화를 이룩하여, 지위에 있는 경(卿)·대부(大夫)가 다투어 서로 절차(切磋)하여 선(善)으로 교화되어서 모두 이 〈고양〉의 사람과 같은 것이다.

【辨說】 此序得之로되 但德如羔羊一句는 爲衍說耳라

이 〈서〉는 맞으나, 다만 '덕여고양(德如羔羊)' 한 구(句)는 쓸데없이 덧붙인 말이 된다.

8. 은기뢰(殷其靁)

① 殷〔音隱〕其靁, 在南山之陽. 何斯違斯, 莫敢或遑. 振振〔音眞〕君子, 歸哉歸哉.

殷其靁는	은은히(우르릉) 울리는 우레는
在南山之陽이어늘	남산의 남쪽에 있거늘
何斯違斯라	어찌하여 이 분은 이곳을 떠나
莫敢或遑고	혹시라도 겨를이 없단 말인가
振振君子는	성실한 군자는

······

을 짓지 않음을 취한 것이다.'라고 하였으며, 《춘추공양전(春秋公羊傳)》의 하휴(何休)의 주에 '염소〔羔〕를 폐백으로 사용하는 것은 폐백으로 잡아도 울지 않으며, 죽여도 울부짖지 않으며, 젖을 먹을 때는 꿇어 앉아 먹으니, 의(義)를 위해 죽고 예(禮)를 위해 사는 것을 취한 것이니, 이것이 고양(羔羊)의 덕(德)이다.〔羔取其贄之不鳴, 殺之不號, 乳必跪而受之, 死義生禮者, 此羔羊之德也.〕'라고 하였다. 그렇다면 지금 대부도 무리 지음에 무리를 잃지 않고, 행함에 편당을 짓지 않고, 의를 위해 죽고 예를 위해 산다. 그리하여 모두 근검절약하고 정직하니, 이것이 '덕여고양(德如羔羊)'이다." 라고 보인다. 다만 《집주》에 "작은 것을 염소〔羔〕라 하고 큰 것을 양(羊)이라 한다." 하였으나, 지금은 양을 산양(山羊) 또는 면양(緬羊)을 가리켜 염소와 다르다.

··· 競 : 다툴 경 衍 : 넘칠 연 靁 : 우레 뢰 違 : 떠날 위 遑 : 한가할 황, 겨를 황

歸哉歸哉인저　　　돌아오실진저 돌아오실진저

興也라 殷은 靁(雷)聲也라 山南曰陽이라 何斯斯는 此人也요 違斯斯는 此所也라 遑은 暇也라 振振은 信厚也라

○ 南國이 被文王之化하여 婦人以其君子從役在外而思念之라 故로 作此詩라 言殷殷然靁聲은 則在南山之陽矣어늘 何此君子는 獨去此而不敢少暇乎아 於是에 又美其德하고 且冀其早畢事而還歸也라

흥(興)이다. '은(殷)'은 우뢰 소리이다. 산의 남쪽을 '양(陽)'이라 한다. '하사(何斯)'의 사(斯)는 이 사람이고, '위사(違斯)'의 사(斯)는 이 곳이다. '황(遑)'은 겨를이다. '진진(振振)'은 신실(信實)하고 인후(仁厚)함이다.

○ 남국(南國)이 문왕의 교화를 입어, 부인이 그 군자가 부역을 나가 밖에 있어 그를 그리워하였으므로 이 시(詩)를 지은 것이다. "은은연히 울리는 우레 소리는 남산의 남쪽에 있는데, 어찌하여 이 군자는 홀로 이 곳을 떠나 조금도 겨를이 없단 말인가."라고 하고, 이에 또 그 덕(德)을 찬미하고, 또 일찍 부역하는 일을 끝마치고 곧바로 돌아오기를 바란 것이다.

② 殷其靁, 在南山之側〔叶莊力反〕. 何斯違斯, 莫敢遑息. 振振君子, 歸哉歸哉.

殷其靁는　　　은은히 울리는 우레는
在南山之側이어늘　　　남산의 곁에 있거늘
何斯違斯라　　　어찌하여 이 분은 이곳을 떠나
莫敢遑息고　　　감히 쉴 겨를이 없단 말인가
振振君子는　　　성실한 군자는
歸哉歸哉인저　　　돌아오실진저 돌아오실진저

興也라 息은 止也라

흥(興)이다. '식(息)'은 그침이다.

··· 冀 : 바릴 기 側 : 곁 측

③ 殷其靁, 在南山之下〔叶後五反〕. 何斯違斯, 莫或遑處〔尺煮反〕. 振振君子, 歸哉歸哉.

殷其靁는	은은히 울리는 우레는
在南山之下어늘	남산의 아래에 있거늘
何斯違斯라	어찌하여 이 분은 이곳을 떠나
莫或遑處오	혹시라도 편안할 겨를이 없단 말인가
振振君子는	성실한 군자는
歸哉歸哉인저	돌아오실진저 돌아오실진저

興也라

흥(興)이다.

殷其靁三章이니 章六句라

〈은기뢰(殷其靁)〉는 3장이니, 장마다 6구이다.

【毛序】 殷其靁은 勸以義也라 召南之大夫 遠行從政하여 不遑寧處한대 其室家能閔其勤勞하여 勸以義也라

〈은기뢰〉는 의(義)로움으로 권면한 시이다. 〈소남(召南)〉의 대부가 멀리 길을 떠나 정사에 종사하여 편안히 거처할 겨를이 없으니, 그 실가(室家:아내)가 그의 수고로움을 민망히 여기면서 의로움으로 권면한 것이다.

【鄭註】 召南大夫는 召伯之屬이라 遠行은 謂使出邦畿라

〈소남(召南)〉의 대부는 소백(召伯)의 관속이다. 원행(遠行)은 사신으로 방기(邦畿:국경)를 나감을 이른다.

【辨說】 按此詩는 無勸以義之意하니라

살펴보건대 이 시는 의(義)로써 권면한 뜻이 없다.

··· 畿 : 기내 기

9. 표유매(摽有梅)

① 摽〔婢小反〕有梅, 其實七兮. 求我庶士, 迨其吉兮.

摽有梅여	떨어지는 매실(梅實)이여
其實七兮로다	그 열매가 일곱이로다
求我庶士는	나를 찾는 여러 선비들은
迨其吉兮인저	그 길일에 미칠진저

賦也라 摽는 落也라 梅는 木名이니 華白이요 實似杏而酢(초)라 庶는 衆이요 迨는 及也라 吉은 吉日也라

○ 南國이 被文王之化하여 女子知以貞信自守하니 懼其嫁不及時하여 而有强暴之辱也라 故로 言梅落而在樹者少하여 以見(현)時過而太晩矣라 求我之衆士는 其必有及此吉日而來者乎인저

부(賦)이다. '표(摽)'는 떨어짐이다. '매(梅:매화나무)'는 나무 이름이니, 꽃이 희고 열매는 살구와 같은데 맛이 시다. '서(庶)'는 여럿이요, '태(迨)'는 미침이다. '길(吉)'은 길일(吉日)이다.

○ 남국(南國)이 문왕의 교화를 입어 여자들이 정조와 신의로써 스스로 지킬 줄을 아니, 시집가는 것이 제때에 미치지 못하여 강포(强暴)한 자에게 능욕(陵辱)을 당할까 두려워하였다. 그러므로 매실이 떨어져 나무에 매달려 있는 것이 적음을 말하여, 봄의 혼인하는 때가 지나 너무 늦었음을 나타낸 것이다. 나를 찾는 여러 선비들은 반드시 이 길일에 미쳐 오는 자가 있을진저.

② 摽有梅, 其實三〔叶疏簪反〕兮. 求我庶士, 迨其今兮.

摽有梅여	떨어지는 매실이여
其實三兮로다	그 열매가 셋이로다
求我庶士는	나를 찾는 여러 선비들은
迨其今兮인저	그 오늘에 미칠진저

··· 摽 : 떨어질 표 迨 : 미칠 태 杏 : 살구 행 酢 : 실 초

賦也라 梅在樹者三이면 則落者又多矣라 今은 今日也니 蓋不待吉矣라

부(賦)이다. 매실이 나무에 매달려 있는 것이 셋이면 떨어진 것이 더 많은 것이다. '금(今)'은 금일(今日)이니, 굳이 길일을 기다릴 것이 없는 것이다.

③ 摽有梅, 頃〔音傾〕筐塈〔許器反〕之. 求我庶士, 迨其謂之.

摽有梅여	떨어지는 매실이여
頃(傾)筐塈(기)之로다	광주리를 기울여 모두 담도다
求我庶士는	나를 찾는 여러 선비들은
迨其謂之인저	그 말함에 미칠진저

賦也라 塈는 取也니 頃筐取之면 則落之盡矣라 謂之는 則但相告語而約可定矣라

부(賦)이다. '기(塈)'는 취함이니, 광주리를 기울여 취했으면 매실이 모두 다 떨어진 것이다. '위지(謂之)'는 다만 서로 말만 하여 약속을 정할 수 있는 것이다.

摽有梅三章이니 章四句라

〈표유매(摽有梅)〉는 3장이니, 장마다 4구이다.

【毛序】 摽有梅는 男女及時也라 召南之國이 被文王之化하여 男女得以及時也라

〈표유매〉는 남녀가 제때에 혼인함을 읊은 시(詩)이다. 〈소남(召南)〉의 나라가 문왕의 교화를 입어 남녀들이 제때에 혼인한 것이다.

【辨說】 此序末句는 未安이라

이 〈서〉의 마지막 구는 온당치 못하다.

10. 소성(小星)

① 嘒〔呼惠反〕彼小星, 三五在東. 肅肅宵征, 夙夜在公. 寔命不同.

嘒(혜)彼小星이여	반짝이는 저 작은 별이여

··· 塈 : 담을 기 嘒 : 반짝거릴 혜

三五在東이로다	세 개와 다섯 개가 동쪽에 있도다
肅肅宵征이여	조심히 밤길을 감이여
夙夜在公호니	이른 새벽부터 밤늦도록 공소(公所)에 있으니
寔命不同일새니라	이는 운명이 똑같지 않아서이니라

興也라 嘒는 微貌라 三五는 言其稀니 蓋初昏或將旦時也라 肅肅은 齊遬(재속)貌라 宵는 夜요 征은 行也라 寔은 與實同[31]이라 命은 謂天所賦之分也라

○ 南國夫人이 承后妃之化하여 能不妬忌하여 以惠其下라 故로 其衆妾이 美之如此하니라 蓋衆妾進御於君에 不敢當夕하여 見星而往하고 見星而還[32]이라 故로 因所見以起興하니 其於義에 無所取요 特取在東在公兩字之相應耳라 遂言其所以如此者는 由其所賦之分이 不同於貴者라 是以로 深以得御於君으로 爲夫人之惠하여 而不敢致怨於往來之勤也니라

흥(興)이다. '혜(嘒)'는 작은(희미한) 모양이다. '삼(三)'과 '오(五)'는 별이 드묾을 말한 것이니, 초저녁이나 혹은 장차 새벽이 되려 할 때인 것이다. '숙숙(肅肅)'은 공경하는 모양이다. '소(宵)'는 밤이요, '정(征)'은 길을 감이다. '식(寔)'은 실(實)과 같다. '명(命)'은 하늘이 부여해 준 바의 귀천의 분수(신분)를 이른다.

○ 남국(南國)의 부인(夫人)이 후비의 교화를 받아, 능히 투기(질투)하지 않아 그 아랫사람들에게 은혜를 입혔다. 그러므로 그 중첩(衆妾)들이 찬미하기를 이와 같이 한 것이다. 중첩들이 나아가 군주를 모실 적에 감히 저녁을 담당하지 못하여, 새벽에 별을 보고 갔다가 밤(초저녁)에 별을 보고 돌아온다. 그러므로 본 바를 인하여 기흥(起興)하였으니, 뜻에는 취한 바가 없고, 다만 재동(在東)·재공(在公) 두 글자가 서로 응함을 취했을 뿐이다. 마침내 말하기를, 그 이와 같은 까닭은 부여(賦與)받은 바의 분수가 귀한 자와 똑같지 않아서이다. 그러므로 군주를 모시는 것을 부인의 은혜로 깊이 여겨, 감히 왕래하는 수고로움을 원망하지 못한다고 한 것이다.

② 嘒彼小星, 維參〔所森反〕與昴〔叶 力求反〕. 肅肅宵征, 抱衾與裯〔直留反〕. 寔命不猶.

••••••

31 寔與實同 : 식(寔)과 실(實)은 뜻은 같지만 음이 같지는 않다.

32 見星而往 見星而還 : 새벽에 갔다가 초저녁이 되면 돌아옴을 이른다.

••• 宵 : 밤 소 寔 : 진실로 식 遬 : 공경할 속

嘒彼小星이여	반짝이는 저 작은 별이여
維參與昴로다	삼성(參星)과 묘성(昴星)이로다
肅肅宵征이여	조심히 밤길을 감이여
抱衾與裯(주)호니	이불과 홑이불을 안고 가니
寔命不猶일새니라	이는 운명이 똑같지 않아서이니라

興也라 參、昴는 西方二宿之名이라 衾은 被也요 裯는 襌(단)被也라 興은 亦取與昴與裯二字相應이라 猶亦同也라

흥(興)이다. 삼성(參星)과 묘성(昴星)은 서방(西方)에 있는 두 별의 이름이다. '금(衾)'은 이불이요, '주(裯)'는 홑이불이다. '흥(興)'은 또한 여묘(與昴)・여주(與裯)의 두 글자가 서로 응함을 취한 것이다. '유(猶)' 또한 같음이다.

小星二章이니 章五句라

〈소성(小星)〉은 2장이니, 장마다 5구이다.

呂氏曰 夫人無妬忌之行하여 而賤妾安於其命하니 所謂上好仁而下必好義者也니라

여씨(呂氏)가 말하였다. "부인(夫人)이 질투하는 행실이 없어, 천첩(賤妾)들이 그 운명을 편안히 여겼으니, 이른바 '윗사람이 인(仁)을 좋아하면 아랫사람들이 반드시 의(義)를 좋아한다.'는 것이다."

【毛序】 小星은 惠及下也라 夫人이 無妬忌之行하여 惠及賤妾하니 進御於君에 知其命有貴賤하여 能盡其心矣니라

〈소성〉은 은혜가 아래에 미침을 읊은 시(詩)이다. 부인이 투기하는 행실이 없어 은혜가 천첩에게까지 미치니, 첩들이 나아가 군주를 모실 적에 그 운명〔命〕에 귀천(貴賤)이 있음을 알아 그 마음을 다한 것이다.

【鄭註】 以色曰妬요 以行曰忌라 命은 謂禮命貴賤이라

음색(音色)으로 질투하는 것을 투(妬)라 하고, 행실로 투기(妬忌)하는 것을 기(忌)라 한다. 명(命)은 예명(禮命)의 귀천(貴賤)을 이른다.

••• 昴 : 별이름 묘 衾 : 이불 금 裯 : 홑이불 주 襌 : 홑옷 단 被 : 이불 피

11. 강유사(江有汜)

① 江有汜〔音祀 叶羊里反〕, 之子歸, 不我以. 不我以, 其後也悔〔叶虎洧反〕.

江有汜(사)어늘	강에 갈라진 물줄기가 있거늘
之子歸에	아씨가 시집갈 적에
不我以로다	나를 데리고 가지 않았도다
不我以나	나를 데리고 가지 않았으나
其後也悔로다	그 뒤에는 뉘우쳤도다

興也라 水決復入爲汜니 今江陵、漢陽、安、復之間에 蓋多有之라 之子는 媵(잉)妾이 指嫡妻而言也라 婦人謂嫁曰歸라 我는 媵自我也라 能左右之曰以니 謂挾己而偕行也라

○ 是時汜水之旁에 媵有待年於國이로되 而嫡不與之偕行者러니 其後에 嫡被后妃夫人之化하여 乃能自悔而迎之라 故로 媵見江水之有汜하고 而因以起興하여 言江猶有汜어늘 而之子之歸에 乃不我以로다 雖不我以나 然其後也亦悔矣라하니라

흥(興)이다. 물줄기가 갈라졌다가 다시 들어감을 '사(汜)'라 하니, 지금 강릉(江陵)과 한양(漢陽), 안주(安州)·복주(復州) 사이에 많이 있다. '지자(之子)'는 잉첩(媵妾)들이 적처(嫡妻)를 가리켜 말한 것이다. 부인(婦人)이 시집감을 '귀(歸)'라 한다. '아(我)'는 잉첩 자신이다. 능히 좌지우지함을 '이(以)'라 하니, 자기를 데리고 함께 감을 이른다.

○ 이때에 사수(汜水)의 곁에 잉첩이 본국(本國)에서 나이가 차기를 기다리는데도 적처가 함께 데리고 가지 않은 자가 있었다. 그 후 적처가 후비와 부인의 교화를 입어 마침내 스스로 뉘우치고 그를 맞이하였다. 그러므로 잉첩이 강수(江水)에 갈라진 물줄기가 있음을 보고 따라서 기흥(起興)하여 말하기를 "강(江)에도 오히려 갈라진 물줄기가 있는데, 지자(之子)가 시집갈 때에 마침내 나를 데리고 가지 않았도다. 비록 나를 데리고 가지 않았으나, 그 뒤에는 또한 뉘우쳤도다."라고 한 것이다.

② 江有渚, 之子歸, 不我與. 不我與, 其後也處.

··· 汜 : 물갈라졌다가다시합할 사 以 : 데리고갈 이 決 : 터질 결 媵 : 잉첩 잉

江有渚어늘	강에 작은 모래섬이 있거늘
之子歸에	아씨가 시집갈 적에
不我與로다	나를 데리고 가지 않았도다
不我與나	나를 데리고 가지 않았으나
其後也處로다	그 뒤에는 편안히 처하도다

興也라 渚는 小洲也니 水岐成渚라 與는 猶以也라 處는 安也니 得其所安也라

흥(興)이다. '저(渚)'는 작은 모래섬이니, 물줄기가 갈라져 작은 모래섬을 이룬 것이다. '여(與)'는 이(以:데리고)와 같다. '처(處)'는 편안함이니, 그 편안한 바를 얻은 것이다.

③ 江有沱〔徒河反〕, 之子歸, 不我過〔音戈〕, 不我過, 其嘯也歌.

江有沱(타)어늘	강에 갈라진 물줄기가 있거늘
之子歸에	아씨가 시집갈 적에
不我過로다	나를 방문하지 않았도다
不我過나	나를 방문하지 않았으나
其嘯(소)也歌로다	휘파람을 불다가 즐거워 노래를 부르도다

興也라 沱는 江之別者라 過는 謂過我而與俱也라 嘯는 蹙(축)口出聲하여 以舒憤懣(만)之氣니 言其悔時也요 歌則得其所處而樂也라

흥(興)이다. '타(沱)'는 강이 따로 갈라져 흐르는 것이다. '과(過)'는 나를 방문하여 함께 데리고 감을 이른다. '소(嘯:휘파람)'는 입을 오므려 소리를 내어 분만(憤懣)한 기운을 펴는 것이니 그 뉘우칠 때를 말한 것이요, '가(歌)'는 편안히 거처할 바를 얻고 즐거워하는 것이다.

江有氾三章이니 章五句라

〈강유사(江有氾)〉는 3장이니, 장마다 5구이다.

陳氏曰 小星之夫人은 惠及媵妾하여 而媵妾盡其心이요 江沱之嫡은 惠不及媵妾이로되 而媵妾不怨이니 蓋父雖不慈나 子不可以不孝니 各盡其道而已矣니라

··· 渚 : 물가 저 岐 : 갈래질 기 沱 : 물갈라질 타 過 : 방문할 과 嘯 : 휘파람불 소 蹙 : 오무릴 축 懣 : 번민할 만

진씨(陳氏:진붕비(陳鵬飛))가 말하였다. "〈소성(小星)〉의 부인(夫人)은 은혜가 잉첩에게 미쳐 잉첩이 그 마음을 다하였고, 〈강타(江沱)〉의 적처(嫡妻)는 은혜가 잉첩에 미치지 않았는데도 잉첩이 원망하지 않았다. 이는 아버지가 비록 사랑하지 않으나, 자식은 효도하지 않을 수 없는 것이니, 각기 그 도리(道理)를 다할 뿐이다."

【毛序】 江有汜는 美媵也니 勤而無怨하여 嫡能悔過也라 文王之時에 江沱之間에 有嫡不以其媵備數러니 媵遇勞而無怨한대 嫡亦自悔也라

〈강유사〉는 잉첩을 찬미한 시(詩)이니, 수고로운데도 원망하지 아니하여 적처가 잘못을 뉘우치게 한 것이다. 문왕의 때에 강(江)·타(沱)의 사이에 잉첩의 수(數)를 갖추지 않은 적처가 있었는데, 잉첩이 수고로움을 당하면서도 원망하지 않자, 적처 또한 자신의 잘못을 스스로 뉘우친 것이다.

【鄭註】 勤者는 以己宜媵而不得하여 心望之니라

근(勤:수고로움)이라는 것은 자기가 잉첩에 마땅한데 잉첩이 될 수 없어서 마음으로 바라는 것이다.

【辨說】 詩中에 未見勤勞無怨之意로라

시 가운데 '근로하면서 원망함이 없다.〔勤勞無怨〕'는 뜻을 볼 수 없다.

12. 야유사균(野有死麕)

① 野有死麕〔俱倫反 與春叶〕, 白茅包〔叶補苟反〕之. 有女懷春, 吉士誘之.

野有死麕이어늘	들에 죽은 노루가 있거늘
白茅包之로다	흰 띠풀로 싸도다
有女懷春이어늘	아가씨가 봄을 그리워하거늘
吉士誘之로다	길사가 유인하도다

興也라 麕은 獐也니 鹿屬이니 無角이라 懷春은 當春而有懷也라 吉士는 猶美士也라 ○ 南國이 被文王之化하여 女子有貞潔自守하여 不爲强暴所汚者라 故로 詩人이 因所見以興其事而美之라 或曰 賦也니 言美士以白茅包其死麕하여 而誘懷春之

… 麕:노균 균 茅:띠 모 獐:노루 장

女也라하니라

흥(興)이다. '균(麕)'은 노루이니 사슴의 등속이니, 뿔이 없다. '회춘(懷春)'은 봄을 당하여 그리움이 있는 것이다. '길사(吉士)'는 미사(美士)와 같다.

○ 남국(南國)이 문왕의 교화를 입어 여자가 정조를 지키고 몸을 깨끗이 하여 스스로 지켜서 강포(强暴)한 자에게 더럽힘을 당하지 않은 자가 있었다. 그러므로 시인(詩人)이 본 바를 인하여 이 일을 홍기해서 찬미한 것이다. 혹자는 "부(賦)이니, 아름다운 선비가 흰 띠풀로 죽은 노루를 싸서 봄을 그리워하는 여자를 유인한 것이다."라고 한다.

② 林有樸〔蒲木反〕樕〔音速〕, 野有死鹿. 白茅純〔徒尊反〕束, 有女如玉.

林有樸樕(박속)하며	숲에 떡갈나무가 있으며
野有死鹿이어늘	들에 죽은 사슴이 있거늘
白茅純(돈)束하나니	흰 띠풀로 사슴을 묶으니
有女如玉이로다	여자가 옥(玉)처럼 아름답도다

興也라 樸樕은 小木也라 鹿은 獸名이니 有角이라 純束은 猶包之也라 如玉者는 美其色也라 上三句는 興下一句也라 或曰 賦也니 言以樸樕藉死鹿하고 束以白茅하여 而誘此如玉之女也라하니라

흥(興)이다. '박속(樸樕)'은 작은 나무이다. 사슴〔鹿〕은 짐승의 이름이니, 뿔이 있다. '돈속(純束)'은 포지(包之)와 같다. 옥(玉)과 같다는 것은 여자의 아름다운 자색(姿色)을 찬미한 것이다. 위의 세 구(句)는 아래의 한 구(句)를 흥(興)한 것이다. 혹자는 말하기를 "부(賦)이니, 떡갈나무로 죽은 사슴을 싸고 흰 띠풀로 묶어서 이 옥처럼 아름다운 여자를 유인한 것이다."라고 한다.

③ 舒而脫脫〔勅外反〕兮, 無感我帨〔始銳反〕兮, 無使尨〔美邦反〕也吠〔符廢反〕.

舒而脫(태)脫兮하여	가만가만 천천히 와서
無感(撼)我帨兮하며	내 수건을 움직이지 말며
無使尨(방)也吠(폐)하라	삽살개가 짖게 하지 말라

··· 樸 : 떡갈나무 박 樕 : 떡갈나무 속 純 : 묶을 돈 藉 : 쌀 자 脫 : 더딜 태 感 : 움직일 감, 흔들 감 帨 : 수건 세 尨 : 삽살개 방 吠 : 개짖을 폐

賦也라 舒는 遲緩也요 脫脫는 舒緩貌라 感은 動이요 帨는 巾이라 尨은 犬也라
○ 此章은 乃述女子拒之之辭라 言姑徐徐而來하여 毋動我之帨하며 毋驚我之犬이라하니 以甚言其不能相及也라 其凜然不可犯之意를 蓋可見矣라

부(賦)이다. '서(舒)'는 느림이요, '태태(脫脫)'는 느린 모양이다. '감(感)'은 움직임이요, '세(帨)'는 수건이다. '삽살개〔尨〕'는 개이다.

○ 이 장(章)은 마침내 여자가 거절하는 말을 기술한 것이다. 우선 서서히 와서 내 수건을 움직이지 말며, 내 삽살개를 놀라게 하지 말라고 하였으니, 이로써 능히 서로 미칠 수 없음을 심히 말한 것이다. 그 늠연(凜然)하여 범할 수 없는 뜻을 볼 수 있다.

野有死麕三章이니 二章은 章四句요 一章은 三句라

〈야유사균(野有死麕)〉은 3장이니, 두 장은 장마다 4구이고 한 장은 3구이다.

【毛序】 野有死麕은 惡(오)無禮也라 天下大亂하니 彊暴相陵하여 遂成淫風이로되 被文王之化하여 雖當亂世나 猶惡無禮也라

〈야유사균〉은 무례(無禮)함을 미워한 시(詩)이다. 천하가 크게 혼란하여 강포(彊暴)한 자들이 서로 능멸하여 마침내 음풍(淫風)을 이루었는데, 문왕의 교화를 입어 비록 난세(亂世)를 당했으나 오히려 무례함을 미워한 것이다.

【鄭註】 無禮者는 謂不由媒妁하고 鴈幣不至하고 劫脅以成昏이니 謂紂之世라

무례라는 것은 중매를 통하지 않고 기러기와 폐백의 예물이 이르지 않고 협박하여 혼인을 이룸을 이르니, 주(紂)의 때를 말한 것이다.

【辨說】 此序는 得之라 但所謂無禮者는 言淫亂之非禮耳요 不謂無聘幣之禮也라

이 〈서〉는 맞다. 다만 이른바 무례하다는 것은 음란(淫亂)함이 예가 아님을 말한 것이요, 폐백(幣帛)으로 아내를 맞이하는 혼인의 예가 없음을 말한 것이 아니다.

13. 하피농의(何彼襛矣)

① 何彼襛〔奴容反 與雝叶〕矣, 唐棣〔徒帝反〕之華〔芳無胡瓜二反〕. 曷不肅雝, 王

… 凜 : 늠름할 름 惡 : 미워할 오 媒 : 중매 매 妁 : 중매 작 鴈 : 기러기 안 幣 : 폐백 폐 劫 : 위협할 겁
脅 : 협박할 협

姬之車〔斤於尺奢二反〕.

何彼襛矣오	어쩌면 저리도 성대한가
唐棣(체)之華로다	당체(산앵두나무)의 꽃이로다
曷不肅雝(옹)이리오	어찌 엄숙하고 온화하지 않으리오
王姬之車로다	왕희(王姬)의 수레로다

興也라 襛은 盛也니 猶曰戎戎也라 唐棣는 移(이)也니 似白楊이라 肅은 敬이요 雝은 和也라 周王之女姬姓이라 故로 曰王姬라

○ 王姬下嫁於諸侯에 車服之盛如此로되 而不敢挾貴以驕其夫家라 故로 見其車者 知其能敬且和以執婦道라 於是에 作詩以美之曰 何彼戎戎而盛乎아 乃唐棣之華也로다 此何不肅肅而敬, 雝雝而和乎아 乃王姬之車也라하니라 此乃武王以後之詩니 不可的知其何王之世나 然文王、太姒之敎 久而不衰를 亦可見矣니라

흥(興)이다. '농(襛)'은 꽃이 성함이니, 융융(戎戎)이라는 말과 같다. '당체(唐棣)'는 산앵두나무(산이스랏나무)이니, 백양(白楊)과 비슷하다. '숙(肅)'은 공경함이요, '옹(雝)'은 화함이다. 주왕(周王)의 딸이 희성(姬姓)이기 때문에 왕희(王姬)라고 한 것이다.

○ 왕희가 제후(諸侯)에게 하가(下嫁)함에 수레와 의복의 성대함이 이와 같았으나, 감히 귀함을 믿고서 남편의 집안에 교만히 하지 못하였다. 그러므로 그 수레를 본 자들이 신부가 능히 공경하고 또 온화하여 부도(婦道)를 잘 행할 줄을 알았다. 이에 시(詩)를 지어 찬미하기를 "어쩌면 저리도 융융(戎戎)히 성대한가? 이것은 바로 당체의 꽃이로다. 이 어찌 숙숙(肅肅)하여 공경하며 옹옹(雝雝)하여 화하지 않겠는가? 바로 왕희의 수레이다."라고 한 것이다. 이것은 바로 무왕(武王) 이후의 시이니, 그 어느 왕(王)의 세대인지는 분명히 알 수 없으나, 문왕과 태사(太姒)의 가르침이 오래되어도 쇠하지 않았음을 또한 볼 수 있다.

② 何彼襛矣, 華如桃李. 平王之孫, 齊侯之子〔叶獎里反〕.

何彼襛矣오	어쩌면 저리도 성대한가

··· 襛 : 무성할 농 棣 : 산앵두나무 체 雝 : 화락할 옹 移 : 산앵두나무 체(이) 戎 : 성할 융 挾 : 낄 협

華如桃李로다 꽃이 도리(桃李:복사꽃과 오얏꽃)와 같도다
平王之孫과 평왕의 손녀와
齊侯之子로다 제후의 아들이로다

興也라 李는 木名이니 華白이요 實可食이라 舊說에 平은 正也니 武王女, 文王孫이 適齊侯之子[33]라하니라 或曰 平王은 卽平王宜臼요 齊侯는 卽襄公諸兒니 事見春秋라하니 未知孰是라 以桃李二物로 興男女二人也라

흥(興)이다. 오얏[李]은 나무 이름이니, 꽃이 희고 열매를 먹을 수 있다. 구설(舊說)에 "평(平)은 바름이니, 무왕의 따님과 문왕의 손녀가 제후(齊侯)의 아들에게 시집간 것이다." 하였다. 혹자는 말하기를, "평왕(平王)은 바로 주나라 평왕인 의구(宜臼)요, 제후는 바로 양공(襄公)인 제아(諸兒)이니, 이 일이 《춘추좌씨전》 장공(莊公) 11년에 보인다." 하니, 누가 옳은지는 알지 못하겠다. 도(桃) · 리(李) 두 물건을 가지고 남(男) · 녀(女) 두 사람을 흥(興)하였다.

③ 其釣維何, 維絲伊緡. 齊侯之子, 平王之孫〔叶須倫反〕.

其釣維何오 낚시는 무엇으로 하는가
維絲伊緡이로다 실로 낚싯줄을 만들었도다
齊侯之子와 제후의 아들과
平王之孫이로다 평왕의 손녀로다

興也라 伊亦維也라 緡은 綸也니 絲之合而爲綸은 猶男女之合而爲昏也라

흥(興)이다. '이(伊)' 또한 유(維;발어사)이다. '민(緡)'은 윤(綸;굵은 실)이니, 실을 합쳐서 윤(綸)을 만드는 것은 남녀가 합하여 혼인함과 같은 것이다.

何彼穠矣三章이니 章四句라

······

33 齊侯之子 : 제후(齊侯)에 대하여 호산은 "바로《서경》〈고명(顧命)〉에서 말한 여급(呂伋)의 아들인 듯하다.〔蓋卽書所云呂伋子.〕"라고 하였다.《詳說》 여급은 강태공(姜太公)인 여상(呂尙)의 아들이다.

··· 適 : 시집갈 적 釣 : 낚시 조 緡 : 낚시줄 민

〈하피농의(何彼穠矣)〉는 3장이니, 장마다 4구이다.

【毛序】 何彼穠矣는 美王姬也라 雖則王姬라도 亦下嫁於諸侯하여 車服이 不繫其夫하고 下王后一等하여 猶執婦道하여 以成肅雝之德也라

〈하피농의〉는 왕희(王姬)를 찬미한 시(詩)이다. 비록 왕희이나 또한 제후에게 하가(下嫁)하여 수레와 복장을 그 남편의 신분에 관계치 않고 왕후(王后)보다 한 등급 낮게 하여 오히려 부도(婦道)를 지켜 엄숙하고 화(和)한 덕(德)을 이룩한 것이다.

【鄭註】 下王后一等은 謂車乘厭(압)翟과 勒面繢(회)總이요 服則褕(요)翟[34]이라

왕후보다 한 등급이 낮다는 것은 거승(車乘)의 압적(厭翟)과 늑면(勒面)과 회총(繢總)이고, 의복은 요적(褕翟)을 이른다.

【辨說】 此詩는 時世不可知니 其說이 已見(현)本篇이라 但序云 雖則王姬나 亦下嫁於諸侯라한대 說者多笑其陋나 然此但讀爲兩句之失耳라 若讀此十字合爲一句하여 而對下文車服不繫其夫하여 下王后一等爲義하면 則序者之意 亦自明白이라 蓋曰 王姬雖嫁於諸侯나 然其車服制度가 與他國之夫人不同하니 所以甚言其貴盛之極이로되 而猶不敢挾貴以驕其夫家也라 但立文不善하여 終費詞說耳라 鄭氏曰 下王后一等은 謂車乘厭(壓)翟(적)、勒面、繢總이요 服則褕翟이라하니 然則公侯夫人翟茀者는 其翟車에 貝面組總이요 有幄也歟인저

이 시는 지어진 시대를 알 수 없으니, 그 해설이 이미 본편에 보인다. 다만 〈서〉에 이르기를 "비록 왕희(王姬)이나 또한 제후에게 하가(下嫁)한다." 하였는데, 해설하는 자가 이 〈서〉의 누추함을 많이 비웃는다. 그러나 이는 다만 '수즉왕희역하가어제후(雖則王姬 亦下嫁於諸侯)'의 두 구(句)를 잘못 나누어 읽었을 뿐이다. 만약 이 열 자(字)를 합하여 한 구로 읽어서 아랫글의 '수레와 의복이 그 남편에게 관계되지 아니하여 왕후보다 한 등급이 낮다.'는 것을 상대해서 뜻을 삼는다면 〈서〉를 지은 자의 뜻이 또한 절로 명백해진다. 이는 왕희가 비록 제후들에게 하가하였으나 그 거마(車馬)와 의복의 제도가 타국의 부인(제후의 따님)과 똑같지 않음을 말한 것이니, 이는 그 귀하고 성함이 지극하나 오히려 감히 귀함을 믿고서 그

••••••

34 厭翟……褕翟 : 압적(厭翟)과 요적(褕翟) 등은 모두 황후가 사용하는 제도로, 압적(厭翟)은 황후가 타는 다섯 가지 수레 중의 하나이고, 늑면(勒面)은 말 얼굴에 씌우는 옥룡(玉龍)과 같이 생긴 가죽 장식물이며, 회총(繢總)은 말굴레에 부착하여 양쪽 귀와 재갈을 곧게 하는 청색과 흑색의 비단으로 만든 장식물이고, 요적(褕翟)은 꿩의 문양을 사용한 황후의 옷이다.

••• 勒 : 굴레 륵 繢 : 수놓은비단 회 褕 : 황후옷 요 茀 : 수레가림 불 幄 : 휘장 악

남편의 집(시댁)에게 교만하지 못함을 심히 말한 것이다. 다만 글을 쓴 것이 좋지 못해서 끝내 쓸데없는 말을 많이 늘어놓았을 뿐이다.

정씨(鄭氏)가 말하기를 "왕후보다 한 등급이 낮다는 것은 거승(車乘)은 압적(厭翟)과 늑면(勒面)과 회총(繢總)이요 의복은 요적(褕翟)이다." 하였으니, 그렇다면 공후(公侯)의 부인으로서 적불(翟茀)을 한 것은 그 적불한 수레에 패면(貝面:말의 얼굴에 있는 자개로 꾸민 말굴레)과 조총(組總:끈으로 만들어 수레 곁에 매단 띠)을 하고 수레에 뚜껑이 있었을 것이다.

14. 추우(騶虞)

① 彼茁〔側劣反〕者葭〔音加〕, 壹發五豝〔百加反〕, 于〔音吁〕乎騶虞〔叶音牙〕.

彼茁(줄)者葭(가)에	저 무성한 갈대에
壹發五豝(파)로소니	한 화살에 다섯 암퇘지를 잡노니
于(吁)嗟乎騶虞로다	아 이것이 추우로다

賦也라 茁은 生出壯盛之貌라 葭는 蘆也니 亦名葦라 發은 發矢요 豝는 (牡)[牝]豕也[35]니 一發五豝는 猶言中必疊雙也라 騶虞는 獸名이니 白虎黑文이요 不食生物者也라 ○ 南國諸侯 承文王之化하여 修身齊家以治其國하고 而其仁民之餘恩이 又有以及於庶類라 故로 其春田之際에 草木之茂와 禽獸之多가 至於如此하니 而詩人述其事以美之하고 且歎之曰 此其仁心自然이요 不由勉强이니 是卽眞所謂騶虞矣라 하니라

부(賦)이다. '줄(茁)'은 생출(生出)하기를 장성하게 하는 모양이다. '가(葭)'는 갈대이니, 또한 위(葦)라고도 한다. '발(發)'은 화살을 발사함이요, '파(豝)'는 암퇘지이니, '일발오파(一發五豝)'는 맞추면 반드시 거듭으로 하고 쌍으로 맞춘다는 말과 같다. '추우(騶虞)'는 짐승의 이름이니, 흰 범에 검은 무늬가 있으며, 살아있는 것

35 (牡)[牝]豕也 : 잠실 진씨(潛室陳氏)가 말하였다. "《모전》에 '돼지의 암컷을 파라 한다.' 하였으니, 무(牡) 자는 마땅히 빈(牝)이 되어야 할 듯하다.〔毛傳云 豕牝曰豝, 恐牡字當作牝.〕"《大全本》

··· 茁 : 풀싹 줄, 자랄 촬 葭 : 갈대 가 豝 : 두살돼지 파 騶 : 짐승이름 추 蘆 : 갈대 로 葦 : 갈대 위 牝 : 암컷 빈 疊 : 거듭 첩 田 : 사냥할 전

을 먹지 않는다.

○ 남국(南國)의 제후가 문왕의 교화를 받아 수신(修身)하고 제가(齊家)하여 그 나라를 다스리고, 백성을 사랑한 남은 은혜가 또 서류(庶類:만물)에게 미침이 있었다. 그러므로 그 봄에 사냥할 즈음에 초목의 무성함과 금수(禽獸)의 많음이 이와 같음에 이르니, 시인(詩人)이 이 일을 서술하여 찬미하고, 또 감탄하기를, "이는 그 인심(仁心)의 자연스러움이요 억지로 힘씀을 말미암은 것이 아니니, 이것이야말로 참으로 이른바 추우란 것이다." 하였다.

② 彼茁者蓬, 壹發五豵〔子公反〕, 于嗟乎騶虞〔叶五紅反〕.

彼茁者蓬에	저 무성한 쑥대에
壹發五豵(종)이로소니	한 번 발사하여 다섯 햇돼지를 잡노니
于嗟乎騶虞로다	아 이것이 추우로다

賦也라 蓬은 草名이라 一歲曰豵이니 亦小豕也라

부(賦)이다. 쑥〔蓬〕은 풀 이름이다. 1년 된 돼지를 '종(豵)'이라 하니, 또한 작은 돼지(멧돼지)이다.

騶虞二章이니 章三句라

〈추우(騶虞)〉는 2장이니, 장마다 3구이다.

文王之化 始於關雎하여 而至於麟趾면 則其化之入人者深矣요 形於鵲巢하여 而及於騶虞면 則其澤之及物者廣矣[36]라 蓋意誠心正之功이 不息而久면 則其熏蒸透徹하고 融液周徧하여 自有不能已者하니 非智力之私所能及也라 故로 序에 以騶虞爲鵲巢之應하여 而見王道之成이라하니 其必有所傳矣리라

문왕의 교화가 〈관저(關雎)〉에서 시작하여 〈린지(麟趾)〉에 이르면 그 교화가 사람에게 들어간 것이 깊은 것이요, 〈작소(鵲巢)〉에 나타나서 〈추우〉에 미치면 그 은

••••••

36 文王之化……澤之及物者廣矣 : 이에 대해 안성 유씨(安成劉氏)는 "공족이 인후함은 교화가 사람에게 들어간 것이요, 서류가 번식함은 은택이 물건에 미친 것이다.〔公族仁厚, 化之入人; 庶類蕃殖, 澤之及物.〕"라고 하였다.《詳說》

••• 蓬 : 쑥 봉 豵 : 햇돼지 종 熏 : 훈증할 훈 蒸 : 찔 증 徹 : 통할 철 融 : 녹을 융 徧 : 두루미칠 편(변)

택이 물건에 미침이 넓은 것이다. 의성(意誠)·심정(心正)의 공부가 쉬지 않고 오래되면 훈증(熏蒸)하고 투철(透徹)하고 융액(融液)하고 두루하여 자연히 그만둘 수 없는 것이 있으니, 사사로운 지혜와 힘으로 능히 미칠 수 있는 바가 아니다. 그러므로 《모서》에 "〈추우〉를 〈작소〉의 효응이라 하여, 왕도(王道)의 이룸을 볼 수 있다." 하였으니, 그 반드시 전수받은 바가 있었을 것이다.

【毛序】 騶虞는 鵲巢之應也라 鵲巢之化行하여 人倫旣正하고 朝廷旣治하여 天下純被文王之化하니 則庶類蕃殖하고 蒐(수)田以時하여 仁如騶虞면 則王道成也니라

〈추우〉는 〈작소〉의 효응이다. 〈작소〉의 교화가 행해져 인륜이 이미 바루어지고 조정이 이미 다스려져서 천하가 문왕의 교화를 크게 입은 것이니, 이에 여러 종류가 번식하였고 또 사냥을 농한기에 하여 인(仁)함이 추우와 같으면 왕도(王道)가 이루어진 것이다.

【鄭註】 應者는 應德이 自遠而至라

응(應)은 덕에 응함이 먼 곳으로부터 이르는 것이다.

【辨說】 此序는 得詩之大旨나 然語意亦不分明이라 楊氏曰 二南은 正始之道요 王化之基니 蓋一體也라 王者、諸侯之風이 相須以爲治하니 諸侯所以代其終也[37]라 故召南之終에 至於仁如騶虞然後에 王道成焉이라 夫王道成은 非諸侯之事也라 然非諸侯有騶虞之德이면 亦何以見王道之成哉아 歐陽公曰 賈誼新書曰 騶者는 文王之囿名이요 虞者는 囿之司獸也라하고 陳氏曰 禮記射義에 云 天子以騶虞爲節하여 樂官備也라하니 則其爲虞官이 明矣라 獵以虞爲主하니 其實은 歎文王之仁而不斥言也라하니 此與舊說不同하니 今存於此하노라

이 〈서〉는 시(詩)의 대지(大旨)에 맞으나 글 뜻이 또한 분명치 못하다.

양씨(楊氏)가 말하였다. "이남(二南)은 시작을 바로잡는 방도요 왕화(王化)의 기본이니, 이는 일체(똑같은 것)이다. 왕자와 제후의 풍(風)은 서로 필요로 하여(의존하여) 나라를 다스리니, 제후의 풍이 이 때문에 그 끝마침을 대신한 것이다. 그러므로 〈소남(召南)〉의 끝에 '인이 추우와 같았다.〔仁如騶虞〕'에 이른 뒤에야 왕도(王

37 諸侯所以代其終也 : 호산은 다음과 같이 말하였다. "〈작소(鵲巢)〉와 〈추우(騶虞)〉는 제후의 풍(風)이니, 문왕(文王)의 교화가 〈관저(關雎)〉에서 시작하여 〈린지(麟趾)〉에 이르면 교화가 사람에게 들어감이 깊은 것이고, 〈작소〉에 나타나서 〈추우〉에 미치면 은택이 물건에 미침이 넓은 것이다. 그러므로 〈추우〉로 그 끝마침을 대신했다고 한 것이다."《詳說》

道)가 이루어지는 것이다. 왕도가 이루어짐은 제후의 일이 아니다. 그러나 제후가 추우의 덕이 있지 않다면 또한 어떻게 왕도가 이루어짐을 보겠는가." 하였다.

구양공(歐陽公)이 말씀하기를 "가의(賈誼)의 《신서(新書)》에 '추(騶)는 문왕의 동산 이름이요 우(虞;우인(虞人) 또는 우관(虞官))는 동산의 짐승을 맡은 자이다.'라고 하였고, 진씨(陳氏)는 말하기를 '《예기(禮記)》의 〈사의(射義)〉에 「천자가 추우로 절도로 삼아서 악관(樂官)이 구비되었다.」 하였으니, 그렇다면 추우는 그 우관(虞官)이 됨이 분명하다. 사냥은 우관을 위주로 하니, 그 실제는 문왕의 인(仁)을 감탄하였으나 감히 문왕을 지척(指斥)하여 말하지 못한 것이다." 하였으니, 이들의 설은 구설(舊說)과 같지 않은바 이제 여기에 함께 남겨두노라.

召南之國은 十四篇이니 四十章이요 百七十七句라

〈소남지국(召南之國)〉은 14편이니, 40장이고 177구이다.

愚按 鵲巢至采蘋은 言夫人、大夫妻하여 以見(현)當時國君大夫被文王之化하여 而能修身以正其家也요 甘棠以下는 又見由方伯能布文王之化하여 而國君能修之家以及其國也라 其詞雖無及於文王者나 然文王明德新民之功이 至是而其所施者溥(보)矣라 抑所謂其民皞(호)皞而不知爲之者[38]與인저 唯何彼襛矣之詩는 爲不可曉하니 當闕所疑耳니라

내가 살펴보건대, 〈작소〉로부터 〈채빈(采蘋)〉까지는 제후의 부인(夫人)과 대부의 아내를 말하여, 당시 〈제후의〉 국군(國君)과 대부가 문왕의 교화를 입어 능히 몸을 닦아 그 집안을 바로잡았음을 나타낸 것이요, 〈감당(甘棠)〉 이하는 또 방백(方伯)이 능히 문왕의 교화를 펴서 국군(國君)이 능히 집안을 닦아 나라에 미침을 나타낸 것이다. 그 말은 비록 문왕을 언급한 것이 없으나, 문왕이 덕(德)을 밝히고 백성을 새롭게 한 공이 이에 이르러 그 베풂이 넓은 것이다. 이것이 《《맹자》에》 이른바 "그 백성이 호호(皞皞;만족)하여 누가 이렇게 만든 것인지를 모른다."는 것이다. 다만 〈하피농의(何彼襛矣)〉의 시(詩)는 이해할 수 없으니, 마땅히 의심나는 것은 빼놓아야 할 것이다.

38 抑所謂其民皞皞而不知爲之者 : 호호(皞皞)는 광대(廣大)하여 스스로 만족한 것으로 이 내용은 《맹자》〈진심 상(盡心上)〉에 보인다.

蘋 : 마름 빈 溥 : 넓을 보(부) 皞 : 흴 호

○ 周南、召南二國은 凡二十五篇이니 先儒以爲正風이라하니 今姑從之하노라

○ 〈주남(周南)〉·〈소남(召南)〉 두 국풍(國風)은 모두 25편인데, 선유(先儒:정현)는 이것을 정풍(正風)이라 하였으니, 이제 우선 이를 따른다.

○ 孔子謂伯魚曰 女爲周南、召南矣乎아 人而不爲周南、召南이면 其猶正牆面而立也與[39] 인저하시니라

○ 儀禮鄕飮酒、鄕射、燕禮에 皆合樂周南關雎、葛覃、卷耳, 召南鵲巢、采蘩、采蘋[40] 하고 燕禮에 又有房中之樂하니 鄭氏註曰 弦歌周南、召南之詩而不用鍾磬이라하니 云房中者는 后夫人之所諷誦以事其君子니라

○ 程子曰 天下之治는 正家爲先이니 天下之家正이면 則天下治矣라 二南은 正家之道也라 陳后妃、夫人、大夫妻之德하니 推之士庶人之家에 一也라 故로 使邦國至於鄕黨에 皆用之하고 自朝廷至於委巷에 莫不謳吟諷誦하니 所以風化天下니라

○ 공자(孔子)께서 백어(伯魚)에게 이르시기를 "너는 〈주남〉과 〈소남〉을 배웠느냐? 사람으로서 〈주남〉과 〈소남〉을 배우지 않으면 바로 얼굴을 담장에 대고 선 것과 같다." 하셨다.

○ 《의례(儀禮)》의 〈향음주(鄕飮酒)〉·〈향사(鄕射)〉·〈연례(燕禮)〉에 모두 〈주남〉의 〈관저(關雎)〉·〈갈담(葛覃)〉·〈권이(卷耳)〉와 〈소남〉의 〈작소(鵲巢)〉·〈채번(采蘩)〉·〈채빈(采蘋)〉을 합하여 연주하였고, 〈연례〉에 또 방중(房中)의 음악이 있는데, 정씨(鄭氏)의 주(注)에 "〈주남〉·〈소남〉의 시(詩)를 현악기(絃樂器)에 맞추어 노래하고, 종(鍾)과 경쇠를 쓰지 않는다." 하였다. 방중이라 말한 것은 후비(后妃)와 부인(夫人)이 풍송(諷誦)하여 그 군자를 섬기는 것이다.

○ 정자(程子)가 말씀하였다. "천하의 다스림은 집안을 바로잡는 것이 최우선이니, 천하의 집안이 바루어지면 천하가 다스려질 것이다. 이남(二南:주남과 소남)은 집안을 바루는 방도이다. 후비(后妃)와 부인(夫人)과 대부(大夫)의 아내의 덕(德)

······

39 孔子謂伯魚曰……其猶正牆面而立也與 : 백어(伯魚)는 공자의 아들 리(鯉)의 자(字)로, 이 내용은 《논어》〈양화(陽貨)〉에 그대로 보인다.

40 儀禮鄕飮酒……采蘋 : 청대(淸代) 학자들은 이것을 근거하여 〈주남〉의 〈관저〉·〈갈담〉·〈권이〉를 관저3장이라 하고 〈소남〉의 〈작소〉·〈채번〉·〈채빈〉을 작소3장이라 하였으며, 〈소남〉의 편차에 〈작소〉·〈채번〉의 뒤에 있는 〈초충(草蟲)〉은 마땅히 〈채빈〉의 뒤에 있어야 한다고 하였다. 그리고 뒤 〈소아(小雅)〉의 〈녹명(鹿鳴)〉·〈사무(四牡)〉·〈황황자화(皇皇者華)〉의 세 편 역시 《의례》〈연례(宴禮)〉에 "여러 신하들과 아름다운 손님(사신)에게 잔치하는 시이다." 하였는바, 이 역시 녹명3장으로 보았다.

··· 燕 : 잔치 연 磬 : 경쇠 경 謳 : 노래할 구 諷 : 외울 풍

을 말하였으니, 사서인(士庶人)의 집안에 미룸에 똑같다. 그러므로 국가로부터 향당(鄕黨)에 이르기까지 모두 이것을 쓰고, 조정으로부터 위항(委巷;여항(閭巷))에 이르기까지 모두 이것을 노래하고 읊으며 풍송(諷誦)하게 한 것이니, 이는 천하를 풍화(風化)한 것이다."

〈패풍(邶風)〉 1-3[一之三]

邶、鄘、衛는 三國名이니 在禹貢冀州라 西阻太行(항)하고 北逾衡(횡)漳하고 東南跨河하여 以及兗(연)州桑土之野하니라 及商之季而紂都焉이러니 武王克商하시고 分自紂城朝歌하여 而北謂之邶하고 南謂之鄘하고 東謂之衛하여 以封諸侯하니 邶、鄘은 不詳其始封이요 衛則武王弟康叔之國也라 衛本都河北하니 朝歌之東이요 淇水之北이요 百泉之南이라 其後不知何時幷得邶、鄘之地며 至懿公하여 爲狄所滅이라가 戴公이 東徙渡河하여 野處漕邑하고 文公이 又徙居于楚丘하니라 朝歌故城은 在今衛州衛縣西二十二里하니 所謂殷墟요 衛故都는 卽今衛縣이요 漕、楚丘는 皆在滑州하니 大抵今懷、衛、澶(전)、相、滑、濮(복)等州와 開封、大名府界가 皆衛境也라 但邶、鄘은 地旣入衛하고 其詩皆爲衛事어늘 而猶繫其故國之名은 則不可曉라 而舊說에 以此下十三國을 皆爲變風焉하니라

패(邶)·용(鄘)·위(衛)는 세 나라의 이름이니, 《서경》〈우공(禹貢)〉의 기주(冀州)에 있었다. 서쪽으로는 태항산(太行山)이 막혀 있고, 북쪽으로는 횡장(衡漳)을 넘고, 동남으로는 황하(黃河) 유역을 차지하여 연주(兗州)의 상토(桑土)의 들에까지 미쳤었다. 상(商)나라 말엽에 주(紂)가 도읍하였는데, 무왕(武王)이 상(商)나라를 이기시고는 주(紂)의 도성(都城)인 조가(朝歌)로부터 나누어 조가 이북을 패(邶)라 이르고, 남쪽을 용(鄘)이라 이르고, 동쪽을 위(衛)라 일러 제후들을 봉하였으니, 패(邶)와 용(鄘)은 처음 봉한 것이 상세하지 않고, 위(衛)는 무왕의 아우인 강숙(康叔)의 나라이다. 위(衛)는 본래 하북(河北)에 도읍하니, 조가(朝歌)의 동쪽이요 기수(淇水)의 북쪽이요 백천(百泉)의 남쪽이었다. 그 후 어느 때에 위나라가 패(邶)·용(鄘)의 땅을 병합하였는지는 알지 못하며, 의공(懿公)에 이르러 적(狄)에게 멸망을 당하였다가 대공(戴公)이 동쪽으로 옮겨가 황하를 건너 조읍(漕邑)에 임시로 거처하였고, 문공(文公)이 또다시 옮겨 초구(楚丘)에 거주하였다.

조가의 옛 성(城)은 지금의 위주(衛州) 위현(衛縣)의 서쪽 22리 지점에 있었으니 이른바 은허(殷墟)이며, 위(衛)의 고도(故都)는 바로 지금의 위현(衛縣)이요, 조(漕)와 초구(楚丘)는 모두 활주(滑州)에 있다. 대저 지금의 회주(懷州)·위주(衛州)·

… 邶 : 나라이름 패 鄘 : 용나라 용 阻 : 막을 조 逾 : 넘을 유 漳 : 물이름 장 跨 : 넘어질 과, 걸칠 고
兗 : 믿을 연 淇 : 기수 기 懿 : 아름다울 의 漕 : 땅이름 조 墟 : 터 허 滑 : 미끄러울 활 澶 : 물이름 전
濮 : 물이름 복

전주(澶州)·상주(相州)·활주(滑州)·복주(濮州) 등과 개봉부(開封府)·대명부(大名府)의 경계가 모두 위(衛)나라의 국경이었다. 다만 패(邶)와 용(鄘)은 땅이 이미 위나라로 들어갔고 그 시(詩)는 모두 위나라의 일인데, 아직도 그대로 옛 나라의 이름을 달고 있는 것은 이해할 수 없다. 구설(舊說)에 이하 13국풍(國風)을 모두 변풍(變風)이라 하였다.

1. 백주(柏舟)

① 汎〔芳劍反〕彼柏舟, 亦汎其流. 耿耿〔古幸反〕不寐, 如有隱憂. 微我無酒, 以敖〔五羔反〕以遊.

汎彼柏舟여	두둥실 떠있는 저 측백나무 배여
亦汎其流로다	또한 흐르는 물에 떠있도다
耿耿不寐하여	말똥말똥 잠을 이루지 못하여
如有隱憂호라	애통함과 근심함이 있는 듯하노라
微我無酒	내가 술이 없어
以敖(遨)以遊니라	즐기고 놀 수 없는 것은 아니니라

比也라 汎은 流貌라 柏은 木名이라 耿耿은 小明이니 憂之貌也라 隱은 痛也라 微는 猶非也라

○ 婦人이 不得於其夫라 故로 以柏舟自比라 言以柏爲舟면 堅緻(치)牢實이어늘 而不以乘載하여 無所依薄(泊)하여 但汎然於水中而已라 故로 其隱憂之深如此하니 非爲無酒可以敖遊而解之也라하니라 列女傳에 以此爲婦人之詩라하니 今考其辭氣컨대 卑順柔弱하고 且居變風之首하여 而與下篇相類하니 豈亦莊姜之詩也歟인저

비(比)이다. '범(汎)'은 흐르는(떠있는) 모양이다. 측백〔柏〕은 나무 이름이다. '경경(耿耿)'은 조금 밝음이니(눈이 말똥말똥함이니), 근심하는 모양이다. '은(隱)'은 애통함이다. '미(微)'는 비(非)와 같다.

○ 부인이 그 남편에게 사랑을 받지 못하였다. 그러므로 측백나무 배로써 자신을 비(比)하여, 말하기를 "측백나무로 배를 만들면 견고하고 치밀한데도 이것을

··· 汎 : 뜰 범 耿 : 까막거릴 경 微 : 아닐 미 敖 : 놀 오 緻 : 치밀할 치 牢 : 굳을 뢰 薄 : 이를 박

버려두고 타지 않아 정박(碇泊)할 곳이 없어 다만 수중(水中)에 둥둥 떠 있을 뿐이다. 그러므로 그 애통하고 근심함의 깊음이 이와 같으니, 술이 없어 즐기고 놀아서 근심을 풀 수 없는 것은 아니다."라고 한 것이다.

《열녀전(列女傳)》에 이것을 부인의 시(詩)라 하였으니, 지금 그 가사(歌詞)의 내용을 상고해보면 비순(卑順)하고 유약(柔弱)하며 또한 변풍(變風)의 첫머리에 있어 하편(下篇)과 서로 유사하니, 아마도 또한 장강(莊姜)의 시인 듯하다.

② 我心匪鑒, 不可以茹〔如預反〕. 亦有兄弟, 不可以據. 薄言往愬, 逢彼之怒.

我心匪鑒(鑑)이라	내 마음 거울이 아니니
不可以茹며	헤아릴 수 없으며
亦有兄弟나	또한 형제가 있으나
不可以據로소니	의지할 수가 없으니
薄言往愬요	잠깐 가서 하소연하였다가
逢彼之怒호라	저의 노여움만 만났노라

賦也라 鑒은 鏡이요 茹는 度(탁)이요 據는 依요 愬는 告也라

○ 言我心旣匪鑒而不能度物이요 雖有兄弟나 而又不可依以爲重이라 故로 往告之라가 而反遭其怒也라

부(賦)이다. '감(鑒)'은 거울이요, '여(茹)'는 헤아림이요, '거(據)'는 의지함이요, '소(愬)'는 하소연이다.

○ 내 마음이 이미 거울이 아니어서 남을 헤아릴 수 없고, 비록 형제가 있으나 또한 의지하여 중(重)함을 삼을 수 없다. 그러므로 가서 하소연하였다가 도리어 그 노여움을 만났다고 말한 것이다.

③ 我心匪石, 不可轉也. 我心匪席, 不可卷〔眷勉反〕也. 威儀棣棣, 不可選也.

我心匪石이라	내 마음 돌이 아니니

··· 匪 : 아닐 비 鑒 : 거울 감(鑑同) 茹 : 헤아릴 여 薄 : 잠깐 박 愬 : 하소할 소 遭 : 만날 조

不可轉也며	굴릴 수 없으며
我心匪席이라	내 마음 자리가 아니니
不可卷也며	말아둘 수도 없도다
威儀棣(체)棣라	위의가 성하고 성하니
不可選也로다	가릴 것이 없도다

賦也라 棣棣는 富而閑習之貌라 選은 簡擇也라

○ 言石可轉而我心不可轉이요 席可卷而我心不可卷이며 威儀無一不善하여 又不可得而簡擇取舍라하니 皆自反而無闕之意니라

부(賦)이다. '체체(棣棣)'는 풍부하고도 익숙한 모양이다. '선(選)'은 간택(簡擇)함이다.

○ 돌은 굴릴 수 있으나 내 마음은 굴릴(바꿀) 수 없으며, 자리는 말아 둘 수 있으나 내 마음은 말아 둘 수가 없으며, 위의(威儀)가 하나도 나쁜 것이 없어서 또 선택하고 취사(取捨)할 것이 없다고 말하였으니, 이는 모두 스스로 돌이켜 봄에 결함이 없다는 뜻이다.

④ 憂心悄悄〔七小反〕, 慍于羣小. 覯〔古豆反〕閔旣多, 受侮不少. 靜言思之, 寤辟〔避亦反〕有摽〔符小反〕.

憂心悄悄어늘	마음에 근심하기를 심히 하거늘
慍于羣小호라	여러 소인(첩)들에게 노여움을 받노라
覯閔旣多어늘	폐해를 당한 것이 이미 많거늘
受侮不少호라	수모(受侮)를 받은 것도 적지 않노라
靜言思之요	고요히 이를 생각하고
寤辟(擗)有摽호라	잠을 깨어 가슴을 치노라

賦也라 悄悄는 憂貌라 慍은 怒意요 羣小는 衆妾也니 言見怒衆妾也라 覯는 見이요 閔은 病也라 辟은 拊(부)心也요 摽는 拊心貌라

부(賦)이다. '초초(悄悄)'는 근심하는 모양이다. '온(慍)'은 노여워하는 뜻이요, '군소(羣小)'는 여러 첩(妾)이니, 여러 첩들에게 노여움을 받음을 말한 것이다. '구

… 卷 : 말 권 棣 : 많을 체 閑 : 익힐 한 悄 : 근심할 초 慍 : 성낼 온 羣 : 무리 군 覯 : 만날 구
閔 : 병들 민, 해로울 민 辟 : 가슴두드릴 벽 摽 : 가슴칠 표 見 : 당할 견 拊 : 두드릴 부

(覯)'는 당함이요, '민(閔)'은 병(폐해)이다. '벽(辟)'은 가슴을 어루만지는 것이요, '표(摽)'는 가슴을 어루만지는 모양이다.

⑤ 日居月諸, 胡迭〔待結反〕而微. 心之憂矣, 如匪澣〔戶管反〕衣. 靜言思之, 不能奮飛.

日居月諸여	해여! 달이여!
胡迭而微오	어찌 뒤바뀌어 이지러지는가
心之憂矣여	마음의 근심함이여
如匪澣衣로다	빨지 않은 옷을 입은 듯하노라
靜言思之요	고요히 이를 생각하고
不能奮飛호라	떨치고 일어나 날아가지 못함을 한하노라

比也라 居、諸는 語辭라 迭은 更(경)이요 微는 虧(휴)也라 匪澣衣는 謂垢(구)汚不濯之衣라 奮飛는 如鳥奮翼而飛去也라

○ 言日當常明이요 月則有時而虧니 猶正嫡常尊이요 衆妾當卑어늘 今衆妾이 反勝正嫡하니 是는 日月更迭而虧라 是以로 憂之하여 至於煩寃憒眊(궤모)하여 如衣不澣之衣하여 恨不能奮起而飛去也라

비(比)이다. '거(居)'와 '제(諸)'는 어조사이다. '질(迭)'은 번갈아요, '미(微)'는 이지러짐이다. '비한의(匪澣衣)'는 때가 껴 더러운데 빨지 않은 옷을 이른다. '분비(奮飛)'는 새가 날개를 떨치고 날아가는 듯한 것이다.

○ 해는 마땅히 항상 밝고 달은 때로 이지러짐이 있으니, 정적(正嫡:정실부인)은 마땅히 높아야 하고 중첩(衆妾)은 마땅히 낮아야 함과 같은데, 이제 중첩이 도리어 정적을 이기니, 이는 해와 달이 뒤바뀌어 이지러지는 것이다. 이 때문에 근심하여 번민하고 원통해 하며 심란함에 이르니, 빨지 않은 옷을 입은 듯한데도 능히 떨치고 일어나 날아가지 못함을 한한다고 말한 것이다.

柏舟五章이니 章六句라

〈백주(柏舟)〉는 5장이니, 장마다 6구이다.

··· 迭 : 갈마들 질, 바꿀 질 澣 : 빨 한 虧 : 이지러질 휴 憒 : 심란할 궤 眊 : 눈어두울 모

【毛序】 柏舟는 言仁而不遇也라 衛頃公之時에 仁人不遇하고 小人在側하니라

〈백주〉는 인(仁)한데도 불우(不遇)함을 읊은 시(詩)이다. 위(衛)나라 경공(頃公) 때에 인인(仁人)이 대우를 받지 못하고 소인이 군주의 측근에 있었다.

【鄭註】 不遇者는 君不受己之志也라 君近小人이면 則賢者見侵害하나니라

불우(不遇)라는 것은 군주가 자기의 뜻을 받아주지 않는 것이다. 군주가 소인을 가까이 하면 현자가 침해(侵害)를 받는다.

【辨說】 詩之文意事類는 可以思而得이로되 其時世名氏는 則不可以强而推라 故로 凡小序에 唯詩文明白하여 直指其事로 如甘棠、定中、南山、株林之屬과 若證驗的切하여 見(현)於書史로 如載馳、碩人、淸人、黃鳥之類는 決爲可無疑者요 其次則詞旨大槩可知必爲某事로되 而不可知其的爲某時某人者 尙多有之라 若爲小序者 姑以其意로 推尋探索하여 依約而言[41]이면 則雖有所不知라도 亦不害其爲不自欺요 雖有未當이라도 人亦當恕其所不及이어늘 今乃不然하여 不知其時者를 必强以爲某王某公之時라하고 不知其人者를 必强以爲某甲某乙之事라하여 於是에 傅會書史하고 依託名諡하여 鑿空妄語하여 以誑後人하니 其所以然者는 特以恥其有所不知하여 而唯恐人之不見信而已니라

시(詩)의 글뜻과 일의 종류는 생각하여(유추하여) 알 수 있으나 그 시대와 작자의 명씨(名氏)는 억지로 추측할 수가 없다. 그러므로 모든 〈소서(小序)〉에 오직 시문(詩文)이 명백하여 곧바로 그 일을 가리킨 것으로 〈감당(甘棠)〉·〈정지방중(定之方中)〉·〈남산(南山)〉·〈주림(株林)〉과 같은 등속과 증거가 분명하여 《서경》과 역사책에 나타난 것으로 〈재치(載馳)〉·〈석인(碩人)〉·〈청인(淸人)〉·〈황조(黃鳥)〉와 같은 따위는 결코 의심할 것이 없다. 그 다음은 글뜻에서 대략 반드시 아무 일이 됨을 알 수 있으나 그 아무 때, 아무 사람이 됨을 분명히 알 수 없는 것이 오히려 많이 있다.

만약 〈소서〉를 지은 자가 우선 자기의 뜻을 가지고 미루어 찾고 탐색해서 어렴풋이 간략히 말했다면 비록 알지 못하는 바가 있더라도 스스로 양심을 속이지 않음이 됨에 무방하고, 비록 합당하지 못함이 있더라도 사람들 또한 그의 미치지 못한 바를 용서할 터인데, 이제 도리어 이렇게 하지 않아서 그 시기를 알지 못하는

41 依約而言 : 호산은 "의(依)는 의희(依俙)로 분명하게 말하지 않고 어렴풋이 말하는 것이며, 약(約)은 말을 장황하게 하지 않고 간단하게 요약하여 말하는 것이다." 하였다. 《詳說》

… 索 : 찾을 색 諡 : 시호 시 誑 : 속일 광

것을 반드시 억지로 아무 왕, 아무 공(公)의 때라 하고, 그 사람을 알지 못하는 것을 반드시 억지로 아무 갑(甲), 아무 을(乙)의 일이라 하였다. 이에 《서경》과 역사책에 견강부회하고 이름과 시호(諡號)에 의탁해서 허공을 뚫고(천착하고) 함부로 말하여 후인을 속였으니, 그가 이렇게 한 이유는 다만 자기가 알지 못하는 바가 있음을 부끄러워해서 행여 남이 믿어주지 않을까 두려워했기 때문이다.

且如柏舟는 不知其出於婦人하여 而以爲男子라하고 不知其不得於夫하여 而以爲不遇於君이라하니 此則失矣라 然有所不及而不自欺하면 則亦未至於大害理也어늘 今乃斷然以爲衛頃公之時라하니 則其故爲欺罔하여 以誤後人之罪를 不可揜(엄)矣라 蓋其偶見此詩冠於三衛變風之首라 是以로 求之春秋之前에 而史記所書莊桓以上衛之諸君은 事皆無可考者요 諡亦無甚惡者라 獨頃公이 有賂王請命之事하고 其諡又爲甄(진)心動懼[42]之名하니 如漢諸侯王이 必其嘗以罪謫然後에 加以此諡라 以是로 意其必有棄賢用佞之失이라하여 而遂以此詩予之하여 若將以衒其多知而必於取信하니 不知將有明者 從旁觀之하면 則適所以暴(폭)其眞不知하여 而啓其深不信也라 凡小序之失을 以此推之하면 什得八九矣리라

또 예컨대 〈백주(柏舟)〉와 같은 것은 그 부인에게서 지어짐을 알지 못하여 남자라 하였고, 그 남편에게 사랑을 얻지 못함을 알지 못하여 군주에게 뜻을 얻지 못했다고 말하였으니, 이는 잘못이다.

그러나 지식이 미치지 못하는 바가 있는데 스스로 속이지 않았다면 또한 크게 이치를 해침에 이르지는 않는다. 그런데 이제 도리어 단연코 위(衛)나라 경공(頃公)의 때라 하였으니, 그가 고의로 기망(欺罔:남을 속임)을 하여 후인들을 그르친 죄를 덮을 수가 없다. 그는 우연히 이 시(詩)가 패(邶)·용(鄘)·위(衛) 삼위(三衛)의 변풍(變風)의 맨앞에 있음을 보았다. 이 때문에 《춘추(春秋)》의 이전에서 찾아봄에 《사기(史記)》에 기록된 장공(莊公)과 환공(桓公) 이상 위나라의 여러 군주는 이미 모두 상고할 만한 내용이 없고, 시호 또한 심히 나쁜 것이 없었다. 홀로 경공이 왕(주나라 천자)에게 뇌물을 바쳐 왕명을 청한 일이 있었고 그 시호가 또 '마음을 정(精)하게 하여 동하고 두려워한다.〔甄心動懼〕'는 칭호가 되니, 예컨대 한(漢)나라

······

42 甄心動懼 : 조심하고 두려워한다는 뜻으로, 《사기》의 〈시법(諡法)〉에 "甄心動懼曰頃"이라고 한 것을 인용한 것이다.

··· 揜 : 가릴 엄 賂 : 뇌물 뢰 甄 : 살필 진 謫 : 견책할 적 衒 : 자랑할 현

제후왕(諸侯王)이 반드시 일찍이 죄로써 견책을 당한 뒤에 이 시호를 가한 것과 같다고 여겼다. 이 때문에 경공은 반드시 어진이를 버리고 말 잘하는 간신을 등용한 잘못이 있을 것이라고 생각해서 마침내 이 시를 가지고 경공에게 가(加)해서 마치 장차 자신의 지식이 많음을 자랑하여 남에게 믿음을 받음에 기필하려고 하였으니, 장차 밝은(현명한) 자가 옆에서 이것을 보면 다만 자신이 참으로 알지 못함을 드러내어 그 깊이 믿지 않도록 계도하는 것임을 알지 못한 것이다. 무릇 〈소서〉의 잘못을 이로써 미루어보면 10에 8~9를 알게 될 것이다.

又其爲說이 必使詩無一篇不爲美刺時君國政而作이라하니 固已不切於情性之自然이요 而又拘於時世之先後하여 其或詩書所載가 當此之時에 偶無賢君美諡면 則雖有詞之美者라도 亦例以爲陳古而刺今이라하니 是使讀者로 疑於當時之人은 絕無善則稱君, 過則稱己之意하고 而一不得志하면 則扼腕(액완)切齒하여 嘻笑冷語하여 以懟其上者 所在而成羣하니 是其輕躁險薄하여 尤有害於溫柔敦厚之教[43]라 故로 予不可以不辨이로라

또 그 해설한 것이 반드시 시로 하여금 한 편도 시군(時君)과 국정(國政)을 찬미하거나 풍자하지 않고 지어진 것이 없다 하였으니, 진실로 이미 정성(情性)의 자연에 간절하지 못하고, 또 시대의 선후(先後)에 구애되어서 혹 시서(詩書)에 기재된 바가 그 당시에 우연히 어진 군주의 아름다운 시호가 없으면 비록 가사에 아름다운 내용이 있더라도 또한 의례히 '옛날을 말하여 지금을 풍자했다.' 하였으니, 이는 독자로 하여금 당시 사람들은 선(善)이 있으면 군주를 칭하고 허물〔過〕이 있으면 자기를 칭하는 뜻이 전혀 없고, 한 번 군주에게 뜻을 얻지 못하면 팔뚝을 걷어붙이고 이〔齒〕를 갈아서 냉소하고 비아냥거리는 말을 하여 그 윗사람을 원망하는 자가 곳곳마다 무리를 이룬 것으로 의심하게 하였으니, 이는 그 경박하고 조급하고 험하여 온유(溫柔)하고 돈후(敦厚)한 가르침에 더욱 해(害)가 있다. 그러므로 내가 이것을 변론하지 않을 수 없는 것이다.

······

43 溫柔敦厚之教 :《예기》〈경해(經解)〉에 공자께서 "그 나라(서울)에 들어가면 그 교육을 알 수 있으니, 그 사람됨이 온유(溫柔)하고 돈후(敦厚)함은《시경》의 가르침이요, 소통하여 원대함을 앎은《서경》의 가르침이요, 광박하고 평이하고 선량함은《악경(樂經)》의 가르침이요, 깨끗하고 고요하고 정미함은《역경(易經)》의 가르침이다.〔入其國, 其教可知也, 其爲人也, 溫柔敦厚, 詩教也 ; 疏通知遠, 書教也 ; 廣博易良, 樂教也 ; 潔靜精微, 易教也.〕"라고 하신 말씀에서 온 것이다.

··· 偶 : 우연 우 扼 : 걷을 액 腕 : 팔뚝 완 嘻 : 웃을 희 懟 : 원망할 대

2. 녹의(綠衣)

① 綠兮衣兮, 綠衣黃裏. 心之憂矣, 曷維其已.

綠兮衣兮[44]여	녹색 옷이여
綠衣黃裏이로다	녹색이 웃옷이요 황색이 속옷이로다
心之憂矣여	마음에 근심함이여
曷維其已오	언제나 이것이 그칠런고

比也라 綠은 蒼勝黃之間色이요 黃은 中央土之正色[45]이라 間色은 賤而以爲衣하고 正色은 貴而以爲裏하니 言皆失其所也라 已는 止也라

○ 莊公이 惑於嬖妾하여 夫人莊姜이 賢而失位라 故로 作此詩라 言綠衣黃裏로 以比賤妾尊顯而正嫡幽微하여 使我憂之하여 不能自已也라

비(比)이다. '녹(綠)'은 창색(蒼色)이 황색(黃色)보다 많은 중간색(中間色)이요, '황(黃)'은 중앙토(中央土)의 정색(正色)이다. 간색(間色)은 천한데 이것으로 상의(上衣)를 만들고, 정색은 귀한데 이것으로 속옷을 만들었으니, 이는 모두 제자리를 잃었음을 말한 것이다. '이(已)'는 그침이다.

○ 장공(莊公)이 폐첩(嬖妾)에게 혹(惑)하여, 부인(夫人) 장강(莊姜)이 어진데도 지위를 잃었다. 그러므로 이 시(詩)를 지은 것이다. 녹의황리(綠衣黃裏)로써 천첩(賤妾)이 존현(尊顯)하고 정적(正嫡)이 유미(幽微)함을 비(比)하여, 나로 하여금 근심하여 스스로 그치지 못하게 한다고 말한 것이다.

② 綠兮衣兮, 綠衣黃裳. 心之憂矣, 曷維其亡.

44 綠兮衣兮 : 정현(鄭玄)의 전(箋)에는 녹(綠)을 단(褖)의 오자(誤字)로 보았는바, 단의(褖衣)는 후비(后妃)의 예복이다.

45 中央土之正色 : 음양오행설(陰陽五行說)에 따르면 동(東)은 목(木)으로 청색(靑色), 서(西)는 금(金)으로 백색(白色), 남(南)은 화(火)로 적색(赤色), 북(北)은 수(水)로 흑색(黑色), 중앙(中央)은 토(土)로 황색(黃色)이며, 이 청(靑)·황(黃)·적(赤)·백(白)·흑(黑)의 다섯 가지 색깔을 정색(正色;바른 색깔)이라 하여 소중히 여기는 반면 자(紫)·녹(綠)·벽(碧) 따위의 중간색(中間色)을 천하게 여겼다.

··· 裏 : 속옷 리 嬖 : 사랑할 폐

綠兮衣兮여　　녹색 옷이여
綠衣黃裳이로다　　녹색이 웃옷이요 황색이 치마로다
心之憂矣여　　마음에 근심함이여
曷維其亡고　　언제나 잊힐런고

比也라 上曰衣요 下曰裳이라 記曰 衣正色이요 裳間色이라하니 今以綠爲衣하고 而黃者自裏轉而爲裳하니 其失所益甚矣라 亡之爲言은 忘也라

비(比)이다. 웃옷을 '의(衣)'라 하고, 아래옷을 '상(裳:치마)'이라 한다.《예기》〈옥조(玉藻)〉에 "의(衣)는 정색(正色)으로 만들고 상(裳)은 간색(間色)으로 만든다." 하였는데, 이제 녹색으로 웃옷을 만들고, 황색은 속옷에서 더 전락하여 치마를 만들었으니, 제자리를 잃음이 더욱 심한 것이다. '망(亡)'이란 말은 잊는다는 뜻이다.

【鄭註】 婦人之服은 不殊衣裳하여 上下同色이어늘 今衣黑而裳黃하니 喩亂嫡妾之禮라

부인(婦人)의 의복은 상의(上衣)와 치마가 다르지 않아서 상하가 같은 색깔인데 이제 상의가 검고 치마가 누르니, 적(嫡)·첩(妾)의 예를 어지럽힘을 말한 것이다.

③ 綠兮絲兮, 女〔音汝〕所治〔平聲〕兮. 我思古人, 俾無訧〔音尤 叶于其反〕兮.

綠兮絲兮라　　녹색 실이여
女(汝)所治兮로다　　네가 다스리는 바로다
我思古人하여　　내 고인을 생각하여
俾無訧(우)兮로다　　허물이 없게 하노라

比也라 女는 指其君子而言也라 治는 謂理而織之也라 俾는 使요 訧는 過也라
○ 言綠方爲絲어늘 而女又治之하여 以比妾方少艾어늘 而女又嬖之也라 然則我將如之何哉오 亦思古人有嘗遭此而善處之者하여 以自勵焉하여 使不至於有過而已니라

비(比)이다. '너〔女〕'는 군자(남편)를 가리켜 말한 것이다. '치(治)'는 다스려 짬을 이른다. '비(俾)'는 하여금이요, '우(訧)'는 허물함이다.

··· 俾 : 하여금 비　訧 : 허물 우　艾 : 예쁠 애　勵 : 힘쓸 려

○ 지금 녹색이 막 실이 되었는데 네가 또 이것을 다스린다고 말하여, 첩(妾)은 이제 어려 예쁜데 네가 또 그를 총애함을 비유한 것이다. 그렇다면 내 장차 어떻게 하겠는가. 또한 옛 사람 중에 일찍이 이러한 처지를 만나고도 잘 대처한 자가 있음을 생각하여, 스스로 힘써서 잘못이 있음에 이르지 않게 할 뿐이라고 말한 것이다.

④ 絺兮綌兮, 凄〔七西反〕其以風〔叶爲愔反〕. 我思古人, 實獲我心.

絺(치)兮綌(격)兮여	가는 갈포(葛布)와 굵은 갈포여
凄其以風이로다	쌀쌀한 바람 불어오도다
我思古人호니	내 고인을 생각하니
實獲我心이로다	실로 내 마음을 아셨도다

比也라 凄는 寒風也라
○ 絺綌而遇寒風은 猶己之過時而見棄也라 故로 思古人之善處此者하니 眞能先得我心之所求也라

비(比)이다. '처(凄)'는 차가운 바람이다.

○ 치격(絺綌)이 찬 바람을 만난 것은 자기가 젊은 때가 지나 버림을 받음과 같다. 그러므로 옛 사람 중에 이런 처지에 잘 대처한 자를 생각해보니, 진실로 내 마음의 구하는 바를 먼저 안 것이다.

綠衣四章이니 章四句라

〈녹의(綠衣)〉는 4장이니, 장마다 4구이다.

莊姜事는 見春秋傳이나 此詩는 無所考하니 姑從序說하노라 下三篇同이라

장강(莊姜)의 일은 《춘추좌씨전》 은공(隱公) 3년에 보이나 이 시(詩)는 상고할 곳이 없으니, 우선 〈모시(毛詩)의〉 서설(序說)을 따른다. 아래 세 편(篇)도 이와 같다.

【毛序】 綠衣는 衛莊姜이 傷己也라 妾上僭하여 夫人失位하여 而作是詩也라

〈녹의〉는 위(衛)나라 장강이 자신을 서글퍼한 시이다. 첩(妾)이 위로 참람하여 부인(夫人)이 지위를 잃자, 이 시를 지은 것이다.

••• 絺 : 가는갈포 치 綌 : 굵은갈포 격 凄 : 싸늘할 처

【鄭註】 綠은 當爲褖이라 故作褖이어늘 今轉作綠하니 字之誤也라 莊姜은 莊公夫人이니 齊女로 姓姜氏라 妾上僭者는 謂公子州吁之母니 母嬖而州吁驕라

녹(綠)은 마땅히 단(褖;왕후의 예복)이 되어야 한다. 고자(古字)에는 단(褖)으로 되어 있는데 지금 전사(傳寫)하면서 녹이 되었으니, 글자가 바뀌어 잘못된 것이다. 장강은 장공(莊公)의 부인이니, 제(齊)나라 임금의 딸로 성이 강씨(姜氏)이다. '첩상참(妾上僭)'의 첩은 위(衛)나라 공자(公子) 주우(州吁)의 어미를 이르니, 어미가 총애받아 주우가 교만한 것이다.

【辨說】 此詩下至終風四篇을 序에 皆以爲莊姜之詩라하니 今姑從之라 然唯燕燕一篇은 詩文略可據耳니라

이 시(詩) 아래로 〈종풍(終風)〉에 이르기까지의 네 편을 〈서〉에 모두 장강(莊姜)의 시라 하였으니, 지금 우선 그 말을 따른다. 그러나 오직 〈연연(燕燕)〉 한 편은 시의 글에 간략히 근거할 수 있다.

3. 연연(燕燕)

① 燕燕于飛, 差〔初宜反〕池其羽. 之子于歸, 遠送于野〔叶上與反〕. 瞻望弗及, 泣涕如雨.

燕燕于飛여	제비와 제비의 날아감이여
差(치)池其羽로다	가지런하지 않은 그 깃이로다
之子于歸에	그대가 돌아감에
遠送于野호라	멀리 들에서 전송하노라
瞻望弗及이라	멀리 바라보아도 미치지 못하여
泣涕如雨호라	눈물 흘리기를 비 오듯이 하노라

興也라 燕은 鳦(을)也니 謂之燕燕者는 重言之也라 差池는 不齊之貌라 之子는 指戴嬀(대규)也라 歸는 大歸也라

○ 莊姜無子하여 以陳女戴嬀之子完으로 爲己子러니 莊公卒하고 完卽位한대 嬖人之子州吁弑之라 故로 戴嬀大歸于陳이어늘 而莊姜送之할새 作此詩也라

… 褖 : 왕후의예복 단 吁 : 한숨쉴 우 燕 : 제비 연 差 : 어긋날 치 瞻 : 볼 점 涕 : 눈물 체 鳦 : 제비 을(알)
嬀 : 성 규

흥(興)이다. '연(燕)'은 제비이니, 연연(燕燕)이라고 말한 것은 거듭 말한 것이다. '치지(差池)'는 그 깃이 가지런하지 않은 모양이다. '지자(之子)'는 대규(戴嬀)를 가리킨다. '귀(歸)'는 크게(영영) 돌아감이다.

○ 장강(莊姜)이 아들이 없어서 진(陳)나라에서 잉첩으로 온 대규의 아들 완(完)을 자기의 아들로 삼았는데, 장공(莊公)이 죽고 완(完)이 즉위하자, 폐인(嬖人;첩)의 아들인 주우(州吁)가 그를 시해하였다. 그러므로 대규가 진(陳)나라로 영영 돌아감에 장강이 그를 전송하면서 이 시(詩)를 지은 것이다.

② 燕燕于飛, 頡〔戶結反〕之頏〔戶郎反〕之. 之子于歸, 遠于將之. 瞻望弗及, 佇立以泣.

燕燕于飛여	제비와 제비의 날아감이여
頡(힐)之頏(항)之로다	날아 오르내리도다
之子于歸에	그대가 돌아감에
遠于將之호라	멀리 전송하노라
瞻望弗及이라	멀리 바라보아도 미치지 못하여
佇(저)立以泣호라	우두커니 서서 눈물만 흘리노라

興也라 飛而上曰頡이요 飛而下曰頏이라 將은 送也라 佇立은 久立也라

흥(興)이다. 날아서 위로 올라가는 것을 '힐(頡)'이라 하고, 날아서 아래로 내려오는 것을 '항(頏)'이라 한다. '장(將)'은 전송함이다. '저립(佇立)'은 오랫동안 서 있는 것이다.

③ 燕燕于飛, 下上〔時掌反〕其音. 之子于歸, 遠送于南〔叶尼心反〕. 瞻望弗及, 實勞我心.

燕燕于飛여	제비와 제비의 날아감이여
下上其音이로다	오르내리는 그 소리로다
之子于歸에	그대가 돌아감에
遠送于南호라	멀리 남쪽에서 전송하노라

··· 頡 : 날아오를 힐 頏 : 날아내릴 항 將 : 보낼 장 佇 : 오래서있을 저

瞻望弗及이라　　　멀리 바라보아도 미칠 수 없으니
實勞我心호라　　　실로 내 마음 괴롭노라

興也라 鳴而上曰上音이요 鳴而下曰下音이라 送于南者는 陳在衛南일새라
흥(興)이다. 울면서 올라가는 것을 '상음(上音)'이라 하고, 울면서 내려오는 것을 '하음(下音)'이라 한다. 남쪽에서 전송한 것은 진(陳)나라가 위(衛)나라의 남쪽에 있기 때문이다.

④ 仲氏任〔而今反〕只〔音紙〕, 其心塞淵〔叶一均反〕. 終溫且惠, 淑愼其身. 先君之思, 以勗寡人.

仲氏任只하니　　　중씨(仲氏)가 미더우니
其心塞(색)淵이로다　　　그 마음 진실하고 깊도다
終溫且惠하여　　　끝내 온화하고 또 순하여
淑愼其身이요　　　그 몸을 잘 삼갔고
先君之思로　　　선군을 생각하라는 말로써
以勗(욱)寡人이로다　　　과인을 권면하도다

賦也라 仲氏는 戴嬀字也라 以恩相信曰任이라 只는 語辭라 塞은 實이요 淵은 深이라 終은 竟이요 溫은 和요 惠는 順이요 淑은 善也라 先君은 謂莊公也라 勗은 勉也라 寡人은 寡德之人이니 莊姜自稱也라
○ 言戴嬀之賢如此하고 又以先君之思勉我하여 使我常念之而不失其守也라 楊氏曰 州吁之暴와 桓公之死와 戴嬀之去는 皆夫人失位하여 不見答於先君所致也어늘 而戴嬀猶以先君之思로 勉其夫人하니 眞可謂溫且惠矣로다
부(賦)이다. '중씨(仲氏)'는 대규(戴嬀)의 자(字)이다. 은혜로써 서로 믿는 것을 '임(任)'이라 한다. '지(只)'는 어조사이다. '색(塞)'은 진실함이요, '연(淵)'은 깊음이다. '종(終)'은 끝내요, '온(溫)'은 화(和)함이요, '혜(惠)'는 순(順)함이요, '숙(淑)'은 선(善;잘함)이다. '선군(先君)'은 장공(莊公)을 이른다. '욱(勗)'은 권면함이다. '과인(寡人)'은 덕(德)이 적은 사람이니, 장강이 자신을 칭한 것이다.
○ 대규의 어짊이 이와 같고, 또 선군을 생각하라는 말로써 나를 권면하여, 나

… 任 : 믿을 임 塞 : 진실할 색 淵 : 깊을 연 淑 : 착할 숙, 잘할 숙 勗 : 힘쓸 욱

로 하여금 항상 선군을 생각하여 그 지킴을 잃지 않게 하였다고 말한 것이다.

양씨(楊氏)가 말하였다. "주우(州吁)의 포악함과 환공의 죽음과 대규의 떠나감은 모두 부인(夫人)이 지위를 잃어 선군에게 보답을 받지 못한 소치(所致)인데도 대규는 오히려 선군을 생각하라는 말로써 부인을 권면하였으니, 참으로 온화하고 또 순하다고 이를 만하다."

燕燕四章이니 章六句라

〈연연(燕燕)〉은 4장이니, 장마다 6구이다.

【毛序】 燕燕은 衛莊姜이 送歸妾也라

〈연연〉은 위(衛)나라 장강(莊姜)이 친정으로 돌아가는 첩(대규)을 전송한 시(詩)이다.

【鄭註】 莊姜無子어늘 陳女戴嬀生子하니 名完이라 莊姜以爲己子러니 莊公薨에 完立而州吁殺之라 戴嬀於是大歸하니 莊姜이 遠送之于野할새 作是詩하여 見(현)己志하니라

장강이 아들이 없었는데 진(陳)나라에서 잉첩으로 온 대규가 아들을 낳으니, 이름이 완(完)이었다. 장강이 그 아들을 자기의 양자로 삼았는데, 장공(莊公)이 죽음에 완이 즉위하니 주우(州吁)가 그를 살해하였다. 대규가 이에 진나라로 크게(영영) 돌아가니, 장강이 멀리 그녀를 들에서 전송할 적에 이 시를 지어서 자기의 뜻을 나타낸 것이다.

【辨說】 遠送于南一句는 可爲送戴嬀之驗이니라

'원송우남(遠送于南)' 한 구(句)는 대규를 전송하는 증거가 될 만하다.

4. 일월(日月)

① 日居月諸, 照臨下土. 乃如之人兮, 逝不古處〔昌呂反〕. 胡能有定, 寧不我顧〔叶果五反〕.

日居月諸　　　　해와 달이

… 薨 : 죽을 훙

照臨下土시니	하토를 밝게 살피시니
乃如之人兮	이와 같은 그 사람이여
逝不古處하나다	옛 도리로 대처하지 않는구나
胡能有定이리오마는	어찌 안정됨이 있으리오마는
寧不我顧오	어찌하여 나를 돌아보지 않는고

賦也라 日居月諸는 呼而訴之也라 之人은 指莊公也라 逝는 發語辭라 古處는 未詳하니 或云以古道相處也라하니라 胡、寧은 皆何也라

○ 莊姜이 不見答於莊公이라 故로 呼日月而訴之하여 言日月之照臨下土久矣어늘 今乃有如是之人하여 而不以古道相處라 是其心志回惑하니 亦何能有定哉리오마는 而何爲其獨不我顧也오하니라 見棄如此로되 而猶有望之之意焉하니 此詩之所以爲厚也니라

부(賦)이다. '일거월제(日居月諸)'는 해와 달을 부르면서 하소연한 것이다. '지인(之人;그 사람)'은 장공(莊公)을 가리킨다. '서(逝)'는 발어사(發語辭)이다. '고처(古處)'는 자세하지 않으니, 혹자는 "옛날 부부의 도리로써 서로 대처하는 것이다." 한다. '호(胡)'와 '영(寧)'은 모두 어찌이다.

○ 장강(莊姜)이 장공(莊公)에게 보답(사랑)을 받지 못하였다. 그러므로 해와 달을 부르면서 하소연하여 말하기를 "해와 달이 하토를 밝게 굽어보신 지가 오래되었는데, 이제 이와 같은 사람이 있어서 옛 도리로써 서로 대처하지 않는다. 그(장공)의 심지(心志)가 회혹(回惑;간사하고 미혹됨)되니 또한 어찌 안정됨이 있으리오마는, 어찌하여 홀로 나를 돌아보지 않는가." 하였다. 버림을 받음이 이와 같은데도 오히려 그에게 기대하는 마음이 있으니, 이것이 시(詩)의 후(厚)함이 되는 이유이다.

② 日居月諸, 下土是冒. 乃如之人兮, 逝不相好[呼報反]. 胡能有定, 寧不我報.

日居月諸	해와 달이
下土是冒시니	하토를 덮어주시니
乃如之人兮	이와 같은 사람이여

··· 寧 : 어찌 녕 冒 : 덮을 모

逝不相好하나다　　서로 좋아하지 않는구나
胡能有定이리오마는　　어찌 안정됨이 있으리오마는
寧不我報오　　어찌하여 나에게 보답하지 않는고

賦也라 冒는 覆(부)也요 報는 答也라
부(賦)이다. '모(冒)'는 덮어줌이요, '보(報)'는 답함이다.

③ 日居月諸, 出自東方. 乃如之人兮, 德音無良. 胡能有定, 俾也可忘.

日居月諸　　해와 달이
出自東方이삿다　　동방에서 나오도다
乃如之人兮　　이와 같은 사람이여
德音無良이로다　　덕음이 좋지 못하도다
胡能有定이리오마는　　어찌 안정됨이 있으리오마는
俾也可忘가　　어찌하여 나를 잊어도 된다고 여기는가

賦也라 日旦必出東方하고 月望亦出東方이라 德音[46]은 美其辭요 無良은 醜其實也라 俾也可忘은 言何獨使我爲可忘者邪아
부(賦)이다. 해는 아침이면 반드시 동방(東方)에서 나오고, 달은 보름이면 또한 동방에서 나온다. '덕음(德音)'은 그 말을 아름답게 여긴 것이요, '무량(無良)'은 그 실제를 추하게 여긴 것이다. '비야가망(俾也可忘)'은 어찌하여 홀로 나를 잊을 수 있다고 여기느냐고 한 것이다.

④ 日居月諸, 東方自出. 父兮母兮, 畜我不卒. 胡能有定, 報我不述.

日居月諸　　해와 달이
東方自出이삿다　　동방에서 나오도다
父兮母兮　　아버지와 어머니가

46 德音 : 덕음(德音)은 대체로 온화하고 다정한 말이나 목소리를 이른다.

… 覆 : 덮을 부 醜 : 추악할 추

畜(휵)我不卒이샷다	나를 길러주심을 끝마치지 못하셨도다
胡能有定이리오마는	어찌 안정됨이 있으리오마는
報我不述하나다	나에게 보답하기를 의리로 하지 않는도다

賦也라 畜은 養이라 卒은 終也니 不得其夫하여 而歎父母養我之不終이라 蓋憂患疾痛之極이면 必呼父母는 人之至情也라 述은 循也니 言不循義理也라

부(賦)이다. '휵(畜)'은 기름이다. '졸(卒)'은 끝마침이니, 그 남편에게 사랑을 얻지 못하여 부모가 나를 길러주심을 끝마치지 못했다고 탄식한 것이다. 우환(憂患)과 질통(疾痛)이 지극하면 반드시 부모를 부름은 사람의 지극한 정(情)이다. '술(述)'은 따름이니, 의리(義理)를 따르지 않음을 말한다.

日月四章이니 章六句라

〈일월(日月)〉은 4장이니, 장마다 6구이다.

此詩는 當在燕燕之前이니 下篇放此하니라

이 시(詩)는 마땅히 〈연연(燕燕)〉의 앞에 있어야 하니, 하편(下篇)도 이와 같다.

【毛序】 日月은 衛莊姜이 傷己也라 遭州吁之難하여 傷己不見答於先君하여 以至困窮之詩也라

〈일월〉은 위(衛)나라 장강(莊姜)이 자신을 서글퍼한 것이다. 주우(州吁)의 난을 당하여, 자신이 선군(先君;장공(莊公))에게 답례를 받지 못해 곤궁함에 이른 것을 비상(悲傷)한 시(詩)이다.

【辨說】 此詩는 序에 以爲莊姜之作하니 今未有以見其不然이로되 但謂遭州吁之難而作은 則未然耳라 蓋詩言寧不我顧는 猶有望之之意요 又云德音無良은 亦非所宜施於前人者니 明是莊公在時所作이요 其篇次亦當在燕燕之前也니라

이 시(詩)는 〈서〉에 장강이 지은 것이라 하였는데 지금 그 옳지 않음을 볼 수 없으나, 다만 주우의 난을 만나서 지었다고 말한 것은 옳지 않다. 시에 '어찌 나를 돌아보지 않는가.〔寧不我顧〕'라고 말한 것은 아직도 남편(장공)에게 바라는 뜻이 있고, 또 '덕음이 좋지 못하다.〔德音無良〕'고 말한 것은 또한 마땅히 죽은 장공에게 베풀 수 있는 것이 아니니, 이 시는 분명히 장공이 생존했을 때에 지은 것이요, 그 편의 차례 또한 마땅히 〈연연〉의 앞에 있어야 할 것이다.

··· 畜 : 기를 휵

5. 종풍(終風)

① 終風且暴, 顧我則笑〔叶音燥〕. 謔〔許約反〕浪笑敖〔五報反〕, 中心是悼.

終風且暴나	하루내내 바람불고 또 빠르나
顧我則笑하나니	나를 돌아보면 웃기도 하나니
謔浪笑敖라	해학하며 비웃고 즐거워하는지라
中心是悼로다	중심이 이에 슬퍼하노라

比也라 終風은 終日風也라 暴는 疾也라 謔은 戲言也요 浪은 放蕩也라 悼는 傷也라 ○ 莊公之爲人이 狂蕩暴疾하니 莊姜이 蓋不忍斥言之라 故로 但以終風且暴爲比하여 言雖其狂暴如此나 然亦有顧我則笑[47]之時로되 但皆出於戲慢之意하고 而無愛敬之誠하니 則又使我不敢言而心獨傷之耳라 蓋莊公暴慢無常이어늘 而莊姜正靜自守하니 所以忤其意而不見答也니라

비(比)이다. '종풍(終風)'은 하루내내 바람 부는 것이다. '포(暴)'는 빠름이다. '학(謔)'은 해학하는(놀리는) 것이요, '낭(浪)'은 방탕함이다. '도(悼)'는 서글퍼함이다.

○ 장공(莊公)의 사람됨이 광탕(狂蕩)하고 포질(暴疾:성질이 급함)하였는데, 장강(莊姜)이 차마 곧바로 지척(指斥)하여 말할 수 없었다. 그러므로 다만 종풍차포(終風且暴)로써 비유하여 말하기를, "비록 그 광포(狂暴)함이 이와 같으나, 또한 나를 돌아보면 웃을 때도 있다. 다만 이것이 모두 희만(戲慢)의 뜻에서 나오고 애경(愛敬)의 진실이 없으니, 또 나로 하여금 감히 이것을 말하지 못하고 마음에 홀로 서글프게 할 뿐이다."라고 한 것이다. 장공이 포만(暴慢)하여 일정함이 없었는데, 장강은 올바름과 고요(얌전)함으로 스스로 지키니, 이 때문에 그의 뜻을 거슬려 보답을 받지 못한 것이다.

······

47 顧我則笑 : 경문(經文)의 두 소(笑) 자에 대하여 호산은 "위 '고아즉소(顧我則笑)'의 소(笑) 자는 좋은 뜻이요, 아래 '학랑소오(謔浪笑敖)'의 소(笑) 자는 나쁜 뜻이다.〔上笑字, 善意也; 下笑字, 惡意也.〕"라고 하여 위의 소(笑) 자는 웃으며 반갑게 대하는 것으로, 아래의 소(笑) 자는 비웃는 것으로 보았다.《詳說》

··· 暴 : 급할 포 謔 : 해학할 학, 놀릴 학 敖 : 거만할 오 悼 : 슬플 도 忤 : 거스릴 오

② 終風且霾〔亡皆反 叶音貍〕, 惠然肯來〔叶如字 又陵之反〕, 莫往莫來, 悠悠我思〔叶新才新齋二反〕.

終風且霾(매)나	하루내내 바람불고 또 흙비가 내리나
惠然肯來언마는(하나니)	순하게 즐겨 오기도 하건마는
莫往莫來라	가지도 않고 오지도 않는지라
悠悠我思로다	아득하고 아득한 내 그리움이로다

比也라 霾는 雨土蒙霧(무)也라 惠는 順也라 悠悠는 思之長也라
○ 終風且霾로 以比莊公之狂惑也라 雖云狂惑이나 然亦或惠然而肯來로되 但又有莫往莫來之時하니 則使我悠悠而思之라 望其君子之深하니 厚之至也니라

비(比)이다. '매(霾)'는 흙비가 내려 캄캄한 것이다. '혜(惠)'는 순(順)함이요, '유유(悠悠)'는 길이 그리워한 것이다.

○ 종풍차매(終風且霾)로써 장공의 광혹(狂惑)함을 비유하였다. 비록 광혹하다고 하지만 혹 순하게 즐겨 오기도 하는데, 다만 또 가지도 오지도 않을 때가 있으니, 나로 하여금 유유히 그립게 한다. 그 군자를 바램이 깊으니, 후(厚)함이 지극한 것이다.

③ 終風且曀〔於計反〕, 不日有曀. 寤言不寐, 願言則嚏〔都麗反〕.

終風且曀(에)요	하루 내내 바람 불고 또 음산하고는
不日有(又)曀로다	하루가 못되어 또다시 음산하도다
寤言不寐하며	잠깨어 잠 못 이루며
願言則嚏(체)호라	이것을 생각하면 눈물콧물이 나오노라

比也라 陰而風曰曀라 有는 又也라 不日有曀는 言旣曀矣어늘 不旋日而又曀也니 亦比人之狂惑이 暫開而復蔽也라 願은 思也라 嚏는 鼽(구)嚏也니 人氣感傷閉鬱하고 又爲風霧所襲이면 則有是疾也라

비(比)이다. 음산하고 바람 부는 것을 '에(曀)'라 한다. '유(有)'는 우(又:또)이다.

… 霾 : 흙비 매 蒙 : 어두울 몽 霧 : 캄캄할 무 曀 : 음산할 에 有 : 또 유 願 : 사모할 원 嚏 : 재치기 체
鼽 : 코막힐 구 霧 : 안개 무

'불일유에(不日有曀)'는 이미 음산하였는데, 하루가 못 되어 또다시 음산함을 말한 것이니, 또한 사람의 광혹(狂惑)함이 잠시 열렸다가 다시 가리워짐을 비유한 것이다. '원(願)'은 생각함이다. '체(嚏)'는 코가 막히고 재채기하는 것이니, 사람의 숨이 울폐(鬱閉)됨에 감촉하여 상하고(감기가 들고), 또 바람과 안개에 침습(侵襲)을 당하면 이러한 병이 있게 된다.

④ 曀曀其陰, 虺虺〔許鬼反〕其靁. 寤言不寐, 願言則懷〔叶胡椳反〕.

曀曀其陰이며	침침한 그 음산함이며
虺(훼)虺其靁로다	우르릉거리는 그 우레소리로다
寤言不寐하며	잠깨어 잠 못 이루며
願言則懷호라	이것을 생각하면 그리워지노라

比也라 曀曀는 陰貌요 虺虺는 靁(雷)將發而未震之聲이니 以比人之狂惑이 愈深而未已也라 懷는 思也라

비(比)이다. '에에(曀曀)'는 음산한 모양이요, '훼훼(虺虺)'는 장차 천둥이 치려 하면서 아직 진동하지 않는 소리이니, 사람의 광혹(狂惑)함이 더욱 깊어지고 그치지 않음을 비유한 것이다. '회(懷)'는 그리워함이다.

終風四章이니 章四句라

〈종풍(終風)〉은 4장이니, 장마다 4구이다.

說見上하니라

해설이 위에 보인다.

【毛序】 終風은 衛莊姜이 傷己也라 遭州吁之暴하여 見侮慢而不能正也라

〈종풍〉은 위(衛)나라 장강(莊姜)이 자신을 서글퍼한 시(詩)이다. 주우(州吁)의 포악함을 만나 업신여김과 불경(不敬)을 당하면서도 바로잡지(그치지) 못해서였다.

【鄭註】 正은 猶止也라

정(正)은 지(止)와 같다.

【辨說】 詳味此詩하면 有夫婦之情하고 無母子之意하니 若果莊姜之詩면 則亦當

··· 虺 : 우뢰소리 훼 靁 : 우레 뢰(雷同)

在莊公之世하여 而列於燕燕之前이니 序說誤矣니라

이 시를 자세히 음미해보면 부부(夫婦)의 정만 있고 모자(母子)의 뜻이 없다. 만약 과연 장강의 시라면 또한 마땅히 장공의 시대에 있어서 〈연연(燕燕)〉의 앞에 나열되어야 할 것이니, 〈서설(序說)〉이 잘못되었다.

6. 격고(擊鼓)

① 擊鼓其鏜〔叶當反〕, 踊躍用兵〔叶晡芒反〕. 土國城漕, 我獨南行〔叶戶郎反〕.

擊鼓其鏜(당)이어늘	북을 둥둥 치거늘
踊躍用兵호라	용약(踊躍)하여 병기를 쓰노라
土國城漕어늘	서울에서 흙일도 하고 조읍(漕邑)에서 축성도 하는데
我獨南行호라	나만이 홀로 남쪽으로 길을 떠났노라

賦也라 鏜은 擊鼓聲也라 踊躍은 坐作擊刺(척)之狀也라 兵은 謂戈戟之屬이라 土는 土功也라 國은 國中也라 漕는 衛邑名이라

○ 衛人從軍者 自言其所爲하고 因言 衛國之民이 或役土功於國하고 或築城於漕어늘 而我獨南行하여 有鋒鏑死亡之憂하여 危苦尤甚也라

부(賦)이다. '당(鏜)'은 북을 치는 소리이다. '용약(踊躍)'은 앉고 일어나며 적을 치고 찌르는 모양이다. '병(兵)'은 과(戈)·극(戟:미울창)의 등속을 이른다. '토(土)'는 토공(土功:토역(土役) 일)이다. '국(國)'은 국중(國中:서울)이다. '조(漕)'는 위(衛)나라의 읍(邑) 이름이다.

○ 위(衛)나라 사람으로서 종군(從軍)한 자가 스스로 자기가 하는 바를 말하고, 인하여 "위나라 백성들이 혹은 서울에서 토역 일을 하고 혹은 조읍에서 축성도 하는데, 나만이 홀로 남쪽으로 출정가서 봉적(鋒鏑:창끝과 화살촉)에 사망하는 우환이 있어 위험과 고생이 더욱 심하다."고 말한 것이다.

② 從孫子仲, 平陳與宋. 不我以歸, 憂心有忡〔敕中反 叶敕衆反〕.

··· 鏜 : 북소리 당 踊 : 뛸 용 漕 : 땅이름 조 刺 : 찌를 척(자) 戟 : 갈라진창 극 鋒 : 칼날 봉 鏑 : 화살촉 적

從孫子仲하여　　손자중을 따라
平陳與宋하노라　　진(陳)과 송(宋)을 화친하게 하였노라
不我以歸라　　나를 데리고 가지 않는지라
憂心有忡호라　　마음에 근심하기를 괴로이 하노라

賦也라 孫은 氏요 子仲은 字니 時軍帥(수)也라 平은 和也니 合二國之好也라 舊說에 以此爲春秋隱公四年州吁自立之時에 宋、衛、陳、蔡伐鄭之事라하니 恐或然也라 以는 猶與也니 言不與我而歸也라

부(賦)이다. 손(孫)은 씨(氏)요 자중(子仲)은 자(字)이니, 당시의 장수이다. '평(平)'은 화친함이니, 두 나라의 우호(友好)를 합하는 것이다. 구설(舊說)에 이것을 《춘추좌씨전》 은공(隱公) 4년에 주우(州吁)가 스스로 즉위했을 당시 송(宋)·위(衛)·진(陳)·채(蔡)가 정(鄭)을 공격한 일이라고 하였는데, 혹 옳을 듯하다. '이(以)'는 여(與)와 같으니, 나(자신)를 데리고 돌아가지 않음을 말한 것이다.

③ 爰居爰處, 爰喪〔息良反〕其馬〔叶滿補反〕. 于以求之, 于林之下〔叶後五反〕.

爰居爰處하여　　이곳에서 거처(居處)하여
爰喪其馬하고　　이곳에서 그 말을 잃고
于以求之　　이에 찾기를
于林之下호라　　숲 아래에서 하노라

賦也라 爰은 於也라 於是居하고 於是處하여 於是喪其馬하고 而求之於林下하니 見其失伍離次하여 無鬪志也라

부(賦)이다. '원(爰)'은 이에〔於〕이다. 이곳에 거하고 이곳에 처하여 이에 그 말을 잃고는 숲 아래에서 찾고 있으니, 대오를 잃고 위치를 떠나서 투지(鬪志)가 없음을 나타낸 것이다.

④ 死生契〔苦結反〕闊〔叶苦劣反〕, 與子成說. 執子之手, 與子偕老〔叶魯吼反〕.

死生契闊(결활)에　　죽든 살든 멀리 떨어져 있든

··· 忡 : 가슴두근거릴 충 蔡 : 채나라 채 爰 : 이에 원 次 : 머무를 차 鬪 : 싸울 투 契 : 근고(勤苦)할 결, 소원할 결 闊 : 넓을 활, 근고할 활

與子成說호라	그대와의 약속 이루자고 하였노라
執子之手하여	그대의 손 잡고
與子偕老라호라	그대와 백년해로하자고 하였노라

賦也라 契闊은 隔遠之意라 成說은 謂成其約誓之言이라

○ 從役者念其室家하고 因言始爲室家之時에 期以死生契闊에 不相忘棄하고 又相與執手하여 而期以偕老也라

부(賦)이다. '결활(契闊)'은 멀리 떨어져 있는 뜻이다. '성설(成說)'은 그 서약(誓約)한 말을 이룸을 이른다.

○ 부역에 종사한 자가 그 실가(室家:아내)를 생각하고, 인하여 말하기를 "처음 실가를 맞이할 때에 죽든 살든 멀리 떨어져 있든 서로 잊거나 버리지 말자고 약속하였으며, 또 서로 손을 잡고 백년해로하자고 약속했었다."고 한 것이다.

⑤ 于〔音吁 下同〕嗟闊〔叶苦劣反〕兮, 不我活〔叶户劣反〕兮. 于嗟洵〔音荀〕兮, 不我信〔叶師人反〕兮.

于(吁)嗟闊兮여	아 멀리 떨어져 있음이여
不我活兮로다	우리 함께 살지 못하리로다
于嗟洵兮여	아 약속함이여
不我信兮로다	우리 이 약속 펴지 못하리로다

賦也라 于嗟는 歎辭也라 闊은 契闊也라 活은 生이요 洵은 信也라 信은 與申(伸)同이라

○ 言昔者에 契闊之約如此로되 而今不得活하고 偕老之信如此로되 而今不得伸하니 意必死亡하여 不復得與其室家遂前約之信也라

부(賦)이다. '우차(于嗟)'는 탄식하는 말이다. '활(闊)'은 결활(契闊)이다. '활(活)'은 삶이요, '순(洵)'은 신(信:약속)이다. '신(信)'은 신(申:신(伸))과 같다.

○ 옛날에 결활의 약속이 이와 같았는데도 이제 함께 살 수가 없고, 백년해로의 약속이 이와 같았는데도 이제 펼 수가 없으니, 생각건대 반드시 사망하여 실가와 더불어 옛날에 약속한 말을 이룰 수 없을 것이라고 말한 것이다.

••• 偕 : 함께 해 洵 : 진실로 순, 약속할 순 信 : 펼 신

擊鼓五章이니 章四句라

〈격고(擊鼓)〉는 5장이니, 장마다 4구이다.

【毛序】 擊鼓는 怨州吁也라 衛州吁用兵暴亂하여 使公孫文仲將하여 而平陳與宋하니 國人이 怨其勇而無禮也하니라

〈격고〉는 주우(州吁)를 원망한 시(詩)이다. 위(衛)나라 주우가 용병(用兵)하여 포악하고 난을 일으켜 공손문중(公孫文仲)을 장수로 삼아 진(陳)나라와 송(宋)나라를 화친(연합(聯合))하게 하니, 국인(國人)들이 주우의 용맹하기만 하고 무례함을 원망한 것이다.

【鄭註】 將者는 將兵以伐鄭也요 平은 成也라 將伐鄭에 先告陳與宋하여 以成其伐事라 春秋傳曰 宋殤公之卽位也에 公子馮이 出奔鄭하니 鄭人欲納之라 及衛州吁立하여 將修先君之怨於鄭하고 而求寵於諸侯以和其民하여 使告於宋曰 君若伐鄭以除君害하시면 君爲主하고 敝邑以賦로 與陳蔡從이 則衛國之願也라하니 宋人許之라 於是에 陳蔡方睦於衛라 故宋公、陳侯、蔡人、衛人伐鄭이라하니 是也라 伐鄭은 在魯隱公四年하니라

장(將)은 군대를 거느리고 정(鄭)나라를 정벌함이요, 평(平)은 이룸이다. 장차 정나라를 정벌하려 할 적에 먼저 진(陳)과 송(宋)에 고하여 그 공격하는 일을 이룬 것이다. 《춘추좌씨전(春秋左氏傳)》에 이르기를 "송나라 상공(殤公)이 즉위할 적에 공자 풍(馮)이 정나라로 출분(出奔)하니, 정나라 사람이 그를 받아주고자 하였다. 위(衛)나라 주우(州吁)가 즉위하자 장차 선군(先君)의 원한을 정나라에 보복하고 제후들에게 총애를 받아 그 백성들을 화합하려고 하여, 사람을 시켜 송나라에 통고(通告)하기를 '군주께서 만약 정나라를 정벌하여 군주의 폐해를 제거하려고 하시면 군주가 주장이 되시고 폐읍(弊邑;위나라)이 군대를 동원하여 진(陳)·채(蔡)와 함께 따르는 것이 위나라의 소원입니다.' 하니, 송나라 사람이 이를 허락하였다. 이 때에 진나라와 채나라가 막 위나라와 화목하였다. 그러므로 송공(宋公)과 진후(陳侯), 채인(蔡人)과 위인(衛人)이 정나라를 정벌했다." 하였으니, 이것이다. 정나라를 정벌한 것은《춘추》의 노(魯)나라 은공(隱公) 4년에 있었다.

【辨說】 春秋隱公四年에 宋、衛、陳、蔡伐鄭하니 正州吁自立之時也라 序는 蓋據詩文平陳與宋하여 而引此爲說하니 恐或然也라 然左氏傳에 記魯衆仲之言曰 州吁阻兵而安忍하니 阻兵無衆이요 安忍無親이니 衆叛親離하면 難以濟矣라 夫兵

··· 馮 : 성 풍 睦 : 화목할 목

은 猶火也니 弗戢(집)이면 將自焚也라 夫州吁弑其君而虐用其民하여 於是乎不務令德하고 而欲以亂成하니 必不免矣라하니라 按州吁는 簒弑之賊이어늘 此序에 但譏其勇而無禮하니 固爲淺陋요 而衆仲之言도 亦止於此하니 蓋君臣之義 不明於天下久矣라 春秋를 其得不作乎아

《춘추(春秋)》 은공(隱公) 4년에 송(宋)·위(衛)·진(陳)·채(蔡)가 정(鄭)나라를 정벌하니, 이때는 바로 주우(州吁)가 제 스스로 즉위했을 때이다. 〈서〉는 아마도 시문(詩文)에 '진(陳)과 송(宋)을 이루어 주었다.〔平陳與宋〕'는 것을 근거하여 이것을 끌어다가 말한 듯하니, 혹 옳을 듯하다.

그러나 《춘추좌씨전》에 노(魯)나라 중중(衆仲)의 말을 기록하기를 "주우가 병력을 믿고 잔인함을 편안하게 여기니, 병력을 믿으면 무리가 없고(배반하고) 잔인함을 편안히 여기면 친한 사람이 없다. 무리가 배반하고 친척이 떠나가면 이루기가(성공하기가) 어려울 것이다. 병(兵)은 불과 같으니 거두지 않으면 장차 스스로 자신을 태울 것이다. 저 주우가 그 군주를 시해하고서 그 백성을 포악하게 동원하여 이에 훌륭한 덕을 힘쓰지 않고 난(亂)으로써 이루고자 하였으니, 반드시 화를 면치 못할 것이다."라고 하였다.

살펴보건대 주우는 나라를 찬탈하고 군주를 시해한 역적인데, 이 〈서〉에 다만 그 용맹하고 무례함을 비난하였으니 진실로 천박하고 누추함이 되고, 중중의 말 또한 여기에서 그쳤으니, 이는 군신간의 의리가 천하에 밝지 못한 지가 오래인 것이다. 《춘추》를 어찌 짓지 않을 수 있었겠는가.

7. 개풍(凱風)

① 凱風自南〔叶尼心反〕, 吹彼棘心. 棘心夭夭〔於驕反〕, 母氏劬勞〔叶音僚〕.

凱風自南로	개풍이 남쪽으로부터
吹彼棘心이로다	저 가시나무 싹에 불어오도다
棘心夭夭어늘	가시나무 싹이 여리고 여리거늘
母氏劬勞샷다	어머니 매우 수고하셨도다

··· 戢 : 거둘 집 簒 : 빼앗을 찬 凱 : 즐거울 개, 화할 개 吹 : 불 취 棘 : 가시나무 극 劬 : 힘쓸 구

比也라 南風을 謂之凱風이니 長養萬物者也라 棘은 小木이니 叢生, 多刺, 難長이요 而心은 又其穉弱而未成者也라 夭夭는 少好貌라 劬勞는 病苦也라
○ 衛之淫風流行하여 雖有七子之母나 猶不能安其室[48]이라 故로 其子作此詩하여 以凱風比母하고 棘心比子之幼時라 蓋曰 母生衆子하여 幼而育之하여 其劬勞甚矣라하니 本其始而言하여 以起自責之端也라

비(比)이다. 남풍(南風)을 '개풍(凱風)'이라 이르니, 만물을 자라게 하고 기르는 것이다. '극(棘)'은 작은 가시나무이니, 총생(叢生)하고 가시가 많으며 자라기가 어렵고, '심(心;싹)'은 또 어리고 약하여 아직 성장하지 않은 것이다. '요요(夭夭)'는 어리고 예쁜 모양이다. '구로(劬勞)'는 병들고 괴로움이다.

○ 위(衛)나라에 음풍(淫風)이 유행하여 비록 일곱 아들을 둔 어머니라도 오히려 그 집안을 편안히 여기지 못하였다(바람을 피웠다). 그러므로 그 아들들이 이 시(詩)를 지어 개풍으로써 어머니를 비(比)하고, 극심(棘心)으로써 아들이 어릴 때를 비(比)한 것이다. 이는 어머니가 여러 아들을 낳아 어린 것들을 기르시느라 그 수고로움이 심하였음을 말한 것이다. 이는 그 처음을 근본하여 말해서 자책(自責)하는 단서를 일으킨 것이다.

② 凱風自南, 吹彼棘薪. 母氏聖善, 我無令人.

凱風自南으로	개풍이 남쪽으로부터
吹彼棘薪이로다	저 가시나무 섶에 불어오도다
母氏聖善이어시늘	어머니가 성(聖)스럽고 선(善)하시거늘
我無令人하소라	우리들은 훌륭한 사람 없도다

興也라 聖은 叡(예)요 令은 善也라
○ 棘可以爲薪則成矣라 然이나 非美材라 故로 以興子之壯大而無善也라 復以聖善稱其母하고 而自謂無令人하니 其自責也 深矣로다

흥(興)이다. '성(聖)'은 밝음(지혜로움)이요, '영(令)'은 좋음이다.

48 猶不能安其室 : 공씨(孔氏)는 "집을 편안히 여기지 못했다는 것은 재가(再嫁)하고자 한 것이다.〔欲嫁〕" 하였다. 《詳說》

••• 刺 : 가시 자 穉 : 어릴 치 薪 : 섶 신 令 : 훌륭할 령

○ 가시나무가 섶이 되었으면 다 자란 것이다. 그러나 아름다운 재목(材木)이 아니기 때문에 이로써 아들이 장대(壯大)하여도 선(善)함이 없음을 흥(興)하였다. 다시 성선(聖善)으로써 그 어머니를 칭찬하고, 스스로 훌륭한 사람이 없다고 말했으니, 그 자책함이 깊도다.

③ 爰有寒泉, 在浚之下〔叶後五反〕. 有子七人, 母氏勞苦.

爰有寒泉이	이에 시원한(맑은) 샘물이
在浚之下로다	준읍(浚邑)의 아래에 있도다
有子七人호되	아들 일곱 명이 있으나
母氏勞苦아	어머니를 고생시킨단 말인가

興也라 浚은 衛邑이라

○ 諸子自責하여 言寒泉在浚之下라도 猶能有所滋益於浚이어늘 而有子七人호되 反不能事母하여 而使母至於勞苦乎아하니 於是에 乃若微指其事하고 而痛自刻責하여 以感動其母心也라 母以淫風流行하여 不能自守어늘 而諸子自責에 但以不能事母하여 使母勞苦爲詞라 婉詞幾諫하여 不顯其親之惡하니 可謂孝矣라 下章放此하니라

흥(興)이다. '준(浚)'은 위(衛)나라의 읍(邑)이다.

○ 여러 아들들이 자책하여 말하기를 "한천(寒泉)이 준읍(浚邑)의 아래에 있어도 오히려 준읍을 적셔주고 유익하게 하는 바가 있는데, 아들 일곱 명이 있으나 도리어 어머니를 잘 섬기지 못해서 어머니로 하여금 노고(勞苦)함에 이르게 한단 말인가."라고 한 것이다. 이에 마침내 그 일을 은미하게 가리키고, 통렬히 자책해서 어머니의 마음을 감동시키려 한 것이다.

음풍(淫風)이 유행하여 어머니가 스스로 정조를 지키지 못하는데도 여러 아들들이 자책하기를, 다만 어머니를 잘 섬기지 못하여 어머니로 하여금 노고하게 한다고만 말하였다. 이는 완곡한 말로 은미하게 간(諫)하여 어버이의 악(惡)을 드러내지 않았으니, 효(孝)라고 이를 만한다. 하장(下章)도 이와 같다.

④ 睍〔胡顯反〕睆〔華板反〕黃鳥, 載好其音. 有子七人, 莫慰母心.

··· 浚 : 깊을 준 滋 : 불어날 자 婉 : 완곡할 완 幾 : 살며시 기

睍睆(현환)黃鳥	곱고 고운 꾀꼬리여
載好其音이로다	그 목소리를 아름답게 하도다
有子七人호되	아들 일곱 명이 있으나
莫慰母心가	어머니 마음 위안하지 못하는가

興也라 睍睆은 淸和圓轉之意라

○ 言黃鳥猶能好其音以悅人이어늘 而我七子 獨不能慰悅母心哉아하니라

흥(興)이다. '현환(睍睆)'은 〈목소리가〉 청화(淸和 ; 곱고 온화함)하고 원전(圓轉 ; 원만하게 잘 돌아감)한 뜻이다.

○ "꾀꼬리〔黃鳥〕도 오히려 그 소리를 아름답게 하여 사람들을 기쁘게 하는데, 우리 일곱 아들들은 홀로 어머니의 마음을 위로하고 기쁘게 하지 못하는가."라고 말한 것이다.

凱風四章이니 章四句라

〈개풍(凱風)〉 모두 4장이니, 장마다 4구이다.

【毛序】 凱風은 美孝子也라 衛之淫風流行하여 雖有七子之母나 猶不能安其室이라 故로 美七子能盡其孝道하여 以慰其母心而成其志爾니라

〈개풍〉은 효자를 찬미한 시(詩)이다. 위(衛)나라에 음풍이 유행하여 비록 일곱 명의 아들을 둔 어머니였으나 오히려 집을 편안히 여기지 못하였다. 그러므로 일곱 아들들이 효도를 다하여 어머니 마음을 위안시켜 그 뜻을 이룬 것을 찬미한 것이다.

【鄭註】 不安其室은 欲去嫁也라 以成其志者는 成言孝子自責之意라

'불안기실(不安其室)'은 집을 떠나 시집가고자 한 것이다. 그 뜻을 이룬다는 것은 효자가 자책하는 뜻을 이루는 것이다.

【辨說】 以孟子之說[49]證之하면 序說亦是라 但此乃七子自責之辭요 非美七子之

49 孟子之說 : 《맹자》 〈고자 하(告子下)〉에 "〈개풍(凱風)〉은 어버이의 허물이 작은 것이요 〈소반(小弁)〉은 어버이의 허물이 큰 것이니, 어버이의 허물이 큰데도 원망하지 않는다면 이는 더욱 소원해지는 것이요, 어버이의 허물이 작은데도 원망한다면 이는 기(磯)할 수 없는 것이니, 더욱 소원함도 불효(不孝)요 기(磯)할 수 없음도 또한 불효이다.〔凱風, 親之過小者也 ; 小弁, 親之過大者也, 親之過大而不怨, 是愈疏也 ; 親之過小而怨, 是不可磯也, 愈疏, 不孝也, 不可磯, 亦不孝也.〕"라고 한

••• 睍 : 고울 현 睆 : 고울 환 慰 : 위로할 위

作也니라

맹자(孟子)의 말씀으로 증명해보면 〈서설(序說)〉이 또한 옳다. 다만 이것은 바로 일곱 아들이 자책한 말이요, 일곱 아들을 찬미하여 지은 것이 아니다.

8. 웅치(雄雉)

① 雄雉于飛, 泄泄[移世反]其羽. 我之懷矣, 自詒伊阻.

雄雉于飛여	수꿩의 낢이여
泄(예)泄其羽로다	느릿느릿한 그 날개짓이로다
我之懷矣여	내가 그리워하는 분이여
自詒(이)伊阻로다	스스로 격조함을 끼치도다

興也라 雉는 野鷄니 雄者는 有冠, 長尾하고 身有文采하여 善鬪라 泄泄는 飛之緩也라 懷는 思요 詒는 遺요 阻는 隔也라

○ 婦人이 以其君子從役于外라 故로 言雄雉之飛 舒緩自得如此어늘 而我之所思者는 乃從役於外하여 而自遺阻隔也니라

흥(興)이다. 꿩[雉]은 야계(野鷄;들닭)이니, 수컷은 벼슬이 있고 꼬리가 길며, 몸에 문채가 있고 싸움을 잘한다. '예예(泄泄)'는 날기를 느리게 하는 것이다. '회(懷)'는 그리워함이요, '이(詒)'는 끼침이요, '조(阻)'는 격조함이다.

○ 부인이, 남편이 외지로 부역을 나갔기 때문에 "수꿩의 낢은 느리고 펴져서 자득(自得;자유로움)함이 이와 같은데, 내 그리워하는 분은 마침내 외지로 부역을 나가서 스스로 격조함을 끼친다."고 말한 것이다.

••••••

말씀을 가리킨다. 기(磯)는 강가에 삐쭉 나온 돌로, 물이 흐르다가 이 돌을 만나면 격류(激流)로 변하기 때문에 자식의 성질이 과격하여 부모가 조금이라도 잘못이 있으면 자식이 격노함을 비유하는 말로 쓰인다. 〈개풍〉은 주자의 《맹자집주(孟子集註)》와 이 《집전》에 의거하면 일곱 명의 아들을 둔 과부가 늦바람이 나서 자기 집을 편안히 여기지 못하자, 일곱 아들이 "자신들이 불효하여 어머니가 집안을 편안히 여기게 하지 못했다."고 자책한 시라 하였다.

••• 雉 : 꿩 치 泄 : 느릴 예 詒 : 끼칠 이 鬪 : 싸울 투 阻 : 막힐 조

② 雄雉于飛, 下上〔時掌反〕其音. 展矣君子, 實勞我心.

雄雉于飛여	수꿩의 낢이여
下上其音이로다	오르내리는 그 울음소리로다
展矣君子여	진실로 군자여
實勞我心이로다	실로 내 마음을 수고롭게 하도다

興也라 下上其音은 言其飛鳴自得也라 展은 誠也라 言誠, 又言實은 所以甚言此君子之勞我心也라

흥(興)이다. '하상기음(下上其音)'은 그 날고 울기를 자득(自得)하게 함을 말한 것이다. '전(展)'은 진실로이다. '성(誠)'이라고 말하고 또 '실(實)'이라고 말한 것은 이 군자가 내 마음을 수고롭게 함을 심히 말한 것이다

③ 瞻彼日月, 悠悠我思〔叶新齎反〕. 道之云遠, 曷云能來〔叶陵之反〕.

瞻彼日月호니	저 해와 달을 보니
悠悠我思로다	끝없는 내 그리움이로다
道之云遠이어니	길이 멀기도 하니
曷云能來리오	언제나 오시려나

賦也라 悠悠는 思之長也라 見日月之往來하고 而思其君子從役之久也라

부(賦)이다. '유유(悠悠)'는 길이 그리워한 것이다. 해와 달이 왕래함을 보고는 군자가 부역을 나간 지 오래되었음을 생각한 것이다.

④ 百爾君子, 不知德行〔下孟反 叶戶郎反〕. 不忮〔之豉反〕不求, 何用不臧.

百爾君子는	모든 군자들은
不知德行가	덕행을 모르시겠는가
不忮不求면	남을 해치지 않고 탐하지 않는다면
何用不臧이리오	어찌 선(善)하지 않으리오

··· 展 : 진실로 전 忮 : 해칠 기 臧 : 착할 장

賦也라 百은 猶凡也라 忮는 害요 求는 貪이요 臧은 善也라

○ 言凡爾君子 豈不知德行乎아 若能不忮害하고 又不貪求하면 則何所爲而不善哉아하니 憂其遠行之犯患하여 冀其善處而得全也라

부(賦)이다. '백(百)'은 범(凡)과 같다. '기(忮)'는 남을 해침이요, '구(求)'는 탐함이요, '장(臧)'은 선(善)함이다.

○ "모든 군자들이 어찌 덕행을 알지 못하는가. 만일 남을 해치지도 않고 탐하지도 않는다면 무엇을 함에 선(善)하지 않겠는가."라고 말한 것이다. 이는 원행(遠行)함에 환난(患難)을 범할까 근심하여, 이에 잘 대처하여 온전함을 얻기를 바란 것이다.

雄雉四章이니 章四句라

〈웅치(雄雉)〉는 4장이니, 장마다 4구이다.

【毛序】 雄雉는 刺衛宣公也라 淫亂하여 不恤國事하고 軍旅數(삭)起하여 大夫久役하여 男女怨曠하니 國人患之하여 而作是詩하니라

〈웅치〉는 위(衛)나라의 선공(宣公)을 풍자한 시(詩)이다. 음란하여 국사(國事)를 돌보지 않고 군대를 자주 일으켜 대부(大夫)들이 오랫동안 부역하여 남녀들이 원망하고 홀아비로 있으니, 국인(國人)들이 이를 걱정하여 이 시(詩)를 지은 것이다.

【鄭註】 淫亂者는 宣公이 荒放於妻妾하고 烝於夷姜之等이라 國人이 久處軍役之事라 故男多曠하고 女多怨也하니 男曠而苦其事하고 女怨而望其君子니라

음란하다는 것은 선공(宣公)이 처첩들에게 황음(荒淫)하고 이강(夷姜)의 무리에게 증(烝:윗사람과 간음함)한 것이다. 국인(國人)이 오랫동안 군역(軍役)의 일에 처하였다. 그러므로 남자는 홀아비가 많고 여자는 원망함이 많았으니, 남자가 홀아비가 되어 그 일을 괴로워하고 여자가 원망하여 그 군자(남편)를 바란 것이다.

【辨說】 序所謂大夫久役하여 男女怨曠者得之라 但未有以見其爲宣公之時와 與淫亂不恤國事之意耳라 兼此詩는 亦婦人作이요 非國人之所爲也니라

〈서(序)〉에 이른바 '대부가 오랫동안 부역을 가서 여자(아내)는 남편이 없어서 원망하고 남자는 홀아비가 됐다.〔大夫久役, 男女怨曠.〕'는 것은 맞다. 다만 이것이 선공의 때가 됨과 음란하여 국가의 일을 돌보지 않은 뜻을 볼 수 없을 뿐이다. 겸하여 이 시는 또한 부인(婦人)이 지은 것이요, 나라 사람들이 지은 것이 아니다.

··· 數 : 자주 삭 曠 : 홀아비 광 烝 : 사통할 증

9. 포유고엽(匏有苦葉)

① 匏有苦葉, 濟有深涉. 深則厲, 淺則揭〔苦例反〕.

匏有苦葉이어늘	박에 쓴 잎이 있거늘
濟有深涉이로다	건너는 곳에 깊고 얕은 물턱이 있도다
深則厲요	깊으면 옷을 벗어 가지고 건너고
淺則揭니라	얕으면 옷을 걷고 건너야 하느니라

比也라 匏는 瓠(호)也니 匏之苦者는 不可食이요 特可佩以渡水而已라 然이나今尙有葉이면 則亦未可用之時也라 濟는 渡處也라 行渡水曰涉이라 以衣而涉曰厲[50]요 褰衣而涉曰揭라

○ 此는 刺淫亂之詩라 言匏未可用이어늘 而渡處方深하니 行者 當量其淺深而後에 可渡하여 以比男女之際에 亦當量度(탁)禮義而行也하니라

······

50 以衣而涉曰厲 : 이 내용은 《논어(論語)》 〈헌문(憲問)〉에도 인용되었는바, 첫째는 '이의(以衣)'를 옷을 입은채 건너는 것으로 보는 해석인데, 옷을 입은 채로 깊은 물을 건너는 것은 현실적으로 불가능하기 때문에 여(厲)를 다리로 보아 '깊은 물은 옷을 입은채 다리 위로 건넌다.'고 해석한다. 그러나 여(厲)와 게(揭)가 모두 교량이 없는 상황에서 물의 깊고 얕음에 따라 도섭(徒涉)하는 것이니, 만일 교량이 가설되어 있다면 얕은 물이라도 교량을 이용하지 않고 굳이 옷을 걷고 건널 이유가 없는 것이다. 둘째는 이의이섭(以衣而涉)의 '의(衣)'를 쇠코잠방이(지금의 팬티 따위)로 보고, 건의이섭(褰衣而涉)의 '의(衣)'를 치마(바지)로 보아, 깊은 물에서는 겉옷은 벗고 쇠코잠방이만 입은 채로 건넌다는 해석이다. 다산(茶山) 정약용(丁若鏞)도 이 설(說)을 주장하였으나 똑같은 '의(衣)' 자를 하나는 쇠코잠방이로, 하나는 치마로 보는 것도 곤란하다. 이 때문에 중국의 학자 정수덕(程樹德)의 《논어집석(論語集釋)》에는 "《춘추좌씨전》에 군대가 능히 좌지우지함을 이(以)라 하였다. 당시 고을을 점거하고 군대를 일으킴을 모두 이(以)라 하였으니, 이(以)에 잡는다는 뜻이 있으므로 손에 물건을 잡는 것을 또한 이(以)라 하였으니, '이의섭수왈려(以衣涉水曰厲)'는 물이 아직 얕아서 옷을 걷어잡고 건너는 것이요, 물이 깊은 경우에는 반드시 옷을 벗어서 손으로 잡아 등에 지거나 머리에 이고 물을 건너는 것이다.〔春秋傳, 師克左右之曰以, 當時凡據邑提兵 皆曰以, 以有提持之意. 故手持物亦可謂之以. 以衣涉水曰厲, 言水之尙淺, 可摳衣以渡; 水之深也, 必解衣持之, 負戴以涉也.〕"라 하여 '이(以)'를 '잡다'의 뜻으로 보아 겉옷은 벗어 손에 쥐고 속옷만을 입고 가는 것으로 해석하였는바, 여기서는 이 해석을 따랐음을 밝혀둔다. 한편 우암(尤菴) 송시열(宋時烈)은 이의(以衣)에 대하여 깊은 물을 건너는 자는 물 속의 폐해가 있을까 염려되므로 별도로 홑옷을 대비한 것이다.〔渡深者, 恐有水害, 故別著單衣以備之.〕"라 하였고 호산(壺山) 박문호(朴文鎬)는 "살펴보건대 려(厲)는 해(害)와 같으니, 이의(以衣)는 아마도 해로움을 대비한 듯하다.〔按厲猶害也, 以衣, 蓋備厲也.〕" 하였다. 《詳說》

··· 匏 : 박 포 厲 : 옷걷지않고물건널 려 揭 : 옷걷고물건널 게 瓠 : 박 호 褰 : 옷걷을 건

비(比)이다. '포(匏)'는 박이니, 박이 쓴 것은 먹을 수가 없고, 다만 허리에 차고서 물을 건널 뿐이다. 그러나 지금 아직 잎이 달려있다면 또한 사용할 수 없는 때이다. '제(濟)'는 물을 건너는 곳이다. 걸어서 물을 건너는 것을 '섭(涉)'이라 한다. 옷을 벗어 가지고 건너는 것을 '여(厲)'라 하고, 옷을 걷고 건너는 것을 '게(揭)'라 한다.

○ 이는 음란함을 풍자한 시(詩)이다. 박을 아직 사용할 수 없는데 물을 건널 곳은 막 깊으니, 길을 가는 자가 마땅히 물의 천심(淺深)을 헤아린 뒤에 건너야 함을 말하여, 남녀(男女)의 즈음에 또한 예의(禮義)를 헤아린 뒤에 행해야 함을 비유한 것이다.

② 有瀰〔彌爾反〕濟盈, 有鷕〔以小反〕雉鳴. 濟盈不濡軌〔居美反 叶居有反〕, 雉鳴求其牡.

有瀰(미)濟盈이어늘	건너는 곳에 물이 가득하거늘
有鷕(요)雉鳴이로다	꿩꿩 암꿩이 울도다
濟盈不濡軌하며	물이 가득하나 수레바퀴 자국을 적시지 못하며
雉鳴求其牡로다	꿩이 울면서 숫짐승을 찾도다

比也라 瀰는 水滿貌라 鷕는 雌雉聲이라 軌는 車轍也라 飛曰雌雄이요 走曰牝牡라 ○ 夫濟盈이면 必濡其轍이요 雉鳴엔 當求其雄이니 此常理也어늘 今濟盈而曰不濡軌하고 雉鳴而反求其牡하니 以比淫亂之人이 不度(탁)禮義하여 非其配耦어늘 而犯禮以相求也라

비(比)이다. '미(瀰)'는 물이 가득한 모양이다. '요(鷕)'는 암꿩이 우는 소리이다. '궤(軌)'는 수레바퀴 자국이다. 날짐승을 '자웅(雌雄)'이라 하고, 길짐승을 '빈무(牝牡)'라 한다.

○ 건너는 곳에 물이 가득하면 반드시 그 수레바퀴 자국을 적실 것이요, 암꿩이 울 때에는 마땅히 그 수꿩을 구해야 하는 것이니, 이것이 떳떳한 이치이다. 그런데 지금 건너는 곳에 물이 가득한데도 수레바퀴 자국을 적시지 못하고, 암꿩이 울면서 도리어 그 숫짐승을 구한다 하였으니, 이로써 음란한 사람이 예의를 헤아리지 아니하여 배우(配耦;제짝)가 아닌데도 예(禮)를 범하여 서로 구함을 비유한 것이다.

··· 瀰 : 물가득할 미 鷕 : 암꿩우는소리 요 濡 : 젖을 유 軌 : 수레굴대 궤 牡 : 수컷 무 耦 : 짝 우

③ 雝雝鳴雁〔叶魚旰反〕, 旭〔許玉反〕日始旦. 士如歸妻, 迨冰未泮.

雝(옹)雝鳴雁은	조화롭게 우는 기러기는
旭日始旦이니라	해 떠올라 아침이 될 제 우느니라
士如歸妻인댄	남자가 만일 아내를 데려오려면
迨冰未泮이니라	얼음이 풀리기 전에 해야 하느니라

賦也라 雝雝은 聲之和也라 雁은 鳥名이니 似鵝하고 畏寒하여 秋南春北이라 旭은 日初出貌라 昏禮에 納采用雁하며 親迎以昏하고 而納采、請期以旦이라 歸妻는 以冰泮하고 而納采、請期는 迨冰未泮之時니라
○ 言古人之於婚姻에 其求之不暴(폭)而節之以禮如此하여 以深刺淫亂之人也라

부(賦)이다. '옹옹(雝雝)'은 우는 소리가 조화로움이다. 기러기〔雁〕는 새 이름이니, 거위와 비슷한데 추위를 두려워하여 가을엔 남쪽으로 내려오고, 봄에는 북쪽으로 올라간다. '욱(旭)'은 해가 처음 나오는 모양이다. 혼례(昏禮)에 납채(納采)에는 기러기를 쓰며, 친영(親迎)은 어두울 때에 하고, 납채와 청기(請期)는 아침에 한다. 아내를 데려오는 것은 얼음이 풀릴 때에 하고, 납채와 청기는 얼음이 채 풀리지 않았을 때에 하는 것이다.

○ 옛 사람이 혼인함에 있어 구하기를 갑작스럽게 하지 않고 예(禮)로써 절제함이 이와 같았음을 말하여, 음란한 사람을 깊이 풍자한 것이다.

④ 招招〔照遙反〕舟子〔叶奬里反〕, 人涉卬〔五郎反〕否〔叶補美反〕. 人涉卬否, 卬須我友〔叶羽軌反〕.

招招舟子에	손짓하여 부르는 뱃사공에
人涉卬(앙)否호라	남들은 건너도 나는 건너지 않노라
人涉卬否는	남들은 건너도 나는 건너지 않음은
卬須我友니라	나는 내 짝을 기다려서이니라

··· 雝 : 화할 옹 旭 : 아침해 욱 迨 : 미칠 태 泮 : 얼음풀릴 반 鵝 : 거위 아 卬 : 나 앙 須 : 기다릴 수

比也라 招招는 號召之貌[51]라 舟子는 舟人이니 主濟渡者라 卬은 我也라
○ 舟人招人以渡에 人皆從之어늘 而我獨否者는 待我友之招而後從之也라 以比男女必待其配耦而相從하여 而刺此人之不然也라

비(比)이다. '초초(招招)'는 고함쳐 부르는 모양이다. '주자(舟子)'는 뱃사람(뱃사공)이니, 나루를 건네주는 일을 맡은 자이다. '앙(卬)'은 나이다.

○ 뱃사공이 사람들을 불러 건너라 함에 사람들이 모두 따라가나 나만이 홀로 따르지 않음은 내 짝이 부르기를 기다린 뒤에 따르려고 해서이다. 이로써 남녀가 반드시 자기의 배우(配耦)를 기다려 서로 따라야 함을 비유하여, 이 사람은 그렇지 않음을 풍자한 것이다.

匏有苦葉四章이니 章四句라

〈포유고엽(匏有苦葉)〉은 4장이니, 장마다 4구이다.

【毛序】 匏有苦葉은 刺衛宣公也니 公與夫人이 竝爲淫亂하니라

〈포유고엽〉은 위(衛)나라 선공(宣公)을 풍자한 시(詩)이니, 공(公)이 부인(夫人:선강(宣姜) 혹은 이강(夷姜))과 함께 음란한 짓을 하였다.

【鄭註】 夫人은 謂夷姜이라

부인은 이강(夷姜)을 이른다.

【辨說】 未有以見其爲刺宣公夫人之詩로라

그 선공(宣公)과 부인(夫人)을 풍자하는 시가 됨을 볼 수 없다.

10. 곡풍(谷風)

① 習習谷風, 以陰以雨. 黽勉同心, 不宜有怒〔叶暖五反〕. 采葑〔孚容反〕采菲〔妃鬼反〕, 無以下體. 德音莫違, 及爾同死〔叶想止反〕.

······

51 招招 號召之貌 : 왕일(王逸)이 말하였다. "손짓하여 부르는 것을 초(招)라 하고 입으로 고함쳐 부르는 것을 소(召)라 한다.〔以手曰招; 以口曰召.〕"《詳說》

習習谷風이　　　　　　온화한 곡풍(동풍)에
以陰以雨나니　　　　　날씨가 흐려지며 비가 내리나니
黽(민)勉同心이언정　　힘쓰고 힘써 마음을 함께 할지언정
不宜有怒니라　　　　　노여움을 두어서는 안 되느니라
采葑采菲은　　　　　　순무를 캐고 순무를 채취함은
無以下體니　　　　　　하체(뿌리) 때문이 아니니
德音莫違인댄　　　　　덕음을 버림이 없을진댄
及爾同死니라　　　　　그대와 죽을 때까지 함께 할지니라

比也라 習習은 和舒也라 東風을 謂之谷風이라 葑은 蔓菁(만정)也라 菲는 似葍(복)하니 莖麤(추), 葉厚而長하고 有毛라 下體는 根也라 葑菲는 根莖皆可食이로되 而其根則有時而美惡이라 德音은 美譽也라

○ 婦人이 爲夫所棄라 故로 作此詩하여 以敍其悲怨之情이라 言 陰陽和而後雨澤降하니 如夫婦和而後家道成이라 故로 爲夫婦者 當黽勉以同心이요 而不宜至於有怒라하고 又言采葑菲者 不可以其根之惡而棄其莖之美니 如爲夫婦者 不可以其顔色之衰而棄其德音之善이니 但德音之不違[52]면 則可以與爾同死矣라하니라

비(比)이다. '습습(習習)'은 온화하고 느림이다. 동풍(東風)을 '곡풍(谷風)'이라 이른다. '봉(葑)'은 만정(蔓菁;순무)이다. '비(菲;순무와 비슷한 야채)'는 복(葍;무)과 같은데, 줄기가 거칠고 잎이 두껍고 길며 털이 있다. 하체(下體)는 뿌리이다. '봉(葑)'과 '비(菲)'는 뿌리와 줄기를 다 먹을 수 있으나, 뿌리는 좋고 나쁠 때가 있다. '덕음(德音)'은 아름다운 칭찬이다.

○ 부인이 남편에게 버림을 받았다. 그러므로 이 시(詩)를 지어서 슬프고 원망스러운 심정을 서술한 것이다. 말하기를, "음양(陰陽)이 화합한 뒤에 우택(雨澤)이 내리니, 부부가 화합한 뒤에 가도(家道)가 이루어지는 것과 같다. 그러므로 부부가 된 자는 마땅히 힘쓰고 힘써 마음을 함께 하여 노여운 마음을 둠에 이르게 해서는 안 된다." 하였으며, 또 말하기를 "봉비(葑菲)를 채취하는 자는 그 뿌리가 나

······

52 但德音之不違 : 호산은 "여기의 덕음(德音)은 바로 여인이 자신을 칭찬한 말이니, 《언해》의 해석은 잘못된 듯하다.〔此德音, 是自譽之辭, 諺釋恐誤.〕" 하였다. 그리고 또 "위(違)는 버림〔棄〕이다." 하였다. 《언해》에는 "덕음(德音)이 위(違)치 않으면"으로 되어있는바, 우선 《언해》를 따라 번역하였다.

··· 黽 : 힘쓸 민 葑 : 순무 봉, 배추 봉 菲 : 순무 비 蔓 : 순무 만 菁 : 순무 정 葍 : 순무 복 莖 : 줄기 경 麤 : 거칠 추

쁘다 하여 줄기의 아름다움을 버리지 말아야 하니, 이는 부부가 된 자가 부인의 안색(顔色)이 쇠했다 하여 덕음의 좋음을 버려서는 안 됨과 같은 것이다. 다만 덕음이 어긋남이 없으면 그대와 함께 죽을 때까지 같이 할 수 있다."고 한 것이다.

② 行道遲遲, 中心有違, 不遠伊邇, 薄送我畿〔音祈〕. 誰謂荼〔音徒〕苦, 其甘如薺〔音齊〕, 宴爾新昏, 如兄如弟〔待禮反〕.

行道遲遲하여	더디고 더디게 길을 가서
中心有違어늘	나의 속마음과 어김이 있거늘
不遠伊邇하여	멀리 전송하지 않고 가까이서 하여
薄送我畿하나다	잠깐 나를 성문 안에서 전송하누나
誰謂荼(도)苦오	누가 여뀌가 쓰다 하는가
其甘如薺(제)로다	그 달기가 냉이와 같도다
宴爾新昏하여	그대는 신혼(新婚)과 즐겨서
如兄如弟하나다	형과 같고 아우와 같구나

賦而比也라 遲遲는 徐行貌라 違는 相背也라 畿는 門內也라 荼는 苦菜니 蓼(료)屬也니 詳見良耜[53]하니라 薺는 甘菜라 宴은 樂也라 新昏은 夫所更(경)娶之妻也라
○ 言我之被棄하여 行於道路에 遲遲不進하니 蓋其足欲前이나 而心有所不忍하여 如相背然이어늘 而故夫之送我를 乃不遠而甚邇하여 亦至其門內而止耳라 又言荼雖甚苦나 反甘如薺하여 以比己之見棄가 其苦有甚於荼어늘 而其夫方且宴樂其新昏하여 如兄如弟而不見恤이라 蓋婦人은 從一而終이라 今雖見棄나 猶有望夫之

······

53 荼苦菜……詳見良耜 : 아래 〈주송(周頌) 양사(良耜)〉에 "도(荼)와 료(蓼)를 제거한다.〔以薅荼蓼.〕"라 하였는데, 《집전》에 "도(荼)는 육지의 풀이고 료(蓼)는 수초(水草)이니, 똑같은 식물이나 수(水)·륙(陸)의 차이가 있다. 지금 남방 사람들은 아직도 도(荼)를 일러 '신료(新蓼)'라고 하며, 이것을 사용하여 시냇물을 독하게 하여 물고기를 잡으니, 바로 이른바 '도독(荼毒)'이란 것이다."라고 보인다. 《집전》에 "荼, 苦菜也."라고 주하여, 고채를 일반적으로 쓴 나물 곧 씀바귀로 알고 있으나 경문과 《집전》에 '도독(荼毒)'이라고 하였거나 이 〈곡풍〉 편처럼 '료속(蓼屬)'이라고 부연하였으면 이것은 사람이 먹을 수 없는 독초이고, 〈빈풍(豳風) 칠월(七月)〉에 "쓴 나물을 채취하고 가죽나무를 나무섶으로 만들어 우리 농부들을 먹인다.〔采荼薪樗, 食我農夫.〕" 하였는데, 《집전》에 역시 '荼, 苦菜也.'라 하였으나 여기의 도(荼)는 사람이 먹을 수 있는 '씀바귀'로 보아야 할 것이다.

··· 邇 : 가까울 이 畿 : 문안 기 荼 : 씀바귀 도 薺 : 냉이 제 宴 : 즐길 연 昏 : 혼인할 혼(婚同) 蓼 : 여뀌 료 耜 : 쟁기보습 사 恤 : 걱정할 휼

情하니 厚之至也니라

부이비(賦而比)이다. '지지(遲遲)'는 서행(徐行)하는 모양이다. '위(違)'는 〈마음과 발이〉 서로 위배됨이다. '기(畿)'는 성문 안이다. '도(荼)'는 여뀌이니, 요(蓼;여뀌)의 등속인바, 〈대아(大雅) 양사(良耜)〉에 자세히 보인다. '제(薺;냉이)'는 단 나물이다. '연(宴)'은 즐김이다. 신혼은 남편이 다시 장가든 아내이다.

○ 내가 버림을 받아 길을 감에 더디고 더뎌 나아가지 못하니, 이는 그 발은 앞으로 가고자 하나 마음에 차마 떠나가지 못하는 바가 있어 마치 마음과 발이 서로 위배되는 듯한 것이다. 그런데도 옛 남편이 나를 전송함을 도리어 멀리 나오지 않고 매우 가까이에서 하여 또한 그 성문 안에 이르러 그칠 뿐이라고 말하였다.

또 "여뀌가 비록 매우 쓰나 도리어 달기가 냉이와 같다."고 말하여, 이로써 자기가 버림을 받음이, 그 고통이 여뀌보다도 더 쓴데 남편은 지금 막 그 신혼과 즐겨서 형제처럼 다정하게 지내어서 자기는 걱정해줌을 받지 못함을 비유하였다. 부인은 한 남편을 따라 일생을 마쳐야 한다. 지금 비록 버림을 받았으나 아직도 남편을 바라는 정이 있으니, 이는 후(厚)함이 지극한 것이다.

③ 涇以渭濁, 湜湜〔音殖〕其沚〔音止〕. 宴爾新昏, 不我屑以. 毋逝我梁, 毋發我笱〔古口反〕. 我躬不閱, 遑恤我後〔胡口反〕.

涇以渭濁이나　　경수(涇水)가 위수(渭水) 때문에 흐려 보이나
湜(식)湜其沚니라　　그 물가는 맑고 맑으니라
宴爾新昏하여　　그대는 신혼과 즐겨
不我屑以하나다　　나를 좋게 여겨 더불지 않누나
毋逝我梁하여　　내 어량(魚梁)에 가지 말아서
毋發我笱(구)언마는　　내 통발 꺼내지 말았으면 하지만
我躬不閱이온　　내 몸도 주체할 수 없는데
遑恤我後아　　하물며 내가 떠난 뒤를 걱정하랴

比也라 涇、渭는 二水名이라 涇水는 出今原州百泉縣笄頭山하여 東南至永興軍高陵入渭하고 渭水는 出渭州渭縣鳥鼠山하여 至同州馮翊縣入河라 湜湜은 淸貌라 沚는 水渚也라 屑은 潔이요 以는 與요 逝는 之也라 梁은 堰(언)石障水而空其中하여

… 湜 : 맑을 식　沚 : 물가 지　屑 : 깨끗할 설, 좋게여길 설　梁 : 어량(魚梁) 량　笱 : 통발 구　閱 : 용납할 열
遑 : 겨를 황　笄 : 비녀 계　馮 : 성 풍　翊 : 도울 익　堰 : 방죽 언, 막을 언

以通魚之往來者也라 笱는 以竹爲器하여 而承梁之空하여 以取魚者也라 閱은 容也라

○ 涇濁渭淸이나 然涇未屬渭之時엔 雖濁而未甚見(현)이러니 由二水旣合하여 而淸濁益分이라 然이나 其別出之渚에 流或稍緩이면 則猶有淸處하니 婦人以自比其容貌之衰久矣요 又以新昏形之에 益見憔悴라 然이나 其心則固猶有可取者라 但以故夫之安於新昏이라 故로 不以我爲潔而與之耳라 又言毋逝我之梁하고 毋發我之笱하여 以比欲戒新昏하여 毋居我之處하여 毋行我之事하고 而又自思호되 我身且不見容이어든 何暇恤我已去之後哉아하니 知不能禁而絶意之辭也라

비(比)이다. '경(涇)'과 '위(渭)'는 두 물의 이름이다. 경수(涇水)는 지금의 원주(原州) 백천현(百泉縣) 계두산(笄頭山)에서 발원하여 동남쪽으로 흘러 영흥군(永興軍) 고릉(高陵)에 이르러 위수(渭水)로 들어가고, 위수는 위주(渭州) 위원현(渭源縣)의 조서산(鳥鼠山)에서 발원하여 동주(同州)의 풍익현(馮翊縣)에 이르러 황하(黃河)로 들어간다. '식식(湜湜)'은 물이 맑은 모양이다. '지(沚)'는 물가이다. '설(屑)'은 깨끗함이요, '이(以)'는 더불음이요, '서(逝)'는 감이다. '양(梁)'은 돌을 쌓아 물길을 막되 그 가운데를 비워 놓아 물고기가 여기를 통하여 왕래하도록 한 것이다. '구(笱)'는 대나무로써 기구(통발)를 만들어 어량(魚梁)의 빈 곳에 잇대어서 물고기를 잡는 것이다. '열(閱)'은 용납함이다.

○ 경수는 흐리고 위수는 맑으나, 경수가 위수에 속하지 않았을 때에는 비록 흐리더라도 흐린 것이 심히 나타나지 않았었는데, 두 물이 이미 합류함으로 말미암아 청탁(淸濁)이 더욱 구별되었다. 그러나 〈위수와 합류하지 않고〉 그 따로 나온 물가에 혹 물의 흐름이 다소 느리면 그래도 맑은 곳이 있다. 부인이 이로써 그 용모의 쇠함이 오래되었고 또 신혼으로써 대비해 보면 더욱 초췌함을 볼 수 있으나 자기의 마음만은 진실로 취할 만함이 있음을 비(比)한 것이다. 다만 옛 남편이 신혼에 편안하기 때문에 나를 깨끗이(좋게) 여겨 상대하려 하지 않을 뿐이다.

또 〈새로 온 여자가〉 내 어량(魚梁)에 가지 말아서 내 통발을 꺼내지 말았으면 함을 말하여, 신혼에게 경계해서 내가 거처하던 곳에 거처하지 말아 나의 일을 행하지 말기를 바람을 비유하고, 또 스스로 생각하기를 "내 몸도 오히려 용납을 받지 못하는데, 어느 겨를에 내가 떠나간 뒤를 걱정하겠는가." 하였으니, 금지하지 못할 줄을 알고서 마음에 단념하는 말이다.

••• 憔 : 파리할 초 悴 : 파리할 췌

④ 就其深矣, 方之舟之. 就其淺矣, 泳之游之. 何有何亡, 黽勉求之. 凡民有喪, 匍〔音蒲〕匐〔蒲卜反〕救〔叶居尤反〕之.

就其深矣엔(란)	깊은 곳에 나아갈 때에는
方之舟之요	뗏목을 타고 배를 타며
就其淺矣엔(란)	얕은 곳에 나아갈 때에는
泳之游之호라	수영을 하고 헤엄을 쳤노라
何有何亡(망)고하여	무엇이 있고 무엇이 없는고 하여
黽(민)勉求之하며	부지런히 구하였으며
凡民有喪에	모든 사람이 상사(喪事)가 있을 적에는
匍匐(포복)救之호라	포복하여 달려가 구원하였노라

興也라 方은 桴(부)요 舟는 船也라 潛行曰泳이요 浮水曰游라 匍匐은 手足竝行이니 急遽之甚也라

○ 婦人이 自陳其治家勤勞之事라 言我隨事盡其心力而爲之하여 深則方舟하고 淺則泳游하여 不計其有與亡[54]하고 而勉强以求之하며 又周睦其隣里鄕黨하여 莫不盡其道也니라

흥(興)이다. '방(方)'은 뗏목이요, '주(舟)'는 배이다. 물 속에 잠겨 헤엄쳐 가는 것을 '영(泳)'이라 하고, 물 위에 떠가는 것을 '유(游)'라 한다. '포복(匍匐)'은 수족(手足)을 함께 이용하여 기어감이니, 급거(急遽)함이 심한 것이다.

○ 부인이 집안을 다스려 근로(勤勞)한 일을 스스로 말한 것이다. 내가 일에 따라 그 마음과 힘을 다하여, 깊으면 뗏목을 타고 배를 타며 얕으면 수영을 하고 헤엄을 쳐서 집안 살림살이의 있고 없음을 따지지 않고(가난함과 부유함을 따지지 않고) 면강(勉强)히 힘써 구했으며, 또 그 인리(隣里)와 향당(鄕黨)을 구휼해주고 화목하여 도리를 다하지 않음이 없었노라고 말한 것이다.

······

54 不計其有與亡 : 호산은 "《언해》의 해설은 《집주》의 뜻에 위배되는 듯하다.〔諺釋恐違註意.〕" 하였다. 《詳說》 경문의 '何有何亡'를 《언해》에는 "무엇이 있으며 무엇이 없으리오." 하여 뜻이 분명치 않으므로 "무엇이 있고 무엇이 없는고 하여"로 번역하였음을 밝혀둔다.

··· 方 : 뗏목 방 游 : 헤엄칠 유 匍 : 기어다닐 포 匐 : 기어다닐 복 桴 : 뗏목 부 亡 : 없을 무(無通)

⑤ 不我能慉〔許六反〕, 反以我爲讐. 旣阻我德, 賈〔音古〕用不售〔市救反 叶市周反〕. 昔育恐育鞠〔居六反〕, 及爾顚覆〔芳服反〕. 旣生旣育, 比予于毒.

不我能慉(휵)이요	나를 잘 길러주지 못하고
反以我爲讐하나다	도리어 나를 원수로 여기는구나
旣阻我德하니	이미 내 덕(德)을 물리치니
賈(고)用不售로라	장사꾼의 물건이 팔리지 않노라
昔育恐育鞠하여	옛날 길러줄 때에 생활이 곤궁하여
及爾顚覆이러니	그대와 함께 전복될까 두려웠었는데
旣生旣育하얀	이미 살게 되고 이미 생육하게 되자
比予于毒가	나를 해독(害毒)에 견준단 말인가

賦也라 慉은 養이요 阻는 却이요 鞠은 窮也라
○ 承上章하여 言我於女(汝)家에 勤勞如此어늘 而女旣不我養하고 而反以我爲仇讐로다 惟其心에 旣拒却我之善이라 故로 雖勤勞如此나 而不見取하니 如賈之不見售也라하고 因念其昔時相與爲生엔 惟恐其生理窮盡하여 而及爾皆至於顚覆이러니 今旣遂其生矣하여는 乃反比我於毒而棄之乎아 張子曰 育恐은 謂生於恐懼之中이요 育鞠은 謂生於困窮之際라하시니 亦通이니라

부(賦)이다. '휵(慉)'은 기름이요, '조(阻)'는 물리침이요, '국(鞠)'은 궁함이다.

○ 상장(上章)을 이어 말하기를 "내가 그대의 집에서 근로(勤勞)하기를 이와 같이 하였는데, 그대는 이미 나를 길러주지 않고 도리어 나를 원수로 여기는구나. 오직 그 마음에 이미 나의 좋은 점을 거절하고 퇴각하기 때문에 비록 이와 같이 근로하였으나 취해짐을 받지 못하니, 마치 장사꾼의 물건이 팔리지 못하는 것과 같다." 하고, 인하여 생각하기를 '그 옛날에 서로 더불어 생활할 때에는 행여 그 생리(生理:생활)가 곤궁하고 다하여 그대와 함께 모두 전복(顚覆)됨에 이를까 두려워했었는데, 이제 이미 생활을 이루자 마침내 도리어 나를 해독(害毒)에 견주어 버리는가.' 한 것이다.

장자(張子)가 말씀하기를 "육공(育恐)은 공구(恐懼)한 가운데에서 사는 것이요, 육국(育鞠)은 곤궁(困窮)한 즈음에서 사는 것이다." 하셨으니, 또한 통한다.

••• 慉: 기를 휵 阻: 막을 조 賈: 장사 고 售: 팔 수 鞠: 곤궁할 국 顚: 넘어질 전 覆: 넘어질 복

⑥ 我有旨蓄〔敕六反〕, 亦以御〔魚呂反 下同〕冬. 宴爾新昏, 以我御窮. 有洸〔音光〕有潰〔戶對反〕, 既詒我肄〔羊至反〕, 不念昔者, 伊余來塈.

我有旨蓄은	내가 맛있는 채소를 저장해 둠은
亦以御(禦)冬이니라	또한 겨울을 대비하기 위해서이니라
宴爾新昏이여	그대 신혼을 즐김이여
以我御窮이랏다	나를 궁할 때에 이용하였구나
有洸(광)有潰(궤)하여	성을 내며 노기를 띠어
既詒我肄하니	이미 나에게 수고로움을 주니
不念昔者에	그 옛날에
伊余來塈(기)로다	내가 와서 쉬던 때를 생각하지 않는도다

興也라 旨는 美요 蓄은 聚요 御는 當也라 洸은 武貌요 潰는 怒色也라 肄는 勞요 塈는 息也라

○ 又言我之所以蓄聚美菜者는 蓋欲以禦冬月乏無之時니 至於春夏면 則不食之矣라 今君子安於新昏而厭棄我하니 是但使我禦其窮苦之時요 至於安樂則棄之也라 又言於我極其武怒하여 而盡遺我[55]以勤勞之事하니 曾不念昔者我之來息時也라 追言其始見君子之時接禮之厚하니 怨之深也라

흥(興)이다. '지(旨)'는 아름다움이요(맛있는 것이요), '축(蓄)'은 모음이요, '어(御)'는 당해냄이다. '광(洸)'은 굳센(무서운) 모양이요, '궤(潰)'는 노한 기색이다. '이(肄)'는 수고로움이요, '기(塈)'는 쉼이다.

○ 또 말하기를, "내가 아름다운 채소를 저축해두고 모아두는 이유는 겨울철 채소가 없을 때를 대비하고자 해서이니, 봄과 여름철에 이르면 이것을 먹지 않는다. 지금 군자(남편)가 신혼에 편안하여 나를 싫어하고 버리니, 이는 다만 나로 하여금 곤궁하고 고생할 때를 때우게 하고는 안락(安樂)함에 이르러서는 나를 버린 것이다." 하였다. 또 말하기를 "나에게 위엄과 노여움을 지극히 하여 이미 나에게 근로한 일을 끼쳐주니, 일찍이 옛날 내가 와서 쉬던 때를 생각하지 않는다." 하였

••••••

55 而盡遺我 : 호산은 "진(盡)은 기(既)이다.〔盡, 既.〕" 하였으므로 이를 따라 해석하였다.

••• 洸 : 굳셀 광 潰 : 성낼 궤 詒 : 끼칠 이 肄 : 수고로울 이 塈 : 쉴 기 禦 : 막을 어

다. 이는 처음 군자를 만났을 때에 접대하고 예우함의 후(厚)함을 추언(追言)한 것이니, 원망함이 깊은 것이다.

谷風六章이니 章八句라

〈곡풍(谷風)〉은 6장이니, 장마다 8구이다.

【毛序】 谷風은 刺夫婦失道也라 衛人이 化其上하여 淫於新昏而棄其舊室하여 夫婦離絶하여 國俗傷敗焉하니라

〈곡풍〉은 부부간에 도리를 잃음을 풍자한 시(詩)이다. 위(衛)나라 사람들이 윗사람의 나쁜 행실에 교화되어 신혼의 즐거움에 빠지고 옛 아내를 버려 부부가 서로 헤어져서 나라의 풍속이 상패(傷敗;무너짐)하였다.

【鄭註】 新昏者는 新所與爲昏禮者라

신혼(新昏)이라는 것은 새로이 더불어 혼례한 자이다.

【辨說】 亦未有以見化其上之意로라

또한 '그 윗사람에게 교화되었다.〔化其上〕'는 뜻을 볼 수 없다.

11. 식미(式微)

① 式微式微, 胡不歸. 微君之故, 胡爲乎中露.

式微式微어늘	쇠미(衰微)하고 쇠미하거늘
胡不歸오	어이하여 돌아가지 않는고
微君之故면	군주의 연고가 아니라면
胡爲乎中露리오	내 어이하여 이슬 가운데 있으리오

賦也라 式은 發語辭라 微는 猶衰也니 再言之者는 言衰之甚也라 微는 猶非也[56]라

56 微 猶衰也……微 猶非也 : 이 편의 두 미(微) 자는 뜻이 똑같지 않으니, 앞의 미 자는 쇠미·쇠약의 뜻이고 뒤의 미 자는 아니라는 뜻이다.

… 式 : 발어사 식 微 : 쇠할 미, 아닐 미 胡 : 어찌 호

中露는 露中也니 言有霑(점)濡之辱而無所芘覆(비부)也라

○ 舊說에 以爲黎侯失國하여 而寓於衛하니 其臣勸之曰 衰微甚矣니 何不歸哉오 我若非以君之故면 則亦胡爲而辱於此哉리오하니라

부(賦)이다. '식(式)'은 발어사이다. '미(微)'는 쇠(衰)와 같으니, 두 번 말한 것은 쇠함이 심함을 말한 것이다. '미(微)'는 비(非;아님)와 같다. '중로(中露)'는 이슬 가운데이니, 이슬에 젖는 욕(辱)이 있는데도 덮어주는(비호받는) 바가 없음을 말한 것이다.

○ 구설(舊說)에 "여후(黎侯)가 나라를 잃고 위(衛)나라에 우거(寓居)하니, 그 신하들이 권면하기를, '쇠미함이 심하니, 어찌 돌아가지 않겠는가. 내 만일 군주의 연고가 아니라면 또한 어찌하여 여기에서 욕을 당하겠는가.'라고 말했다." 하였다.

② 式微式微, 胡不歸. 微君之躬, 胡爲乎泥中.

式微式微어늘	쇠미하고 쇠미하거늘
胡不歸오	어이하여 돌아가지 않는고
微君之躬이면	군주의 몸이 아니라면
胡爲乎泥中이리오	어이하여 진흙 속에 있으리오

賦也라 泥中은 言有陷溺之難而不見拯救也라

부(賦)이다. '니중(泥中)'은 〈진흙과 물에〉 빠지는 어려움이 있는데도 구원을 받지 못함을 말한 것이다.

式微二章이니 章四句라

〈식미(式微)〉는 2장이니, 장마다 4구이다.

此無所考하니 姑從序說하노라

이것은 상고할 바가 없으니, 우선 〈서설(序說)〉을 따르노라.

【毛序】 式微는 黎侯寓于衛하니 其臣이 勸以歸也라

〈식미〉는 여(黎)나라 임금이 위(衛)나라에 우거(寓居)하니, 그 신하들이 돌아갈 것을 권면한 시(詩)이다.

··· 霑 : 젖을 점 濡 : 젖을 유 芘 : 비호할 비 黎 : 검을 려 寓 : 붙일 우 泥 : 진흙 니 拯 : 구원할 증

【鄭註】寓는 寄也라 黎侯爲狄人所逐하여 棄其國而寄於衛어늘 衛處之以二邑하니 因安之하여 可以歸而不歸라 故其臣勸之니라

우(寓)는 우거(寓居:더부살이)하는 것이다. 여후(黎侯)가 적인(狄人)에게 쫓겨나서 그 나라를 버리고 위(衛)나라에 우거하였는데, 위나라가 두 읍으로써 거처하게 하니, 여후가 인하여 이를 편안히 여겨서 돌아갈 수 있는데도 돌아가지 않았다. 그러므로 그 신하가 권면한 것이다.

【辨說】詩中에 無黎侯字하니 未詳是否라 下篇同이라

시 가운데 여후라는 글자가 없으니, 〈서설〉이 옳은지 자세하지 않다. 아래 편도 이와 같다.

12. 모구(旄丘)

① 旄丘之葛〔叶居謁反〕兮, 何誕〔徒旱反〕之節兮. 叔兮伯〔叶音逼〕兮, 何多日也.

旄丘之葛兮	모구의 칡이
何誕之節兮오	어쩌면 이리도 마디가 긴고
叔兮伯兮	숙(叔)이여! 백(伯)이여!
何多日也오	어찌 이리도 여러 날이 걸리는고

興也라 前高後下曰旄丘라 誕은 闊也라 叔、伯은 衛之諸臣也라

○ 舊說에 黎之臣子自言 久寓於衛하여 時物變矣라 故로 登旄丘之上하여 見其葛長大而節疎闊하고 因託以起興曰 旄丘之葛이 何其節之闊也오 衛之諸臣이 何其多日而不見救也오하니라 此詩는 本責衛君이어늘 而但斥其臣하니 可見其優柔而不迫矣로다

흥(興)이다. 앞은 높고 뒤가 낮은 언덕을 '모구(旄丘)'라 한다. '탄(誕)'은 넓음이다. 숙(叔)·백(伯)은 위(衛)나라의 여러 신하이다.

○ 구설(舊說)에 "여(黎)나라의 신자(臣子)가 스스로 말하기를 '오랫동안 위나라에 붙어살면서 시물(時物:철에 따라 물건이 변함)이 변하였다. 그러므로 모구의 위에

··· 旄 : 깃발 모 誕 : 넓을 탄 迫 : 핍박할 박

올라가 그 칡이 장대(長大)하여 마디가 성글고 넓은 것을 보고, 인하여 이에 가탁해서 기흥(起興)하기를, 「모구의 칡이여, 어찌 이리도 마디가 넓은가. 위나라의 여러 신하들은 어찌하여 이리도 여러 날이 지났는데도 구원해주지 않는가.」라고 한 것이다.'했다." 하였다. 이 시(詩)는 본래 위나라의 군주를 꾸짖은 것인데 다만 그 신하만을 지척(指斥)하였으니, 우유(優柔;여유로워)하여 박절하지 않음을 볼 수 있도다.

② 何其處也, 必有與也. 何其久〔叶擧里反〕也, 必有以也.

何其處也오	어쩌면 이리도 편안히 있는고
必有與也로다	반드시 여국(與國)이 있기 때문이리로다
何其久也오	어쩌면 이리도 오래 걸리는고
必有以也로다	반드시 이유가 있으리로다

賦也라 處는 安處也라 與는 與國也라 以는 他故也라
○ 因上章何多日也而言호되 何其安處而不來오 意必有與國相俟而俱來耳라하고 又言何其久而不來오 意其或有他故而不得來耳라하니 詩之曲盡人情이 如此하니라

부(賦)이다. '처(處)'는 편안히 거처함이다. '여(與)'는 여국(與國;동맹국)이다. '이(以)'는 딴 이유이다.

상장(上章)의 "어찌 이리도 여러 날이 걸리는고."를 인하여 말하기를, "어찌 이리도 편안히 거처하고 오지 않는가. 생각하건대 반드시 여국이 있어 서로 기다려 함께 오려고 하기 때문일 것이다." 하고, 또 말하기를 "어찌 이리도 오래도록 오지 않는가. 생각하건대 그 혹 딴 이유가 있어서 오지 못하는가보다."라고 한 것이다. 시(詩)가 인정(人情)을 곡진히 함이 이와 같다.

③ 狐裘蒙戎, 匪車不東. 叔兮伯兮, 靡所與同.

狐裘蒙戎하니	여우 갖옷이 해졌으니
匪車不東이라	수레가 동쪽으로 가지 않은 것이 아니라
叔兮伯兮	숙(叔)이여! 백(伯)이여!

··· 裘 : 갖옷 구 蒙 : 어지러울 몽 戎 : 어지러울 융

靡所與同이로다 더불어 마음이 똑같지 않아서로다

賦也라 大夫는 狐蒼裘라 蒙戎은 亂貌니 言弊也라

○ 又自言 客久而裘弊矣니 豈我之車不東告於女乎리오마는 但叔兮伯兮 不與我同心하여 雖往告之나 而不肯來耳라하니 至是에 始微諷切之하니라 或曰 狐裘蒙戎은 指衛大夫而譏其憒(궤)亂之意요 匪車不東은 言非其車不肯東來救我也라 但其人不肯與俱來耳라하니 今按黎國在衛西하니 前說近是하니라

부(賦)이다. 대부(大夫)는 여우의 창색(蒼色) 갖옷을 입는다. '몽융(蒙戎)'은 어지러운 모양이니, 옷이 해짐을 말한 것이다.

○ 또 스스로 말하기를 "객지에 있은 지가 오래되어 갖옷이 해졌다. 어찌 나의 수레가 동쪽으로 가서 그대에게 말하지 않았으리오마는, 다만 숙(叔)과 백(伯)이 나와 마음을 함께 하지 않아서, 내 비록 가서 하소연하나 즐겨 오려 하지 않을 뿐이다."라고 한 것이니, 이에 이르러 비로소 은미하게 풍자한 것이다.

혹자는 말하기를 "호구몽융(狐裘蒙戎)은 위나라 대부를 가리키면서 그 어지러운 뜻을 기롱한 것이요, 비거불동(匪車不東)은 그 수레가 즐겨 동쪽(위나라)으로 와서 우리를 구원해주려고 하지 않은 것이 아니라, 다만 그 사람들이 즐겨 함께 오려 하지 않을 뿐이다."라고 한다. 지금 살펴보면 여나라는 위나라의 서쪽에 있으니, 앞의 해설이 옳을 듯하다.

④ 瑣〔素果反〕兮尾兮, 流離之子〔叶奬里反〕. 叔兮伯兮, 褎〔由救反〕如充耳.

瑣(쇄)兮尾兮 자잘하며 자잘한
流離之子로다 이 유리하는 사람이로다
叔兮伯兮 숙이여! 백이여!
褎(유)如充耳로다 웃기만 하여 귀를 막은 듯하도다

賦也라 瑣는 細요 尾는 末也라 流離는 漂散也라 褎는 多笑貌요 充耳는 塞耳也니 耳聾(롱)之人은 恒多笑라

○ 言黎之君臣이 流離瑣尾하여 若此其可憐也어늘 而衛之諸臣이 褎然如塞耳而無聞은 何哉오하니 至是然後에 盡其辭焉이라 流離患難之餘에 而其言之有序而不

··· 弊 : 해질 폐 憒 : 심란할 궤 瑣 : 작을 쇄 褎 : 웃을 유 聾 : 귀머거리 롱

迫이 如此하니 其人을 亦可知矣로다

부(賦)이다. '쇄(瑣)'는 가늚(자잘함)이요, '미(尾)'는 끝이다. '유리(流離)'는 표류하고 흩어짐이다. '유(褎)'는 웃음이 많은 모양이요 '충이(充耳)'는 귀를 막은 것이니, 귀먹은 사람은 항상 웃음이 많다.

○ "여나라의 군주와 신하가 유리하고 쇄미(瑣尾)함이 이와 같이 가련한데도 위나라의 여러 신하들은 웃기만 하며 귀를 막고 못들은 체함은 어째서인가."라고 말하였으니, 이에 이른 뒤에야 그(하고자 하는) 말을 다한 것이다. 유리와 환난(患難)을 당한 뒤에도 그 말이 차례가 있고 박절하지 않음이 이와 같으니, 그 사람의 훌륭함을 또한 알 만하다.

旄丘四章이니 章四句라

〈모구(旄丘)〉는 4장이니, 장마다 4구이다.

說同上篇하니라

해설은 상편(上篇)과 같다.

【毛序】 旄丘는 責衛伯也라 狄人이 迫逐黎侯하여 黎侯寓于衛하니 衛不能修方伯連率(帥)[57]之職한대 黎之臣子以責於衛也라

〈모구〉는 위백(衛伯;위나라 임금)을 꾸짖은 시(詩)이다. 오랑캐 사람들이 여후(黎侯)를 축출하여 여후가 위나라에 우거하니, 위나라가 방백(方伯)·연수(連帥)의 직책을 닦지 못하였다. 이에 여나라의 신자(臣子;신하)들이 위나라를 꾸짖은 것이다.

【鄭註】 衛康叔之封爵稱侯어늘 今日伯者는 時爲州伯也니 周之制에 使伯佐牧이라 春秋傳曰 五侯九伯이라하니 侯爲牧也라

위(衛)나라 강숙(康叔)의 봉작은 후(侯)를 칭했는데, 지금(여기에서) 백(伯)이라고 말한 것은 이때 위나라가 주(州)의 백이 되었으니, 주(周)나라 제도에 백으로 하여금 목(牧)을 돕게 하였다. 《춘추좌씨전》 희공(僖公) 4년에 "오후(五侯)와 구백(九伯)이다." 하였으니, 후가 목이 된 것이다.

••••••

57 方伯連率 : 방백(方伯)은 제후(諸侯)의 우두머리이다. 《예기》〈왕제(王制)〉에 "천자의 수도에서 천 리(里) 밖에 방백을 두는데, 다섯 나라가 배속된다. 그리고 열 나라를 연(連)으로 묶고 연마다 수(帥)를 둔다."라고 하였다. 후대에는 방백은 관찰사(觀察使), 연수는 절도사(節度使)를 지칭하였다. 수(率)는 수(帥)와 통한다.

【辨說】 序는 見詩有伯兮二字하고 而以爲責衛伯之詞라하니 誤矣라
○ 陳氏曰 說者以此爲宣公之詩나 然宣公之後百餘年衛穆公之時에 晉滅赤狄潞氏하고 數之以其奪黎氏地하니 然則此其穆公之詩乎아 不可得而知也로라

〈서〉는 시에 '백혜(伯兮)' 두 글자가 있음을 보고 위백(衛伯)을 책한 말이라 하였으니, 잘못이다.

○ 진씨(陳氏)가 말하였다. "해설하는 자가 이 시를 선공(宣公)의 시라 하였으나 선공의 뒤 백여 년이 지난 위 목공(衛穆公) 때에 진(晉)나라가 적적(赤狄)의 노씨(潞氏:노(潞)의 재상)를 멸망하고 그가 여씨(黎氏)의 땅을 빼앗았다고 수죄(數罪)하였으니, 그렇다면 이것은 아마도 목공의 시일 것이다. 알 수 없다."

13. 간혜(簡兮)

① 簡兮簡兮, 方將萬舞. 日之方中, 在前上處.

簡兮簡兮	간략하며 간략하여
方將萬舞호라	막 만(萬)으로 춤을 추노라
日之方中이어늘	해가 막 중천에 떠 있거늘
在前上處호라	앞의 윗자리에 있노라

賦也라 簡은 簡易不恭之意라 萬者는 舞之總名이니 武用干戚하고 文用羽籥也라 日之方中, 在前上處는 言當明顯之處라
○ 賢者不得志而仕於伶官하여 有輕世肆志之心焉이라 故로 其言如此하니 若自譽而實自嘲也라

부(賦)이다. '간(簡)'은 간이(簡易:소탈함)하여 공손하지 않은 뜻이다. '만(萬)'은 춤의 총칭이니, 무무(武舞)는 방패와 도끼를 쓰고, 문무(文舞)는 깃과 피리를 쓴다. '해가 막 중천에 떠 있는데 앞의 윗자리에 있다.'는 것은 밝게 드러나는 곳에 있음을 말한 것이다.

○ 현자(賢者)가 뜻을 얻지 못하여 영관(伶官:악공)으로 벼슬함에 세상을 가볍게(하찮게) 여기고 마음을 방자하게 하는 마음이 있었다. 그러므로 그 말이 이와 같

··· 潞 : 강이름 로 籥 : 피리 약 伶 : 악공 령 肆 : 방사할 사 嘲 : 비웃을 조

았으니, 스스로 칭찬한 듯하나 실제는 스스로 조소(嘲笑)한 것이다.

② 碩人俁俁〔疑矩反〕, 公庭萬舞. 有力如虎, 執轡如組〔音祖〕.

碩人俁(우)俁하니	석인(碩人)이 크기도 하니
公庭萬舞로다	공의 뜰에서 만(萬)으로 춤을 추도다
有力如虎며	힘이 범과 같으며
執轡(비)如組로다	고삐를 잡기를 실끈처럼 하도다

賦也라 碩은 大也라 俁俁는 大貌라 轡는 今之韁(강)也라 組는 織絲爲之하니 言其柔也라 御能使馬면 則轡柔如組矣라
○ 又自譽其才之無所不備하니 亦上章之意也라

부(賦)이다. '석(碩)'은 큼이다. '우우(俁俁)'는 큰 모양이다. '비(轡)'는 지금의 강(韁; 고삐)이다. 끈〔組〕은 실을 짜서 만드니, 그 부드러움을 말한 것이다. 어자(御者; 마부)가 말을 잘 부리면 고삐를 자유자재로 하여 부드러움이 실끈과 같은 것이다.

○ 또 그 재주가 구비되지 않은 바가 없음을 스스로 칭찬하였으니, 또한 상장(上章)의 〈스스로 조소하는〉 뜻이다.

③ 左手執籥〔餘若反〕, 右手秉翟〔亭歷反 叶直角反〕. 赫如渥〔於角反〕赭〔音者 叶陟略反〕, 公言錫爵.

左手執籥(약)하고	왼손에는 피리를 잡고
右手秉翟(적)호라	오른손에는 꿩깃을 잡았노라
赫如渥赭(악자)어늘	얼굴빛이 깊이 물든 적색과 같거늘
公言錫爵하시다	공(公)께서 술잔을 내려 주시도다

賦也라 執籥秉翟者는 文舞[58]也라 籥은 如笛而六孔이니 或曰三孔이라 翟은 雉羽也

••••••

58 文舞 : 옛날 춤에는 반드시 물건을 잡고 춤을 추었는바, 피리와 꿩 깃은 평상적인 물건이므로 문무(文舞)라 칭하고, 창과 방패를 잡아 무위(武威)를 드러내는 것을 무무(武舞)라 하였다.

••• 俁 : 클 우 轡 : 고삐 비 組 : 끈 조 韁 : 고삐 강 翟 : 꿩 적 渥 : 담글 악 赭 : 붉을 자 錫 : 줄 석 爵 : 술잔 작 笛 : 피리 적

라 赫은 赤貌라 渥은 厚漬(지)也요 赭는 赤色也니 言其顔色之充盛也라 公言錫爵은 卽儀禮燕飮而獻工之禮也라 以碩人而得此면 則亦辱矣어늘 乃反以其賚(뢰)予之親洽爲榮하여 而誇美之하니 亦玩世不恭之意也니라

부(賦)이다. 피리를 잡고 꿩깃을 잡은 것은 문무(文舞)이다. '약(籥)'은 피리와 비슷한데 구멍이 여섯이니, 혹자는 구멍이 셋이라고 한다. '적(翟)'은 꿩의 깃이다. '혁(赫)'은 붉은 모양이다. '악(渥)'은 물에 푹 담금이요 '자(赭)'는 적색이니, 그 얼굴빛이 충만하고 성함을 이른다. '공언석작(公言錫爵)'은 《의례(儀禮)》 〈연례(燕禮)〉에 연음(燕飮)할 때에 군주가 악공에게 술잔을 내려주는 예(禮)이다. 석인(碩人)으로서 이것을 얻었으면 또한 치욕스러운 일인데도 마침내 도리어 그 내려주어 직접 은혜에 흡족함을 영광으로 여겨 과시하고 찬미하였으니, 또한 세상을 우습게 여겨 공손하지 않은 뜻이다.

④ 山有榛〔側巾反〕, 隰有苓〔音零〕. 云誰之思, 西方美人. 彼美人兮, 西方之人兮.

山有榛이며	산에는 개암나무가 있으며
隰有苓이로다	습지에는 감초가 있도다
云誰之思오	누구를 그리워하는고
西方美人이로다	서방의 미인이로다
彼美人兮여	저 미인이여
西方之人兮로다	서방의 사람이로다

興也라 榛은 似栗而小라 下濕曰隰이라 苓은 一名大苦니 葉似地黃하니 卽今甘草也라 西方美人은 託言以指西周之盛王이니 如離騷亦以美人目其君也라 又曰西方之人者는 歎其遠而不得見之辭也라
○ 賢者不得志於衰世之下國하여 而思盛際之顯王이라 故로 其言如此하니 而意遠矣니라

흥(興)이다. 개암[榛]은 밤과 비슷한데 작다. 하습(下濕)한 것을 '습(隰)'이라 한다. '령(苓)'은 일명 대고(大苦)인데 잎이 지황(地黃)과 같으니, 바로 지금의 감초(甘草)이다. 서방의 미인은 가탁하여 말해서 서주(西周)의 훌륭한 왕(王)을 가리킨 것

… 漬 : 담글 지(자) 賚 : 줄 뢰 洽 : 젖을 흡 玩 : 놀릴 완 榛 : 개암나무 진 隰 : 진펄 습 苓 : 감초 령
騷 : 소란할 소

이니, 《이소경(離騷經)》에 또한 미인(美人)으로 그 군주를 지목한 것과 같다. 또 서방의 사람이라고 말한 것은 그 멀어서 볼 수 없음을 탄식한 말이다.

○ 현자(賢者)가 쇠한 세상의 하국(下國;제후국)에서 뜻을 얻지 못하여 다만 주나라가 성했을 때의 훌륭한 왕(王)을 생각하였다. 그러므로 그 말이 이와 같으니, 뜻이 원대하다.

簡兮四章이니 三章은 章四句요 一章은 六句라

〈간혜(簡兮)〉는 4장이니, 세 장은 장마다 4구이고 한 장은 6구이다.

舊三章 章六句어늘 今改定하노라

구설(舊說)에는 "3장(三章)이니 장마다 6구이다." 하였는데, 이제 개정(改定)하였다.

○ 張子曰 爲祿仕而抱關擊柝이면 則猶恭其職也어니와 爲伶官이면 則雜於侏儒俳優之間하여 不恭甚矣어늘 其得謂之賢者는 雖其迹如此나 而其中固有以過人이요 又能卷而懷之하니 是亦可以爲賢矣라 東方朔[59]이 似之하니라

장자(張子)가 말씀하였다 "녹사(祿仕)를 위하여 관문을 지키고 목탁을 친다면 그래도 그 직분을 공손히 수행하는 것이다. 그러나 영관(伶官;악공)이 되었다면 난장이와 배우의 사이에 뒤섞여 있어 불공(不恭)함이 심하다. 그런데도 그를 현자(賢者)라고 이를 수 있는 것은 비록 그 행적이 이와 같으나 심중(心中)이 진실로 남보다 뛰어난 점이 있기 때문이요, 또 이것을 능히 거두어 감추었으니, 이 또한 현자가 될 수 있는 것이다. 동방삭(東方朔)이 이와 유사하다."

【毛序】 簡兮는 刺不用賢也라 衛之賢者 仕於伶官하니 皆可以承事王者也라

〈간혜(簡兮)〉는 현자를 등용하지 않음을 풍자한 시(詩)이다. 위(衛)나라의 현자가 영관(伶官)으로 벼슬하고 있었는데, 그 재주가 모두 왕자(王者)를 받들어 섬길 만한 자였다.

【鄭註】 伶官은 樂官也라 伶氏世掌樂官而善焉이라 故後世多號樂官爲伶官하니라

······

59 東方朔 : 한 무제(漢武帝)의 신하로 악관이 되어 해학과 풍자로 무제를 자주 풍간(諷諫)하여 군주의 실정(失政)을 바로잡았다. 경원 보씨(慶源輔氏)는 이에 대해 "동방삭의 해학은 모두 자신을 칭찬하였으나 실제는 자신을 조소한 것이다.〔朔之詼諧, 所以自譽, 皆自嘲.〕" 하였다. 《詳說》

··· 柝 : 목탁 탁 侏 : 난장이 주 儒 : 난장이 유

영관은 악관(樂官)이다. 영씨(伶氏)가 대대로 악관을 맡아 직책을 잘 수행하였다. 그러므로 후세에 많이 악관을 칭하여 영관이라 하였다.

【辨說】 此序는 略得詩意로되 而詞不足以達之라

이 〈서(序)〉는 대략 시의 뜻에 맞으나, 글이 뜻을 통달하게 하지 못하였다.

14. 천수(泉水)

① 毖〔悲位反〕彼泉水, 亦流于淇. 有懷于衛, 靡日不思〔叶新齎反〕. 孌〔力轉反〕彼諸姬, 聊與之謀〔叶謨悲反〕.

毖(비)彼泉水도	졸졸 흐르는 저 천수도
亦流于淇로다	기수(淇水)로 흐르도다
有懷于衛하여	위나라에 그리움이 있어
靡日不思호니	날마다 생각하지 않음이 없노라
孌(련)彼諸姬와	예쁜 저 여러 희(姬)들과
聊與之謀호라	애오라지 상의하노라

興也라 毖는 泉始出之貌라 泉水는 卽今衛州共城之百泉也라 淇水는 出相州林慮縣하여 東流하니 泉水自西北而東南來注之라 孌은 好貌라 諸姬는 謂姪娣也라

○ 衛女嫁於諸侯러니 父母終에 思歸寧而不得이라 故로 作此詩라 言毖然之泉水도 亦流於淇矣라 我之有懷於衛하니 則亦無日而不思矣라 是以로 卽諸姬而與之謀하여 爲歸衛之計하니 如下兩章之云也라

흥(興)이다. '비(毖)'는 샘물이 처음 나오는 모양이다. '천수(泉水)'는 바로 지금의 위주(衛州) 공성(共城)의 백천(百泉)이다. 기수(淇水)는 상주(相州)의 임려현(林慮縣)에서 발원하여 동쪽으로 흐르니, 천수가 서북쪽에서 동남쪽으로 흘러와서 기수로 들어간다. '련(孌)'은 아름다운 모양이다. '제희(諸姬)'는 〈시집올 때 잉첩(媵妾)으로 따라온〉 조카와 여동생을 이른다.

○ 위후(衛侯)의 딸이 제후에게 시집갔는데 부모가 별세함에 친정에 돌아가 문안할 것을 생각하였으나 할 수가 없었다. 그러므로 이 시(詩)를 지었다. 말하기

••• 毖 : 샘물흐를 비 淇 : 물이름 기 孌 : 예쁠 련 聊 : 애오라지 료

를 "졸졸 흐르는 천수(泉水)도 또한 기수(淇水)로 흐른다. 내 위(衛)나라에 그리움이 있어 또한 날마다 생각하지 않음이 없다. 이 때문에 제희(諸姬)들에게 찾아가 함께 상의하여 위나라로 돌아갈 계책을 한다." 하였으니, 아래 두 장(章)에서 말한 것과 같다.

② 出宿于泲〔子禮反〕, 飮餞〔音踐〕于禰〔乃禮反〕. 女子有行, 遠〔于萬反〕父母兄弟〔待禮反〕. 問我諸姑, 遂及伯姊〔叶奬禮反〕.

出宿于泲하고	제(泲) 땅에 나가 유숙하고
飮餞于禰호니	녜(禰) 땅에서 전별주를 마시니
女子有行이	여자가 시집감은
遠父母兄弟라	부모와 형제를 멀리하는지라
問我諸姑하고	내 여러 고모들에게 묻고
遂及伯姊호라	마침내 백자(큰 언니)에게 미치노라

賦也라 泲는 地名이라 飮餞者는 古之行者 必有祖道之祭하니 祭畢에 處者送之하여 飮於其側而後行也라 禰亦地名이니 皆自衛來時所經之處也라 諸姑、伯姊는 卽所謂諸姬也라

○ 言始嫁來時에 則固已遠其父母兄弟矣라 況今父母旣終하니 而復可歸哉아 是以로 問於諸姑、伯姊하여 而謀其可否云爾라 鄭氏曰 國君夫人은 父母在則歸寧이요 沒則使大夫寧於兄弟니라

부(賦)이다. '제(泲)'는 지명이다. '음전(飮餞)'은 옛날 길을 떠나는 자는 반드시 조도(祖道;노제(路祭))의 제사가 있었는데, 제사를 마친 다음 머물러 있는 자가 그를 전송하면서 〈술을 권하면 떠나는 자가〉 그 옆에서 술을 마신 뒤에 길을 떠났다. '녜(禰)' 또한 지명이니, 모두 위나라로부터 시집올 때에 경유했던 곳이다. '제고(諸姑)'와 '백자(伯姊)'는 바로 이른바 제희(諸姬)이다.

○ 처음 시집올 때에 진실로 이미 그 부모와 형제를 멀리하였다. 더구나 지금 부모가 이미 별세하였으니, 다시 어떻게 돌아갈 수 있겠는가. 이 때문에 제고와 백자에게 물어 그 가부(可否)를 도모한다고 말한 것이다.

정씨(鄭氏)가 말하였다. "국군(國君)의 부인(夫人)은 친정 부모가 생존해 계시면

••• 餞 : 전송할 전 禰 : 아비사당 녜 姊 : 언니 자, 누이 자 祖 : 노제(路祭) 조

돌아가 문안하고, 별세하면 대부(大夫)로 하여금 친정 형제들(오라비들)에게 안부를 묻게 한다."

③ 出宿于干〔叶居焉反〕, 飮餞于言. 載脂載舝〔胡瞎反 叶下介反〕, 還〔音旋〕車言邁. 遄〔市專反〕臻于衛〔此字本與邁害叶 今讀誤〕, 不瑕有害.

出宿于干하고	간(干) 땅에 나가 유숙하고
飮餞于言하여	언(言) 땅에서 전별주를 마시고는
載脂載舝(할)하여	수레에 기름 치고 수레에 비녀장을 걸어
還(旋)車言邁하면	수레를 돌려 돌아가면
遄(천)臻于衛언마는	대번에 위(衛)나라에 이르련만
不瑕(何)有害아	이러면 해로움이 있지 않을까

賦也라 干、言은 地名이니 適衛所經之地也라 脂는 以脂膏塗其舝(할)하여 使滑澤也라 舝은 車軸也니 不駕則脫之라가 設之而後行也라 還은 回旋也니 旋其嫁來之車也라 遄은 疾이요 臻은 至也요 瑕는 何니 古音相近하여 通用하니라
○ 言如是則其至衛疾矣라 然이나 豈不害於義理乎아하니 疑之而不敢遂之辭也라

부(賦)이다. '간(干)'과 '언(言)'은 지명이니, 위(衛)나라로 갈 때에 경유하는 지역이다. '지(脂)'는 기름을 수레의 걸쇠에 발라서(칠하여) 매끄럽고 윤택하게 하는 것이다. '할(舝)'은 수레의 축(軸)이니, 멍에하지 않았을 때는 벗겨놓았다가 이것을 설치한 뒤에야 길을 떠난다. '선(還)'은 되돌림이니, 시집올 때 타고 왔던 수레를 되돌리는 것이다. '천(遄)'은 빠름이요, '진(臻)'은 이름이다. '하(瑕)'는 하(何:어찌)이니, 옛날에 음(音)이 서로 비슷하여 통용하였다.

○ "이와 같이 하면 위(衛)나라에 이름이 매우 빨리 이를 것이다. 그러나 어찌 의리에 해로움이 되지 않겠는가."라고 말하였으니, 의심하여 감히 이루지 못하는 말이다.

④ 我思肥泉, 玆之永歎〔叶它涓反〕. 思須與漕〔叶徂侯反〕, 我心悠悠. 駕言出遊, 以寫我憂.

··· 脂 : 기름 지 舝 : 걸쇠 할 還 : 돌릴 선 邁 : 갈 매 遄 : 빠를 천 臻 : 이를 진 瑕 : 옥티 하, 어찌 하
塗 : 바를 도 軸 : 속바퀴 축 疾 : 빠를 질

我思肥泉하여　　내 비천을 생각하여
茲之永歎호라　　이에 길이 탄식하노라
思須與漕호니　　수읍(須邑)과 조읍(漕邑)을 생각하니
我心悠悠로다　　내 마음 아득하고 아득하도다
駕言出遊하여　　말에 멍에하고 나가 놀아
以寫(瀉)我憂아　　내 근심을 쏟아나 볼까

賦也라 肥泉은 水名이라 須、漕는 衛邑也라 悠悠는 思之長也라 寫는 除也라
○ 既不敢歸라 然이나 其思衛地하여 不能忘也하니 安得出遊於彼而寫其憂哉아

부(賦)이다. '비천(肥泉)'은 물 이름이다. '수(須)'와 '조(漕)'는 위나라의 읍(邑)이다. '유유(悠悠)'는 생각함이 길이다. '사(寫)'는 〈쏟아서〉 제거함이다.

○ 이미 돌아갈 수 없었다. 그러나 위나라 땅을 그리워하여 잊을 수 없으니, 어이하면 저 곳에 나가 놀아서 나의 근심을 쏟을 수 있을까.

泉水四章이니 章六句라

〈천수(泉水)〉는 4장이니, 장마다 6구이다.

楊氏曰 衛女思歸는 發乎情也요 其卒也不歸는 止乎禮義也라 聖人이 著之於經하여 以示後世하사 使知適異國者는 父母終이면 無歸寧之義하시니 則能自克者 知所處矣리라

양씨(楊氏)가 말하였다. "위나라에서 시집온 딸이 친정에 돌아갈 것을 생각함은 정(情)에서 발(發)한 것이요, 끝내 돌아가지 않음은 예의(禮義)에 그친 것이다. 성인이 이것을 경서(經書)에 드러내어 후세에 보여주시어, 타국으로 시집간 자는 부모가 별세하면 귀녕(歸寧)하는 의리가 없음을 알게 하셨으니, 그렇다면 사사로움〔己〕을 극복(克服)하는 자가 대처할 바를 알게 될 것이다."

【毛序】 泉水는 衛女思歸也라 嫁於諸侯러니 父母終에 思歸寧而不得이라 故로 作是詩以自見(현)也라

〈천수〉는 위나라에서 시집온 여인이 친정으로 돌아갈 것을 생각한 시(詩)이다. 제후에게 시집갔는데 친정 부모가 이미 죽었으므로 돌아가 안부를 묻고 싶었으나 할 수가 없었다. 그러므로 이 시를 지어 자신의 서글픈 심정을 나타낸 것이다.

••• 漕 : 땅이름 조 寫 : 쏟을 사 安 : 어찌 안 適 : 시집갈 적

【鄭註】 以自見者는 見己志也라 國君夫人은 父母在則歸寧이요 沒則使大夫寧於兄弟라 衛女之思歸는 雖非禮나 思之至也니라

'스스로 나타냈다.'는 것은 자기의 뜻을 나타낸 것이다. 국군(國君)의 부인은 친정부모가 생존해 있으면 돌아가 문안하고, 별세하면 대부로 하여금 형제(오라비들)에게 안부를 전한다. 위(衛)나라 임금의 딸이 친정에 돌아갈 것을 생각함은 비록 예(禮)가 아니나 친정을 생각함이 지극한 것이다.

15. 북문(北門)

① 出自北門〔叶眉貧反〕, 憂心殷殷. 終窶〔其矩反〕且貧, 莫知我艱〔叶居銀反〕. 已焉哉〔叶將其反下同〕, 天實爲之, 謂之何哉.

出自北門하여	북문에서 나와서
憂心殷殷호라	마음에 근심하기를 많이 하였노라
終窶(구)且貧이어늘	끝내 어렵고 또 가난하거늘
莫知我艱하나다	나의 어려움 알아주는 이 없구나
已焉哉라	어쩔 수 없다
天實爲之시니	하늘이 실로 이렇게 만드셨으니
謂之何哉[60]리오	말한들 무엇하리오

比也라 北門은 背陽向陰이라 殷殷은 憂也라 窶者는 貧而無以爲禮也라
○ 衛之賢者 處亂世하고 事暗君하여 不得其志라 故로 因出北門而賦以自比하고 又歎其貧窶어늘 人莫知之하여 而歸之於天也라

비(比)이다. 북문(北門)은 양지를 등지고 음지를 향한 것이다. '은은(殷殷)'은 근심함이다. '구(窶)'는 가난하여 예(禮)를 행할 수 없는 것이다.

······

60 謂之何哉 : 호산은 "'위지하재(謂之何哉)'에 대한 《언해》의 해석을 다시 생각해보아야 한다.〔謂之何哉, 諺釋更商.〕" 하였다. 이에 대한 《언해》의 해석은 '이른들 어찌하리오'로 되어있는바, 호산의 설에 따라 위와 같이 해석하였다.

··· 窶 : 가난할 구 艱 : 어려울 간

○ 위나라의 현자(賢者)가 난세에 처하고 암군(暗君)을 섬겨 그 뜻을 얻지 못하였다. 그러므로 인하여 북문으로 나와서 시를 지어 스스로를 비유하고, 또 몹시 가난한데도 남들이 알아주는 이가 없음을 탄식하여 하늘에 돌린 것이다.

② 王事適我, 政事一埤〔避支反〕益我. 我入自外, 室人交偏讁〔知革反 叶竹棘反〕我. 已焉哉, 天實爲之, 謂之何哉.

王事適我어늘	왕사가 나에게 몰려들거늘
政事一埤(비)益我로다	정사가 한결같이 나에게 가(加)해지도다
我入自外호니	내 밖에서 들어오니
室人交偏讁(적)我하나다	집안사람들이 번갈아 나를 꾸짖는구나
已焉哉라	어쩔 수 없다
天實爲之시니	하늘이 실로 이렇게 만드셨으니
謂之何哉리오	말한들 무엇하리오

賦也라 王事는 王命使爲之事也라 適은 之也라 政事는 其國之政事也라 一은 猶皆也라 埤는 厚요 室은 家요 讁은 責也라
○ 王事旣適我矣어늘 政事又一切以埤益我하여 其勞如此하고 而窶貧又甚하여 室人이 至無以自安하여 而交偏讁我하니 則其困於內外極矣로다

부(賦)이다. '왕사(王事)'는 왕명(王命)으로 시키는 일이다. '적(適)'은 감이다. '정사(政事)'는 그 나라의 정사이다. '일(一)'은 개(皆:모두, 한결같이)와 같다. '비(埤)'는 후(厚)함이요, '실(室)'은 집이요, '적(讁)'은 꾸짖음이다.

○ 왕사가 이미 나에게 몰려드는데, 정사가 또 일절 나에게 더욱더 가(加)해져서(맡겨져서) 그 수고로움이 이와 같고 가난함이 더욱 심하였다. 그리하여 집안 식구들이 스스로 편안할 수가 없어서 서로 돌아가면서 나를 꾸짖음에 이르렀으니, 그 내외(內外)에 곤궁함이 지극한 것이다.

③ 王事敦〔叶都回反〕我, 政事一埤遺〔唯季反 叶夷回反〕我. 我入自外, 室人交偏摧〔徂回反〕我. 已焉哉, 天實爲之, 謂之何哉.

••• 埤 : 두터울 비 讁 : 꾸짖을 적

王事敦(퇴)我어늘	왕사가 나에게 모여지거늘
政事一埤遺我로다	정사는 더더욱 나에게 가(加)해지도다
我入自外호니	내 밖에서 들어오니
室人交徧摧(죄)我하나다	집안사람들이 번갈아 나를 저지하는구나
已焉哉라	어쩔 수 없다
天實爲之시니	하늘이 실로 이렇게 만드셨으니
謂之何哉리오	말한들 무엇하리오

賦也라 敦는 猶投擲(척)也라 遺는 加요 摧는 沮也라

부(賦)이다. '퇴(敦)'는 투척(投擲:던져 모임)과 같다. '유(遺)'는 가함이요, '최(摧)'는 저지함이다.

北門三章이니 章七句라

〈북문(北門)〉은 3장이니, 장마다 7구이다.

楊氏曰 忠信重祿은 所以勸士也라 衛之忠臣이 至於窶貧而莫知其艱이면 則無勸士之道矣니 仕之所以不得志也라 先王은 視臣如手足하시니 豈有以事投遺之而不知其艱哉리오 然이나 不擇事而安之하여 無懟憾之辭하고 知其無可奈何而歸之於天하니 所以爲忠臣也니라

양씨(楊氏)가 말하였다. "충신(忠信)으로 대하고 녹(祿)을 중히(많이) 줌은 선비를 권면하는 것이다. 위나라의 충신(忠臣)이 가난하나 그 어려움을 알아주는 이가 없음에 이르렀다면 이는 선비를 권면하는 도(道)가 없는 것이니, 벼슬하는 자가 이 때문에 뜻을 얻지 못한 것이다. 선왕은 신하를 수족(手足)처럼 보았으니, 어찌 일을 던져주고 그 어려움을 알아주지 않음이 있었겠는가. 그러나 〈이 신하가〉 일을 가리지 않고 편안히 여겨 원망하는 말이 없으며, 그 어쩔 수 없음을 알아 하늘에 돌렸으니, 이 때문에 충신이 되는 것이다."

【毛序】 北門은 刺仕不得志也니 言衛之忠臣이 不得其志爾니라

〈북문〉은 벼슬함에 뜻을 얻지 못함을 풍자한 시(詩)이니, 위나라의 충신이 그 뜻을 얻지 못함을 말한 것이다.

【鄭註】 不得其志者는 君不知己志而遇困苦라

··· 敦 : 던질 퇴, 핍박할 퇴 摧 : 꺾을 최 擲 : 던질 척 懟 : 원망할 대

'그 뜻을 얻지 못했다.'는 것은 군주가 자기의 뜻을 알지 못하여 곤욕과 괴로움을 만난 것이다.

16. 북풍(北風)

① 北風其涼, 雨〔于付反〕雪其雱〔普康反〕. 惠而好〔呼報反 下同〕我, 携手同行〔叶戶郎反〕. 其虛其邪〔音徐 下同〕, 旣亟只〔音紙 下同〕且〔子餘反 下同〕.

北風其涼이며	북풍이 차갑게 불어오며
雨雪其雱(방)이로다	함박눈이 펑펑 내리도다
惠而好我로	사랑하여 나를 좋아하는 이와
携手同行호리라	손잡고 함께 길을 가리라
其虛其邪(徐)아	여유 있으며 서서히 할 수 있으랴
旣亟只且(저)로다	이미 급박하게 되었도다

比也라 北風은 寒涼之風也라 涼은 寒氣也라 雱은 雪盛貌라 惠는 愛요 行은 去也라 虛는 寬貌라 邪는 一作徐하니 緩也라 亟은 急也라 只且는 語助辭라
○ 言北風雨雪하여 以比國家危亂將至하여 而氣象愁慘也라 故로 欲與其相好之人으로 去而避之하고 且曰 是尙可以寬徐乎아 彼其禍亂之迫已甚하여 而去不可不速矣라하니라

비(比)이다. '북풍'은 차가운 바람이다. '량(涼)'은 차가운 기운이다. '방(雱)'은 눈이 많이 내리는 모양이다. '혜(惠)'는 사랑함이요, '행(行)'은 떠나감이다. '허(虛)'는 여유있는 모양이다. '서(邪)'는 일본(一本)에는 서(徐)로 되어 있으니, 서서히(느림) 함이다. '극(亟)'은 급함이다. '지저(只且)'는 어조사이다.

○ 북풍과 우설(雨雪;함박눈)을 말하여 국가의 위란(危亂)이 장차 이르러 기상(氣象)이 서글프고 참혹함을 비유하였다. 그러므로 서로 좋아하는 사람과 함께 떠나가서 난리를 피하고자 하였고, 또 말하기를 "이를 오히려 여유있고 서서히 할 수 있겠는가. 저 화란(禍亂)의 닥침이 이미 심하여 떠나가기를 속히 하지 않으면 안 된다."고 한 것이다.

··· 雱 : 눈펑펑쏟아질 방 邪 : 느릴 서 亟 : 급할 극

② 北風其喈〔音皆 叶居奚反〕, 雨雪其霏〔芳非反〕. 惠而好我, 携手同歸. 其虛其邪, 旣亟只且.

北風其喈(개)며	북풍이 세차게 불어오며
雨雪其霏로다	함박눈이 흩어져 내리도다
惠而好我로	사랑하여 나를 좋아하는 이와
携手同歸호리라	손잡고 함께 돌아가리라
其虛其邪아	여유 있으며 서서히 할 수 있으랴
旣亟只且로다	이미 급박하게 되었도다

比也라 喈는 疾聲也라 霏는 雨雪分散之狀이라 歸者는 去而不反之辭也라

비(比)이다. '개(喈)'는 빠른 소리이다. '비(霏)'는 함박눈이 흩어져 내리는 모양이다. '귀(歸)'는 떠나가고 돌아오지 않는다는 말이다.

③ 莫赤匪狐, 莫黑匪烏. 惠而好我, 携手同車. 其虛其邪, 旣亟只且.

莫赤匪狐며	붉지 않다고 여우가 아니며
莫黑匪烏아	검지 않다고 까마귀가 아니랴
惠而好我로	사랑하여 나를 좋아하는 이와
携手同車호리라	손잡고 한 수레 타고 가리라
其虛其邪아	여유 있으며 서서히 할 수 있으랴
旣亟只且로다	이미 급박하게 되었도다

比也라 狐는 獸名이니 似犬하고 黃赤色이요 烏는 鴉(아)니 黑色이니 皆不祥之物이니 人所惡(오)見者也라 所見이 無非此物이면 則國將危亂을 可知라 同行、同歸는 猶賤者也어니와 同車則貴者亦去矣라

비(比)이다. 호(狐:여우)는 짐승의 이름이니, 개와 비슷하고 황적색(黃赤色)이며, '오(烏)'는 까마귀로 흑색(黑色)이니, 모두 불길한 물건이니, 사람들이 보기 싫어하는 것이다. 보이는 바가 이러한 물건 아님이 없다면 나라가 장차 위란(危亂)해질 것임을 알 수 있다. 동행(同行)과 동귀(同歸)는 그래도 천한 자이지만 수레를 함께

··· 喈 : 새소리 개 霏 : 눈펄펄날릴 비 狐 : 여우 호 鴉 : 까마귀 아

타고 간다고 하였으면 귀한 자 또한 떠나가는 것이다.

北風三章이니 章六句라

〈북풍(北風)〉은 3장이니, 장마다 6구이다.

【毛序】 北風은 刺虐也라 衛國이 竝爲威虐하니 百姓不親하여 莫不相携持而去焉하니라

〈북풍〉은 포악함을 풍자한 시(詩)이다. 위(衛)나라 〈의 인군과 신하〉가 함께 위엄과 포악한 짓을 하니, 백성들이 친애하지 못하여 서로 손을 잡고 떠나가지 않는 이가 없었다.

【辨說】 衛以淫亂亡國이요 未聞其有威虐之政이 如序所云者하니 此恐非是로라

위나라는 음란함으로 나라를 망하였고, 그 위엄스럽고 포악스러운 정사가 〈서〉에서 말한 것과 같다는 말을 듣지 못했으니, 이는 옳지 않을 듯하다.

17. 정녀(靜女)

① 靜女其姝〔赤朱反〕, 俟我於城隅. 愛而不見, 搔〔蘇刀反〕首踟〔直知反〕躕〔直誅反〕.

靜女其姝(주)하니	얌전한 아가씨 예쁘기도 한데
俟我於城隅러니	나를 성 모퉁이에서 기다리더니
愛而不見하여	사랑하나 만나지 못하여
搔首踟躕(소수지주)호라	머리 긁적이며 머뭇거리노라

賦也라 靜者는 閒雅之意라 姝는 美色也라 城隅는 幽僻之處라 不見者는 期而不至也라 踟躕은 猶躑躅(척촉)也라 此는 淫奔[61]期會之詩也라

부(賦)이다. '정(靜)'은 얌전하고 단아한 뜻이다. '주(姝)'는 얼굴이 아름다운 것

61 淫奔 : 남녀가 서로 달려가 바람을 피움을 이른다.

… 携 : 끌 휴 姝 : 예쁠 주 搔 : 긁을 소 踟 : 머뭇거릴 지 躕 : 머뭇거릴 주 躑 : 머뭇거릴 척 躅 : 머뭇거릴 촉

이다. '성우(城隅)'는 그윽하고 궁벽한 곳이다. 만나지 못했다는 것은 만나기로 약속했으나 오지 않은 것이다. '지주(踟躕)'는 척촉(躑躅;머뭇거림)과 같다. 이것은 음분(淫奔)한 자가 만나기로 약속한 시(詩)이다.

② 靜女其孌, 貽我彤〔徒冬反〕管〔叶古寬反〕. 彤管有煒〔于鬼反〕, 說〔音悅〕懌〔音亦〕女美.

靜女其孌(련)하니	얌전한 아가씨 아름답기도 한데
貽我彤(동)管이로다	나에게 붉은 대통을 선물하도다
彤管有煒(위)하니	붉은 대통 붉기도 하니
說懌(열역)女美호라	너의 아름다움 좋아하노라

賦也라 孌은 好貌니 於是則見之矣라 彤管은 未詳何物이니 蓋相贈以結慇懃之意耳라 煒는 赤貌라 言旣得此物하고 而又悅懌此女之美也라

부(賦)이다. '련(孌)'은 아름다운 모양이니, 이때에는 서로 만난 것이다. '동관(彤管)'은 무슨 물건인지 자세하지 않으니, 서로 선물하여 은근(간곡)한 뜻을 맺은 것이다. '위(煒)'는 붉은 모양이다. 이미 이 물건을 얻고, 또 이 아가씨의 아름다움을 좋아한다고 말한 것이다.

③ 自牧歸荑〔徒兮徒計二反〕, 洵美且異〔夷曳二音〕. 匪女〔音汝〕之爲美, 美人之貽〔與異同〕.

自牧歸荑(제)하니	교외로부터 삘기를 선물하니
洵美且異로다	진실로 아름답고 또 특이하도다
匪女(汝)之爲美라	네(삘기)가 아름다워서가 아니라
美人之貽니라	미인이 선물해서이니라

賦也라 牧은 外野也라 歸亦貽也라 荑는 茅之始生者라 洵은 信也라 女는 指荑而言也라

○ 言靜女又贈我以荑하니 而其荑亦美且異라 然이나 非此荑之爲美요 特以美人

··· 孌 : 예쁠 련 貽 : 줄 이 彤 : 붉을 동 管 : 대통 관 煒 : 밝을 위, 붉을 위 懌 : 기쁠 역 慇 : 간곡할 은
荑 : 삐비 제 洵 : 진실로 순

之所贈이라 故로 其物亦美耳니라

부(賦)이다. '목(牧)'은 바깥 들이다. '귀(歸)' 또한 줌이다. '제(荑;삘기)'는 띠풀이 처음 나온(괜) 것이다. '순(洵)'은 진실로이다. '여(女;너)'는 삘기를 가리켜 말한 것이다.

○ 얌전한 아가씨가 또 나에게 삘기를 선물하였는데, 그 삘기가 아름답고 또 특이하다. 그러나 이 삘기가 아름다워서가 아니요, 다만 미인이 주었기 때문에 또한 아름답다고 한 것이다.

靜女三章이니 章四句라

〈정녀(靜女)〉는 3장이니, 장마다 4구이다.

【毛序】 靜女는 刺時也니 衛君無道하고 夫人無德하니라

〈정녀〉는 시대를 풍자한 시(詩)이니, 위(衛)나라 군주는 무도(無道)하고 부인(夫人)은 덕(德)이 없었다.

【鄭註】 以君及夫人이 無道德이라 故陳靜女遺我以彤管[62]之法하니 德如是면 可以易之爲人君之配니라

군주와 부인이 도덕(道德)이 없었다. 그러므로 정녀(靜女)가 나에게 동관(彤管)을 주는 법을 말하였으니, 덕이 이와 같다면 바꾸어서 인군의 배필이 될 수 있는 것이다.

【辨說】 此序는 全然不似詩意하니라

이 〈서〉는 전혀 시의 뜻과 같지 않다.

18. 신대(新臺)

① 新臺有泚〔此禮反〕, 河水瀰瀰〔莫邇反〕. 燕婉之求, 籧〔音渠〕篨〔音除〕不鮮〔斯淺反 叶想止反〕.

62 彤管 : 적심(赤心;진심)으로 남을 바로잡는 것이라 한다. 그러나 뒤에는 여사(女士)가 잡고 있는 붉은 붓이라 하였다.

新臺有泚(자)하니　　　신대(新臺)가 선명도 한데
河水瀰(미)瀰로다　　　하수가 넘실넘실 흐르도다
燕婉之求에　　　편안하고 순함을 구했는데
籧篨(거저)不鮮이로다　　　천상바라기가 적지 않도다

賦也라 泚는 鮮明也라 瀰瀰는 盛也라 燕은 安이요 婉은 順也라 籧篨는 不能俯하니 疾之醜者也라 蓋籧篨는 本竹席之名이니 人或編以爲囷(균)하니 其狀이 如人之擁(臃)腫而不能俯者라 故로 又因以名此疾也라 鮮은 少也라
○ 舊說에 以爲衛宣公이 爲其子伋하여 娶於齊러니 而聞其美하고 欲自娶之하여 乃作新臺於河上而要之한대 國人惡(오)之하여 而作此詩以刺之라 言齊女本求與伋爲燕婉之好어늘 而反得宣公醜惡之人也라

부(賦)이다. '자(泚)'는 선명함이다. '미미(瀰瀰)'는 물이 많음이다. '연(燕)'은 편안함이요, '완(婉)'은 순함이다. '거저(籧篨)'는 능히 몸을 구부리지 못하는 것(천상바라기, 하늘바라기)이니, 병 중에 추악한 것이다. 거저는 본래 대자리의 이름인데, 사람들이 혹 〈대자리를〉 엮어서 곳집을 만드니, 그 모양이 마치 사람이 퉁퉁 붓고 종기가 나서 몸을 구부리지 못하는 것과 같다. 그러므로 사람들이 또 인하여 이 병을 이름한 것이다. '선(鮮)'은 적음이다.

○ 구설(舊說)에 "위 선공(衛宣公)이 그 아들 급(伋)을 위하여 제(齊)나라에서 장가들게 하였는데, 그 여자가 아름답다는 말을 듣고는 자기가 그녀를 취하고자 하여 마침내 신대(新臺)를 하수(河水)가에 짓고 그를 맞이하니, 국인(國人)들이 그를 미워하여 이 시(詩)를 지어 풍자했다." 하였다. 제나라 여자는 본래 급(伋)과 연완(燕婉)의 좋음을 구하려고 했는데, 도리어 추악한 사람인 선공을 얻었다고 말한 것이다.

② 新臺有洒〔七罪反 叶先典反〕, 河水浼浼〔每罪反 叶美辯反〕. 燕婉之求, 籧篨不殄.

新臺有洒(최)하니　　　신대가 높기도 한데
河水浼(매)浼로다　　　하수가 넘실넘실대도다
燕婉之求에　　　편안하고 순함을 구했는데

··· 泚 : 선명할 자　瀰 : 물철철넘어흐를 미　婉 : 순할 완　籧 : 하늘바래기 거　篨 : 하늘바래기 제　囷 : 곳간 균
腫 : 종기 종　俯 : 구부릴 부　伋 : 생각할 급　洒 : 우뚝할 최　浼 : 물편편히흐를 매

籧篨不殄이로다　　　　천상바라기가 끊이지 않도다

賦也라 洒는 高峻也라 浼浼는 平也라 殄은 絕也니 言其病不已也라

부(賦)이다. '최(洒)'는 높음이다. '매매(浼浼)'는 물이 평평함이다. '진(殄)'은 끊김이니, 그 병이 그치지 않음을 말한 것이다.

③ 魚網之設, 鴻則離之. 燕婉之求, 得此戚施.

魚網之設에	물고기 그물을 설치했는데
鴻則離(리)之로다	기러기가 걸렸도다
燕婉之求에	편안하고 순함을 구했는데
得此戚施(이)로다	이 꼽추를 얻었도다

興也라 鴻은 雁之大者라 離는 麗(리)也라 戚施는 不能仰하니 亦醜疾也라

○ 言設魚網而反得鴻하여 以興求燕婉而反得醜疾之人하니 所得이 非所求也라

흥(興)이다. '홍(鴻)'은 기러기 중에 큰 것이다. '리(離)'는 걸림이다. '척이(戚施)'는 우러러보지 못하는 것(꼽추)이니, 또한 추악한 병이다.

○ 물고기 그물을 설치했는데 도리어 기러기를 얻었음을 말하여, 연완(燕婉)을 구했는데 도리어 추악한 사람을 얻었음을 흥(興)하였으니, 얻은 것이 구하던 바가 아닌 것이다.

新臺三章이니 章四句라

〈신대(新臺)〉는 3장이니, 장마다 4구이다.

凡宣姜事는 首末이 見春秋傳이라 然이나 於詩則皆未有考也하니 諸篇放此하니라

무릇 선강(宣姜)의 일은 그 수말(首末)이 《춘추좌씨전》 환공(桓公) 16년과 민공(閔公) 2년에 보인다. 그러나 시(詩)에는 모두 상고할 것이 없으니, 모든 편(篇)이 이와 같다.

【毛序】 新臺는 刺衛宣公也라 納伋之妻하고 作新臺于河上而要之하니 國人惡之하여 而作是詩也라

··· 殄 : 다할 진 離 : 걸릴 리 麗 : 걸릴 리

〈신대〉는 위(衛)나라 선공(宣公)을 풍자한 것이다. 급(伋)의 아내를 받아들이면서 하수가에 신대를 지어 맞이하니, 국인(國人)들이 이를 미워하여 이 시를 지은 것이다.

【鄭註】 伋은 宣公之世子라

급(伋)은 선공(宣公)의 세자이다.

19. 이자승주(二子乘舟)

① 二子乘舟, 汎汎〔芳劍反〕其景〔叶 舉兩反〕. 願言思子, 中心養養〔以兩反〕.

二子乘舟하니	두 사람이 배를 타고 가니
汎汎其景(影)이로다	둥둥 떠가는 그 그림자로다
願言思子라	그리워하여 그대를 생각하는지라
中心養養호라	중심이 울렁거리노라

賦也라 二子는 謂伋、壽也라 乘舟는 渡河如齊也라 景은 古影字라 養養은 猶漾漾이니 憂不知所定之貌라

○ 舊說에 以爲宣公納伋之妻하니 是爲宣姜이라 生壽及朔이러니 朔與宣姜으로 愬伋於公하니 公이 令伋之齊하고 使賊先待於隘(애)而殺之하다 壽知之하고 以告伋한대 伋曰 君命也라 不可以逃라하니 壽竊其節而先往이러니 賊殺之하다 伋至하여 曰 君命殺我어시늘 壽有何罪오한대 賊又殺之하니 國人傷之하여 而作是詩也라

부(賦)이다. '이자(二子)'는 급(伋)과 수(壽)를 이른다. '승주(乘舟)'는 황하(黃河)를 건너 제(齊)나라로 간 것이다. '영(景)'은 영(影)의 고자(古字)이다. '양양(養養)'은 양양(漾漾)과 같으니, 근심하여 진정할 줄을 모르는 모양이다.

○ 구설(舊說)에 "선공이 급(伋)의 아내를 받아들이니, 이가 선강(宣姜)이다. 수(壽)와 삭(朔)을 낳았는데, 삭(朔)이 선강과 함께 급(伋)을 선공에게 참소(중상)하니, 선공이 급(伋)으로 하여금 제(齊)나라에 가게 하고는 적(賊;자객)으로 하여금 먼저 골목길에서 기다리고 있다가 죽이게 하였다. 수(壽)가 이것을 알고 급(伋)에게 알렸는데, 급(伋)은 '군주의 명령이니 도망할 수 없다." 하였다. 〈이에〉 수(壽)가

··· 願 : 사모할 원 漾 : 물결 양 愬 : 하소연할 소 隘 : 좁을 애 節 : 깃발 절

그 절(節:깃발)을 훔쳐가지고 먼저 가니, 적(賊)이 그를 죽였다. 급(伋)이 뒤에 도착하여 말하기를 '군주가 나를 죽이라고 명령했는데, 수(壽)가 무슨 죄가 있단 말인가.' 하니, 적이 또다시 그를 죽였다. 이에 국인들이 이를 슬퍼하여 이 시(詩)를 지었다.' 하였다.

② 二子乘舟, 汎汎其逝〔此字本與害叶 今讀誤〕. 願言思子, 不瑕有害.

二子乘舟하니	두 사람이 배를 타고 가니
汎汎其逝로다	둥둥 떠 가도다
願言思子호니	그리워하여 그대를 생각하니
不瑕(何)有害아	아니 어떤 해(害)를 당하였는가

賦也라 逝는 往也라 不瑕는 疑辭라 義見泉水하니 此則見其不歸而疑之也라

부(賦)이다. '서(逝)'는 감이다. '불하(不瑕)'는 의심하는 말이다. 뜻이 〈천수(泉水)〉에 보이니, 이것은 그 돌아오지 않음을 보고 의심한 것이다.

二子乘舟二章이니 章四句라

〈이자승주(二子乘舟)〉는 2장이니, 장마다 4구이다.

太史公曰 余讀世家言이라가 至於宣公之子以婦見誅하고 弟壽爭死以相讓하니 此與晉太子申生이 不敢明驪姬之過同[63]하니 俱惡(오)傷父之志라 然이나 卒死亡하니 何其悲也오 或父子相殺하고 兄弟相戮은 亦獨何哉오

태사공(太史公:사마천)이 말하였다. "내가 《사기》의 〈위세가(衛世家)〉를 읽다가 선공(宣公)의 아들이 부인(婦人) 때문에 죽임을 당하고, 아우 수(壽)가 죽기를 다투어 서로 사양함에 이르렀다. 이것은 진(晉)나라 태자 신생(申生)이 감히 여희(驪姬)

63 此與晉太子申生 不敢明驪姬之過同 : 신생(申生)은 춘추시대 진 헌공(晉獻公)의 태자이고 여희(驪姬)는 헌공의 애첩(愛妾)이다. 여희는 신생을 좋아하여 온갖 방법으로 유혹하였으나 듣지 않자, 신생이 자신을 겁탈하려 한다고 모함하여 살해하려 하였으나 신생은 이 사실을 밝힐 경우 여희가 죽게 될 것이고 이렇게 되면 헌공이 총애하는 여인을 잃고 삶의 의욕을 잃을까 우려하여 여희의 잘못을 차마 밝히지 못하고 팽형(烹刑)을 당하였다. 그러나 《춘추좌씨전》에는 신생이 스스로 목매 죽은 것으로 되어 있다.

… 驪 : 검을 려(리) 戮 : 죽일 륙

의 잘못을 밝히지 못한 것과 같으니, 모두 아버지의 뜻을 상할까 두려워해서였다. 그러나 끝내 사망하였으니, 어쩌면 그리도 비참한가. 혹 부자간에 서로 죽이며 형제간에 서로 죽이는 자들은 또한 홀로 무슨 마음인가."

【毛序】 二子乘舟는 思伋、壽也라 衛宣公之二子 爭相爲死하니 國人傷而思之하여 作是詩也라

〈이자승주〉는 급(伋)과 수(壽) 두 사람을 그리워한 것이다. 위나라 선공의 두 아들이 서로 대신 죽으려고 다투니, 국인들이 서글퍼하고 그리워하여 이 시(詩)를 지은 것이다.

【辨說】 二詩說은 已各見本篇하니라

두 시에 대한 해설은 이미 각각 본편에 보인다.

邶는 十九篇이니 七十二章이요 三百六十三句라

〈패풍(邶風)〉은 19편이니, 72장이고 363구이다.

〈용풍(鄘風)〉 1-4[一之四]

說見上篇하니라
해설이 상편(上篇)에 보인다.

1. 백주(柏舟)

① 汎彼柏舟, 在彼中河. 髧〔徒坎反〕彼兩髦〔音毛〕, 實維我儀〔叶牛何反〕. 之死矢靡他〔湯河反〕. 母也天〔叶鐵因反〕只〔音紙 下同〕, 不諒人只.

汎彼柏舟여	둥둥 떠 있는 측백나무 배여
在彼中河로다	저 황하 가운데 있도다
髧(담)彼兩髦(모)	늘어져 있는 저 양모(兩髦)한 분이
實維我儀니	실로 나의 짝이니
之死언정 矢靡他호리라	죽음에 이를지언정 맹세코 다른 데로 가지 않으리라
母也天只시니	어머니는 하늘이시니
不諒人只아	이처럼 사람 마음 몰라주시는가

興也라 中河는 中於河也라 髧은 髮垂貌라 兩髦者는 翦髮夾囟(신)이니 子事父母之飾이라 親死然後去之하니 此는 蓋指共(恭)伯也라 我는 共姜自我也라 儀는 匹이요 之는 至요 矢는 誓요 靡는 無也라 只는 語助辭라 諒은 信也라
○ 舊說에 以爲衛世子共伯이 蚤(早)死어늘 其妻共姜이 守義러니 父母欲奪而嫁之라 故로 共姜作此以自誓라하니라 言柏舟則在彼中河요 兩髦則實我之匹이니 雖至於死라도 誓無他心이라 母之於我에 覆(부)育之恩이 如天罔極이어늘 而何其不諒我之心乎아하니라 不及父者는 疑時獨母在어나 或非父意耳리라

… 鄘 : 용나라 용 髧 : 머리늘일 담 髦 : 다팔머리 모 儀 : 짝 의 矢 : 맹세할 시 靡 : 아닐 미 諒 : 믿을 량
翦 : 자를 전 夾 : 낄 협 囟 : 숨구멍 신 蚤 : 일찍 조(早同)

흥(興)이다. '중하(中河)'는 황하의 한 가운데이다. '담(髧)'은 머리가 드리워진 모양이다. '양모(兩髦)'는 머리털을 잘라 정수리 양 옆에 꽂는 것이니, 아들이 부모를 섬기는 꾸밈이다. 부모가 별세한 뒤에야 이것을 제거하니, 이는 아마도 공백(共伯)을 가리킨 듯하다. '아(我)'는 공강(共姜) 자신이다. '의(儀)'는 짝이요, '지(之)'는 이름(감)이요, '시(矢)'는 맹세요, '미(靡)'는 없음이다. '지(只)'는 어조사이다. '량(諒)'은 믿음이다.

○ 구설(舊說)에 "위(衛)나라 세자 공백(共伯)이 일찍 죽자, 그의 아내 공강이 의(義:절개)를 지키려 하였는데, 친정어머니가 그의 뜻을 빼앗아 개가(改嫁)시키려 하였다. 그러므로 공강이 이 시를 지어 스스로 맹세했다." 하였다. "측백나무 배는 저 황하 가운데 떠 있으며, 양모(兩髦)를 하신 분이 진실로 나의 배필이니, 내 비록 죽음에 이르더라도 맹세코 딴 마음을 먹지 않겠다. 어머니는 나에게 있어 덮어주고 길러주신 은혜가 하늘과 같이 망극하거늘 어쩌면 이리도 나의 마음을 믿어주지 않으시는가?" 한 것이다. 아버지를 언급하지 않은 것은 이때 어머니만 홀로 살아 있었거나 혹은 아버지의 뜻이 아니기 때문인 듯하다.

② 汎彼柏舟, 在彼河側. 髧彼兩髦, 實維我特. 之死矢靡慝〔他得反〕. 母也天只, 不諒人只.

汎彼柏舟여	둥둥 떠 있는 측백나무 배여
在彼河側이로다	저 황하가에 있도다
髧彼兩髦	늘어져 있는 저 양모한 분이
實維我特이니	실로 나의 짝이니
之死언정 矢靡慝호리라	죽음에 이를지언정 맹세코 나쁜 마음 품지 않으리라
母也天只시니	어머니는 하늘이시니
不諒人只아	이처럼 사람 마음 몰라주시는가

興也라 特亦匹也라 慝은 邪也니 以是爲慝이면 則其絶之甚矣라

흥(興)이다. '특(特)' 또한 짝이다. '특(慝)'은 사특함이니, 이것(재가(再嫁)하는 것)을 사특하다고 한다면 그 끊음이 심한 것이다.

··· 特 : 짝 특 慝 : 사악할 특

柏舟二章이니 章七句라

〈백주(柏舟)〉는 2장이니, 장마다 7구이다.

【毛序】 柏舟는 共姜自誓也라 衛世子共伯이 蚤死어늘 其妻守義러니 父母欲奪而嫁之한대 誓而弗許라 故로 作是詩以絕之하니라

〈백주〉는 공강(共姜)이 스스로 맹세한 시(詩)이다. 위(衛)나라 세자인 공백(共伯)이 일찍 죽자, 그 아내(공강)가 의(義)를 지키고 있었는데, 친정 부모가 수절(守節)하려는 뜻을 빼앗아 시집보내려 하였으므로 공강은 맹세하고 허락하지 않았다. 그러므로 이 시를 지어 거절한 것이다.

【鄭註】 共伯은 僖侯之世子也라

공백은 희후(僖侯)의 세자이다.

【辨說】 此事는 無所見於他書로되 序者或有所傳일새 今姑從之하노라

이 일은 딴 책에 보이는 바가 없으나 〈서〉를 지은 자가 혹 전수받은 바가 있는 듯하니, 이제 우선 〈서〉를 따르노라.

2. 장유자(牆有茨)

① 牆有茨, 不可埽〔叶蘇后反〕也. 中冓〔古候反〕之言, 不可道〔叶徒厚反〕也. 所可道也, 言之醜也.

牆有茨(자)하니	담장에 납가새가 있으니
不可埽也로다	다 쓸어버릴 수 없도다
中冓(구)之言이여	중구(규중)의 말이여
不可道也로다	입에 올릴 수 없도다
所可道也인댄	만일 입에 올려 말할진댄
言之醜也로다	말이 추해지도다

興也라 茨는 蒺藜(질려)也니 蔓生, 細葉이요 子有三角하여 刺人이라 中冓는 謂舍之交積材木也라 道는 言이요 醜는 惡也라

… 誓 : 맹세할 서 牆 : 담 장 茨 : 납가새 자 埽 : 쓸 소 冓 : 칩방 구 蒺 : 찔레 질 藜 : 명아주 려 蔓 : 덩굴 만 刺 : 찌를 자

○ 舊說에 以爲宣公卒하고 惠公幼한대 其庶兄頑이 烝於宣姜[64]이라 故로 詩人作此詩以刺之라 言其閨中之事 皆醜惡而不可言이라하니 理或然也라

흥(興)이다. '자(茨)'는 질려(蒺藜:찔레)이니, 덩굴로 자라고 잎이 가늘며, 열매에 세 개의 가시가 있어 사람을 찌른다. '중구(中冓)'는 집에 재목이 서로 쌓여진 곳(규중)이다. '도(道)'는 말함이요, '추(醜)'는 추악함이다.

○ 구설(舊說)에 "선공(宣公)이 죽고 혜공(惠公)이 어렸는데 서형(庶兄) 완(頑)이 선강(宣姜)과 간통하였다. 그러므로 시인(詩人)이 이 시(詩)를 지어 풍자하였다. 그러므로 '규중(閨中)의 일이 모두 추악하여 말할 수 없다.'고 말했다." 하였으니, 이치상 혹 옳을 듯하다.

② 牆有茨, 不可襄也. 中冓之言, 不可詳也. 所可詳也, 言之長也.

牆有茨하니	담장에 납가새가 있으니
不可襄也로다	제거할 수 없도다
中冓之言이여	규중의 말이여
不可詳也로다	상세히 말할 수 없도다
所可詳也인댄	상세히 말할진댄
言之長也로다	말이 길어지도다

興也라 襄은 除也라 詳은 詳言之也라 言之長者는 不欲言而託以語長難竟也라

흥(興)이다. '양(襄)'은 제거함이다. '상(詳)'은 상세히 말하는 것이다. 말이 길어진다는 것은 말하고 싶지 않아서 말이 길어 다하기 어렵다고 칭탁한 것이다.

③ 牆有茨, 不可束也. 中冓之言, 不可讀也. 所可讀也, 言之辱也.

牆有茨하니	담장에 납가새가 있으니
不可束也로다	묶어서 제거할 수 없도다

64 其庶兄頑 烝於宣姜 : 증(烝)은 아랫사람이 윗사람과 간통하는 것으로 공자 완(頑)이 계모인 선강(宣姜)과 간통하였음을 말한 것이다. 한편 윗사람이 아랫사람과 간통함을 보(報)라 한다.

··· 頑 : 완악할 완 烝 : 위로간통할 증 襄 : 제거할 양 託 : 칭탁할 탁

中冓之言이여　　　중구의 말이여
不可讀也로다　　　되뇌일 수 없도다
所可讀也인댄　　　입으로 외울진댄
言之辱也로다　　　말이 욕되도다

興也라 束은 束而去之也라 讀은 誦言也라 辱은 猶醜也라

흥(興)이다. '속(束)'은 묶어서 제거함이다. '독(讀)'은 외워서 말하는 것이다. '욕(辱)'은 추(醜)와 같다.

牆有茨三章이니 章六句라

〈장유자(牆有茨)〉는 3장이니, 장마다 6구이다.

楊氏曰 公子頑이 通乎君母하여 閨中之言이 至不可讀하니 其汙甚矣어늘 聖人이 何取焉而著之於經也오 蓋自古淫亂之君이 自以爲密於閨門之中하여 世無得而知者라 故로 自肆而不反하나니 聖人이 所以著之於經하사 使後世爲惡者로 知雖閨中之言이나 亦無隱而不彰也시니 其爲訓戒深矣로다

양씨(楊氏)가 말하였다 "공자 완(頑)이 군모(君母)와 사통하여 규중의 말이 외울 수 없을 지경에 이르렀으니, 그 더러움이 심하거늘, 성인(聖人)이 어찌하여 이것을 취하여 경서(經書)에 드러내셨는가? 예로부터 음란한 군주들은 스스로 생각하기를 '규문의 가운데에서 은밀히 한 것이라 세상에 알 자가 없다.'고 여긴다. 그러므로 스스로 방사하여 바른 길로 돌아오지 않는다. 성인이 이 때문에 이것을 경서에 드러내어 후세에 악행을 하는 자들로 하여금 비록 규중의 말이라도 또한 숨겨져 드러나지 않음이 없음을 알게 하신 것이니, 그 훈계함이 깊도다."

【毛序】 牆有茨는 衛人이 刺其上也라 公子頑이 通乎君母하니 國人疾之而不可道也라

〈장유자〉는 위(衛)나라 사람들이 그 윗사람을 풍자한 시(詩)이다. 공자(公子) 완(頑)이 군모(君母)와 간통하니, 국인(國人)들이 이를 미워하였으나 입에 올려 말할 수가 없었다.

【鄭註】 宣公卒에 惠公幼러니 其庶兄頑이 烝於惠公之母하여 生子五人하니 齊子、戴公、文公、宋桓夫人、許穆夫人이라

··· 閨 : 규방 규　汙 : 더러울 오　彰 : 드러날 창

선공(宣公)이 죽음에 혜공(惠公)이 어렸는데, 그 서형(庶兄) 완(頑)이 혜공의 어미에게 증(烝;윗사람과 간음함)하여 자식 다섯 사람을 낳으니, 제자(齊子)와 대공(戴公), 문공(文公)과 송(宋)나라 환부인(桓夫人)과 허(許)나라 목부인(穆夫人)이다.

3. 군자해로(君子偕老)

① 君子偕老, 副笄六珈〔音加 叶居河反〕. 委委〔於危反〕佗佗〔待河反〕, 如山如河, 象服是宜〔叶牛何反〕. 子之不淑, 云如之何.

君子偕老라	군자와 백년해로해야 하는지라
副笄六珈(가)니	부계(副笄)에 여섯 곳을 옥으로 꾸미니
委委佗(타)佗며	차분하고 의젓하며
如山如河라	산(山)과 같고 황하와 같아
象服是宜어늘	상복이 어울리거늘
子之不淑은	그대의 선(善)하지 못함은
云如之何오	어찌해서인고

賦也라 君子는 夫也라 偕老는 言偕生而偕死也라 女子之生은 以身事人하니 則當與之同生하고 與之同死라 故로 夫死에 稱未亡人이라하니 言亦待死而已요 不當復有他適之志也라 副는 祭服之首飾이니 編髮爲之라 笄는 衡(橫)笄也니 垂于副之兩旁하여 當耳하고 其下에 以紞(담)懸瑱이라 珈之言은 加也니 以玉加於笄而爲飾也라 委委、佗佗는 雍容自得之貌라 如山은 安重也요 如河는 弘廣也라 象服은 法度之服也라 淑은 善也라

○ 言夫人은 當與君子偕老라 故로 其服飾之盛如此하고 而雍容自得하며 安重寬廣하여 又有以宜其象服이어늘 今宣姜之不善이 乃如此하니 雖有是服이나 亦將如之何哉리오하니 言不稱也라

부(賦)이다. '군자'는 남편이다. '해로(偕老)'는 남편과 함께 살고 함께 죽음을 말한다. 여자의 삶은 몸으로써 남(남편)을 섬기니, 그렇다면 마땅히 남편과 함께 살고 함께 죽어야 한다. 그러므로 남편이 죽으면 미망인(未亡人;아직 죽지 못한 사람)

··· 偕 : 함께 해 副 : 첩지 부 笄 : 비녀 계 珈 : 비녀치장 가 委 : 늘어질 위 佗 : 늘어질 타 紞 : 면류관끈 담 瑱 : 귀막이옥 진 稱 : 걸맞을 칭

이라고 칭하니, 이 또한 죽음을 기다릴 뿐이요, 다시 다른 데로 시집가려는 뜻을 두어서는 안 됨을 말한 것이다. '부(副)'는 제복(祭服)의 머리 꾸밈이니, 머리털을 엮어서 만든다. '계(笄)'는 횡계(衡笄;가로로 된 옥비녀)이니, 부(副)의 양 곁에 드리워 귀에 닿게 하고, 그 아래에는 관끈으로써 귀막이옥을 매단다. '가(珈)'란 말은 가(加)하다의 뜻이니, 옥(玉)을 비녀에 가하여 꾸밈을 한 것이다. '위위(委委)'와 '타타(佗佗)'는 옹용(雍容)하고 자득한 모양이다. 산(山)과 같다는 것은 편안하고 후중함이요, 황하와 같다는 것은 크고 넓음이다. 상복(象服)은 법도에 맞는 옷이다. '숙(淑)'은 선(善)함이다.

○ "부인(夫人)은 마땅히 군자와 백년해로를 해야 한다. 그러므로 그 복식의 성함이 이와 같고, 옹용(雍容)하고 자득(自得)하며 안중(安重)하고 관광(寬廣)하여 또 그 상복(象服)에 걸맞음이 있는 것인데, 지금 선강(宣姜)의 불선(不善)함이 마침내 이와 같으니, 비록 이러한 복식이 있으나 또한 장차 어쩌겠는가."라고 하였으니, 걸맞지 않음을 말한 것이다.

② 玼〔音此〕兮玼兮, 其之翟〔叶去聲〕也. 鬒〔眞忍反〕髮如雲, 不屑〔先結反〕髢〔徒帝反〕也. 玉之瑱〔吐殿反〕也, 象之揥〔勅帝反〕也, 揚且〔子餘反〕之晳〔星曆反 叶征例反〕也. 胡然而天也, 胡然而帝也.

玼(차)兮玼兮하니	옥빛처럼 깨끗하고 깨끗하니
其之翟也로다	그 분의 적의(翟衣)로다
鬒(진)髮如雲하니	검은 머리가 구름과 같으니
不屑髢(체)也로다	머리씌우개를 할 것이 없도다
玉之瑱也며	옥으로 만든 귀막이여
象之揥(체)也며	상골(象骨)로 만든 머리빗이며
揚且(저)之晳也로소니	훤칠한 이마로소니
胡然而天也며	어쩌면 그리도 하늘과 같으며
胡然而帝也오	어쩌면 그리도 상제(上帝)와 같은고

賦也라 玼는 鮮盛貌라 翟衣는 祭服이니 刻繒爲翟雉之形하고 而彩畫之以爲飾也라 鬒은 黑也라 如雲은 言多而美也라 屑은 潔也라 髢는 髲(피)髢也니 人少髮則以

… 玼 : 옥빛 차 翟 : 꿩 적 鬒 : 검은머리 진 屑 : 좋게여길 설 髢 : 땋은머리 체 揥 : 빗 체, 족집개 체 晳 : 흴 석 繒 : 비단 증

髢益之요 髮自美則不潔於髢而用之矣라 瑱은 塞耳也라 象은 象骨也라 揥는 所以摘髮也라 揚은 眉上廣也라 且는 語助辭라 晳은 白也라 胡然而天, 胡然而帝는 言其服飾容貌之美하여 見者驚猶鬼神也라

부(賦)이다. '차(玼)'는 선명하고 성대한 모양이다. '적의(翟衣)'는 부인(夫人)의 제복이니, 비단을 오려 꿩의 모양을 만들고 채색으로 그려서 꾸밈을 한 것이다. '진(鬒)'은 검음이다. 구름과 같다는 것은 머리숱이 많고 아름다움을 말한 것이다. '설(屑)'은 좋게(깨끗하게) 여김이다. '체(髢)'는 머리씌우개이니, 사람(부인)이 머리숱이 적으면 머리 씌우개를 하여 더 보태며, 머리가 본래 아름다우면 굳이 머리씌우개를 하는 것을 좋게 여겨 사용하지 않는다. '진(瑱)'은 귀막이옥이다. '상(象)'은 상골(象骨)이다. '체(揥)'는 머리를 빗는 것(빗)이다. '양(揚)'은 이마 위가 넓은 것이다. '저(且)'는 어조사이다. '석(晳)'은 흼이다. 호연이천(胡然而天), 호연이제(胡然而帝)는 그 복식과 용모가 아름다워 보는 자가 귀신을 본 것처럼 놀람을 말한 것이다.

③ 瑳〔七我反〕兮瑳兮, 其之展〔陟戰反 叶諸延反〕也. 蒙彼縐〔側救反〕絺, 是紲〔息列反〕袢〔薄慢反 叶汾乾反〕也. 子之淸揚, 揚且之顔〔叶魚堅反〕也. 展如之人兮, 邦之媛〔于眷反 叶于權反〕也.

瑳(차)兮瑳兮하니	선명하고 선명하니
其之展也로다	그 분의 전의(展衣)로다
蒙彼縐絺(추치)하니	저 갈포(葛布)옷 위에 덧입으니
是紲袢(설반)也로라	이것을 단단히 동여매도다
子之淸揚이며	그대의 맑고 훤칠한 미목(眉目)이며
揚且之顔也로다	이마가 훤칠하고 얼굴이 풍만하도다
展如之人兮여	진실로 이와 같은 사람이여
邦之媛也로다	나라의 아름다운 여인이로다

賦也라 瑳亦鮮盛貌라 展은 衣也니 以禮見(현)於君及見(견)賓客之服也라 蒙은 覆(부)也라 縐絺는 絺之蹙蹙者니 當暑之服也라 紲袢은 束縛意라 以展衣蒙絺綌而爲之紲袢은 所以自斂飭也라 或曰 蒙은 謂加絺綌於褻(설)衣之上이니 所謂表而出之也라하니라 淸은 視淸明也요 揚은 眉上廣也요 顔은 額角豐滿也라 展은 誠也라

… 瑳 : 옥빛깨끗할 차 蒙 : 뒤집어쓸 몽 縐 : 가는갈포 추 紲 : 맬 설 袢 : 동여맬 반 展 : 진실로 전
媛 : 아름다울 원 蹙 : 쭈그러질 축 飭 : 삼갈 칙 褻 : 속옷 설

美女曰媛이니 見(현)其徒有美色而無人君之德也라

부(賦)이다. '차(瑳)' 또한 깨끗하고 성대한 모양이다. '전(展)'은 부인의 옷이니, 예(禮)로써 군주를 뵙고 빈객을 만나볼 때에 입는 예복(禮服)이다. '몽(蒙)'은 위에 덮어씌우는 것이다. '추치(縐絺)'는 갈포 중에 축축(蹙蹙:촘촘)한 것이니, 여름을 맞는 옷이다. '설반(紲袢)'은 동여매는 뜻이다. 전의(展衣)를 치격(絺綌) 위에 덧입고 동여매는 것이니, 이는 스스로 몸을 거두고 단정히 하는 것이다. 혹자는 말하기를 "몽(蒙)은 설의(褻衣:속옷) 위에다가 치격을 가(加)함을 말하니, 《논어(論語)》〈향당(鄕黨)〉에〉 이른바 '옷 위에 입어 표출(表出)한다.'는 것이다." 한다. '청(淸)'은 보는 것이 청명함이요, '양(揚)'은 눈썹 위가 넓은 것이요, '안(顔)'은 이마 모서리가 풍만한 것이다. '전(展)'은 진실로이다. 미녀(美女)를 '원(媛)'이라 한다. 이는 다만 아름다운 모양만 있고 인군(부인)다운 덕(德)이 없음을 나타낸 것이다.

君子偕老三章이니 一章七句요 一章九句요 一章八句라

〈군자해로(君子偕老)〉는 3장이니, 한 장은 7구이고 한 장은 9구이고 한 장은 8구이다.

東萊呂氏曰 首章之末云 子之不淑은 云如之何는 責之也요 二章之末云 胡然而天也며 胡然而帝也는 問之也요 三章之末云 展如之人兮여 邦之媛也는 惜之也니 辭益婉而意益深矣로다

동래 여씨(東萊呂氏)가 말하였다. "수장(首章)의 끝에 '그대의 선(善)하지 못함은 어째서인고.' 한 것은 꾸짖은 것이요, 2장의 끝에 '어쩌면 그리도 하늘과 같으며, 어쩌면 그리도 상제(上帝)와 같은고.' 한 것은 물은 것이며, 3장의 끝에 '진실로 이와 같은 사람이여, 나라의 아름다운 여인이로다.' 한 것은 그를 애석히 여긴 것이니, 말이 더욱 완곡하면서도 뜻이 더욱 깊다."

【毛序】 君子偕老는 刺衛夫人也라 夫人淫亂하여 失事君子之道라 故로 陳人君之德, 服飾之盛하여 宜與君子偕老也라

〈군자해로〉는 위(衛)나라 부인(夫人)을 풍자한 시(詩)이다. 부인이 음란하여 군자를 섬기는 도리를 잃었으므로 인군(소군(小君))의 덕과 복식의 성대함을 말하여 군자와 더불어 백년해로하여야 한다고 한 것이다.

【鄭註】 夫人은 宣公夫人이니 惠公之母也라 人君은 小君也라 或者는 小字를 誤作

人耳라하니라

부인(夫人)은 선공(宣公)의 부인이니, 혜공(惠公)의 어미이다. 인군(人君)은 소군(小君)이다. 혹자는 소(小) 자를 잘못 인(人)으로 썼다고 한다.

【辨說】 公子頑事는 見春秋傳이라 但此詩所以作은 亦未可考하니 鶉之奔奔도 放此하니라

공자(公子) 완(頑)의 일은《춘추좌씨전》에 보인다. 다만 이 시가 지어지게 된 이유는 또한 상고할 만한 것이 없으니, 〈순지분분(鶉之奔奔)〉도 이와 같다.

4. 상중(桑中)

① 爰采唐矣, 沬〔音妹〕之鄉矣. 云誰之思, 美孟姜矣. 期我乎桑中〔叶諸良反〕, 要〔於遙反〕我乎上宮〔叶居王反〕, 送我乎淇之上〔叶辰羊反〕矣.

爰采唐矣를	당(唐)을 채취하기를
沬(매)之鄉矣로다	매읍(沬邑)의 시골에서 하도다
云誰之思오	누구를 그리워하는고
美孟姜矣로다	아름다운 맹강(孟姜)이로다
期我乎桑中이며	나와 상중에서 만나기로 약속하였으며
要我乎上宮이요	나를 상궁에서 맞이하였고
送我乎淇之上矣로다	나를 기수(淇水)가에서 전송하였도다

賦也라 唐은 蒙菜也니 一名兎絲라 沬은 衛邑也니 書所謂妹邦者也라 孟은 長也요 姜은 齊女니 言貴族也라 桑中、上宮、淇上은 又沬鄉之中小地名也라 要는 猶迎也라

○ 衛俗淫亂하여 世族在位 相竊妻妾이라 故로 此人自言 將采唐於沬하여 而與其所思之人으로 相期會迎送을 如此也라

부(賦)이다. '당(唐)'은 몽채(蒙菜;새삼)이니, 일명은 토사(兎絲)이다. '매(沬)'는 위(衛)나라의 고을이니,《서경》〈주고(酒誥)〉에 이른바 매방(妹邦)이란 곳이다. '맹(孟)'은 장(長;맏이)이요 '강(姜)'은 제(齊)나라의 여자이니, 귀족임을 말한 것이다.

··· 爰 : 이에 원 采 : 캘 채 沬 : 고을이름 매 要 : 맞이할 요 淇 : 물이름 기

'상중(桑中)', '상궁(上宮)', '기상(淇上)'은 또한 매향(沬鄕)의 가운데 작은 지명이다. '요(要)'는 영(迎)과 같다.

○ 위(衛)나라 풍속이 음란하여 세신(世臣)의 집안으로 지위에 있는 자들이 서로 처첩(妻妾)을 도둑질하였다. 그러므로 이 사람이 스스로 말하기를 "장차 매(沬) 땅에서 당(唐)을 채취하면서 그리워하는 사람과 함께 서로 만나기로 약속하며 맞이하고 전송하기를 이와 같이 했다."고 한 것이다.

② 爰采麥[叶訖力反]矣, 沬之北矣. 云誰之思, 美孟弋矣. 期我乎桑中, 要我乎上宮, 送我乎淇之上矣.

爰采麥矣를	이에 보리를 베기를
沬之北矣로다	매읍의 북쪽에서 하도다
云誰之思오	누구를 그리워하는고
美孟弋矣로다	아름다운 맹익이로다
期我乎桑中이며	나와 상중에서 만나기로 약속하였으며
要我乎上宮이요	나를 상궁에서 맞이하였고
送我乎淇之上矣로다	나를 기수가에서 전송하였도다

賦也라 麥은 穀名이니 秋種夏熟者라 弋은 春秋에 或作姒하니 蓋杞女라 夏后氏之後니 亦貴族也라

부(賦)이다. '맥(麥:보리)'은 곡식 이름이니, 가을에 심어 여름에 익는다. '익(弋)'은 《춘추좌씨전(春秋左氏傳)》에 혹 사(姒)로 되어 있으니, 기(杞)나라의 여자이다. 하후씨(夏后氏)의 후손이니, 또한 귀족이다.

③ 爰采葑矣, 沬之東矣. 云誰之思, 美孟庸矣. 期我乎桑中, 要我乎上宮, 送我乎淇之上矣.

爰采葑矣를	이에 순무를 캐기를
沬之東矣로다	매읍의 동쪽에서 하도다
云誰之思오	누구를 그리워하는고

… 姒 : 형수 사, 성 사 葑 : 무우 봉

美孟庸矣로다　　아름다운 맹용이로다
期我乎桑中이며　　나와 상중에서 만나기로 약속하였으며
要我乎上宮이요　　나를 상궁에서 맞이하였고
送我乎淇之上矣로다　　나를 기수가에서 전송하였도다

賦也라 葑은 蔓菁也라 庸은 未聞하니 疑亦貴姓也라

부(賦)이다. '봉(葑)'은 만정(蔓菁;순무)이다. '용(庸)'은 알려지지 않았으니, 의심컨대 이 또한 귀족인 듯하다.

桑中三章이니 章七句라

〈상중(桑中)〉은 3장이니, 장마다 7구이다.

樂記曰 鄭、衛之音은 亂世之音也니 比於慢矣[65]요 桑間、濮上之音은 亡國之音也니 其政散하고 其民流하여 誣上行私而不可止也라하니라 按桑間은 卽此篇이라 故로 小序에 亦用樂記之語하니라

《예기》〈악기(樂記)〉에 이르기를 "정(鄭)나라와 위(衛)나라의 음악은 난세(亂世)의 음악이니, 만(慢)에 가깝고, 〈상간(桑間)〉과 〈복상(濮上)〉의 음악은 망국(亡國)의 음악이니, 정사가 산만하고 백성이 흩어져서 윗사람을 속이고 사(私)를 행하여 그치게 할 수 없다." 하였다. 살펴보건대, 〈상간〉은 바로 이 편(篇)이다. 그러므로 〈소서(小序)〉에도 〈악기〉에 있는 '政散民流'의 말을 그대로 인용한 것이다.

【毛序】 桑中은 刺奔也라 衛之公室淫亂하여 男女相奔하여 至于世族在位 相竊妻妾하여 期於幽遠하니 政散民流而不可止하니라

〈상중〉은 음분(淫奔)을 풍자한 시(詩)이다. 위나라의 공실(公室)이 음란하여 남녀가 서로 쫓아 다녀 세족(世族)으로서 지위에 있는 자들까지도 서로 처첩(妻妾)을

……

65 比於慢矣 : 〈악기〉에는 이 글 위에 "궁성(宮聲)이 어지러우면 황폐해지니 그 군주가 교만해지고, 상성(商聲)이 어지러우면 편벽되니 그 신하가 파괴되고, 각성(角聲)이 어지러우면 근심스러우니 그 백성이 원망하고, 치성(徵聲)이 어지러우면 구슬프니 그 일이 수고롭고, 우성(羽聲)이 어지러우면 위태로우니 그 재물이 고갈된다. 다섯 가지가 모두 어지러워 번갈아 서로 능멸함을 만(慢)이라 이르니, 이와 같으면 나라의 멸망이 당장에 이른다.〔宮亂則荒, 其君驕; 商亂則陂, 其官壞; 角亂則憂, 其民怨; 徵亂則哀, 其事勤; 羽亂則危, 其財匱; 五者皆亂, 迭相陵, 謂之慢. 如此, 則國之滅亡無日矣.〕"라고 보이는바, 만(慢)은 태만하고 혼란한 것으로 바로 난(亂)을 가리킨 것이다.

… 蔓 : 순무 만　濮 : 물이름 복

도둑질하여 아득하고 먼 곳에서 만나기로 약속하니, 정치가 산란(散亂)하고 백성들이 유리(流離)하여 그치게 할 수 없었다.

【鄭註】 衛之公室淫亂은 謂宣惠之世에 男女相奔하여 不得媒氏以禮會之也라 世族在位는 取姜氏、弋氏、庸氏者也요 竊은 盜也라 幽遠은 謂桑中之野라

위나라 공실이 음란함은 선공(宣公)과 혜공(惠公)의 때에 남녀가 서로 음분(淫奔)하여 매씨(媒氏:중매쟁이)를 얻어 예(禮)로써 만나지 못함을 이른다. '세족(世族)으로서 지위에 있다.'는 것은 강씨(姜氏)와 익씨(弋氏), 용씨(庸氏)를 취한 자이고, 절(竊)은 도둑질하는 것이다. 유원(幽遠)은 상중(桑中)의 들[野]을 이른다.

【辨說】 此詩는 乃淫奔者所自作이어늘 序之首句에 以爲刺奔이라하니 誤矣요 其下云云者는 乃復得之라 樂記之說은 已略見(현)本篇矣어니와 而或者以爲刺詩之體는 固有鋪陳其事하여 不加一辭로되 而閔惜懲創之意가 自見(현)於言外者하니 此類是也라 豈必譙讓質責然後에 爲刺也哉리오하니 此說不然이라 夫詩之爲刺는 固有不加一辭而意自見(현)者하니 清人、猗嗟之屬이 是已라 然嘗試玩之하면 則其賦之之人이 猶在所賦之外로되 而詞意之間에 猶有賓主之分也하니 豈有將欲刺人之惡이어늘 乃反自爲彼人之言하여 以陷其身於所刺之中하여 而不自知也哉아 其必不然也 明矣라 又況此等之人은 安於爲惡하여 其於此等之詩에 計其平日에 固已自其口出而無慚矣리니 又何待吾之鋪陳而後에 始知其所爲之如此며 亦豈畏我之閔惜하여 而遂幡然遽有懲創之心耶아 以是爲刺하면 不惟無益이요 殆恐不免於鼓之舞之하여 而反以勸其惡也로라

이 시(詩)는 바로 음분(淫奔)한 자가 스스로 지은 것인데, 〈서〉의 수구(首句)에 음분을 풍자하였다고 하였으니 잘못이고, 그 아래 이리이리 말한 것은 도리어 다시 맞다. 〈악기(樂記)〉의 설은 이미 본편에 간략히 보이는데, 혹자는 말하기를 "풍자하는 시의 시체(詩體)는 진실로 그 일을 펼쳐 말해서 한 마디 말을 더하지 않고도 민망히 여기고 애석해 하고 징계하는 뜻이 저절로 말 밖에 나타남이 있으니, 이 시와 같은 따위가 이것이다. 어찌 반드시 꾸짖고 질책한 뒤에 풍자함이 되겠는가." 하니, 이 말은 옳지 않다.

시가 풍자하는 내용이 됨은 진실로 한 마디 말을 가하지 않고도 뜻이 저절로 나타나는 것이 있으니, 〈청인(清人)〉과 〈의차(猗嗟)〉와 같은 등속이 이것이다. 그러나 일찍이 한 번 살펴보면 이 시를 읊은 사람은 여전히 읊은 시의 밖에 있는 듯한데 글뜻의 사이에 여전히 빈주(賓主)의 구분이 있으니, 어찌 장차 남의 악(惡)을 풍

··· **鋪** : 펼 포 **懲** : 징계할 징 **譙** : 꾸짖을 초 **讓** : 꾸짖을 양

자하고자 하면서 마침내 도리어 스스로 저 사람의 말을 하여 자기 몸을 풍자하는 가운데에 빠뜨리면서 스스로 알지 못함이 있겠는가. 그 반드시 옳지 않음이 분명하다. 또 더구나 이러한 사람은 악행을 하는 것을 편안히 여겨서 이처럼 풍자하는 시에 대해 계산(추측)해보면 그 평소에 〈이러한 말이〉 진실로 이미 자기 입에서 나와 부끄러움이 없으니, 또 어찌 내(시인)가 그 일을 펼쳐서 말하기를 기다린 뒤에 비로소 자기 소행이 이와 같음을 알며, 또한 어찌 내가 민망히 여기고 애석해 함을 두려워해서 마침내 번연(幡然)히 갑자기 징계하는 마음이 있겠는가. 이렇게 풍자한다면 유익함이 없을 뿐만 아니라, 아마도 상대방을 고무시켜서 도리어 그 악을 권장함을 면치 못할 듯하다.

或者又曰 詩三百篇은 皆雅樂也니 祭祀朝聘之所用也요 桑間濮(복)上之音[66]은 鄭衛之樂也니 世俗之所用也니 雅鄭不同部가 其來尙矣라 且夫子答顔淵之問에 於鄭聲에 亟(극)欲放而絕之[67]하시니 豈其刪詩에 乃錄淫奔者之詞하여 而使之合奏於雅樂之中乎아하니 亦不然也라 雅者는 二雅 是也요 鄭者는 緇衣以下二十一篇이 是也요 衛者는 邶、鄘、衛三十九篇이 是也요 桑間은 衛之一篇桑中之詩是也라 二南、雅、頌은 祭祀朝聘之所用也요 鄭、衛、桑濮은 里巷狹邪之所歌也라 夫子之於鄭、衛에 蓋深絕其聲於樂하여 以爲法하고 而嚴立其詞於詩하여 以爲戒하시니 如聖人은 固不語亂[68]이로되 而春秋所記는 無非亂臣賊子之事라 蓋不如是면 無以見(현)當時風俗事變之實하여 而垂鑒戒於後世라 故不得已而存之하시니 所謂道竝行而不相悖者也라 今不察此하고 乃欲爲之諱其鄭、衛、桑濮之實하여

••••••

66 桑間濮上之音 : 상간(桑間)은 위(衛)나라 복수(濮水) 유역에 있는 지명으로 상상(桑上), 또는 상중(桑中), 또는 상복(桑濮)이라고 약칭하는데, 이곳은 예로부터 음풍(淫風)이 유행하던 지역이다. 위나라는 옛날 은(殷)나라의 도성인 조가(朝歌) 지역으로, 이 지방에는 주(紂)의 악사(樂師)인 사연(師延)이 지은 '미미(靡靡)'라는 음란한 음악이 유행하여 망국(亡國)의 음악으로 알려져 있다.

67 夫子答顔淵之問 於鄭聲 亟欲放而絕之 : 《논어》 〈위령공(衛靈公)〉에 "안연(顔淵)이 나라를 다스리는 것을 묻자, 공자께서 '하(夏)나라의 책력을 시행하며, 은(殷)나라의 수레를 타며, 주(周)나라의 면류관을 쓰며, 음악은 소무(韶舞)를 할 것이요, 정(鄭)나라 음악을 추방하며, 말재주 있는 사람을 멀리 해야 하니, 정나라 음악은 음탕하고 말 잘하는 사람은 위태롭다.〔行夏之時, 乘殷之輅, 服周之冕, 樂則韶舞, 放鄭聲, 遠佞人, 鄭聲淫, 佞人殆.〕'"라고 하신 말씀을 가리킨다.

68 聖人固不語亂 : 성인은 공자를 가리킨다. 《논어》 〈술이(述而)〉에 "공자께서는 괴이함과 용력과 패란(悖亂)과 귀신을 말씀하지 않으셨다.〔子不語怪力亂神.〕"라고 보인다.

而文之以雅樂之名하고 又欲從而奏之宗廟之中、朝廷之上이면 則未知其將以薦之何等之鬼神이요 用之何等之賓客이며 而於聖人爲邦之法에 又豈不爲陽守而陰叛之耶아 其亦誤矣니라

혹자는 또 말하기를 "《시경(詩經)》 삼백 편은 모두 아악(雅樂)이니 제사와 조빙(朝聘)에 사용하는 것이요, 상간 복상(桑間濮上)의 음악은 정(鄭)나라와 위(衛)나라의 음악이니 세속에서 사용하는 것이니, 아악(雅樂)과 정(鄭)·위(衛)의 시가(詩歌)는 부(部)가 똑같지 않음이 그 유래가 오래되었다. 또 부자(夫子)가 안연(顔淵)의 물음에 답하실 적에 정나라 음악에 대해 급히 추방하여 끊고자 하셨으니, 어찌 부자가 시를 산삭(刪削)하실 적에 도리어 음분(淫奔)하는 자의 가사(歌詞)를 기록하여 아악의 가운데에 합주(合奏)하게 하셨겠는가." 하니, 이 또한 옳지 않다.

아(雅)라는 것은 이아(二雅;소아(小雅)와 대아(大雅))가 이것이요, 정(鄭)이라는 것은 〈치의(緇衣)〉 이하 21편이 이것이요, 위(衛)라는 것은 〈패풍(邶風)〉·〈용풍(鄘風)〉·〈위풍(衛風)〉의 39편이 이것이요, 상간(桑間)은 〈위풍〉의 한 편인 〈상중(桑中)〉의 시가 이것이다. 이남(二南)과 아(雅), 송(頌)은 제사와 조빙(朝聘)에 사용하는 시이고, 정·위와 상복(桑濮;상간 복상)은 이항(里巷)에 협객(俠客)들과 사악한 자들이 노래하는 시이다. 부자가 정나라와 위나라의 음탕한 시에 대해 그 소리를 풍악에서 깊이 끊어서 법으로 삼고, 시에서 그 가사를 엄하게 세워서 경계로 삼으셨으니, 예컨대 성인은 진실로 난(亂)을 말씀하지 않으셨으나 《춘추(春秋)》에 기록한 내용은 난신 적자(亂臣賊子)의 일 아님이 없다. 이는 이와 같이 하지 않으면 당시의 풍속과 사변(事變)의 실제를 볼 수가 없어서 후세에 감계(鑑戒)를 드리울 수가 없으므로 부득이하여 이 시를 남겨두셨으니, 이른바 도(道)가 함께 행하여 서로 모순되지 않는다는 것이다.

그런데 지금 이것을 살피지 않고 마침내 위하여 그 정·위와 상복의 실제를 숨겨서 아악이란 이름으로 문식하고 또 따라서 종묘의 가운데와 조정의 위에서 연주하고자 하니, 그렇다면 그 장차 어떤 귀신에게 이 음악을 올리고 어떤 손님에게 이 음악을 사용할지 알지 못하며, 성인이 나라를 다스리는 방법에도 또 어찌 겉으로는 지키고 음(陰)으로는 배반함이 되지 않겠는가. 이 또한 잘못되었다.

曰 然則大序所謂止乎禮義와 夫子所謂思無邪[69]者는 又何謂邪아 曰 大序는 指柏舟、綠衣、泉水、竹竿之屬而言이니 以爲多出於此耳요 非謂篇篇皆然하여 而桑中之類도 亦止乎禮義也라 夫子之言은 正爲其有邪正美惡之雜이라 故特言此하사 以明其皆可以懲惡勸善하여 而使人得其性情之正耳요 非以桑中之類도 亦以無邪之思作之也시니라 曰 荀卿所謂詩者는 中聲之所止[70]와 太史公亦謂三百篇者는 夫子皆弦歌之하여 以求合於韶、武之音[71]은 何邪오 曰 荀卿之言은 固爲正經而發이요 若史遷之說은 則恐亦未足爲據也라 豈有哇(와)淫之曲을 而可以强合於韶、武之音也邪아

혹자가 말하기를 "그렇다면 〈대서(大序)〉에 이른바 '시가 예의(禮義)에 그쳤다.'는 것과 부자의 이른바 '생각함에 간사함이 없다〔思無邪〕.'는 것은 또 무슨 말씀인가." 하기에, 내가 말하였다. "〈대서〉에서 말한 것은 〈백주(柏舟)〉와 〈녹의(綠衣)〉·〈천수(泉水)〉·〈죽간(竹竿)〉의 등속을 가리켜 말한 것이니, 이들 시가 대부분 여기(예의에 그치고 생각함에 간사함이 없음)에서 나왔다고 한 것이요, 편편이 모두 그러해서 〈상중(桑中)〉의 따위도 또한 예의에 그쳤다고 말씀한 것이 아니다. 부자의 말씀은 바로 그 사(邪)·정(正)과 미(美)·악(惡)의 잡됨이 있기 때문에 특별히 이것을 말씀하여 모두 악을 징계하고 선을 권장함을 밝혀서 사람들로 하여금 그 성정(性情)의 바름을 얻게 하셨을 뿐이요, 〈상중〉의 따위도 또한 간사한 생각이 없이 지어졌다고 여기신 것이 아니다."

······

69 夫子所謂思無邪 : 《논어》 〈위정(爲政)〉에 "《시경》 300편의 뜻을 한 마디 말로 덮을 수 있으니, '생각에 간사(사악)함이 없다.'는 말이다.〔詩三百, 一言以蔽之, 曰思無邪.〕"라고 하신 공자의 말씀이 보인다.

70 詩者 中聲之所止 : 《순자(荀子)》 〈권학(勸學)〉에 "《상서(尙書)》는 정사(政事)의 기록이고, 《시(詩)》는 중화(中和)의 소리에 그친 것이고, 《예(禮)》는 법의 큰 구분이며 유사한 경우의 강기(綱紀)이다.〔書者, 政事之紀也 ; 詩者, 中聲之所止也 ; 禮者, 法之大分, 羣類之綱紀也.〕"라고 보인다.

71 韶武之音 : 소(韶)는 순(舜) 임금의 음악인데 아름다운 음악의 대명사로 알려져 있으며, 무(武)는 무왕(武王)의 음악인데 역시 아름다운 음악으로 알려져 있다. 《논어》에 공자께서 소(韶)·무(武)에 대한 말씀이 세 번 보이는데, 〈술이(述而)〉에 "공자께서 제(齊)나라에 계시면서 소(韶)를 들으시고, 〈배우는〉 3개월 동안 고기 맛을 모르시며 말씀하시기를 '음악을 만든 것이 이 경지에 이를 줄은 생각하지 못했다.' 하셨다." 하신 것과, 〈팔일(八佾)〉에 "공자께서 소악(韶樂)을 평하시되 '극진히 아름답고 극진히 좋다.' 하셨고, 무악(武樂)을 평하시되 '극진히 아름답지만 극진히 좋지는 못하다.' 하셨다." 하신 것과, 〈위령공(衛靈公)〉에 "안연(顔淵)이 나라를 다스리는 것을 묻자, 공자께서 '하(夏)나라의 책력을 시행하며, 은(殷)나라의 수레를 타며, 주(周)나라의 면류관을 쓰며, 음악은 소무(韶舞)를 할 것이요……' 하셨다."라고 보인다.

··· 韶 : 순임금음악 소 哇 : 음란한소리 와

혹자가 말하기를 "순경(荀卿)의 이른바 '시라는 것은 중화(中和)에 맞는 소리가 그친 것이다.'라는 것과 태사공(太史公:사마천)이 또한 《시경》 삼백 편은 부자가 모두 현악기로 노래해서 소(韶)·무(武)의 음악에 합하기를 구했다.'는 것은 어째서인가." 하기에, 내가 말하였다. "순경의 말은 진실로 바른 경문(經文)을 위주하여 말한 것이요, 사마천(司馬遷)의 설과 같은 것은 충분히 근거로 삼을 수 없을 듯하다. 어찌 음탕한 곡조를 소·무의 음악에 억지로 합할 수 있겠는가."

5. 순지분분(鶉之奔奔)

① 鶉〔音純〕之奔奔, 鵲之彊彊. 人之無良, 我以爲兄〔叶虛王反〕.

鶉(순)之奔奔이며	메추라기는 짝을 지어 살며
鵲之彊彊이어늘	까치는 짝을 따라 날거늘
人之無良을	선량하지 못한 사람을
我以爲兄가	내 형(兄)이라고 한단 말인가

興也라 鶉은 鶕(鵪)屬이라 奔奔、彊彊은 居有常匹하고 飛則相隨之貌라 人은 謂公子頑이라 良은 善也라

○ 衛人이 刺宣姜與頑이 非匹耦而相從也라 故로 爲惠公之言以刺之曰 人之無良은 鶉鵲之不若이어늘 而我反以爲兄은 何哉오하니라

흥(興)이다. '순(鶉)'은 메추라기 등속이다. '분분(奔奔)'과 '강강(彊彊)'은 거처할 때에 일정한 짝이 있고, 날 때에는 서로 따르는 모양이다. '인(人)'은 공자(公子) 완(頑)을 이른다. '량(良)'은 선(善)함이다.

○ 위(衛)나라 사람이 선강(宣姜)이 완(頑)과 제 짝(배필)이 아닌데도 서로 따름을 풍자하였다. 그러므로 혜공(惠公)의 말인 것처럼 하여 풍자하기를 "선량하지 못한 사람은 메추라기와 까치만도 못한데, 내 도리어 형(兄)이라고 함은 어째서인가." 한 것이다.

② 鵲之彊彊, 鶉之奔奔〔叶逋珉反〕. 人之無良, 我以爲君.

··· 鶉 : 메추리 순 奔 : 달릴 분 彊 : 강할 강 鶕 : 메추리 암

鵲之彊彊이며	까치는 짝을 따라 날며
鶉之奔奔이어늘	메추라기는 짝을 지어 살거늘
人之無良을	선량하지 못한 사람을
我以爲君가	내 소군(小君)이라고 한단 말인가

興也라 人은 謂宣姜이라 君은 小君也라

흥(興)이다. '인(人)'은 선강(宣姜)을 이른다. '군(君)'은 소군(小君)이다.

鶉之奔奔二章이니 章四句라

〈순지분분(鶉之奔奔)〉은 2장이니, 장마다 4구이다.

范氏曰 宣姜之惡을 不可勝道也라 國人이 疾而刺之호되 或遠言焉하고 或切言焉하니 遠言之者는 君子偕老是也요 切言之者는 鶉之奔奔이 是也라 衛詩至此에 而人道盡하고 天理滅矣라 中國이 無以異於夷狄이요 人類無以異於禽獸하여 而國隨以亡矣니라 胡氏曰 楊時有言호되 詩載此篇은 以見(현)衛爲狄所滅之因也라 故로 在定之方中之前이라하니 因以是說로 考於歷代컨대 凡淫亂者 未有不至於殺身敗國而亡其家者하니 然後에 知古詩垂戒之大어늘 而近世有獻議하여 乞於經筵에 不以國風進講者하니 殊失聖經之旨矣로다

범씨(范氏)가 말하였다. "선강(宣姜)의 악함을 이루 다 말할 수 없다. 그리하여 국인들이 그를 미워하여 풍자하되, 혹은 멀리 돌려서 말하고 혹은 간절히 말하였으니, 멀리 돌려서 말한 것은 〈군자해로(君子偕老)〉가 이것이요, 간절히 말한 것은 〈순지분분〉이 이것이다. 위(衛)나라 시(詩)가 이에 이름에 인도(人道)가 다하였고 천리(天理)가 없어졌다. 그리하여 중국(中國)이 이적(夷狄)과 다름이 없고 인류(人類)가 금수(禽獸)와 다름이 없어, 나라가 따라서 망하였다."

○ 호씨(胡氏)가 말하였다. "양시(楊時)가 말하기를, 《시경(詩經)》에 이 편(篇)을 기재한 것은 위나라가 오랑캐에게 멸망당한 원인을 나타내려고 한 것이다. 그러므로 〈정지방중(定之方中)〉의 앞에 있는 것이다.' 하였으니, 인하여 이 말을 가지고 역대(歷代)를 살펴보건대, 모든 음란한 자들이 자신을 죽이고 나라를 그르치며 집안을 망침에 이르지 않은 자가 없었으니, 그러한 뒤에야 고시(古詩)의 경계를 드리움이 큰 것을 알 수 있다. 그런데 근세(近世)에는 헌의(獻議)하여 경연(經筵)에서 국풍(國風)을 진강(進講)하지 말 것을 요청한 자가 있으니, 이는 자못 성경(聖經)의 본지

••• 范 : 성 범 乞 : 빌 걸, 구할 걸 筵 : 자리 연

(本旨)를 잃은 것이다."

【毛序】 鶉之奔奔은 刺衛宣姜也니 衛人이 以爲宣姜은 鶉鵲之不若也라하니라

〈순지분분〉은 위나라 선강을 풍자한 시(詩)이니, 위나라 사람들이 선강을 메추리나 까치만도 못하다고 여긴 것이다.

【鄭註】 刺宣姜者는 刺其與公子頑 爲淫亂하여 行不如禽鳥라

선강(宣姜)을 풍자했다는 것은 그녀가 공자 완(頑)과 음란한 짓을 하여 행실이 금수(禽獸)만 못함을 풍자한 것이다.

【辨說】 見上이라

해설이 위에 보인다.

6. 정지방중(定之方中)

① 定〔丁佞反〕之方中, 作于楚宮. 揆之以日, 作于楚室. 樹之榛栗, 椅〔於宜反〕桐梓漆, 爰伐琴瑟.

定之方中이어늘	정성(定星)이 막 혼중성(昏中星)이 될 때에
作于楚宮하니	초궁을 지으니
揆(규)之以日하여	해그림자로써 헤아려
作于楚室이요	초구(楚丘)에 궁실(宮室)을 지었고
樹之榛栗	개암나무와 밤나무,
椅(의)桐梓漆하니	가래나무와 오동나무, 재나무와 옻나무를 심으니
爰伐琴瑟이로다	이것을 베어 거문고와 비파를 만들리로다

賦也라 定은 北方之宿(수)니 營室星也라 此星이 昏而正中이면 夏正十月也니 於是時에 可以營制宮室이라 故로 謂之營室이라 楚宮은 楚丘之宮也라 揆는 度(탁)也니 樹八尺之臬(얼)하여 而度其日之出入之景(影)하여 以定東西하고 又參日中之景하여 以正南北也라 楚室은 猶楚宮이니 互文以協韻耳라 榛、栗은 二木이니 其實은 榛小栗大하니 皆可供籩實이라 椅는 梓實桐皮요 桐은 梧桐也라 梓는 楸之疎理白

… 揆 : 헤아릴 규 榛 : 개암나무 진 椅 : 가래나무 의 梓 : 가래나무 재 臬 : 나무 얼 籩 : 대나무제기 변
楸 : 가래나무 추

色而生子者라 漆은 木有液하니 黏(점)黑하여 可飾器物이라 四木은 皆琴瑟之材也라 爰은 於也라

○ 衛爲狄所滅이어늘 文公이 徙居楚丘하여 營立宮室한대 國人悅之하여 而作是詩以美之라 蘇氏曰 種木者는 求用於十年之後하나니 其不求近功이 凡此類也니라

부(賦)이다. '정(定)'은 〈이십팔수(二十八宿) 가운데〉 북방(北方)에 있는 별이니, 영실성(營室星)이다. 이 별이 어두워질 때에 남쪽의 한 가운데(제자리)에 나타나면 하정(夏正)의 10월이니, 〈1년 중〉 이때에 궁실(宮室)을 경영하고 짓는다. 그러므로 영실성이라 이른 것이다. '초궁(楚宮)'은 초구(楚丘)의 궁궐이다. '규(揆)'는 헤아림이니, 여덟 자 되는 나무를 세워놓고는 해가 뜨고 질 때의 그림자를 헤아려 동서(東西)를 정하고, 또 한낮의 그림자를 참고하여 남북(南北)을 바루는 것이다. '초실(楚室)'은 초궁과 같으니, 호문(互文)하여 운(韻)을 맞췄을 뿐이다.

'진(榛;개암)'과 '율(栗;밤)'은 두 나무이니, 그 열매는 진(榛)이 작고 율(栗)이 큰데, 모두 변실(籩實)에 담아 올릴 수 있다. '의(椅)'는 열매는 재(梓;가래나무)나무이고 껍질은 오동나무 껍질이며, '동(桐)'은 오동나무이다. '재(梓)'는 추자나무 중에 결이 거칠고 색깔이 희며 열매가 있는 것이다. '칠(漆;옻나무)'은 나무에 진액이 있으니, 차지고 검어서 기물을 꾸밀 수 있다. 의(椅)·동(桐)·재(梓)·칠(漆) 이 네 종류의 나무는 모두 금슬(琴瑟)의 재목이다. '원(爰)'은 어(於;이에)이다

○ 위(衛)나라가 오랑캐에게 멸망을 당하자, 문공(文公)이 도읍을 옮겨 초구에 거처하면서 궁실을 경영하여 세우니, 국인들이 기뻐하여 이 시(詩)를 지어 찬미한 것이다. 소씨(蘇氏;소철(蘇轍))가 말하였다. "나무를 심는 자는 10년 뒤에 사용하려고 하니, 가까운 효과를 구하지 않음이 모두 이와 같다."

② 升彼虛〔起居反 叶起呂反〕矣, 以望楚矣. 望楚與堂, 景山與京〔叶居良反〕, 降觀于桑. 卜云其吉, 終焉允臧.

升彼虛(墟)矣하여	저 옛 성터에 올라가
以望楚矣로다	초구(楚丘)를 바라보노라
望楚與堂하며	초구와 당읍(堂邑)을 바라보며
景(영)山與京하며	산과 언덕을 해그림자로 헤아려보며
降觀于桑하니	내려와 뽕나무가 적당한가를 관찰하니

… 黏 : 차질 점

卜云其吉이러니	점괘에 길하다 하더니
終焉允臧이로다	끝내 진실로 좋도다

賦也라 虛는 故城也요 楚는 楚丘也요 堂은 楚丘之旁邑也라 景은 測景以正方面也니 與卽景迺岡之景同[72]이라 或曰 景(경)은 山名이니 見商頌이라하니라 京은 高丘也라 桑은 木名이니 葉可飼蠶者니 觀之는 以察其土宜也라 允은 信이요 臧은 善也라 ○ 此章은 本其始之望、景、觀、卜而言하여 以至於終에 而果獲其善也라

부(賦)이다. '허(虛)'는 옛 성(城)터이다. '초(楚)'는 초구이고 '당(堂)'은 초구의 옆에 있는 고을이다. '영(景;영(影))'은 그림자를 헤아려서 방면(方面)을 바로잡는 것이니, '기영내강(旣景迺岡)'의 영(景)과 같다. 혹자는 말하기를, "경(景)은 산 이름이니, 〈상송(商頌)〉에 보인다." 한다. '경(京)'은 높은 언덕이다. '뽕나무〔桑〕'는 나무 이름이니, 잎은 누에를 먹일 수 있다. 이를 관찰함은 그 토질이 뽕나무에 적당한가를 살피려고 한 것이다. '윤(允)'는 진실로요, '장(臧)'은 좋음이다.

○ 이 장(章)은 그 처음에 산을 바라보고 그림자로 헤아려보며 관망하고 점친 것을 근본하여 말해서 종말(終末)에 이르러 과연 그 좋음을 얻었다고 한 것이다.

③ 靈雨旣零, 命彼倌〔音官〕人, 星言夙駕, 說〔始銳反〕于桑田〔叶徒因反〕. 匪直也人, 秉心塞淵〔叶一均反〕, 騋〔音來〕牝三千〔叶倉新反〕.

靈雨旣零이어늘	단비가 이미 내리거늘
命彼倌(관)人하여	저 수레를 모는 관인을 명하여
星言夙駕하여	별을 보고 일찍 멍에하여
說(세)于桑田하니	뽕나무 밭에 멈추니
匪直也人의	다만 이 사람의
秉心塞淵이라	마음가짐이 착실하고 깊을 뿐만 아니라
騋(래)牝三千이로다	큰 암말이 삼천 필이나 되도다

••••••

72 與卽景迺岡之景同: '즉영내영(卽景迺景)'은 뒤의 〈대아(大雅) 공류(公劉)〉에 보이는 내용으로, '이미 해그림자로 헤아려보고 마침내 높은 산등성이에 올라가 관망한다.'는 뜻이다.

••• 迺 : 이에 내 飼 : 먹일 사 蠶 : 누에 잠 靈 : 좋을 령 零 : 떨어질 령 倌 : 수레부리는사람 관 駕 : 멍에할 가 說 : 멈출 세 直 : 다만 직 騋 : 키큰말 래

賦也라 靈은 善이요 零은 落也라 倌人은 主駕者也라 星은 見星也요 說는 舍止也라 秉은 操요 塞은 實이요 淵은 深也라 馬七尺以上을 爲騋라

○ 言 方春에 時雨旣降하여 而農桑之務作이라 文公이 於是에 命主駕者하여 晨起駕車하여 亟(극)往而勞勸之라 然이나 非獨此人所以操其心者 誠實而淵深也라 蓋其所畜之馬 七尺而牝者 亦已至於三千之衆矣라하니라 蓋人操心誠實而淵深이면 則無所爲而不成이니 其致此富盛이 宜矣라 記曰 問國君之富어든 數馬以對라하니 今言騋牝之衆如此면 則生息之蕃을 可見이요 而衛國之富를 亦可知矣라 此章은 又要其終而言也니라

부(賦)이다. '령(靈)'은 좋음이요, '령(零)'은 떨어짐이다. '관인(倌人)'은 멍에를 주관하는 자이다. '성(星)'은 새벽 별을 보는 것이요, '세(說)'는 멈춤이다. '병(秉)'은 잡음이요, '색(塞)'은 착실함이요, '연(淵)'은 깊음이다. 말의 키가 7척(尺) 이상인 것을 '래(騋)'라고 한다.

○ "막 봄이 되어 단비가 이미 내려, 농사짓고 뽕나무를 가꾸는 일이 시작되었다. 문공(文公)이 이에 멍에를 주관하는 자를 명하여 새벽에 일어나 수레에 멍에하게 하고 빨리 가서 〈농사짓는 백성들을〉 위로하고 권면한 것이다. 그러나 다만 이 사람(군주)의 그 마음가짐이 성실하고 깊을 뿐만 아니라, 그 기르는 말로서 7척(尺) 이상인 암말이 또한 이미 3천 필의 많음에 이르렀다." 한 것이다.

사람이 마음가짐을 성실하고 깊게 하면 하는 일마다 이루어지지 않음이 없으니, 이 부성(富盛)함을 이룸이 당연하다. 《예기》〈곡례〉에 "국군(國君)의 부(富)를 묻거든 말[馬]을 세어 대답한다." 하였는데, 지금 래빈(騋牝)의 많음이 이와 같다면 생식(生息)의 번성함을 볼 수 있고, 위(衛)나라의 부유함을 또한 알 수 있다. 이 장(章)은 그 종말을 요약하여 말한 것이다.

定之方中三章이니 章七句라

〈정지방중(定之方中)〉은 3장이니, 장마다 7구이다.

按春秋傳컨대 衛懿公九年冬에 狄入衛어늘 懿公이 及狄人戰于熒(형)澤而敗死焉한대 宋桓公이 迎衛之遺民하여 渡河而南하여 立宣姜子申하여 以廬於漕하니 是爲戴公이라 是年卒이어늘 立其弟燬하니 是爲文公이라 於是에 齊桓公이 合諸侯하여 以城楚丘而遷衛焉하니라 文公은 大布之衣와 大帛之冠으로 務材訓農하고 通商惠工하며 敬敎勸學하고 授方任能하여 元年에 革車三十乘이러니 季年에 乃三百乘이

… 懿 : 아름다울 의 熒 : 밝을 형 桓 : 굳셀 환 廬 : 초막 려 燬 : 불탈 훼

라하니라

살펴보건대 《춘추좌씨전》 민공(閔公) 2년에 "위(衛)나라 의공(懿公) 9년 겨울에 오랑캐〔狄〕가 위나라를 침입하자, 의공이 오랑캐와 형택(熒澤)에서 싸우다가 패전하여 죽었다. 송 환공(宋桓公)이 위나라의 유민(遺民)들을 맞이하여 황하를 건너 남쪽으로 가서 선강(宣姜)의 아들 신(申)을 세워 조읍(漕邑)에 임시로 초막을 짓고 살게 하니, 이가 대공(戴公)이다. 이 해에 대공이 죽자 그의 아우 훼(燬)를 세우니, 이가 문공(文公)이다. 이에 제 환공(齊桓公)이 제후들을 규합하여 초구(楚丘)에 성(城)을 쌓고 위나라의 수도를 옮기게 하였다.

문공은 거친〔大〕 삼베옷을 입고 거친 명주비단 관을 쓰며, 재목이 되는 나무를 심고 농사를 가르치며, 상업(商業)을 통하게 하고 공인(工人)들에게 혜택을 주며, 교육을 공경히 하고 학문을 권장하며, 정치의 방법을 제시해 주고 능력이 있는 자에 직책을 맡겨서 즉위 원년(元年)에는 혁거(革車)가 30승(乘)이었는데 말년에는 마침내 300승(乘)에 이르렀다." 하였다.

【毛序】 定之方中은 美衛文公也라 衛爲狄所滅하여 東徙渡河하여 野處漕邑이러니 齊桓公이 攘戎狄而封之한대 文公이 徙居楚丘하여 始建城市而營宮室하여 得其時制하니 百姓說之하여 國家殷富焉하니라

〈정지방중〉은 위(衛)나라 문공(文公)을 찬미한 시(詩)이다. 위나라가 오랑캐〔狄〕에게 멸망을 당하고 동쪽으로 옮겨 황하를 건너 조읍(漕邑)에 임시로 들에 여막을 치고 거주하였는데, 제 환공(齊桓公)이 융적(戎狄)을 물리치고 다시 위나라를 봉해 주었다. 이에 문공이 초구로 옮겨와 비로소 성시(城市)를 세우고 궁실을 경영하였는데 때와 제도에 맞게 하니, 백성들이 기뻐하여 국가가 번성하고 부유하게 되었다.

【鄭註】 春秋閔公二年冬에 狄人入衛어늘 衛懿公이 及狄人으로 戰于熒澤而敗하니 宋桓公이 迎衛之遺民하여 渡河立戴公하여 以廬於漕러니 戴公이 立一年而卒하다 魯僖公二年에 齊桓公이 城楚丘而封衛하니 於是에 文公이 立而建國焉하니라

《춘추좌씨전》 민공(閔公) 2년 겨울에 적인(狄人)이 위(衛)나라로 침입하자 위나라 의공(懿公)이 적인과 형택(熒澤)에서 싸워 패전하니, 송 환공(宋桓公)이 위나라의 유민(遺民)을 맞이해 황하를 건너가 대공(戴公)을 세워서 조읍(漕邑)에 임시로 거처하게 하였는데, 대공이 즉위한 지 1년에 죽었다. 노 희공(魯僖公) 2년에 제 환

공(齊桓公)이 초구(楚丘)에 성을 쌓아서 위나라를 봉하니, 이에 문공(文公)이 서서 나라를 세웠다.

7. 체동(蝃蝀)

① 蝃〔丁計反〕蝀〔都動反〕在東, 莫之敢指. 女子有行, 遠〔于萬反〕父母兄弟〔叶待里反〕.

蝃蝀(체동)在東하니	무지개가 동쪽에 있으니
莫之敢指로다	감히 이것을 가리킬 수 없도다
女子有行은	여자의 시집감은
遠父母兄弟니라	부모와 형제를 멀리하는 것이니라

比也라 蝃蝀은 虹(홍)也니 日與雨交에 倏(숙)然成質하여 似有血氣之類하니 乃陰陽之氣 不當交而交者니 蓋天地之淫氣也라 在東者는 莫(暮)虹也라 虹은 隨日所映이라 故로 朝西而莫東也라
○ 此는 刺淫奔之詩라 言蝃蝀在東에 而人不敢指하여 以比淫奔之惡을 人不可道라 況女子有行은 又當遠其父母兄弟니 豈可不顧此而冒行乎아

비(比)이다. '체동(蝃蝀)'은 무지개이니, 해가 비와 사귐에 갑자기 형질(形質)을 이루어 혈기(血氣)가 있는 류(類;무지개 색깔을 이름)와 같으니, 이는 바로 음양(陰陽)의 기운이 사귀어서는 안 될 때에 사귀는 것이니, 천지(天地)의 음기(淫氣)이다. 동쪽에 있는 것은 저녁 무지개이다. 무지개는 햇빛이 비추는 바를 따르기 때문에 아침에는 서쪽에 있고, 저녁에는 동쪽에 있는 것이다.

○ 이는 음분(淫奔)을 풍자한 시(詩)이다. 무지개가 동쪽에 있음에 사람들이 감히 가리킬 수 없음을 말하여 음분의 악함을 사람들이 말할 수 없음을 비(比)한 것이다. 더구나 여자가 시집감은 또 마땅히 그 부모와 형제를 멀리해야 하니, 어찌 이것을 돌아보지 않고 무릅쓰고 친정에 갈 수 있겠는가.

② 朝隮〔子西反〕于西, 崇朝其雨. 女子有行, 遠兄弟父母〔叶滿補反〕.

··· 蝃 : 무지개 체 蝀 : 무지개 동 虹 : 무지개 홍 倏 : 빠를 숙 冒 : 무릅쓸 모

朝隮(제)于西하니	아침에 무지개가 서쪽에 떠오르니
崇(終)朝其雨로다	아침에만 비가 오도다
女子有行은	여자의 시집감은
遠兄弟父母니라	부모와 형제를 멀리하는 것이니라

比也라 隮는 升也라 周禮十煇(운)[73]에 九日隮(제)니 註에 以爲虹이라하니 蓋忽然而見(현)하여 如自下而升也라 崇은 終也니 從旦至食時爲終朝라 言方雨而虹見이면 則其雨終朝而止矣니 蓋淫慝之氣 有害於陰陽之和也라 今俗에 謂虹能截雨라하니 信然이니라

비(比)이다. '제(隮)'는 오름이다. 《주례(周禮)》의 십운(十煇)에 아홉 번째가 제(隮)인데 주(註)에 무지개라 하였으니, 갑자기 나타나서 마치 아래에서 위로 올라가는 것〔隮〕과 같기 때문이다. '종(崇)'은 마침〔終〕이니, 날이 샐 때부터 아침밥을 먹을 때까지를 종조(終朝)라고 한다. 막 비가 오다가 무지개가 나타나면 비가 아침에만 오고 그침을 말하였으니, 이는 음특(淫慝)한 기운이 음양의 화함을 해침이 있는 것이다. 지금 시속에서 이르기를 "무지개가 비를 끊는다.(오지 못하게 한다.)" 하니, 그 말이 사실이다.

③ 乃如之人也, 懷昏姻也. 大無信〔叶斯人反〕也, 不知命〔叶彌幷反〕也.

乃如之人也여	이러한 사람이여
懷昏姻也로다	혼인(정욕)을 생각하도다
大無信也하니	크게 신의가 없으니

••••••

73 十煇 : 십운(十煇)은 태양 주위에 나타나는 열 가지 모양인바, 첫째는 침(祲)으로 음기(陰氣)와 양기(陽氣)가 서로 침입하는 것을 이르는데 붉은 구름을 양기라 하고 검은 구름을 음기라 한다. 둘째는 상(象)으로 모양이 붉은 까마귀와 같은 것이며, 셋째는 휴(鑴)로 송곳 모양의 구름이 태양을 찌르는 것이며, 넷째는 감(監)으로 관자(貫子) 모양의 붉은 구름이 태양 주위에 있는 것이며, 다섯째는 암(闇)으로 일식(日食)과 월식(月食)을 이르며, 여섯째는 몽(瞢)으로 해와 달의 빛이 희미한 것이며, 일곱째는 미(彌)로 구름이 태양을 뚫고 지나가는 것이며, 여덟째는 서(敍)로 산 모양의 구름이 질서정연하게 태양의 위에 있는 것이며, 아홉째는 제(隮)로 무지개이며, 열째는 상(想)으로 어떤 모양으로 상상할 수 있는 기운이 뒤섞여 있는 것이라 한다. 이 내용은 《주례(周禮)》〈춘관(春官) 시침(眡祲)〉에 보이는데, 이러한 현상을 가지고 국가의 길흉을 점치는데 사용하였다.

••• 隮 : 오를 제, 무지개 제 崇 : 마칠 종 煇 : 해무리 운 慝 : 사악할 특 截 : 끊을 절

不知命也로다　　천명(天命)을 알지 못하도다

賦也라 乃如之人은 指淫奔者而言이라 昏姻은 謂男女之欲이라 程子曰 女子는 以不自失爲信이라 命은 正理也라

○ 言此淫奔之人은 但知思念男女之欲하니 是不能自守其貞信之節하여 而不知天理之正也라 程子曰 人雖不能無欲이나 然當有以制之니 無以制之하여 而惟欲之從이면 則人道廢而入於禽獸矣요 以道制欲이면 則能順命이니라

부(賦)이다. '내여지인(乃如之人)'은 음분(淫奔)한 자를 가리켜 말한 것이다. '혼인(婚姻)'은 남녀간의 정욕(情欲:성욕(性慾))을 이른다. 정자(程子)가 말씀하기를 "여자는 스스로 정조를 잃지 않음을 신(信)으로 삼는다." 하였다. '명(命)'은 정리(正理)이다.

○ "이 음분한 사람은 단지 남녀간의 정욕만을 생각할 줄 아니, 이는 스스로 그 정신(貞信)의 절개를 지키지 못하여 천리(天理)의 올바름을 알지 못함을 말한 것이다." 라고 말한 것이다.

정자가 말씀하였다. "사람은 비록 욕심(정욕)이 없을 수 없으나 마땅히 이것을 제재함이 있어야 한다. 이것을 제재하지 못하여 오직 욕심을 따른다면 인도(人道)가 무너져 금수(禽獸)에 들어갈 것이요, 도(道)로써 욕심을 제재하면 천명(天命)을 순(順)히 할 수 있다."

蝃蝀三章이니 章四句라

〈체동(蝃蝀)〉은 3장이니, 장마다 4구이다.

【毛序】 蝃蝀은 止奔也라 衛文公이 能以道化其民하니 淫奔之恥하여 國人不齒也라

〈체동〉은 음분(淫奔)을 금지할 것을 읊은 시(詩)이다. 위(衛)나라 문공(文公)이 도(道)로써 백성들을 교화하니, 음분하는 것을 부끄러워하여 음분하는 자를 국인(國人)들이 연치로 끼워주지 않았다.

【鄭註】 不齒者는 不與相長稚라

불치(不齒)라는 것은 서로 나이가 많고 적음을 따지지 않는 것이다.

8. 상서(相鼠)

① 相〔息亮反〕鼠有皮〔叶蒲何反〕, 人而無儀〔叶牛何反〕. 人而無儀, 不死何爲〔叶吾何反〕.

相鼠有皮하니	쥐를 보건대 쥐도 가죽이 있으니
人而無儀아	사람으로서 위의(威儀)가 없단 말인가
人而無儀는	사람으로서 위의가 없는 이는
不死何爲오	죽지 않고 무엇하는고

興也라 相은 視也라 鼠는 蟲之可賤惡(오)者라

○ 言視彼鼠而猶必有皮하니 可以人而無儀乎아 人而無儀면 則其不死亦何爲哉오

흥(興)이다. '상(相)'은 살펴봄이다. '서(鼠;쥐)'는 동물〔蟲〕 중에 천하고 미워할 만한 것이다.

○ "저 쥐를 보건대 오히려 반드시 가죽이 있는데, 사람으로서 위의가 없단 말인가. 사람으로서 위의가 없다면 죽지 않고 또 무엇하겠는가." 하고 말한 것이다.

② 相鼠有齒, 人而無止. 人而無止, 不死何俟〔叶羽已反 又音始〕.

相鼠有齒하니	쥐를 보건대 쥐도 이빨이 있으니
人而無止아	사람으로서 용지(容止)가 없단 말인가
人而無止는	사람으로서 용지가 없는 이는
不死何俟오	죽지 않고 무엇을 기다리는고

興也라 止는 容止也라 俟는 待也라

흥(興)이다. '지(止)'는 용지(容止;예의에 맞는 행동거지)이다. '사(俟)'는 기다림이다.

③ 相鼠有體, 人而無禮. 人而無禮, 胡不遄死〔叶想止反〕.

相鼠有體하니	쥐를 보건대 쥐도 사체(四體)가 있으니

••• 鼠 : 쥐 서 相 : 볼 상 俟 : 기다릴 사

人而無禮아　　　　사람으로서 예(禮)가 없단 말인가
人而無禮는　　　　사람으로서 예가 없는 이는
胡不遄(천)死오　　　　어찌하여 빨리 죽지 않는고

興也라 體는 支體也라 遄은 速也라
　흥(興)이다. '체(體)'는 지체(支體)이다. '천(遄)'은 빠름이다.

相鼠三章이니 章四句라
　〈상서(相鼠)〉는 3장이니, 장마다 4구이다.

【毛序】 相鼠는 刺無禮也라 衛文公이 能正其羣臣하니 而刺在位承先君之化하여 無禮義也라
　〈상서〉는 무례함을 풍자한 시(詩)이다. 위(衛)나라 문공이 군신(羣臣)을 바로잡으니, 지위에 있으면서 선군(先君)의 나쁜 풍습에 젖어 예의(禮義)가 없는 신하를 풍자한 것이다.

9. 간모(干旄)

① 孑孑〔居熱反〕干旄, 在浚〔蘇俊反〕之郊〔叶音高〕. 素絲紕〔符至反〕之, 良馬四之. 彼姝〔赤朱反〕者子, 何以畀〔必寐反〕之.

孑(혈)孑干(竿)旄여　　　　펄럭이는 깃대의 깃발이여
在浚之郊로다　　　　준읍(浚邑)의 교외에 있도다
素絲紕(비)之코　　　　흰 실로 짜서 동여매고
良馬四之로소니　　　　좋은 말 네 필을 멍에하니
彼姝者子는　　　　저 아름다운 그대는
何以畀(비)之오　　　　무엇으로써 보답해 주려는고

賦也라 孑孑은 特出之貌라 干旄는 以旄牛尾注於旗干之首하여 而建之車後也라

… 遄 : 빠를 천　孑 : 펄럭일 혈　干 : 장대 간 旄 : 들소 모, 깃발 모　紕 : 꾸밀 비　姝 : 예쁠 주　畀 : 줄 비
注 : 매달 주

浚은 衛邑名이라 邑外를 謂之郊라 紕는 織組也니 蓋以素絲織組而維之也라 四之는 兩服、兩驂이니 凡四馬以載之也라 姝는 美也라 子는 指所見之人也라 畀는 與也라

○ 言衛大夫乘此車馬하고 建此旄旌하여 以見賢者하니 彼其所見之賢者 將何以畀之하여 而答其禮意之勤乎아하니라

부(賦)이다. '혈혈(孑孑)'은 특별히 드러난(펄럭이는) 모양이다. '간모(干旄)'는 물소 꼬리를 깃대 머리에 매달아서 수레 뒤에 꽂는 것이다. '준(浚)'은 위(衛)나라 읍(邑)의 이름이다. 읍 밖을 '교(郊)'라 이른다. '비(紕)'는 직조(織組 : 끈을 짬)한 것이니, 흰 실로 직조하여 동여맨 것이다. '사지(四之)'는 〈중앙에 있는〉 두 복마(服馬)와 〈곁에 있는〉 두 참마(驂馬 : 곁말)이니, 모두 네 필의 말로서 〈수레에 멍에하여 사람을〉 태우는 것이다. '주(姝)'는 아름다움이다. '자(子)'는 만나보려는 사람을 가리킨 것이다. '비(畀)'는 줌이다.

○ "위나라 대부가 이 거마(車馬)를 타고 이 정모(旄旌)를 꽂고서 현자를 만나보러 가니, 저 만나보려는 현자는 장차 무엇을 주어서 그 예의(禮意)의 간곡함에 보답하려는가."라고 한 것이다.

② 孑孑干旟, 在浚之都. 素絲組〔音祖〕之, 良馬五之. 彼姝者子, 何以予〔音與〕之.

孑孑干旟(여)여	펄럭이는 깃발이여
在浚之都로다	준읍의 도읍에 있도다
素絲組之코	흰 실로 끈을 짜서 매달고
良馬五之로소니	좋은 말 다섯 필을 멍에하니
彼姝者子는	저 아름다운 그대는
何以予之오	무엇을 주려는고

賦也라 旟는 州里所建鳥隼(준)之旗也니 上設旄旌하고 其下繫斿(유)하고 斿下屬縿(삼)하니 皆畫鳥隼也라 下邑曰都라 五之는 五馬니 言其盛也라

부(賦)이다. '여(旟)'는 주리(州里)에 세우는 새와 새매를 그린 깃발이니, 위에는 정모(旄旌 : 꿩깃과 들소꼬리)를 설치하고 그 아래에는 깃발을 달고 깃발 아래에 술

··· 維 : 동여맬 유 驂 : 곁말 참 旌 : 깃발 정 旟 : 새매그린기 여 隼 : 새매 준 斿 : 깃발 유 縿 : 기폭 삼

을 매다는데, 모두 새와 새매를 그린다. 하읍(下邑;도성 밖의 고을)을 '도(都)'라 한다. '오지(五之)'는 다섯 마리의 말이니, 그 많음을 말한 것이다.

③ 孑孑干旌, 在浚之城. 素絲祝之, 良馬六之. 彼姝者子, 何以告〔姑沃反〕之.

孑孑干旌이여	펄럭이는 깃발이여
在浚之城이로다	준읍의 성(城)에 있도다
素絲祝之코	흰 실로 짜서 매달고
良馬六之로소니	좋은 말 여섯 마리를 멍에하니
彼姝者子는	저 아름다운 그대는
何以告(곡)之오	무엇을 말해주려는고

賦也라 析羽爲旌이니 干旌은 蓋析翟羽하여 設於旗干之首也라 城은 都城也라 祝은 屬(촉)也라 六之는 六馬니 極其盛而言也라

부(賦)이다. 깃털을 쪼개어 정(旌)을 만드니, '간정(干旌)'은 꿩의 깃털을 쪼개어 깃대의 머리에 매단 것이다. '성(城)'은 도성(都城)이다. '축(祝)'은 연결함이다. '육지(六之)'는 여섯 마리의 말이니, 그 많음을 지극히 하여 말한 것이다.

干旄三章이니 章六句라

〈간모(干旄)〉는 3장이니, 장마다 6구이다.

此上三詩는 小序에 皆以爲文公時詩라하니 蓋見其列於定中、載馳之間故爾요 他無所考也라 然이나 衛本以淫亂無禮하여 不樂善道하여 而亡其國이러니 今破滅之餘에 人心危懼하니 正其有以懲創往事而興起善端之時也라 故로 其爲詩如此하니 蓋所謂生於憂患, 死於安樂者[74]라 小序之言이 疑亦有所本云이라

이상 세 편의 시(詩)는 〈소서(小序)〉에 "모두 문공 때의 시(詩)이다." 하였으니, 이는 〈정지방중(定之方中)〉과 〈재치(載馳)〉의 사이에 나열되어 있음을 보았기 때문일 뿐이요, 달리 근거한 바가 없다. 그러나 위(衛)나라는 본래 음란하고 무례하여

••••••

74 蓋所謂生於憂患 死於安樂者 : 이 내용은 《맹자》 〈고자 하(告子下)〉에 보인다.

••• 祝 : 짤 축 創 : 징계할 창

선도(善道)를 좋아하지 않음으로써 그 나라를 망하게 하였는데, 이제 국가가 파멸(破滅)한 뒤에 인심(人心)이 위태롭고 두려워하니, 바로 지난 일을 경계하여 선단(善端;선한 마음)을 흥기(興起)할 수 있는 시기이다. 그러므로 그 시를 지은 것이 이와 같았으니, 이는 이른바 "우환(憂患)에서는 살고 안락(安樂)에서는 죽는다."는 것이다. 〈소서〉의 말도 의심컨대 또한 근본한 바가 있는 듯하다.

【毛序】 干旄는 美好善也라 衛文公臣子多好善하니 賢者樂告以善道也라

〈간모〉는 선(善)을 좋아함을 찬미한 시이다. 위나라 문공의 신자(臣子)들이 선(善)을 좋아하는 자가 많으니, 현자들이 선도(善道)로써 말해주기를 즐거워한 것이다.

【鄭註】 賢者는 時處士也라

현자는 이때의 처사(處士)이다.

【辨說】 定之方中一篇은 經文明白이라 故로 序得以不誤라 蝃蝀以下는 亦因其在此하여 而以爲文公之詩耳요 他未有考也니라

〈정지방중(定之方中)〉 한 편은 경문(經文)이 명백하므로 〈서(序)〉가 잘못되지 않을 수 있었다. 〈체동(蝃蝀)〉 이하는 또한 편차가 여기에 있음으로 인해서 문공(文公)의 시라 하였고 다른 것은 상고함이 있지 못하다.

10. 재치(載馳)

① 載馳載驅〔叶祛尤反〕, 歸唁衛侯. 驅馬悠悠, 言至於漕〔叶徂侯反〕. 大夫跋〔蒲末反〕涉, 我心則憂.

載馳載驅하여	말 달리고 수레 몰아
歸唁(언)衛侯호리라	돌아가 위후를 위문하리라
驅馬悠悠하여	말 몰기를 멀리하여
言至於漕러니	조읍(漕邑)에 이르려 하였는데
大夫跋涉이라	대부들이 발섭하고 뒤쫓아 오는지라
我心則憂호라	내 마음에 근심하노라

··· 唁 : 위문할 언 跋 : 걷고건널 발

賦也라 載는 則也라 弔失國曰唁이라 悠悠는 遠而未至之貌라 草行曰跋이요 水行曰涉이라

○ 宣姜之女 爲許穆公夫人이라 閔衛之亡하여 馳驅而歸하여 將以唁衛侯於漕邑이러니 未至에 而許之大夫 有奔走跋涉而來者하니 夫人이 知其必將以不可歸之義來告라 故로 心以爲憂也라 旣而終不果歸하고 乃作此詩하여 以自言其意爾니라

부(賦)이다. '재(載)'는 즉(則;발어사)이다. 나라를 잃은 것을 위문함을 '언(唁)'이라 한다. '유유(悠悠)'는 멀어서 이르지 못하는 모양이다. 풀섶 길을 걷는 것을 '발(跋)'이라 하고, 물 길을 걷는 것을 '섭(涉)'이라 한다.

○ 선강(宣姜)의 딸이 허 목공(許穆公)의 부인(夫人)이 되었다. 그는 위나라가 멸망함을 민망히 여겨 말을 달리고 수레를 몰아 돌아가 장차 조읍(漕邑)으로 가서 위후(衛侯)를 위문하려 하였는데, 도착하기 전에 허(許)나라의 대부들이 분주히 발섭(跋涉)하고 뒤쫓아오는 자가 있었으니, 부인은 장차 그들이 위나라로 돌아가서는 안 되는 의(義)로써 와서 고하려는 것임을 알았다. 그러므로 마음에 이것을 근심하였다. 그는 이윽고 끝내 돌아가지 못하고는 마침내 이 시(詩)를 지어 스스로 그 뜻을 말한 것이다.

② 旣不我嘉, 不能旋反. 視爾不臧, 我思不遠. 旣不我嘉, 不能旋濟. 視爾不臧, 我思不閟.

旣不我嘉일새	이미 나를 좋게 여기지 않는지라
不能旋反호라	곧바로 돌아가지 못하노라
視爾不臧이나	너에게 좋지 않게 여김을 당하나
我思不遠호라	내 그리움은 잊을 수 없노라
旣不我嘉일새	이미 나를 좋게 여기지 않는지라
不能旋濟호라	곧바로 물을 건너가지 못하노라
視爾不臧이나	너희에게 좋지 않게 여김을 당하나
我思不閟(비)호라	내 그리움은 그치지 않노라

賦也라 嘉、臧은 皆善也라 遠은 猶忘也라 濟는 渡也니 自許歸衛면 必有所渡之水也라 閟는 閉也, 止也니 言思之不止也라

••• 旋 : 곧바로 선 臧 : 착할 장 閟 : 닫을 비

○ 言大夫既至하여 而果不以我歸爲善하니 則我亦不能旋反而濟하여 以至於衛矣라 雖視爾不以我爲善이나 然我之所思는 終不能自已也라

부(賦)이다. '가(嘉)'와 '장(臧)'은 모두 좋음이다. '원(遠)'은 망(忘)과 같다. '제(濟)'는 건넘이니, 허(許)나라로부터 위(衛)나라로 돌아가려면 반드시 건너야 할 바의 물이 있는 것이다. '비(閟)'는 닫음이며 그침이니, 생각이 그치지 않음을 말한 것이다.

○ "대부가 이미 이르러서는 과연 내가 친정 나라로 돌아가는 것을 좋게 여기지 않으니, 내 또한 곧바로 돌아가 물을 건너서 위나라에 이를 수가 없다. 비록 내가 너희에게 좋게 여기지 않음을 당하나, 내 그리워하는 바는 끝내 스스로 그만둘 수가 없다."고 한 것이다.

③ 陟彼阿丘, 言采其蝱〔音盲 叶謨郎反〕. 女子善懷, 亦各有行〔叶戶郎反〕. 許人尤之, 衆穉〔直吏反〕且狂.

陟彼阿丘하여	저 높은 언덕에 올라가
言采其蝱(맹)호라	패모(貝母)를 캐노라
女子善懷	여자가 근심을 잘하는 것은
亦各有行이어늘	또한 각기 도리가 있거늘
許人尤之하니	허나라 사람들이 이를 허물하니
衆穉且狂이로다	저 사람들 어리고 또 미쳤도다

賦也라 偏高曰阿丘라 蝱은 貝母니 主療鬱結之疾이라 善懷는 多憂思也니 猶漢書云 岸善崩也라 行은 道요 尤는 過也라

○ 又言 以其旣不適衛而思終不止也라 故로 其在塗에 或升高以舒憂想之情하고 或采蝱以療鬱結之病이라 蓋女子所以善懷者는 亦各有道어늘 而許國之衆人이 以爲過하니 則亦少不更(경)事而狂妄之人爾라 許人守禮하니 非穉且狂也요 但以其不知己情之切至하여 而言若是爾라 然而卒不敢違焉하니 則亦豈眞以爲穉且狂哉리오

부(賦)이다. 한쪽이 치우치게 높은 것을 '아구(阿丘)'라 한다. '맹(蝱)'은 패모(貝母)이니, 울결(鬱結:번민, 스트레스)의 병을 주로 치료한다. '선회(善懷)'는 근심하는

··· 蝱 : 패모 맹 尤 : 허물할 우 穉 : 어릴 치 岸 : 언덕 안 善 : 잘할 선 崩 : 무너질 붕 舒 : 펼 서 更 : 지날 경

생각이 많은 것이니, 《한서(漢書)》 〈구혁지(溝洫志)〉에 "강안(江岸)이 무너지기를 잘 한다.〔岸善崩〕"는 것과 같다. '행(行)'은 도(道:도리)요, '우(尤)'는 허물함이다.

○ 또 말하기를 "이미 위나라에 갈 수 없으나, 그리움이 끝내 그치지 않는다. 그러므로 길에 있으면서 혹은 높은 언덕에 올라가 우상(憂想)의 정(情)을 펴고, 혹은 패모를 캐어 울결의 병을 치료하려 하였다. 여자가 근심을 잘하는 것은 또한 각기 도리가 있거늘 허나라의 여러 사람들은 이것을 잘못이라 하니, 이것은 또한 나이가 어려 일을 경험해보지 않아서 광망(狂妄)한 사람이기 때문일 뿐이다." 한 것이다. 허나라 사람들은 예(禮)를 지킨 것이니 이는 어리고 또 광망한 것이 아니요, 다만 자기 심정의 간절하고 지극함을 몰라주기 때문에 말이 이와 같았을 뿐이다. 그러나 끝내 감히 그를 어기지 못했으니, 그렇다면 또한 어찌 참으로 어리고 또 광망하다고 한 것이겠는가.

④ 我行其野, 芃芃〔蒲紅反〕其麥〔叶訖力反〕. 控〔苦貢反〕于大邦, 誰因誰極. 大夫君子, 無我有尤〔叶于其反〕. 百爾所思〔叶新齎反〕, 不如我所之.

我行其野호니	내 들판을 걸어가니
芃(봉)芃其麥이로다	우북한 보리로다
控于大邦이나	큰 나라에 하소연하고프나
誰因誰極고	누구를 통하며 누구에게 가야 하나
大夫君子아	대부와 군자들아
無我有尤어다	나를 허물하지 말지어다
百爾所思나	그대들이 생각을 백방으로 하나
不如我所之니라	내가 가는 것만 못하니라

賦也라 芃芃은 麥盛長貌라 控은 持而告之也라 因은 如因魏莊子之因[75]이라 極은

75 如因魏莊子之因:인(因)은 누구를 통하다, 누구에게 의지하다, 주인 삼다의 뜻이며, 위장자(魏莊子)는 진(晉)나라 대부 위강(魏絳)으로 장(莊)은 그의 시호이다. 《춘추좌씨전》 민공(閔公) 4년에 "무종(無終)의 임금인 가보(嘉父)가 맹락(孟樂)으로 하여금 진(晉)나라에 가서 위장자를 통하여 범과 표범의 가죽을 바치고 여러 융족(戎族)과 화친을 청했다.〔無終子嘉父, 使孟樂如晉, 因魏莊子, 納虎豹之皮, 以請和諸戎.〕"라고 보이는데, 두예(杜預)의 주에 "무종은 산융(山戎)의 국

··· 芃:풀무성할 봉 控:하소연할 공 因:통할 인

至也라 大夫는 卽跋涉之大夫요 君子는 謂許國之衆人也라

○ 又言歸途在野하여 而涉芃芃之麥하고 又自傷許國之小而力不能救라 故로 思欲爲之控告于大邦이나 而又未知其將何所因而何所至乎아 大夫君子는 無以我爲有過어다 雖爾所以處此百方이나 然不如使我得自盡其心之爲愈也라하니라

부(賦)이다. '봉봉(芃芃)'은 보리가 무성하게 자라는 모양이다. '공(控)'은 이 일을 가지고 가서 말하는(하소연하는) 것이다. '인(因)'은 "위장자를 통한다.〔因魏莊子〕"는 인(因)과 같다. '극(極)'은 이름이다. 대부는 바로 발섭(跋涉)해온 대부요, 군자는 허(許)나라의 중인(衆人)들을 이른다.

○ 또 말하기를 "돌아오는 길에 들판에서 무성한 보리를 지나왔고, 또 스스로 허나라가 작아서 힘이 구원할 수 없음을 서글퍼하였다. 그러므로 위나라를 위해 큰 나라에 하소연하고자 하나, 또 장차 어느 누구를 통하고 누구에게 가야 할지를 알 수가 없었다. 대부와 군자들은 나더러 잘못이 있다고 말하지 말라. 비록 그대들이 이에 백방으로 대처하려 하나, 나로 하여금 스스로 마음을 다하게 하는 것이 나음만 못하다."고 한 것이다.

載馳四章이니 二章은 章六句요 二章은 章八句라

〈재치(載馳)〉는 4장이니, 두 장은 장마다 6구이고 두 장은 장마다 8구이다.

事見(현)春秋傳하니라 舊說에 此詩五章이니 一章六句요 二章三章四句요 四章六句요 五章八句라하고 蘇氏는 合二章三章하여 以爲一章이라 按春秋傳컨대 叔孫豹賦載馳之四章에 而取其控于大邦誰因誰極之意하니 與蘇說合일새 今從之하노라

范氏曰 先王制禮에 父母沒則不得歸寧者는 義也니 雖國滅君死라도 不得往赴焉은 義重於亡故也니라

이 사실은 《춘추좌씨전》에 보인다. 구설(舊說)에 "이 시(詩)는 5장이니, 1장은 6구이고, 2장과 3장은 4구이고, 4장은 6구이고, 5장은 8구이다." 하였고, 소씨(蘇氏)는 2장과 3장을 합하여 한 장이라 하였다. 살펴보건대 《춘추좌씨전》 양공(襄公) 19년에, 숙손표(叔孫豹)가 〈재치(載馳)〉의 4장을 읊었는데 '큰 나라에 하소연하려 하나 누구를 통하며 누구에게 가야 하나.〔控于大邦, 誰因誰極.〕'라는 뜻을 취했으니, 소씨의 말과 부합하므로 이제 이를 따른다.

••••••

명이고 맹락은 그의 신하이다."라고 풀이하였다.

••• 愈 : 나을 유 豹 : 표범 표

범씨(范氏)가 말하였다. "선왕(先王)이 예(禮)를 만들 적에 친정부모가 별세하면 친정 나라에 돌아가 문안하지 못하게 함은 의(義)이니, 비록 국가가 멸망하고 군주가 죽더라도 달려가지 못함은 의가 망함보다 중하기 때문이다."

【毛序】 載馳는 許穆夫人作也니 閔其宗國顚覆하고 自傷不能救也라 衛懿公이 爲狄人所滅하여 國人分散하여 露於漕邑하니 許穆夫人이 閔衛之亡하고 傷許之小力不能救하여 思歸唁其兄이나 又義不得이라 故로 賦是詩也라

〈재치〉는 허(許)나라 목부인(穆夫人)이 지은 것이니, 종국(宗國)이 전복됨을 민망히 여기고 능히 구원하지 못함을 스스로 서글퍼한 것이다. 위나라 의공(懿公)이 오랑캐 사람들에게 멸망당하여 국인(國人)이 분산되어 조읍(漕邑)에 노숙하고 있으니, 허나라 목부인이 위나라의 멸망을 안타까워하고 허나라가 힘이 적어 구원하지 못함을 서글퍼하여 돌아가 그 형(오라비)을 위문하려 하였으나 또 의리상 할 수가 없었다. 그러므로 이 시(詩)를 읊은 것이다.

【鄭註】 滅者는 懿公死也니 君死於位曰滅이라 露於漕邑者는 謂戴公也라 懿公死에 國人分散이러니 宋桓公이 迎衛之遺民하여 渡河處之於漕邑하고 而立戴公焉이라 戴公與許穆夫人은 俱公子頑烝於宣姜所生也라 男子先生曰兄이라

멸(滅)은 의공(懿公)이 죽은 것이니, 군주가 지위에서 죽음을 멸이라 한다. '조읍에 노숙했다.'는 것은 대공(戴公)을 이른다. 의공이 죽음에 국인(國人)이 분산되었는데, 송 환공(宋桓公)이 위(衛)나라의 유민(遺民)을 맞이해 황하(黃河)를 건너가서 조읍에 거처하고 대공을 세웠다. 대공과 허(許)나라 목부인(穆夫人)은 모두 공자(公子) 완(頑)이 성강(宣姜)에게 증(烝)하여 낳은 자들이다. 남자가 먼저 태어난 것을 형(오라비)이라 한다.

【辨說】 此亦經明白이요 而序不誤者는 又有春秋傳可證일새라

이 또한 경문이 명백하고 〈서〉가 잘못되지 않은 것은 또 《춘추좌씨전》에 증거할 만한 것이 있기 때문이다.

鄘國은 十篇이니 二十九章이요 百七十六句라

〈용풍(鄘風)〉은 10편이니, 29장이고 176구이다.

〈위풍(衛風)〉 1-5[一之五]

1. 기욱(淇奧)

① 瞻彼淇奧〔於六反〕, 綠竹猗猗〔於宜反 叶於何反〕. 有匪君子, 如切如磋〔七何反〕, 如琢如磨. 瑟兮僩〔遐版反 下同〕兮, 赫兮咺〔況晩反 下同〕兮, 有匪君子, 終不可諼〔況元反 叶況遠反 下竝同〕兮.

瞻彼淇奧(욱)한대	저 기수(淇水) 벼랑을 보니
綠竹猗(의)猗로다	푸른 대나무가 야들야들하도다
有匪(斐)君子여	문채나는 군자여
如切如磋하며	잘라놓은 듯 다듬어 놓은 듯
如琢如磨로다	쪼아놓은 듯 갈아놓은 듯하도다
瑟兮僩(한)兮며	씩씩하고 위엄이 있으며
赫兮咺(훤)兮니	빛나고 점잖으니
有匪君子여	문채나는 군자여
終不可諼(훤)兮로다	끝내 잊을 수 없도다

興也라 淇는 水名이요 奧은 隈也라 綠은 色也라 淇上多竹하여 漢世猶然하니 所謂淇園之竹이 是也라 猗猗는 始生柔弱而美盛也라 匪는 斐通이니 文章著見(현)之貌也라 君子는 指武公也라 治骨角者는 旣切以刀斧하고 而復磋以鑢鐊(려탕)하며 治玉石者는 旣琢以椎鑿(추착)하고 而復磨以沙石하니 言其德之修飭이 有進而無已也라 瑟은 矜莊貌요 僩은 威嚴貌요 咺은 宣著貌라 諼은 忘也라
○ 衛人이 美武公之德하여 而以綠竹始生之美盛으로 興其學問自修之進益也라 大學傳曰 如切如磋者는 道學也요 如琢如磨者는 自修也요 瑟兮僩兮者는 恂慄(준율)也요 赫兮咺兮者는 威儀也요 有斐君子 終不可諼兮者는 道盛德至善[76]을 民

······

76 盛德至善 : 주자가 말씀하였다. "성덕은 몸에 얻은 것으로써 말한 것이고, 지선은 이치의 지극한 바로써 말한 것이다.〔盛德, 以身之所得而言; 至善, 以理之所極而言.〕"《詳說》

··· 奧 : 벼랑 욱 猗 : 아들아들할 의 匪 : 문채날 비 磋 : 다듬을 차 琢 : 쪼을 탁 瑟 : 치밀할 슬 僩 : 굳셀 한 咺 : 점잖을 훤 諼 : 잊을 훤 隈 : 벼랑 외 斐 : 문채날 비 鑢 : 줄 려 鐊 : 줄 탕 椎 : 망치 추(퇴) 鑿 : 끌 착 矜 : 씩씩할 긍 恂 : 두려울 준 慄 : 두려울 률

之不能忘也라하니라

흥(興)이다. '기(淇)'는 물 이름이요, '욱(奧)'은 벼랑이다. '녹(綠)'은 색깔(녹색)이다. 기수(淇水) 가에는 대나무가 많아서 한(漢)나라 시대에도 그러했으니, 《한서(漢書)》〈구혁지(溝洫志)〉에 이른바 '기원(淇園)의 대나무'라는 것이 이것이다. '의의(猗猗)'는 처음 나와서 유약하고 미성(美盛)한 것이다. '비(匪)'는 비(斐)와 통하니, 문장(文章:문채)이 드러나는 모양이다. '군자'는 무공(武公)을 가리킨다. 뼈와 뿔을 다루는 자는 이미 칼과 도끼로 잘라놓고 다시 줄과 대패로 갈며, 옥과 돌(보석)을 다루는 자는 이미 망치와 끌로 쪼아놓고 다시 모래와 돌(사포(砂布))로 가니, 덕(德)의 닦여지고 삼감이 진전함이 있고 그침이 없음을 말한 것이다. '슬(瑟)'은 긍장(矜莊:씩씩한)한 모양이요, '한(僩)'은 위엄스러운 모양이요, '훤(咺)'은 드러나는 모양이다. '훤(諼)'은 잊음이다.

○ 위나라 사람들이 무공(武公)의 덕을 찬미하여, 푸른 대나무가 처음 나와서 아름답고 성함으로써 그 학문(學問:지(知)를 가리킴)과 자수(自修:행(行)을 가리킴)의 진익(進益)을 흥(興)한 것이다. 《대학장구(大學章句)》의 전문(傳文:3장)에 "'여절여차(如切如磋)'는 학문을 말한 것이요, '여탁여마(如琢如磨)'는 자수(自修)를 말한 것이요, '슬혜한혜(瑟兮僩兮)'는 마음으로 두려워함이요, '혁혜훤혜(赫兮咺兮)'는 위의(威儀)요, 문채나는 군자여 끝내 잊을 수 없다는 것은 성한 덕(德)과 지극한 선(善)을 백성들이 잊지 못함을 말한 것이다." 하였다.

② 瞻彼淇奧, 綠竹青青〔子丁反〕. 有匪君子, 充耳琇瑩〔音營〕, 會〔古外反〕弁如星. 瑟兮僩兮, 赫兮咺兮. 有匪君子, 終不可諼兮.

瞻彼淇奧한대	저 기수 벼랑을 보니
綠竹青青이로다	푸른 대나무가 청청하도다
有匪君子여	문채나는 군자여
充耳琇瑩(수영)이며	귀막이가 수영(琇瑩)이며
會弁如星이로다	피변(皮弁)에 꿰맨 것이 별과 같도다
瑟兮僩兮며	치밀하고 위엄이 있으며
赫兮咺兮니	빛나고 점잖으니
有匪君子여	문채나는 군자여

··· 琇 : 옥돌 수 瑩 : 귀막이옥 영 弁 : 갓 변, 고깔 변

終不可諼兮로다　　　　끝내 잊을 수 없도다

興也라 青青은 堅剛茂盛之貌라 充耳는 瑱(진)也요 琇瑩은 美石也라 天子玉瑱이요 諸侯以石이라 會는 縫也요 弁은 皮弁也니 以玉飾皮弁之縫中하여 如星之明也라
○ 以竹之堅剛茂盛으로 興其服飾之尊嚴하여 而見(현)其德之稱也니라

흥(興)이다. '청청(青青)'은 견강(堅剛)하고 무성한 모양이다. '충이(充耳)'는 귀막이요, '수영(琇瑩)'은 아름다운 옥돌이다. 천자는 옥으로 귀막이를 하고, 제후는 옥돌을 사용한다. '회(會)'는 꿰맴(솔기)이고, '변(弁)'은 피변(皮弁)이니, 옥으로써 피변의 솔기 가운데를 장식하여 별처럼 빛나는 것이다.

○ 대나무의 견강하고 무성함으로써 복식(服飾)의 존엄(尊嚴)함을 흥(興)하여, 그 덕(德)이 의복에 걸맞음을 나타낸 것이다.

③ 瞻彼淇奧, 綠竹如簀〔音責 叶側歷反〕. 有匪君子, 如金如錫, 如圭如璧. 寬兮綽兮, 猗〔於綺反〕重〔直恭反〕較〔古岳反〕兮. 善戲謔兮, 不爲虐兮.

瞻彼淇奧한대　　　　저 기수 벼랑을 보니
綠竹如簀(책)이로다　　　　푸른 대나무가 살평상과 같도다
有匪君子여　　　　문채나는 군자여
如金如錫이며　　　　금(金)과 같고 주석과 같으며
如圭如璧이로다　　　　규(圭)와 같고 벽(璧)과 같도다
寬兮綽(작)兮하니　　　　너그럽고 여유 있으니
猗重較(각)兮로다　　　　아, 중각(重較)이로다
善戲謔兮하니　　　　희학(戲謔)을 잘하니
不爲虐兮로다　　　　지나침이 되지 않도다

興也라 簀은 棧(잔)也니 竹之密比似之면 則盛之至也라 金, 錫은 言其鍛鍊之精純이요 圭, 璧은 言其生質之溫潤이라 寬은 宏裕也요 綽은 開大也라 猗는 歎辭也라 重較은 卿士之車也라 較은 兩輢(의)上出軾者니 謂車兩傍也라 善戲謔不爲虐者는 言其樂易而有節也라
○ 以竹之至盛으로 興其德之成就하고 而又言其寬廣而自如하며 和易而中節也라

··· 瑱 : 귀막이옥 진　簀 : 살평상 책　綽 : 넉넉할 작　猗 : 감탄할 의　較 : 수레귀 각　棧 : 엮을 잔　鍛 : 단련할 단
宏 : 클 굉　輢 : 수레에병장기꽂는틀 의　軾 : 수레앞가로댄나무 식

蓋寬綽은 無斂束之意요 戲謔은 非莊厲之時니 皆常情所忽하여 而易致過差之地也라 然이나 猶可觀而必有節焉이면 則其動容周旋之間에 無適而非禮를 亦可見矣라 禮曰 張而不弛면 文武不能也요 弛而不張이면 文武不爲也시니 一張一弛가 文武之道也라하니 此之謂也니라

흥(興)이다. '책(簀)'은 대나무를 엮은 것(살평상)이니, 대나무의 빽빽함이 이와 같다면 성함이 지극한 것이다. '금(金)'·'석(錫)'은 단련(鍛鍊)함이 정순(精純)함을 말한 것이요, '규(圭)'·'벽(璧)'은 타고난 자질이 온윤(溫潤;따뜻하고 촉촉함)함을 말한 것이다. '관(寬)'은 너그럽고 여유로움이요, '작(綽)'은 개대(開大)함이다. '의(猗)'는 감탄사이다. '중각(重較)'은 경사(卿士)의 수레이니, 각(較)은 두 의(輢;수레에 병장기를 꽂는 틀)가 식(軾) 위로 솟아나온 것이니, 수레의 양 곁을 이른다. '희학(戲謔)을 잘하니 지나침이 되지 않는다.'는 것은 즐겁고 화하면서도 절도가 있음을 말한 것이다.

○ 대나무가 지극히 성함으로써 그 덕(德)의 성취함을 흥(興)하였고, 또 관광(寬廣)하면서도 자여(自如;자유로움)하며 화이(和易)하면서도 절도에 맞음을 말한 것이다. 너그럽고 여유 있음은 염속(斂束)하는 뜻이 없고, 희학(戲謔)은 장엄히 하는 때가 아니니, 이는 모두 보통사람의 마음에 소홀히 하여 과차(過差)를 이루기가 쉬운 곳이다. 그런데 오히려 볼 만하여 반드시 절도가 있었으니, 그렇다면 동용주선(動容周旋;모든 행동거지)하는 사이에 가는 곳마다 예(禮) 아님이 없음을 또한 볼 수 있다. 《예기》〈잡기(雜記)〉에 "조이기만 하고 풀어놓지 않는다면 문왕(文王)·무왕(武王)도 형편상 능히 다스리지 못하실 것이요, 풀어 놓기만 하고 조이지 않는다면 문왕·무왕도 이렇게 하지 않으실 것이니, 한 번 조이고 한 번 풀어놓는 것이 문왕·무왕의 도(道)이다." 하였으니, 이것을 말한 것이다.

淇奧三章이니 章九句라

〈기욱(淇奧)〉은 3장이니, 장마다 9구이다.

按國語컨대 武公이 年九十有五로되 猶箴儆于國曰 自卿以下로 至于師長士히 苟在朝者는 無謂我老耄而舍我하고 必恪恭於朝하여 以交戒我하라하고 遂作懿(抑)戒之詩以自警이라하며 而賓之初筵도 亦武公悔過之作이니 則其有文章而能聽規諫하여 以禮自防也를 可知矣라 衛之他君은 蓋無足以及此者라 故로 序에 以此詩爲美武公이어늘 而今從之也하노라.

··· 箴 : 경계할 잠(침) 儆 : 경계할 경 耄 : 늙은이 모 恪 : 조심할 각 規 : 타이를 규

《국어(國語)》〈초어(楚語)〉를 살펴보건대 "무공(武公)은 나이가 95세였는데도 오히려 나라에 경계하기를 '경(卿)으로부터 이하로 사(師)·장(長)과 사(士)에 이르기까지 만일 조정에 있는 자들이면 내가 늙었다고 하여 나를 버리지 말고, 반드시 조정에서 삼가고 공손히 하여 서로 나를 경계하라.' 하고, 마침내 억계(懿戒:抑戒)의 시(詩)를 지어 스스로 경계하였다."라 하였으며, 〈소아(小雅) 빈지초연(賓之初筵)〉 역시 무공이 과오를 뉘우치고 지은 것이니, 그렇다면 그 문장력이 있고 능히 간하는 말을 받아들여 예(禮)로써 스스로 방한(防閑:몸을 단속함)했음을 알 수 있다. 위(衛)나라의 다른 군주들은 여기에 미칠 자가 없다. 그러므로 〈모서〉에 이 시(詩)를 무공을 찬미한 것이라고 하였는데, 지금 그것을 그대로 따르노라.

【毛序】 淇奧은 美武公之德也라 有文章하고 又能聽其規諫하여 以禮自防이라 故로 能入相于周하니 美而作是詩也라

〈기욱〉은 무공의 덕을 찬미한 시(詩)이다. 문장이 있고 또 신하들의 규간(規諫)을 받아들여 예(禮)로써 스스로 방한(防閑:단속)하였다. 이 때문에 주(周)나라 조정에 들어가 정사를 도우니, 이것을 찬미하여 이 시를 지은 것이다.

【辨說】 此序는 疑得之라

이 〈서〉는 맞는 듯하다.

2. 고반(考槃)

① 考槃在澗〔叶居賢反〕, 碩人之寬〔叶區權反〕. 獨寐寤言, 永矢弗諼〔況元反〕.

考槃在澗하니	고반이 시냇가에 있으니
碩人之寬이로다	석인의 마음이 넉넉하도다
獨寐寤言이나	홀로 자고 깨어 말하나
永矢弗諼(훤)이로다	길이 잊지 않기로 맹세하도다

賦也라 考는 成也요 槃은 盤桓之意니 言成其隱處之室也라 陳氏曰 考는 扣也요 槃은 器名이니 蓋扣之以節歌니 如鼓盆拊缶(부부)之爲樂(락)也라하니 二說이 未知

··· 槃 : 즐길 반 矢 : 맹세할 시 諼 : 잊을 훤 扣 : 두드릴 고 拊 : 칠 부 缶 : 질장구 부

孰是라 山夾水曰澗이라 碩은 大요 寬은 廣이요 永은 長이요 矢는 誓요 諼은 忘也라

○ 詩人이 美賢者隱處澗谷之間하여 而碩大寬廣하여 無戚戚之意하여 雖獨寐而寤言이나 猶自誓其不忘此樂也라

부(賦)이다. '고(考)'는 이룸이요, '반(槃)'은 반환(盤桓;조용히 산보함)의 뜻이니, 〈고반은〉 은거(隱居)하는 집을 이룸을 말한 것이다. 진씨(陳氏)는 말하기를 "고(考)는 두드림이요 반(槃)은 그릇 이름이니, 그릇을 두들겨 노래의 가락을 맞추는 것이니, 동이를 두드리고 질장구를 쳐서 즐거움을 삼는 것과 같다." 하였으니, 두 설은 어느 것이 옳은지 알지 못하겠다. 산이 물을 끼고 있는 것을 '간(澗)'이라 한다. '석(碩)'은 큼이요, '관(寬)'은 넓음이요, '영(永)'은 긺이요, '시(矢)'는 맹세요, '훤(諼)'은 잊음이다.

○ 시인이 현자가 간곡(澗谷)의 사이에서 은거(隱居)하면서 마음이 석대(碩大)하고 관광(寬廣)하여 근심하는 뜻이 없어서 비록 홀로 자거나 깨어 말할지라도 오히려 스스로 이 락(樂)을 잊지 않겠다고 맹세함을 찬미한 것이다.

② 考槃在阿, 碩人之薖〔苦禾反〕. 獨寐寤歌, 永矢不過〔古禾反〕.

考槃在阿하니	고반이 언덕에 있으니
碩人之薖(과)로다	석인의 마음이 넉넉하도다
獨寐寤歌나	홀로 자고 깨어 노래하나
永矢不過로다	길이 이 락(樂)에 지나지 않기로 맹세하도다

賦也라 曲陵曰阿라 薖는 義未詳이라 或云 亦寬大之意也라 永矢弗過는 自誓所願不踰於此하니 若將終身之意也[77]라

부(賦)이다. 굽은 언덕을 '아(阿)'라 한다. '과(薖)'는 뜻이 자세하지 않다. 혹자는 또한 관대(寬大)한 뜻이라고 한다. '영시불과(永矢弗過)'는 스스로 소원이 이 락(樂)에서 넘지 않기를 맹세한 것이니, 장차 이대로 종신(終身)할 듯이 한다는 뜻이다.

••••••

77 若將終身之意也 : 장차 가난한 생활을 편안히 여겨 일생을 마치려는 듯함을 이르는 말로, 《맹자》〈진심 하(盡心下)〉에 "순 임금이 마른밥을 먹고 채소를 먹으면서 장차 이대로 일생을 마칠 듯이 하셨다.〔舜之飯糗茹草也, 若將終身焉.〕"라고 보인다.

••• 戚 : 슬플 척, 근심할 척 薖 : 넉넉할 과 踰 : 넘을 유

③ 考槃在陸, 碩人之軸. 獨寐寤宿, 永矢不告〔姑沃反〕.

考槃在陸하니	고반이 높은 육지에 있으니
碩人之軸(축)이로다	석인이 한가로이 반환하도다
獨寐寤宿이나	홀로 자고 깨었다가 다시 누웠으나
永矢不告(곡)이로다	길이 이 락을 남에게 말하지 않기로 맹세하도다

賦也라 高平曰陸이라 軸은 盤桓不行之意라 寤宿은 已覺(교)而猶臥也라 弗告者는 不以此樂告人也라

부(賦)이다. 높고 평평한 곳을 '륙(陸)'이라 한다. '축(軸)'은 반환(머뭇거림)하고 떠나지 않는 뜻이다. '오숙(寤宿)'은 이미 잠이 깨었으나 아직 누워 있는 것이다. '불곡(弗告)'은 이 락(樂)을 남에게 말하지 않는 것이다.

考槃三章이니 章四句라

〈고반(考槃)〉은 3장이니, 장마다 4구이다.

【毛序】 考槃은 刺莊公也니 不能繼先公之業하여 使賢者退而窮處하니라

〈고반〉은 장공(莊公)을 풍자한 시(詩)이니, 선공(先公)의 기업(基業)을 계승하지 못하여 현자(賢者)로 하여금 물러나 곤궁하게 살도록 하였다.

【鄭註】 窮은 猶終也라

궁(窮)은 종(終)과 같다.

【辨說】 此는 爲美賢者窮處而能安其樂之詩니 文意甚明이라 然詩文에 未有見棄於君之意하니 則亦不得爲刺莊公矣라 序蓋失之나 而未有害於義也요 至於鄭氏하여는 遂有誓不忘君之惡과 誓不過君之朝와 誓不告君以善之說하니 則其害義又有甚焉이라 於是에 程子易其訓詁하사 以爲陳其不能忘君之意하고 陳其不得過君之朝하고 陳其不得告君以善이라하시니 則其意忠厚而和平矣라 然未知鄭氏之失이 生於序文之誤하시니 若但直據詩詞하면 則與其君으로 初不相涉也니라

이는 현자(賢者)가 곤궁하게 살면서도 능히 그 락(樂)을 편안히 여김을 찬미한 시이니, 글뜻이 매우 분명하다. 그러나 시문(詩文)에 군주에게 버림받은 뜻이 있지 않으니, 또한 장공(莊公)을 풍자함이 될 수 없는 것이다. 〈서(序)〉는 잘못되었

··· 軸 : 머뭇거릴 축

으나 의리에 해로움이 있지는 않고, 정씨(鄭氏)에 이르러는 마침내 맹세코 군주의 악(惡)을 잊지 않겠다는 것과 맹세코 군주의 조정을 지나가지 않겠다는 것과 맹세코 군주에게 선언(善言)을 고하지 않겠다는 말이 있으니, 그렇다면 그 의리를 해침이 더욱 심한 것이다. 이에 정자(程子)가 그 훈고(訓詁)를 바꾸어서 말씀하기를 "그 군주를 잊지 못하는 뜻을 말하고 군주의 조정을 지나갈 수 없음을 말하고 군주에게 선언을 고할 수 없음을 말한 것이다." 하셨으니, 그 뜻이 충후(忠厚)하고 화평(和平)하다. 그러나 이는 정씨의 잘못이 〈서문(序文)〉의 오류에서 발생함을 알지 못하신 것이니, 만약 다만 곧바로 시의 글에 근거하면 군주와는 애당초 서로 관련되지 않는다.

3. 석인(碩人)

① 碩人其頎〔其機反〕, 衣〔於旣反〕錦褧〔苦迥反〕衣. 齊侯之子, 衛侯之妻, 東宮之妹, 邢侯之姨, 譚公維私〔息夷反〕.

碩人其頎(기)하니	석인이 키가 훤칠하니
衣錦褧(경)衣로다	비단옷 위에 홑옷을 덧입었도다
齊侯之子요	제후의 따님이요
衛侯之妻요	위후의 아내요
東宮之妹요	동궁의 매씨(妹氏)요
邢侯之姨요	형후의 처제요
譚公維私로다	담공 자매의 남편이로다

賦也라 碩人은 指莊姜也라 頎는 長貌라 錦은 文衣也요 褧은 襌(단)也니 錦衣而加褧焉은 爲其文之太著也라 東宮은 太子所居之宮이니 齊太子得臣也라 繫太子言之者는 明與同母하니 言所生之貴也라 女子後生曰妹요 妻之姊妹曰姨요 姊妹之夫曰私라 邢侯, 譚侯는 皆莊姜姊妹之夫니 互言之也[78]라 諸侯之女 嫁於諸侯則尊

78 皆莊姜姊妹之夫 互言之也 : 호산은 "혹은 형후(邢侯)를 위주하여 이(姨)라고 말하였고, 혹은

··· 頎 : 헌걸찰 기 褧 : 홑옷 경 邢 : 형나라 형 姨 : 이모 이 譚 : 말씀 담 私 : 형제의남편 사 襌 : 홑옷 단

同이라 故로 歷言之하니라

○ 莊姜事는 見邶風綠衣等篇하니라 春秋傳曰 莊姜이 美而無子어늘 衛人이 爲之賦碩人이라하니 卽謂此詩니 而其首章은 極稱其族類之貴하여 以見(현)其爲正嫡小君하니 所宜親厚하여 而重歎莊公之昏惑也라

부(賦)이다. '석인(碩人)'은 장강(莊姜)을 가리킨 것이다. '기(頎)'는 긴(키가 큰) 모양이다. '금(錦)'은 문채나는 옷이요, '경(褧)'은 홑옷이니, 비단옷에 홑옷을 가(加)한 것은 그 문채가 너무 드러나기 때문이다. '동궁(東宮)'은 태자가 거처하는 궁(宮)이니, 제(齊)나라의 태자인 득신(得臣)이다. 태자에게 연결시켜 말한 것은 태자와 어머니를 함께 하였음을 밝힌 것이니, 낳아주신 분(어머니)이 귀함을 말한 것이다. 뒤에 태어난 여동생을 '매(妹)'라 하고, 아내의 자매들을 '이(姨)'라 하고, 자매의 남편을 '사(私)'라 한다. '형후(邢侯)'와 '담후(譚侯)'는 모두 장강 자매의 남편이니, 여기서는 서로 바꾸어서 말한 것이다. 제후의 딸이 제후에게 시집가면 존귀함이 제후와 똑같기 때문에 일일이 말한 것이다.

○ 장강(莊姜)의 일은 〈패풍(邶風)〉의 〈녹의(綠衣)〉 등 편(篇)에 보인다. 《춘추좌씨전》 은공(隱公) 3년에 "장강이 아름다웠으나 아들이 없자, 위(衛)나라 사람들이 그를 위하여 〈석인〉을 지었다." 하였으니, 바로 이 시(詩)를 말한 것이다. 그 수장(首章)에서는 족류(族類:집안)의 귀함을 지극히 말하여, 정적(正嫡)의 소군(小君)이 되었으니 마땅히 친후(親厚)해야 함을 나타내어 장공(莊公)의 혼혹(昏惑)함을 거듭 탄식한 것이다.

② 手如柔荑〔徒奚反〕, 膚如凝脂, 領如蝤〔似修反〕蠐〔音齊〕, 齒如瓠〔戶故反〕犀, 螓〔音秦〕首蛾〔我波反〕眉. 巧笑倩〔七薦反〕兮, 美目盼〔匹莧反 叶匹見反〕兮.

手如柔荑(제)요	손은 부드러운 삘기와 같고
膚如凝脂요	살결은 엉긴 기름과 같고
領如蝤蠐(추제)요	목은 굼벵이와 같고

••••••

장강을 위주하여 사(私)라고 말한 것이다.〔或主邢侯而言姨, 或主莊姜而言私.〕" 하였다. 《詳說》 호언(互言)은 서로 바꾸어 쓴 것으로 형후지사(邢侯之私)와 담공유이(譚公惟姨)는 사실 같은 내용이다.

••• 荑 : 삐비 제 凝 : 엉길 응 領 : 목 령 蝤 : 좀벌레 추 蠐 : 굼벵이 제

齒如瓠犀(호서)요	치아는 박씨와 같고
螓首蛾眉로소니	매미 머리에 나비 눈썹이로소니
巧笑倩(천)兮며	예쁘게 웃음에 보조개가 보이며
美目盼(변)兮로다	아름다운 눈에 흑백이 분명하도다

賦也라 茅之始生曰荑니 言柔而白也라 凝脂는 脂寒而凝者니 亦言白也라 領은 頸也라 蝤蠐는 木蟲之白而長者라 瓠犀는 瓠中之子니 方正潔白而比次整齊也라 螓은 如蟬而小하니 其額이 廣而方正이라 蛾는 蠶蛾也니 其眉細而長曲이라 倩은 口輔之美也요 盼은 黑白分明也라

○ 此章은 言其容貌之美하니 猶前章之意也라

부(賦)이다. 띠풀이 처음 난(팬) 것을 '제(荑)'라 하니, 부드럽고 흼을 말한 것이다. '응지(凝脂)'는 기름이 추위에 엉긴 것이니, 또한 살결이 흼을 이른다. '영(領)'은 목이다. '추제(蝤蠐)'는 나무 벌레 중에 희고 긴 것(굼벵이)이다. '호서(瓠犀)'는 박의 씨이니, 방정(方正)하고 깨끗하며 나란히 있어 정제(整齊)하다. '진(螓)'은 큰 매미와 같은데 작으니, 그 이마가 넓고 방정하다. '아(蛾)'는 누에의 나방이니, 그 눈썹이 가늘고 길게 굽어져 있다. '천(倩)'은 입의 보조개가 아름다운 것이요, '변(盼)'은 눈동자의 흑백이 분명한 것이다.

○ 이 장(章)은 그 용모의 아름다움을 말한 것이니, 전장(前章)의 뜻과 같다.

③ 碩人敖敖〔五刀反〕, 說〔始銳反〕于農郊〔叶音高〕. 四牡有驕〔起橋反 叶音高〕, 朱幩〔符云反〕鑣鑣〔表驕反 叶音褒〕, 翟茀〔音弗〕以朝〔直遙反 叶直豪反〕. 大夫夙退, 無使君勞.

碩人敖敖하니	석인이 키가 훤칠하니
說(세)于農郊로다(하여)	농교에 머물도다
四牡有驕하며	네 마리 수말이 건장하며
朱幩(분)鑣(표)鑣어늘	붉은 말재갈 선명도 한데
翟茀(불)以朝하니	적거(翟車)를 타고가 조회하니
大夫夙退하여	대부들은 일찍 물러가
無使君勞러니라	군주를 수고롭게 말라고 하였었다

··· 瓠 : 박 호 犀 : 박씨 서 螓 : 매미 진 蛾 : 누에나방 아 倩 : 예쁠 천 盼 : 눈매예쁠 변 蟬 : 매미 선 敖 : 클 오 幩 : 말재갈끈 분 鑣 : 성할 표, 말재갈 표 茀 : 수레가림 불

賦也라 敖敖는 長貌라 說는 舍也라 農郊는 近郊也라 四牡는 車之四馬라 驕는 壯貌라 幩은 鑣飾也라 鑣者는 馬銜外鐵이니 人君은 以朱纏(전)之也라 鑣鑣는 盛也라 翟은 翟車也니 夫人은 以翟羽飾車라 茀은 蔽也니 婦人之車는 前後設蔽라 夙은 早也라 玉藻曰 君은 日出而視朝하고 退適路寢聽政하며 使人視大夫하여 大夫退然後에 適小寢釋服[79]이라하니라

○ 此는 言莊姜自齊來嫁할새 舍止近郊하여 乘是車馬之盛하여 以入君之朝하니 國人이 樂得以爲莊公之配라 故로 謂諸大夫朝於君者는 宜早退하여 無使君勞於政事하여 不得與夫人相親이러니 而歎今之不然也라

부(賦)이다. '오오(敖敖)'는 키가 큰 모양이다. '세(說)'는 머묾이다. '농교(農郊)'는 가까운 교외이다. '사무(四牡)'는 수레의 네 마리 수말이다. '교(驕)'는 건장한 모양이다. '분(幩)'은 말재갈의 꾸밈이다. '표(鑣)'는 말재갈 밖의 쇠이니, 군주는 붉은 끈으로 이것을 감는다. '표표(鑣鑣)'는 성함이다. '적(翟)'은 적거(翟車)이니, 제후의 부인(夫人)은 꿩의 깃털로 수레를 꾸민다. '불(茀)'은 수레의 가리개이니, 부인(婦人)의 수레는 앞뒤에 가리개를 설치한다. '숙(夙)'은 일찍이다. 《예기》〈옥조(玉藻)〉에 "군주는 해가 뜨면 나가 정조(正朝)에서 조회를 보고, 노침(路寢)으로 물러와 정사를 들으며, 사람을 시켜 대부를 보게 해서 대부가 물러간 뒤에야 소침(小寢)으로 가서 옷을 벗는다." 하였다.

○ 이것은 장강(莊姜)이 제나라에서 시집올 때에 가까운 교외에 머물면서 이 성대한 거마(車馬)를 타고서 군주의 조정에 들어오니, 국인(國人)들이 장강을 얻어 장공(莊公)의 배필로 삼음을 즐거워하였다. 그러므로 이르기를 "여러 대부로서 군주에게 조회하는 자들은 마땅히 일찍 물러가서 군주로 하여금 정사에 너무 수고로워 부인(夫人)과 서로 친하지 못하게 하지 말라."고 했었는데, 지금엔 그렇지 못함을 탄식한 것이다.

④ 河水洋洋, 北流活活〔古闊反 叶戶劣反〕. 施罛〔音孤〕濊濊〔呼活反 叶許月反〕, 鱣〔陟連反〕鮪〔于軌反〕發發〔補末反 叶方月反〕, 葭〔音加〕菼〔他覽反〕揭揭〔居謁反〕, 庶姜孼孼〔魚竭反〕, 庶士有朅〔欺列反〕.

79 君……適小寢釋服 : 정씨(정현)는 "조(朝)는 노침 문 밖의 정조(正朝)이고 소침(小寢)은 연침(燕寢)이며 옷〔服〕은 현단복(玄端服)이다." 하였다.《詳說》

… 銜 : 말재갈 함 纏 : 묶을 전

河水洋洋하여	황하의 물이 넘실넘실 흘러
北流活活이어늘	북으로 콸콸 흐르거늘
施罛(고)濊(활)濊하니	철썩철썩 그물을 치니
鱣鮪(전유)發發하며	전어와 철갑 상어가 팔딱거리며
葭菼(가담)揭(걸)揭이어늘	갈대가 길쭉길쭉 하거늘
庶姜孽(얼)孽하며	여러 강씨(姜氏)들은 치장이 거창하며
庶士有朅(걸)이러니라	여러 남자들은 건장도 하더니라

賦也라 河는 在齊西衛東하니 北流入海라 洋洋은 盛大貌요 活活은 流貌라 施는 設也라 罛는 魚罟也라 濊濊은 罟入水聲也라 鱣魚는 似龍하고 黃色, 銳頭요 口在頷下하며 背上腹下에 皆有甲하니 大者는 千餘斤이라 鮪는 似鱣而小하고 色青黑이라 發發은 盛貌라 菼은 薍(완)也니 亦謂之荻이라 揭揭은 長也라 庶姜은 謂姪娣[80]라 孽孽은 盛飾也라 庶士는 謂媵臣이라 朅은 武貌라

○ 言齊地廣饒하여 而夫人之來에 士女佼好하고 禮儀盛備가 如此하니 亦首章之意也라

부(賦)이다. 황하(黃河)는 제나라의 서쪽, 위나라의 동쪽에 있으니, 북쪽으로 흘러 바다로 들어간다. '양양(洋洋)'은 물이 성대한 모양이요, '활활(活活)'은 물이 흐르는 모양이다. '시(施)'는 설치함이다. '고(罛)'는 물고기의 그물이다. '활활(濊濊)'은 그물이 물에 들어가는 소리이다. '전어(鱣魚)'는 용(龍)과 비슷한데, 색깔이 황색(黃色)이고 머리가 뾰죽하며 입은 턱 밑에 있고 등 위와 배 아래에 모두 단단한 껍질이 있으니, 큰 것은 천여 근이나 된다. '유(鮪;상어)'는 전어와 비슷한데 작으며 색깔이 청흑색(青黑色)이다. '발발(發發)'은 성한 모양이다. '담(菼)'은 갈대이니, 또한 적(荻)이라고도 이른다. '걸걸(揭揭)'은 키가 큼이다. '서강(庶姜)'은 장강의 조카와 여동생(잉첩)을 이른다. '얼얼(孽孽)'은 성대하게 꾸민 것이다. '서사(庶士)'는 잉신(媵臣;잉첩의 신하)을 이른다. '걸(朅)'은 군센 모양이다.

○ 제(齊)나라 땅이 넓고 비옥하여 부인(夫人)이 시집올 때에 사녀(士女)들이 아

······

80 庶姜 謂姪娣 : 호산은 "여덟 명의 잉첩이 모두 강성(姜姓)이다." 하였다. 《詳說》 옛날 제후가 제후국에 장가들면 정실부인과 그녀의 조카와 여동생, 그리고 동성(同姓)의 두 나라에서 각각 세 명의 잉첩을 보내 주었다. 그리하여 제후가 한 번 장가들면 '아홉 여자를 얻는다.[一娶九女.]'라고 하였다.

··· 活 : 물흐를 활 罛 : 그물 고 濊 : 그물소리 활 鱣 : 전어 전 鮪 : 상어 유 葭 : 갈대 가 菼 : 갈대 담
孽 : 치장할 얼 朅 : 헌칠할 걸 頷 : 턱 함 薍 : 갈대 완 荻 : 갈대 적 媵 : 잉첩 잉

름답고 예의(禮儀)가 성하게 구비됨이 이와 같음을 말한 것이니, 또한 수장(首章)의 뜻이다.

碩人四章이니 章七句라

〈석인(碩人)〉은 4장이니, 장마다 7구이다.

【毛序】 碩人은 閔莊姜也라 莊公이 惑於嬖妾하여 使驕上僭하니 莊姜이 賢而不答하여 終以無子라 故로 國人이 閔而憂之하니라

〈석인〉은 장강을 가엾게 여긴 시(詩)이다. 장공이 사랑하는 첩(妾)에게 미혹(迷惑)되어 〈첩으로 하여금〉 교만하여 위로 참람하게 하니, 장강은 어질어도 답례(答禮)를 받지 못하여 끝내 자식이 없었다. 그러므로 국인(國人)들이 민망히 여기고 걱정한 것이다.

【辨說】 此序는 據春秋傳하면 得之라

이 〈서〉는 《춘추좌씨전》을 근거해보면 맞다.

4. 맹(氓)

① 氓之蚩蚩〔尺之反〕, 抱布貿〔莫豆反〕絲〔叶新齊反〕. 匪來貿絲, 來卽我謀〔叶謨悲反〕. 送子涉淇, 至于頓丘〔叶祛奇反〕. 匪我愆期, 子無良媒〔叶謨悲反〕. 將〔七羊反〕子無怒, 秋以爲期.

氓之蚩(치)蚩	미련하고 미련한 백성(남자)이
抱布貿絲러니	삼베를 안고 실을 사러 오더니
匪來貿絲라	실을 사러 온 것이 아니라
來卽我謀러라	와서 나에게 함께 살자고 도모하더라
送子涉淇하여	그대를 전송하느라 기수(淇水)를 건너
至于頓丘호라	돈구에 이르렀노라
匪我愆期라	내가 약속을 어긴 것이 아니라
子無良媒니라	그대에게 좋은 중매가 없어서이니라

••• 氓 : 백성 맹 蚩 : 어리석을 치 貿 : 살 무 愆 : 허물 건, 어길 건

將子無怒어다　　　청컨대 그대는 노여워하지 말지어다
秋以爲期라호라　　　가을로 기약하자 하였노라

賦也라 氓은 民也니 蓋男子而不知其誰何之稱也라 蚩蚩는 無知之貌니 蓋怨而鄙之也라 布는 幣라 貿는 買也니 貿絲는 蓋初夏之時也라 頓丘는 地名이라 愆은 過也라 將은 願也, 請也라

○ 此는 淫婦爲人所棄하고 而自叙其事以道其悔恨之意라 夫旣與之謀而不遂往하고 又責所無以難其事하며 再爲之約以堅其志하니 此其計亦狡矣니 以御蚩蚩之氓에 宜其有餘로되 而不免於見棄라 蓋一失其身이면 人所賤惡(오)니 始雖以欲而迷나 後必(以)[有]時而悟라 是以로 無往而不困耳라 士君子立身一敗면 而萬事瓦裂者 何以異此리오 可不戒哉아

부(賦)이다. '맹(氓)'은 백성이니, 남자로서 그 누군지를 알 수 없는 이의 칭호이다. '치치(蚩蚩)'는 무지(無知)한 모양이니, 원망하여 그를 비루(鄙陋)하게 여긴 것이다. '포(布;삼베)'는 화폐이다. '무(貿)'는 사는 것이니, 실(생사)을 사는 것은 아마도 초하(初夏)의 때인 듯하다. '돈구(頓丘)'는 지명이다. '건(愆)'은 지나감이다. '장(將)'은 원함이며 청함이다.

○ 이것은 음부(淫婦)가 남(남자)에게 버림을 당하고는 스스로 그 일을 서술하여 회한(悔恨)의 뜻을 말한 것이다. 이미 남자와 함께 〈살자고〉 도모하고는 도리어 가지 않고, 또 없는 중매쟁이를 요구〔責〕하여 그 일을 어렵게 하였으며, 또다시 가을로 약속을 하여 그 뜻을 견고히 하였으니, 이는 그 계책이 또한 교활한 바, 이로써 미련하고 미련한 남자를 어거하기에 마땅히 유여(有餘)할 터인데도 버림받음을 면치 못하였다. 이는 여자가 한번 그 몸(정조)을 잃으면 남들이 천히 여기고 미워하는 바이니, 처음에는 비록 욕정 때문에 혼미하나 뒤에는 반드시 깨달을 때가 있는 것이다. 이 때문에 가는 곳마다 곤궁하지 않음이 없는 것이다. 사군자(士君子)가 몸을 세움에 한번 실패하면 만사(萬事)가 와해되는 것이 무엇이 이와 다르겠는가. 경계하지 않을 수 있겠는가.

② 乘彼垝〔俱毁反〕垣〔音袁〕, 以望復關〔叶圭員反〕. 不見復關, 泣涕漣漣〔音連〕. 旣見復關, 載笑載言. 爾卜爾筮, 體無咎言. 以爾車來, 以我賄〔呼罪反〕遷.

••• 將 : 원할 장 狡 : 교활할 교

乘(升)彼垝垣(궤원)하여	저 무너진 담장에 올라가
以望復(복)關호라	복관을 바라보노라
不見復關하여	복관에 있는 사람을 보지 못하여
泣涕漣(련)漣이러니	눈물을 줄줄 흘리더니
旣見復關하여	이미 복관에 있는 사람을 보고는
載笑載言호라	곧 웃으며 곧 말했노라
爾卜爾筮에	그대의 거북점과 주역점에
體無咎言이어든	점괘에 나쁜 말이 없거든
以爾車來하라	그대의 수레를 가지고 오라
以我賄(회)遷이라호라	내 재물을 가지고 옮겨가리라 하였노라

賦也라 垝는 毁요 垣은 墻也라 復關은 男子之所居也니 不敢顯言其人이라 故로 託言之耳라 龜曰卜이요 蓍曰筮라 體는 兆卦之體也라 賄는 財요 遷은 徙也라
○ 與之期矣라 故로 及期而乘垝垣以望之하고 旣見之矣라 於是에 問其卜筮所得卦兆之體하고 若無凶咎之言이어든 則以爾之車來迎하라 當以我之賄往遷也라하니라

부(賦)이다. '궤(垝)'는 무너짐이요, '원(垣)'은 담장이다. '복관(復關)'은 남자가 사는 곳이니, 감히 그 사람을 드러내놓고 말할 수 없으므로 〈그가 사는 곳을〉 가탁하여 말한 것이다. 거북점을 '복(卜)'이라 하고, 시초(蓍草;주역)점을 '서(筮)'라 한다. '체(體)'는 거북점의 조짐과 《주역》의 괘체(卦體)이다. '회(賄)'는 재물이요, '천(遷)'은 옮김이다.

○ 그와 함께 만나기로 약속하였다. 그러므로 약속한 날짜에 미쳐 무너진 담장에 올라가서 그가 있는 곳을 바라보았으며, 이미 만나보고는 이에 그 복서(卜筮)에 얻은 조괘(兆卦)의 체(體)를 묻고 "점괘에 만일 나쁜 말이 없거든 그대의 수레를 가지고 와서 나를 맞이해 가라. 내 마땅히 나의 재물을 가지고 옮겨 가겠다."고 한 것이다.

③ 桑之未落, 其葉沃若. 于〔音吁 下同〕嗟鳩兮, 無食桑葚〔音甚 叶知林反〕. 于嗟女兮, 無與士耽〔叶持林反〕. 士之耽兮, 猶可說也, 女之耽兮, 不可說也.

··· 垝 : 무너진담 궤 垣 : 담 원 涕 : 눈물 체 漣 : 눈물흐를 련 筮 : 주역점칠 서 咎 : 허물 구 賄 : 재물 회
蓍 : 시초 시 兆 : 조짐 조 徙 : 옮길 사

桑之未落에	뽕잎이 떨어지기 전에는
其葉沃若이러니라	그 잎이 윤택했더니라
于(吁)嗟鳩兮여	아, 비둘기여
無食桑葚(심)이어다	뽕나무 오디를 먹지 말지어다
于嗟女兮여	아, 여자여!
無與士耽(탐)이어다	남자와 놀아나지 말지어다
士之耽兮는	남자의 놀아남은
猶可說也어니와	그래도 말할 수 있지만
女之耽兮는	여자의 놀아남은
不可說也니라	말할 수 없느니라

比而興也라 沃若은 潤澤貌라 鳩는 鶻(골)鳩也니 似山雀而小하고 短尾, 靑黑色이요 多聲이라 葚(椹)은 桑實也니 鳩食葚多則致醉라 耽은 相樂也라 說은 解也라 ○ 言桑之潤澤하여 以比己之容色光麗라 然이나 又念其不可恃此而從欲忘反이라 故로 遂戒鳩無食桑葚하여 以興下句戒女無與士耽也라 士猶可說이어니와 而女不可說者는 婦人被棄之後에 深自愧悔之辭라 主言婦人無外事하여 唯以貞信爲節이니 一失其正이면 則餘無足觀爾요 不可便謂士之耽惑이 實無所妨也니라

비이흥(比而興)이다. '옥약(沃若)'은 윤택한 모양이다. '구(鳩)'는 골구(鶻鳩:산비둘기)이니, 산작(山雀)과 비슷한데 작으며, 꼬리가 짧고 청흑색(靑黑色)이며 소리를 많이 지른다. '심(葚)'은 뽕나무의 열매(오디)이니, 비둘기가 뽕나무 열매를 많이 먹으면 취한다. '탐(耽)'은 서로 좋아함이다. '설(說)'은 해명함이다.

○ 뽕잎의 윤택함을 말하여 자신의 용색(容色)이 빛나고 화려함을 비(比)하였다. 그러나 또 이것만을 믿고 욕심을 따라 바른 길로 돌아올 것을 잊어서는 안 됨을 생각하였다. 그러므로 마침내 산비둘기는 뽕나무 오디를 먹지 말라고 경계하여, 아래 구(句)에 여자는 남자와 놀아나지 말라고 경계한 말을 흥(興)한 것이다. '남자는 그래도 말할 수 있지만 여자는 말할 수 없다.'는 것은 부인(婦人)이 버림받은 뒤에 깊이 스스로 부끄러워하고 뉘우친 말이다. 부인은 바깥 일이 없어 오직 정신(貞信)으로써 절개를 삼으니, 한번 그 올바름(정조)을 잃으면 나머지는 볼 것이 없음을 주장하여 말했을 뿐이요, 곧 남자의 탐혹(耽惑)함은 실로 해로운 바가 없다고 말한 것은 아니다.

··· 沃 : 윤택할 옥 鳩 : 비둘기 구 葚 : 오디 심 耽 : 즐길 탐, 놀아날 탐 鶻 : 송골매 골

④ 桑之落矣, 其黃而隕〔叶于貧反〕. 自我徂爾, 三歲食貧. 淇水湯湯〔音傷〕, 漸〔子廉反〕車帷裳. 女也不爽〔叶師莊反〕, 士貳其行〔下孟反 叶戶郞反〕. 士也罔極, 二三其德.

桑之落矣니	뽕잎이 떨어지니
其黃而隕(운)이로다	누렇게 되어 떨어지도다
自我徂爾로(하나로)	내 그대의 집에 시집온 뒤로
三歲食貧호라	삼 년 동안 가난하게 살았노라
淇水湯(상)湯하니	기수(淇水)가 넘실넘실 흐르니
漸車帷裳이로다	수레의 휘장을 적시도다
女也不爽이라	여자가 잘못한 것이 아니라
士貳其行이니라	남자가 행실을 이랬다저랬다 해서니라
士也罔極하니	남자가 극(줏대가)이 없으니
二三其德이로다	그 마음을 이랬다저랬다 하도다

比也라 隕은 落이요 徂는 往也라 湯湯은 水盛貌라 漸은 漬(지)也라 帷裳은 車飾이니 亦名童容이니 婦人之車則有之라 爽은 差요 極은 至也라
○ 言桑之黃落하여 以比己之容色凋謝하고 遂言自我往之爾家로 而値爾之貧이러니 於是見棄하여 復乘車而度(渡)水以歸라하고 復自言其過不在此而在彼也하니라

비(比)이다. '운(隕)'은 떨어짐이요, '조(徂)'는 감이다. '상상(湯湯)'은 물이 성한 모양이다. '점(漸)'은 적심이다. '유상(帷裳)'은 수레의 꾸밈이니, 또한 동용(童容)이라고 하니, 부인(婦人)의 수레에 있다. '상(爽)'은 어그러짐이요, '극(極)'은 이름(끝)이다.

○ 뽕잎이 누렇게 되어 떨어짐을 말하여 자신의 용색(容色)이 조사(凋謝:시듦)함을 비(比)하고, 마침내 말하기를 "내가 그대의 집에 시집온 뒤로부터 그대의 가난함을 만났는데, 이제 버림을 받아 다시 수레를 타고 물을 건너 돌아왔다."고 하였으며, 다시 스스로 "그 잘못이 이쪽(자기)에 있지 않고 저쪽(상대)에 있다."고 말한 것이다.

⑤ 三歲爲婦, 靡室勞矣. 夙興夜寐, 靡有朝〔叶直豪反〕矣. 言旣遂矣, 至于暴矣. 兄弟不知, 咥〔許意反〕其笑〔叶音燥〕矣. 靜言思之, 躬自悼矣.

··· 隕 : 떨어질 운 徂 : 갈 조 湯 : 물넘실거릴 상 漸 : 젖을 점 爽 : 어긋날 상 凋 : 시들 조 謝 : 시들 사

三歲爲婦하여　　삼 년 동안 며느리가 되어
靡室勞矣며　　집안일을 수고롭게 여기지 않았으며
夙興夜寐하여　　일찍 일어나고 밤늦게 자서
靡有朝矣호라　　하루아침의 겨를도 없었노라
言既遂矣어늘　　약속한 말이 이미 이루어지자
至于暴矣하니　　포악함에 이르니
兄弟不知하여　　친정의 형제들은 이것을 알지 못하여
咥(희)其笑矣하나니다　　희희 웃는구나
靜言思之요　　고요히 이것을 생각해보고
躬自悼矣호라　　몸소 스스로 서글퍼하노라

賦也라 靡는 不이요 夙은 早요 興은 起也라 咥는 笑貌라
○ 言我三歲爲婦[81]하여 盡心竭力하여 不以室家之務爲勞하고 早起夜臥하여 無有朝旦之暇하여 與爾始相謀約之言이 既遂어늘 而爾遽以暴戾加我라 兄弟見我之歸하고 不知其然하고 但咥然其笑而已라 蓋淫奔從人하여 不爲兄弟所齒라 故로 其見棄而歸에 亦不爲兄弟所恤이니 理固有必然者니 亦何所歸咎哉리오 但自痛悼而已니라

부(賦)이다. '미(靡)'는 아님이다. '숙(夙)'은 일찍이요, '흥(興)'은 일어남이다. '희(咥)'는 웃는 모양이다.

○ 내가 3년 동안 이 집 며느리가 되어 마음을 다하고 힘을 다하여 집안일을 수고롭게 여기지 않았으며, 일찍 일어나고 밤늦게 누워서 하루아침의 한가로운 여가도 없었다. 그리하여 그대와 더불어 처음에 서로 도모하고 약속한 말이 이미 이루어지자, 그대는 갑자기 포악함과 사나움을 나에게 가하였다.

형제들은 내가 친정으로 돌아온 것을 보고는 그러한 연유를 알지 못하고 다만 희연(咥然)히 웃을 뿐이라고 한 것이다. 음분(淫奔)하여 남(남자)을 따라감에 형제들 축에 끼이지 못하였다. 그러므로 버림을 받고 돌아옴에 또한 형제들의 걱정해 줌을 받지 못한 것이니, 이치상 진실로 필연적(必然的)인 것이니, 또한 잘못을 어

••••••
81 我三歲爲婦 : 정씨가 말하였다. "시부모〔舅姑〕가 있음을 부(婦;며느리)라 한다.〔有舅姑曰婦.〕" 《詳說》

••• 咥 : 허허웃을 희　戾 : 어그러질 려　齒 : 낄 치

디로 돌리겠는가. 다만 스스로 애통해 하고 서글퍼할 뿐이다.

⑥ 及爾偕老, 老使我怨. 淇則有岸〔叶魚戰反〕, 隰則有泮〔音畔 叶匹見反〕. 總角之宴, 言笑晏晏〔叶伊佃反〕. 信誓旦旦〔叶得絹反〕, 不思其反〔叶孚絢反〕. 反是不思〔叶新齎反〕, 亦已焉哉〔叶將黎反〕.

及爾偕老러니	그대와 백년해로하려 했더니
老使我怨이로다	늙어서 나로 하여금 원망하게 하도다
淇則有岸(안)이며	기수(淇水)에는 벼랑이 있고
隰則有泮(반)이어늘	습지에는 물가가 있는데
總角之宴에	총각시절 그대와 즐거워함에
言笑晏晏하며	웃고 말하기를 온화하게 하였으며
信誓旦(단)旦일새	약속하고 맹세하기를 분명히 하였기에
不思其反(번)호라	그 뒤집어질 줄을 생각지 못했노라
反是不思어니	뒤집어질 줄을 생각지 못했으니
亦已焉哉엇다	또한 어쩔 수 없도다

賦而興也라 及은 與也라 泮은 涯也니 高下之判也라 總角은 女子未許嫁則未笄하고 但結髮爲飾也라 晏晏은 和柔也요 旦旦은 明也라

○ 言我與汝本期偕老러니 不知老而見棄如此하여 徒使我怨也라 淇則有岸矣요 隰則有泮矣어늘 而我總角之時에 與爾宴樂言笑하며 成此信誓일새 曾不思其反(번)復以至於此也라하니 此則興也라 旣不思其反復而至此矣니 則亦如之何哉리오 亦已而已矣라 傳曰 思其終也하며 思其復也라하니 思其反之謂也니라

부이흥(賦而興)이다. '급(及)'은 더붊이다. '반(泮)'은 물가이니, 높고 낮은 것(물턱)이 판별되는 곳이다. '총각(總角)'이란 여자가 시집가기를 허락하지 않았으면 비녀를 꽂지 않고 다만 머리를 묶어 꾸밈을 하는 것이다. '안안(晏晏)'은 온화하고 부드러움이요, '단단(旦旦)'은 분명함이다.

○ "내 그대와 본래 백년해로할 것을 기약했었는데, 늙어서 버림을 받음이 이와 같아 한갓 나로 하여금 원망하게 할 줄은 알지 못하였다. 기수(淇水)에는 언덕이 있고 습지에는 물가가 있는데, 내가 총각(처녀)이었을 때에 그대와 더불어 연

••• 泮 : 물가 반 晏 : 온화할 안 涯 : 물가 애

락(宴樂)하고 언소(言笑)하여 약속과 맹세를 이루었기에 그 뒤집어져(번복하여) 이 지경에 이를 줄은 생각하지 못하였다." 하였으니, 이것은 흥(興)이다. 그 뒤집어져 이에 이를 줄을 생각하지 못했으니, 또한 어쩔 수 있겠는가. 또한 어쩔 수 없을 뿐이다. 《춘추좌씨전》 양공(襄公) 15년에 이르기를 "그 종말을 생각하며 다시 그렇게 될 것을 생각한다." 하였으니, 그 뒤집어짐을 생각함을 말한 것이다.

氓六章이니 章十句라

〈맹(氓)〉은 6장이니, 장마다 10구이다.

【毛序】 氓은 刺時也라 宣公之時에 禮義消亡하여 淫風大行하니 男女無別하여 遂相奔誘라가 華落色衰면 復相棄背러니 或乃困而自悔喪其妃(配)耦라 故로 序其事以風焉하니 美反正이요 刺淫泆也라

〈맹〉은 시대를 풍자한 시(詩)이다. 선공(宣公)의 때에 예의(禮義)가 사라져 음풍(淫風)이 크게 유행하니, 남녀가 분별이 없어 마침내 서로 달려가 유혹하였다가, 아름다운 용색(容色)이 쇠하면 다시 서로 버리고 등졌는데, 혹자가 곤궁해져서 그 배우(配耦)를 잃은 것을 스스로 후회하였다. 그러므로 이 일을 서술하여 풍자하였으니, 정도(正道)로 돌아옴을 찬미하고 음탕함을 풍자한 것이다.

【辨說】 此는 非刺詩요 宣公未有考라 故序其事以下 亦非是요 其曰美反正者는 尤無理라

이는 풍자한 시(詩)가 아니요, 선공(宣公)의 시가 되는 것도 상고함이 있지 못하다. '그러므로 이 일을 서술했다.〔故序其事〕'는 이하도 또한 옳지 못하고, '바름으로 돌아옴을 찬미했다.〔美反正〕'고 말한 것은 더더욱 무리(無理)하다.

5. 죽간(竹竿)

① 籊籊〔他歷反〕竹竿, 以釣于淇. 豈不爾思, 遠莫致之.

籊(적)籊竹竿으로	길쭉길쭉한 낚시대로
以釣于淇를	기수(淇水)에서 낚시질함을

••• 耦 : 짝 우 籊 : 대쭉쭉올라갈 적 竿 : 대줄기 간

豈不爾思리오마는	어찌 이것을 생각지 않으리오마는
遠莫致之로다	멀어서 이를 수가 없도다

賦也라 籊籊은 長而殺(쇄)也라 竹은 衛物이요 淇는 衛地也라
○ 衛女嫁於諸侯하여 思歸寧而不可得이라 故로 作此詩라 言思以竹竿釣于淇水나 而遠不可至也라

부(賦)이다 '적적(籊籊)'은 대나무가 길면서 줄어드는 것이다.(밑둥은 크고 끝은 가늘어 지는 것이다.) '죽(竹:대나무)'은 위(衛)나라의 산물(産物)이요, 기수 주위는 위나라의 땅이다.

○ 위나라 군주의 딸이 제후에게 시집가서 친정에 문안할 것을 생각하였으나, 〈친정 부모가 별세하여〉 될 수가 없었다. 그러므로 이 시(詩)를 지은 것이다. "낚싯대로 기수에서 낚시질하고픈 생각이 있으나 멀어서 이를 수 없다."고 말한 것이다.

② 泉源在左, 淇水在右〔叶羽軌反〕. 女子有行, 遠兄弟父母〔叶滿彼反〕.

泉源在左요	천원은 왼쪽에 있고
淇水在右하니라	기수는 오른쪽에 있느니라
女子有行이여	여자가 시집감이여
遠兄弟父母[82]로다	부모와 형제를 멀리하도다

賦也라 泉源은 卽百泉也니 在衛之西北하여 而東南流入淇라 故曰在左요 淇는 在衛之西南하여 而東流與泉源合이라 故曰在右라
○ 思二水之在衛하고 而自歎其不如也라

부(賦)이다. '천원(泉源)'은 바로 백천(百泉)이니, 위나라의 서북쪽에 있는데 동남쪽으로 흘러 기수로 들어간다. 그러므로 왼쪽에 있다고 한 것이고, 기(淇)는 위나라의 서남쪽에 있는데 동쪽으로 흘러 천원과 합류한다. 그러므로 오른쪽에 있다고 한 것이다.

82 遠兄弟父母 : 내각본(內閣本)에는 원부모형제(遠父母兄弟)로 되어 있으나, 모(母)가 운(韻)이므로 바로잡았다.

··· 殺 : 줄어들 쇄

○ 두 물이 위나라에 있음을 생각하고 스스로 그만도 못함을 탄식한 것이다.

③ 淇水在右, 泉源在左. 巧笑之瑳〔七可反〕, 佩玉之儺〔乃可反〕.

淇水在右요	기수는 오른쪽에 있고
泉源在左하니라	천원은 왼쪽에 있느니라
巧笑之瑳(차)며	예쁘게 웃음에 이가 하얗게 보이며
佩玉之儺(나)아	패옥(佩玉) 차고 법도 있게 걸어갈 수 있을까

賦也라 瑳는 鮮白色이라 笑而見(현)齒에 其色瑳然이니 猶所謂粲然皆笑也라 儺는 行有度也라

○ 承上章하여 言二水在衛어늘 而自恨其不得笑語遊戲於其間也라

부(賦)이다. '차(瑳)'는 곱고 흰 색깔이다. 웃음에 이가 보여 그 색깔이 흰 것이니, 이른바 《춘추곡량전(春秋穀梁傳)》 소공(昭公) 4년에 "찬연(粲然)히 모두 웃는다."는 말과 같은 것이다. '나(儺)'는 걸음걸이가 법도가 있는 것이다.

○ 상장(上章)을 이어 두 물이 위나라에 있는데, 그 사이에서 웃고 말하며 유희(遊戲)할 수 없음을 스스로 한스러워 한 것이다.

④ 淇水滺滺〔音由〕, 檜楫松舟. 駕言出遊, 以寫我憂.

淇水滺(유)滺하니	기수가 유유히 흐르니
檜楫(즙)松舟로다	회(檜)나무로 만든 노에 소나무로 만든 배로다
駕言出遊하여	이것을 타고 나가 놀아서
以寫(瀉)我憂아	나의 근심을 쏟아볼까

賦也라 滺滺는 流貌라 檜는 木名이니 似柏이라 楫은 所以行舟也라

○ 與泉水之卒章同意라

부(賦)이다. '유유(滺滺)'는 멀리 흐르는 모양이다. '회(檜)'는 나무 이름이니, 측백나무와 비슷하다. '즙(楫;노)'은 배를 가게 하는 것이다.

○ 이 장은 〈천수(泉水)〉의 마지막 장(章)과 뜻이 같다.

··· 瑳 : 옥빛 차 儺 : 아장아장걸을 나 滺 : 물철철흐를 유 檜 : 회나무 회 楫 : 돛대 즙, 노 즙 寫 : 쏟을 사(瀉同)

竹竿四章이니 章四句라

〈죽간(竹竿)〉은 4장이니, 장마다 4구이다.

【毛序】 竹竿은 衛女思歸也라 適異國而不見答하여 思而能以禮者也니라

〈죽간〉은 위나라 여인이 친정으로 돌아갈 것을 생각한 시(詩)이다. 이국(異國)으로 출가하였으나 남편에게 답례(答禮)를 받지 못하여 〈돌아갈 것을 생각하면서〉 친정을 그리워하였는데 능히 예(禮)에 맞게 한 것이다.

【辨說】 未見不見答之意로라

남편에게 답례(예우)를 받지 못한 뜻을 볼 수 없다.

6. 환란(芄蘭)

① 芄〔音丸〕蘭之支, 童子佩觿〔許規反〕. 雖則佩觿, 能不我知. 容兮遂兮, 垂帶悸〔其季反〕兮.

芄(환)蘭之支(枝)여	환란의 가지여
童子佩觿(휴)로다	동자가 뿔송곳을 찼도다
雖則佩觿나	비록 뿔송곳을 차고 있으나
能不我知(智)로다	나보다 지혜롭지 못하도다
容兮遂兮하니	띠가 늘어져 있으며 쳐져 있으니
垂帶悸(계)兮로다	드리운 띠가 늘어져 있도다

興也라 芄蘭草는 一名蘿摩니 蔓生이요 斷之有白汁하고 可啖이라 支는 枝同이라 觿는 錐(추)也니 以象骨爲之라 所以解結이니 成人之佩요 非童子之飾也라 知는 猶智也니 言其才能이 不足以知於我也라 容、遂는 舒緩放肆之貌요 悸는 帶下垂之貌라

흥(興)이다. '환란초(芄蘭草;박주가리)'는 일명 나마(蘿摩)이니, 만생(蔓生)하고 자르면 흰 즙이 있고 먹을 수 있다. '지(支)'는 지(枝)와 같다. '휴(觿)'는 뿔송곳이니, 상골(象骨)로 만든다. 뿔송곳은 맺힌 것을 푸는 것이니, 성인(成人)이 차는 것이요 동자의 장식물이 아니다. '지(知)'는 지(智)와 같으니, 그 재능이 나보다 지혜롭지

··· 芄 : 왕골 환 觿 : 뿔송곳 휴 悸 : 띠늘어질 계 蘿 : 댕댕이넌출 라 摩 : 만질 마 啖 : 먹을 담 錐 : 송곳 추

못함을 말한 것이다. '용(容)'과 '수(遂)'는 풀어지고 방사(放肆)한 모양이요, '계(悸)'는 띠가 아래로 늘어진 모양이다.

② 芄蘭之葉, 童子佩韘〔失涉反〕. 雖則佩韘, 能不我甲〔叶古協反〕. 容兮遂兮, 垂帶悸兮.

芄蘭之葉이여	환란의 잎이여
童子佩韘(섭)이로다	동자가 깍지를 차고 있도다
雖則佩韘이나	비록 깍지를 차고 있으나
能不我甲이로다	나보다 뛰어나지 못하도다
容兮遂兮하니	띠가 늘어져 있으며 쳐져 있으니
垂帶悸兮로다	드리운 띠가 늘어져 있도다

興也라 韘은 決也니 以象骨爲之라 著(착)右手大指하니 所以鉤弦闓(開)體라 鄭氏曰 沓(답)也니 卽大射所謂朱極三[83]이 是也라 以朱韋爲之하니 用以彄(구)沓(답)右手食指、將指、無名指也라하니라 甲은 長也니 言其才能이 不足以長於我也라

흥(興)이다. '섭(韘)'은 깍지이니, 상골(象骨)로 만든다. 오른손의 엄지손가락에 끼우니, 활시위를 당겨 활의 몸통을 여는 것이다. 정씨(鄭氏)는 말하기를 "깍지이니, 바로《의례》〈대사례(大射禮)〉에 이른바 '주극삼(朱極三)'이 이것이다. 붉은 가죽으로 만드는데, 이것을 사용하여 오른손의 식지(食指:둘째 손가락)와 장지(將指:셋째 손가락)·무명지(無名指:넷째 손가락)에 씌우는 것이다." 하였다. '갑(甲)'은 뛰어남이니, 그 재능이 나보다 뛰어나지 못함을 말한 것이다.

芄蘭二章이니 章六句라

〈환란(芄蘭)〉은 2장이니, 장마다 6구이다.

此詩는 不知所謂하니 不敢强解로라

이 시(詩)는 무엇을 말한 것인지 알 수 없으니, 감히 억지로 해석하지 못하노라.

83 朱極三:정씨가 말하였다. "극(極)은 방(放:폄)과 같으니, 손가락에 씌워 활줄을 폄에 편리하게 함을 가리킨 것이다.〔極, 猶放也, 所以韜指利放弦也.〕"《詳說》

… 韘 : 깍지 섭 決 : 깍지 결 鉤 : 갈고리 구 弦 : 줄 현 闓 : 열 개 沓 : 무릅쓸 답, 골무 답 彄 : 가락지 구

【毛序】 芄蘭은 刺惠公也라 驕而無禮하니 大夫刺之하니라

〈환란〉은 혜공(惠公)을 풍자한 시이다. 교만하고 무례(無禮)하니, 대부가 그를 풍자한 것이다.

【鄭註】 惠公이 以幼童卽位하여 自謂有才能하고 而驕慢於大臣하니 但習威儀요 不知爲政以禮하니라

혜공이 어린 나이로 즉위하여 자신이 재능이 있다고 스스로 생각하고 대신(大臣)들에게 교만하게 구니, 그는 다만 위의(威儀)만 익혔고 정사(政事)를 예(禮)로써 하는 방법을 알지 못한 것이다.

【辨說】 此詩는 不可考하니 當闕이라

이 시는 상고할 수 없으니, 마땅히 빼놓아야 한다.

7. 하광(河廣)

① 誰謂河廣, 一葦〔韋鬼反〕杭〔戶郎反〕之. 誰謂宋遠, 跂〔丘豉反〕予望〔叶武方反〕之.

誰謂河廣고	누가 황하가 넓다 이르는고
一葦杭(航)之로다	한 갈대로 건널 수 있도다
誰謂宋遠고	누가 송나라가 멀다 이르는고
跂予望之로다	발돋움하면 내 바라볼 수 있도다

賦也라 葦는 蒹葭(겸가)之屬이라 杭은 度(渡)也라 衛在河北이요 宋在河南이라

○ 宣姜之女 爲宋桓公夫人하여 生襄公하고 而出歸于衛러니 襄公卽位에 夫人思之나 而義不可往이라 蓋嗣君은 承父之重하여 與祖爲體하니 母出이면 與廟絶하여 不可以私反이라 故로 作此詩라 言誰謂河廣乎아 但以一葦加之면 則可以渡矣요 誰謂宋國遠乎아 但一跂足而望이면 則可以見矣라하니 明非宋遠而不可至也요 乃義不可而不得往耳니라

부(賦)이다. '위(葦:갈대)'는 겸가(蒹葭)의 등속이다. '항(杭)'은 건넘이다. 위나라는 황하의 북쪽에 있고, 송나라는 황하의 남쪽에 있다.

··· 葦 : 갈대 위 杭 : 건널 항 跂 : 발돋움할 기 蒹 : 갈대 겸 葭 : 갈대 가 襄 : 멍에 양

○ 선강(宣姜)의 딸이 송 환공(宋桓公)의 부인(夫人)이 되었는데, 양공(襄公)을 낳고는 쫓겨나 위나라로 돌아왔다. 그 후 양공이 즉위하자, 부인이 아들을 그리워하였으나 의리(義理)상 갈 수가 없었다. 뒤를 이은 군주〔嗣君〕는 아버지의 전중(傳重:종통(宗統))을 이어서 할아버지와 체(體:소(昭)·목(穆)이 같음)가 되니, 어머니가 쫓겨나면 사당과 끊어져서 사정(私情)으로 돌아오게 할 수가 없다. 그러므로 이 시(詩)를 지은 것이다.

말하기를 "누가 황하가 넓다 이르는가. 다만 한 갈대를 가하면 건널 수 있다. 누가 송나라가 멀다 이르는가. 다만 한번 발돋움을 하고 바라보면 볼 수 있다." 하였으니, 송나라가 멀어서 이르지 못하는 것이 아니요, 바로 의리에 불가(不可)하여 갈 수 없음을 밝힌 것이다.

② 誰謂河廣, 曾不容刀. 誰謂宋遠, 曾不崇朝.

誰謂河廣고	누가 황하가 넓다 이르는고
曾不容刀(舠)로다	일찍이 거룻배도 용납하지 못하도다
誰謂宋遠고	누가 송나라가 멀다 이르는고
曾不崇(終)朝로다	일찍이 하루아침 거리도 못되도다

賦也라 小船曰刀니 不容刀는 言小也라 崇은 終也니 行不終朝而至는 言近也라

부(賦)이다. 작은 배를 '도(刀:거룻배)'라 하니, 도(刀)를 용납하지 못한다는 것은 물이 작음을 말한다. '종(崇)'은 마침이다. 길을 감에 하루아침을 마치지 않고 도착함은 거리가 가까움을 말한 것이다.

河廣二章이니 章四句라

〈하광(河廣)〉은 2장이니, 장마다 4구이다.

范氏曰 夫人之不往은 義也라 天下豈有無母之人歟아 有千乘之國이로되 而不得養其母면 則人之不幸也라 爲襄公者 將若之何오 生則致其孝하고 沒則盡其禮[84]

84 沒則盡其禮 : 호산은 "그 예를 다한다는 것은 출모(出母:쫓겨난 어머니)를 위하여 상복을 입기를 예와 같이 하는 것이다.〔爲之服喪盡禮焉.〕" 하였다. 《詳說》

··· 刀 : 거룻배 도 崇 : 마칠 종 沒 : 죽을 몰

而已라 衛有婦人之詩 自共姜至於襄公之母히 六人焉[85]하니 皆止於禮義而不敢過也라 夫以衛之政教淫僻하고 風俗傷敗로되 然而女子乃有知禮而畏義如此者는 則以先王之化 猶有存焉故也니라

범씨(范氏)가 말하였다. "부인(夫人)이 〈아들의 나라에〉 가지 않은 것은 의(義)이다. 천하에 어찌 어머니가 없는 사람이 있겠는가. 천승(千乘)의 나라를 소유하고도 그 어머니를 봉양할 수 없다면 이는 사람의 불행인 것이다. 양공(襄公)이 된 자는 장차 어찌해야 하는가. 살아서는 그 효성을 지극히 하고, 죽어서는 그 예(禮)를 다할 뿐이다. 위나라에 부인(婦人)의 시(詩)가 공강(共姜)으로부터 양공의 어머니에 이르기까지 여섯 사람이 있는데, 이들은 모두 예의(禮義)에 그치고 감히 넘지 못하였다. 위나라의 정교(政教)가 음탕하고 간사하며 풍속이 상패(傷敗:무너짐)하였는데도 여자들이 마침내 예(禮)를 알고 의(義)를 두려워함이 이와 같았던 것은 선왕(先王)의 교화가 아직도 남아있었기 때문이다."

【毛序】 河廣은 宋襄公母歸于衛하여 思而不止라 故로 作是詩也라

〈하광〉은 송 양공의 어머니가 쫓겨나 위나라로 돌아와서 아들을 그리워하여 그치지 않았다. 그러므로 이 시(詩)를 지은 것이다.

【鄭註】 宋桓公夫人은 衛文公之妹라 生襄公而出이러니 襄公卽位에 夫人思宋이로되 義不可往이라 故作是詩以自止라

송 환공(宋桓公)의 부인은 위 문공(衛文公)의 누이이다. 양공을 낳고 쫓겨났는데, 양공이 즉위함에 부인이 송나라를 생각하였으나 의리상 갈 수 없었다. 그러므로 이 시를 지어서 스스로 가는 것을 그친 것이다.

8. 백혜(伯兮)

① 伯兮朅〔丘列反〕兮, 邦之桀兮. 伯也執殳〔市朱反〕, 爲〔于僞反〕王前驅.

······

85 衛有婦人之詩……六人焉 : 여릉 나씨(麗陵羅氏)가 말하였다. "공강(共姜)과 장강(莊姜), 허(許)나라의 목부인(穆夫人)과 송(宋)나라의 환부인(桓夫人), 그리고 〈천수(泉水)〉의 여인과 〈죽간(竹竿)〉의 여인이다."《詳說》

··· 僻 : 간사할 벽

伯兮朅(걸)兮하니　　　백(伯)이 굳세기도 하니
邦之桀兮로다　　　나라의 영걸이로다
伯也執殳(수)하여　　　백이 창을 잡고서
爲王前驅로다　　　왕의 전구가 되었도다

賦也라 伯은 婦人目其夫之字也라 朅은 武貌라 桀(傑)은 才過人也라 殳는 長丈二而無刃이라
○ 婦人以夫久從征役而作是詩라 言其君子之才之美如是하여 今方執殳而爲王前驅也하니라

부(賦)이다. '백(伯)'은 부인이 자기 남편의 자(字)를 지목한 것이다. '걸(朅)'은 굳센 모양이다. '걸(桀)'은 재주가 남보다 뛰어난 것이다. '수(殳)'는 길이가 두 길인데, 칼날이 없다.

○ 부인이, 남편이 오랫동안 정역(征役)에 나가 있기 때문에 이 시(詩)를 지은 것이다. 말하기를 "그 군자의 재주의 아름다움이 이와 같아 이제 막 창을 잡고 왕의 전구(前驅;앞에서 길을 인도함)가 되었다."고 한 것이다.

② 自伯之東, 首如飛蓬. 豈無膏沐, 誰適[都歷反]爲容.

自伯之東하여　　　백이 동쪽으로 간 뒤로부터
首如飛蓬호라　　　내 머리 날리는 쑥대와 같노라
豈無膏沐이리오마는　　　어찌 기름이 없고 목욕할 수 없으랴마는
誰適爲容이리오　　　누구를 위하여 모양을 내리오

賦也라 蓬은 草名이니 其華如柳絮하여 聚而飛면 如亂髮也라 膏는 所以澤髮者요 沐은 滌首去垢也라 適은 主也라
○ 言我髮亂如此하니 非無膏沐可以爲容이언마는 所以不爲者는 君子行役하여 無所主而爲之故也라 傳曰 女爲說(열)己容이라하니라

부(賦)이다. '봉(蓬;쑥)'은 풀 이름이니, 그 꽃이 버들개지와 같아 모여서 날리면 어지러운 머리털과 같다. '고(膏;기름)'는 머리를 윤택하게 하는 것이요, '목(沐)'은 머리를 감아서 때를 제거하는 것이다. '적(適)'은 주장함이다.

··· 朅 : 헌칠할 걸 桀 : 호걸 걸 殳 : 창 수 適 : 주장할 적 絮 : 솜 서 滌 : 씻을 척

○ "내 머리털의 어지러움이 이와 같으니, 기름을 바르고 머리를 감아 모양을 낼 수 없는 것은 아니지만, 이를 하지 않는 까닭은 군자가 부역을 가서 주장하여 모양을 낼 상대가 없기 때문이다."라고 말한 것이다. 《전국책(戰國策)》에 "여자는 자기를 좋아하는 남편을 위하여 모양을 낸다." 하였다.

③ 其雨其雨, 杲杲〔古老反〕出日. 願言思伯, 甘心首疾.

其雨其雨러니(에)	장차 비가 오려나 장차 비가 오려나 했는데
杲(고)杲出日이로다	환하게 해가 나오도다
願言思伯이라	생각하여 백을 그리워하는지라
甘心首疾이로다	머리 아픈 것을 마음에 달갑게 여기노라

比也라 其者는 冀其將然之辭라
○ 冀其將雨而杲然日出로 以比望其君子之歸而不歸也라 是以로 不堪憂思之苦하여 而寧甘心於首疾也라

비(比)이다. '기(其)'는 그 장차 그러하기를 바라는 말이다.

○ 그 장차 비가 오기를 바랐는데 고연(杲然)히 해가 나옴으로써, 군자가 돌아오기를 바랐는데 돌아오지 않음을 비(比)한 것이다. 이 때문에 우사(憂思)의 괴로움을 견디지 못하여, 차라리 머리 아픈 것을 마음에 달갑게 여긴 것이다.

④ 焉〔於虔反〕得諼〔況袁反〕草, 言樹之背〔音佩〕. 願言思伯, 使我心痗〔呼內反〕.

焉得諼(萱)草하여	어이하면 훤초(諼草)를 얻어
言樹之背(패)오	이것을 북당(北堂)에 심을꼬
願言思伯이라	생각하여 백을 그리워하는지라
使我心痗(매)로다	내 마음 병들게 하도다

賦也라 諼은 忘也라 諼草는 合歡이니 食之면 令人忘憂者라 背는 北堂也[86]라 痗는

86 背 北堂也 : 공씨(孔氏)가 말하기를 "방의 절반 이북을 북당이라 하고 절반 이남을 남당이라

… 杲 : 밝을 고 寧 : 차라리 녕 焉 : 어찌 언 諼 : 잊을 훤 痗 : 병들 매

病也라

○ 言焉得忘憂之草하여 樹之北堂하여 以忘吾憂乎아 然이나 終不忍忘也라 是以로 寧不求此草하고 而但願言思伯하여 雖至於心痗나 而不辭爾라 心痗則其病益深이니 非特首疾而已也라

부(賦)이다. '훤(諼)'은 잊음이다. '훤초(諼草:원추리)'는 합환(合歡)이니, 먹으면 사람으로 하여금 근심을 잊게 한다. '패(背)'는 북당(北堂)이다. '매(痗)'는 병듦이다.

○ "어이하면 망우초(忘憂草:원추리)를 얻어 북당에 심어서 내 근심을 잊을 수 있겠는가. 그러나 끝내 차마 잊을 수가 없다. 이 때문에 차라리 이 풀을 구하지 않고, 다만 백(伯)을 그리워하여 비록 마음이 병듦에 이를지라도 사양하지 않는다." 고 말한 것이다. 마음이 병들었다면 그 병이 더욱 깊으니, 다만 수질(首疾)일 뿐만이 아닌 것이다.

伯兮四章이니 章四句라

〈백혜(伯兮)〉는 4장이니, 장마다 4구이다.

范氏曰 居而相離則思하고 期而不至則憂는 此人之情也라 文王之遣戍役과 周公之勞歸士에 皆敍其室家之情、男女之思以閔之라 故로 其民이 悅而忘死라 聖人은 能通天下之志라 是以能成天下之務하시니라 兵者는 毒民於死者也라 孤人之子하고 寡人之妻하여 傷天地之和하고 召水旱之災라 故로 聖王重之하시니 如不得已而行이면 則告以歸期하고 念其勤勞하여 哀傷慘怛을 不啻在己라 是以로 治世之詩는 則言其君上閔恤之情하고 亂世之詩는 則錄其室家怨思之苦하니 以爲人情不出乎此也일새니라

범씨(范氏)가 말하였다. "같이 살다가 서로 헤어지면 그리워하고, 약속했다가 오지 않으면 근심하는 것은 이것은 사람의 정(情)이다. 문왕(文王)이 수역(戍役;수비하는 부역)을 보낼 때와 주공(周公)이 돌아오는 장병(將兵)들을 위로할 적에 모두 그 실가(室家)의 정(情)과 남녀간(부부간)의 그리움을 서술하여 민망히 여겼다. 그러므로 백성들이 기뻐하여 죽음을 잊었던 것이다. 성인(聖人)은 능히 천하 사람들의 마음을 통한다. 이 때문에 능히 천하의 일을 이룬 것이다.

••••••

한다.〔房半以北, 爲北堂; 半以南, 爲南堂.〕" 하였는데, 《상설》에는 "북당과 남당은 내당(內堂)과 외당(外堂)이란 말과 같다." 하였다.

••• 戍 : 수자리 수 怛 : 슬플 달 啻 : 뿐 시

병(兵:전쟁)은 백성을 죽음의 해독으로 몰아넣는 것이어서, 남의 아들을 고아로 만들고 남의 아내를 과부로 만들어 천지(天地)의 화기(和氣)를 손상하고 수한(水旱)의 재앙을 불러일으킨다. 그러므로 성왕(聖王)이 이를 신중히 하였으니, 만일 부득이하여 〈군대의 출동을〉 행하게 되면 돌아올 시기를 미리 말해주고 그들의 근로를 생각하여, 애상(哀傷)하고 서글퍼하기를 자기 몸에 당한 것보다도 더하게 여겼다. 이 때문에 치세(治世)의 시는 군상(君上)이 〈백성을〉 근심하는 정을 말하였고, 난세(亂世)의 시는 실가(아내)가 원망하고 그리워하는 괴로움을 기록하였으니, 이는 인정(人情)이 실가와 남녀에서 벗어나지 않기 때문이다."

【毛序】 伯兮는 刺時也니 言君子行役하여 爲王前驅하여 過時而不反焉이니라

〈백혜〉는 시대(세상)를 풍자한 시이니, 군자가 부역을 가서 왕(王)의 전구(前驅)가 되어 돌아올 때가 지났으나 돌아오지 못함을 읊은 것이다.

【鄭註】 衛宣公之時에 蔡人、衛人、陳人이 從王伐鄭伯也할새 爲王前驅久라 故家人思之하니라

위(衛)나라 선공(宣公)의 때에 채인(蔡人)·위인(衛人)·진인(陳人)이 주나라 왕을 따라 정백(鄭伯)을 정벌할 적에 왕의 전구(前驅)가 된 지가 오래였다. 그러므로 가인(家人:아내)이 그 남편을 그리워한 것이다.

【辨說】 舊說은 以詩有爲王前驅之文이라하여 遂以此爲春秋所書從王伐鄭之事라 然이나 詩에 又言自伯之東하니 則鄭在衛西하여 不得爲此行矣라 序言爲王前驅는 蓋用詩文이나 然似未識其文意也로라

구설(舊說)은 이 시에 '왕의 전구가 되었다.〔爲王前驅〕'는 글이 있다 해서 마침내 이것을 《춘추(春秋)》에 기록한 '왕을 따라 정(鄭)나라를 정벌한 일'로 삼았다. 그러나 시에는 또 '백이 동쪽으로 갔다.〔自伯之東〕'고 말하였으니, 정나라는 위(衛)나라의 서쪽에 있어서 정나라를 정벌하는 걸음이 될 수 없다. 〈서(序)〉에 '왕의 전구가 되었다.'고 말한 것은 이는 시의 글을 따른 것이나 글뜻을 알지 못한 듯하다.

9. 유호(有狐)

① 有狐綏綏, 在彼淇梁. 心之憂矣, 之子無裳.

有狐綏(수)綏하니　　여우가 짝을 찾아다니니
在彼淇梁이로다　　저 기수의 돌다리에 있도다
心之憂矣는　　마음의 근심은
之子無裳이로다　　저 홀아비가 치마가 없기 때문이로다

比也라 狐者는 妖媚之獸라 綏綏는 獨行求匹之貌라 石絶水曰梁이니 在梁이면 則可以裳矣니라

○ 國亂民散하여 喪其妃(배)耦하니 有寡婦見鰥(환)夫而欲嫁之라 故로 託言有狐獨行而憂其無裳也라

비(比)이다. '호(狐:여우)'는 요망하여 사람을 홀리는 짐승이다. '수수(綏綏)'는 홀로 걸어가며 짝을 구하는 모양이다. 돌(다리)로 물을 건너게 한 것을 '량(梁)'이라 하니, 량(梁)에 있다면 치마를 입고 건널 수 있는 것이다.

○ 나라가 혼란하여 백성이 흩어져서 그 배우(配耦)를 잃으니, 어떤 과부가 홀아비를 보고는 그에게 시집가고자 하였다. 그러므로 "여우가 홀로 걸어감을 가탁하여 말해서 그의 치마가 없음을 근심한다."고 말한 것이다.

② 有狐綏綏, 在彼淇厲. 心之憂矣, 之子無帶〔叶丁計反〕.

有狐綏綏하니　　여우가 짝을 찾아다니니
在彼淇厲로다　　저 기수의 건널목에 있도다
心之憂矣는　　마음의 근심은
之子無帶니라　　저 홀아비가 띠가 없어서이니라

比也라 厲는 深水可涉處也요 帶는 所以申束衣也니 在厲면 則可以帶矣[87]니라

비(比)이다. '려(厲)'는 깊은 물로서 건널 수 있는 곳이고, 띠는 옷을 단단히 묶는 것이니, 려(厲)에 있다면 띠를 묶어 건널 수 있는 것이다.

••••••

87 在厲則可以帶矣 : 호산은 "물이 깊어서 치마(바지)는 입을 수 없고 띠만 맬 수 있는 것이다.〔水深, 不可裳而只可帶.〕" 하였다.《詳說》

••• 梁 : 돌다리 량　媚 : 홀릴 미　鰥 : 홀아비 환　厲 : 물건널 려

③ 有狐綏綏, 在彼淇側. 心之憂矣, 之子無服〔叶蒲北反〕.

有狐綏綏하니	여우가 짝을 찾아다니니
在彼淇側이로다	저 기수 곁에 있도다
心之憂矣는	마음의 근심은
之子無服이니라	저 홀아비가 옷이 없어서이니라

比也라 濟乎水면 則可以服矣니라

비(比)이다. 물을 건넜다면 옷을 입을 수 있는 것이다.

有狐三章이니 章四句라

〈유호(有狐)〉는 3장이니, 장마다 4구이다.

【毛序】 有狐는 刺時也니 衛之男女失時하여 喪其妃耦焉이라 古者에 國有凶荒이면 則殺(쇄)禮而多昏하여 會男女之無夫家者하니 所以育人民也니라

〈유호〉는 시대를 풍자한 시(詩)이니, 위나라의 남녀들이 혼인할 시기를 놓쳐 배우자를 얻지 못하였다. 옛날에 나라에 흉황(凶荒;흉년)이 들면 예(禮)를 줄여 혼인을 많이 하게 하여 남녀 중에 남편의 집이 없는 자들을 모이게 하였으니, 이는 인민(人民)을 번성(생육(生育))하게 하는 방법이다.

【鄭註】 育은 生也요 長也라

육(育)은 자식을 낳음이요 키움이다.

【辨說】 男女失時之句는 未安이라 其曰殺(쇄)禮多昏者는 周禮大司徒 以荒政十有二로 聚萬民호되 十曰多昏者 是也라 序者之意는 蓋曰 衛於此時에 不能擧此之政耳라 然이나 亦非詩之正意也라 長樂劉氏曰 夫婦之禮는 雖不可不謹於其始나 然民有細微貧弱者 或困於凶荒하니 必待禮而後昏이면 則男女之失時者多하여 無室家之養이라 聖人傷之하사 寧邦典之或違언정 而不忍失其昏嫁之時也라 故有荒政多昏之禮하니 所以使之相依以爲生이요 而又以育人民也라 詩不云乎아 愷悌(豈弟)君子여 民之父母[88]라하니 苟無子育兆庶之心이면 其能若此哉아 此則周

88 愷悌君子 民之父母 : 이 내용은 〈대아(大雅) 형작(泂酌)〉에 보인다.

••• 愷 : 화락할 개

禮之意也니라

'남녀가 혼인함에 제때를 잃었다.〔男女失時〕'는 구(句)는 온당치 못하다. 그 '예를 줄여서 혼인을 많이 하게 했다.〔殺禮多昏〕'고 말한 것은《주례(周禮)》〈지관(地官) 대사도(大司徒)〉에 '황정(荒政;흉년이 들었을 때의 정사) 12가지로 만민(萬民)을 모으되 열 번째에 혼인을 많이 하게 한다.'는 것이 이것이다.〈서〉를 지은 자의 뜻은 아마도 위(衛)나라가 이때에 이 정사를 거행하지 못했다고 여긴 듯하다. 그러나 또한 시의 바른 뜻이 아니다.

장락 유씨(長樂劉氏)가 말하였다. "부부의 예는 비록 그 처음을 삼가지 않을 수 없으나, 백성 중에 세미(細微;미천)하고 빈약한 자가 혹 흉년에 곤궁함이 있으니, 반드시 예가 갖추어지기를 기다린 뒤에 혼인한다면 남녀 중에 혼인할 때를 잃은 자가 많아서 실가(室家)의 봉양이 없게 된다. 성인(聖人)이 이것을 서글퍼하사 차라리 나라의 법전(法典)을 혹 어길지언정 차마 그 남혼여가(男婚女嫁)하는 때를 잃게 할 수가 없었다. 그러므로 '황정다혼(荒政多昏)'의 예를 둔 것이니, 이는 백성들로 하여금 서로 의지해서 살아가게 한 것이요 또 이로써 인민(人民)을 기른 것이다.《시경》에 말하지 않았는가. '개제(愷悌)한 군자여 백성의 부모이다.' 하였으니, 군주가 만약 만백성을 자식처럼 기르는 마음이 없다면 어찌 능히 이와 같을 수 있겠는가. 이것은《주례》의 뜻이다."

10. 목과(木瓜)

① 投我以木瓜〔叶攻乎反〕, 報之以瓊琚〔音居〕. 匪報也, 永以爲好〔呼報反〕也.

投我以木瓜에	나에게 목과(모과)를 던져줌에
報之以瓊琚(경거)요	경거로써 보답하고도
匪報也는	보답했노라고 여기지 않음은
永以爲好也니라	길이 우호를 하고자 해서이니라

比也라 木瓜는 楙(무)木也니 實如小瓜하고 酢(초)可食이라 瓊은 玉之美者요 琚는 佩玉名이라

… 瓊 : 붉은옥 경 琚 : 패옥 거 楙 : 모과나무 무 酢 : 실 초

○ 言人有贈我以微物에 我當報之以重寶요 而猶未足以爲報也는 但欲其長以爲好而不忘耳라하니 疑亦男女相贈答之辭니 如靜女之類라

비(比)이다. '목과(木瓜)'는 무목(楙木 : 모과나무)이니, 열매는 작은 오이와 같고 맛이 신데 먹을 수 있다. '경(瓊)'은 옥(玉)의 아름다운 것이요, '거(琚)'는 패옥(佩玉)의 이름이다.

○ "사람이 나에게 하찮은 물건을 선물하였는데, 내 마땅히 중한 보물로써 보답하고도 오히려 보답했다고 여기지 않음은 다만 그 길이 우호하여 잊지 않고자 해서이다."라고 말한 것이다. 이것은 의심컨대 또한 남녀가 서로 선물하고 답례한 말인 듯하니, 〈정녀(靜女)〉의 유(類)와 같은 것이다.

② 投我以木桃, 報之以瓊瑤. 匪報也, 永以爲好也.

投我以木桃에	나에게 목도(복숭아)를 던져줌에
報之以瓊瑤(요)요	경요로써 보답하고도
匪報也는	보답했노라고 여기지 않음은
永以爲好也니라	길이 우호를 하고자 해서이니라

比也라 瑤는 美玉也라

비(比)이다. '요(瑤)'는 아름다운 옥이다.

③ 投我以木李, 報之以瓊玖. 匪報也, 永以爲好也.

投我以木李에	나에게 목리(오얏)를 던져줌에
報之以瓊玖(구)요	경구로써 보답하고도
匪報也는	보답했노라고 여기지 않음은
永以爲好也니라	길이 우호를 하고자 해서이니라

比也라 玖亦玉名也라

비(比)이다. '구(玖)' 또한 옥의 이름이다.

••• 瑤 : 아름다운옥 요 玖 : 검은옥돌 구

木瓜三章이니 章四句라

〈목과(木瓜)〉는 3장이니, 장마다 4구이다.

【毛序】 木瓜는 美齊桓公也라 衛國이 有狄人之敗하여 出處于漕러니 齊桓公이 救而封之하고 遺之車馬器服焉하니 衛人思之하여 欲厚報之하여 而作是詩也라

〈목과〉는 제(齊)나라 환공(桓公)을 찬미한 시(詩)이다. 위나라가 오랑캐 사람들에게 패하여 나가 조읍(漕邑)에 거처하고 있었는데, 제나라 환공이 구원하여 나라를 봉해주고 거마(車馬)와 기물과 의복[器服]을 보내주니, 위나라 사람들이 이것을 생각하고 후(厚)히 보답하려 하여 이 시를 지은 것이다.

【辨說】 說見本篇하니라

해설이 본편에 보인다.

衛國은 十篇이니 三十四章이요 二百三句라

〈위풍(衛風)〉은 10편이니, 34장이고 203구이다.

張子曰 衛國은 地濱大河하여 其地土薄[89]이라 故로 其人氣輕浮하며 其地平下라 故로 其人質柔弱하며 其地肥饒하여 不費耕耨(누)라 故로 其人心怠惰하니 其人情性如此면 則其聲音亦淫靡라 故로 聞其樂이면 使人懈慢而有邪僻之心也니 鄭詩放此하니라

장자(張子)가 말씀하였다. "위나라는 땅이 대하(大河;황하)와 접하여 그 땅이 박(薄;수위가 낮음)하기 때문에 사람들의 기(氣)가 경박하고 들떠있으며, 땅이 평평하고 낮기 때문에 사람들의 자질이 유약하며, 토질이 비옥하여 밭 갈고 김매는 노력을 허비하지 않기 때문에 사람들의 마음이 태만하다. 그 사람들의 정성(情性)이 이와 같으면, 그 성음(聲音) 또한 음탕하고 화려하기 마련이다. 그러므로 그 음악을 들으면 사람으로 하여금 태만해져서 사벽(邪僻)한 마음을 갖게 하니, 정(鄭)나라 시(詩)도 이와 같다."

••••••

89 土薄 : 땅이 척박하다는 뜻이 아니요, 수위(水位)가 높아 물과 육지의 높낮이가 얕음을 말한 것이다.

••• 濱 : 물가 빈 饒 : 풍요할 요 耨 : 김맬 누 靡 : 사치할 미 懈 : 게으를 해

〈왕풍(王風)〉 1-6[一之六]

王은 謂周東都洛邑이니 王城畿內方六百里之地라 在禹貢豫州太華、外方之間하니 北得河陽하고 漸冀州之南也하니라 周室之初에 文王居豐하시고 武王居鎬러시니 至成王하여 周公이 始營洛邑하여 爲時會諸侯之所하시니 以其土中하여 四方來者道里均故也라 自是로 謂豐、鎬爲西都하고 而洛邑爲東都[90]하니라 至幽王하여 嬖(폐)褒姒하여 生伯服이어늘 廢申后及太子宜臼하니 宜臼奔申한대 申侯怒하여 與犬戎攻宗周하여 弑幽王于戲하니라 晉文侯、鄭武公이 迎宜臼于申而立之하니 是爲平王이라 徙居東都王城[91]하니 於是에 王室遂卑하여 與諸侯無異라 故로 其詩不爲雅而爲風이라 然이나 其王號未替也라 故로 不曰周而曰王이라 其地則今河南府及懷、孟等州是也라

왕(王)은 주(周)나라의 동도(東都)인 낙읍(洛邑)을 이르니, 왕성(王城)의 기내(畿內) 사방 6백 리의 땅이다. 《서경》〈우공(禹貢)〉의 예주(豫州)인 태화산(太華山)과 외방산(外方山)의 사이에 있었으니, 북쪽으로는 하양(河陽)을 차지하고 기주(冀州)의 남쪽에 이르렀다. 주나라 초기에 문왕(文王)은 풍(豐) 땅에 거주하고 무왕(武王)은 호경(鎬京)에 거주하셨는데, 성왕(成王) 때에 이르러 주공(周公)이 처음으로 낙읍(洛邑)을 경영하여 때로 제후들을 만나는 장소로 삼으셨으니, 이는 낙읍이 지역(중국)의 한 중앙이어서 사방에서 오는 자(제후)의 도리(道里;길의 이수(里數))가 균등하기 때문이었다. 이로부터 풍(豐)·호(鎬)를 일러 서도(西都)라 하고, 낙읍(洛邑)을 동도(東都)라 하였다.

......

90 謂豐鎬爲西都 而洛邑爲東都 : 정씨가 말하였다. "낙읍을 왕성이라 하니 지금의 하남이요, 주공이 또다시 성주를 경영하니 지금의 낙양이다.[洛邑, 謂之王城, 今河南; 周公又營成周, 今洛陽.]" 동재 진씨(冬齋陳氏)가 말하였다. "호경을 종주라 한 것은 호경이 천하의 높이는 바가 되었기 때문이요, 낙읍을 성주라 한 것은 주나라의 도가 이곳에서 이루어졌기 때문이다.[鎬京謂之宗周, 以其爲天下所宗也; 洛邑謂之成周, 以周道成於此也.]"《詳說》

91 徙居東都王城 : 공씨가 말하였다. "호경을 서주라 하고 왕성을 동주라 하였는데, 경왕이 왕성을 떠나 서주로 천도하니, 이후로 또다시 왕성을 일러 서주라 하고 성주를 동주라 하였다.[鎬京爲西周, 王城爲東周. 及敬王去王城而遷成周, 自是又謂王城爲西周, 成周爲東周.]"《詳說》

... 嬖 : 사랑할 폐 褒 : 기릴 포 替 : 침체할 체

유왕(幽王)에 이르러 포사(褒姒)를 총애하여 백복(伯服)을 낳자, 신후(申后)와 태자(太子) 의구(宜臼)를 폐출하니, 의구가 신(申)나라로 도망갔다. 신후(申侯)가 노하여 견융(犬戎)과 함께 종주(宗周)를 쳐서 유왕을 희(戲) 땅에서 시해하였다.

진 문후(晉文侯)와 정 무공(鄭武公)이 의구를 신나라에서 맞이하여 세우니, 이가 평왕(平王)이다. 평왕이 동도(東都)의 왕성(王城)으로 옮겨 거주하니, 이에 왕실(王室)이 마침내 낮아져 제후와 다름이 없게 되었다. 그러므로 그 시(詩)를 아(雅)라 하지 않고 풍(風)이라 한 것이다. 그러나 왕(王)의 칭호가 바뀌지 않았기 때문에 주(周)라고 말하지 않고 왕(王)이라고 말한 것이다. 그 지역은 지금의 하남부(河南府)에 회주(懷州)·맹주(孟州) 등지가 이 곳이다.

1. 서리(黍離)

① 彼黍離離, 彼稷之苗. 行邁靡靡, 中心搖搖. 知我者, 謂我心憂. 不知我者, 謂我何求. 悠悠蒼天〔叶鐵因反〕, 此何人哉.

彼黍離離어늘	저 기장 이삭이 늘어져 있는데
彼稷之苗로다	메기장은 싹이 났도다
行邁靡靡하여	길 가기를 더디고 더디하여
中心搖搖호라	중심이 울렁거리노라
知我者는	이내 마음 아는 자는
謂我心憂어늘	나더러 마음에 근심한다 하는데
不知我者는	이내 마음 알지 못하는 자는
謂我何求오하나니	나더러 무엇을 구하는고 하니
悠悠蒼天아	아득하고 아득한 창천아
此何人哉오	이 어떤 사람이 이렇게 만들었는고

賦而興也라 黍는 穀名이니 苗似蘆하고 高丈餘요 穗黑色, 實圓重이라 離離는 垂貌

… 黍 : 기장 서 稷 : 메기장 직 邁 : 갈 매 穗 : 이삭 수

라 稷亦穀也라 一名穄(제)니 似黍而小[92]라 或曰粟也라 邁는 行也라 靡靡는 猶遲遲也라 搖搖는 無所定也라 悠悠는 遠貌라 蒼天者는 據遠而視之에 蒼蒼然也라

○ 周旣東遷에 大夫行役이라가 至于宗周하여 過故宗廟宮室하니 盡爲禾黍어늘 閔周室之顚覆하여 彷徨不忍去라 故로 賦其所見黍之離離與稷之苗하여 以興行之靡靡, 心之搖搖라 旣歎時人莫識己意하고 又傷所以致此者 果何人哉오하니 追怨之深也라

부이흥(賦而興)이다. '서(黍;기장)'는 곡식 이름이니, 묘(苗)는 갈대와 비슷한데 키는 한 길이 넘으며, 이삭은 흑색이요 열매는 둥글고 무겁다. '리리(離離)'는 드리워진 모양이다. '직(稷;메기장)' 또한 곡식이다. 일명은 제(穄;검은 기장)이니, 기장〔黍〕과 비슷한데 작다. 혹자는 속(粟;조)이다 한다. '매(邁)'는 길을 감이다. '미미(靡靡;느림)'는 지지(遲遲)와 같다. '요요(搖搖;울렁임)'는 마음이 정한 바가 없는 것이다. '유유(悠悠)'는 아득히 먼 모양이다. '창천(蒼天)'은 먼(높은) 곳을 의거하여 보면 창창(蒼蒼)한 것이다.

○ 주(周)나라가 이미 동천(東遷)하자, 대부들이 부역을 갔다가 종주(宗周;호경(鎬京))에 이르러 옛 종묘(宗廟)와 궁실(宮室)을 지나보니, 모두 기장밭이 되어 있었다. 이에 주실(周室)의 전복(顚覆)됨을 민망히 여겨 방황하여 차마 떠나올 수가 없었다. 그러므로 그 본 바 기장의 이삭이 늘어짐과 메기장의 싹이 난 것을 읊어, 길 감의 미미(靡靡)하고 마음의 요요(搖搖)함을 흥(興)하였다. 이미 당시 사람들 중에 자기의 뜻을 알아주는 이가 없음을 탄식하고, 또다시 이렇게 만든 자가 과연 어느 사람이냐고 서글퍼한 것이니, 추원(追怨)함이 깊다.

② 彼黍離離, 彼稷之穗〔音遂〕. 行邁靡靡, 中心如醉. 知我者, 謂我心憂, 不知我者, 謂我何求. 悠悠蒼天, 此何人哉.

彼黍離離어늘	저 기장 이삭이 늘어져 있는데
彼稷之穗(수)로다	저 메기장은 이삭이 패었도다
行邁靡靡하여	길 가기를 더디하고 더디하여

92 稷亦穀也 一名穄 似黍而小 : 호산은 "지금 사람들이 직(稷)을 일러 피〔稗〕라고 말하는 것은 잘못이다. 세속에 이른바 '소서(小黍;메기장)'라는 것이니, 아마도 옛날의 직(稷)일 것이다." 하였다.《詳說》

••• 穄 : 메기장 제

中心如醉호라　　중심에 취한 듯하노라
知我者는　　이내 마음 아는 자는
謂我心憂어늘　　나더러 마음에 근심한다 하는데
不知我者는　　이내 마음 알지 못하는 자는
謂我何求오하나니　　나더러 무엇을 구하는고 하니
悠悠蒼天아　　아득하고 아득한 창천아
此何人哉오　　이 어느 사람이 이렇게 만들었는고

賦而興也라 穗는 秀也라 稷穗下垂가 如心之醉라 故로 以起興이라

부이흥(賦而興)이다. '수(穗)'는 이삭이 팬 것이다. 메기장의 이삭이 아래로 늘어진 것이 마음이 근심에 취한 것과 같으므로 이로써 기흥(起興)한 것이다.

③ 彼黍離離, 彼稷之實. 行邁靡靡, 中心如噎〔於結反 叶於悉反〕. 知我者, 謂我心憂, 不知我者, 謂我何求. 悠悠蒼天, 此何人哉.

彼黍離離어늘　　저 기장 이삭이 늘어져 있는데
彼稷之實이로다　　저 메기장은 열매가 영글었도다
行邁靡靡하여　　길 가기를 더디하고 더디하여
中心如噎(열)호라　　중심에 목이 메인 듯하노라
知我者는　　이내 마음 아는 자는
謂我心憂어늘　　나더러 마음에 근심한다 하는데
不知我者는　　이내 마음 알지 못하는 자는
謂我何求오하나니　　나더러 무엇을 구하는고 하니
悠悠蒼天아　　아득하고 아득한 창천아
此何人哉오　　이 어느 사람이 이렇게 만들었는고

賦而興也라 噎은 憂深不能喘息하여 如噎之然이라 稷之實이 猶心之噎이라 故로 以起興이라

부이흥(賦而興)이다. '열(噎)'은 근심이 깊어 천식(喘息:호흡)을 못해서 목이 메인 듯한 것이다. 메기장이 영글어 꽉 찬 것이 마음이 근심스러워 목이 멘 것과 같으

••• 秀 : 이삭팰 수　噎 : 목멜 열　喘 : 숨찰 천

므로 이로써 기흥(起興)한 것이다.

黍離三章이니 章十句라

〈서리(黍離)〉는 3장이니, 장마다 10구이다.

元城劉氏曰 常人之情은 於憂樂之事에 初遇之면 則其心變焉하고 次遇之면 則其變少衰하고 三遇之면 則其心如常矣라 至於君子忠厚之情하여는 則不然하여 其行役往來에 固非一見也라 初見稷之苗矣요 又見稷之穗矣요 又見稷之實矣로되 而所感之心이 終始如一하여 不少變而愈深하니 此則詩人之意也니라

원성 류씨(元城劉氏;유안세(劉安世))가 말하였다. "상인(常人)의 정(情)은 근심스럽고 즐거운 일에 대하여 처음 만나면 그 마음이 변하고, 다음에 만나면 그 변함이 조금 줄어들고, 세 번째 만나면 그 마음이 평상시와 같아진다. 〈그러나〉 군자의 충후(忠厚)한 정(情)에 이르러는 그렇지 아니하여 그 부역을 가서 가고 옴에 진실로 한번만 본 것이 아니었다. 처음에는 메기장의 묘(苗)를 보았고, 다음에는 메기장의 이삭을 보았고, 또 메기장의 영그는 것을 보았는데도, 감동한 바의 마음이 시종여일(始終如一)하여 조금도 변치 않고 더욱더 깊었으니, 이는 시인(詩人)의 〈충후(忠厚)한〉 뜻이다."

【毛序】 黍離는 閔宗周也라 周大夫行役이라가 至于宗周하여 過故宗廟宮室하니 盡爲禾黍어늘 閔周室之顚覆하여 彷徨不忍去而作是詩也라

〈서리〉는 종주(宗周)의 멸망을 민망히 여긴 것이다. 주나라 대부가 부역을 갔다가 종주에 이르러 옛날의 종묘와 궁실의 터를 지나가니, 모두 벼와 기장밭이 되어 있었다. 그러므로 주나라 왕실의 전복됨을 민망히 여겨 방황하고 차마 떠나가지 못하여 이 시(詩)를 지은 것이다.

【鄭註】 宗周는 鎬京也니 謂之西周요 周는 王城也니 謂之東周라 幽王之亂에 而宗周滅하니 平王東遷에 政遂微弱하여 下列於諸侯하여 其詩不能復雅하여 而同於國風焉하니라

종주는 호경(鎬京)이니 서주(西周)를 이르고, 주(周)는 왕성(王城)이니 동주(東周;낙읍)를 이른다. 유왕(幽王)의 난리에 종주가 멸망하니, 평왕(平王)이 동쪽으로 천도(遷都)함에 정권(政權)이 마침내 미약해져서 아래로 제후에게 나열되어 그 시(詩)가 다시 아(雅)가 되지 못하고 열국풍(列國風)과 똑같이 된 것이다.

••• 彷 : 배회할 방 徨 : 배회할 황

2. 군자우역(君子于役)

① 君子于役, 不知其期, 曷至哉〔叶將黎反〕. 鷄棲〔音西〕于塒〔音時〕, 日之夕矣, 羊牛下來〔叶陵之反〕. 君子于役, 如之何勿思〔叶新齋反〕.

君子于役이여	군자의 부역 감이여
不知其期로소니	돌아올 기일을 모르노니
曷至哉오	지금 어디에 가 계신고
鷄棲于塒(시)며	닭은 홰에 깃들며
日之夕矣라	날이 저물어
羊牛下來로소니	양과 소가 내려오나니
君子于役이여	군자의 부역 감이여
如之何勿思리오	어이 그리워하지 않을 수 있으리오

賦也라 君子는 婦人目其夫之辭라 鑿(착)墻而棲曰塒라 日夕則羊先歸而牛次之라 ○ 大夫久役于外하니 其室家思而賦之曰 君子行役이여 不知其反還之期로소니 且今亦何所至哉오 鷄則棲于塒矣요 日則夕矣라 羊牛則下來矣니 是則畜產出入도 尙有旦暮之節이어늘 而行役之君子는 乃無休息之時하니 使我如何而不思也哉오하니라

부(賦)이다. '군자'는 부인이 그 남편을 지목한 말이다. 담장을 파고 깃드는 것을 '시(塒)'라 한다. 날이 저물면 양이 먼저 돌아오고 소가 그 다음에 돌아온다.

○ 대부가 오랫동안 밖에서 부역하니, 그 실가(室家:아내)가 그리워하여 읊기를 "군자의 부역가심이여, 돌아올 기일을 알지 못하겠도다. 우선 또한 지금 어느 곳에 이르러 계신고? 닭은 홰에 깃들고 날이 저물어 소와 양이 내려오니, 이는 축산(畜產)의 나가고 들어옴도 오히려 아침저녁의 절도가 있는데 부역 간 군자는 도리어 휴식할 때가 없으니, 나로 하여금 어찌하여 생각하지 않을 수 있겠는가." 한 것이다.

② 君子于役, 不日不月, 曷其有佸〔戶括反 叶戶劣反〕. 鷄棲于桀, 日之夕矣, 羊牛下括〔古活反 叶古劣反〕. 君子于役, 苟無飢渴〔叶巨列反〕.

••• 棲 : 깃들일 서 塒 : 횃대 시 鑿 : 뚫을 착

君子于役이여	군자가 부역 감이여
不日不月이로소니	날짜와 달수로 계산할 수 없으니
曷其有佸(활)고	언제나 오시려나
鷄棲于桀이며	닭은 말뚝에 깃들며
日之夕矣라	날이 저물어
羊牛下括(괄)이로소니	양과 소가 내려오니
君子于役이여	군자의 부역 감이여
苟無飢渴이어다	우선 기갈이나 없을지어다

賦也라 佸은 會요 桀은 杙(익)이요 括은 至요 苟는 且也라
○ 君子行役之久하여 不可計以日月이요 而又不知其何時可以來會也하니 亦庶幾其免於飢渴而已矣라 此는 憂之深而思之切也니라

부(賦)이다. '활(佸)'은 모임이요, '걸(桀)'은 말뚝이요, '괄(括)'은 이름(도착함)이요, '구(苟)'는 우선이다.

○ 군자가 부역을 간지 오래되어 날짜와 달수로 계산할 수 없으며, 또 그 어느 때에나 와서 모일지 알 수 없으니, 또한 행여 기갈이나 면하기를 바랄 뿐이다. 이는 근심함이 깊고 생각함이 간절한 것이다.

君子于役二章이니 章八句라

〈군자우역(君子于役)〉은 2장이니, 장마다 8구이다.

【毛序】 君子于役은 刺平王也라 君子行役하여 無期度하니 大夫思其危難以風焉하니라

〈군자우역〉은 평왕을 풍자한 시(詩)이다. 군자가 부역을 가서 돌아올 기한이 없으니, 대부가 그 위난(危難)을 생각하여 풍자한 것이다.

【辨說】 此는 國人行役에 而室家念之之辭니 序說誤矣라 其曰刺平王도 亦未有考하니라

이는 국인(國人)이 부역을 감에 집에 있는 실가(室家;아내)가 남편을 그리워한 글이니, 〈서설(序說)〉이 잘못되었다. '평왕을 풍자했다.'고 말한 것도 상고함이 있지 못하다.

••• 佸 : 모을 활 桀 : 말뚝 걸 括 : 이를 괄 杙 : 말뚝 익

3. 군자양양(君子陽陽)

① 君子陽陽, 左執簧〔音黃〕, 右招我由房. 其樂〔音洛〕只〔音止〕且〔子餘反〕.

君子陽陽하여	군자가 득의양양(得意陽陽)하여
左執簧하고	왼쪽에는 황(簧)을 잡고
右招我由房하나니	오른쪽으로 나를 방에서 부르니
其樂(락)只且(저)로다	그 즐겁도다

賦也라 陽陽은 得志之貌라 簧은 笙、竽管中金葉也라 蓋笙、竽는 皆以竹管植(치)於匏中하고 而竅其管底之側하여 以薄金葉障之하여 吹則鼓之而出聲하니 所謂簧也라 故로 笙、竽를 皆謂之簧이라 笙은 十三簧, 或十九簧이요 竽는 十六簧也라 由는 從也라 房은 東房也라 只且는 語助辭라

○ 此詩疑亦前篇婦人所作이라 蓋其夫既歸에 不以行役爲勞하고 而安於貧賤以自樂하며 其家人이 又識其意而深歎美之하니 皆可謂賢矣라 豈非先王之澤哉아 或曰 序說亦通이라하니 宜更詳之니라

부(賦)이다. '양양(陽陽)'은 득의(得意)한 모양이다. '황(簧)'은 생(笙)과 우(竽;피리)의 대통 속에 있는 금엽(金葉;얇은 쇠조각)이다. 생(笙)과 우(竽)는 모두 대통을 박 속에 꽂아놓고 그 대통 밑의 옆에 구멍을 뚫어 얇은 쇠잎〔金葉〕으로 이곳을 막아서 불면 〈바람이〉 이것을 두드려 소리를 내니, 이른바 '황(簧)'이다. 그러므로 생(笙)과 우(竽)를 모두 황(簧:생황)이라고 한다. 생(笙)은 황(簧)이 13개이거나 또는 19개이며, 우(竽)는 16개이다. '유(由)'는 부터이다. '방(房)'은 동쪽 방이다. '지저(只且)'는 어조사이다.

○ 이 시(詩)는 의심컨대 또한 전편(前篇)의 부인이 지은 것인 듯하다. 그 남편이 이미 돌아옴에 부역갔다 옴을 수고로움으로 여기지 않고 빈천(貧賤)을 편안히 여겨 스스로 즐거워하였으며, 그 가인(家人)도 그 뜻을 알고 깊이 탄미하였으니, 모두 어질다고 이를 만한다. 어찌 선왕의 유택(遺澤)이 아니겠는가. 혹자는 "〈서설(序說)〉 또한 통한다." 하니, 마땅히 다시 살펴보아야 할 것이다.

••• 簧 : 생황 황 竽 : 피리 우 植 : 꽂을 치 匏 : 박 포 竅 : 구멍 규

※생(笙)과 우(竽)

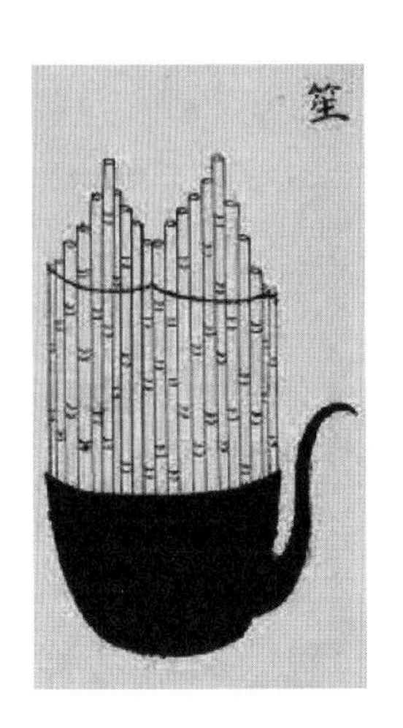

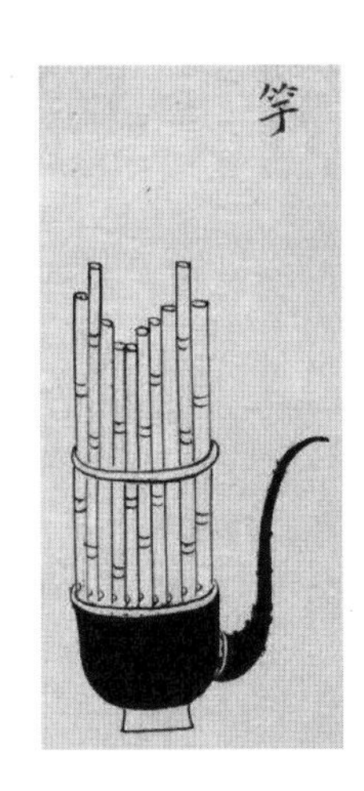

② 君子陶陶, 左執翿〔徒刀反〕, 右招我由敖〔五刀反〕. 其樂只且.

君子陶(요)陶하여	군자가 화락하여
左執翿(도)하고	왼쪽에는 깃일산을 잡고
右招我由敖하나니	오른쪽으로 나를 춤추는 자리에서 부르니
其樂只且로다	그 즐겁도다

賦也라 陶陶는 和樂之貌라 翿는 舞者所持니 羽旄之屬이라 敖는 舞位也라

부(賦)이다. '요요(陶陶)'는 화락(和樂)한 모양이다. '도(翿)'는 춤추는 자가 잡는 것이니, 우모(羽旄;깃털과 들소꼬리)의 등속이다. '오(敖)'는 춤추는 자리이다.

君子陽陽二章이니 章四句라

〈군자양양(君子陽陽)〉은 2장이니, 장마다 4구이다.

【毛序】 君子陽陽은 閔周也니 君子遭亂하여 相招爲祿仕하여 全身遠害而已니라

〈군자양양〉은 주(周)나라를 민망히 여긴 시(詩)이니, 군자가 난을 만나자, 서로 불러 녹사(祿仕;녹을 받기 위한 벼슬)를 하여 몸을 보전하고 폐해를 멀리 할 뿐이었다.

【鄭註】 祿仕者는 苟得祿而已요 不求道行이라

녹사라는 것은 구차히 녹(祿)을 얻을 뿐이요, 도(道)를 행함을 구하지 않는 것이다.

··· 陶 : 기뻐할 요 翿 : 깃일산 도 敖 : 춤추는자리 오 旄 : 기 모

【辨說】 說同上篇하니라

해설이 상편과 같다.

4. 양지수(揚之水)

① 揚之水, 不流束薪. 彼其〔音記〕之子, 不與我戍申. 懷〔叶胡威反〕哉懷哉, 曷月予還〔音旋〕歸哉.

揚之水여	느릿느릿 흐르는 물이여
不流束薪이로다	묶어 놓은 섶단도 떠내려 보내지 못하도다
彼其之子여	저 그 사람이여
不與我戍(수)申이로다	나와 함께 신(申)나라로 오지 못하였도다
懷哉懷哉로니	그립고 그리우니
曷月에 予還(선)歸哉오	어느 달에나 내 집에 돌아갈런고

興也라 揚은 悠揚也니 水緩流之貌라 彼其之子는 戍人이 指其室家而言也라 戍는 屯兵以守也라 申은 姜姓之國이니 平王之母家也니 在今鄧州信陽軍之境하니라 懷는 思요 曷은 何也라

○ 平王以申國近楚하여 數(삭)被侵伐이라 故로 遣畿內之民戍之하니 而戍者怨思作此詩也라 興은 取之不二字하니 如小星之例[93]라

홍(興)이다. '양(揚)'은 유양(悠揚)함이니, 물이 느리게 흐르는 모양이다. '피기지자(彼其之子)'는 수자리 간 사람〔戍人〕이 그 실가(아내)를 가리켜 말한 것이다. '수(戍)'는 군대를 주둔하여 지키는 것이다. '신(申)'은 강성(姜姓)의 나라이니, 평왕(平王)의 모가(母家:외가)이니, 지금의 등주(鄧州) 신양군(信陽軍)의 경내에 있었다. '회

93 取之不二字 如小星之例 : 여기에서의 홍(興)은 특별한 뜻이 없고 다만 양지수(揚之水)·피기지자(彼其之子)의 두 지(之) 자와 불류속신(不流束薪)·불여아수신(不與我戍申)의 두 불(不) 자를 맞추었을 뿐인바, 이는 앞의 〈소성(小星)〉에서 삼오재동(三五在東)·숙야재공(夙夜在公)의 두 재(在) 자와 유삼여묘(維參與昴)·포금여주(抱衾與裯)의 두 여(與) 자를 맞추어 홍(興)한 것과 같음을 말한 것이다.

… 揚 : 날릴 양 戍 : 수자리 수 鄧 : 등나라 등

(懷)'는 그리워함이요, '갈(曷)'은 어찌이다.

○ 평왕은 외가인 신(申)나라가 초(楚)나라에 가까워 자주 침벌(侵伐)을 당하므로 기내(畿內)의 백성을 보내어 수자리시키니, 수자리 간 자들이 원망하고 그리워하여 이 시를 지은 것이다. 흥(興)은 지(之)·불(不) 두 자(字)를 취한 것이니, 〈소성(小星)〉의 예와 같다.

② 揚之水, 不流束楚. 彼其之子, 不與我戍甫. 懷哉懷哉, 曷月予還歸哉.

揚之水여	느릿느릿 흐르는 물이여
不流束楚로다	묶어 놓은 가시나무도 떠내려 보내지 못하도다
彼其之子여	저 그 사람이여
不與我戍甫로다	나와 함께 보(甫)나라에 오지 못하였도다
懷哉懷哉로니	그립고 그리우나니
曷月에 予還歸哉오	어느 달에나 내 집에 돌아갈런고

興也라 楚는 木也라 甫는 卽呂也니 亦姜姓이라 書呂刑을 禮記에 作甫刑하니 而孔氏以爲呂侯後爲甫侯是也라 當時에 蓋以申故而幷戍之라 今未知其國之所在나 計亦不遠於申、許也리라

흥(興)이다. '초(楚)'는 가시나무이다. '보(甫)'는 바로 여(呂)이니, 또한 강성(姜姓)이다. 《서경》의 '여형(呂刑)'을 《예기(禮記)》〈치의(緇衣)〉에는 '보형(甫刑)'으로 기록하였는데, 공씨(孔氏)가 이르기를 "여후(呂侯)가 뒤에 보후(甫侯)가 되었다." 한 것이 이것이다. 당시에 아마도 신(申)나라 연고 때문에 함께 수자리를 시킨 듯하다. 지금 그 나라의 소재를 알 수 없으나, 추측컨대 또한 신나라와 허(許)나라에서 멀지 않을 것이다.

③ 揚之水, 不流束蒲〔叶滂古反〕. 彼其之子, 不與我戍許. 懷哉懷哉, 曷月予還歸哉.

揚之水여	느릿느릿 흐르는 물이여

··· 甫 : 겨우 보

不流束蒲로다	묶어 놓은 갯버들도 떠내려 보내지 못하도다
彼其之子여	저 그 사람이여
不與我戍許로다	나와 함께 허(許)나라에 오지 못하였도다
懷哉懷哉로니	그립고 그리우나니
曷月에 予還歸哉오	어느 달에나 내 집에 돌아갈런고

興也라 蒲는 蒲柳라 春秋傳云 董澤之蒲라한대 杜氏云 蒲는 楊柳니 可以爲箭者是也라 許는 國名이니 亦姜姓이니 今潁昌府許昌縣이 是也라

흥(興)이다. '포(蒲)'는 포류(蒲柳;갯버들)이다. 《춘추좌씨전》 선공(宣公) 12년에 "동택(董澤)의 포(蒲)이다."라고 하였는데, 두씨(杜氏;두예(杜預))의 주(註)에 "포(蒲)는 양류(楊柳)이니, 화살을 만들 수 있다." 한 것이 이것이다. '허(許)'는 나라 이름이니, 또한 강성(姜姓)이니, 지금의 영창부(潁昌府) 허창현(許昌縣)이 이 지역이다.

揚之水三章이니 章六句라

〈양지수(揚之水)〉는 3장이니, 장마다 6구이다.

申侯與犬戎으로 攻宗周而弑幽王하니 則申侯者는 王法必誅不赦之賊이니 而平王與其臣庶不共戴天之讐也라 今平王이 知有母而不知有父하여 知其立己爲有德이요 而不知其弑父爲可怨하여 至使復讐討賊之師로 反爲報施酬恩之擧하니 則其忘親逆理하여 而得罪於天이 已甚矣라 又況先王之制에 諸侯有故어든 則方伯連帥(수)以諸侯之師討之하고 王室有故어든 則方伯連帥以諸侯之師救之하여 天子鄕遂之民은 供貢賦, 衛王室而已라 今平王은 不能行其威令於天下하여 無以保其母家하여 乃勞天子之民하여 遠爲諸侯戍守라 故로 周人之戍申者 又以非其職而怨思焉하니 則其衰懦微弱而得罪於民을 又可見矣라 嗚呼라 詩亡而後春秋作[94]이 其不以此也哉아

신후(申侯)가 견융(犬戎)과 함께 종주(宗周)를 쳐서 유왕(幽王)을 시해하였으니,

••••••

94 詩亡而後春秋作 : 원래 《맹자》〈이루 하(離婁下)〉에 "왕자의 자취가 끊김에 시가 망하였으니(없어졌으니), 시가 망한 뒤에 《춘추》가 지어졌다.〔王者之迹熄而詩亡, 詩亡然後春秋作.〕"라고 보이는데, 주자(朱子)는 이것을 주(周)나라가 동천(東遷)한 이후에 정치와 왕권이 약화됨으로써 왕풍(王風)인 〈서리(黍離)〉가 열국풍(列國風)으로 강등되어 아(雅)가 없어졌으며, 이 때문에 공자께서 《춘추》를 짓게 되었다고 설명하였다.

••• 蒲 : 부들 포 董 : 바로잡을 동 箭 : 화살 전 潁 : 물이름 영 赦 : 놓아줄 사 戴 : 일 대 酬 : 갚을 수 以 : 거느릴 이 遂 : 행정구획이름 수 懦 : 나약할 라

그렇다면 신후는 왕법(王法)에 반드시 주살(誅殺)하고 용서하지 말아야 할 적(賊)이니, 평왕(平王)과 그의 신서(臣庶)들이 한 하늘 아래서 같이 살 수 없는 원수이다. 그러데 지금 평왕은 어머니(외가)가 있음만 알고 아버지가 있음을 알지 못하여, 〈외가에서〉 자기를 세워준 것이 은덕이 됨만 알고 아버지를 시해한 것이 원수가 됨을 알지 못하였다. 그리하여 심지어는 복수(復讎)하고 토적(討賊)해야 할 군대로 하여금 도리어 베풀어준 은혜에 보답하고 은덕을 갚는 행동을 하기까지 하였으니, 그 어버이를 잊고 이치를 거슬려 하늘에 죄를 얻음이 너무 심하다.

또 더구나 선왕(先王)의 제도에 제후국에 〈시역(弑逆)하는 큰〉 연고가 있으면 방백(方伯)과 연수(連帥)가 제후의 군대를 거느리고 가서 토벌하며, 왕실(王室)에 〈오랑캐가 침범하는〉 연고가 있으면 방백과 연수가 제후의 군대를 거느리고 가서 구원하여, 천자국의 〈기내(畿內)에 있는〉 향(鄕)·수(遂)의 백성들은 공부(貢賦)를 바치고 왕실을 호위할 뿐이었다.

그런데 지금 평왕은 그 위엄과 명령을 천하에 행하지 못하여 그 외가를 보존할 수가 없어서 도리어 천자의 백성을 수고롭게 하여 멀리 제후를 위해 수자리 살고 지키게 하였다. 그러므로 주(周)나라 사람으로서 신(申)나라에 수자리 간 자들이 또 자기의 직무가 아니라 하여 원망하고 그리워한 것이니, 쇠나(衰懦)하고 미약(微弱)하여 백성에게 죄를 지었음을 또 볼 수 있다. 아! 시(詩)가 없어진 뒤에 《춘추(春秋)》가 지어졌다는 것은 이 때문이 아니겠는가.

【毛序】 揚之水는 刺平王也라 不撫其民하고 而遠屯戍于母家하니 周人怨思焉하니라

〈양지수(揚之水)〉는 평왕을 풍자한 시이다. 그 백성들을 어루만지지 않고 멀리 모가(母家:신(申)나라)에 주둔시켜 수자리 살게 하니, 주(周)나라 사람들이 원망한 것이다.

【鄭註】 怨平王恩澤이 不行於下民하고 而久令屯戍不得歸하니 思其鄕里之處者라 言周人者는 時諸侯亦有使人戍焉이라 平王母家申國이 在陳鄭之南하여 迫近彊楚라 王室微弱하여 而數(삭)見侵伐하니 王是以戍之하니라

평왕의 은택이 하민(下民)에 내리지 못함을 원망하고, 오랫동안 둔수(屯戍)하여 돌아갈 수가 없으니, 그 향리(鄕里)의 거처하는 자를 생각한 것이다. 주인(周人)이라고 말한 것은 이때 제후 중에 또한 사람을 시켜서 둔수한 자가 있었다. 평왕의 외가인 신국(申國)이 진(陳)과 정(鄭)의 남쪽에 있어 강한 초(楚)나라에 가까이 있

었다. 왕실(王室)이 미약하여 신국이 자주 침벌을 당하니, 왕이 이 때문에 군대를 보내어 둔수하게 한 것이다.

5. 중곡유퇴(中谷有蓷)

① 中谷有蓷〔吐雷反〕, 暵〔呼但反〕其乾矣. 有女仳〔匹指反〕離, 嘅〔口愛反〕其嘆〔土丹反〕矣. 嘅其嘆矣, 遇人之艱難矣.

中谷有蓷(퇴)하니	골짝 가운데 익모초가 있으니
暵(한)其乾矣로다	바짝 말랐도다
有女仳(비)離라	여자가 이별을 한지라
嘅(개)其嘆矣호라	깊이 탄식하노라
嘅其嘆矣호니	깊이 탄식하니
遇人之艱難矣로다	사람의 어려운 때를 만났도다

興也라 蓷는 鵻(추)也니 葉似萑(환)하고 方莖白華며 華生節間하니 卽今益母草也라 暵은 燥요 仳는 別也라 嘅는 歎聲이라 艱難은 窮厄也라
○ 凶年饑饉에 室家相棄하니 婦人覽物起興하여 而自述其悲歎之詞也라

홍(興)이다. '퇴(蓷)'는 추(鵻)이니, 잎이 환(萑;익모초)과 비슷하며 줄기가 네모지고 꽃이 희며 꽃이 마디 사이에서 나오니, 바로 지금의 익모초(益母草)이다. '한(暵)'은 건조함이요, '비(仳)'는 이별함이다. '개(嘅)'는 탄식하는 소리이다. '간난(艱難)'은 궁액(窮厄)이다.

○ 흉년에 기근이 들어 실가(室家)가 서로 버리니, 부인이 물건을 보고 기흥(起興)하여 스스로 그 비탄(悲歎)하는 말을 서술한 것이다.

② 中谷有蓷, 暵其脩〔叶式竹反〕矣. 有女仳離, 條其歗〔叶息六反〕矣. 條其歗矣, 遇人之不淑矣.

中谷有蓷하니	골짝 가운데 익모초가 있으니

… 蓷 : 익모초 퇴 暵 : 마를 한 仳 : 이별할 비 嘅 : 탄식할 개 艱 : 어려울 간 鵻 : 익모초 추
萑 : 물억새 환 厄 : 재앙 액 饑 : 흉년들 기 饉 : 흉년들 근

暵其脩矣로다	그 긴 것도 말랐도다
有女仳離라	여자가 이별을 한지라
條其歗(嘯)矣호라	길게 휘파람을 부노라
條其歗矣호니	길게 휘파람을 부니
遇人之不淑矣로다	사람의 좋지 못한 때를 만났도다

興也라 脩는 長也라 或曰 乾也니 如脯之謂脩也라 條는 條然歗貌라 歗는 蹙口出聲也니 悲恨之深하여 不止於嘆矣라 淑은 善也라 古者에 謂死喪饑饉을 皆曰不淑이라하니 蓋以吉慶爲善事하고 凶禍爲不善事하니 雖今人語라도 猶然也라
○ 曾氏曰 凶年而遽相棄背는 蓋衰薄之甚者어늘 而詩人乃曰 遇斯人之艱難이라하고 遇斯人之不淑이라하여 而無怨懟過甚之辭焉하니 厚之至也니라

흥(興)이다. '수(脩)'는 긺이다. 혹자는 말하기를 "건조함이니, 포(脯)를 수(脩;포)라고 이르는 것과 같다." 한다. '조(條)'는 조연(條然)히(길게) 휘파람부는 모양이다. '소(歗;휘파람)'는 입을 오므려 소리를 내는 것이니, 비한(悲恨)이 깊어서 탄식함에 그치지 않은 것이다. '숙(淑)'은 좋음이다. 옛날에 사상(死喪)과 기근(饑饉)을 일러 모두 '불숙(不淑;좋지 못한 일)'이라 하였다. 길경(吉慶)을 좋은 일이라 하고 흉화(凶禍)를 좋지 못한 일이라 하였으니, 비록 지금 사람들의 말이라도 그러하다.

○ 증씨(曾氏;증공(曾鞏))가 말하였다. "흉년에 부부간에 대번에 서로 버리고 배반함은 〈은혜의〉 쇠박(衰薄)함이 심한데, 시인(詩人)이 도리어 이 사람의 어려움을 만났다 하고, 이 사람의 좋지 못함을 만났다고 하여, 원망하기를 너무 지나치게 하고 심하게 하는 말이 없으니, 후(厚)함이 지극하다."

③ 中谷有蓷, 暵其濕矣. 有女仳離, 啜[張劣反]其泣矣. 啜其泣矣, 何嗟及矣.

中谷有蓷하니	골짝 가운데 익모초가 있으니
暵其濕矣로다	습지의 것도 말랐도다
有女仳離라	여자가 이별을 한지라
啜(철)其泣矣호라	흐느껴 우노라
啜其泣矣호니	흐느껴 우니

··· 脩 : 길 수, 포 수 條 : 휘파람불 조 歗 : 휘파람 소 脯 : 포 포 蹙 : 오무릴 축 懟 : 원망할 대 啜 : 훌쩍거릴 철

何嗟及矣리오 슬퍼한들 어찌 미치리오

興也라 嘆濕者는 旱甚則草之生於濕者 亦不免也라 啜은 泣貌라 何嗟及矣는 言事已至此하여 末如之何니 窮之甚也라

흥(興)이다. 습지의 것도 말랐다는 것은 가뭄이 심하면 습지에서 자라는 풀 또한 말라죽음을 면치 못한다. '철(啜)'은 우는 모양이다. '하차급의(何嗟及矣)'는 일이 이미 이 지경에 이르러 어쩔 수 없음을 말한 것이니, 곤궁함이 심한 것이다.

中谷有蓷三章이니 章六句라

〈중곡유퇴(中谷有蓷)〉는 3장이니, 장마다 6구이다.

范氏曰 世治則室家相保者는 上之所養也요 世亂則室家相棄者는 上之所殘也일새라 其使之也勤하고 其取之也厚하면 則夫婦日以衰薄하여 而凶年不免於離散矣라 伊尹曰 匹夫匹婦不獲自盡이면 民主罔與成厥功[95]이라하니 故로 讀詩者 於一物失所에 而知王政之惡하고 一女見棄에 而知人民之困하나니 周之政荒民散하여 而將無以爲國을 於此에 亦可見矣로다

범씨(范氏)가 말하였다. "세상이 다스려지면 실가(室家;부부간)가 서로 보호하는 것은 윗사람이 잘 길러주기 때문이요, 세상이 어지러우면 실가가 서로 버리는 것은 윗사람이 잔해(殘害)하기 때문이다. 백성을 부리기를 수고롭게 하고 백성에게 취하기를 많이 하면 부부의 정이 날로 쇠박(衰薄)해져서 흉년에 이산(離散)을 면치 못한다. 이윤(伊尹)이 말하기를 '필부(匹夫)·필부(匹婦)가 스스로 〈마음을〉 다함을 얻지 못하면 백성의 임금은 더불어 그 공(功)을 이룰 수 없다.' 하였다. 그러므로 시(詩)를 읽는 자는 한 물건(사람)이 제자리를 잃음에서 왕정(王政)의 나쁨을 알고, 한 여자가 버림을 받음에서 인민의 곤궁함을 알았으니, 주(周)나라의 정치가 황폐하고 백성이 흩어져 장차 〈훌륭한〉 나라가 될 수 없음을 여기에서도 볼 수 있다."

【毛序】 中谷有蓷는 閔周也라 夫婦日以衰薄하여 凶年饑饉에 室家相棄爾니라

〈중곡유퇴〉는 주나라를 민망히 여긴 시(詩)이다. 부부의 정이 날로 쇠박(衰薄)해져서 흉년에 기근이 들자, 실가가 서로 버린 것이다.

••••••

95 伊尹曰……民主罔與成厥功 : 이 내용은 《서경》〈함유일덕(咸有一德)〉에 보인다.

••• 殘 : 잔인할 잔

6. 토원(兎爰)

① 有兎爰爰, 雉離于羅. 我生之初, 尙無爲〔叶吾禾反〕. 我生之後, 逢此百罹〔叶良何反〕. 尙寐無吪.

有兎爰爰이어늘	토끼는 여유만만한데
雉離于羅로다	꿩은 그물에 걸렸도다
我生之初에	내가 태어난 초기에는
尙無爲러니	오히려 할 일이 없었는데
我生之後에	내가 태어난 뒤에
逢此百罹(리)호니	이 온갖 걱정을 만났으니
尙寐無吪(와)엇다	행여 잠들어 움직이지 말지어다

比也라 兎性陰狡라 爰爰은 緩意라 雉性耿介라 離는 麗(리)요 羅는 網이요 尙은 猶요 罹는 憂也라 尙은 庶幾也라 吪는 動也라

○ 周室衰微에 諸侯背叛하니 君子不樂其生하여 而作此詩라 言張羅는 本以取兎어늘 今兎狡得脫하고 而雉以耿介로 反離于羅하니 以比小人致亂而以巧計幸免하고 君子無辜而以忠直受禍也라 爲此詩者 蓋猶及見西周之盛이라 故로 曰 方我生初엔 天下尙無事러니 及我生之後에 而逢時之多難이 如此라 然이나 旣無如之何면 則但庶幾寐而不動以死耳라 或曰 興也니 以兎爰興無爲하고 以雉離興百罹也라하니 下章放此하니라

비(比)이다. 토끼의 성질은 음흉하고 교활하다. '원원(爰爰)'은 느린 뜻이다. 꿩의 성질은 경개(耿介;꼿꼿함)하다. '리(離)'는 걸림이요, '라(羅)'는 그물이다. '상(尙)'은 행여요, '리(罹)'는 근심이다. '상(尙)'은 행여〔庶幾〕이다. '와(吪)'는 움직임이다.

○ 주(周)나라 왕실이 쇠미함에 제후들이 배반하니, 군자가 그 사는 것을 즐거워하지 아니하여 이 시(詩)를 지은 것이다. "그물을 친 것은 토끼를 잡고자 한 것이었는데, 지금 토끼는 교활하여 빠져나가고 꿩은 경개(耿介)하여 도리어 그물에 걸렸다."고 말하였으니, 이로써 소인은 난(亂)을 이루고도 교묘한 꾀로 요행히 화를 면하고, 군자는 허물이 없으면서도 충직(忠直)함으로써 화를 받음을 비유한 것이다.

··· 爰 : 느슨할 원 離 : 걸릴 리 罹 : 근심 리 吪 : 움직일 와 耿 : 곧을 경 介 : 곧을 개 麗 : 걸릴 리
網 : 그물 망 辜 : 허물 고

이 시를 지은 자는 오히려 서주(西周)의 성함을 보았었다. 그러므로 말하기를 "내가 태어난 초기에는 천하가 오히려 할 일이 없었는데, 내가 태어난 뒤에 이르러 세상의 다난(多難)함을 만남이 이와 같다. 그러나 이미 어쩔 수가 없다면 다만 행여 잠들어 움직이지 아니하여 죽기를 바랄 뿐이다."라고 한 것이다.

혹자는 말하기를 "흥(興)이니, 토원(兎爰)으로 무위(無爲)를 흥(興)하고, 치리(雉離)로 백리(百罹)를 흥(興)하였다." 하니, 하장(下章)도 이와 같다.

② 有兎爰爰, 雉離于罦〔音孚 叶步廟反〕. 我生之初, 尙無造. 我生之後, 逢此百憂〔叶一笑反〕. 尙寐無覺〔居孝反 叶居笑反〕.

有兎爰爰이어늘	토끼는 여유만만한데
雉離于罦(부)로다	꿩은 새그물에 걸렸도다
我生之初에	내가 태어난 초기에는
尙無造러니	오히려 할 일이 없었는데
我生之後에	내가 태어난 뒤에
逢此百憂호니	이 온갖 근심을 만났으니
尙寐無覺(교)엇다	행여 잠들고 깨어나지 말지어다

比也라 罦는 覆(부)車也니 可以掩兎라 造亦爲也라 覺(교)는 寤也라

비(比)이다. '부(罦)'는 수레 위에 덮는 것이니, 토끼를 덮칠 수 있다. '조(造)' 또한 할 일이다. '교(覺)'는 잠을 깸이다.

③ 有兎爰爰, 雉離于罿〔音衝〕. 我生之初, 尙無庸. 我生之後, 逢此百凶, 尙寐無聰,

有兎爰爰이어늘	토끼는 여유만만한데
雉離于罿(충)이로다	꿩은 새그물에 걸렸도다
我生之初에	내가 태어난 초기에는
尙無庸이러니	오히려 종사할 일이 없었는데
我生之後에	내가 태어난 뒤에

··· 罦 : 그물 부 覺 : 잠깰 교 掩 : 덮칠 엄, 덮 엄 罿 : 새그물 충 庸 : 쓸 용

逢此百凶호니	이 온갖 흉한 일을 만났으니
尙寐無聰이었다	행여 잠들고 듣지 말지어다

比也라 罿은 罬(철)也니 卽罦也라 或曰 施羅于車上也라하니라 庸은 用이라 聰은 聞也니 無所聞이면 則亦死耳니라

비(比)이다. '충(罿)'은 새그물이니, 바로 부(罦)이다. 혹자는 "수레 위에 그물을 설치하는 것이다."라고 한다. '용(庸)'은 씀이다. '총(聰)'은 들음이니, 듣는 바가 없다면 또한 죽은 것이다.

兎爰三章이니 章七句라

〈토원(兎爰)〉은 3장이니, 장마다 7구이다.

【毛序】 兎爰은 閔周也라 桓王失信한대 諸侯背叛하여 構怨連禍하여 王師傷敗하니 君子不樂其生焉하니라

〈토원〉은 주(周)나라를 민망히 여긴 시(詩)이다. 환왕(桓王)이 신의(信義)를 잃자, 제후들이 배반하여 원한을 맺고 화(禍)를 연이어 왕의 군대가 패하니, 군자들이 그 삶을 즐거워하지 않은 것이다.

【鄭註】 不樂其生者는 寐不欲覺(교)之謂也라

'그 삶을 즐거워하지 않았다.'는 것은 길이 잠자서 깨고자 하지 않음을 이른다.

【辨說】 君子不樂其生一句는 得之요 餘皆衍說이라 其指桓王은 蓋據春秋傳에 鄭伯이 不朝어늘 王以諸侯伐鄭호되 鄭伯이 禦之하여 王卒大敗하여 祝聃(담)이 射王中肩之事라 然未有以見此詩之爲是而作也로라

'군자가 그 삶을 즐거워하지 않았다.〔君子不樂其生〕'는 한 구는 맞고 나머지는 모두 억지로 부연한 말이다. 환왕(桓王)을 가리켰다고 한 것은 아마도 《춘추좌씨전》 환공(桓公) 5년에 정백(鄭伯)이 주(周)나라 왕(천자)에게 조회하지 않자 왕이 제후를 거느리고 정(鄭)나라를 정벌하였는데 정백이 방어하여 왕의 군대가 대패해서 축담(祝聃)이 왕을 쏘아 어깨를 맞춘 일을 근거로 한듯하다. 그러나 이 시가 이 때문에 지어진 것임을 볼 수 없다.

··· 罬 : 새그물 철 構 : 얽을 구 聃 : 귓바퀴없을 담

7. 갈류(葛藟)

① 緜緜葛藟〔九軌反〕, 在河之滸〔呼五反〕. 終遠〔于萬反〕兄弟, 謂他人父〔叶夫矩反〕. 謂他人父, 亦莫我顧〔叶果五反〕.

緜緜葛藟(류)여	길게 이어진 칡덩굴이여
在河之滸(호)로다	황하의 가에 있도다
終遠兄弟라	끝내 형제를 멀리한지라
謂他人父호라	타인을 아버지라 이르노라
謂他人父나	타인을 아버지라 이르나
亦莫我顧로다	또한 나를 돌아보지 않도다

興也라 緜緜은 長而不絶之貌라 岸上曰滸라
○ 世衰民散하여 有去其鄕里家族而流離失所者 作此詩以自歎이라 言緜緜葛藟는 則在河之滸矣어늘 今乃終遠兄弟하여 而謂他人爲己父로다 己雖謂彼爲父나 而彼亦不我顧하니 則其窮也甚矣니라

흥(興)이다. '면면(緜緜)'은 길게 자라서 끊이지 않는 모양이다. 강안(江岸)의 위를 '호(滸)'라 한다.

○ 세상이 쇠하고 백성들이 흩어져서 그 향리와 가족을 버리고 유리하여 갈 곳을 잃은 자가 이 시(詩)를 지어서 스스로 탄식한 것이다. 말하기를 "면면한 칡덩쿨은 황하의 물가에 있는데, 나는 지금 마침내 형제를 멀리하여 타인을 나의 아버지라고 이른다. 내 비록 저를 아버지라고 이르나, 저는 또한 나를 돌아보지 않는다." 하였으니, 그렇다면 그 곤궁함이 심한 것이다.

② 緜緜葛藟, 在河之涘〔音俟 叶矣始二音〕. 終遠兄弟, 謂他人母〔叶滿彼反〕. 謂他人母, 亦莫我有〔叶羽已反〕.

緜緜葛藟여	길게 이어진 칡덩굴이여
在河之涘(사)로다	황하의 물가에 있도다
終遠兄弟라	끝내 형제를 멀리한지라

··· 藟 : 덩쿨 류 滸 : 물가 호 涘 : 물가 사

謂他人母호라	타인을 어머니라 이르노라
謂他人母나	타인을 어머니라 이르나
亦莫我有로다	또한 나를 기억해주지 않도다

興也라 水涯曰涘라 謂他人父者는 其妻則母也라 有는 識(지)有也니 春秋傳曰 不有寡君이라하니라

홍(興)이다. 물가를 '사(涘)'라 한다. 타인을 아버지라고 했다면 그의 아내는 어머니가 된다. '유(有)'는 기억해두는 것이니, 《춘추좌씨전》 소공(昭公) 3년에 "과군을 기억해두지 않는다.〔不有寡君〕" 하였다.

③ 緜緜葛藟, 在河之漘〔順春反〕. 終遠兄弟, 謂他人昆〔叶古勻反〕. 謂他人昆〔叶古勻反〕, 亦莫我聞〔叶微勻反〕.

緜緜葛藟여	길게 이어진 칡덩굴이여
在河之漘(순)이로다	황하의 물가에 있도다
終遠兄弟라	끝내 형제를 멀리한지라
謂他人昆호라	타인을 형이라 이르노라
謂他人昆이나	타인을 형이라 이르나
亦莫我聞이로다	또한 나에게 소식을 알리지 않도다

興也라 夷上洒(선)下曰漘이니 漘之爲言은 脣也[96]라 昆은 兄也라 聞은 相聞也라

홍(興)이다. 위는 평평하고 아래는 물에 깎여진(패여진) 것을 '순(漘)'이라 하니, 순(漘)이란 말은 입술이라는 뜻이다. '곤(昆)'은 형(兄)이다. '문(聞)'은 서로 소식을 알리는 것이다.

葛藟三章이니 章六句라

〈갈류(葛藟)〉는 3장이니, 장마다 6구이다.

••••••

96 漘之爲言 脣也 : 사람의 입술이 위는 약간 튀어나오고 중간은 패였는바, 강가의 물이 침식한 곳에 이와 같은 모습이 있으므로 말한 것이다.

••• 有 : 기억할 유 漘 : 물가 순 昆 : 맏 곤 聞 : 알릴 문 夷 : 평이할 이 洒 : 물깊을 선, 깎일 선 脣 : 입술 순

【毛序】 葛藟는 王族이 刺平王也라 周室道衰하여 棄其九族焉하니라

〈갈류〉는 왕족이 평왕을 풍자한 시(詩)이다. 주(周)나라 왕실이 도(道)가 쇠하여 구족(九族)을 버린 것이다.

【鄭註】 九族者는 據己하여 上至高祖하고 下及玄孫之親이라

구족은 자기를 근거해서 위로 고조(高祖)에 이르고 아래로 현손(玄孫;고손)에 이르는 친족이다.

【辨說】 序說은 未有據하고 詩意亦不類하니 說已見本篇하니라

〈서설〉은 근거가 있지 못하고 시의 뜻도 그와 유사하지 않으니, 해설이 이미 본편에 보인다.

8. 채갈(采葛)

① 彼采葛〔叶居謁反〕兮, 一日不見, 如三月兮.

彼采葛兮여	저 칡을 채취함이여
一日不見이	하루 동안 보지 못함이
如三月兮로다	석 달과 같도다

賦也라 采葛은 所以爲絺綌이니 蓋淫奔者託以行也라 故로 因以指其人하고 而言思念之深하여 未久而似久也라

부(賦)이다. 칡을 채취함은 치격(絺綌;고은 갈포와 거친 갈포)을 만들려는 것이니, 음분(淫奔)한 자가 이것을 칭탁하고 간 것이다. 그러므로 인하여 그 사람을 가리키고는 사념함이 깊어서 오래되지 않았는데 오래된 것과 같다고 말한 것이다.

② 彼采蕭〔叶疎鳩反〕兮, 一日不見, 如三秋兮.

彼采蕭兮여	저 쑥을 채취함이여
一日不見이	하루 동안 보지 못함이
如三秋兮로다	삼추와 같도다

··· 蕭 : 쑥 소

賦也라 蕭는 荻也니 白葉, 莖麤요 科生, 有香氣하니 祭則焫(설)以報氣라 故로 采之라 曰三秋면 則不止三月矣라

부(賦)이다. '소(蕭)'는 적(荻;물억새)이니, 잎이 희고 줄기가 거칠며 무더기로 자라고 향기가 있으니, 제사에 이것을 태워 기(氣;혼(魂))에 알린다. 그러므로 채취하는 것이다. '삼추(3년의 가을)'라고 말했다면 석 달에 그치지 않은 것이다.

③ 彼采艾兮, 一日不見, 如三歲〔本與艾叶〕兮.

彼采艾兮여	저 약쑥을 채취함이여
一日不見이	하루 동안 보지 못함이
如三歲兮로다	삼 년과 같도다

賦也라 艾는 蒿屬이니 乾之可灸(구)라 故로 采之라 曰三歲면 則不止三秋矣라

부(賦)이다. '애(艾)'는 호(蒿;쑥)의 등속이니, 말리면 뜸질에 쓸 수 있다. 그러므로 채취하는 것이다. '삼 세(三歲)'라고 말했다면 삼추에 그치지 않은 것이다.

采葛三章이니 章三句라

〈채갈(采葛)〉은 3장이니, 장마다 3구이다.

【毛序】 采葛은 懼讒也라

〈채갈〉은 참소하는 말을 두려워한 시(詩)이다.

【鄭註】 桓王之時에 政事不明하니 臣無大小히 使出者는 則爲讒人所毁라 故懼之라

환왕(桓王)의 때에 정사가 밝지 못하니, 신하가 크고 작은 일에 관계 없이 사명(使命)을 받고 나가는 자는 참소하는 사람에게 훼방을 받았다. 그러므로 이를 두려워한 것이다.

【辨說】 此는 淫奔之詩라 其篇이 與大車相屬하고 其事與采唐、采葑、采麥相似하고 其詞與鄭子衿正同하니 序說이 誤矣니라

이는 음분(淫奔)의 시이다. 이 편이 〈대거(大車)〉와 서로 연결되어 있고 그 일이 〈채당(采唐)〉과 〈채봉(采葑)〉·〈채맥(采麥)〉과 서로 유사하며, 그 글이 〈정풍(鄭風)〉의 〈청청자금(青青子衿)〉과 바로 똑같으니, 〈서설〉이 잘못되었다.

··· 荻 : 물억새 적 麤 : 클 추, 거칠 추 焫 : 불사를 설 艾 : 쑥 애 蒿 : 쑥 호 灸 : 뜸질할 구 讒 : 참소할 참

9. 대거(大車)

① 大車檻檻, 毳〔尺銳反〕衣如菼〔吐敢反〕. 豈不爾思, 畏子不敢.

大車檻檻하니	대부의 수레가 덜컹덜컹 가니
毳(취)衣如菼(담)이로다	취의가 갈대처럼 푸르도다
豈不爾思리오마는	어찌 그대를 그리워하지 않으랴마는
畏子不敢이니라	저 분이 두려워 감히 달려가지 못하노라

賦也라 大車는 大夫車라 檻檻은 車行聲也라 毳衣는 天子大夫之服이라 菼은 蘆之始生也라 毳衣之屬은 衣繪而裳繡[97]하여 五色皆備하니 其靑者如菼이라 爾는 淫奔者相命之詞也라 子는 大夫也라 不敢은 不敢奔也라

○ 周衰로되 大夫猶有能以刑政治其私邑者라 故로 淫奔者畏而歌之如此라 然이나 其去二南之化則遠矣니 此可以觀世變也니라

부(賦)이다. '대거(大車)'는 대부의 수레이다. '함함(檻檻)'은 수레가 가는 소리이다. '취의(毳衣)'는 천자국 대부의 옷이다. '담(菼)'은 갈대가 처음 나온 것이다. 취의의 등속은 상의(上衣)에는 그림을 그리고 치마에는 수를 놓아 오색(五色)이 다 갖추어졌으니, 그 푸른 것은 갈대와 같다. '이(爾:너)'는 음분(淫奔)한 자가 서로 명명하여 부르는 말이다. '자(子)'는 대부이다. '불감(不敢)'은 감히 〈남자에게〉 달려가지 못하는 것이다.

○ 주나라가 쇠했는데도 대부로서 아직도 형정(刑政)으로 그 사읍(私邑)을 잘 다스리는 자가 있었다. 그러므로 음분한 자가 그를 두려워하여 노래하기를 이와 같이 한 것이다. 그러나 그 이남(二南)의 교화와는 거리가 머니, 여기에서도 세상의 변함을 볼 수 있다.

② 大車啍啍〔他敦反〕, 毳衣如璊〔音門〕. 豈不爾思, 畏子不奔.

······

97 毳衣之屬 衣繪而裳繡 : 안성 유씨(安成劉氏:유근(劉瑾))가 말하였다. "웃옷에는 종이(宗彝)와 마름〔藻〕과 분미(粉米:백미)의 3장(章)을 그리고 치마에는 보(黼)와 불(黻)의 2장(章)을 수놓는다."《詳說》

··· 檻 : 수레소리 함 毳 : 터럭 취 菼 : 갈대 담 繡 : 수놓을 수

大車哼(톤)哼하니	대부의 수레가 느릿느릿 가니
毳衣如璊(문)이로다	취의가 옥처럼 붉도다
豈不爾思리오마는	어찌 그대를 그리워하지 않으랴마는
畏子不奔이니라	저 분이 두려워 달려가지 못하노라

賦也라 哼哼은 重遲之貌라 璊은 玉赤色이니 五色備則有赤이라

부(賦)이다. '톤톤(哼哼)'은 수레가 무겁고 더디게 가는 모양이다. '문(璊)'은 옥의 적색(赤色)이니, 오색(五色)이 갖추어져 있으면 적색도 있는 것이다.

③ 穀則異室, 死則同穴〔叶戶橘反〕. 謂予不信, 有如皦〔古了反〕日.

穀則異室이나	살아서는 방을 달리하나
死則同穴호리라	죽어서는 묘혈(墓穴)을 함께 하리라
謂予不信인댄	나더러 거짓말한다고 이를진댄
有如皦(교)日이니라	밝은 해를 두고 맹세하리라

賦也라 穀은 生이요 穴은 壙이요 皦는 白也라

○ 民之欲相奔者 畏其大夫하여 自以終身不得如其志也라 故로 曰 生不得相奔以同室하니 庶幾死得合葬以同穴而已라 謂予不信 有如皦日은 約誓之辭也라

부(賦)이다. '곡(穀)'은 삶이요, '혈(穴)'은 구덩이요, '교(皦)'는 밝음이다.

○ 백성 중에 서로 음분(淫奔)하고자 하는 자가 그 대부를 두려워하여, 스스로 생각하기를 종신토록 자기 뜻과 같이 할 수 없다고 여겼다. 그러므로 말하기를 "살아서는 서로 달려가 한 방에서 살 수가 없으니, 행여 죽어 합장(合葬)하여 묘혈(墓穴)을 함께 하기를 바랄 뿐이다." 한 것이다. '나더러 거짓말 한다고 이를진댄 밝은 해를 두고 맹세한다.'는 것은 서로 약속하고 맹세하는 말이다.

大車三章이니 章四句라

〈대거(大車)〉는 3장이니, 장마다 4구이다.

【毛序】 大車는 刺周大夫也라 禮儀陵遲하여 男女淫奔이라 故로 陳古以刺今大夫

… 哼 : 느럭느럭할 톤 璊 : 붉은옥 문 穀 : 살 곡 穴 : 구멍 혈 皦 : 밝을 교 壙 : 뫼구덩이 광

不能聽男女之訟焉하니라

〈대거〉는 주나라 대부를 풍자한 시(詩)이다. 예의(禮儀)가 능지(陵遲;침체함)하여 남녀가 음분하였다. 그러므로 옛날을 말하여 지금의 대부들이 남녀의 송사를 다스리지 못함을 풍자한 것이다.

【辨說】 非刺大夫之詩요 乃畏大夫之詩라

대부를 풍자한 시가 아니고, 바로 대부를 두려워한 시이다.

10. 구중유마(丘中有麻)

① 丘中有麻, 彼留子嗟. 彼留子嗟, 將〔七羊反〕其來施施〔叶時遮反〕.

丘中有麻하니	언덕 가운데 깨가 있으니
彼留子嗟로다	저기에서 자차를 만류하도다
彼留子嗟니	저기에서 자차를 만류하니
將其來施施아	그가 기꺼이 오기를 바라랴

賦也라 麻는 穀名이니 子可食이요 皮可績爲布者[98]라 子嗟는 男子之字也라 將은 願也[99]라 施施는 喜悅之意라

○ 婦人이 望其所與私者而不來라 故로 疑丘中有麻之處에 復有與之私而留之者하니 今安得其施施然而來乎아하니라

부(賦)이다. '마(麻;깨)'는 곡식 이름이니, 씨는 먹을 수 있고 껍질은 길쌈하여 포(布)를 만들 수 있다. '자차(子嗟)'는 남자의 자(字)이다. '장(將)'은 원함이다. '시시(施施)'는 희열(喜悅)의 뜻이다.

○ 부인이 함께 사통(私通)하는 자가 오기를 바랐으나 오지 않았다. 그러므로

••••••

98 麻……皮可績爲布者 : 깨를 마자(麻子)라 한다. 그러나 그 가죽으로 길쌈하여 포(布)를 만들 수는 없는바, 지금의 삼〔麻〕이 아닌 것이 분명하다.

99 將 願也 : 《언해》에 "將한들 그 來홈을 施施히 하랴."라고 해석하였는바, 호산은 "언해의 해석이 분명치 못하다.〔諺釋未瑩.〕"라고 하였다. 이에 따라 "그가 기꺼이 오기를 바라랴."로 번역하였으며, 아래의 '장기래식(將其來食)'도 이와 같이 번역하였다.

••• 將 : 원할 장 施 : 기뻐할 시 績 : 길쌈 적

아마도 언덕 가운데 깨가 있는 곳에 다시 그와 사통하여 머물게 하는 자가 있는 듯하니, 지금 어찌 그가 기꺼이 오겠는가 한 것이다.

② 丘中有麥, 彼留子國. 彼留子國, 將其來食.

丘中有麥하니	언덕 가운데 보리밭이 있으니
彼留子國이로다	저기에서 자국을 만류하도다
彼留子國이니	저기에서 자국을 만류하니
將其來食가	그가 나에게 와서 밥 먹기를 바라랴

賦也라 子國은 亦男子字也라 來食은 就我而食也라

부(賦)이다. '자국(子國)' 또한 남자의 자(字)이다. '내식(來食)'은 나에게 와서 밥을 먹는 것이다.

③ 丘中有李, 彼留之子〔叶獎里反〕. 彼留之子, 貽我佩玖〔叶擧里反〕.

丘中有李하니	언덕 가운데 오얏이 있으니
彼留之子로다	저기에서 그 분을 만류하도다
彼留之子하니	저기에서 그 분을 만류하니
貽我佩玖(구)아	나에게 패옥(佩玉)을 주시려나

賦也라 之子는 竝指前二人也라 貽我佩玖는 冀其有以贈己也라

부(賦)이다. '지자(之子)'는 앞의 두 사람(자차와 자국)을 함께 가리킨 것이다. '나에게 패옥을 준다'는 것은 자기에게 선물함이 있기를 바라는 것이다.

丘中有麻三章이니 章四句라

〈구중유마(丘中有麻)〉는 3장이니, 장마다 4구이다.

【毛序】 丘中有麻는 思賢也라 莊王不明하여 賢人放逐하니 國人思之하여 而作是詩也라

··· 貽 : 줄 이 玖 : 패옥 구

〈구중유마〉는 현자를 그리워한 시(詩)이다. 장왕(莊王)이 현명하지 못하여 현인(賢人)이 추방을 당하니, 국인(國人)들이 현인을 그리워하여 이 시를 지은 것이다.

【鄭註】 思之者는 思其來하여 己得見之라

사지(思之)라는 것은 그가 와서 자기가 만나볼 수 있음을 생각한 것이다.

【辨說】 此亦淫奔者之詞라 其篇이 上屬大車하고 而語意不莊하여 非望賢之意니 序亦誤矣니라

이 또한 음분(淫奔)한 자가 지은 시(詩)이다. 이 편이 위로 〈대거(大車)〉와 연결되어 있고 말뜻이 장엄하지 못하여 어진이를 바란 뜻이 아니니, 〈서(序)〉가 또한 잘못되었다.

王國은 十篇이니 二十八章이요 百六十二句라

〈왕풍(王風)〉은 10편이니, 28장이고 162구이다.

〈정풍(鄭風)〉 1-7[一之七]

鄭은 邑名이니 本在西都畿內咸林之地라 宣王이 以封其弟友하여 爲采地러니 後爲幽王司徒하여 而死於犬戎之難하니 是爲桓公이라 其子武公掘突이 定平王於東都하고 亦爲司徒하여 又得虢(괵)、檜之地하여 乃徙其封而施舊號於新邑하니 是爲新鄭이라 咸林은 在今華州鄭縣이요 新鄭은 卽今之鄭州是也라 其封域山川은 詳見檜風하니라

정(鄭)은 고을 이름이니, 본래 서도(西都:호경(鎬京))의 기내(畿內)인 함림(咸林)의 땅에 있었다. 선왕(宣王)이 이곳을 아우인 우(友)에게 봉해주어 채읍(采邑)으로 삼았었는데, 뒤에 유왕(幽王)의 사도(司徒)가 되어 견융(犬戎)의 난(難)에 죽으니, 이가 환공(桓公)이다. 그의 아들인 무공(武公) 굴돌(掘突)이 평왕을 동도(東都)에 안정시키고 또한 사도가 되어 또다시 괵(虢)과 회(檜)의 땅을 얻고는 마침내 그 봉읍(封邑)을 옮기고 옛 칭호를 새 고을에 시행하니, 이것이 신정(新鄭)이다. 함림은 지금의 화주(華州) 정현(鄭縣)에 있었고, 신정은 바로 지금의 정주(鄭州)가 이곳이다. 그 봉한 경계의 산천은 〈회풍(檜風)〉에 자세히 보인다.

1. 치의(緇衣)

① 緇衣之宜兮, 敝, 予又改爲兮. 適子之館[叶古玩反]兮, 還, 予授子之粲兮.

緇衣之宜兮여	치의의 걸맞음이여
敝予又改爲兮호리라	해지면 내 또다시 만들어 주리라
適子之館兮라	그대의 관사에 가는지라
還予授子之粲兮호리라	돌아오면 내 그대에게 음식을 주리라

賦也라 緇는 黑色이니 緇衣는 卿大夫居私朝之服也라 宜는 稱이요 改는 更이요 適은 之요 館은 舍라 粲은 餐也니 或曰 粲은 粟之精鑿者라하니라

··· 掘 : 팔 굴 突 : 부딪칠 돌 虢 : 괵나라 괵 檜 : 회나라 회 緇 : 검을 치 敝 : 해질 폐 適 : 갈 적 還 : 돌 선 粲 : 밥 찬(餐同) 稱 : 걸맞을 칭 鑿 : 대낄 착

○ 舊說에 鄭桓公、武公이 相繼爲周司徒하여 善於其職하니 周人愛之라 故로 作是詩라 言子之服緇衣也甚宜하니 敝則我將爲子更爲之호리라 且將適子之館하고 旣還而又授子以粲이라하니 言好之無已也라

부(賦)이다. '치(緇)'는 흑색이니, 치의(緇衣)는 경대부(卿大夫)가 사조(私朝:사읍(私邑)의 정사를 다스리는 곳)에 거처할 때 입는 의복이다. '의(宜)'는 걸맞음이요, '개(改)'는 다시요, '적(適)'은 감이요, '관(館)'은 관사이다. '찬(粲)'은 음식이니, 혹자는 "찬(粲)은 곡식을 깨끗이 찧은 것이다." 한다.

○ 구설(舊說)에 "정(鄭)나라 환공(桓公)과 무공(武公)이 서로 이어 주나라의 사도(司徒)가 되어서 그 직책을 잘 수행하니, 주나라 사람들이 그를 사랑하였다. 그러므로 이 시(詩)를 지었다." 하였다. "그대가 치의를 입음이 매우 걸맞으니, 해지면 장차 그대를 위하여 또다시 만들어 주리라. 또 장차 그대(무공)의 관사(사도(司徒)의 부서(府署))에 가고, 이미 돌아오면 또다시 그대에게 음식을 주리라." 하였으니, 좋아하기를 마지 않음을 말한 것이다.

② 緇衣之好兮, 敝, 予又改造〔叶在早反〕兮. 適子之館兮, 還, 予授子之粲兮.

緇衣之好兮여	치의의 걸맞음이여
敝予又改造兮호리라	해지면 내 또다시 만들어 주리라
適子之館兮라	그대의 관사에 가는지라
還予授子之粲兮호리라	돌아오면 내 그대에게 음식을 주리라

賦也라 好는 猶宜也라

부(賦)이다. '호(好)'는 의(宜:걸맞음)와 같다.

③ 緇衣之蓆〔叶祥籥反〕兮, 敝, 予又改作兮. 適子之館兮, 還, 予授子之粲兮.

緇衣之蓆(석)兮여	치의의 넉넉함이여
敝予又改作兮호리라	해지면 내 또다시 만들어 주리라

… 蓆 : 클 석

適子之館兮라　　그대의 관사에 가는지라
還予授子之粲兮호리라　　돌아와 내 그대에게 음식을 주리라

賦也라 蓆은 大也라 程子曰 蓆有安舒之義하니 服稱其德則安舒也니라

부(賦)이다. '석(蓆)'은 큼이다. 정자(程子)가 말씀하였다. "석(蓆)은 편안하고 펴진 뜻이 있으니, 의복이 그 덕(德)에 걸맞으면 편안하고 펴지는 것이다."

緇衣三章이니 章四句라

〈치의(緇衣)〉는 3장이니, 장마다 4구이다.

記曰 好賢如緇衣라하고 又曰 於緇衣에 見好賢之至라하니라

《예기》〈치의(緇衣)〉에 "현자(賢者)를 좋아하기를 〈치의〉와 같이 한다." 하였고, 또 〈공총자(孔叢子)〉에 "〈치의〉에서 현자를 좋아함이 지극함을 볼 수 있다." 하였다.

【毛序】 緇衣는 美武公也라 父子竝爲周司徒하여 善於其職하니 國人宜之라 故로 美其德하여 以明有國善善之功焉하니라

〈치의〉는 무공(武公)을 찬미한 시(詩)이다. 부자(父子)가 모두 주나라의 사도(司徒)가 되어 그 직책을 잘 수행하니, 국인(國人)이 이를 마땅하게(좋게) 생각하였다. 그러므로 그 덕(德)을 찬미하여, 나라를 잘 소유하고 좋은 직책을 잘 수행한 공(功)이 있음을 밝힌 것이다.

【鄭註】 父는 謂武公父桓公也라 司徒之職은 掌十二教[100]하니 善善者는 治之有功也라 鄭國之人이 皆謂桓公、武公이 居司徒之官하여 正得其宜하니라

아버지는 무공(武公)의 아버지 환공(桓公)을 이른다. 사도의 직책은 12가지의 가르침을 관장하니, '잘함을 좋게 여겼다.'는 것은 다스려서 공이 있는 것이다. 정(鄭)나라 사람들은 모두 환공과 무공이 사도의 관직에 있으면서 바로 그 마땅함을

······

100 十二教:《주례(周禮)》〈대사도(大司徒)〉에 "대사도가 12가지 가르침을 관장하니, 첫 번째는 사례(祀禮;제례(祭禮))로써 공경함을 가르치면 백성이 구차하지 않고, 두 번째는 양례(陽禮)로써 사양함을 가르치면 백성이 다투지 않고, 세 번째는 음례(陰禮)로써 친근함을 가르치면 백성이 원망하지 않는다……〔大司徒十二教, 一曰以祀禮教敬則民不苟; 二曰以陽禮教讓則民不爭; 三曰以陰禮教親則民不怨.〕"등의 12가지 가르침을 가리킨다. 양례(陽禮)는 향사(鄉射)와 향음주(鄉飮酒)의 예를 이르고, 음례(陰禮)는 부인(婦人)이 행하는 예를 이른다.

엇음을 말한 것이다.

【辨說】 此未有據하나 今姑從之하노라

이는 근거가 있지 못하나 이제 우선 이를 따르노라.

2. 장중자(將仲子)

① 將〔七羊反〕仲子兮, 無踰我里, 無折〔之舌反〕我樹杞. 豈敢愛之, 畏我父母〔叶滿彼反〕. 仲可懷〔叶胡威反〕也, 父母之言, 亦可畏〔叶於非反〕也.

將仲子兮는	청컨대 중자는
無踰我里하여	내 마을을 넘어오지 말아
無折我樹杞어다	내가 심어놓은 갯버들을 꺾지 말지어다
豈敢愛之리오	어찌 감히 이것을 아껴서이리오
畏我父母니라	우리 부모를 두려워해서이니라
仲可懷也나	중자를 그리워할 만하나
父母之言이	부모의 말씀이
亦可畏也니라	또한 두려울 만하니라

賦也라 將은 請也라 仲子는 男子之字也라 我는 女子自我也라 里는 二十五家所居也라 杞는 柳屬也니 生水傍하고 樹如柳하며 葉麤而白色하고 理微赤하니 蓋里之地域溝樹也라

○ 莆田鄭氏曰 此는 淫奔者之辭라

부(賦)이다. '장(將)'은 청함이다. '중자(仲子)'는 남자의 자(字)이다. '아(我)'는 여자 자신이다. '리(里)'는 25가(家)가 거주하는 곳이다. '기(杞)'는 갯버들의 등속이니 물가에 자라고, 나무는 버들과 같으며 잎이 거칠고 색이 희며 나무결이 약간 붉으니, 마을의 경계와 도랑에 심는다.

○ 포전 정씨(莆田鄭氏)가 말하였다. "이는 음분한 자가 한 말이다."

② 將仲子兮, 無踰我墻, 無折我樹桑. 豈敢愛之, 畏我諸兄〔叶虛陽反〕.

··· 將 : 원할 장 杞 : 나무이름 기 麤 : 거칠 추 理 : 결 리 溝 : 도랑 구 莆 : 삽보풀 포

仲可懷也, 諸兄之言, 亦可畏也.

將仲子兮는　　청컨대 중자는
無踰我墻하여　　내 담장을 넘어오지 말아
無折我樹桑이어다　　내가 심어놓은 뽕나무를 꺾지 말지어다
豈敢愛之리오　　어찌 감히 이것을 아껴서이리오
畏我諸兄이니라　　우리 여러 오라비를 두려워해서이니라
仲可懷也나　　중자를 그리워할 만하나
諸兄之言이　　여러 오라비의 말씀이
亦可畏也니라　　또한 두려울 만하니라

賦也라 墻은 垣也니 古者에 樹墻下以桑하니라
부(賦)이다. '장(墻)'은 담장이니, 옛날에 담장 밑에 뽕나무를 심었다.

③ 將仲子兮, 無踰我園, 無折我樹檀〔叶徒沿反〕. 豈敢愛之, 畏人之多言. 仲可懷也, 人之多言, 亦可畏也.

將仲子兮는　　청컨대 중자는
無踰我園하여　　내 동산을 넘어오지 말아
無折我樹檀이어다　　내가 심어놓은 박달나무를 꺾지 말지어다
豈敢愛之리오　　어찌 감히 이것을 아껴서이리오
畏人之多言이니라　　남의 많은 말을 두려워해서이니라
仲可懷也나　　중자를 그리워할 만하나
人之多言이　　남의 많은 말이
亦可畏也니라　　또한 두려울 만하니라

賦也라 園者는 圃之藩이니 其內可種木也라 檀은 皮青, 滑澤이요 材彊韌(인)하여 可爲車라
부(賦)이다. '원(園)'은 채전(菜田)의 울타리이니, 그 안에 나무를 심을 수 있다.

··· 垣 : 담 원 藩 : 울타리 번 滑 : 미끄러울 활 韌 : 질길 인

'단(檀:박달나무)'은 껍질이 푸르고 매끄럽고 윤택하며, 재목이 강하고 질겨서 수레를 만들 수 있다.

將仲子三章이니 章八句라

〈장중자(將仲子)〉는 3장이니, 장마다 8구이다.

【毛序】 將仲子는 刺莊公也라 不勝其母하여 以害其弟라 弟叔失道而公弗制하고 祭(채)仲諫而公弗聽하니 小不忍하여 以致大亂焉하니라

〈장중자〉는 장공(莊公)을 풍자한 시(詩)이다. 그 어머니가 아우만을 사랑함을 이겨내지 못하여 그 아우를 해쳤다. 아우인 공숙(共叔)이 도리를 잃었는데 공(公)은 이를 제지하지 못하였고, 채중(祭仲)이 이를 간(諫)하였으나 공(公)이 듣지 아니하였으니, 작은 일을 참지 못하여 큰 난리를 불러 온 것이다.

【鄭註】 莊公之母는 謂武姜이니 生莊公及弟叔段이러니 段好勇而無禮어늘 公不早爲之所하여 而使驕慢이니라

장공의 어머니는 무강(武姜)을 이르니, 장공과 아우 숙단(叔段)을 낳았는데, 단(段)이 용맹을 좋아하고 무례하였으나, 공(公)이 일찍이 대처하지 않아서 교만하게 만든 것이다.

【辨說】 事見(현)春秋傳이라 然莆田鄭氏謂 此實淫奔之詩니 無與於莊公、叔段之事라 序蓋失之어늘 而說者又從而巧爲之說하여 以實其事하니 誤亦甚矣라하니 今從其說하노라

이 일이 《춘추좌씨전》에 보인다. 그러나 포전 정씨(莆田鄭氏)는 말하기를 "이는 실로 음분의 시이니, 장공과 숙단의 일에 관여됨이 없다. 〈서〉는 잘못되었는데 해설하는 자가 또 따라서 교묘하게 말을 만들어내어 이 일을 실증하였으니, 잘못됨이 또한 심하다." 하였으니, 이제 그 설을 따르노라.

3. 숙우전(叔于田)

① 叔于田〔叶地因反〕, 巷無居人. 豈無居人, 不如叔也, 洵美且仁.

叔于田하니	숙(叔)이 사냥을 나가니
巷無居人이로다	골목에 사는 사람이 없도다
豈無居人이리오마는	그 누구도 어찌 사는 사람이 없으랴마는
不如叔也의	숙과 같이
洵美且仁이니	진실로 아름답고 또 인(仁)하지 못해서이니라

賦也라 叔은 莊公弟共叔段也니 事見春秋하니라 田은 取禽也라 巷은 里塗也라 洵은 信이요 美는 好也라 仁은 愛人也라

○ 段이 不義而得衆하니 國人愛之라 故로 作此詩라 言叔出而田이면 則所居之巷에 若無居人矣니 非實無居人也요 雖有而不如叔之美且仁이라 是以로 若無人耳라 或疑此亦民間男女相說之詞也라

부(賦)이다. '숙(叔)'은 장공(莊公)의 아우인 공숙 단(共叔段)이니, 일이 《춘추좌씨전》 은공(隱公) 원년에 보인다. '전(田)'은 〈사냥하여〉 짐승을 잡는 것이다. '항(巷)'은 마을 안의 작은 길이다. '순(洵)'은 진실로요, '미(美)'는 아름다움이다. '인(仁)'은 사람을 사랑하는 것이다.

○ 단(段)이 의롭지 못하면서 뭇사람들의 인심을 얻으니, 국인(國人)들이 그를 사랑하였다. 그러므로 이 시(詩)를 지은 것이다. 말하기를 "숙(叔)이 나가서 사냥하면 사람들이 사는 골목에 사람이 없는 듯하니, 이는 실제로 사람이 없는 것이 아니요, 비록 있으나 숙과 같이 아름답고 또 인(仁)하지 못해서이다. 이 때문에 사람이 없는 것과 같을 뿐이다."라고 한 것이다.

혹자는 의심하기를 이 또한 민간의 남녀가 서로 좋아하는 말인 듯하다고 한다.

② 叔于狩〔叶始九反〕, 巷無飮酒. 豈無飮酒, 不如叔也, 洵美且好〔叶許厚反〕.

叔于狩하니	숙(叔)이 사냥을 나가니
巷無飮酒로다	골목에 술 마시는 사람이 없도다
豈無飮酒리오마는	어찌 술 마시는 사람이 없으랴마는
不如叔也의	그 누구도 숙과 같이
洵美且好니라	진실로 아름답고 또 좋지 못해서이니라

••• 洵 : 진실로 순 狩 : 사냥할 수

賦也라 冬獵曰狩라

부(賦)이다. 겨울 사냥을 '수(狩)'라고 한다.

③ 叔適野〔叶上與反〕, 巷無服馬〔叶滿補反〕. 豈無服馬, 不如叔也, 洵美且武.

叔適野하니	숙이 들에 나가니
巷無服馬로다	골목에 말을 타는 이가 없도다
豈無服馬리오마는	어찌 말을 타는 이가 없으랴마는
不如叔也의	그 누구도 숙과 같이
洵美且武니라	진실로 아름답고 또 굳세지 못해서이니라

賦也라 適은 之也라 郊外曰野라 服은 乘也라

부(賦)이다. '적(適)'은 감이다. 교외를 '야(野)'라고 한다. '복(服)'은 탐이다.

叔于田三章이니 章五句라

〈숙우전(叔于田)〉은 3장이니, 장마다 5구이다.

【毛序】 叔于田은 刺莊公也라 叔處于京에 繕甲治兵하여 以出于田하니 國人說(열)而歸之하니라

〈숙우전〉은 장공(莊公)을 풍자한 시(詩)이다. 공숙(共叔)이 경(京)에 거주할 적에 갑옷을 수선하고 군대를 다스려 사냥하러 나가니, 국인(國人)들이 기뻐하여 그에게 돌아간 것이다.

【鄭註】 繕之言은 善也요 甲은 鎧(개)也라

선(繕)이란 말은 잘 수선하는 것이요, 갑(甲)은 갑옷이다.

【辨說】 國人之心이 貳於叔하여 而歌其田狩適野之事요 初非以刺莊公이며 亦非說其出于田而後歸之也라 或曰 段以國君貴弟로 受封大邑하여 有人民兵甲之衆하니 不得出居閭巷하여 下雜民伍하니 此詩恐亦民間男女相說之詞耳라하니라

국인(國人)의 마음이 숙단(叔段)을 배반하여 그가 사냥을 나가 들로 가는 일을 노래한 것이요 애당초 장공을 풍자하려고 한 것이 아니며, 또한 그가 사냥하러 나간 뒤에 국인이 귀의한 것을 말한 것도 아니다. 혹자는 말하기를 "단(段)이 국군의

••• 獵 : 사냥할 렵 服 : 탈 복 繕 : 수선할 선 貳 : 두마음품을 이 伍 : 대오 오

귀한 아우로서 큰 읍에 봉지(封地)를 받아 인민과 병갑(兵甲)의 많음을 소유하였으니, 밖으로 나와서 여항(閭巷)에 거처하여 아래로 백성들의 대오와 뒤섞여 사냥할 수 없다. 이 시 또한 민간의 남녀가 서로 좋아한 내용인 듯하다." 하였다.

4. 대숙우전(大叔于田)

① 叔于田, 乘乘〔下繩證反〕馬〔叶滿補反〕. 執轡如組〔音祖〕, 兩驂如舞. 叔在藪〔素口反 叶素苦反〕, 火烈具擧. 襢〔音但〕裼〔素歷反〕暴虎, 獻于公所. 將〔七羊反〕叔無狃〔女九反 叶女古反〕, 戒其傷女〔音汝〕.

叔于田하니	숙이 사냥을 나가니
乘乘馬로다	네 마리 말을 탔도다
執轡如組하니	고삐를 실끈처럼 부드럽게 다루니
兩驂如舞로다	두 마리 참마(驂馬)가 춤추는 듯하도다
叔在藪하니	숙이 수풀에 있으니
火烈具擧로다	불을 지르고 화을 쏘자 일제히 일어나도다
襢裼(단석)暴虎하여	옷을 벗고 맨손으로 범을 때려잡아
獻于公所로다	공소(임금님 계신 곳)에 바치도다
將叔無狃(뉴)어다	청컨대 숙은 이것을 익히지 말지어다
戒其傷女(汝)하노라	그대를 상할까 경계하노라

賦也라 叔은 亦段也라 車衡外兩馬曰驂이라 如舞는 謂諧和中節[101]이니 皆言御之善也라 藪는 澤也[102]라 火는 焚而射也라 烈은 熾盛貌라 具는 俱也라 襢裼은 肉袒也

••••••

101 如舞 謂諧和中節 : 동씨(董氏)가 말하였다. "다섯 가지 말 모는〔五御〕 법에 무교구란 것이 있으니, 이른바 '춤추는 것과 같다.'는 것이다. 중앙에 있는 복마는 형(衡)에 제재를 받아 춤추는 것과 같이 할 수가 없고, 그 춤추는 것과 같이 함은 참마이다.〔五御之法, 有舞交衢者, 卽所謂如舞也. 服馬制於衡, 不得如舞, 如舞者驂也.〕"《大全本》

102 藪 澤也 : 여릉 나씨(廬陵羅氏)가 말하였다. "물이 모인 곳을 택(澤)이라 하고 물이 적은 것을 수(藪)라 한다."《詳說》

••• **乘** : 탈 승, 넷 승 **轡** : 고삐 비 **組** : 끈 조 **藪** : 수풀 수 **襢** : 옷벗어맬 단 **裼** : 옷벗어맬 석 **暴** : 맨손으로칠 포 **狃** : 익힐 뉴 **諧** : 화할 해 **熾** : 성할 치 **袒** : 웃통벗을 단

라 暴는 空手搏獸也라 公은 莊公也라 狃는 習也라 國人戒之曰 請叔無習此事어다 恐其或傷汝也라하니 蓋叔多材好勇하여 而鄭人愛之如此하니라

부(賦)이다. '숙(叔)' 또한 단(段)이다. 수레의 형(衡;멍에) 밖에 있는 두 마리 말을 '참(驂)'이라 한다. '여무(如舞)'는 조화로워 절주(節奏;리듬)에 맞음을 이르니, 이는 모두 말을 잘 모는 것을 이른다. '수(藪)'는 택(澤;늪)이다. '화(火)'는 불을 지르고 활을 쏘는 것이다. '열(烈)'은 불꽃이 성한 모양이다. '구(具)'는 모두이다. '단석(襢裼)'은 살을 드러내고 웃통을 벗는 것이다. '포(暴)'는 맨손으로 짐승을 때려잡는 것이다. '공(公)'은 장공(莊公)이다. '뉴(狃)'는 익힘이다. 국인들이 경계하기를 "청컨대 숙(叔)은 이 일을 익히지 말지어다. 혹시라도 그대를 상할까 두렵다."고 하였으니, 숙이 재주가 많고 용맹함을 좋아하였으므로 정(鄭)나라 사람들이 사랑하기를 이와 같이 한 것이다.

② 叔于田, 乘乘黃. 兩服上襄, 兩驂雁行〔戶郎反〕. 叔在藪, 火烈具揚. 叔善射忌〔音記〕, 又良御〔叶魚駕反〕忌, 抑磬〔苦定反〕控〔口貢反〕忌, 抑縱送忌.

叔于田하니	숙이 사냥을 나가니
乘乘黃이로다	네 마리 황마(黃馬)를 탔도다
兩服上襄이요	두 마리 복마(服馬)는 가장 좋은 말이요
兩驂雁行(항)이로다	두 마리 참마(驂馬)는 기러기처럼 뒤따라 가도다
叔在藪하니	숙이 수풀에 있으니
火烈具揚이로다	불을 지르고 활을 쏘자 일제히 일어나도다
叔善射忌며	숙이 활쏘기를 잘하며
又良御忌로소니	또 말몰이를 잘하니
抑磬(경)控忌며	말을 달리고 멈추며
抑縱送忌로다	오늬를 놓아 활을 쏘고 활고자를 덮도다

賦也라 乘黃은 四馬皆黃也라 衡下夾轅兩馬曰服이라 襄은 駕也니 馬之上者爲上駕니 猶言上駟也라 雁行者는 驂少次服後하여 如雁行也라 揚은 起也라 忌, 抑은 皆語助辭라 騁馬曰磬이요 止馬曰控이라 舍(捨)拔曰縱이요 覆彇(부소)曰送이라

부(賦)이다. '승황(乘黃)'은 네 마리 말이 모두 황색인 것이다. 형(衡)의 아래 원

··· 磬 : 말달릴 경 控 : 경마잡을 공 縱 : 풀어놓을 종 送 : 활고자덮을 송 轅 : 멍에 원 駟 : 사마 사 騁 : 달릴 빙 拔 : 오늬 발 彇 : 활고자머리 소

(轅)의 좌우에 있는 두 마리 말을 '복(服)'이라 한다. '양(襄)'은 멍에이다. 말의 상품을 상가(上駕)라 하니, 상사(上駟)라는 말과 같다. '안항(雁行)'은 참마(驂馬)가 복마(服馬)의 뒤에 조금 뒤처져 차례로 있어서 기러기 항렬과 같은 것이다. '양(揚)'은 일어남이다. '기(忌)'와 '억(抑)'은 모두 어조사이다. 말을 달리는 것을 '경(磬)'이라 하고, 말을 멈추는 것을 '공(控:경마삼음)'이라 한다. 오늬를 놓는 것을 '종(縱)'이라 하고, 활고자를 덮는 것을 '송(送)'이라 한다.

③ 叔于田, 乘乘鴇〔音保 叶補苟反〕. 兩服齊首, 兩驂如手. 叔在藪, 火烈具阜〔符有反〕. 叔馬慢〔叶黃半反〕忌, 叔發罕〔叶虛旰反〕忌, 抑釋掤〔音冰〕忌, 抑鬯〔敕亮反〕弓〔叶姑弘反〕忌.

叔于田하니	숙이 사냥을 나가니
乘乘鴇(보)로다	네 마리 오추(烏騅)말을 탔도다
兩服齊首요	두 마리 복마는 머리를 나란히 하고
兩驂如手로다	두 마리 참마는 손처럼 조금 뒤에 있도다
叔在藪하니	숙이 수풀에 있으니
火烈具阜로다	불을 지르고 활을 쏘자 모두 왕성하도다
叔馬慢忌며	숙의 말이 느릿느릿 달리며
叔發罕忌로소니	숙이 활쏘기를 드문드문 하니
抑釋掤(붕)忌며	화살통 뚜껑을 풀며
抑鬯(창)弓忌로다	활을 활집에 넣도다

賦라 驪(리)白雜毛曰鴇니 今所謂烏驄也라 齊首, 如手는 兩服竝首在前하고 而兩驂在旁하여 稍次其後하여 如人之兩手也라 阜는 盛이요 慢은 遲也라 發은 發矢也라 罕은 希(稀)요 釋은 解也라 掤은 矢箭蓋니 春秋傳作冰하니라 鬯은 弓囊(낭)也니 與韔同이라 言其田事將畢에 而從容整暇如此하니 亦喜其無傷之詞也라

부(賦)이다. 검은 털과 흰 털이 섞여 있는 것을 '보(鴇:너새)'라고 하니, 지금의 이른바 오총(烏驄)이다. '제수(齊首)'와 '여수(如手)'는 두 마리 복마는 머리를 나란히 하여 앞에 있고, 두 마리 참마는 곁에 있어 약간 그 뒤에 처져 차례로 있어 사람의 두 손과 같은 것이다. '부(阜)'는 성함이요, '만(慢)'은 느림이다. '발(發)'은 화

··· 鴇 : 너새 보, 오추말 보 阜 : 성할 부 掤 : 전통뚜껑 붕 鬯 : 활집 창 驪 : 가라말 리 驄 : 총이말 총
希 : 드물 희(稀同) 箭 : 전통 용, 대통 통 囊 : 자루 낭 韔 : 활집 창

살을 발사하는 것이다. '한(罕)'은 드묾이요, '석(釋)'은 활줄을 풀어놓는 것이다. '붕(掤)'은 화살통 뚜껑이니, 《춘추좌씨전》 소공(昭公) 25년에는 빙(冰)으로 되어 있다. '창(鬯)'은 활집이니, 창(韔)과 같다. 이는 사냥하는 일이 장차 끝나려 함에 조용하고 한가함이 이와 같음을 말한 것이니, 또한 그의 상(傷)함이 없음을 기뻐한 말이다.

大叔于田三章이니 章十句라

〈대숙우전(大叔于田)〉은 3장이니, 장마다 10구이다.

陸氏曰 首章作大叔于田者誤라 蘇氏曰 二詩皆曰叔于田이라 故로 加大以別之어늘 不知者乃以段有大(太)叔之號라하여 而讀曰泰하고 又加大于首章하니 失之矣로다

육씨(陸氏)가 말하였다. "수장(首章)에 대숙우전(大叔于田)으로 되어 있는 것은 잘못이다."

소씨(蘇氏)가 말하였다. "두 시(詩)가 모두 제목을 숙우전(叔于田)이라고 하였기 때문에 제목에 대(大) 자를 가(加)하여 구별하였는데, 이것을 알지 못하는 자들이 마침내 단(段)이 태숙(太叔)의 칭호가 있었다고 하여 대(大)를 태(泰)로 읽고, 또 태(大)를 수장(首章)에 가(加)하였으니, 이는 잘못이다."

【毛序】 大叔于田은 刺莊公也라 叔多才而好勇하여 不義而得衆也하니라

〈대숙우전〉은 장공(莊公)을 풍자한 시(詩)이다. 공숙(共叔)이 재주가 많고 용맹을 좋아하여 의(義)롭지 못하면서 여러 사람의 마음을 얻은 것이다.

【辨說】 此詩는 與上篇意同하니 非刺莊公也라 下兩句는 得之니라

이 시는 상편과 뜻이 같으니, 장공을 풍자한 것이 아니다. 그 아래 두 구는 맞다.

5. 청인(淸人)

① 淸人在彭〔叶普郎反〕, 駟介旁旁〔補彭反 叶補岡反〕. 二矛重〔直龍反〕英〔叶於良反〕, 河上乎翺翔.

清人在彭(방)하니　　청읍(淸邑) 사람이 방(彭) 땅에 있으니
駟介旁旁이로다　　네 마리 갑옷 입힌 말들이 달려가도다
二矛重英으로　　두 자루 창에 중첩된 창 꾸밈으로
河上乎翱翔이로다　　황하 가에서 고상하도다

賦也라 淸은 邑名이니 淸人은 淸邑之人也라 彭은 河上地名이라 駟介는 四馬而被甲也라 旁旁은 馳驅不息之貌라 二矛는 酋矛、夷矛也라 英은 以朱羽爲矛飾也라 酋矛는 長二丈이요 夷矛는 長二丈四尺이니 竝建於車上이면 則其英重疊而見(현)이라 翱翔은 遊戲之貌라

○ 鄭文公이 惡(오)高克하여 使將淸邑之兵하여 禦狄于河上[103]하고 久而不召한대 師散而歸하니 鄭人이 爲之賦此詩라 言其師出之久에 無事而不得歸하여 但相與遊戲如此하니 其勢必至於潰散而後已爾니라

부(賦)이다. '청(淸)'은 고을 이름이니, 청인(淸人)은 청읍(淸邑)의 사람이다. '방(彭)'은 황하에 있는 지명(地名)이다. '사개(駟介)'는 네 마리 말에 갑옷을 입힌 것이다. '방방(旁旁)'은 말이 달리기를 쉬지 않는 모양이다. 두 창은 추모(酋矛)와 이모(夷矛)이다. '영(英)'은 붉은 깃털로 창의 꾸밈을 만든 것이다. 추모는 길이가 두 길〔丈〕이요 이모는 길이가 두 길 네 자이니, 이것을 나란히 수레 위에 세우면(꽂으면) 그 영(英)이 중첩되어 보인다. '고상(翱翔)'은 유희(遊戲)하는 모양이다.

○ 정 문공(鄭文公)이 고극(高克)을 미워하여, 청읍(淸邑)의 군대를 거느리고 가서 황하 가에서 적(狄)을 막게 하고는 오랫동안 부르지 않자, 군사들이 흩어져 돌아오니, 정(鄭)나라 사람들이 이 때문에 이 시(詩)를 지은 것이다. 그 군대가 주둔한 지 오래됨에 일이 없는데도 돌아가지 못하여 다만 서로 유희(遊戲)하기를 이와 같이 하였으니, 그 형세가 반드시 궤산(潰散:무너져 흩어짐)함에 이르고야 말 것임을 말한 것이다.

② 淸人在消, 駟介麃麃〔表驕反〕. 二矛重喬, 河上乎逍遙.

••••••

103 鄭文公……禦狄于河上 : 공씨(孔氏)가 말하였다. "오랑캐〔狄〕가 위(衛)나라로 쳐들어오자, 그들이 황하를 건너 정나라를 침공할까 두려웠다. 그러므로 황하 가에서 오랑캐를 막게 한 것이다.〔狄入衛, 恐其渡河侵鄭, 故於河上禦之.〕"《詳說》

••• 彭 : 땅이름 방 介 : 갑옷 개 旁 : 달릴 방 矛 : 창 모 翱 : 날 고 翔 : 날 상 酋 : 괴수 추 將 : 거느릴 장 潰 : 무너질 궤

淸人在消하니	청읍 사람이 소(消) 땅에 있으니
駟介麃(표)麃로다	네 마리 갑옷 입힌 말이 굳세고 굳세도다
二矛重喬로	두 자루 창에 중첩된 창 갈고리로
河上乎逍遙로다	황하 가에서 소요하도다

賦也라 消는 亦河上地名이라 麃麃는 武貌라 矛之上句曰喬니 所以懸英也라 英弊而盡하여 所存者喬而已니라

부(賦)이다. '소(消)' 또한 황하 가에 있는 지명이다. '표표(麃麃)'는 굳센 모양이다. 창의 위에 있는 갈고리를 '교(喬)'라 하니, 영(英)을 매다는 것이다. 영(英)이 해져 다하여 남은 것이 교(喬)일 뿐이다.

③ 淸人在軸〔叶音胄〕, 駟介陶陶〔御報反 叶徒候反〕. 左旋右抽〔叶勑救反〕, 中軍作好〔呼報反 叶許候反〕.

淸人在軸하니	청읍 사람이 축(軸) 땅에 있으니
駟介陶(요)陶로다	네 마리 갑옷 입힌 말이 유유자적하도다
左旋右抽어늘	왼쪽 사람은 수레를 돌리며 오른쪽 사람은 칼을 뽑거늘
中軍作好로다	중군은 아름답게 있도다

賦也라 軸는 亦河上地名이라 陶陶는 樂而自適之貌라 左는 謂御在將軍之左니 執轡而御馬者也라 旋은 還(선)車也라 右는 謂勇力之士在將軍之右니 執兵以擊刺(척)者也라 抽는 拔刃也라 中軍은 謂將在鼓下하여 居車之中이니 卽高克也[104]라 好는 謂容好也라

○ 東萊呂氏曰 言師久而不歸하여 無所聊賴하여 姑遊戲以自樂하니 必潰之勢也라 不言已潰而言將潰하니 其詞深이요 其情危矣로다

104 中軍……卽高克也 : 공씨가 말하였다. "만약 사졸의 병거이면, 〈수레 위에〉 왼쪽 사람은 활을 잡고 오른쪽 사람은 창을 잡고 가운데에 있는 사람은 수레를 몬다.〔若士卒兵車, 則左人持弓, 右人持矛, 中人御.〕"《詳說》

… 麃 : 위엄스러울 표 喬 : 창갈고리 교 逍 : 거닐 소 遙 : 거닐 요 懸 : 매달 현 軸 : 굴대 축 陶 : 기뻐할 요 抽 : 뽑을 추 聊 : 즐길 료

부(賦)이다. '축(軸)' 또한 황하 가에 있는 지명이다. '요요(陶陶)'는 즐거워하여 유유자적하는 모양이다. '좌(左)'는 장군의 왼쪽에 있는 어자(御者)를 이르니, 고삐를 잡고 말을 모는 자이다. '선(旋)'은 수레를 돌리는 것이다. '우(右)'는 장군의 오른쪽에 있는 용력(勇力)이 있는 장사(壯士)를 이르니, 병기를 잡고서 적을 치고 찌르는 자이다. '추(抽)'는 칼날을 뽑는 것이다. '중군(中軍)'은 북 아래에 있어 수레의 한 가운데에 있는 장군을 이르니, 바로 고극(高克)이다. '호(好)'는 용모가 아름다움을 이른다.

○ 동래 여씨가 말하였다. "군대가 출동한 지 오래되었는데도 돌아가지 못하여 무료(無聊)하자 우선 유희하여 스스로 즐거워하니, 반드시 궤산(潰散)할 형세임을 말한 것이다. 이미 궤산했다고 말하지 않고 장차 궤산할 것이라고 말하였으니, 그 말이 깊고 그 정(情)이 위태롭다."

淸人三章이니 章四句라

〈청인(淸人)〉은 3장이니, 장마다 4구이다.

事見春秋하니라

○ 胡氏曰 人君이 擅一國之名寵하여 生殺予奪을 惟我所制耳니 使高克不臣之罪已著인댄 按而誅之可也요 情狀未明인댄 黜而退之可也요 愛惜其才하여 以禮馭(어)之亦可也니 烏可假以兵權하여 委諸竟(境)上하여 坐視其離散而莫之卹(恤)乎아 春秋에 書曰鄭棄其師라하니 其責之深矣로다

이 일은 《춘추좌씨전》 민공(閔公) 2년에 보인다.

○ 호씨(胡氏)가 말하였다. "인군은 한 나라의 명총(名寵:칭호와 지위, 은총과 녹봉)을 독단하여 생살(生殺)과 여탈(予奪)을 자신의 마음대로 제어하니, 가령 고극(高克)이 신하노릇하지 않은 죄가 이미 드러났다면 조사하여 죽이는 것이 가(可)할 것이요, 정상이 분명치 않을진댄 내쫓아 물러가게 하는 것이 가할 것이요, 그 재주를 애석히 여겨 예(禮)로써 어거함도 또한 가할 것이니, 어찌 병권(兵權)을 빌려주어 국경 위에 버려두어서 군사들이 이산(離散)하는 것을 좌시(坐視)하고 걱정하지 않는단 말인가. 《춘추좌씨전》에 "정(鄭)나라가 그 군대를 버렸다."고 썼으니, 그 꾸짖음이 깊도다."

【毛序】 淸人은 刺文公也라 高克이 好利而不顧其君하니 文公이 惡(오)而欲遠之로

••• 擅 : 멋대로할 천 黜 : 내칠 출 馭 : 부릴 어, 어거할 어 烏 : 어찌 오 委 : 버릴 위 卹 : 구휼할 휼(恤同)

되 不能일새 使高克 將兵而禦狄于竟(境)하니 陳其師旅하고 翺翔河上이러니 久而不召한대 衆散而歸하니 高克奔陳이라 公子素惡(오)高克進之不以禮하고 文公退之不以道하니 危國亡師之本이라 故로 作是詩也라

〈청인〉은 문공(文公)을 풍자한 시(詩)이다. 고극(高克)이 이익을 좋아하고 그 군주를 돌보지 않으니, 문공이 그를 미워하여 멀리하려 하였으나 할 수가 없었다. 이에 고극으로 하여금 군사를 거느리고 국경에서 오랑캐를 막게 하니, 고극이 군대를 진열하고 황하 가에서 고상(翺翔;하는 일 없이 놀며 돌아다님)만 하였다. 문공은 세월이 오래되었는데도 부르지 않자 군사들이 해산하여 돌아가니, 고극이 진(陳)나라로 도망하였다.

공자(公子)는 평소 고극이 진용(進用)되기를 예(禮)로써 하지 않고 문공이 퇴출(退黜)하기를 도(道)로써 하지 않음을 미워하였으니, 이는 나라를 위태롭게 하고 군대를 멸망시키는 근본이었다. 그러므로 이 시(詩)를 지은 것이다.

【鄭註】 好利不顧其君은 注心於利也요 禦狄于竟은 時狄侵衛라

이익을 좋아하고 그 군주를 돌아보지 않음은 마음을 이익에 둠이요, 적(狄)을 국경에서 막음은 이때 적이 위나라를 침략해서이다.

【辨說】 按此序는 蓋本春秋傳이로되 而以他說廣之하니 未詳所據라 孔氏正義엔 又據序文하여 而以是詩로 爲公子素之作이라하니 然則進之는 當作之進이니 今文誤也라

살펴보건대 이 〈서(序)〉는 아마도 《춘추좌씨전》에 근본한 듯한데 다른 설로 넓혔으니, 근거한 바가 자세하지 않다. 공씨(孔氏;공영달)의 《시경정의(詩經正義)》에는 또 〈서문〉을 근거하여 이 시를 공자 소(公子素)가 지은 것이라 하였으니, 그렇다면 '진지(進之)'라고 한 것은 마땅히 '지진(之進)'이 되어야 하니, 금문(今文)이 잘못되었다.

6. 고구(羔裘)

① 羔裘如濡〔叶而朱而由二反〕, 洵直且侯〔叶洪姑洪鉤二反〕. 彼其〔音記〕之子, 舍〔音赦〕命不渝〔叶容朱容周二反〕.

羔裘如濡하니	염소 갖옷이 촉촉이 젖은 듯하니
洵直且侯로다	진실로 순하고 또 아름답도다
彼其之子여	저 사람이여
舍命不渝(투)로다	명(命)에 처하여 변치 않도다

賦也라 羔裘는 大夫服也라 如濡는 潤澤也라 洵은 信이요 直은 順이요 侯는 美也라 其는 語助辭라 舍는 處요 渝는 變也라

○ 言此羔裘潤澤하니 毛順而美하며 彼服此者 當生死之際하여 又能以身居其所受之理而不可奪하니 蓋美其大夫之詞라 然이나 不知其所指矣로라

부(賦)이다. '고구(羔裘 : 염소 갖옷)'는 대부의 의복이다. '여유(如濡)'는 윤택함이다. '순(洵)'은 진실로요, '직(直)'은 순(順)함이요, '후(侯)'는 아름다움이다. '기(其)'는 어조사이다. '사(舍)'는 처함이요, '투(渝)'는 변함이다.

○ 이 염소 갖옷이 윤택하니 털이 순하고 아름다우며, 저 이 옷을 입은 분은 생사(生死)의 즈음을 당하여 또 능히 몸으로써 그 받은 바의 리(理)에 편안히 대처하여 〈그 뜻을〉 빼앗을 수 없음을 말한 것이다. 이는 대부를 찬미한 말이나, 그 누구를 가리킨 것인지는 알지 못하겠다.

② 羔裘豹飾, 孔武有力. 彼其之子, 邦之司直.

羔裘豹飾이로소니	염소 갖옷에 표범 가죽으로 선을 둘렀으니
孔武有力이로다	심히 굳세고 힘이 있도다
彼其之子여	저 사람이여
邦之司直이로다	나라의 사직이로다

賦也라 飾은 緣袖也라 禮에 君用純物하니 臣은 下之라 故로 羔裘而以豹皮爲飾也라 孔은 甚也라 豹甚武而有力이라 故로 服其所飾之裘者如之라 司는 主也라

부(賦)이다. '식(飾)'은 소매에 선을 두르는 것이다. 예(禮)에 군주는 순수한 물건(한 가지 물건)을 사용하니, 신하는 그보다 낮기 때문에 염소 갖옷에 표범 가죽으로 꾸밈을 한 것이다. '공(孔)'은 심함이다. 표범은 심히 굳세고 힘이 있으므로 이것으로 선을 두른 갖옷을 입은 자도 그와 같은 것이다. '사(司)'는 주관함이다.

••• 濡 : 젖을 유 侯 : 아름다울 후 渝 : 변할 투(유) 司 : 맡을 사 緣 : 선두를 연 袖 : 소매 수 豹 : 표범 표

③ 羔裘晏兮, 三英粲兮. 彼其之子, 邦之彦〔叶魚肝反〕兮.

羔裘晏兮요	염소 갖옷이 곱고 성하고
三英粲兮로다	삼영이 찬란하도다
彼其之子여	저 사람이여
邦之彦兮로다	나라의 아름다운 선비로다

賦也라 晏은 鮮盛也라 三英은 裘飾也니 未詳其制라 粲은 光明也라 彦者는 士之美稱이라

부(賦)이다. '안(晏)'은 곱고 성함이다. '삼영(三英)'은 갖옷의 꾸밈이니, 그 제도는 자세하지 않다. '찬(粲)'은 광명(光明)함이다. '언(彦)'은 선비의 아름다운 호칭이다.

羔裘三章이니 章四句라

〈고구(羔裘)〉는 3장이니, 장마다 4구이다.

【毛序】 羔裘는 刺朝也니 言古之君子하여 以風其朝焉하니라

〈고구〉는 조정을 풍자한 시(詩)이니, 옛날의 군자를 말하여 그(지금의) 조정을 풍자한 것이다.

【鄭註】 言은 猶道也라 鄭自莊公으로 而賢者陵遲하여 朝無忠正之臣이라 故刺之하니라

언(言)은 도(道)와 같다. 정(鄭)나라는 장공(莊公)으로부터 현자가 침체하여, 조정에 충성스럽고 바른 신하가 없으므로 이를 풍자한 것이다.

【辨說】 序는 以變風에 不應有美故로 以此爲言古以刺今之詩라 今詳詩意컨대 恐未必然이요 且當時鄭之大夫 如子皮、子産之徒 豈無可以當此詩者리오 但今不可考耳로라

〈서〉는 이 변풍(變風)에는 아름다운 내용이 있을 수 없다고 여겼다. 그러므로 이것을 옛날을 말하여 지금을 풍자한 시라 하였다. 그런데 이제 시의 뜻을 자세히 살펴보면 반드시 옳지는 않을 듯하고, 또 당시 정나라의 대부(大夫) 중에 자피(子皮)와 자산(子産)과 같은 사람들이 어찌 이 시에 해당하는 자가 없겠는가. 다만 지금 상고할 수 없을 뿐이다.

••• 晏 : 고을 안 彦 : 선비 언

7. 준대로(遵大路)

① 遵大路兮, 摻〔所覽反〕執子之袪〔叶起據反〕兮. 無我惡〔烏路反〕兮, 不寁〔市坎反〕故也.

遵大路兮하여	큰길을 따라가
摻(삼)執子之袪兮호라	그대의 소매를 잡노라
無我惡(오)兮어다	나를 미워하지 말지어다
不寁(삼)故也니라	옛 애인을 급히 끊어서는 안되느니라

賦也라 遵은 循이요 摻은 擥(攬)이요 袪는 袂(메)요 寁은 速이요 故는 舊也라

○ 淫婦爲人所棄라 故로 於其去也에 擥其袪而留之曰 子無惡我而不留어다 故舊를 不可以遽絶也라하니라 宋玉賦에 有遵大路兮攬子袪之句하니 亦男女相說之詞也라

부(賦)이다. '준(遵)'은 따름이요, '삼(摻)'은 잡음이요, '거(袪)'는 소매요, '삼(寁)'은 속(速)함이요, '고(故)'는 고구(故舊)이다.

○ 음탕한 부인(婦人)이 남자에게 버림을 받았다. 그러므로 그 남자가 떠나갈 적에 남자의 소매를 잡고 만류하기를 "그대는 나를 미워하여 머물지 못하게 하지 말지어다. 고구(옛 애인)를 대번에 끊어서는 안 된다."고 말한 것이다. 송옥(宋玉)의 〈등도자호색부(登徒子好色賦)〉에 "큰 길을 따라 그대의 옷소매를 잡는다."는 구(句)가 있으니, 이 또한 남녀가 서로 좋아하는 말이다.

② 遵大路兮, 摻執子之手兮. 無我魗〔市由反 叶齒九反〕兮, 不寁好〔叶許口反〕也.

遵大路兮하여	큰길을 따라
摻執子之手兮호라	그대의 손을 잡노라
無我魗(추)兮어다	나를 추하게 여기지 말지어다
不寁好也니라	좋아하던 사람을 급히 끊어서는 안되느니라

••• 摻 : 잡을 삼 袪 : 소매 거 寁 : 빠를 삼 擥 : 잡을 람(攬同) 袂 : 소매 메 魗 : 추할 추

賦也라 醜는 與醜同하니 欲其不以己爲醜而棄之也라 好는 情好也라

부(賦)이다. '추(醜)'는 추(醜)와 같으니, 자기를 추하게 여겨 버리지 않기를 바란 것이다. '호(好)'는 정이 좋은 것이다.

遵大路二章이니 章四句라

〈준대로(遵大路)〉는 2장이니, 장마다 4구이다.

【毛序】 遵大路는 思君子也라 莊公失道하여 君子去之하니 國人이 思望焉하니라

〈준대로〉는 군자를 그리워한 시(詩)이다. 장공(莊公)이 도리를 잃어 군자가 떠나가니, 국인(國人)들이 군자를 그리워하고 바란 것이다.

【辨說】 此亦淫亂之詩니 序說이 誤矣라

이 또한 음란한 시이니, 〈서설〉이 잘못되었다.

8. 여왈계명(女曰鷄鳴)

① 女曰鷄鳴, 士曰昧旦. 子興視夜, 明星有爛. 將翺將翔, 弋鳧〔音符〕與雁.

女曰鷄鳴이어늘	여자가 닭이 울었다고 말하자
士曰昧旦이리라	남자는 매단이 되었다고 말하네
子興視夜하라	그대는 일어나 밤을 보라
明星有爛이리니	계명성(啓明星)이 찬란할 것이니
將翺將翔하여	그대는 장차 고상(翺翔)하여
弋鳧(익부)與雁이어다	오리와 기러기를 주살로 잡아올지어다

賦也라 昧는 晦요 旦은 明也니 昧旦은 天欲旦하여 昧晦未辨之際也라 明星은 啓明之星이니 先日而出者也라 弋은 繳射(작석)이니 謂以生絲繫矢而射也라 鳧는 水鳥니 如鴨, 靑色이요 背上有文이라

○ 此는 詩人이 述賢夫婦相警戒之詞라 言女曰鷄鳴이라하여 以警其夫어든 而士曰

… 弋 : 주살질할 익 鳧 : 오리 부 繳 : 주살 작 鴨 : 오리 압

昧旦이라하니 則不止於鷄鳴矣라 婦人이 又語其夫曰 若是則子可以起而視夜之如何하라 意者컨대 明星已出而爛然하리니 則當翺翔而往하여 弋取鳧雁而歸矣라하니라 其相與警戒之言이 如此하니 則不留於宴昵之私를 可知矣로다

부(賦)이다. '매(昧)'는 어둠이요 '단(旦)'은 밝음이니, 매단(昧旦)은 날이 새려고 하여 어두워서 아직 밝음과 어둠을 분별할 수 없는 즈음이다. '명성(明星)'은 계명성(啓明星)이니, 해보다 먼저 나오는 것이다. '익(弋)'은 주살로 쏘아 맞히는 것이니, 생사(生絲)를 화살에 매달아 쏘아 맞히는 것을 이른다. '부(鳧)'는 수조(水鳥)이니, 집오리와 비슷한데 청색이고 등 위에 무늬가 있다.

○ 이는 시인(詩人)이 어진 부부가 서로 경계하는 말을 기록한 것이다. 여자가 "닭이 울었다."고 하여 그 남편을 경계하자, 남편은 "매단이 되었다."고 말하였으니, 이는 닭이 우는데에만 그치지 않은 것이다. 부인이 또 그 남편에게 말하기를 "이와 같거든 그대는 일어나서 밤이 얼마나 되었는지를 보라. 생각하건대 계명성이 이미 나와 찬란할 것이니, 그렇다면 마땅히 고상하여 가서 오리와 기러기를 주살로 잡아 돌아오라."라고 한 것이다. 그 서로 함께 경계한 말이 이와 같으니, 연닐(宴昵 ; 부부간의 애정)의 사사로움에 얽매이지 않음을 알 수 있다.

② 弋言加〔叶居之居何二反〕之, 與子宜〔叶魚奇魚何二反〕之. 宜言飮酒, 與子偕老〔叶呂吼反〕. 琴瑟在御, 莫不靜好〔叶許厚反〕

弋言加之어든	주살로 쏘아 맞추어 가지고 오거든
與子宜之하여	그대와 맛있게 요리하여
宜言飮酒하여	맛이 있거든 술을 마셔서
與子偕老호리라	그대와 함께 백년해로하리라
琴瑟在御	자리에 있는 금슬(琴瑟)도
莫不靜好로다	고요하고 아름답지 않음이 없도다

賦也라 加는 中也니 史記所謂以弱弓微繳(작)加諸鳧雁之上이 是也라 宜는 和其所宜也니 內則所謂雁宜麥之屬이 是也라

••• 昵 : 친할 닐 中 : 맞을 중 繳 : 주살 작

○ 射(사)者는 男子之事요 而中饋는 婦人之職[105]이라 故로 婦謂其夫호되 旣得鳧雁以歸어든 則我當爲子하여 和其滋味之所宜하여 以之飮酒相樂하여 期於偕老요 而琴瑟之在御者 亦莫不安靜而和好라하니 其和樂而不淫을 可見矣로다

부(賦)이다. '가(加)'는 맞힘이니, 《사기》〈초세가(楚世家)〉에 이른바 "약한 활과 작은 주살을 오리와 기러기 위에 맞힌다." 한 것이 이것이다. '의(宜)'는 그 마땅한 바를 조화시킴이니, 《예기》〈내칙(內則)〉에 이른바 "〈음식을 조화시킬 때〉 기러기 고기는 보리가 마땅하다."는 따위가 이것이다.

○ 활쏘는 것은 남자의 일이요, 부엌에서 음식을 장만함은 부인의 직분이다. 그러므로 부인이 그 남편에게 이르기를 "이미 오리와 기러기를 잡아 가지고 돌아오거든 내 마땅히 그대를 위하여 자미(滋味)에 마땅한 바를 조화시켜 이로써 술을 마시고 서로 즐거워하여 백년해로를 기약할 것이요, 금슬(琴瑟) 등으로서 쓰는 자리에 있는 것들도 또한 안정(安靜)되고 화호(和好)하지 않음이 없다." 하였으니, 화락(和樂)하면서도 지나치지 않음을 볼 수 있도다.

③ 知子之來〔叶六直反〕之, 雜佩以贈〔叶音則〕之. 知子之順之, 雜佩以問之. 知子之好〔呼報反〕之, 雜佩以報之.

知子之來之인댄(란)	그대가 오게 하신 분임을 알진댄
雜佩以贈之며	내 잡패를 풀어 선물할 것이며
知子之順之인댄(란)	그대가 사랑하는 분임을 알진댄
雜佩以問之며	내 잡패를 풀어 줄 것이며
知子之好之인댄(란)	그대가 좋아하는 분임을 알진댄
雜佩以報之호리라	내 잡패로 보답하리라

賦也라 來之는 致其來者니 如所謂修文德以來之[106]라 雜佩者는 左右佩玉也라 上

••••••

105 射者……婦人之職 : 위의 내용은 《예기》〈사의(射義)〉에 보이고 뒤의 내용은 《주역》〈가인괘(家人卦) 구이 효사(九二爻辭)〉에 보인다.

106 修文德以來之 : 《논어》〈계씨(季氏)〉에 "먼 곳에 있는 사람이 복종하지 않으면 문덕을 닦아서 오게 하여야 한다.〔遠人不服, 則修文德以來之.〕"라고 하신 공자의 말씀이 보인다.

••• 饋 : 음식 궤 佩 : 찰 패 贈 : 줄 증

橫曰珩(형)이니 下繫三組하고 貫以蠙(빈)珠하며 中組之半에 貫一大珠하니 曰瑀(우)요 末懸一玉하되 兩端皆銳하니 曰衝牙요 兩旁組半에 各懸一玉하되 長博而方하니 曰琚(거)요 其末에 各懸一玉하되 如半璧而內向하니 曰璜이요 又以兩組貫珠하여 上繫珩하고 兩端은 下交貫瑀而下繫於兩璜하니 行則衝牙觸璜而有聲也라 呂氏曰 非獨玉也요 觿燧(휴수)箴(針)管凡可佩者皆是也라하니라 贈은 送이요 順은 愛요 問은 遺也라

○ 婦又語其夫曰 我苟知子之所致而來와 及所親愛者인댄 則當解此雜佩하여 以送遺報答之라하니 蓋不惟治其門內之職이라 又欲其君子親賢友善하여 結其驩心하여 而無所愛於服飾之玩也니라

부(賦)이다. '래지(來之)'는 그가 오도록 만드는 것이니, 이른바 "문덕(文德)을 닦아서 오게 한다."는 것과 같다. '잡패(雜佩)'는 좌우의 패옥(佩玉)이다. 위에 가로댄 것을 형(珩)이라 하니, 아래에 세 개의 끈을 매달고 진주조개로 꿰며, 가운데 끈의 중간에 하나의 큰 구슬을 꿰니, 이것을 우(瑀)라 한다. 그 끝에 하나의 옥을 매다는데 두 끝이 모두 뾰족하니, 이것을 충아(衝牙)라 한다. 양 곁의 끈의 중간에 각기 하나씩 옥을 매다는데, 길쭉하고 넓적하며 네모지니, 이것을 거(琚)라 한다. 그 끝에 각각 한 옥을 매다는데, 반벽(半璧)과 같으며 안으로 향했으니, 이것을 황(璜)이라 한다. 또 두 개의 끈으로 구슬을 꿰어 위로 형(珩)에 매달고, 양 끝은 아래로 우(瑀)에 교차시켜 꿰어 아래로 두 황(璜)에 매다니, 사람이 걸어가면 충아가 황(璜)에 부딪쳐 소리가 난다.

여씨(呂氏)가 말하기를 "단지 옥 뿐만이 아니요 뿔송곳과 화경(火鏡), 바늘과 대통 등 모든 찰만 한 것은 모두 잡패이다." 하였다. '증(贈)'은 보내주는 것이요, '순(順)'은 사랑함이요, '문(問)'은 선물을 주는 것이다.

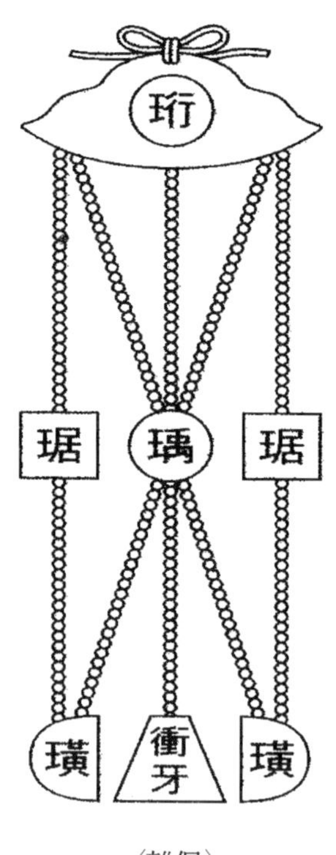

〈雜佩〉

○ 부인이 또 그 남편에게 말하기를 "내 만일 그대가 초치하여 온 분임과 친애하는 분임을 알면 내 마땅히 장차 이 잡패를 풀어서 그에게 보내주고 보답하겠다." 하였으니, 이는 다만 규문(閨門) 안의 직분을 다스릴 뿐만 아니라, 또 그 군자(남편)가 현자(賢者)를 친히 하고 선인(善人)을 벗삼아 그 환심(歡心)을 맺게 하고자

··· 珩 : 패옥 형 蠙 : 진주조개 빈 瑀 : 옥돌 우 琚 : 패옥 거 璜 : 반쪽둥근패옥 황 觿 : 뿔송곳 휴 燧 : 화경 수
箴 : 바늘 침 驩 : 기쁠 환 玩 : 노리개 완

하여, 복식(服飾)의 노리개에 아까워하는 바가 없는 것이다.

女曰鷄鳴三章이니 章六句라
〈여왈계명(女曰鷄鳴)〉은 3장이니, 장마다 6구이다.

【毛序】 女曰鷄鳴은 刺不說(열)德也니 陳古義하여 以刺今不說德而好色也하니라
〈여왈계명〉은 덕(德)이 있는 자를 좋아하지 않음을 풍자한 시(詩)이니, 옛 의(義)를 말하여 지금에 덕을 좋아하지 않고 여색을 좋아함을 풍자한 것이다.
【鄭註】 德은 謂士大夫賓客有德者라
덕(德)은 사대부(士大夫)와 빈객(賓客)으로 덕이 있는 자를 이른다.
【辨說】 此亦未有以見其陳古刺今之意로라
이 또한 옛날을 말하여 지금을 풍자한 뜻을 볼 수 없노라.

9. 유녀동거(有女同車)

① 有女同車, 顔如舜華〔叶芳無反〕. 將翺將翔, 佩玉瓊琚. 彼美孟姜, 洵美且都.

有女同車하니	여자와 수레를 함께 타니
顔如舜華로다	얼굴이 무궁화꽃처럼 곱도다
將翺將翔하나니	장차 고상하리니
佩玉瓊琚(경거)로다	패옥이 경거(瓊琚)로다
彼美孟姜이여	저 아름다운 맹강이여
洵美且都로다	진실로 아름답고 또 한아(閑雅)하도다

賦也라 舜은 木槿也니 樹如李하며 其華(花)朝生暮落이라 孟은 字요 姜은 姓이라 洵은 信이요 都는 閑雅也라
○ 此疑亦淫奔之詩라 言所與同車之女 其美如此하고 而又歎之曰 彼美色之孟姜이여 信美矣而又都也라하니라

··· 舜 : 무궁화 순 瓊 : 붉은옥 경 琚 : 패옥 거 都 : 아름다울 도 槿 : 무궁화 근

부(賦)이다. '순(舜)'은 무궁화나무이니, 나무는 오얏나무와 비슷하며 그 꽃은 아침에 피었다가 저녁에 떨어진다. '맹(孟)'은 자(字)요 '강(姜)'은 성(姓)이다. '순(洵)'은 진실로요, '도(都)'는 한아(얌전)한 것이다.

○ 이는 의심컨대 또한 음분(淫奔)의 시(詩)인 듯하다. 수레를 함께 타고 간 여인이 그 아름다움이 이와 같음을 말하고서 또 감탄하기를 "저 미색(美色)의 맹강(孟姜)이여! 진실로 아름답고 또 한아(閑雅)하다."고 한 것이다.

② 有女同行〔叶戶郎反〕, 顔如舜英〔叶於良反〕. 將翺將翔, 佩玉將將〔七羊反〕. 彼美孟姜. 德音不忘.

有女同行하니	여자와 함께 길을 걸어가니
顔如舜英이로다	얼굴이 무궁화꽃처럼 곱도다
將翺將翔하나니	장차 고상하리니
佩玉將將이로다	패옥소리 쟁쟁히 울리도다
彼美孟姜이여	저 아름다운 맹강이여
德音不忘이로다	덕음을 잊지 못하리로다

賦也라 英은 猶華也라 將將은 聲也라 德音不忘은 言其賢也라

부(賦)이다. '영(英)'은 화(華;꽃)와 같다. '장장(將將)'은 소리이다. '덕음불망(德音不忘)'은 그 어짊을 말한 것이다.

有女同車二章이니 章六句라

〈유녀동거(有女同車)〉는 2장이니, 장마다 6구이다.

【毛序】 有女同車는 刺忽也니 鄭人이 刺忽之不昏于齊라 太子忽이 嘗有功于齊어늘 齊侯請妻之러니 齊女賢而不取라가 卒以無大國之助하여 至於見逐이라 故로 國人刺之하니라

〈유녀동거〉는 태자(太子) 홀(忽)을 풍자한 시(詩)이니, 정나라 사람들이 태자 홀이 제(齊)나라와 혼인하지 않음을 풍자한 것이다. 태자 홀이 일찍이 제나라에 공(功)이 있었으므로 제나라 임금이 딸을 시집보내겠다고 청하였는데, 제나라 임금

의 딸이 어질었는데도 태자 홀이 취하지 않았다가 마침내 강대국의 원조가 없어 축출을 당함에 이르렀다. 그러므로 국인이 이를 풍자한 것이다.

【鄭註】 忽은 鄭莊公世子니 祭仲逐之而立突하니라

홀(忽)은 정나라 장공의 세자이니, 채중(祭仲)이 그를 축출하고 돌(突)을 세웠다.

【辨說】 按春秋傳에 齊侯欲以文姜妻鄭太子忽한대 忽辭어늘 人問其故한대 忽曰 人各有耦하니 齊大하여 非吾耦也라 詩曰 自求多福이라하니 在我而已니 大國何爲리오하다 其後에 北戎이 侵齊어늘 鄭伯이 使忽帥師救之하여 敗戎師하니 齊侯又請妻之한대 忽曰 無事於齊하니 吾猶不敢이라 今以君命奔齊之急하여 而受室以歸면 是는 以師昏也니 民其謂我何오하고 遂辭諸鄭伯하다 祭仲이 謂忽曰 君多內寵이어늘 子無大援이면 將不立이라한대 忽又不聽이러니 及卽位하여 遂爲祭仲所逐이라하니 此序文所據以爲說者也라 然以今考之하면 此詩는 未必爲忽而作이요 序者但見孟姜二字하고 遂指以爲齊女하여 而附之於忽耳라 假如其說이면 則忽之辭昏은 未爲不正而可刺요 至其失國하여는 則又特以勢孤援寡하여 不能自定이니 亦未有可刺之罪也라 序乃以爲國人作詩以刺之라하니 其亦誤矣요 後之讀者 又襲其誤하여 必欲鍛鍊羅織[107]하여 文致其罪而不肯赦하여 徒欲以循說詩者之謬하여 而不知其失是非之正하고 害義理之公하여 以亂聖經之本旨하여 而壞學者之心術이라 故로 予不可以不辨이로라

살펴보건대 《춘추좌씨전》 환공(桓公) 6년에 "제후(齊侯)가 자신의 딸인 문강(文姜)을 정(鄭)나라 태자 홀(忽)에게 시집보내려고 하였는데, 홀이 사양하였다. 어떤 사람이 그 이유를 묻자, 홀이 말하기를 '사람은 각각 짝이 있으니, 제(齊)나라는 대국(大國)이어서 우리의 짝이 아니다. 《시경》 〈문왕(文王)〉에 이르기를 「스스로 많은 복을 구한다.」 하였으니, 내 자신에 달려있을 뿐이니, 대국이 무슨 소용이 있는가.' 하였다. 그 뒤에 북융(北戎)이 제나라를 침공하자, 정백(鄭伯)이 홀(忽)로 하여금 군대를 거느리고 제나라를 구원하게 해서 북융의 군대를 대패시키니, 제후(齊侯)가 또다시 딸을 홀에게 시집보낼 것을 청하자, 홀이 말하기를 '제나라에 내가 한 일이 없으니, 내 여전히 감히 장가들 수가 없다. 지금 내가 군주의 명령에 따라 제나라의 위급함에 달려와서 아내〔室〕를 맞이하여 돌아간다면 이는 군대를

107 必欲鍛鍊羅織 : 단련(鍛鍊)은 쇠붙이를 두들겨 물건을 만들어냄을 이르고, 나직(羅織)은 생사로 비단을 짜는 것으로 두 가지 모두 없는 죄를 만들어내어 죄망(罪網)에 빠뜨림을 비유한다.

••• 援 : 구원할 원

이용하여 혼인하는 것이니, 백성들이 나를 보고 그 뭐라고 하겠는가.' 하고는 마침내 정백에게 사양하였다. 채중(祭仲)이 홀에게 이르기를 '군주가 안에 총애하는 여인이 많은데 그대가 대국의 원조가 없으면 장차 즉위하지 못할 것입니다.' 하였으나 홀이 또다시 듣지 않았는데, 홀이 즉위하자 마침내 채중에게 쫓겨나는 바가 되었다." 하였으니, 이는 〈서문(序文)〉이 근거하여 말한 것이다.

그러나 지금 상고해보면 이 시는 반드시 홀을 위하여 지은 것이 아니요 〈서〉를 지은 자가 다만 맹강(孟姜) 두 글자가 있는 것을 보고는 마침내 그녀를 가리켜 제나라 임금의 딸이라고 여겨서 홀에게 덧붙였을 뿐이다. 가령 그의 말과 같다면 홀이 혼인을 사양한 것은 바르지 못하여 풍자할 만한 것이 되지 않고, 그가 나라를 잃음에 이르러는 또 다만 형세가 외롭고 원조가 적어서 능히 스스로 안정되지 못했을 뿐이니, 또한 풍자할 만한 죄가 있지 않다. 그런데 〈서〉에는 마침내 국인들이 시를 지어서 그를 풍자했다고 말했으니 이 또한 잘못되었고, 후세의 독자들은 또 그 오류를 인습(因襲)하여 반드시 단련(鍛鍊)하고 나직(羅織)해서 그 죄를 문식(文飾)하여 만들고자 해서 즐겨 용서하려고 하지 않고, 한갓 시를 해설한 자의 오류를 따르고자 해서 이 〈서〉가 시비(是非)의 올바름을 잃고 의리(義理)의 공정함을 해쳐서 성경(聖經)의 본지를 어지럽혀 배우는 자들의 심술(心術)을 파괴함을 알지 못하였다. 그러므로 내가 분변하지 않을 수 없는 것이다.

10. 산유부소(山有扶蘇)

① 山有扶蘇, 隰有荷華〔叶芳無反〕. 不見子都, 乃見狂且〔子餘反〕.

山有扶蘇며	산에는 부소가 있고
隰有荷華어늘	습지에는 연꽃이 있거늘
不見子都요	자도를 만나지 못하고
乃見狂且(저)아	마침내 광인(狂人)을 만난단 말인가

興也라 扶蘇는 扶胥니 小木也라 荷華는 芙蕖也라 子都는 男子之美者也라 狂은 狂人也라 且는 語辭也라

… 荷 : 연꽃 하 胥 : 도울 서 芙 : 연꽃 부 蕖 : 연꽃 거

○ 淫女戲其所私者曰 山則有扶蘇矣요 隰則有荷華矣어늘 今乃不見子都하고 而見此狂人은 何哉오하니라

흥(興)이다. '부소(扶蘇)'는 부서(扶胥)이니 작은 나무이다. '하화(荷華)'는 부거(芙蕖;활짝 핀 연꽃)이다. '자도(子都)'는 남자 중에 아름다운 자이다. '광(狂)'은 광인(狂人)이다. '저(且)'는 어조사이다.

○ 음탕한 여자가 그 사통하는 남자를 놀리기를 "산에는 부소가 있고 습지에는 연꽃이 있는데, 지금 내가 마침내 자도를 만나지 못하고 이 광인을 만남은 어째서인가?"라고 한 것이다.

② 山有橋松, 隰有游龍. 不見子充, 乃見狡童.

山有橋(喬)松이며	산에는 우뚝한 소나무가 있고
隰有游龍이어늘	습지에는 너울거리는 홍초(紅草)가 있거늘
不見子充이요	자충을 만나지 못하고
乃見狡童가	마침내 교활한 아이를 만난단 말인가

興也라 上竦無枝曰橋니 亦作喬라 游는 枝葉放縱也라 龍은 紅草也니 一名馬蓼니 葉大而色白이요 生水澤中하며 高丈餘라 子充은 猶子都也라 狡童은 狡獪(회)之小兒也라

흥(興)이다. 나무가 위로 쭉쭉 올라가고 가지가 없는 것을 '교(橋)'라 하니, 또한 교(喬)로 쓰기도 한다. '유(游)'는 가지와 잎이 방종(放縱;흐트러진)한 것이다. '룡(龍)'은 홍초(紅草)로, 일명은 마료(馬蓼)라고도 하니, 잎이 크고 색깔이 희며 수택(水澤) 가운데서 자라고 높이가 한 길 남짓하다. '자충(子充)'은 자도(子都)와 같다. '교동(狡童)'은 교활하고 간교한 어린 아이이다.

山有扶蘇二章이니 章四句라

〈산유부소(山有扶蘇)〉는 2장이니, 장마다 4구이다.

【毛序】 山有扶蘇는 刺忽也니 所美非美然이니라

〈산유부소〉는 태자 홀(忽)을 풍자한 시(詩)이니, 〈홀이〉 아름답게 여긴 자가 진

••• 橋 : 높을 교 竦 : 우뚝솟을 송 蓼 : 여뀌 료 獪 : 간교할 회

짜 아름다운 사람이 아니었다.

【鄭註】 言忽所美之人이 實非善人이라

홀이 아름답게 여긴 바의 사람이 실로 선인(善人)이 아님을 말한 것이다.

【辨說】 此下四詩及揚之水는 皆男女戲謔之辭어늘 序之者 不得其說하고 而例以爲刺忽하니 殊無情理하니라

이 아래 네 시(詩)와 및 〈양지수(揚之水)〉는 모두 남녀가 희학(戲謔)한 글인데, 〈서〉를 지은 자가 그 설을 알지 못하고 으레히 홀을 풍자했다 하였으니, 정리(情理)에 전혀 맞지 않는다.

11. 탁혜(蘀兮)

① 蘀〔他落反〕兮蘀兮, 風其吹女〔音汝〕. 叔兮伯兮, 倡〔昌亮反〕予和〔胡臥反 叶戶圭反〕女.

蘀兮蘀兮여	잎이 떨어지려 함이여 떨어지려 함이여
風其吹女(汝)리라	바람이 너를 불어 떨어뜨리리라
叔兮伯兮여	숙(叔)이여! 백(伯)이여!
倡予和女호리라	나를 부르면 내 너에게 화답하리리라

興也라 蘀은 木槁而將落者也라 女는 指蘀而言也라 叔, 伯은 男子之字也요 予는 女子自予也라 女는 叔、伯也라

○ 此는 淫女之詞라 言蘀兮蘀兮여 則風將吹女矣요 叔兮伯兮여 則盍倡予오 而予將和女矣라하니라

흥(興)이다. '탁(蘀)'은 나무가 말라 잎이 장차 떨어지려 하는 것이다. '여(女;너)'는 탁(蘀)을 가리켜 말한 것이다. '숙(叔)', '백(伯)'은 남자의 자(字)이고, '여(予;나)'는 여자 자신이다. '여(女;너)'는 숙, 백이다.

○ 이는 음탕한 여자의 말이다. 잎이 말라 떨어지려 함이여. 바람이 불어 장차 너를 떨어뜨릴 것이요, 숙이여 백이여. 어찌 나를 부르지 않는가. 〈부르면〉 내 장차 너에게 화답할 것이라고 말한 것이다.

··· 蘀 : 마를 탁

② 蘀兮蘀兮, 風其漂〔匹遙反〕女. 叔兮伯兮, 倡予要〔於遙反〕女.

蘀兮蘀兮여	잎이 떨어지려 함이여 떨어지려 함이여
風其漂女리라	바람이 너를 날려보내리라
叔兮伯兮여	숙(叔)이여! 백(伯)이여!
倡予要女호리라	나를 부르면 내 너의 뜻 이루어 주리라

興也라 漂는 飄同이라 要는 成也라

흥(興)이다. '표(漂)'는 표(飄:날림)와 같다. '요(要)'는 이룸이다.

蘀兮二章이니 章四句라

〈탁혜(蘀兮)〉는 2장이니, 장마다 4구이다.

【毛序】 蘀兮는 刺忽也니 君弱臣强하여 不倡而和也라

〈탁혜〉는 태자 홀(忽)을 풍자한 시(詩)이니, 군주는 약하고 신하는 강하여 〈군주가 선창하면 신하가 화답해야 하는데 지금은 군신간이 서로〉 선창하여도 화답하지 않는 것이다.

【鄭註】 不倡而和는 君臣各失其禮하여 不相倡和라

선창(先唱)하고 화답하지 않음은 군주와 신하가 각각 그 예를 잃어서 서로 선창하고 화답하지 않은 것이다.

【辨說】 見上하니라

해설이 위에 보인다.

12. 교동(狡童)

① 彼狡童兮, 不與我言兮. 維子之故, 使我不能餐〔七丹反 叶七宣反〕兮.

彼狡童兮	저 교활한 아이가
不與我言兮하나다	나와 함께 말도 하지 않는구나

··· 漂 : 나부낄 표(飄同)

維子之故　　　　그대 때문에
使我不能餐兮아　　　　내가 밥을 먹지 못하랴

賦也라 此亦淫女見絕而戲其人之詞라 言悅己者衆하니 子雖見絕이나 未至於使我不能餐也라

부(賦)이다. 이 또한 음녀(淫女)가 거절을 당하고서 그 사람(남자)을 희롱한 말이다. 나를 좋아하는 자가 많으니, 그대가 비록 거절하나 나로 하여금 밥을 먹지 못함에 이르게 할 수 없다고 말한 것이다.

② 彼狡童兮, 不與我食兮. 維子之故, 使我不能息兮.

彼狡童兮　　　　저 교활한 아이가
不與我食兮하나다　　　　나와 함께 밥도 먹지 않는구나
維子之故　　　　그대 때문에
使我不能息兮아　　　　내가 편안히 쉬지 못하랴

賦也라 息은 安也라

부(賦)이다. '식(息)'은 편안함이다.

狡童二章이니 章四句라

〈교동(狡童)〉은 2장이니, 장마다 4구이다.

【毛序】 狡童은 刺忽也니 不能與賢人圖事하여 權臣擅(천)命也라

〈교동〉은 태자 홀(忽)을 풍자한 시(詩)이니, 현인(賢人)과 국사를 도모하지 아니하여 권신(權臣)이 명령을 독단한 것이다.

【鄭註】 權臣擅命은 祭仲專也라

권신(權臣)이 명령을 독단했다는 것은 채중(祭仲)이 전횡(專橫)한 것이다.

【辨說】 昭公이 嘗爲鄭國之君이러니 而不幸失國이요 非有大惡하여 使其民疾之如寇讎也라 況方刺其不能與賢人圖事하여 權臣擅命이면 則是公猶在位也니 豈可忘其君臣之分하고 而遽以狡童目之耶아 且昭公之爲人이 柔懦疎闊하니 不可

… 餐 : 먹을 찬 擅 : 멋대로할 천 懦 : 나약할 나 闊 : 성길 활

謂狡요 卽位之時에 年已壯大하니 不可謂童이어늘 以是名之는 殊不相似라 而序於山有扶蘇의 所謂狡童者엔 方指昭公之所美[108]라가 至於此篇하여는 則遂移以指公之身焉하니 則其舛(천)又甚하여 而非詩之本旨 明矣라 大抵序者之於鄭詩에 凡不得其說者는 則擧而歸之於忽하니 文義一失에 而其害於義理를 有不可勝言者라 一則使昭公無辜而被謗이요 二則使詩人脫其淫謔之實罪하고 而麗(리)於訕上悖理之虛惡이요 三則厚誣聖人刪述之意하여 以爲實賤昭公之守正하고 而深與詩人之無禮於其君이라 凡此는 皆非小失이어늘 而後之說者 猶或主之하여 其論愈精에 其害愈甚하니 學者不可以不察也니라

소공(昭公:홀(忽))이 일찍이 정(鄭)나라의 군주가 되었는데 불행히 나라를 잃은 것이요, 큰 악(惡)이 있어서 백성들이 원수처럼 미워하게 한 일이 있지 않았다. 더구나 막 그 군주가 현인(賢人)과 일을 도모하지 못하여 권신(權臣)이 명령을 독단함을 풍자한 것이라면 이는 소공이 아직도 재위하고 있는 것이니, 어찌 그 군신간의 분수를 잊고서 갑자기 교동(狡童)이라고 지목할 수 있겠는가. 또 소공의 사람됨은 유순하고 나약하고 엉성하였으니 교(狡)라고 말할 수가 없고, 즉위할 때에 나이가 이미 장대(壯大)하였으니 동(童)이라고 이를 수가 없는데, 교동이라고 그를 지목한 것은 전혀 서로 유사하지 않다. 〈서〉는 〈산유부소(山有扶蘇)〉의 이른바 교동이라는 것에서는 막 소공이 아름답게 여김을 가리켰다고 하였고, 이 편에서는 마침내 옮겨서 소공의 몸을 가리켰다고 하였으니, 그 어긋남이 더욱 심하여 시(詩)의 본지(本旨)가 아님이 분명하다.

대저 〈서〉를 지은 자가 정나라 시에 대하여 무릇 그 설을 알지 못하는 것은 모두 들어서 홀(忽:소공)에게 돌렸으니, 글뜻이 한 번 잘못됨에 의리를 해침을 이루 말할 수 없다. 첫 번째는 소공으로 하여금 죄 없이 비방을 받게 한 것이고, 두 번째는 시인으로 하여금 그 지나치게 해학(諧謔)한 실제의 죄를 벗어나게 하고는 윗사람을 비방하고 도리에 어긋난 헛된 악에게 붙게 한 것이고, 세 번째는 성인(공자)이 《시경》을 산술(刪述)하신 뜻을 지나치게 무함(誣陷)하여, 실제로 소공이 정도(正道)를 지킨 것을 천하게 여기고 시인이 그 군주에게 무례하게 한 것을 깊이 허

······

108 狡童者 方指昭公之所美 : 〈모서(毛序)〉에 "〈산유부소〉는 태자 홀(忽)을 풍자한 시이니, 〈홀이〉 아름답게 여긴 자가 진짜 아름다운 사람이 아니었다.〔山有扶蘇, 刺忽也, 所美非美然.〕"라고 하였으므로 말한 것이다.

··· 舛 : 어그러질 천 訕 : 헐뜯을 산

여한 것이다. 무릇 이것은 모두 작은 잘못이 아닌데, 후세에 해설하는 자가 오히려 혹 이것을 주장해서 그 의론이 더욱 정밀함에 그 폐해가 더욱 심하니, 배우는 자가 이것을 살피지 않으면 안 된다.

13. 건상(褰裳)

① 子惠思我, 褰裳涉溱〔側巾反〕. 子不我思, 豈無他人. 狂童之狂也且〔子餘反〕.

子惠思我인댄	그대가 나를 사랑하여 그리워할진댄
褰裳涉溱이어니와	내 치마를 걷고 진수(溱水)를 건너겠지만
子不我思인댄	그대가 나를 그리워하지 않을진댄
豈無他人이리오	어찌 타인이 없으리오
狂童之狂也且(저)로다	미친 아이 실성(失性)했도다

賦也라 惠는 愛也라 溱은 鄭水名이라 狂童은 猶狂且、狡童也라 且는 語辭也라
○ 淫女語其所私者曰 子惠然而思我인댄 則將褰裳而涉溱以從子焉이어니와 子不我思인댄 則豈無他人之可從而必於子哉리오 狂童之狂也且는 亦謔之之辭라

부(賦)이다. '혜(惠)'는 사랑함이다. '진(溱)'은 정(鄭)나라의 물 이름이다. '광동(狂童)'은 〈〈산유부소(山有扶蘇)〉의〉 광저(狂且), 교동(狡童)이라는 말과 같다. '저(且)'는 어조사이다.

○ 음녀(淫女)가 그 사통하는 자에게 말하기를 "그대가 혜연(惠然)히 나를 그리워할진댄 내 장차 치마를 걷고 진수(溱水)를 건너가 그대를 따르겠지만, 그대가 나를 그리워하지 않을진댄 어찌 따를 만한 다른 남자가 없어서 반드시 그대를 따르겠는가." 한 것이다. '광동지광야저(狂童之狂也且)'는 또한 그를 놀리는 말이다.

② 子惠思我, 褰裳涉洧〔叶于已反〕. 子不我思, 豈無他士〔鉏里反〕. 狂童之狂也且.

… 褰 : 걷을 건 溱 : 물이름 진

子惠思我인댄　　그대가 사랑하여 나를 그리워할진댄
褰裳涉洧(유)어니와　　내 치마를 걷고 유수(洧水)를 건너겠지만
子不我思인댄　　그대가 나를 그리워하지 않을진댄
豈無他士리오　　어찌 다른 남자가 없으리오
狂童之狂也且로다　　미친 아이 실성했도다

賦也라 洧亦鄭水名이라 士는 未娶者之稱이라

부(賦)이다. '유(洧)' 또한 정나라의 물 이름이다. '사(士)'는 아직 장가들지 않은 자(남자)의 칭호이다.

褰裳二章이니 章五句라

〈건상(褰裳)〉은 2장이니, 장마다 5구이다.

【毛序】 褰裳은 思見正也니 狂童恣行에 國人이 思大國之正己也하니라

〈건상〉은 강대국이 바로잡아주기를 생각한 시(詩)이니, 광동이 멋대로 행동하자, 국인들이 강대국에서 자기 나라를 바로잡아주기를 생각한 것이다.

【鄭註】 狂童恣行은 謂突與忽爭國하여 更(경)出更入이로되 而無大國正之니라

광동(狂童)이 멋대로 행동함은 돌(突)이 홀(忽)과 나라를 다투어서 번갈아 나갔다가 번갈아 들어왔는데, 대국(大國)에서 바로잡아줌이 없음을 말한 것이다.

【辨說】 此序之失은 蓋本於子大(太)叔、韓宣子之言이어늘 而不察其斷章取義之意耳[109]니라

••••••

109　子大叔韓宣子之言 而不察其斷章取義之意耳 : 자태숙(子大叔)은 정(鄭)나라의 대신인 유길(游吉)의 존칭이며, 한선자(韓宣子)는 진(晉)나라의 경(卿)인 한기(韓起)로 선자는 그의 시호이다. 《춘추좌씨전》 소공(昭公) 16년 여름 4월에 "한기가 정나라에 빙문 갔는데, 정나라의 육경(六卿)이 한선자를 교외(郊外)에서 전송할 적에 한선자가 '여러분이 모두 시를 읊기를 청합니다.' 하니, 자태숙이 《시경》의 〈건상(褰裳)〉을 읊었다. 한선자는 '이 한기가 여기에 있으니, 감히 그대를 수고롭게 다른 사람에게 가게 하겠습니까.' 하자, 자태숙이 절하였다."라고 보인다. 이에 대하여 두예(杜預)의 주에 "〈건상〉의 시에 '그대가 나를 사랑하여 그리워할진댄 내 치마를 걷고 진수(溱水)를 건너겠지만 그대가 나를 그리워하지 않을진댄 어찌 타인이 없으리오 광동이 미쳤도다.〔子惠思我, 褰裳涉溱, 子不我思, 豈無他人, 狂童之狂也且.〕' 하였으니, 이는 한선자가 자기(자태숙)를 생각해주면 장차 치마를 걷고 진수를 건너갈 마음이 있겠지만, 만일 나를 생각해주지 않으면 또한 어찌 딴 나라의 사람이 없겠는가.〔言宣子思己, 將有褰裳之志, 如不我思, 亦豈無他人.〕"라고 한 내용이 보인다.

••• 洧 : 물이름 유

이 〈서〉의 잘못은 아마도 자태숙(子太叔)과 한선자(韓宣子)의 말에서 근본한 듯한데, 그 단장취의(斷章取義)한 뜻을 살피지 못한 것이다.

14. 봉(丰)

① 子之丰〔芳容反 叶芳用反〕兮, 俟我乎巷〔叶胡貢反〕兮. 悔予不送兮.

子之丰兮	풍채 좋은 그대가
俟我乎巷兮러니	나를 골목(문 밖)에서 기다렸는데
悔予不送兮하노라	내 전송하지 않음을 후회하노라

賦也라 丰은 豐滿也라 巷은 門外也라

○ 婦人所期之男子 已俟乎巷이러니 而婦人以有異志하여 不從이라가 旣則悔之하여 而作是詩也라

부(賦)이다. '봉(丰)'은 풍만함이다. '항(巷)'은 문 밖이다.

○ 부인이 만나기로 약속한 남자가 이미 문 밖에서 기다리고 있었는데, 부인이 딴 마음이 있어 따르지 않았다가 이윽고 이것을 뉘우쳐 이 시(詩)를 지은 것이다.

② 子之昌兮, 俟我乎堂兮. 悔予不將兮,

子之昌兮	건장한 그대가
俟我乎堂兮러니	나를 당(堂)에서 기다렸는데
悔予不將兮하노라	내 전송하지 않음을 후회하노라

賦也라 昌은 盛壯貌라 將亦送也라

••••••

이때에 정나라에는 공자(公子)들의 난이 있어 공자 돌(突)이 군주(소공)를 시해한 일이 있으므로, 진나라에서 구원해주기를 바라서 이 시를 읊은 것이라 한다. '단장취의(斷章取義)'는 시문 중에 전체의 뜻을 취하지 않고 일부만을 끊어 뜻을 취하는 것으로, 주자는 자태숙이 〈건상〉의 시를 읊은 것은 〈건상〉 전체의 뜻이 아니고 진나라의 구원을 바라서 단장취의하여 읊었다고 본 것이다.

••• 丰 : 성할 봉 將 : 보낼 장

부(賦)이다. '창(昌)'은 성하고 건장한 모양이다. '장(將)' 또한 전송함이다.

③ 衣〔於旣反〕錦褧〔苦迥反〕衣, 裳錦褧裳. 叔兮伯兮, 駕予與行〔叶戶郎反〕.

衣錦褧(경)衣코	비단옷에 홑옷을 덧입고
裳錦褧裳호니	비단치마에 홑치마를 덧입으니
叔兮伯兮	숙(叔)이여! 백(伯)이여!
駕予與行이리라	말을 멍에하여 나를 데려가리라

賦也라 褧은 襌(단)也라 叔, 伯은 或人之字也라
○ 婦人이 旣悔其始之不送而失此人也하여 則曰 我之服飾이 旣盛備矣니 豈無駕車以迎我而偕行者乎아하니라
부(賦)이다. '경(褧)'은 홑옷이다. '숙(叔)'과 '백(伯)'은 어떤 사람의 자(字)이다.
○ 부인이 이미 처음에 전송하지 아니하여 이 사람을 놓친 것을 뉘우쳐 말하기를 "나의 복식이 이미 성대하게 갖추어졌으니, 어찌 수레를 멍에하여 나를 맞이해 함께 갈 자가 없겠는가." 한 것이다.

④ 裳錦褧裳, 衣錦褧衣. 叔兮伯兮, 駕予與歸.

裳錦褧裳코	비단치마에 홑치마를 덧입고
衣錦褧衣호니	비단옷에 홑옷을 덧입으니
叔兮伯兮	숙이여! 백이여!
駕予與歸리라	말을 멍에하여 나를 데려가리라

賦也라 婦人謂嫁曰歸라
부(賦)이다. 부인이 시집가는 것을 '귀(歸)'라 한다.

丰四章이니 二章은 章三句요 二章은 章四句라
〈봉(丰)〉은 4장이니, 두 장은 장마다 3구이고 두 장은 장마다 4구이다.

··· 褧 : 홑옷 경 襌 : 홑옷 단

【毛序】 丰은 刺亂也니 昏姻之道缺하여 陽倡而陰不和하고 男行而女不隨하니라
〈봉〉은 혼란함을 풍자한 시(詩)이니, 혼인의 도(道)가 무너져 양(陽)이 선창하는 데도 음(陰)이 화답하지 않고, 남자가 가는데도 여자가 따라가지 않은 것이다.
【鄭註】 昏姻之道는 謂嫁娶之禮라
혼인의 도는 여자가 시집가고 남자가 장가드는 예를 이른다.
【辨說】 此는 淫奔之詩니 序說이 誤矣라
이는 음분(淫奔)의 시이니, 〈서설〉이 잘못되었다.

15. 동문지선(東門之墠)

① 東門之墠〔音善 叶上演反〕. 茹〔音如〕藘〔力於反〕在阪〔音反 叶孚臠反〕. 其室則邇, 其人甚遠.

東門之墠(선)에	동문의 터 닦아 놓은 곳에
茹藘(여려)在阪이로다	꼭두서니가 산비탈에 있도다
其室則邇나	그 집은 가까우나
其人甚遠이로다	그 사람은 매우 멀도다

賦也라 東門은 城東門也라 墠은 除地町町者라 茹藘는 茅蒐也니 一名茜(천)이니 可以染絳이라 陂者曰阪이라 門之旁有墠하고 墠之外有阪하고 阪之上有草하니 識(지)其所與淫者之居也라 室邇人遠者는 思之而未得見之詞也라
부(賦)이다. '동문(東門)'은 성(城)의 동문이다. '선(墠)'은 땅을 고루어 정정(町町; 판판)하게 만든 것이다. '여려(茹藘)'는 모수(茅蒐)이니, 일명은 꼭두서니라고도 하는데 붉은 색을 물들일 수 있다. 비탈을 '판(阪)'이라 한다. 문의 곁에 판판히 닦여진 자리가 있고 닦여진 자리 밖에 비탈이 있고 비탈 위에 여려의 풀이 있으니, 그녀가 함께 간음한 자의 사는 곳을 표시한 것이다. 집은 가깝고 사람은 멀다는 것은 그리워도 만나지 못한다는 말이다.

··· 倡 : 선창할 창 墠 : 터닦을 선 茹 : 꼭두서니 여 藘 : 꼭두서니 려 阪 : 산비탈 판 邇 : 가까울 이
町 : 밭두둑 정 蒐 : 꼭두서니 수 茜 : 꼭두서니 천 絳 : 붉을 강 陂 : 비탈 파 識 : 표할 지

② 東門之栗, 有踐家室. 豈不爾思, 子不我卽.

東門之栗에	동문의 밤나무가 자라는 곳에
有踐家室이로다	즐비한 집이로다
豈不爾思리오마는	어찌 그대를 생각하지 않으랴마는
子不我卽이니라	그대가 나에게 오지 않기 때문이니라

賦也라 踐은 行列貌라 門之旁에 有栗하고 栗之下에 有成行列之家室하니 亦識其處也라 卽은 就也라

부(賦)이다. '천(踐)'은 항렬을 이룬 모양이다. 문 곁에 밤나무가 있고, 밤나무 아래에 항렬을 이룬 가실(집)이 있는 것이니, 또한 그(남자)의 사는 곳을 표시한 것이다. '즉(卽)'은 나아감이다.

東門之墠二章이니 章四句라

〈동문지선(東門之墠)〉은 2장이니, 장마다 4구이다.

【毛序】 東門之墠은 刺亂也니 男女不待禮而相奔者也라

〈동문지선〉은 혼란함을 풍자한 시(詩)이니, 남녀가 예(禮)를 기다리지 않고 서로 음분(淫奔)한 것이다.

【辨說】 此序는 得之라

이 〈서〉는 맞다.

16. 풍우(風雨)

① 風雨凄凄〔子西反〕, 鷄鳴喈喈〔音皆 叶居奚反〕, 旣見君子, 云胡不夷.

風雨凄凄어늘	비바람이 차가운데
鷄鳴喈(개)喈로다	닭은 꼬끼오 울도다
旣見君子호니	이미 군자를 만나보니

••• 踐 : 차례있을 천 凄 : 쓸쓸할 처 喈 : 새소리 개 夷 : 평할 이

云胡不夷리오　　　　어찌 마음이 화평하지 않으리오

賦也라 凄凄는 寒涼之氣요 喈喈는 鷄鳴之聲이라 風雨晦冥은 蓋淫奔之時라 君子는 指所期之男子也라 夷는 平也라
○ 淫奔之女 言當此之時하여 見其所期之人而心悅也라
　부(賦)이다. '처처(凄凄)'는 차가운 기운이요, '개개(喈喈)'는 닭우는 소리이다. 비바람이 불고 날이 어두움은 아마도 음분(淫奔)하기 좋을 때일 것이다. 군자는 만나기로 기약한 남자를 가리킨다. '이(夷)'는 평함이다.
　○ 음분(淫奔)한 여자가 〈비바람이 불고 닭이 우는〉 이때를 당하여 그 만나기로 약속한 사람을 만나보고는 마음에 기뻐함을 말한 것이다.

② 風雨瀟瀟, 鷄鳴膠膠〔叶音驕〕. 旣見君子, 云胡不瘳〔叶憐蕭反〕.

風雨瀟瀟어늘　　　　비바람이 소소히 부는데
鷄鳴膠膠로다　　　　닭은 꼬끼오 울도다
旣見君子호니　　　　이미 군자를 만나보니
云胡不瘳(추)리오　　　　어찌 병이 낫지 않으리오

賦也라 瀟瀟는 風雨之聲이라 膠膠는 猶喈喈也라 瘳는 病愈也니 言積思之病이 至此而愈也라
　부(賦)이다. '소소(瀟瀟)'는 비바람이 부는 소리이다. '교교(膠膠)'는 개개(喈喈)와 같다. '추(瘳)'는 병이 나음이니, 그리움이 쌓인 병이 이에 이르러 나음을 말한 것이다.

③ 風雨如晦〔叶呼洧反〕, 鷄鳴不已. 旣見君子, 云胡不喜.

風雨如晦어늘　　　　비바람이 몰아쳐 어두운데
鷄鳴不已로다　　　　닭 울음소리 그치지 않도다
旣見君子호니　　　　이미 군자를 만나보니
云胡不喜리오　　　　어찌 기쁘지 않으리오

··· 晦 : 어둘 회 冥 : 어둘 명 瀟 : 비바람칠 소 膠 : 닭울 교 瘳 : 병나을 추

賦也라 晦는 昏이요 已는 止也라

부(賦)이다. '회(晦)'는 어둠이요, '이(已)'는 그침이다.

風雨三章이니 章四句라

〈풍우(風雨)〉는 3장이니, 장마다 4구이다.

【毛序】 風雨는 思君子也니 亂世則思君子不改其度焉하나니라

〈풍우〉는 군자를 그리워한 시(詩)이니, 난세(亂世)에는 군자가 그 법도를 변치 않음을 그리워하는 것이다.

【辨說】 序意甚美라 然考詩之詞하면 輕佻狎暱(압닐)하여 非思賢之意也니라

〈서〉의 뜻이 매우 아름답다. 그러나 시(詩)의 내용을 상고해보면 경박하고 친압하여 어진이를 생각하는 뜻이 아니다.

17. 자금(子衿)

① 青青子衿〔音金〕, 悠悠我心. 縱我不往, 子寧不嗣音.

青青子衿이여	푸르고 푸른 그대의 옷깃이여
悠悠我心이로다	아득하고 아득한 나의 그리움이로다
縱我不往이나	내 비록 가지 못하나
子寧不嗣音고	그대는 어이하여 소식을 잇지 않는고

賦也라 青青은 純(준)緣之色이니 具父母엔 衣純以青[110]이라 子는 男子也라 衿은 領也라 悠悠는 思之長也라 我는 女子自我也라 嗣音은 繼續其聲問也라 此亦淫奔之詩라

••••••

110 具父母 衣純以青 : 《예기》 〈곡례(曲禮)〉에 "자식이 된 자는 부모가 생존해 계시면 관과 옷을 흰 명주베로 선두르지 않고, 아버지를 잃은 고자가 집안을 맡게 되면 관과 옷을 채색의 천으로 선두르지 않는다.〔爲人子者, 父母存, 冠衣不純素; 孤子當室, 冠衣不純采.〕"라고 보이는바, 부모가 생존해 계시면 청색(青色)으로 옷에 선을 두르고, 부모가 별세하면 흰색 명주베로 옷에 선을 두른다.

••• 佻 : 방정맞을 조 暱 : 친압할 닐 衿 : 옷깃 금 縱 : 비록 종 嗣 : 이을 사 純 : 선두를 준 緣 : 선두를 연

부(賦)이다. 푸르고 푸름은 옷에 선두른 색깔이니, 부모가 모두 살아 계시면 청색으로 옷에 선을 두른다. '자(子)'는 남자이다. '금(衿)'은 옷깃이다. '유유(悠悠)'는 그리움이 긴 것이다. '아(我)'는 여자 자신이다. '사음(嗣音)'은 소식을 계속 전하는 것이다. 이 또한 음분(淫奔)의 시(詩)이다.

② 青青子佩〔叶蒲眉反〕, 悠悠我思〔叶新齎反〕. 縱我不往, 子寧不來〔叶陵之反〕.

青青子佩여	푸르고 푸른 그대의 패옥이여
悠悠我思로다	아득하고 아득한 나의 그리움이로다
縱我不往이나	내 비록 가지 못하나
子寧不來오	그대는 어이하여 오지 않는고

賦也라 青青은 組綬之色이라 佩는 佩玉也라

부(賦)이다. 푸르고 푸름은 옥을 꿰는 조수(組綬:패옥의 끈)의 색깔이다. '패(佩)'는 패옥이다.

③ 挑〔他侣反〕兮達〔他末反 叶他悅反〕兮, 在城闕兮. 一日不見, 如三月兮.

挑(도)兮達兮하니	몸이 가볍고 방자하니
在城闕兮로다	성궐(성문)에 있도다
一日不見이	하루 동안 보지 못함이
如三月兮로다	석 달과도 같도다

賦也라 挑는 輕儇(현)跳躍之貌라 達은 放恣也라

부(賦)이다. '도(挑)'는 몸이 가볍고 빠르며 날뛰는 모양이다. '달(達)'은 방자함이다.

子衿三章[111]이니 章四句라

······

111 子衿三章 : 주자는 음분의 시로 보았으나, '청청자금(青青子衿)'을 후세에는 '푸른 도포 따위를 입은 선비'로 보는 것이 일반적이다.

··· 綬 : 끈 수 挑 : 까불거릴 도(조) 儇 : 빠를 현 跳 : 뛸 도

〈자금(子衿)〉은 3장이니, 장마다 4구이다.

【毛序】 子衿은 刺學校廢也니 世亂則學校不修焉하나니라

〈자금〉은 학교가 폐지됨을 풍자한 시(詩)이니, 세상이 혼란해지면 학교의 정사가 닦여지지(제대로 운영되지) 않게 된다.

【鄭註】 鄭國은 謂學爲校하니 言可以校正道藝라

정(鄭)나라는 학(學)을 일러 교(校)라 하였으니, 도(道)와 예(藝)를 교정할 수 있음을 말한 것이다.

【辨說】 疑同上篇하니 蓋其詞意儇薄하여 施之學校는 尤不相似也라

의심스러움이 상편(上篇)과 같으니, 아마도 이 시의 뜻이 경박해서 이것을 학교(學校)에 베풂은 더더욱 서로 걸맞지 않을 것이다.

18. 양지수(揚之水)

① 揚之水, 不流束楚. 終鮮〔息淺反〕兄弟, 維予與女〔女汝同〕. 無信人之言, 人實迋〔居望反〕女.

揚之水여	느릿느릿 흐르는 물이여
不流束楚로다	묶어놓은 나뭇단도 떠내려 보내지 못하도다
終鮮兄弟라	끝내 형제가 적은지라
維予與女(汝)로니	오직 나와 너뿐이니
無信人之言이어다	남의 말을 믿지 말지어다
人實迋(광)女니라	사람들이 실로 너를 속이느니라

興也라 兄弟는 婚姻之稱이니 禮所謂不得嗣爲兄弟[112]是也라 予, 女는 男女自相謂

112 不得嗣爲兄弟 : 약혼을 하여 혼일(婚日)을 정해놓은 상태에서 신랑의 부모가 죽으면 장례를 마친 다음 신랑의 백부(伯父)나 숙부(叔父)가 신부측에게 알리는 말로, 전문(全文)은 "아무개의 아들이 부모의 상이 있어서 계속하여 형제가 될 수 없기에 저로 하여금 명을 전달하게 하였습니다.〔某之子有父母之喪, 不得嗣爲兄弟, 使某致命.〕"인바, 《예기》 〈증자문(曾子問)〉에 보인다.

••• 儇 : 약을 현 迋 : 속일 광 誑 : 속일 광

也라 人은 他人也라 迋은 與誑同이라

○ 淫者相謂하여 言揚之水는 則不流束楚矣요 終鮮兄弟면 則維予與女矣니 豈可以他人離間之言而疑之哉아 彼人之言이 特誑女耳라하니라

흥(興)이다. 형제는 혼인한 사람(사돈) 사이의 칭호이니, 《예기》에 이른바 "계속하여 형제(혼인 관계)가 될 수 없다."는 것이 이것이다. '나〔予〕'와 '너〔女〕'는 남녀가 자기들끼리 서로 말한 것이다. '인(人)'은 타인이다. '광(迋)'은 광(誑 : 속임)과 같다.

○ 음탕한 자가 서로 일러 말하기를 "느릿느릿 흐르는 물은 한 묶음의 나뭇단도 떠내려 보내지 못한다. 끝내 형제가 적다면 오직 나와 너 뿐이니, 어찌 타인의 이간하는 말 때문에 나를 의심한단 말인가. 저 사람의 말은 다만 너를 속일 뿐이다."라고 한 것이다.

② 揚之水, 不流束薪. 終鮮兄弟, 維予二人. 無信人之言, 人實不信〔叶斯人反〕.

揚之水여	느릿느릿 흐르는 물이여
不流束薪이로다	묶어놓은 섶도 흘려보내지 못하도다
終鮮兄弟라	끝내 형제가 적은지라
維予二人이로니	오직 우리 두 사람뿐이니
無信人之言이어다	남의 말을 믿지 말지어다
人實不信이니라	사람들이 실로 거짓말하느니라

興也라

흥(興)이다.

揚之水二章이니 章六句라

〈양지수(揚之水)〉는 2장이니, 장마다 6구이다.

【毛序】 揚之水는 閔無臣也니 君子閔忽之無忠臣良士하여 終以死亡하여 而作是詩也하니라

〈양지수〉는 훌륭한 신하가 없음을 민망히 여긴 것이니, 군자가 태자 홀(忽)이

충신과 양사(良士)가 없어서 끝내 사망하게 될 것임을 민망히 여겨 이 시(詩)를 지은 것이다.

【辨說】 此는 男女要結之詞니 序說이 誤矣니라

이는 남녀가 정분을 맺고자 한 글이니, 〈서설〉이 잘못되었다.

19. 출기동문(出其東門)

① 出其東門, 有女如雲. 雖則如雲, 匪我思存. 縞〔古老反〕衣綦〔巨基反〕巾, 聊樂〔音洛〕我員〔于云反〕.

出其東門호니	동문을 나가니
有女如雲이로다	여자들이 구름처럼 많도다
雖則如雲이나	비록 구름처럼 많으나
匪我思存이로다	내 마음 그들에게 있지 않도다
縞(호)衣綦(기)巾이여	흰옷에 쑥색 수건을 쓴 여인이여
聊樂(락)我員(云)이로다	그런대로 나를 즐겁게 하도다

賦也라 如雲은 美且衆也라 縞는 白色이요 綦는 蒼艾色이니 縞衣綦巾은 女服之貧陋者니 此人이 自目其室家也라 員은 與云同하니 語辭也라

○ 人見淫奔之女而作此詩하여 以爲此女 雖美且衆이나 而非我思之所存이니 不如己之室家[113] 雖貧且陋나 而聊可自樂也라 是時에 淫風大行이로되 而其間에 乃有如此之人하니 亦可謂能自好而不爲習俗所移矣로다 羞惡之心을 人皆有之가 豈不信哉리오

부(賦)이다. 구름과 같다는 것은 아름답고 또 많은 것이다. '호(縞)'는 백색이요 '기(綦)'는 푸른 쑥색이니, 호의기건(縞衣綦巾)은 여자의 의복 중에 가난하고 누추한 것이니, 이 사람이 스스로 자기의 실가(室家:아내)를 지목한 것이다. '원(員)'은

••••••

113 而非我思之所存 不如己之室家 : 내각본(內閣本)에는 "如己之室家"로 되어 있어 不 자가 빠져 있다.

••• 縞 : 흴 호 綦 : 쑥빛비단 기 員 : 이를 운 陋 : 누추할 루

운(云)과 같으니, 어조사이다.

○ 사람이 음분(淫奔)하는 여자를 보고 이 시를 지어 말하기를 "이 여자들이 아름답고 또 많으나 내 생각이 있는 바가 아니니, 자기의 실가가 비록 가난하고 누추하나 그런대로 스스로 즐길 수 있음만 못하다."고 한 것이다. 이때에 음풍(淫風)이 크게 유행하였는데도 그 사이에 도리어 이와 같은 사람이 있었으니, 또한 스스로 지조를 아껴서(잘 지켜) 습속(習俗)에 변화되지 않았다고 이를 만하다. 수오(羞惡)의 마음을 사람들이 모두 가지고 있다는 것이 어찌 진실이 아니겠는가.

② 出其闉〔音因〕闍〔音都〕, 有女如荼〔音徒〕. 雖則如荼, 匪我思且〔子餘反〕. 縞衣茹藘, 聊可與娛.

出其闉闍(인도)호니	인도(성문)를 나가니
有女如荼로다	여자들이 띠꽃처럼 아름답도다
雖則如荼나	비록 띠꽃처럼 아름다우나
匪我思且(저)로다	내 마음에 생각하는 사람이 아니로다
縞衣茹藘(여려)여	흰옷에 붉은 수건을 쓴 여인이여
聊可與娛로다	그런대로 함께 즐길 만하도다

賦也라 闉은 曲城也요 闍는 城臺也라 荼는 茅華니 輕白可愛者也라 且는 語助辭라 茹藘는 可以染絳이라 故로 以名衣服之色이라 娛는 樂也라

부(賦)이다. '인(闉)'은 굽은 성(城)이요 '도(闍)'는 성의 대(臺)이다. '도(荼)'는 띠풀꽃이니, 가볍고 희어서 사랑할 만하다. '저(且)'는 어조사이다. '여려(茹藘:꼭두서니)'는 붉은 색을 물들일 수 있기 때문에 이것으로 의복의 붉은 색깔을 이름한 것이다. '오(娛)'는 즐거워함이다.

出其東門二章이니 章六句라

〈출기동문(出其東門)〉은 2장이니, 장마다 6구이다.

… 闉 : 성문 인 闍 : 성문층대 도 荼 : 띠꽃 도 茹 : 꼭두서니 여 藘 : 꼭두서니 려

【毛序】 出其東門은 閔亂也라 公子五爭[114]하여 兵革不息하여 男女相棄하니 民人이 思保其室家焉하니라

〈출기동문〉은 난리를 민망히 여긴 시(詩)이다. 공자(公子)들이 다섯 번이나 임금의 자리를 다투어 병혁(兵革;전쟁)이 그치지 아니하여 남녀가 서로 버리니, 인민들이 그 실가를 보전할 것을 생각한 것이다.

【鄭註】 公子五爭者는 謂子突再也요 忽、子(亹)[亹]、子儀 各一也라

'공자(公子)가 다섯 번 다퉜다.'는 것은, 공자 돌(突)이 두 번이고 홀(忽)과 자미(子亹)와 자의(子儀)가 각각 한 번임을 이른다.

【辨說】 五爭事는 見春秋傳이라 然非此之謂也요 此乃惡(오)淫奔者之詞니 序誤니라

오공자(五公子)가 다툰 일은《춘추좌씨전》에 보인다. 그러나 이것을 말한 것이 아니고 이 시는 바로 음분(淫奔)한 자를 미워하는 글이니, 〈서설〉이 잘못되었다.

20. 야유만초(野有蔓草)

① 野有蔓草, 零露漙〔徒端反 叶上兗反〕兮. 有美一人, 淸揚婉兮. 邂逅相遇, 適我願〔叶五遠反〕兮.

野有蔓草호니	들에 덩굴풀이 있으니
零露漙(단)兮로다	이슬이 흠뻑 맺혀 있도다
有美一人이여	아름다운 사람이여
淸揚婉兮로다	눈썹과 눈이 예쁘기도 하도다
邂逅相遇호니	우연히 서로 만나니

114 公子五爭 : 공영달은 소(疏)에서 "환공(桓公) 11년에 세자 홀(忽;소공(昭公))을 내치고 이복아우 돌(突;여공(厲公))이 왕위에 오른 것이 첫 번째 다툼이고, 15년에 홀이 다시 돌아와 돌을 내쫓고 왕위에 오른 것이 두 번째 다툼이고, 17년에 소공을 시해하고 공자(公子) 미(亹;자미)를 왕으로 세운 것이 세 번째 다툼이고, 18년에 제인(齊人)이 자미(子亹)를 살해하고 소공의 아우 자의(子儀)를 왕으로 세운 것이 네 번째 다툼이고, 장공(莊公) 14년에 부하(傅瑕)가 자의를 살해하고 여공을 제후왕으로 세운 것이 다섯 번째의 다툼이다."라고 하였다.《毛詩正義》

… 零 : 떨어질 령 漙 : 이슬방울맺힐 단 婉 : 예쁠 완 邂 : 우연히만날 해 逅 : 우연히만날 후 適 : 맞을 적

適我願兮로다　　　　　나의 소원에 맞도다

賦而興也라 蔓은 延也라 漙은 露多貌라 淸揚은 眉目之間이 婉然美也라 邂逅는 不期而會也라

○ 男女相遇於野田草露之間이라 故로 賦其所在以起興하여 言野有蔓草하니 則零露漙矣요 有美一人하니 則淸揚婉矣라 邂逅相遇하니 則得以適我願矣라하니라

부이흥(賦而興)이다. '만(蔓)'은 뻗어남이다. '단(漙)'은 이슬이 많은 모양이다. '청양(淸揚)'은 눈썹과 눈 사이가 완연(婉然)히 아름다운 것이다. '해후(邂逅)'는 기약하지 않고 우연히 만나는 것이다.

○ 남녀가 서로 들밭 초로(草露)의 사이에서 만났다. 그러므로 그 있는 곳을 읊어 기흥(起興)하여 말하기를 "들에 만초(蔓草)가 있으니 내린 이슬이 흠뻑 맺혀 있으며, 아름다운 사람이 있으니 청양(淸揚)이 예쁘기도 하도다. 우연히 서로 만나니 나의 소원에 맞도다."라고 한 것이다.

② 野有蔓草, 零露瀼瀼. 有美一人, 婉如淸揚. 邂逅相遇, 與子偕臧.

野有蔓草하니　　　　　들에 덩굴풀이 있으니
零露瀼(양)瀼이로다　　　이슬이 많고 많도다
有美一人이여　　　　　아름다운 사람이여
婉如淸揚이로다　　　　예쁘기도 한 눈썹과 눈이로다
邂逅相遇호니　　　　　우연히 서로 만나니
與子偕臧이로다　　　　그대와 함께 모두 좋도다

賦而興也라 瀼瀼은 亦露多貌라 臧은 美也라 與子偕臧은 言各得其所欲也라

부이흥(賦而興)이다. '양양(瀼瀼)' 또한 이슬이 많은 모양이다. '장(臧)'은 아름다움(좋음)이다. 그대와 함께 좋다는 것은 각기 그 원하는 바를 얻었음을 말한 것이다.

野有蔓草二章이니 章六句라

〈야유만초(野有蔓草)〉는 2장이니, 장마다 6구이다.

··· 瀼 : 이슬맺힐 양 婉 : 예쁠 완

【毛序】 野有蔓草는 思遇時也라 君子之澤이 不下流하고 民窮於兵革하여 男女失時하니 思不期而會焉하니라

〈야유만초〉는 만날 때를 생각한 시(詩)이다. 군자의 은택이 아래로 흐르지 않고 백성들이 병혁(兵革)에 곤궁하여 남녀가 혼인할 시기를 잃으니, 기약하지 않고 만날 것을 생각한 것이다.

【鄭註】 不期而會는 謂不相與期而自俱會라

기약하지 않고 만난다는 것은 서로 기약하지 않고 저절로 함께 만남을 이른다.

【辨說】 東萊呂氏曰 君之澤不下流는 迺講師見零露之語하고 從而附益之니라

동래 여씨(東萊呂氏)가 말하였다. "군주의 은택이 아래로 흐르지 않았다는 것은 바로 〈무식한〉 강사(講師)가 영로(零露)란 말을 보고 따라서 덧붙인 말이다."

21. 진유(溱洧)

① 溱與洧, 方渙渙〔叶于元反〕兮. 士與女, 方秉蕑〔古顔反 叶古賢反〕兮. 女曰觀乎. 士曰旣且〔子餘反〕. 且往觀乎. 洧之外, 洵訏〔況于反〕且樂〔音洛〕. 維士與女, 伊其相謔, 贈之以勺藥.

溱與洧	진수(溱水)와 유수(洧水)가
方渙渙兮어늘	봄물이 한창 넘실거리는데
士與女	남자와 여자가
方秉蕑(간)兮로다	막 난초를 잡고 있도다
女曰觀乎인저	여자가 구경가자고 하자
士曰旣且(저)로다	남자가 이미 구경하였노라 하도다
且(차)往觀乎인저	또 가서 구경할진저
洧之外는	유수의 밖은
洵訏且樂(락)이라하여	진실로 넓고 또 즐겁다 하여
維士與女	남자와 여자가
伊其相謔하여	서로 희학을 하면서
贈之以勺(芍)藥이로다	작약(芍藥)을 선물하도다

··· 渙 : 풀릴 환 蕑 : 난초 간 訏 : 클 우 勺 : 술잔 작

賦而興也라 渙渙은 春水盛貌니 蓋冰解而水散之時也라 蕑은 蘭也니 其莖葉似澤蘭하고 廣而長節하며 節中赤이요 高四五尺이라 且(저)는 語辭라 洵은 信이요 訏는 大也라 勺藥은 亦香草也[115]니 三月開花하니 芳色可愛라

○ 鄭國之俗은 三月上巳[116]之辰에 采蘭水上하여 以祓(불)除不祥이라 故로 其女問於士曰 盍往觀乎인저 士曰 吾旣往矣로라 女復要之曰 且往觀乎인저 蓋洧水之外는 其地信寬大而可樂也라하니 於是에 士女相與戲謔하고 且以勺藥爲贈하여 而結恩情之厚也라 此詩는 淫奔者自敍之詞라

부이흥(賦而興)이다. '환환(渙渙)'은 봄물이 성한 모양이니, 얼음이 풀려서 물이 흩어지는 때이다. '간(蕑)'은 난초이니, 줄기와 잎이 택란(澤蘭)과 비슷하고, 잎이 넓고 마디가 길며 마디 가운데는 붉고 높이가 4~5척(尺)이 된다. '저(且)'는 어조사이다. '순(洵)'은 진실로요, '우(訏)'는 큼이다. '작약(勺藥)' 또한 향초(香草)이니, 3월에 꽃이 피는데 향기와 색깔이 사랑할 만한다.

○ 정나라의 풍속은 3월 상사(上巳)의 때에 물가에서 택란을 캐어 불상(不祥;불길)한 것을 제거하였다. 그러므로 여자가 남자에게 묻기를 "어찌 구경가지 않겠는가." 하자, 남자가 말하기를 "나는 이미 가보았노라." 하였다. 여자가 다시 남자를 꾀기를 "또 가서 구경하자, 유수(洧水)의 밖은 그 땅이 진실로 크고 넓어 즐길 만하다." 하였다. 이에 남자와 여자가 서로 희학(戲謔)을 하고, 또 작약을 선물하여 은혜로운 정의 두터움을 맺은 것이다. 이 시(詩)는 음분(淫奔)한 자가 스스로 서술한 말이다.

② 溱與洧, 瀏[音留]其清矣. 士與女, 殷其盈矣. 女曰觀乎. 士曰旣且. 且往觀乎. 洧之外, 洵訏且樂. 維士與女, 伊其將謔, 贈之以勺藥.

溱與洧	진수와 유수가
瀏(류)其清矣어늘	깊고도 맑거늘

••••••

115 勺藥亦香草也 : 《본초강목(本草綱目)》의 주에 "작약은 두 종류가 있으니, 초작약(함박꽃)이 있고 목작약(목단꽃)이 있다.[芍藥有二種, 有草芍藥, 有木芍藥]" 하였다. 《大全本》

116 鄭國之俗 三月上巳 : 처음에는 일정한 날짜가 없고 3월의 첫 번째 드는 사일(巳日)로 하였는데, 후세에는 3월 3일을 '삼짓날'이라 하여 고정하였다.

••• 祓 : 제액(除厄)할 불 盍 : 어찌아니 합 瀏 : 물맑을 류

士與女	남자와 여자가
殷其盈矣로다	많이 모여 꽉찼도다
女曰觀乎인저	여자가 구경가자고 하자
士曰旣且로다	남자가 이미 구경하였노라 하도다
且往觀乎인저	또 가서 구경할진저
洧之外는	유수의 밖은
洵訏且樂이라하여	진실로 넓고 또 즐겁다 하여
維士與女	남자와 여자가
伊其將〔相〕謔하여	서로 희학을 하며
贈之以勺藥이로다	작약을 선물하도다

賦而興也라 瀏는 深貌라 殷은 衆也라 將은 當作相이니 聲之誤也라

부이흥(賦而興)이다. '류(瀏)'는 깊은 모양이다. '은(殷)'은 많음이다. '장(將)'은 마땅히 상(相)이 되어야 하니, 음이 〈비슷하여〉 잘못된 것이다.

溱洧二章이니 章十二句라

〈진유(溱洧)〉는 2장이니, 장마다 12구이다.

【毛序】 溱洧는 刺亂也라 兵革不息하니 男女相棄하여 淫風大行하여 莫之能救焉하니라

〈진유〉는 난(亂)을 풍자한 시(詩)이다. 병혁(兵革:전쟁)이 그치지 않으니, 남녀가 서로 버려 음풍(淫風)이 크게 유행해서 바로잡을 수가 없었다.

【鄭註】 救는 猶止也라 亂者는 士與女合會溱洧之上이라

구(救)는 지(止)와 같다. 난(亂)이라는 것은 남자와 여자가 진수(溱水)와 유수(洧水)의 가에서 난잡하게 서로 만나는 것이다.

【辨說】 鄭俗淫亂은 乃其風聲氣習이 流傳已久니 不爲兵革不息하여 男女相棄而後然也니라

정나라 풍속이 음란함은 바로 그 풍교(風敎)와 기습(氣習)이 유전(流傳)한 지가 이미 오래된 것이니, 병란(兵亂)이 그치지 않아서 남녀가 서로 버린 뒤에 그러한 것이 아니다.

··· 殷 : 성할 은

鄭國은 二十一篇이니 五十三章이요 二百八十三句라

〈정풍(鄭風)〉은 21편이니, 53장이고 283구이다.

鄭、衛之樂이 皆爲淫聲이라 然이나 以詩考之하면 衛詩는 三十有九에 而淫奔之詩才(纔)四之一이어늘 鄭詩는 二十有一에 而淫奔之詩已不翅(시)七之五며 衛猶爲男悅女之詞어늘 而鄭皆爲女惑男之語며 衛人은 猶多刺譏懲創之意어늘 而鄭人은 幾於蕩然無復羞愧悔悟之萌하니 是則鄭聲之淫이 有甚於衛矣라 故로 夫子論爲邦하사되 獨以鄭聲爲戒[117] 하시고 而不及衛하시니 蓋擧重而言이니 固自有次第也라 詩可以觀[118]이 豈不信哉리오

정(鄭)·위(衛)의 음악은 모두 음탕한 음악이다. 그러나 시(詩)를 가지고 상고해 보면 위나라 시는 39편(篇) 중에 음분(淫奔)의 시가 겨우 4분의 1인데, 정나라 시는 21편 중에 음분의 시가 이미 7분의 5가 넘으며, 위나라는 그래도 남자가 여자를 좋아하는 내용인데, 정나라는 모두 여자가 남자를 유혹하는 말이며, 위나라 사람들은 그래도 풍자하고 징계하는 뜻이 많은데, 정나라 사람들은 거의 탕연(蕩然)하여 다시는 부끄러워하고 회오(悔悟)하는 싹이 없으니, 이는 정나라 음악의 음탕함이 위나라보다 심한 것이다. 그러므로 부자(夫子:공자)께서 나라를 다스리는 방법을 논하시면서 유독 정나라의 음악을 경계하시고 위나라에 대해서는 언급하지 않으신 것이니, 이는 중(重)한 것을 들어 말씀한 것이니, 진실로 본래 차례가 있는 것이다. 시(詩)를 가지고 〈정치의 득실을〉 관찰한다는 것이 어찌 진실이 아니겠는가.

117 夫子論爲邦 獨以鄭聲爲戒:《논어》〈위령공(衛靈公)〉에 "안연이 나라를 다스리는 방법을 묻자, 공자는 '정나라 음악을 내치고 말 잘하는 사람을 멀리해야 하니, 정나라 음악은 음탕하고 말 잘하는 사람은 위태롭다.〔顔淵問爲邦, 子曰……放鄭聲, 遠佞人, 鄭聲淫, 佞人殆.〕'"라고 하셨으므로 말한 것이다

118 詩可以觀:《논어》〈양화(陽貨)〉에 "시는 사람의 선한 마음을 흥기시키고 정치의 득실을 살펴볼 수 있고 무리지어 살 수 있고 원망할 수 있다.〔詩可以興, 可以觀, 可以羣, 可以怨.〕"라고 하신 공자의 말씀이 보인다.

··· 才:겨우 재 翅:뿐 시 譏:기롱할 기 創:징계할 창 蕩:방탕할 탕

〈제풍(齊風)〉 1-8[一之八]

齊는 國名이라 本少昊時爽鳩氏所居之地니 在禹貢에 爲青州之域이라 周武王이 以封太公望하시니 東至于海하고 西至于河하고 南至于穆陵하고 北至于無棣하니라 太公은 姜姓이니 本四岳之後라 旣封於齊에 通工商之業하고 便魚鹽(염)之利하여 民多歸之라 故로 爲大國하니 今青、齊、淄(치)、濰、德、棣等州 是其地也라

제(齊)는 국명(國名)이다. 본래 소호씨(少昊氏) 때에 상구씨(爽鳩氏)가 거주하던 지역이니, 〈우공(禹貢)〉의 청주(青州) 지역이다. 주 무왕(周武王)이 태공 망(太公望)을 여기에 봉해주시니, 동(東)으로는 바다에 이르고, 서(西)로는 황하에 이르고, 남(南)으로는 목릉(穆陵)에 이르고, 북(北)으로는 무체(無棣)에 이르렀다. 태공은 강성(姜姓)이니, 본래 사악(四岳)의 후손이다. 이미 제나라에 봉해지자, 공업(工業)과 상업(商業)을 통하게 하고 어물과 소금의 이익을 편리하게 활용하여 백성들이 많이 귀의하였다. 그러므로 대국(大國)이 되었으니, 지금 청주(青州)·제주(齊州)·치주(淄州)·유주(濰州)·덕주(德州)·체주(棣州) 등지가 바로 이 지역이다.

1. 계명(鷄鳴)

① 鷄旣鳴矣, 朝[音潮]旣盈矣. 匪鷄則鳴, 蒼蠅之聲.

鷄旣鳴矣라	닭이 이미 울었습니다
朝旣盈矣라하니	조정에 신하들이 가득합니다 하였더니
匪鷄則鳴이라	닭이 운 것이 아니라
蒼蠅之聲이로다	창승(쉬파리)의 소리로다

賦也라 言古之賢妃 御於君所하여 至於將旦之時면 必告君曰 鷄旣鳴矣라 會朝之臣이 旣已盈矣라하니 欲令君早起而視朝也라 然이나 其實은 非鷄之鳴也요 乃蒼蠅之聲也라 蓋賢妃當夙興之時하여 心常恐晩이라 故로 聞其似者而以爲眞하니

… 爽 : 시원할 상 棣 : 산앵두나무 체 淄 : 물이름 치 濰 : 물이름 유 蠅 : 파리 승

非其心存警畏而不留於逸欲이면 何以能此리오 故로 詩人이 敍其事而美之也라

부(賦)이다. 옛날 어진 후비(后妃)가 군주의 처소에서 모시고 있으면서 날이 새려고 할 때에 이르면 반드시 군주에게 아뢰기를 "닭이 이미 울었습니다. 조정에 모인 신하들이 가득할 것입니다."라고 하였으니, 이는 군주로 하여금 일찍 일어나 조회를 보게 하고자 해서이다. 그러나 실제는 닭이 운 것이 아니요, 바로 창승(쉬파리)의 소리임을 말한 것이다.

현비(賢妃)가 일찍 일어날 때를 당하여 마음에 항상 늦을까 두려워하였다. 그러므로 닭 우는 소리와 비슷한 것을 듣고는 참으로 닭의 울음소리라고 여긴 것이니, 마음에 경외(警畏)를 보존하여 일욕(逸欲:정욕)에 머물지 않은 자가 아니면 어찌 이에 능할 수 있겠는가. 그러므로 시인(詩人)이 이 일을 서술하고 찬미한 것이다.

② 東方明〔叶謨郎反〕矣, 朝旣昌矣. 匪東方則明〔同上〕, 月出之光.

東方明矣라	동방이 밝은지라
朝旣昌矣라하니	조정에 신하들이 많을 것입니다 하였더니
匪東方則明이라	동방이 밝은 것이 아니라
月出之光이로다	달이 떠서 빛남이로다

賦也라 東方明則日將出矣라 昌은 盛也라 此는 再告也라

부(賦)이다. 동방이 밝으면 해가 장차 뜨게 된다. '창(昌)'은 성함(많음)이다. 이는 두 번째 아뢴 것이다.

③ 蟲飛薨薨, 甘與子同夢〔叶莫滕反〕. 會且歸矣, 無庶予子憎.

蟲飛薨(훙)薨이어든	벌레가 날아 윙윙거리거든
甘與子同夢이언마는	그대와 함께 단꿈 꾸는 것을 좋아하건만
會且歸矣인댄	신하들이 모였다가 장차 돌아가게 되면
無庶[119]予子憎가	혹여 나 때문에 당신(군주)조차 미워하지 않을까

119 無庶 : 무서(無庶)는 서무(庶無)의 도치어로 보인다.

··· 薨 : 벌레떼지어나는소리 훙

賦也라 蟲飛는 夜將旦而百蟲作也라 甘은 樂이요 會는 朝也라
○ 此는 三告也라 言當此時하여 我豈不樂與子同寢而夢哉리오 然이나 羣臣之會於朝者 俟君不出하여 將散而歸矣면 無乃以我之故而幷以子憎乎아하니라

부(賦)이다. '충비(蟲飛)'는 날이 장차 밝으려 하여 온갖 벌레가 나오는 것이다. '감(甘)'은 즐김이요, '회(會)'는 조회에 모이는 것이다.

○ 이는 세 번째 아뢴 것이다. "이 때를 당하여 내 어찌 그대와 함께 잠을 자며 단꿈 꾸는 것을 좋아하지 않겠는가. 그러나 조회에 모인 여러 신하들이 군주를 기다려도 나오지 아니하여 장차 흩어져 돌아가게 되면, 나 때문에 아울러 그대까지 미워하지 않겠는가."라고 한 것이다.

鷄鳴三章이니 章四句라

〈계명(鷄鳴)〉은 3장이니, 장마다 4구이다.

【毛序】 鷄鳴은 思賢妃也라 哀公이 荒淫怠慢이라 故로 陳賢妃貞女 夙夜警戒相成之道焉하니라

〈계명〉은 어진 후비(后妃)를 생각한 시(詩)이다. 애공(哀公)이 황음(荒淫:주색에 빠짐)하고 태만하였다. 그러므로 어진 후비와 정녀(貞女)가 밤낮으로 경계하여 서로 이루는 도(道)를 읊은 것이다.

【辨說】 此序는 得之나 但哀公은 未有所考하니 豈亦以謚惡而得之歟아

이 〈서〉는 맞으나 다만 '애공(哀公)'은 상고한 바가 있지 못하니, 아마도 또한 애공의 시호(謚號)가 나쁘기 때문에 이러한 이름을 얻었는가보다.

2. 선(還)

① 子之還〔音旋〕兮, 遭我乎猺〔乃刀反〕之間〔叶居賢反〕兮. 竝驅從兩肩兮, 揖我謂我儇〔許全反〕兮.

子之還(선)兮	몸이 재빠른 그대가
遭我乎猺(노)之間兮라	나와 노산의 사이에서 만난지라

… 荒 : 빠질 황 還 : 재빠를 선 猺 : 산이름 노

竝驅從兩肩兮하소니	함께 수레를 몰아 두 큰 짐승을 뒤쫓더니
揖我謂我儇(현)兮라하나다	나에게 읍하면서 나더러 날렵하다 하는구나

賦也라 還은 便捷之貌라 猱는 山名也라 從은 逐也라 獸三歲曰肩이라 儇은 利也라 ○ 獵者交錯於道路에 且以便捷輕利로 相稱譽如此하여 而不自知其非也하니 則其俗之不美를 可見이요 而其來亦必有所自矣리라

부(賦)이다. '선(還)'은 편첩(便捷;몸이 빠름)한 모양이다. '노(猱)'는 산 이름이다. '종(從)'은 뒤쫓음이다. 짐승이 3년 된 것을 '견(肩)'이라 한다. '현(儇)'은 재빠름이다.

○ 사냥하는 자가 도로에서 교착(交錯;교차)하면서 또 몸놀림이 재빠르고 날렵함으로써 서로 칭찬하기를 이와 같이 하여, 그 잘못임을 스스로 알지 못하였으니, 그렇다면 그 풍속의 아름답지 못함을 볼 수 있고, 이렇게 해옴이 또한 반드시 유래가 있을 것이다.

② 子之茂[叶莫口反]兮, 遭我乎猱之道[叶徒厚反]兮. 竝驅從兩牡兮, 揖我謂我好[叶許厚反]兮.

子之茂兮	아름다운 그대가
遭我乎猱之道兮라	나와 노산의 길에서 만난지라
竝驅從兩牡兮하소니	함께 수레를 몰아 두 숫짐승을 뒤쫓더니
揖我謂我好兮라하나다	나에게 읍하면서 나더러 아름답다 하는구나

賦也라 茂는 美也라

부(賦)이다. '무(茂)'는 아름다움이다.

③ 子之昌兮, 遭我乎猱之陽兮. 竝驅從兩狼兮, 揖我謂我臧兮.

子之昌兮	성대한 그대가
遭我乎猱之陽兮라	나와 노산의 남쪽에서 만난지라
竝驅從兩狼兮하소니	함께 수레를 몰아 두 승냥이를 뒤쫓더니
揖我謂我臧兮라하나다	나에게 읍하며 나더러 잘한다 하는구나

… 儇 : 날랠 현 便 : 빠를 편 錯 : 섞일 착, 갈마들 착 茂 : 빼어날 무 牡 : 수컷 무(모) 狼 : 이리 랑

賦也라 昌은 盛也라 山南曰陽이라 狼은 似犬하니 銳頭白頰이요 高前廣後라 臧은 善也라

부(賦)이다. '창(昌)'은 성대함이다. 산의 남쪽을 '양(陽)'이라 한다. '랑(狼:승냥이)'은 개와 비슷하니, 머리가 뾰족하고 볼이 희며, 앞이 높고 뒤가 넓다. '장(臧)'은 잘함이다.

還三章이니 章四句라

〈선(還)〉은 3장이니 장마다 4구이다.

【毛序】 還은 刺荒[120]也라 哀公이 好田獵하여 從禽獸而無厭하니 國人化之하여 遂成風俗하여 習於田獵을 謂之賢하고 閑於馳逐을 謂之好焉하니라

〈선〉은 황(荒:사냥에 빠짐)을 풍자한 시(詩)이다. 애공(哀公)이 전렵(田獵)을 좋아하여 금수(禽獸)를 쫓아 사냥에 종사하여 만족함이 없으니, 국인들이 교화되어 마침내 풍속을 이루어, 전렵에 익숙함을 어질다 하고 말을 달려 짐승을 쫓는데 익숙함을 아름답다고 한 것이다.

【鄭註】 荒은 謂政事廢亂이라

황(荒)은 정사가 황폐해지고 혼란함을 이른다.

【辨說】 同上이라

해설은 위와 같다.

3. 저(著)

① 俟我於著〔直據反 叶直居反〕乎而, 充耳以素〔叶孫租反〕乎而, 尚之以瓊華〔叶芳無反〕乎而.

120 刺荒 : 자황(刺荒)은 사냥에 빠짐을 풍자한 것으로, 《맹자》〈양혜왕 상(梁惠王上)〉에 "짐승을 쫓아 만족함이 없음을 황이라 한다.〔從獸無厭, 謂之荒.〕" 하였고, 〈서(序)〉에도 이 내용이 보인다. 그러나 정현(鄭玄)은 '황은 정사가 황폐해지고 혼란해짐을 이른다.〔荒, 謂政事廢亂.〕'라고 하였으며, 공영달도 소(疏)에서 정현과 같이 해석하였다.

··· 頰 : 뺨 협 馳 : 달릴 치

俟我於著(宁)乎而하나니　　나를 문간에서 기다리나니
充耳以素乎而요　　〈그분은〉 귀막이를 흰 솜으로 하였고
尙之以瓊華乎而로다　　그 위에 경화를 더하였도다

賦也라 俟는 待也라 我는 嫁者自謂也라 著는 門屛之間也라 充耳는 以纊懸瑱(진)하니 所謂紞(담)也라 尙은 加也라 瓊華는 美石似玉者니 卽所以爲瑱也라
○ 東萊呂氏曰 昏(婚)禮에 壻往婦家親迎할새 旣奠雁하고 御(아)輪而先歸하여 俟于門外라가 婦至則揖以入하나니 時에 齊俗不親迎이라 故로 女至壻門하여 始見其俟己也라

부(賦)이다. '사(俟)'는 기다림이다. '아(我)'는 시집가는 자가 자신을 말한 것이다. '저(著)'는 문병(門屛)의 사이이다. '충이(充耳)'는 솜을 귀막이 옥에 매단 것이니, 이른바 담(紞:면류관 앞드림)이라는 것이다. '상(尙)'은 더함이다. '경화(瓊華)'는 아름다운 보석으로 옥과 비슷한 것이니, 바로 귀막이옥을 만드는 것이다.

○ 동래 여씨(東萊呂氏)가 말하였다. "혼례《의례》〈사혼례(士昏禮)〉에 신랑이 신부의 집에 가서 친영(親迎)할 적에 전안(奠雁)을 마친 다음 수레를 타고 먼저 돌아와 문 밖에서 기다리다가 신부가 도착하면 읍하고 들어간다. 그런데 이때 제나라 풍속은 친영을 하지 않았기 때문에 시집가는 여자가 신랑 집의 문에 이르러서야 비로소 그가 자기를 기다림을 본 것이다."

② 俟我於庭乎而, 充耳以靑乎而, 尙之以瓊瑩[音榮]乎而.

俟我於庭乎而하나니　　나를 뜰에서 기다리나니
充耳以靑乎而요　　〈그분은〉 귀막이를 푸른 솜으로 하였고
尙之以瓊瑩乎而로다　　그 위에 경영(瓊瑩)을 더하였도다

賦也라 庭은 在大門之內, 寢門之外라 瓊瑩亦美石似玉者라
○ 呂氏曰 此는 昏禮所謂壻道(導)婦及寢門하여 揖入之時也라

부(賦)이다. '정(庭)'은 대문의 안, 침문(寢門)의 문 밖에 있다. '경영(瓊瑩)' 또한 아름다운 보석으로 옥과 비슷한 것이다.

○ 여씨(呂氏)가 말하였다. "이는 혼례에 이른바 '신랑이 신부를 인도하여 침문

··· 俟 : 기다릴 사 著 : 자리 저 瓊 : 옥 경 宁 : 뜰 저 屛 : 병풍 병 纊 : 솜 광 瑱 : 귀막이옥 진(전)
紞 : 면류관늘임 담 壻 : 사위 서, 신랑 서 揖 : 읍할 읍 瑩 : 옥돌 영

(寢門)에 이르러 읍하고 들어간다.'는 때이다."

③ 俟我於堂乎而, 充耳以黃乎而, 尙之以瓊英〔叶於良反〕乎而.

俟我於堂乎而하나니　　나를 당에서 기다리나니
充耳以黃乎而요　　〈그분은〉 귀막이를 황색 솜으로 하였고
尙之以瓊英乎而로다　　그 위에 경영을 더하였도다

賦也라 瓊英亦美石似玉者라
○ 呂氏曰 升階而後至堂하니 此는 昏禮所謂升自西階之時也라
부(賦)이다. '경영(瓊英)' 또한 아름다운 보석으로 옥과 비슷한 것이다.
○ 여씨(呂氏)가 말하였다. "계단을 오른 뒤에 당(堂)에 이르니, 이는 혼례에 이른바 '〈신부가〉 서계(西階)로부터 올라간다.'는 때이다."

著三章이니 章三句라
〈저(著)〉는 3장이니, 장마다 3구이다.

【毛序】 著는 刺時也니 時不親迎也[121]라
〈저〉는 시속을 풍자한 것이니, 당시에 친영(親迎)을 하지 않았다.
【鄭註】 時不親迎이라 故陳親迎之禮하여 以刺之하니라
이때 친영하지 않았다. 그러므로 친영하는 예를 말하여 풍자한 것이다.

4. 동방지일(東方之日)

① 東方之日兮. 彼姝〔赤朱反〕者子, 在我室兮. 在我室兮, 履我卽兮.

121 時不親迎也 : 모형(毛亨)은 첫 번째 장은 사(士)의 친영(親迎)이고, 두 번째 장은 경대부(卿大夫)의 친영이고, 마지막 장은 인군(人君)의 친영을 말한 것이라고 하였는데, 정현(鄭玄)은 세 장이 모두 인신(人臣)의 친영을 기술한 것이라고 하였다.《毛詩正義》

… 階 : 층계 계

東方之日兮여　　동방의 해여
彼姝(주)者子　　저 아름다운 그대가
在我室兮로다　　내 방에 있도다
在我室兮하니　　내 방에 있으니
履我卽兮로다　　내 발자취를 밟아 따라오도다

興也라 履는 躡이요 卽은 就也니 言此女躡我之跡而相就也라

흥(興)이다. '리(履)'는 밟음이요 '즉(卽)'은 나아감이니, 이 여자가 나의 발자취를 따라 서로 찾아옴을 말한 것이다.

② 東方之月兮. 彼姝者子, 在我闥〔叶它悅反〕兮. 在我闥兮, 履我發〔叶方月反〕兮.

東方之月兮여　　동방의 달이여
彼姝者子　　저 아름다운 그대가
在我闥(달)兮로다　　내 문안에 있도다
在我闥兮하니　　내 문안에 있으니
履我發兮로다　　내 발자취 따라 출발하도다

興也라 闥은 門內也라 發은 行去也니 言躡我而行去也라

흥(興)이다. '달(闥)'은 문 안이다. '발(發)'은 길을 떠남이니, 내 발자취를 따라 떠나옴을 말한 것이다.

東方之日二章이니 章五句라

〈동방지일(東方之日)〉은 2장이니, 장마다 5구이다.

【毛序】 東方之日은 刺衰也라 君臣失道하고 男女淫奔하여 不能以禮化也[122]라

••••••

122　君臣失道 男女淫奔 不能以禮化也 : 모형과 정현은, 첫 번째 장의 동방지일(東方之日)은 군주의 실도(失道)를, 동방지월(東方之月)은 신하의 실도를 말한 것이고, 아래 4구는 남녀의 음분함을

… 姝 : 예쁠 주　卽 : 나아갈 즉　躡 : 밟을 섭　闥 : 문지방 달

〈동방지일〉은 쇠약함을 풍자한 시(詩)이다. 군신(君臣)이 도리를 잃고 남녀가 음분(淫奔)하여 예(禮)로써 교화하지 못한 것이다.

【辨說】 此는 男女淫奔者所自作이니 非有刺也요 其曰君臣失道者는 尤無所謂하니라

이는 음분(淫奔)한 남녀가 스스로 지은 것이니 풍자함이 있는 것이 아니요, 그 '군신이 도를 잃었다.〔君臣失道〕'고 말한 것은 더더욱 말할 만한 것이 없다.

5. 동방미명(東方未明)

① 東方未明〔叶謨郎反〕, 顚倒〔都老反〕衣裳. 顚之倒〔叶都妙反〕之, 自公召之.

東方未明이어늘	동방이 아직 밝지 않았는데
顚倒衣裳호라	의상을 전도하여 입노라
顚之倒之어늘	넘어지고 엎어지거늘
自公召之로다	공소(公所)로부터 부르도다

賦也라 自는 從也라 羣臣之朝에 別色始入이라

○ 此는 詩人刺其君興居無節하고 號令不時라 言東方未明而顚倒其衣裳이면 則旣早矣어늘 而又已有從君所而來召之者焉하니 蓋猶以爲晩也라 或曰 所以然者는 以有自公所而召之者故也라하니라

부(賦)이다. '자(自)'는 부터이다. 군신(羣臣)들이 조회할 적에 〈날이 밝아〉 색깔을 구별할 수 있어야 비로소 조정에 들어간다.

○ 이는 시인(詩人)이 그 군주가 일어나고 앉음이 절도가 없고 호령이 때에 맞지 않음을 풍자한 것이다. "동방이 아직 밝지 않아 그 의상을 전도하여 입었으니, 그렇다면 때가 이미 이르거늘, 또 이미 앞서 인군이 계신 곳에서 와서 부르는 자가 있다." 하였으니, 이것은 오히려 늦다고 여긴 것이다. 혹자는 말하기를 "이처럼 〈의상을 전도하여 입는〉 이유는 공소로부터 부르는 자가 있기 때문이다."라고 한다.

••••••
말한 것으로 모두 올바른 예로 교화하지 못함을 말한 것이라고 하였다.《毛詩正義》

••• 倒 : 넘어질 도

② 東方未晞, 顚倒裳衣. 倒之顚〔叶典因反〕之, 自公令〔力證反 叶力呈反〕之.

東方未晞(희)어늘	동방에 아직 햇살이 퍼지지 않았는데
顚倒裳衣호라	의상을 전도하여 입노라
倒之顚之어늘	넘어지며 엎어지거늘
自公令之로다	공소로부터 호령하도다

賦也라 晞는 明之始升也라 令은 號令也라

부(賦)이다. '희(晞)'는 햇빛이 처음 올라오는 것이다. '령(令)'은 호령이다.

③ 折〔音切〕柳樊圃〔叶博故反〕, 狂夫瞿瞿〔俱具反〕. 不能晨夜〔叶羊茹反〕, 不夙則莫〔音慕〕.

折柳樊(번)圃를	버들가지를 꺾어 채전에 울타리 친 것을
狂夫瞿(구)瞿어늘	광부도 두려워하거늘
不能晨夜하여	새벽과 밤을 구별하지 못하여
不夙則莫(暮)로다	이르지 않으면 너무 늦도다

比也라 柳는 楊之下垂者니 柔脆(취)之木也라 樊은 藩也라 圃는 菜園也라 瞿瞿는 驚顧之貌라 夙은 早也라

○ 折柳樊圃는 雖不足恃나 然狂夫見之하고 猶驚顧而不敢越하니 以比晨夜之限甚明하여 人所易知어늘 今乃不能知하여 而不失之早면 則失之莫(모)也라

비(比)이다. '유(柳;수양버들)'는 아래로 늘어진 버들이니, 부드러운 나무이다. '번(樊)'은 울타리이다. '포(圃)'는 채원(菜園)이다. '구구(瞿瞿)'는 놀라 돌아보는 모양이다. '숙(夙)'은 이름(일찍)이다.

○ 버드나무를 꺾어 채전에 울타리를 친 것은 비록 믿을 만한 것이 못되나, 광부가 이것을 보고도 오히려 놀라서 돌아보고 감히 넘지 못한다. 이로써 새벽과 밤의 한계가 매우 분명하여 사람들이 알기 쉬운데, 지금 도리어 이것을 알지 못해서 너무 이름에 잘못되지 않으면 너무 늦음에 잘못됨을 비유한 것이다.

··· 晞 : 햇살치밀 희 樊 : 울타리 번 圃 : 남새밭 포 瞿 : 두려울 구 脆 : 연할 취

東方未明三章이니 章四句라

〈동방미명(東方未明)〉은 3장이니, 장마다 4구이다.

【毛序】 東方未明은 刺無節也라 朝廷이 興居無節하고 號令不時하여 挈壺氏不能掌其職焉하니라

〈동방미명〉은 절도가 없음을 풍자한 시(詩)이다. 조정이 일어나고 거처함이 절도가 없고 호령이 제때에 맞지 않아 혈호씨(挈壺氏:시각을 맡은 관원)가 그 직책을 제대로 관장하지 못한 것이다.

【鄭註】 號令은 猶召呼也요 挈壺氏는 掌漏刻者라

호령(號令)은 소호(召呼:부름)와 같고 혈호씨(挈壺氏)는 누각(漏刻:물시계)의 시각을 관장한 자이다.

【辨說】 夏官挈壺氏는 下士六人이라 挈은 縣挈之名이요 壺는 盛水器니 蓋置壺浮箭하여 以爲晝夜之節也라 漏刻不明은 固可以見其無政이라 然所以興居無節하고 號令不時는 則未必皆挈壺氏之罪也니라

《주례》〈하관(夏官)〉의 혈호씨(挈壺氏)는 하사(下士)가 여섯 사람이다. 혈(挈)은 매단다는 이름이고 호(壺)는 물을 담는 그릇이니, 이는 병에다가 떠 있는 전(箭:시간을 표시하는 가늠쇠)을 두어서 낮과 밤의 절도로 삼은 것이다. 시각이 분명하지 않음은 진실로 훌륭한 정사가 없음을 볼 수 있다. 그러나 군주의 '일어나고 거처함이 절도가 없고 호령이 제때에 맞지 않는〔興居無節, 號令不時.〕' 이유는 반드시 모두 혈호씨의 죄만은 아니다.

6. 남산(南山)

① 南山崔崔〔子雖反〕, 雄狐綏綏. 魯道有蕩, 齊子由歸. 旣曰歸止, 曷又懷〔叶胡威反〕止.

南山崔崔어늘	남산이 높고 높거늘
雄狐綏綏로다	숫여우가 제 짝을 찾도다
魯道有蕩이어늘	노나라 길이 평탄하거늘

··· 挈 : 끌 설(혈) 漏 : 물시계 루 箭 : 화살 전 狐 : 여우 호 蕩 : 평탄할 탕

齊子由歸로다	제나라 아가씨가 이 길을 따라 시집왔도다
旣曰歸止어시니	이미 시집을 왔으니
曷又懷止오	어찌하여 또 그리워하는고

比也라 南山은 齊南山也라 崔崔은 高大貌라 狐는 邪媚之獸요 綏綏는 求匹之貌라 魯道는 適魯之道也라 蕩은 平易也라 齊子는 襄公之妹로 魯桓公夫人文姜이니 襄公通焉者也라 由는 從也라 婦人謂嫁曰歸라 懷는 思也라 止는 語辭라

○ 言南山有狐하여 以比襄公居高位而行邪行하고 且文姜旣從此道하여 歸乎魯矣어늘 襄公이 何爲而復思之乎아하니라

비(比)이다. '남산(南山)'은 제나라 남산이다. '최최(崔崔)'는 고대(高大)한 모양이다. 여우는 간사하여 사람을 홀리는 짐승이다. '수수(綏綏)'는 짝을 찾는 모양이요. '노도(魯道)'는 노나라로 가는 길이다. '탕(蕩)'은 평이함이다. '제자(齊子)'는 양공(襄公)의 누이로, 노 환공(魯桓公)의 부인(夫人)인 문강(文姜)이니, 양공이 간통한 자이다. '유(由)'는 따름이다. 부인이 시집가는 것을 '귀(歸)'라 한다. '회(懷)'는 그리워함이다. '지(止)'는 어조사이다.

○ 남산에 여우가 있음으로써 양공이 높은 지위에 있으면서 사특한 행실을 행함을 비(比)하였고, 또 "문강이 이미 이 길을 따라 노나라로 시집왔는데, 양공이 어찌하여 다시 그녀를 그리워하는가."라고 한 것이다.

② 葛屨五兩〔如字 又音亮〕, 冠緌〔如誰反〕雙〔叶所終反〕止. 魯道有蕩, 齊子庸止, 旣曰庸止, 曷又從止.

葛屨(구)五兩이며	칡 신은 다섯 켤레이며
冠緌(유)雙止니라	갓끈은 한 쌍이니라
魯道有蕩이어늘	노나라 길이 평탄하거늘
齊子庸止로다	제나라 아가씨가 이 길을 사용하여 시집왔도다
旣曰庸止어시니	이미 이 길을 사용하여 시집왔으니
曷又從止오	어찌하여 또 서로 따르는고

比也라 兩은 二屨也라 緌는 冠上飾也라 屨必兩이요 緌必雙하여 物各有耦하니 不

••• 屨 : 신 구 緌 : 갓끈 유 庸 : 쓸 용

可亂也라 庸은 用也니 用此道以嫁于魯也라 從은 相從也라

비(比)이다. '냥(兩)'은 신 두 짝(한 켤레)이다. '유(緌)'는 관 위에 꾸민 것이다. 신은 반드시 두 짝이요 갓끈은 반드시 한 쌍이어서 물건이 각각 짝이 있으니, 어지럽힐 수 없는 것이다. '용(庸)'은 이용함이니, 이 길을 이용하여 노나라로 시집온 것이다. '종(從)'은 서로 따름이다.

③ 藝麻如之何, 衡〔音橫〕從〔子容反〕其畝〔莫後反〕. 取〔七喻反〕妻如之何, 必告〔工毒反〕父母〔莫後反〕. 既曰告〔同上〕止, 曷又鞠〔居六反〕止.

藝麻如之何오	삼(깨)을 심을 때에 어찌해야 하는가
衡從(橫縱)其畝니라	그 이랑을 횡(橫)으로 종(縱)으로 하느니라
取妻如之何오	아내를 취하려면 어찌해야 하는가
必告(곡)父母니라	반드시 부모에게 아뢰어야 하느니라
既曰告止어시니	이미 부모에게 아뢨으니
曷又鞠止오	어찌하여 또다시 정욕을 궁극하게 하는고

興也라 藝는 樹요 鞠은 窮也라

○ 欲樹麻者는 必先縱橫耕治其田畝하고 欲取妻者는 必先告其父母하나니 今魯桓公이 既告父母而娶矣어늘 又曷爲使之得窮其欲而至此哉오

흥(興)이다. '예(藝)'는 심음이요, '국(鞠)'은 궁극함이다.

○ 삼을 심고자 하는 자는 반드시 먼저 종횡(縱橫)으로 그 전무(田畝)를 갈고 다스리며, 아내를 얻고자 하는 자는 반드시 먼저 부모에게 아뢰어야 하니, 이제 노환공(魯桓公)이 이미 부모에게 아뢰고 장가들었는데, 또 어찌하여 문강(文姜)으로 하여금 그 정욕을 궁극하게 하여 이에 이르게 하는가.

④ 析薪如之何, 匪斧不克. 取妻如之何, 匪媒不得. 既曰得止, 曷又極止.

析薪如之何오	장작을 패려면 어찌해야 하는가
匪斧不克이니라	도끼가 아니면 능하지 못하니라

… 藝 : 심을 예 畝 : 밭이랑 무(묘) 鞠 : 다할 국 析 : 쪼갤 석 斧 : 도끼 부

取妻如之何오	아내를 취하려면 어찌해야 하는가
匪媒不得이니라	중매가 아니면 얻지 못하느니라
旣曰得止어시니	이미 아내를 얻었거니
曷又極止오	어찌하여 또 정욕을 궁극하게 하는고

興也라 克은 能也라 極亦窮也라

흥(興)이다. '극(克)'은 능함이다. '극(極)' 또한 궁극함이다.

南山四章이니 章六句라

〈남산(南山)〉은 4장이니, 장마다 6구이다.

春秋에 桓公十八年에 公與夫人姜氏如齊라가 公薨(훙)于齊하다 傳曰 公將有行할새 遂與姜氏如齊하니 申繻(수)曰 女有家, 男有室하여 無相瀆也를 謂之有禮니 易此면 必敗니이다 公會齊侯于濼(락)하고 遂及文姜如齊러니 齊侯通焉한대 公謫之하니 以告하다 夏四月에 享公할새 使公子彭生乘公이러니 公薨于車하니라 此詩前二章은 刺齊襄이요 後二章은 刺魯桓也라

《춘추》에 "환공(桓公) 18년에 공(公)이 부인(夫人) 강씨(姜氏)와 함께 제(齊)나라에 갔다가 공이 제나라에서 죽었다." 하였다. 《춘추좌씨전》에 이르기를 "공이 장차 길을 떠나려 할 적에 마침내 강씨와 함께 제나라에 가려 하니, 신수(申繻)가 아뢰기를 '여자는 남편이 있고 남자는 아내가 있어서 서로 어지럽히지 않음을 예(禮)가 있다 이르니, 이것을 바꾸면 반드시 패합니다.' 하였다. 공이 제후(齊侯)와 락(濼) 땅에서 만나고, 마침내 문강과 함께 제나라에 가니, 제후가 문강과 간통하였다. 공(公)이 이를 꾸짖자, 〈문강이〉 양공에게 이것을 말하였다. 여름 4월에 공에게 연향을 베풀 적에 제나라 공자(公子)인 팽생(彭生)으로 하여금 공을 수레에 태우게 하였는데, 공이 수레에서 죽었다." 하였다. 이 시(詩)는 앞의 두 장(章)은 제나라 양공을 풍자한 것이요, 뒤의 두 장은 노나라 환공을 풍자한 것이다.

【毛序】 南山은 刺襄公也라 鳥獸之行으로 淫乎其妹하니 大夫遇是惡하여 作詩而去之하니라

〈남산〉은 양공(襄公)을 풍자한 시(詩)이다. 금수(禽獸)의 행실로 그 누이와 간음하니, 대부가 이 악행을 만나 시(詩)를 짓고 떠나간 것이다.

··· 媒 : 중매 매 如 : 갈 여 薨 : 죽을 훙 繻 : 비단 수 瀆 : 문란할 독 濼 : 물이름 락 謫 : 꾸짖을 적 彭 : 성 팽

【鄭註】 襄公之妹는 魯桓公夫人文姜也라 襄公이 素與妹淫通이러니 及嫁에 公謫之하다 公與夫人如齊한대 夫人이 愬之襄公하니 襄公이 使公子彭生으로 乘公而搤(액)殺之하다 夫人이 久留於齊라가 莊公卽位然後에 乃來로되 猶復會齊侯于禚(작)、于祝丘하고 又如齊師하다 齊大夫見襄公行惡如是하고 作詩以刺之하고 又非魯桓公不能禁制夫人而去之하니라

양공의 누이는 노(魯)나라 환공(桓公)의 부인인 문강이다. 양공이 평소 자기 누이와 음탕하여 간통하였는데, 환공에게 시집가자 환공이 꾸짖었다. 공이 부인과 함께 제(齊)나라에 가자 부인이 이것을 양공에게 하소연하니, 양공이 공자 팽생(彭生)으로 하여금 공을 수레에 태우고 옥죄어 죽이게 하였다. 부인이 오랫동안 제나라에 머물다가 장공(莊公)이 즉위한 뒤에야 비로소 왔는데, 여전히 다시 제후(齊侯)와 작(禚)과 축구(祝丘)에서 만났고, 또 제나라 군대로 갔다.

제나라 대부는 양공이 악(惡)을 행함이 이와 같음을 보고서 시(詩)를 지어 풍자하였고, 또 노나라 환공이 부인을 금지하지 못하여 가게 함을 풍자한 것이다.

【辨說】 此序는 據春秋經傳爲文하니 說見本篇하니라

이 〈서〉는 《춘추(春秋)》의 경전(經傳)을 근거하여 글을 지었으니, 해설이 본편에 보인다.

7. 보전(甫田)

① 無田〔音佃〕甫田, 維莠〔羊九反〕驕驕〔叶音高〕. 無思遠人, 勞心忉忉〔音刀〕.

無田(佃)甫田이어다	큰 밭을 농사짓지 말지어다
維莠(유)驕驕리라	잡초가 무성하고 무성하리라
無思遠人이어다	멀리 있는 사람 그리워하지 말지어다
勞心忉(도)忉리라	마음만 애달프리라

比也라 田은 謂耕治之也라 甫는 大也라 莠는 害苗之草也라 驕驕는 張王(旺)之意라 忉忉는 憂勞也라

○ 言無田甫田也어다 田甫田而力不給이면 則草盛矣요 無思遠人也어다 思遠人

··· 愬 : 하소연할 소 搤 : 목조를 액 禚 : 땅이름 작 田 : 밭갈 전 甫 : 클 보 莠 : 가라지 유 忉 : 근심할 도

而人不至면 則心勞矣라하니 以戒時人厭小而務大하고 忽近而圖遠하여 將徒勞而無功也라

비(比)이다. '전(田)'은 밭을 갈고 다스림을 이른다. '보(甫)'는 큼이다. '유(莠: 피)'는 벼싹을 해치는 풀이다. '교교(驕驕)'는 장왕(張旺)의 뜻이요, '도도(忉忉)'는 근심하고 수고로워함이다.

○ "큰 밭을 농사짓지 말지어다. 큰 밭을 농사짓는데 힘이 부족하면 잡초가 무성할 것이요, 멀리 있는 사람을 그리워하지 말지어다. 멀리 있는 사람을 그리워하는데 그 사람이 오지 않으면 마음이 수고롭다."고 한 것이다. 이로써 당시 사람들이 작은 것을 싫어하고 큰 것을 힘쓰며, 가까운 것을 소홀히 하고 먼 것을 도모하여, 장차 한갓 수고롭기만 하고 공(功)이 없음을 경계한 것이다.

② 無田甫田, 維莠桀桀. 無思遠人, 勞心怛怛〔叶旦悅反〕.

無田甫田이어다	큰 밭을 농사짓지 말지어다
維莠桀桀이리라	잡초가 무성하고 무성하리라
無思遠人이어다	멀리 있는 사람 그리워하지 말지어다
勞心怛(달)怛이리라	마음만 애태우리라

比也라 桀桀은 猶驕驕也요 怛怛은 猶忉忉라

비(比)이다. '걸걸(桀桀)'은 교교(驕驕)와 같고, '달달(怛怛)'은 도도(忉忉)와 같다.

③ 婉兮孌〔叶龍眷反〕兮, 總角丱〔古患反 叶古縣反〕兮. 未幾〔居豈反〕見兮, 突而弁兮.

婉兮孌(련)兮	예쁘고 아름다운
總角丱(관)兮를	총각이 쌍상투한 것을
未幾見兮면	얼마 안 있다가 만나보면
突而弁兮하나니라	우뚝이 관을 쓰고 있느니라

比也라 婉, 孌은 少好貌요 丱은 兩角貌라 未幾는 未多時也라 突은 忽然高出之貌

··· 怛 : 슬퍼할 달 婉 : 예쁠 완 孌 : 예쁠 련 丱 : 쌍상투 관 突 : 갑작스러울 돌

라 弁은 冠名이라

○ 言總角之童을 見之未久에 而忽然戴弁以出者는 非其躐等而强求之也요 蓋循其序而勢有必至耳라 此는 又以明小之可大, 邇之可遠하니 能循其序而修之면 則可以忽然而至其極이어니와 若躐等而欲速이면 則反有所不達矣니라

비(比)이다. '완(婉)'과 '련(孌)'은 어리고 예쁜 모양이요, '관(丱)'은 두 뿔의 모양이다. '미기(未幾)'는 많지 않은 시간이다. '돌(突)'은 홀연히 높게 나온 모양이다. '변(弁)'은 관(冠)의 이름이다.

○ 총각한 동자를 본 지가 오래지 않은데 홀연히 관을 쓰고 나오는 것은, 등급을 건너 뛰어 억지로 한 것이 아니고, 순서를 따르면 형세가 반드시 이르기 마련임을 말한 것이다. 이는 또 작은 것이 크게 될 수 있고, 가까운 것이 멀리까지 이를 수 있으니, 능히 그 순서를 따라 닦으면 홀연히 지극한 경지에 이를 수 있지만, 만일 등급을 건너뛰어 속히 도달하고자 하면 도리어 달성하지 못하는 바가 있음을 밝힌 것이다.

甫田三章이니 章四句라

〈보전(甫田)〉은 3장이니, 장마다 4구이다.

【毛序】 甫田은 大夫刺襄公也라 無禮義而求大功하고 不修其德而求諸侯하여 志大心勞하니 所以求者 非其道也니라

〈보전〉은 대부가 양공(襄公)을 풍자한 시(詩)이다. 예의(禮義)가 없으면서 큰 공(功)을 바라고 덕(德)을 닦지 않으면서 제후들의 호응을 구하여 뜻만 크고 마음만 수고로우니, 구하는 방법이 그 합당한 방도가 아닌 것이다.

【辨說】 未見其爲襄公之詩로라

이것이 양공(襄公)의 시가 됨을 볼 수 없다.

8. 노령(盧令)

① 盧令令〔音零〕, 其人美且仁.

··· 躐 : 넘을 렵

盧令令이로소니　　　사냥개의 방울이 딸랑딸랑하니
其人美且仁이로다　　　그 사람 아름답고 또 인자하도다

賦也라 盧는 田犬也라 令令은 犬頷(함)下環聲이라
○ 此詩는 大意與還略同이라

부(賦)이다. '노(盧)'는 사냥개이다. '령령(令令)'은 개의 턱 밑에 있는 방울 소리이다.

○ 이 시(詩)는 대의(大意)가 위의 〈선(還)〉과 대략 같다.

② 盧重〔直龍反〕環, 其人美且鬈〔音權〕.

盧重環이로소니　　　사냥개의 고리가 한 쌍이니
其人美且鬈(권)이로다　　　그 사람 아름답고 또 수염이 아름답도다

賦也라 重環은 子母環也라 鬈은 鬚鬢(수빈)好貌라

부(賦)이다. '중환(重環)'은 작은 고리와 큰 고리이다. '권(鬈)'은 수염과 구렛나루가 아름다운 모양이다.

③ 盧重鋂〔音梅〕, 其人美且偲〔七才反〕.

盧重鋂(매)로소니　　　사냥개의 사슬고리가 이중이니
其人美且偲(시)로다　　　그 사람 아름답고 또 수염이 많도다

賦也라 鋂는 一環貫二也라 偲(鬛)는 多鬚之貌니 春秋傳所謂于思 卽此字니 古通用耳라

부(賦)이다. '매(鋂)'는 한 개의 큰 고리에 두 개의 작은 고리를 꿰고 있는 것이다. '시(偲)'는 수염이 많은 모양이니, 《춘추좌씨전》 선공(宣公) 2년에 이른바 '우시(于思)'가 바로 이 시(思) 자이니, 옛날에 통용되었다.

盧令三章이니 章二句라

… 盧 : 사냥개 로　頷 : 턱 함　環 : 고리 환　鬈 : 수염좋을 권　鬚 : 수염 수　鬢 : 구렛나루 빈　鋂 : 사슬고리 매
偲 : 수염많은모양 시

〈노령(盧令)〉은 3장이니, 장마다 2구이다.

【毛序】 盧令은 刺荒也라 襄公이 好田獵畢弋하여 而不修民事하니 百姓苦之라 故로 陳古以風焉하니라

〈노령〉은 황(荒;사냥에 빠짐)을 풍자한 시(詩)이다. 양공(襄公)이 전렵(田獵)하여 그물치고 주살질하는 것을 좋아하여 백성의 일(농사)을 닦지 않으니, 백성들이 이를 괴롭게 여겼다. 그러므로 옛날을 말하여 풍자한 것이다.

【鄭註】 畢은 噣(주)也요 弋은 繳射也라

필(畢)은 덫이요, 익(弋)은 생사(生絲)를 매어 쏘아 잡는 것이다.

【辨說】 義與還同하니 序說은 非是라

뜻이 〈선(還)〉과 같으니, 〈서설〉은 옳지 않다.

9. 폐구(敝笱)

① 敝笱在梁, 其魚魴鰥〔古頑反 叶古倫反〕. 齊子歸止, 其從〔才用反〕如雲.

敝笱在梁하니	해진 통발이 어량(魚梁)에 있으니
其魚魴鰥(방환)이로다	그 물고기는 방어(魴魚)와 환어(鰥魚)로다
齊子歸止하니	제나라 아씨가 친정에 돌아가니
其從如雲이로다	따르는 자들이 구름처럼 많도다

比也라 敝는 壞요 笱는 罟也라 魴、鰥은 大魚也라 歸는 歸齊也라 如雲은 言衆也라 ○ 齊人以敝笱不能制大魚로 比魯莊公不能防閑文姜이라 故로 歸齊而從之者衆也라

비(比)이다. '폐(敝)'는 파괴된 것이요, '구(笱)'는 그물이다. '방(魴)'과 '환(鰥)'은 큰 물고기이다. '귀(歸)'는 제나라로 돌아가는 것이다. '여운(如雲)'은 많음을 말한다.

○ 제나라 사람은 해진 통발이 큰 물고기를 제어할 수 없음으로써 노 장공(魯莊公)이 〈어머니인〉 문강(文姜)을 방한(防閑;제어)하지 못하였으므로 〈문강이〉 제나라로 돌아감에 그를 따르는 자들이 많음을 비유하였다.

… 畢 : 그물 필 弋 : 주살 익 繳 : 주살의줄 격 笱 : 통발 구 魴 : 방어 방 鰥 : 고기이름 환 罟 : 그물 고 閑 : 막을 한

② 敝笱在梁, 其魚魴鱮〔才呂反〕. 齊子歸止, 其從如雨.

敝笱在梁하니	해진 통발이 어량(魚梁)에 있으니
其魚魴鱮(여)로다	그 물고기는 방어와 연어(鰱魚)로다
齊子歸止하니	제나라 아씨가 친정에 돌아가니
其從如雨로다	따르는 자들이 비처럼 많도다

比也라 鱮는 似魴하고 厚而頭大하니 或謂之鰱이라 如雨亦多也라

비(比)이다. '여(鱮)'는 방어와 같고, 몸이 두껍고 머리가 크니, 혹은 연어(鰱魚)라고도 한다. '여우(如雨)' 또한 많음이다.

③ 敝笱在梁, 其魚唯唯〔唯癸反〕. 齊子歸止, 其從如水.

敝笱在梁하니	해진 통발이 어량에 있으니
其魚唯唯로다	물고기가 들락날락하도다
齊子歸止하니	제나라 아씨가 친정에 돌아가니
其從如水로다	따르는 자들이 물처럼 많도다

比也라 唯唯는 行出入之貌라 如水亦多也라

비(比)이다. '유유(唯唯)'는 다니면서 출입하는 모양이다. '여수(如水)' 또한 많음이다.

敝笱三章이니 章四句라

〈폐구(敝笱)〉는 3장이니, 장마다 4구이다.

按春秋컨대 魯莊公二年에 夫人姜氏會齊侯于禚(작)하고 四年에 夫人姜氏享齊侯于祝丘하고 五年에 夫人姜氏如齊師하고 七年에 夫人姜氏會齊侯于防하고 又會齊侯于穀하니라

살펴보건대《춘추(春秋)》에 "노 장공(魯莊公) 2년에 부인(夫人) 강씨(姜氏)가 작(禚) 땅에서 제후(齊侯)와 만났고, 4년에 부인 강씨가 축구(祝丘)에서 제후에게 연향을 베풀어 주었고, 5년에 부인 강씨가 제나라 군대가 있는 곳에 갔고, 7년에 부

··· 鱮 : 연어 여 鰱 : 연어 련 禚 : 땅이름 작

인 강씨가 방(防) 땅에서 제후와 만났고, 또 곡(穀) 땅에서 제후와 만났다." 하였다.

【毛序】 敝笱는 刺文姜也라 齊人이 惡(오)魯(桓公)[莊]微弱하여 不能防閑文姜하여 使至淫亂하여 爲二國患焉하니라

〈폐구〉는 문강(文姜)을 풍자한 시(詩)이다. 제나라 사람들은 노나라 장공(莊公)이 미약하여 문강을 방한하지 못해서 음란한 행실을 하게 하여 두 나라의 병폐가 됨을 미워한 것이다.

【辨說】 桓은 當作莊이라

환(桓)은 마땅히 장(莊)이 되어야 한다.

10. 재구(載驅)

① 載驅薄薄〔普各反〕, 簟茀朱鞹〔苦郭反〕. 魯道有蕩, 齊子發夕〔叶祥龠反〕.

載驅薄薄하니	수레를 급히 모니
簟茀(점불)朱鞹이로다	방문석(方文席) 가리개며 붉은 가죽이로다
魯道有蕩이어늘	노나라 길이 평탄하거늘
齊子發夕이로다	제나라 아씨가 유숙한 곳에서 출발하도다

賦也라 薄薄은 疾驅聲이라 簟은 方文席也요 茀은 車後戶也라 朱는 朱漆也요 鞹은 獸皮之去毛者니 蓋車革質而朱漆也라 夕은 猶宿也니 發夕은 謂離於所宿之舍라 ○ 齊人이 刺文姜乘此車而來襄公也라

부(賦)이다. '박박(薄薄)'은 수레가 빨리 달리는 소리이다. '점(簟)'은 방문석(方文席)이요, '불(茀)'은 수레 뒤의 창문이다. '주(朱)'는 붉은 칠이요, '곽(鞹)'은 짐승 가죽에 털을 제거한 것이니, 수레의 가죽 바탕에 붉은 칠을 한 것이다. '석(夕)'은 숙(宿)과 같으니, '발석(發夕)'은 유숙했던 집에서 떠남을 말한다.

○ 제나라 사람은 문강이 이 수레를 타고 와서 양공과 만남을 풍자한 것이다.

··· 簟 : 방문석 점 茀 : 수레가림 불 鞹 : 다룬가죽 곽

② 四驪〔力馳反〕濟濟〔子禮反〕, 垂轡濔濔〔乃禮反〕. 魯道有蕩, 齊子豈〔開改反後同〕弟〔叶待禮反〕.

四驪(리)濟濟하니	네 마리 검은 말이 아름다우니
垂轡濔(녜)濔로다	드리운 고삐가 부드럽도다
魯道有蕩이어늘	노나라 길이 평탄하거늘
齊子豈弟로다	제나라 아씨가 즐겁고 화평하도다

賦也라 驪는 馬黑色也라 濟濟는 美貌요 濔濔는 柔貌라 豈弟는 樂易也니 言無忌憚羞恥之意也라

부(賦)이다. '리(驪)'는 흑색 말이다. '제제(濟濟)'는 아름다운 모양이요, '녜녜(濔濔)'는 부드러운 모양이다. '개제(豈弟)'는 즐겁고 화평함이니, 거리끼거나 부끄러워하는 뜻이 없음을 말한 것이다.

③ 汶〔音問〕水湯湯〔失章反〕, 行人彭彭〔必亡反〕. 魯道有蕩, 齊子翱翔.

汶水湯(상)湯이어늘	문수가 넘실넘실거리거늘
行人彭(방)彭이로다	길가는 사람들이 많고 많도다
魯道有蕩이어늘	노나라 길이 평탄하거늘
齊子翱翔이로다	제나라 아씨가 이리저리 돌아다니도다

賦也라 汶은 水名이니 在齊南、魯北二國之竟(境)이라 湯湯은 水盛貌요 彭彭은 多貌라 言行人之多는 亦以見(현)其無恥也라

부(賦)이다. '문(汶)'은 물 이름이니, 제나라 남쪽, 노나라 북쪽 두 나라의 경계에 있다. '상상(湯湯)'은 물이 성한 모양이요, '방방(彭彭)'은 사람이 많은 모양이다. 행인(行人)이 많음을 말한 것은 또한 그 부끄러움이 없음을 나타낸 것이다.

④ 汶水滔滔〔吐刀反〕, 行人儦儦〔表驕反 協音褒〕. 魯道有蕩, 齊子遊敖.

汶水滔滔어늘	문수가 도도히 흐르거늘

··· 驪 : 가라말 리(려) 濟 : 많을 제 濔 : 물넘칠 녜(니) 豈 : 화락할 개 汶 : 물이름 문 湯 : 물세차게흐를 상
彭 : 많을 방 滔 : 물흐를 도

行人儦(표)儦로다　　　길 가는 사람들이 많고 많도다
魯道有蕩이어늘　　　노나라 길이 평탄하거늘
齊子遊敖(遨)로다　　　제나라 아씨가 한가롭게 노닐도다

賦也라 滔滔는 流貌요 儦儦는 衆貌라 遊敖는 猶翱翔也라

부(賦)이다. '도도(滔滔)'는 물이 흐르는 모양이요, '표표(儦儦)'는 많은 모양이다. '유오(遊敖)'는 고상(翱翔)과 같다.

載驅四章이니 章四句라

〈재구(載驅)〉는 4장이니, 장마다 4구이다.

【毛序】 載驅는 齊人이 刺襄公也라 無禮義하여 故盛其車服하여 疾驅於通道大都하여 與文姜淫하여 播其惡於萬民焉하니라

〈재구〉는 제나라 사람이 양공(襄公)을 풍자한 시(詩)이다. 예의(禮義)가 없어 이 때문에 수레와 의복을 성대히 하여 사방으로 통하는 큰 길, 큰 도읍에서 빨리 달리면서 문강(文姜)과 간음하여 그 악(惡)을 만민(萬民)에 전파한 것이다.

【鄭註】 故는 猶端也라

고(故)는 단(端:단서)과 같다.

【辨說】 此亦刺文姜之詩라

이 또한 문강을 풍자한 시이다.

11. 의차(猗嗟)

① 猗嗟昌兮, 頎[音祈]而長兮, 抑若揚兮, 美目揚兮. 巧趨蹌兮, 射則臧兮.

猗嗟昌兮여　　　아, 성대함이여
頎(기)而長兮며　　　키가 훤칠하게 크며
抑若揚兮며　　　억제하나 드날리는 듯하며

··· 儦 : 많을 표 猗 : 어조사 의 頎 : 헌걸찰 기

美目揚兮며	아름다운 눈동자 빛나며
巧趨蹌兮로소니	공교로운 걸음걸이 예쁘기도 하니
射則臧兮로다	활쏘기도 잘하도다

賦也라 猗嗟는 歎辭라 昌은 盛也라 頎는 長貌라 抑而若揚은 美之盛也라 揚은 目之動也라 蹌은 趨翼如也라 臧은 善也라

○ 齊人이 極道魯莊公威儀技藝之美如此하니 所以刺其不能以禮防閑其母니 若曰惜乎其獨少此耳니라

부(賦)이다. '의차(猗嗟)'는 감탄사이다. '창(昌)'은 성함이다. '기(頎)'는 키가 큰 모양이다. '억제하여도 드날리는 듯하다'는 것은 아름다움이 성한 것이다. '양(揚)'은 눈동자의 움직임이다. '창(蹌)'은 걸어나감에 새가 날개를 편 듯한 것이다. '장(臧)'은 잘함이다.

○ 제(齊)나라 사람이 노 장공(魯莊公)이 위의(威儀)와 기예(技藝)의 아름다움이 이와 같음을 지극히 말하였으니, 이는 능히 예(禮)로써 그 어머니를 방한하지 못함을 풍자한 것이다. "애석하다. 〈위의와 기예는 저러한데〉 그 오직 이 점만이 부족하다."고 말한 것과 같다.

② 猗嗟名兮, 美目清兮. 儀既成兮. 終日射〔食亦反〕侯, 不出正〔音征〕兮. 展我甥〔叶桑經反〕兮.

猗嗟名兮여	아, 칭찬할 만함이여
美目清兮요	아름다운 눈동자가 맑고
儀既成兮로소니	위의(威儀)가 이미 이루어졌으니
終日射(석)侯호되	종일토록 후(侯)에 활을 쏘나
不出正兮하나니	정곡(正鵠)을 벗어나지 않으니
展我甥(생)兮로다	진실로 우리 제나라의 생질이로다

賦也라 名은 猶稱也니 言其威儀技藝之可名也라 清은 目清明也라 儀既成은 言其終事而禮無違也라 侯는 張布而射(석)之者也요 正은 設的於侯中而射之者也니 大射則張皮侯而設鵠하고 賓射則張布侯而設正이라 展은 誠也라 姊妹之子曰甥이

… 蹌 : 추창할 창 射 : 맞힐 석 侯 : 과녁판 후 正 : 과녁 정 展 : 진실로 전 甥 : 생질 생 鵠 : 과녁 곡

니 言稱其爲齊之甥이요 而又以明非齊侯之子니 此는 詩人之微詞也라 按春秋컨대 桓公三年에 夫人姜氏至自齊하고 六年九月에 子同生하니 卽莊公也요 十八年에 桓公乃與夫人如齊하니 則莊公은 誠非齊侯之子矣니라

부(賦)이다. '명(名)'은 칭(稱)과 같으니, 그 위의와 기예가 세상에 이름날 만함을 말한 것이다. '청(淸)'은 눈동자가 청명(淸明)함이다. 위의가 이미 이루어졌다는 것은 활쏘는 일을 마치도록 예(禮)에 어긋남이 없음을 말한 것이다. '후(侯)'는 삼베를 펼쳐놓고 쏘도록 만든 것이요, '정(正)'은 후(侯) 가운데에 과녁을 설치하고 쏘도록 만든 것이니, 대사(大射;군주의 활쏘기)에는 피후(皮侯)를 펼쳐놓고 곡(鵠;큰 과녁)을 설치하며, 빈사(賓射;외국의 손님과 활쏘기)에는 포후(布侯)를 펼쳐놓고 정(正;작은 과녁)을 설치한다. '전(展)'은 진실로이다.

자매(姊妹)의 아들을 '생(甥)'이라 하니, 제나라의 생질이 된다고 칭하고, 또 제후(齊侯)의 아들이 아님을 밝힌 것이니, 이는 시인의 은미한 말이다.《춘추》를 살펴보면, 환공(桓公) 3년에 부인(夫人) 강씨(姜氏)가 제나라에서 시집왔고, 6년 9월에 아들 동(同)이 출생하였으니 바로 장공(莊公)이요, 18년에 환공이 마침내 부인과 제나라에 갔으니, 그렇다면 장공은 진실로 제후(齊侯)의 아들이 아닌 것이다.

③ 猗嗟孌〔叶龍眷反〕兮, 淸揚婉〔叶許願反〕兮. 舞則選〔雪戀反〕兮, 射則貫〔叶扃縣反〕兮. 四矢反〔叶孚絢反〕兮, 以禦亂〔叶靈眷反〕兮.

猗嗟孌兮여	아, 예쁨이여
淸揚婉兮로다	눈과 눈썹이 아름답도다
舞則選兮며	춤을 춤에 빼어나며
射則貫兮며	활을 쏨에 과녁을 꿰뚫으며
四矢反兮로소니	네 화살이 반복하여 한 곳을 맞히니
以禦亂兮로다	난(亂)을 막으리로다

賦也라 孌은 好貌라 淸은 目之美也요 揚은 眉之美也라 婉亦好貌라 選은 異於衆也니 或曰齊於樂節也라하니라 貫은 中而貫革也라 四矢는 禮射에 每發四矢라 反은 復(복)也니 中皆得其故處也라 言莊公射藝之精하여 可以禦亂하니 如以金僕姑射(석)

… 孌 : 예쁠 련 中 : 맞힐 중

南宮長萬[123]에 可見矣니라

부(賦)이다. '련(孌)'은 아름다운 모양이다. '청(淸)'은 눈동자가 아름다움이요, '양(揚)'은 눈썹이 아름다움이다. '완(婉)' 또한 아름다운 모양이다. '선(選)'은 뭇 사람보다 특이한 것이니, 혹자는 "음악의 절주(節奏;가락)에 맞는 것이다." 한다. '관(貫)'은 적중하여 과녁의 가죽을 꿰뚫는 것이다. '사시(四矢)'는 예(禮)로 활을 쏠 때에는 매양 네 개의 화살을 발사하는 것이다. '반(反)'은 반복함이니, 맞힌 것이 모두 그 옛 자리를 맞힌 것이다. 장공(莊公)의 활 쏘는 재주가 정교하여 난(亂)을 막을 수 있음을 말한 것이니, 금복고(金僕姑)로 남궁장만(南宮長萬)을 쏘아 맞힌 것에서 이것을 볼 수 있다.

猗嗟三章이니 章六句라

〈의차(猗嗟)〉는 3장이니, 장마다 6구이다.

或曰 子可以制母乎아 趙子[124]曰 夫死從子는 通乎其下어든 況國君乎아 君者는 人神之主요 風敎之本也니 不能正家면 如正國何리오 若莊公者는 哀痛以思父하고 誠敬以事母하며 威刑以馭下하여 車馬僕從이 莫不俟命이면 夫人徒往乎아 夫人之往也는 則公哀敬之不至요 威命之不行耳니라 東萊呂氏曰 此詩三章은 譏刺之意皆在言外라 嗟歎再三하니 則莊公所大闕者를 不言可見矣니라

혹자가 말하기를 "아들이 어머니를 제재할 수 있습니까?" 하자, 조자(趙子)가 다음과 같이 말하였다. "남편이 죽으면 아들을 따르는 것은 그 아랫사람에게도 통하는데, 하물며 국군(國君)에 있어서랴! 군주는 인민(人民)과 신(神)의 주인이요 풍교(風敎)의 근본이니, 군주가 집안을 바루지 못한다면 어떻게 나라를 바로잡을 수 있겠는가. 장공(莊公)이 애통함으로써 아버지를 생각하고, 정성과 공경으로써 어머니를 섬기며, 위엄과 형벌로써 아랫사람을 어거(제재)하여, 거마(車馬)와 복종(僕從)이 군주의 명(命)을 따르지 않음이 없게 하였다면, 부인(夫人)이 자기 혼자 걸어

······

123 如以金僕姑射南宮長萬 : 금복고(金僕姑)는 화살 이름이며 남궁장만(南宮長萬)은 송(宋)나라 대부(大夫)로, 이 내용은 《춘추좌씨전》 장공(莊公) 11년에 보인다.

124 趙子 : 우암(尤庵)은 "평소에 조기(趙岐)라고 하였으나 반드시 그 옳음을 볼 수가 없다."고 하였다. 호산은 "내가 살펴보건대 《한서(漢書)》 〈유림전(儒林傳)〉에 '하서(河西) 사람 조자가 있는데, 한영(漢嬰)과 모공(毛公)의 사이에 있었으니, 이는 시(詩)를 전공한 자이다.' 하였으니, 아마도 이 사람인가 보다. 다시 살펴보아야 한다." 하였다. 《詳說》

··· 馭 : 어거할 어

서 제나라에 갈 수 있었겠는가. 부인이 간 것은 장공의 애통함과 공경심이 지극하지 못하고 위엄과 명령이 행해지지 못해서이다."

동래 여씨(東萊呂氏)가 말하였다. "이 시(詩)의 세 장(章)은 기롱하고 풍자한 뜻이 모두 말 밖에 있다. 감탄하기를 두세 번 하였으니, 그렇다면 장공의 크게 부족한 점을 말하지 않아도 볼 수 있을 것이다."

【毛序】 猗瑳는 刺魯莊公也라 齊人이 傷魯莊公이 有威儀技藝나 然而不能以禮防閑其母하여 失子之道하여 人以爲齊侯之子焉하니라

〈의차(猗嗟)〉는 노나라 장공(莊公)을 풍자한 시(詩)이다. 제나라 사람들은 노나라 장공이 위의와 기예가 있었으나 예(禮)로써 그 어머니를 방한하지 못하여 자식의 도리를 잃어 사람들이 제후(齊侯)의 아들이라고 말하는 것을 서글퍼한 것이다.

【辨說】 此序는 得之라

이 〈서〉는 맞다.

齊國은 十一篇이니 三十四章이요 一百四十三句라

〈제풍〉은 11편이니, 34장이고 143구이다.

··· 技 : 재주 기

〈위풍(魏風)〉 1-9[一之九]

魏는 國名이라 本舜、禹故都니 在禹貢冀州雷首之北, 析城之西하니 南枕河曲하고 北涉汾水라 其地陜隘(협애)하여 而民貧俗儉하여 蓋有聖賢之遺風焉이라 周初에 以封同姓이러니 後爲晉獻公所滅而取其地하니 今河中府解州 卽其地也라 蘇氏曰 魏地入晉이 久矣니 其詩疑皆爲晉而作이라 故로 列於唐風之前하니 猶邶、鄘之於衛也라하니라 今按篇中에 公行(항), 公路, 公族은 皆晉官이니 疑實晉詩며 又恐魏亦嘗有此官이니 蓋不可考矣니라

위(魏)는 국명이다. 본래 순(舜)·우(禹)의 옛 도읍이니, 〈우공(禹貢)〉의 기주(冀州) 지역으로 뇌수(雷首)의 북쪽, 석성(析城)의 서쪽에 있었으니, 남쪽으로는 하곡(河曲)까지 걸쳐졌고, 북쪽으로는 분수(汾水)를 건너갔다. 이 땅이 좁고 협소해서 백성들이 가난하고 풍속이 검소하여 성현(聖賢)의 유풍(遺風)이 있었다. 주(周)나라가 처음에는 동성(同姓)을 봉해주었는데, 뒤에 진 헌공(晉獻公)에게 멸망당하여 진 헌공이 이 땅을 취했으니, 지금의 하중부(河中府), 해주(解州)가 바로 그 지역이다.

소씨(蘇氏)가 말하였다. "위(魏)나라 땅이 진(晉)나라로 들어간 지가 오래되었으니, 그 시(詩)는 아마도 모두 진나라가 된 뒤에 지어진 듯하다. 그러므로 〈당풍(唐風)〉의 앞에 진열된 것이니, 〈패풍(邶風)〉과 〈용풍(鄘風)〉이 위(衛)나라에 있어서와 같다."

이제 살펴보건대, 이 편(篇) 가운데 공항(公行)·공로(公路)·공족(公族)은 모두 진(晉)나라 벼슬이니, 의심컨대 실로 진나라 시(詩)인 듯하며, 아마도 또 위나라에도 일찍이 이러한 관직이 있었던 듯하니, 상고할 수가 없다.

1. 갈구(葛屨)

① 糾糾〔吉黝反〕葛屨, 可以履霜, 摻摻〔所銜反〕女手, 可以縫裳. 要〔於遙反〕之襋〔紀力反〕之, 好人服〔叶蒲北反〕之.

糾(규)糾葛屨(구)여	썰렁한 칡신이여
可以履霜이로다	서리를 밟을 수 있도다

… 陜 : 좁을 협 隘 : 좁을 애 糾 : 엉성할 규 屨 : 신 구

摻(삼)摻女手여　　가늘고 고운 여인의 손이여
可以縫裳이로다　　치마를 꿰맬 수 있도다
要(腰)之襋(극)之하여　　허리를 달고 옷깃을 달아
好人服之로다　　좋은 님이 입으리도다

興也라 糾糾는 繚(료)戾寒涼之意라 夏葛屨요 冬皮屨라 摻摻은 猶纖纖也라 女는 婦未廟見(현)之稱也니 娶婦三月廟見(현)然後에야 執婦功[125]이라 要는 裳要요 襋은 衣領이라 好人은 猶大人也라

○ 魏地陝隘하여 其俗이 儉嗇而褊(편)急이라 故로 以葛屨履霜起興하여 而刺其使女縫裳하고 又使治其要襋而遂服之也라 此詩는 疑卽縫裳之女所作이로라

흥(興)이다. '규규(糾糾)'는 신을 엉성하게 얽어서 썰렁한 뜻이다. 여름에는 칡신을 신고 겨울에는 가죽신을 신는다. '삼삼(摻摻)'은 섬섬(纖纖)과 같다. '여(女)'는 신부가 시집와서 아직 사당에 뵙지 않았을 때의 칭호이니, 신부를 데려온 지 3개월이 되어서 사당에 뵌 뒤에야 부공(婦功)을 잡는다. '요(要)'는 치마의 허리춤이요, '극(襋)'은 위옷의 옷깃이다. '호인(好人)'은 대인(大人;남편)과 같다.

○ 위(魏)나라 땅이 협소하고 좁아서 그 풍속이 검소하고 인색하며 편협하고 조급하였다. 그러므로 칡신을 신고 서리를 밟음으로 기흥(起興)하여, 〈시집온 지 석달도 안 된〉 여(女)로 하여금 치마를 꿰매게 하고 또 그 치마의 허리춤과 윗옷의 옷깃을 달게 하여 마침내 입음을 풍자한 것이다. 이 시(詩)는 의심컨대 바로 치마를 꿰맨 여인이 지은 것인 듯하다.

② 好人提提〔徒兮反〕, 宛〔於阮反〕然左辟〔音避〕, 佩其象揥〔勑帝反〕. 維是褊心, 是以爲刺〔叶音砌〕.

好人提提하여　　아름다운 님이 편안하고 한가로워

······

125 執婦功 : 부공(婦功)은 부공(婦工)과 같은 말로, 여인(女人)의 길쌈이나 바느질 따위를 이른다. 옛날에는 신부(新婦)가 시집와서 시부모가 없을 경우 3개월이 지나 선조의 사당에 뵌 뒤에야 완벽한 며느리가 될 수 있었는바, 《예기》 〈증자문(曾子問)〉에 "며느리를 데려온 집에서 3일 동안 풍악을 울리지 않음은 어버이를 이을 것을 생각해서이다. 〈신부가 시집와서〉 사당에 뵐 적에 내부(시집온 며느리)라고 칭한다.〔取婦之家, 三日不擧樂, 思嗣親也. 三月而廟見, 稱來婦也.〕"라고 보인다.

··· 摻 : 가늘 삼　襋 : 옷깃 극　繚 : 얽을 료　戾 : 어그러질 려　纖 : 고울 섬　嗇 : 인색할 색　褊 : 좁을 편
提 : 가만가만걸을 제

宛然左辟(避)하나니	공손히 사양하여 왼쪽으로 피하니
佩其象揥(체)로다	상아로 만든 빗을 찼도다
維是褊心이라	다만 마음이 너무 좁고 급한지라
是以爲刺하노라	이 때문에 풍자하노라

賦也라 提提는 安舒之意라 宛然은 讓之貌也니 讓而辟(避)者必左라 揥는 所以摘髮이니 用象爲之는 貴者之飾也라 其人如此면 若無有可刺矣로되 所以刺之者는 以其褊迫急促하여 如前章之云耳라

부(賦)이다. '제제(提提)'는 편안하고 펴진(느린) 뜻이다. '완연(宛然)'은 사양하는 모양이니, 사양하여 피하는 자는 반드시 왼쪽으로 한다. '체(揥)'는 가리마를 타는 빗이니, 상아(象牙)로 만든 것은 귀한 자의 장식이다. 그 사람이 이와 같다면 풍자할 만한 것이 없을 듯한데, 풍자하는 까닭은 그 편박(褊迫)하고 급촉(急促)하여 전장(前章)에서 말한 것과 같기 때문이다.

葛屨二章이니 一章은 六句요 一章은 五句라

〈갈구(葛屨)〉는 2장이니, 한 장은 6구이고 한 장은 5구이다.

廣漢張氏曰 夫子謂與其奢也론 寧儉[126]이라하시니 則儉雖失中이나 本非惡德이라 然而儉之過면 則至於吝嗇迫隘하여 計較分毫之間하여 而謀利之心始急矣라 葛屨, 汾沮洳, 園有桃三詩는 皆言急迫瑣碎之意하니라

광한 장씨(廣漢張氏;장식(張栻))가 말하였다. "부자(공자)께서 '사치하기보다는 차라리 검소한 것이 낫다.' 하셨으니, 검소함은 비록 중도(中道)를 잃은 것이나, 본래 악덕(惡德)이 아니다. 그러나 검소함이 지나치면 인색하고 급박(急迫)하며 협소함에 이르러, 일푼(一分), 일호(一毫)의 사이를 계교(計較)하여 이익을 계산하는 마음이 비로소 급해지게 된다. 〈갈구(葛屨)〉·〈분저여(汾沮洳)〉·〈원유도(園有桃)〉 3편의 시(詩)는 모두 급박하고 쇄쇄(瑣碎;자질구레)한 뜻을 말하였다."

【毛序】 葛屨는 刺褊也라 魏地陜隘하여 其民은 機巧趨利하고 其君은 儉嗇褊急하여 而無德以將之하니라

••••••

126 夫子謂與其奢也 寧儉 : 이 내용은 《논어》〈팔일(八佾)〉에 보인다.

••• 宛 : 완연할 완 揥 : 빗 체(제) 摘 : 뽑을 적 促 : 재촉할 촉 瑣 : 잘 쇄

〈갈구〉는 편급(褊急)함을 풍자한 시(詩)이다. 위(魏)나라는 땅이 좁아 백성들은 기지(機智)가 있어 약삭빠르게 이익을 좇고, 군주는 검색(儉嗇)하고 편급하여 덕(德)으로써 이어감이 없었다.

【鄭註】 儉嗇而無德하니 是其所以見侵削니라

검소하고 인색하여 덕이 없으니, 이것이 나라가 침삭(侵削)을 당한 이유이다.

2. 분저여(汾沮洳)

① 彼汾〔扶云反〕沮〔子豫反〕洳〔如豫反〕, 言采其莫〔音慕〕. 彼其〔音記〕之子, 美無度. 美無度, 殊異乎公路.

彼汾沮洳(분저여)에	저 분수(汾水)의 물가에
言采其莫(모)로다	모나물을 캐노라
彼其之子여	저기 그 사람이여
美無度(도)로다	아름다움을 헤아릴 수 없도다
美無度나	아름다움을 헤아릴 수 없으나
殊異乎公路로다	자못 공로와는 다르도다

興也라 汾은 水名이니 出太原晉陽山하여 西南入河라 沮洳는 水浸處下濕之地라 莫는 菜也니 似柳하고 葉厚而長하며 有毛刺하니 可爲羹이라 無度는 言不可以尺寸量也라 公路者는 掌公之路車니 晉以卿大夫之庶子爲之하니라

○ 此亦刺儉不中禮之詩라 言若此人者는 美則美矣나 然其儉嗇褊急之態가 殊不似貴人也라

흥(興)이다. '분(汾)'은 물 이름이니, 태원부(太原府) 진양산(晉陽山)에서 발원하여 서남쪽으로 황하로 들어간다. '저여(沮洳)'는 물에 잠기는 하습(下濕)한 땅이다. '모(莫)'는 나물이니, 버들과 비슷하고 잎이 두껍고 길며 털과 가시가 있는데, 국을 끓여 먹을 수 있다. '무도(無度)'는 자와 치수로써 헤아릴 수 없음을 말한 것이다. '공로(公路)'는 공(公)의 노거(路車)를 맡으니, 진(晉)나라에서는 경대부(卿大夫)의 서자(庶子)로 임명하였다.

··· 汾 : 물이름 분 沮 : 물번질 저 莫 : 나물 모

○ 이 또한 검소함이 예(禮)에 맞지 못함을 풍자한 시(詩)이다. 이와 같은 사람이 아름답기는 아름다우나, 그 검색(儉嗇)하고 편급한 태도가 자못 귀인(貴人)과 같지 않음을 말한 것이다.

② 彼汾一方, 言采其桑. 彼其之子, 美如英〔叶於良反〕. 美如英, 殊異乎公行〔戶郎反〕.

彼汾一方에	저 분수 한쪽에
言采其桑이로다	뽕잎을 따노라
彼其之子여	저기 그 사람이여
美如英이로다	아름답기가 꽃과 같도다
美如英이나	아름답기가 꽃과 같으나
殊異乎公行(항)이로다	자못 공항과는 다르도다

興也라 一方은 彼一方也니 史記에 扁鵲이 視見垣一方人[127]이라하니라 英은 華也라 公行은 卽公路也니 以其主兵車之行列이라 故로 謂之公行也라

흥(興)이다. '일방(一方)'은 저 한쪽이니, 《사기》에 "편작(扁鵲)이 담의 저 편에 있는 사람까지도 꿰뚫어 보았다." 하였다. '영(英)'은 꽃이다. '공항(公行)'은 바로 공로(公路)이니, 병거(兵車)의 항렬을 주관하기 때문에 공항이라 이른 것이다.

③ 彼汾一曲, 言采其藚〔音續〕. 彼其之子, 美如玉. 美如玉, 殊異乎公族.

彼汾一曲에	저 분수 한 굽이에
言采其藚(속)이로다	쇠귀나물을 뜯노라
彼其之子여	저기 그 사람이여
美如玉이로다	아름다움이 옥과 같도다

127 扁鵲視見垣一方人 : 편작(扁鵲)은 옛날의 명의(名醫)인데, 편작이 장상군(長桑君)으로부터 신비(神秘)한 약을 복용한 지 30일만에 눈이 밝아져 담 너머에 있는 사람까지도 환히 꿰뚫어 보아 그의 병을 알았다 한다. 《史記 扁鵲列傳》

扁 : 작을 편 藚 : 쇠귀나물 속

美如玉이나 아름다움이 옥과 같으나
殊異乎公族이로다 자못 공족과는 다르도다

興也라 一曲은 謂水曲流處라 藚은 水舃(蕮)也니 葉如車前草라 公族은 掌公之宗族이니 晉以卿大夫之適子爲之하니라

흥(興)이다. '일곡(一曲)'은 물이 굽이쳐 흐르는 곳을 이른다. '속(藚)'은 수석(水蕮)이니, 잎이 차전초(車前草;질경이)와 같다. '공족(公族)'은 공(公)의 종족(宗族)을 관장하니, 진(晉)나라에서는 경대부의 적자(適子)로 임명하였다.

汾沮洳三章이니 章六句라

〈분저여(汾沮洳)〉는 3장이니 장마다 6구이다.

【毛序】 汾沮洳는 刺儉也라 其君이 儉以能勤이나 刺不得禮也하니라

〈분저여〉는 검소함을 풍자한 시(詩)이다. 그 군주가 검소하고 부지런하였으나 예(禮)에 맞지 못함을 풍자한 것이다.

【辨說】 此는 未必爲其君而作이라 崔靈恩集注에 其君을 作君子하니 義雖稍通이나 然未必序者之本意也니라

이는 반드시 그 군주를 위하여 지어진 것은 아니다. 최영은(崔靈恩)의 《모시집주(毛詩集註)》에는 '기군(其君)'을 군자(君子)라 하였으니, 뜻은 비록 조금 통하나 반드시 〈서〉를 지은 자의 본뜻은 아니다.

3. 원유도(園有桃)

① 園有桃, 其實之殽. 心之憂矣, 我歌且謠〔音遙〕. 不知我者, 謂我士也驕. 彼人是哉〔叶將黎反〕, 子曰何其〔音基〕. 心之憂矣, 其誰知之. 其誰知之, 蓋亦勿思.

園有桃하니 동산에 복숭아나무가 있으니
其實之殽(효)로다 그 열매를 먹도다

… 舃 : 나물이름 석(蕮通) 殽 : 먹을 효

心之憂矣라	마음에 근심하는지라
我歌且謠(요)호라	내 노래 부르고 또 흥얼거리노라
不知我者는	내 마음 알지 못하는 자들은
謂我士也驕로다	나더러 선비가 교만하다 하도다
彼人是哉어늘	저 사람이 옳은데
子曰何其오하나니	그대는 어이하여 그러는가 하나니
心之憂矣여	마음에 근심함이여
其誰知之리오	그 누가 이것을 알리오
其誰知之리오	그 누가 이것을 알리오
蓋亦勿思로다	또한 생각하지 않아서로다

興也라 殽는 食也라 合曲曰歌요 徒歌曰謠라 其는 語辭라
○ 詩人이 憂其國小而無政이라 故로 作是詩라 言園有桃면 則其實之殽矣요 心有憂면 則我歌且謠矣라 然이나 不知我之心者는 見其歌謠而反以爲驕하고 且曰 彼之所爲已是矣어늘 而子之言은 獨何爲哉오하니 蓋擧國之人이 莫覺其非하여 而反以憂之者爲驕也라 於是에 憂者重嗟歎之하여 以爲此之可憂는 初不難知어늘 彼之非我는 特未之思耳라 誠思之면 則將不暇非我而自憂矣라하니라

흥(興)이다. '효(殽)'는 먹음이다. 음악의 곡조에 맞추어 노래를 부름을 '가(歌)'라 하고, 악기의 반주 없이 노래함을 '요(謠)'라 한다. '기(其)'는 어조사이다.

○ 시인(詩人)이 나라가 작고 훌륭한 정사가 없음을 걱정하였다. 그러므로 이 시를 지었다. 동산에 복숭아나무가 있으면 그 열매를 먹고, 마음에 근심이 있으면 내 노래 부르고 또 흥얼거린다. 그러나 내 마음을 알지 못하는 자들은 내가 가요(歌謠)함을 보고는 도리어 교만하다 하며, 또 말하기를 "저 사람의 하는 바가 이미 옳은데, 그대의 말은 홀로 어찌된 것인가?" 하니, 온 나라 사람이 그의 그름을 깨닫지 못하여 도리어 근심하는 자를 교만하다고 한 것이다. 이에 근심하는 자가 거듭 차탄(嗟歎)하여 이르기를, 이것이 근심스러울 만함은 애당초 알기가 어렵지 않은데, 저들이 나를 비난함은 다만 생각하지 않아서이다. 진실로 생각한다면 장차 나를 비난할 겨를이 없이 스스로 근심할 것이라고 한 것이다.

② 園有棘, 其實之食. 心之憂矣, 聊以行國〔叶于逼反〕. 不知我者, 謂我

士也罔極. 彼人是哉, 子曰何其. 心之憂矣, 其誰知之. 其誰知之, 蓋亦勿思.

園有棘하니	동산에 작은 대추나무가 있으니
其實之食이로다	그 열매를 먹도다
心之憂矣라	마음에 근심하는지라
聊以行國호라	애오라지 도성 안을 돌아다니노라
不知我者는	내 마음 알지 못하는 자들은
謂我士也罔極이로다	나더러 선비가 지극함이 없다 하도다
彼人是哉어늘	저 사람이 옳은데
子曰何其오하나니	그대는 어이하여 그러는가 하나니
心之憂矣여	마음에 근심함이여
其誰知之리오	그 누가 이것을 알리오
其誰知之리오	그 누가 이것을 알리오
蓋亦勿思로다	또한 생각하지 않아서로다

興也라 棘은 棗之短者라 聊는 且略之辭也라 歌謠之不足이면 則出遊於國中而寫(瀉)憂也라 極은 至也니 罔極은 言其心縱恣하여 無所至極이라

흥(興)이다. '극(棘)'은 대추나무 중에 키가 작은 것이다. '료(聊)'는 차략(且略;우선 그런대로)이라는 말이다. 가요(歌謠)로도 부족하면 국중(도성)에 나가 놀아 근심을 쏟는 것이다. '극(極)'은 지극함이니, '망극(罔極)'은 그 마음이 방자하여 끝닿은 데가 없음을 말한 것이다.

園有桃二章이니 章十二句라

〈원유도(園有桃)〉는 2장이니 장마다 12구이다.

【毛序】 園有桃는 刺時也라 大夫憂其君國小而迫이어늘 而儉以嗇하여 不能用其民而無德敎하여 日以侵削이라 故로 作是詩也니라

〈원유도〉는 시대를 풍자한 시(詩)이다. 대부가, 그 군주가 나라가 작고 큰 나라

··· 棘 : 작은대추나무 극 罔 : 없을 망 寫 : 쏟을 사

에 핍박을 받고 있는데도 〈군주가 지나치게〉 마음이 좁으며 검소하고 인색하여 백성을 제대로 쓰지 못하고 덕교(德敎)가 없어 날로 침삭(侵削)당함을 걱정하였다. 그러므로 이 시(詩)를 지은 것이다.

【辨說】 國小而迫하여 日以侵削者는 得之요 餘는 非是라

나라가 작아 큰 나라에 핍박을 받아서 '날로 국토가 침삭당했다.'는 것은 맞고, 나머지는 옳지 않다.

4. 척호(陟岵)

① 陟彼岵〔音戶〕兮, 瞻望父兮. 父曰 嗟予子行役, 夙夜無已. 上(尙)愼旃哉, 猶來無止.

陟彼岵兮하여	저 민둥산에 올라가
瞻望父兮호라	아버지를 바라보노라
父曰 嗟予子行役하여	아버지께서 아! 내 아들 부역가서
夙夜無已로다	밤낮으로 쉬지 못하리로다
上(尙)愼旃哉어다	행여 몸조심할지어다
猶來無止니라	부디 돌아오고 그치지 말지니라. 하시리라

賦也라 山無草木曰岵[128]라 上은 猶尙也라

○ 孝子行役하여 不忘其親이라 故로 登山以望其父之所在하고 因想像其父念己之言曰 嗟乎라 我之子行役하여 夙夜勤勞하여 不得止息이라하고 又祝之曰 庶幾愼之哉어다 猶可以來歸요 無止於彼而不來也라하니 蓋生則必歸요 死則止而不來矣라 或曰 止는 獲也니 言無爲人所獲也라하니라

128 山無草木曰岵 : 《이아(爾雅)》 〈석산(釋山)〉에는 '산다초목호(山多草木岵)'라 하였고 《광운(廣韻)》에도 '호산다초목(岵山多草木)'이라 하였으며, 우리 자전(字典)에도 '산숲질 호'로 되어 있어 《모전(毛傳)》·《집전(集傳)》과 상반된다. 아래의 기(屺)는 해(峐)로도 쓰는바, 이 역시 《설문해자(說文解字)》와 《이아》에 모두 '산무초목야(山無草木也)'라 하였고, 우리 자전에도 '민둥산 기'로 되어 있어 《모전》·《집전》과 역시 상반된다. 다만 여기서는 《집전》을 위주로 하였음을 밝혀둔다.

••• 岵 : 민둥산 호 旃 : 말그칠 전, 어조사 전

부(賦)이다. 산에 초목이 없는 것을 '호(岵)'라 한다. '상(上)'은 상(尙:행여)과 같다.

○ 효자가 부역을 가서 그 어버이를 잊지 못하였다. 그러므로 산에 올라가 아버지가 계신 곳을 바라보고, 인하여 아버지가 자기를 염려하는 말씀을 상상하여 이르기를 "아! 내 아들이 부역가서 밤낮으로 근로하여 쉬지 못할 것이다."라 하고, 또 축원하시기를 "행여 몸조심할지어다. 그리하여 부디 살아 돌아오고 그 곳에 그쳐 오지 않는 일이 없도록 하라."고 하였으니, 살면 반드시 돌아오고 죽으면 그쳐 오지 못하는 것이다. 혹자는 말하기를 "지(止)는 잡힘이니, 남에게 잡히지 말라고 한 것이다." 한다.

② 陟彼屺〔音起〕兮, 瞻望母〔叶滿彼反〕兮. 母曰 嗟予季行役, 夙夜無寐. 上愼旃哉, 猶來無棄.

陟彼屺(기)兮하여	저 숲진 산에 올라가
瞻望母兮호라	어머니를 바라보노라
母曰 嗟予季行役하여	어머니께서 아! 내 막내아들 부역가서
夙夜無寐로다	밤낮으로 자지 못하리로다
上愼旃哉어다	행여 몸조심할지어다
猶來無棄니라	부디 돌아오고 버려지지 말지니라. 하시리라

賦也라 山有草木曰屺라 季는 少子也니 尤憐愛少子者는 婦人之情也라 無寐는 亦言其勞之甚也라 棄는 謂死而棄其尸也라

부(賦)이다. 산에 초목이 있는 것을 '기(屺)'라 한다. '계(季)'는 작은 아들이니, 특히 작은 아들을 사랑하는 것은 부인(婦人:어머니)의 정(情)이다. 자지 못한다는 것은 또한 그 수고로움이 심함을 말한 것이다. '기(棄)'는 죽어서 그 시신을 버림을 말한다.

③ 陟彼岡兮, 瞻望兄〔叶虛王反〕兮. 兄曰 嗟予弟行役, 夙夜必偕〔叶擧里反〕. 上愼旃哉, 猶來無死〔叶想止反〕.

陟彼岡兮하여	저 산등성이에 올라가

••• 屺 : 산에숲질 기

瞻望兄兮호라　　형님을 바라보노라
兄曰 嗟予弟行役하여　　형님께서 아! 내 아우 부역가서
夙夜必偕로다　　밤낮을 반드시 동무들과 함께하리로다
上愼旃哉어다　　행여 몸조심할지어다
猶來無死니라　　부디 돌아오고 죽지 말지니라. 하시리라

賦也라 山脊曰岡이라 必偕는 言與其儕同作同止하여 不得自如也라

부(賦)이다. 산등성이를 '강(岡)'이라 한다. 반드시 함께 한다는 것은 동료들과 함께 일하고 함께 그쳐서(쉬어서) 자유롭지 못함을 말한 것이다.

陟岵三章이니 章六句라

〈척호(陟岵)〉는 3장이니, 장마다 6구이다.

【毛序】 陟岵는 孝子行役하여 思念父母也라 國迫而數(삭)見侵削하여 役乎大國하니 父母兄弟離散而作是詩也라

〈척호〉는 효자가 부역을 가서 부모를 생각한 시(詩)이다. 나라가 좁아 자주 침삭(侵削)을 당하여 대국(大國)에 사역되니, 부모 · 형제가 이산(離散)되어 이 시를 지은 것이다.

【鄭註】 役乎大國者는 爲大國所徵發이라

대국에게 사역했다는 것은 대국에게 징발(徵發)을 당한 것이다.

5. 십무지간(十畝之間)

① 十畝之間〔叶居賢反〕兮, 桑者閑閑〔叶胡田反〕兮. 行與子還〔叶音旋〕兮.

十畝之間兮여　　십 무의 사이에
桑者閑閑兮니　　뽕을 따는 자가 여유만만하니
行與子還兮호리라　　장차 그대와 함께 돌아가리라

… 脊 : 등성마루 척　儕 : 무리 제

賦也라 十畝之間은 郊外所受場圃之地也라 閑閑은 往來者自得之貌라 行은 猶將也요 還은 猶歸也라

○ 政亂國危하니 賢者不樂仕於其朝하여 而思與其友歸於農圃라 故로 其詞如此하니라

부(賦)이다. 십 무(十畝)의 사이는 교외(郊外)에 받은 장포(場圃;마당으로도 쓰는 채전)의 땅이다. '한한(閑閑)'은 왕래하는 자가 자득(自得)한 모양이다. '행(行)'은 장(將;장차)과 같고, 환(還)은 귀(歸)와 같다.

○ 정사가 혼란하고 나라가 위태로우니, 현자(賢者)가 그 조정에서 벼슬하는 것을 즐거워하지 아니하여 그 벗과 함께 농포(農圃)에 돌아갈 것을 생각하였다. 그러므로 그 말이 이와 같은 것이다.

② 十畝之外〔叶五墜反〕兮, 桑者泄泄〔以世反〕兮, 行與子逝兮.

十畝之外兮여	십 무의 밖이여
桑者泄(예)泄兮니	뽕잎을 따는 자가 느긋하니
行與子逝兮호리라	장차 그대와 함께 가리라

賦也라 十畝之外는 隣圃也라 泄泄는 猶閑閑也라 逝는 往也라

부(賦)이다. 십 무의 밖은 이웃 채전이다. '예예(泄泄)'는 한한(閑閑)과 같다. 서(逝)는 감이다.

十畝之間二章이니 章三句라

〈십무지간(十畝之間)〉은 2장이니, 장마다 3구이다.

【毛序】 十畝之間은 刺時也니 言其國削小하여 民無所居焉하니라

〈십무지간〉은 시대를 풍자한 시(詩)이니, 그 나라가 침삭(侵削)되어 작아져서 백성들이 거처할 곳이 없음을 말한 것이다.

【辨說】 國削則其民隨之는 序文이 殊無理하니 其說이 已見本篇矣니라

'나라가 침삭을 당하면 그 백성이 따라서 작아진다'는 〈서문〉은 절대로 무리(無理)하니, 그 해설이 이미 본편에 보인다.

••• 泄 : 한가할 예

6. 벌단(伐檀)

① 坎坎伐檀〔叶徒沿反〕兮, 寘之河之干〔叶居焉反〕兮, 河水淸且漣〔力廛反〕猗〔於宜反〕. 不稼不穡, 胡取禾三百廛〔直連反〕兮. 不狩不獵, 胡瞻爾庭有縣〔音玄〕貆〔音暄〕兮. 彼君子兮,不素餐〔七丹反 叶七宣反〕兮.

坎坎伐檀兮어늘	끙끙 박달나무를 베어왔는데
寘之河之干兮하니	하수(河水) 물가에 버려두니
河水淸且漣猗(兮)로다	하수는 맑고 또 물결이 일도다
不稼不穡이면	심지 않고 거두지 않으면
胡取禾三百廛(전)兮며	어찌 벼 삼백 전을 취할 것이며
不狩不獵이면	수렵(狩獵)하지 않으면
胡瞻爾庭有縣貆(훤)兮리오하나니	어찌 너의 뜰에 매달려 있는 담비를 보리오 하니
彼君子兮여	저 군자여
不素餐兮로다	공밥을 먹지 않도다

賦也라 坎坎은 用力之聲이라 檀木은 可爲車者라 寘는 與置同이라 干은 厓也라 漣은 風行水成文也라 猗는 與兮同하니 語詞也라 書斷斷猗를 大學作兮하고 莊子亦云 而我猶爲人猗 是也라 種之曰稼요 斂之曰穡이라 胡는 何也라 一夫所居曰廛이라 狩亦獵也라 貆은 貉類라 素는 空이요 餐은 食也라
○ 詩人이 言有人於此하니 用力伐檀은 將以爲車而行陸也어늘 今乃寘之河干하니 則河水淸漣而無所用이니 雖欲自食其力이나 而不可得矣라 然이나 其志則自以爲不耕則不可以得禾요 不獵則不可以得獸라 是以로 甘心窮餓而不悔也라 詩人이 述其事而歎之하여 以爲是眞能不空食者라하니 後世若徐穉[129]之流 非其力不食하니 其厲志蓋如此하니라

••••••

129 徐穉 : 서치(徐穉)는 후한 말기의 명사(名士)로 자가 유자(孺子)인데, 세상이 혼란하므로 벼슬하지 않고 스스로 농사지으며 고결하게 살아가니, 당시에 '남주(南州)의 고사(高士)'라는 칭송이 자자하였다.

··· 坎 : 힘쓰는소리 감 寘 : 둘 치 干 : 물가 간 漣 : 잔물결 련 稼 : 심을 가 穡 : 거둘 색 廛 : 무더기 전
縣 : 매달 현 貆 : 담비새끼 훤 餐 : 음식 찬 貉 : 담비 학

부(賦)이다. '감감(坎坎)'은 끙끙 힘을 쓰는 소리이다. 박달나무는 수레를 만들 수 있는 것이다. '치(寘)'는 치(置)와 같다. '간(干)'은 물가이다. '련(漣)'은 바람이 지나감에 물결이 무늬를 이루는 것이다. '의(猗)'는 혜(兮)와 같으니, 어조사이다. 《서경》〈진서(秦誓)〉에 '단단혜(斷斷猗)'라 하였는데, 猗를《대학(大學)》에는 '혜(兮)'로 쓰고, 《장자(莊子)》〈대종사(大宗師)〉에도 "내 오히려 사람이다.〔아유위인혜(我猶爲人猗)〕" 한 것이 이것이다. 심는 것을 '가(稼)'라 하고, 거두는 것을 '색(穡)'이라 한다. '호(胡)'는 어찌이다. 한 가장(家長)이 거처하는 곳을 '전(廛)'이라 한다. '수(狩)' 또한 사냥이다. '훤(貆)'은 담비의 무리이다. '소(素)'는 공(空)이요, '찬(餐)'은 밥이다.

○ 시인이 말하기를 "여기에 한 사람이 있는바 힘을 써서 박달나무를 베어온 것은 장차 수레를 만들어 육지를 다니고자 해서인데, 이제 도리어 황하의 물가에 버려두고 있으니, 하수는 맑고 무늬를 이루나 쓰여질 곳이 없다. 그렇다면 비록 자기의 능력으로 먹고자 하나 될 수가 없는 것이다. 그러나 그 뜻에는 스스로 생각하기를 '밭을 갈지 않으면 벼를 얻을 수 없고 사냥을 하지 않으면 짐승을 얻을 수 없다.'고 여겼다. 이 때문에 곤궁하고 굶주림을 마음에 달게 여기고 후회하지 않는다." 한 것이다. 시인이 이 일을 서술하고 탄식하여 이르기를 "이는 참으로 공밥을 먹지 않는 자이다."라고 하였으니, 후세에 서치(徐穉)와 같은 무리들은 자기 힘이 아니면 먹지 않았으니, 그 뜻을 힘씀이 이와 같았다.

② 坎坎伐輻〔音福 叶筆力反〕兮, 寘之河之側〔叶莊力反〕兮, 河水淸且直猗. 不稼不穡, 胡取禾三百億兮. 不狩不獵, 胡瞻爾庭有縣特兮. 彼君子兮, 不素食兮.

坎坎伐輻(복)兮어늘	끙끙 수레바퀴 살을 베어왔는데
寘之河之側兮하니	하수 가에 버려두니
河水淸且直猗로다	하수는 맑고 또 물결이 곧도다
不稼不穡이면	곡식을 심지 않고 거두지 않으면
胡取禾三百億兮며	어찌 벼 삼백 억을 취할 것이며
不狩不獵이면	수렵하지 않으면

··· 輻 : 바퀴살통 복

胡瞻爾庭有縣特兮리오하나니	어찌 네 뜰에 매달려 있는 큰 짐승을 보리오 하니
彼君子兮여	저 군자여
不素食兮로다	공밥을 먹지 않도다

賦也라 輻은 車輻也니 伐木以爲輻也라 直은 波文之直也라 十萬曰億이니 蓋言禾秉之數也라 獸三歲曰特이라

부(賦)이다. '복(輻)'은 수레바퀴살이니, 나무를 베어서 복(輻)을 만든 것이다. '직(直)'은 물결의 무늬가 곧은 것이다. 십만을 '억(億)'이라 하니, 화병(禾秉:볏단)의 수를 말한 것이다. 짐승이 3년된 것을 '특(特)'이라 한다.

③ 坎坎伐輪兮, 寘之河之漘〔順倫反〕兮, 河水淸且淪猗. 不稼不穡, 胡取禾三百囷〔丘倫反〕兮. 不狩不獵, 胡瞻爾庭有縣鶉〔音純〕兮. 彼君子兮, 不素飧〔素門反 叶素倫反〕兮.

坎坎伐輪兮어늘	끙끙거리며 수레바퀴를 베어왔는데
寘之河之漘(순)兮하니	하수(河水) 가에 버려두니
河水淸且淪猗로다	하수는 맑고 또 물결이 둥글도다
不稼不穡이면	곡식을 심지 않고 거두지 않으면
胡取禾三百囷(균)兮며	어찌 벼 삼백 균을 취할 것이며
不狩不獵이면	수렵하지 않으면
胡瞻爾庭有縣鶉兮리오하나니	어찌 네 뜰에 매달려 있는 메추리를 보리오 하니
彼君子兮여	저 군자여
不素飧(손)兮로다	공밥을 먹지 않도다

賦也라 輪은 車輪也니 伐木以爲輪也라 淪은 小風에 水成文하여 轉如輪也라 囷은 圓倉也라 鶉은 鵪(암)屬이라 熟食曰飧이라

부(賦)이다. '륜(輪)'은 수레바퀴이니, 나무를 베어서 수레바퀴를 만든 것이다. '륜(淪)'은 작은 바람에 물이 무늬를 이루어 둥긂이 수레바퀴와 같은 것이다. '균(囷)'

··· 特 : 수컷 특 漘 : 물가 순 囷 : 둥근곳집 균 鶉 : 메추라기 순 飧 : 밥 손 鵪 : 메추라기 암

은 둥근 창고이다. '순(鶉)'은 메추라기의 등속이다. 익힌 밥을 '손(飧)'이라 한다.

伐檀三章이니 章九句라
〈벌단(伐檀)〉은 3장이니, 장마다 9구이다.

【毛序】 伐檀은 刺貪也라 在位貪鄙하여 無功而受祿하여 君子不得進仕爾니라
〈벌단〉은 탐욕스러움을 풍자한 시(詩)이다. 지위에 있는 자가 탐욕스럽고 비루하여 공(功)이 없으면서 녹(祿)을 받아먹어 군자가 나아가 벼슬하지 못한 것이다.
【辨說】 此詩는 專美君子之不素餐이어늘 序言刺貪하니 失其指矣니라
이 시는 군자가 공밥을 먹지 않음을 오로지 찬미하였는데 〈서〉에는 탐욕스러움을 풍자했다고 말했으니, 그 본지를 잃었다.

7. 석서(碩鼠)

① 碩鼠碩鼠, 無食我黍. 三歲貫〔古亂反〕女〔音汝〕, 莫我肯顧〔叶果五反〕. 逝將去女, 適彼樂〔音洛 下同〕土. 樂土樂土, 爰得我所.

碩鼠碩鼠아	큰 쥐야! 큰 쥐야!
無食我黍어다	내 기장을 먹지 말지어다
三歲貫女(汝)어늘	삼 년 동안 너와 알고 지냈는데
莫我肯顧인댄(란대)	나를 즐겨 돌아보지 않을진댄
逝將去女하고	내 떠나가서 장차 너를 버리고
適彼樂(락)土호리라	저 낙토로 가리라
樂土樂土여	낙토여! 낙토여!
爰得我所로다	이에 내 살 곳을 얻으리로다

比也라 碩은 大也라 三歲는 言其久也라 貫은 習이요 顧는 念이요 逝는 往也라 樂土는 有道之國也라 爰은 於也라
○ 民困於貪殘之政이라 故로 託言大鼠害己而去之也라

… 碩 : 클 석 貫 : 익숙할 관 適 : 갈 적 爰 : 이에 원

비(比)이다. '석(碩)'은 큼이다. '삼 세(三歲)'는 그 오래됨을 말한 것이다. '관(貫)'은 익힘이다. '고(顧)'는 생각함이요, '서(逝)'는 감이다. '낙토(樂土)'는 도(道)가 있는 나라이다. '원(爰)'은 이에〔於是〕이다.

○ 백성이 탐욕스럽고 잔혹한 정사에 곤궁하였다. 그러므로 큰 쥐가 자기를 해친다고 가탁하여 말하고 떠나간 것이다.

② 碩鼠碩鼠, 無食我麥〔叶訖力反〕. 三歲貫女, 莫我肯德. 逝將去女, 適彼樂國〔叶于逼反〕. 樂國樂國, 爰得我直.

碩鼠碩鼠아	큰 쥐야! 큰 쥐야!
無食我麥이어다	내 보리를 먹지 말지어다
三歲貫女어늘	삼 년 동안 너와 알고 지냈는데
莫我肯德인댄(이란대)	나에게 즐겨 은덕을 베풀지 않을진댄
逝將去女하고	내 떠나가서 장차 너를 버리고
適彼樂國호리라	저 낙국(樂國)으로 가리라
樂國樂國이여	낙국이여! 낙국이여!
爰得我直이로다	이에 나의 좋은 곳을 얻으리로다

比也라 德은 歸恩也라 直은 猶宜也라

비(比)이다. '덕(德)'은 은혜를 돌려줌이다(은혜롭게 여김이다). '직(直)'은 의(宜)와 같다.

③ 碩鼠碩鼠, 無食我苗〔叶音毛〕. 三歲貫女, 莫我肯勞. 逝將去女, 適彼樂郊〔叶音高〕. 樂郊樂郊, 誰之永號〔戶毛反〕.

碩鼠碩鼠아	큰 쥐야! 큰 쥐야!
無食我苗어다	내 벼 싹을 먹지 말지어다
三歲貫女어늘	삼 년 동안 너와 알고 지냈는데
莫我肯勞인댄(란댄)	나를 근로한다고 하지 않을진댄
逝將去女하고	내 떠나가서 장차 너를 버리고

••• 苗 : 벼싹 묘

適彼樂郊호리라	저 낙교(樂郊)로 가리라
樂郊樂郊여	낙교여! 낙교여!
誰之永號리오	누구 때문에 길이 부르짖으리오

比也라 勞는 勤苦也니 謂不以我爲勤勞也라 永號는 長呼也라 言旣往樂郊면 則無復有害己者리니 當復爲誰而永號乎리오

비(比)이다. '로(勞)'는 근로하고 괴로움이니, 나를 근로한다고 여기지 않음을 이른다. '영호(永號)'는 길게 부르짖는 것이다. "이미 낙교(樂郊)로 가면 다시는 나를 해칠 자가 없을 것이니, 마땅히 다시 누구 때문에 길이 부르짖겠는가."라고 한 것이다.

碩鼠三章이니 章八句라

〈석서(碩鼠)〉는 3장이니, 장마다 8구이다.

【毛序】 碩鼠는 刺重斂也라 國人이 刺其君重斂하여 蠶食於民하여 不修其政하고 貪而畏人하여 若大鼠也라

〈석서〉는 과중하게 세금을 거두는 것을 풍자한 시(詩)이다. 국인(國人)들이 그 군주가 과중하게 세금을 거두어 백성들의 재산을 잠식(蠶食)하여, 그 정사를 닦지 않고 탐욕을 부리면서 사람들을 두려워 해서 큰 쥐와 같음을 풍자한 것이다.

【辨說】 此亦託於碩鼠하여 以刺其有司之詞요 未必直以碩鼠比其君也라

이 또한 큰 쥐에 가탁해서 그 유사(有司:담당관)를 풍자한 글이요, 반드시 곧바로 큰 쥐를 가지고 그 군주를 비유한 것은 아니다.

魏國은 七篇이니 十八章이요 一百二十八句라

〈위풍(魏風)〉은 7편이니, 18장이고 128구이다.

••• 號 : 부르짖을 호

詩經集傳卷六

〈당풍(唐風)〉 1-10[一之十]

唐은 國名이니 本帝堯舊都라 在禹貢冀州之域하니 太行、恒山之西요 太原、太岳之野라 周成王이 以封弟叔虞爲唐侯러니 南有晉水라 至子燮하여 乃改國號曰晉이라하니라 後徙曲沃하고 又徙居絳(강)하니라 其地土瘠民貧하여 勤儉質朴하고 憂深思遠하여 有堯之遺風焉이라 其詩를 不謂之晉而謂之唐은 蓋仍其始封之舊號耳라 唐叔所都는 在今太原府요 曲沃及絳은 皆在今絳州하니라

당(唐)은 국명(國名)이니, 본래 제요(帝堯)의 옛 도읍이었다. 〈우공(禹貢)〉의 기주(冀州) 경내에 있었으니, 태항산(太行山)과 항산(恒山)의 서쪽이요 태원(太原)과 태악(太岳)의 들이다. 주 성왕(周成王)이 아우 숙우(叔虞)를 봉하여 당후(唐侯)로 삼았는데, 남쪽에 진수(晉水)가 있었다. 그리하여 아들 섭(燮)에 이르러 마침내 국호(國號)를 진(晉)이라 고쳤다. 뒤에 도읍을 곡옥(曲沃)으로 옮겼고, 또다시 강(絳) 땅으로 옮겨 거주하였다. 이 지역은 토지가 척박하고 백성들이 가난하여, 근검(勤儉)하고 질박(質朴)하며 걱정이 깊고 생각이 원대(遠大)하여서, 요(堯) 임금의 유풍(遺風)이 있었다. 이 시(詩)를 진(晉)이라고 하지 않고 당(唐)이라고 이른 것은 처음 봉했을 때의 옛 이름을 그대로 따른 것이다. 당숙(唐叔:숙우)이 도읍했던 곳은 지금의 태원부(太原府)에 있었고, 곡옥과 강 땅은 모두 지금의 강주(絳州)에 있었다.

1. 실솔(蟋蟀)

① 蟋蟀在堂, 歲聿〔允橘反〕其莫〔音慕〕. 今我不樂〔音洛 下同〕, 日月其除〔直慮反〕. 無已大〔音泰〕康, 職思其居〔叶音據〕. 好〔呼報反〕樂無荒, 良士瞿瞿〔俱具反〕.

蟋蟀在堂하니	귀뚜라미가 당(대청)에 있으니
歲聿其莫(暮)엇다	이 해가 드디어 저물도다
今我不樂(락)이면	지금 우리가 즐거워하지 않으면

… 絳 : 붉을 강 瘠 : 메마를 척 仍 : 따를 잉 蟋 : 귀뚜라미 실 蟀 : 귀뚜라미 솔 聿 : 드디어 율

日月其除리라	세월이 가버리리라
無已大(태)康가	그러나 너무 편안하지 않겠는가
職思其居하여	직분에 맡은 일을 생각하여
好樂無荒이	즐거움을 좋아하되 지나치지 않음이
良士瞿(구)瞿니라	훌륭한 선비들이 돌아보는 바이니라

賦也라 蟋蟀은 蟲名이니 似蝗而小하고 正黑有光澤如漆하며 有角翅하니 或謂之促織[130]이니 九月在堂이라 聿은 遂요 莫는 晩이요 除는 去也라 大康은 過於樂也라 職은 主也라 瞿瞿는 却顧之貌라

○ 唐俗勤儉이라 故로 其民間이 終歲勞苦하여 不敢少休라가 及其歲晩務閒之時하여 乃敢相與燕飮爲樂하고 而言 今蟋蟀在堂하니 而歲忽已晩矣라 當此之時하여 而不爲樂이면 則日月將舍我而去矣리라 然이나 其憂深而思遠也라 故로 方燕樂而又遽相戒曰 今雖不可以不爲樂이나 然不已過於樂乎아하니 蓋亦顧念其職之所居者하여 使其雖好樂而無荒하여 若彼良士之長慮而却顧焉이면 則可以不至於危亡也라 蓋其民俗之厚하여 而前聖遺風之遠이 如此하니라

부(賦)이다. '실솔(蟋蟀;귀뚜라미)'은 벌레 이름이니, 메뚜기와 비슷한데 작고 까맣고 광택이 있어 옻칠한 듯하며, 촉각(觸角)과 날개가 있으니, 혹은 촉직(促織;베짱이)이라 하는바, 9월에 당(堂)에 있다. '율(聿)'은 드디어이고, '모(莫)'는 저묾이고 '제(除)'는 지나감이다. '태강(太康)'은 즐거움에 지나침이다. '직(職)'은 주장함이다. '구구(瞿瞿)'는 뒤를 돌아보는 모양이다.

○ 당(唐)나라 풍속이 부지런하고 검소하였다. 그러므로 그 민간(民間)들이 1년 내내 노고(勞苦)하여 감히 조금도 쉬지 못하다가, 한 해가 저물어 일이 한가할 때에 이르러서야 비로소 감히 서로 잔치하고 술을 마셔 즐거워하면서 말하기를 "이제 귀뚜라미가 당(堂)에 있으니, 한 해가 어느덧 이미 저물었다. 이때를 당하여 즐거워하지 않는다면 세월이 장차 우리를 버리고 흘러갈 것이다." 하였다. 그러나 걱정이 깊고 생각이 원대하였기 때문에 막 연락(燕樂)을 하면서도 또 갑자기 서로

••••••

130 蟋蟀蟲名……或謂之促織: 실솔은 귀뚜라미이고 촉직(促織)은 베짱이인바, 두 곤충은 서로 다르고 우는 소리도 다른데, 《집전(集傳)》에 "실솔은 촉직이라고도 한다." 한 것은 잘못이다. 주자(朱子)는 이들 곤충에 대해 잘못 알고 있었던 것으로 〈빈풍(豳風)〉의 〈칠월장(七月章)〉 주에서도 그대로 나타난다.

••• 荒 : 빠질 황 瞿 : 두려워할 구 蝗 : 메뚜기 황 翅 : 날개 시 却 : 뒤로물러날 각 務 : 일 무

경계하기를 "지금 비록 즐거워하지 않을 수 없으나 너무 즐거움에 지나치지 않겠는가."라 하였으니, 이 또한 그 직분에 맡은 것을 돌아보고 생각하여, 비록 낙(樂)을 좋아하더라도 너무 지나치게 하지 말아서, 저 훌륭한 선비들이 길이 염려하고 뒤를 돌아보듯이 해야 한다는 것이니, 이렇게 하면 위망(危亡)에 이르지 않을 것이다. 민속(民俗)이 후(厚)하여 전성(前聖)의 유풍(遺風)이 유구(悠久)함이 이와 같았다.

② 蟋蟀在堂, 歲聿其逝. 今我不樂, 日月其邁〔叶力制反〕. 無已大康, 職思其外〔叶五墜反〕. 好樂無荒, 良士蹶蹶〔俱衛反〕.

蟋蟀在堂하니	귀뚜라미가 당에 있으니
歲聿其逝엇다	이 해가 드디어 지나가도다
今我不樂(락)이면	지금 우리들이 즐거워하지 않으면
日月其邁(매)리라	세월이 흘러가 버리리라
無已大(太)康가	너무 편안하지 않겠는가
職思其外하여	직분 밖의 일도 생각하여
好樂無荒이	즐거움을 좋아하되 지나치지 않음이
良士의 蹶(궤)蹶니라	훌륭한 선비가 부지런히 힘쓰는 바이니라

賦也라 逝, 邁는 皆去也라 外는 餘也라 其所治之事를 固當思之요 而所治之餘도 亦不敢忽이니 蓋其事變이 或出於平常思慮之所不及이라 故로 當過而備之也라 蹶蹶는 動而敏於事也라

부(賦)이다. '서(逝)'와 '매(邁)'는 모두 감이다. '외(外)'는 나머지이다. 그 다스려야 할 바의 일을 진실로 마땅히 생각해야 할 것이요, 다스리는 바 이외의 나머지 일도 또한 감히 소홀히 하지 못하는 것이니, 이는 사변(事變)이 혹 평상시의 사려(思慮)가 미치지 못하는 바에서 나오기 때문이니, 마땅히 과(過)하게 대비해야 하는 것이다. '궤궤(蹶蹶)'는 몸을 움직여 일에 민첩히 하는 것이다.

③ 蟋蟀在堂, 役車其休. 今我不樂, 日月其慆〔吐刀反 叶佗侯反〕. 無已大康, 職思其憂. 好樂無荒, 良士休休.

··· 邁 : 갈 매 蹶 : 움직일 궤

蟋蟀在堂하니	귀뚜라미가 당에 있으니
役車其休엇다	짐수레가 쉬게 되었도다
今我不樂이면	지금 우리들이 즐거워하지 않으면
日月其慆(도)리라	세월이 지나가 버리리라
無已大康가	너무 편안하지 않겠는가
職思其憂하여	직분에 걱정할 것을 생각하여
好樂無荒이	즐거움을 좋아하되 지나치지 않음이
良士의 休休니라	훌륭한 선비의 편안한 바이니라

賦也라 庶人은 乘役車하니 歲晩則百工皆休矣라 慆는 過也라 休休는 安閑之貌라 樂而有節하여 不至於淫하니 所以安也라

부(賦也)이다. 서인(庶人)은 역거(役車;짐수레)를 타니, 한 해가 저물면 백공(百工;온갖 일)이 모두 쉬게 된다. '도(慆)'는 지나감이다. '휴휴(休休)'는 편안하고 한가로운 모양이다. 즐거워하되 절도가 있어 너무 지나침에 이르지 않으니, 이 때문에 편안한 것이다.

蟋蟀三章이니 章八句라

〈실솔(蟋蟀)〉은 3장이니, 장마다 8구이다.

【毛序】 蟋蟀은 刺晉僖公也니 儉不中禮라 故로 作是詩以閔之하니 欲其及時以禮自虞(娛)樂也라 此晉也而謂之唐은 本其風俗하여 憂深思遠하고 儉而用禮하여 乃有堯之遺風焉일새니라

〈실솔〉은 진(晉)나라 희공(僖公)을 풍자한 시(詩)이니, 너무 검소하여 예(禮)에 맞지 못하였다. 그러므로 이 시를 지어 민망히 여긴 것이니, 〈희공이〉 제때에 미처 예로써 스스로 즐거워하길 바란 것이다. 이것은 진(晉)나라 시인데 〈당풍(唐風)〉이라 칭하였으니, 이는 그 풍속을 근본하여 근심이 깊고 생각이 원대(遠大)하며 검소하면서도 예를 따라 마침내 요제(堯帝)의 유풍(遺風)이 있었기 때문이다.

【鄭註】 憂深思遠는 謂宛其死矣와 百歲之後之類也니라

'근심이 깊고 생각이 원대하다.'는 것은, '완연히 그 죽었다.'는 것과 '백세의 뒤'와 같은 따위를 이른다.

… 慆 : 지날 도

【辨說】 河東이 地瘠民貧하여 風俗勤儉은 乃其風土氣習이 有以使之하여 至今猶然하니 則在三代之時는 可知矣라 序所謂儉不中禮는 固當有之로되 但所謂刺僖公者는 蓋特以諡得之요 而所謂欲其及時以禮自娛樂者는 又與詩意로 正相反耳라 況古今風俗之變은 常必由儉以入奢요 而其變之漸은 又必由上以及下어늘 今謂君之儉은 反過於初로되 而民之俗은 猶知用禮라하니 則尤恐其無是理也로라 獨其憂深思遠하여 有堯之遺風者는 爲得之라 然其所以不謂之晉하고 而謂之唐者는 又初不爲此也니라

하동(河東) 지방은 땅이 척박하고 백성들이 가난해서 풍속이 부지런하고 검소함은 바로 그 풍토(風土)와 기습(氣習)이 그렇게 만듦이 있어서 지금까지도 오히려 그러하니, 그렇다면 삼대시대에 있어서는 알 수 있다. 〈시서〉에 이른바 '검소함이 예에 맞지 않았다.〔儉不中禮〕'는 것은 진실로 마땅히 이런 점이 있었으나 다만 이른바 '희공(僖公)을 풍자했다.'는 것은 아마도 다만 나쁜 시호 때문에 얻은 듯하고, 이른바 그 '제때에 미쳐서 예로써 스스로 즐기고자 했다.〔欲其及時以禮自娛樂〕'는 것은 또 시의 뜻과 정반대이다.

더구나 옛날과 지금의 풍속의 변함은 항상 반드시 검소함에서 사치함으로 들어가고, 그 변함의 점점함은 또 반드시 윗사람으로부터 아랫사람에게 미치기 마련이다. 지금 군주의 검소함은 도리어 처음보다 더한데 백성들의 풍속은 여전히 예를 따를 줄 알았다고 말하였으니, 그렇다면 더더욱 이러한 이치가 없을 듯하다. 다만 그 '근심함이 깊고 생각함이 원대해서 요(堯) 임금의 유풍이 있었다.'는 것은 맞다. 그러나 이 때문에 나라 이름을 진(晉)이라고 하지 않고 당(唐)이라고 말했다는 것은 또 애당초 이 때문에 이렇게 한 것이 아니다.

2. 산유추(山有樞)

① 山有樞〔烏侯昌朱二反〕, 隰有楡〔夷周以朱二反〕, 子有衣裳, 弗曳弗婁〔力侯力俱二反〕. 子有車馬, 弗馳弗驅〔祛尤虧于二反〕, 宛〔於阮反〕其死矣, 他人是愉〔他侯以朱二反〕.

山有樞(추)며 　　　산에는 느릅나무가 있으며

··· 瘠 : 메마를 척 樞 : 느릅나무 추

隰有楡(유)니라	진펄에는 흰느릅나무가 있느니라
子有衣裳호되	그대가 의상이 있으나
弗曳(예)弗婁(루)며	입지 않고 끌지 않으며
子有車馬호되	그대가 거마가 있으나
弗馳弗驅면	달리지 않고 채찍질하지 않으면
宛其死矣어든	덧없이 죽거든
他人是愉리라	타인이 이에 즐거워하리라

興也라 樞는 荎(질)也니 今刺楡也라 楡는 白枌也라 婁亦曳也라 馳는 走요 驅는 策也라 宛은 坐見貌라 愉는 樂也라

○ 此詩는 蓋亦答前篇之意而解其憂라 故로 言山則有樞矣요 隰則有楡矣라 子有衣裳、車馬로되 而不服不乘이면 則一旦宛然以死어든 而他人取之하여 以爲己樂矣라하니 蓋言不可不及時爲樂이라 然이나 其憂愈深而意愈蹙矣니라

흥(興)이다. '추(樞)'는 느릅나무이니, 지금의 자유(刺楡)이다. '유(楡)'는 흰느릅나무이다. '루(婁)' 또한 끎이다. '치(馳)'는 달림이요, '구(驅)'는 채찍질함이다. '완(宛)'은 앉아서 보는 모양이다. '유(愉)'는 즐거움이다.

○ 이 시(詩)는 아마도 또한 전편(前篇)의 뜻에 답하여 그 근심을 풀어준 듯하다. 그러므로 "산에는 느릅나무가 있고 진펄에는 흰느릅나무가 있다. 그대에게 의상(衣裳)과 거마(車馬)가 있으나 입지 않고 타지 않으면 하루아침에 완연(宛然)히 죽거든 타인이 취하여 자기의 낙으로 삼을 것이다."라고 말하였으니, 이는 때에 미쳐 즐거워하지 않을 수 없음을 말한 것이다. 그러나 그 근심이 더욱 깊고 뜻이 더욱 위축되었다.

② 山有栲〔音考 叶去九反〕, 隰有杻〔女九反〕. 子有廷內, 弗洒弗埽〔叶蘇后反〕. 子有鍾鼓, 弗鼓弗考〔叶去九反〕, 宛其死矣, 他人是保〔叶補苟反〕.

山有栲(고)며	산에는 붉나무가 있으며
隰有杻(뉴)니라	진펄에는 감탕나무가 있느니라
子有廷內호되	그대가 뜰이 있으나
弗洒(灑)弗埽하며	물 뿌리지 않고 쓸지 않으며

… 楡 : 느릅나무 유 曳 : 끌 예 婁 : 끌 루 愉 : 기뻐할 유 荎 : 느릅나무 질 枌 : 흰느릅나무 분 策 : 채찍질할 책 隰 : 습지 습 栲 : 북나무 고 杻 : 감탕나무 뉴

子有鍾鼓호되	그대가 종과 북이 있으나
弗鼓弗考하면	두들기지 않고 치지 않으면
宛其死矣어든	덧없이 죽거든
他人是保리라	타인이 이에 차지하리라

興也라 栲(붉나무)는 山樗(저)也니 似樗요 色小白, 葉差狹이라 杻는 檍(억)也니 葉似杏而尖(첨)하고 白色, 皮正赤이요 其理多曲少直하니 材可爲弓弩幹者也라 考는 擊也라 保는 居有也라

흥(興)이다. '고(栲)'는 산가죽나무이니, 가죽나무와 비슷하고 색이 조금 희고 잎이 조금 좁다. '뉴(杻)'는 감탕나무이니, 잎이 살구나무와 비슷한데 뾰족하며 백색이고 껍질이 붉으며 나무결이 굽은 것이 많고 곧은 것이 적으니, 재목은 궁노(弓弩)의 몸통을 만들 만하다. '고(考)'는 침이다. '보(保)'는 차지하여 소유하는 것이다.

③ 山有漆〔音七〕, 隰有栗. 子有酒食, 何不日鼓瑟. 且以喜樂〔音洛〕, 且以永日. 宛其死矣, 他人入室.

山有漆이며	산에는 옻나무가 있으며
隰有栗이니라	진펄에는 밤나무가 있느니라
子有酒食호되	그대가 술과 밥이 있으나
何不日鼓瑟하여	어찌하여 날로 비파를 타면서
且以喜樂(락)하며	기뻐하고 즐거워하지 않으며
且以永日고	또 날을 길게 누리지 않는고
宛其死矣어든	덧없이 죽거든
他人入室하리라	타인이 집에 들어오리라

興也라 君子無故면 琴瑟不離於側이라 永은 長也라 人多憂則覺日短하니 飮食作樂(악)이면 可以永長此日也라

흥(興)이다. 군자는 연고가 없으면 금슬(琴瑟)을 곁에서 떼어놓지 않는다. '영(永)'은 긺이다. 사람은 근심이 많으면 날이 짧음을 느끼니, 음식을 먹고 마시며 풍악을 일으키면 이 날을 길게 보낼 수 있는 것이다.

··· 樗 : 가죽나무 저 差 : 조금 차 狹 : 좁을 협 檍 : 싸리나무 억 尖 : 뾰족할 첨 理 : 결 리 弩 : 쇠뇌 노 幹 : 줄기 간

山有樞三章이니 章八句라

〈산유추(山有樞)〉는 3장이니, 장마다 8구이다.

【毛序】 山有樞는 刺晉昭公也라 不能修道以正其國하여 有財로되 不能用하고 有鍾鼓로되 不能以自樂하며 有朝廷이로되 不能灑埽(쇄소)하여 政荒民散하여 將以危亡하여 四隣이 謀取其國家로되 而不知하니 國人이 作詩以刺之也니라

〈산유추〉는 진(晉)나라 소공(昭公)을 풍자한 시(詩)이다. 도(道)를 닦아 나라를 바로잡지 못하여, 재물이 있어도 제대로 쓰지 못하고 종과 북이 있어도 스스로 즐기지 못하며 조정(朝廷)이 있어도 쇄소(灑埽)하지 못하여, 정사가 황폐하고 백성이 흩어져 장차 위망(危亡)하게 되어서 사방의 이웃나라들이 그 국가를 빼앗을 것을 도모하는데도 알지 못하니, 국인이 이 시(詩)를 지어 풍자한 것이다.

【辨說】 此詩는 蓋以答蟋蟀之意하여 而寬其憂요 非臣子所得施於君父者니 序說이 大誤니라

이 시는 아마도 〈실솔(蟋蟀)〉의 뜻에 답하여 그 근심을 너그럽게 풀어준 듯하고 신자(臣子)가 군부(君父)에게 베풀 수 있는 것이 아니니, 〈서설〉이 크게 잘못되었다.

3. 양지수(揚之水)

① 揚之水, 白石鑿鑿〔子洛反〕. 素衣朱襮〔音博〕, 從子于沃〔叶鬱鎛反〕. 既見君子, 云何不樂〔音洛〕.

揚之水여	느릿느릿 흘러가는 물이여
白石鑿(착)鑿이로다	흰 돌이 뾰족뾰족하도다
素衣朱襮(박)으로	붉은 옷깃의 흰 옷으로
從子于沃호리라	그대를 따라 곡옥(曲沃)으로 가리라
既見君子호니	이미 군자를 만나보니
云何不樂(락)이리오	어찌 즐겁지 않으리오

比也라 鑿鑿은 巉(참)巖貌라 襮은 領也니 諸侯之服은 繡黼領而丹朱純(준)也라 子

··· 鑿 : 뾰족할 착 襮 : 수놓은옷깃 박 巉 : 산깎아지른듯할 참 繡 : 수놓을 수 黼 : 보불 보

는 指桓叔也라 沃은 曲沃也라

○ 晉昭侯封其叔父成師于曲沃하니 是爲桓叔이라 其後에 沃盛强而晉微弱한대 國人이 將叛而歸之라 故로 作此詩라 言水緩弱而石巉巖하여 以比晉衰而沃盛이라 故로 欲以諸侯之服으로 從桓叔于曲沃하고 且自喜其見君子而無不樂也라

비(比)이다. '착착(鑿鑿)'은 돌이 뾰족하게 쌓여 있는 모양이다. '박(襮)'은 옷깃(동정)이니, 제후의 옷은 보(黼)를 동정에 수놓고 붉은 색으로 선을 두른다. '자(子; 그대)'는 환숙(桓叔)을 가리킨 것이다. '옥(沃)'은 곡옥(曲沃)이다.

○ 진 소후(晉昭侯)가 그의 숙부(叔父)인 성사(成師)를 곡옥에 봉하니, 이가 환숙(桓叔)이다. 그 뒤에 옥(沃)은 강성하고 진(晉)은 미약하자, 국인들이 장차 진(晉)나라를 배반하고 곡옥으로 돌아가려 하였다. 그러므로 이 시(詩)를 지은 것이다. 물살은 느리고 약한데 돌은 뾰족함을 말하여 진나라는 쇠약하고 곡옥은 강성함을 비유하였다. 그러므로 제후의 의복을 가지고 환숙을 따라 곡옥으로 가고자 하고, 또 군자를 만나보고 즐겁지 않음이 없음을 스스로 기뻐한 것이다.

② 揚之水, 白石皓皓〔胡老反 叶胡暴反〕. 素衣朱繡〔叶先妙反〕, 從子于鵠〔叶居號反〕. 既見君子, 云何其憂〔叶一笑反〕.

揚之水여	느릿느릿 흘러가는 물이여
白石皓皓로다	흰 돌이 희고 희도다
素衣朱繡로	붉은 수를 놓은 흰 옷으로
從子于鵠호리라	그대를 따라 곡(鵠)으로 가리라
既見君子호니	이미 군자를 만나보니
云何其憂리오	어찌 근심하리오

比也라 朱繡는 卽朱襮也라 鵠은 曲沃邑也라

비(比)이다. '주수(朱繡)'는 바로 주박(朱襮)이다. '곡(鵠)'은 곡옥(曲沃)의 읍(邑)이다.

③ 揚之水, 白石粼粼〔利新反〕. 我聞有命〔叶彌幷反〕, 不敢以告人.

揚之水여	느릿느릿 흘러가는 물이여

••• 鵠 : 고니 곡

白石粼(린)粼이로다	흰 돌이 깨끗하고 깨끗하도다
我聞有命이요	나는 명령을 듣고도
不敢以告人호라	감히 남에게 말하지 못하노라

比也라 粼粼은 水淸石見(현)之貌라 聞其命而不敢以告人者는 爲之隱也라 桓叔이 將以傾晉이여늘 而民爲之隱하니 蓋欲其成矣니라

○ 李氏曰 古者에 不軌之臣이 欲行其志인댄 必先施小惠以收衆情하나니 然後에 民翕然從之라 田氏之於齊에 亦猶是也라 故로 其召公子陽生於魯에 國人皆知其已至而不言[131]하니 所謂我聞有命이요 不敢以告人也니라

비(比)이다. '린린(粼粼)'은 물이 맑아서 돌이 보이는 모양이다. 그 명령을 듣고도 감히 남에게 말하지 못한다는 것은 그(환숙)를 위하여 숨겨준 것이다. 환숙(桓叔)이 장차 진(晉)나라를 전복시키려 하고 있었는데, 백성들이 그를 위하여 숨겨주었으니, 그가 성공하기를 바란 것이다.

○ 이씨(李氏)가 말하였다. "옛날에 불궤(不軌;모반하려는)의 신하가 그 뜻을 행하고자 하면 반드시 먼저 작은 은혜를 베풀어서 사람들의 마음을 거두었으니, 그런 뒤에 백성들이 흡연(翕然)히 따랐다. 전씨(田氏)가 제(齊)나라에 있어서도 또한 이와 같았다. 그러므로 전걸(田乞)이 공자(公子) 양생(陽生)을 노(魯)나라에서 불러올 적에 국인(國人)들이 모두 이미 그가 왔음을 알고도 말하지 않았으니, 이른바 "내가 명령이 있음을 듣고도 감히 남에게 말하지 못한다."는 것이다.

揚之水三章이니 二章은 章六句요 一章은 四句라

〈양지수(揚之水)〉는 3장이니, 두 장은 장마다 6구이고 한 장은 4구이다.

••••••

131 田氏之於齊……國人皆知其已至而不言 : 전씨(田氏)는 진걸(陳乞)을 가리킨다. 춘추시대 제(齊)나라는 경공(景公)이 죽은 뒤에 안유자(晏孺子)가 즉위하였다. 이때에 공자(公子) 양생(陽生)이 노(魯)나라로 망명해 있었는데, 진걸이 은밀히 공자 양생을 데려와 자기 집에 숨겨 놓았다가, 끝내 안유자를 시해하고 그를 임금(悼公)으로 세워 국정(國政)을 독단하였다. 그의 아들 진항(陳恒) 역시 국정을 독단하여 간공(簡公)을 시해하였으며, 증손(曾孫)인 화(和)에 이르러 제나라를 찬탈(簒奪)하였다. 진걸은 원래 진(陳)나라 여공(厲公)의 후손으로 본래 성(姓)이 진씨(陳氏)였으나 뒤에 전씨(田氏)로 고쳤는데, 《사기(史記)》〈제세가(齊世家)〉에는 또 문제(文帝)의 이름인 항(恒)을 휘(諱)하여 진항을 '전상(田常)'으로 표기하였다.

••• 粼 : 물맑을 린 軌 : 법도 궤 翕 : 합할 흡

【毛序】 揚之水는 刺晉昭公也라 昭公이 分國以封沃이러니 沃盛彊하고 昭公微弱하니 國人이 將叛而歸沃焉하니라

〈양지수〉는 진(晉)나라 소공(昭公)을 풍자한 시(詩)이다. 소공이 나라를 나누어 곡옥(曲沃)을 봉해주었는데 곡옥은 강성해지고 소공의 나라는 미약해지니, 국인(國人)이 장차 소공을 배반하고 곡옥으로 돌아가려 한 것이다.

【鄭註】 封沃者는 封叔父桓叔于沃也라 沃은 曲沃이니 晉之邑也라

봉옥(封沃)이라는 것은 숙부(叔父) 환숙(桓叔)을 곡옥(曲沃)에 봉한 것이다. 옥(沃)은 곡옥이니, 진(晉)나라의 도읍이다.

【辨說】 詩文明白하니 序說이 不誤하니라

시문(詩文)이 명백하니, 〈서설〉이 잘못되지 않았다.

4. 초료(椒聊)

① 椒聊之實, 蕃衍盈升. 彼其〔音記〕之子, 碩大無朋. 椒聊且〔子餘反〕, 遠條且.

椒聊之實이여	천초(川椒)의 열매여
蕃衍盈升이로다	번성하여 한 되에 가득차도다
彼其之子여	저기 그 사람이여
碩大無朋이로다	장대하여 짝할 이가 없도다
椒聊且(저)여	천초나무여
遠條且로다	가지가 멀리 뻗었도다

興而比也라 椒는 樹似茱萸(유)하니 有針刺하고 其實은 味辛而香烈이라 聊는 語助也라 朋은 比也라 且는 歎詞라 遠條는 長枝也라

○ 椒之蕃盛이면 則采之盈升矣요 彼其之子는 則碩大而無朋矣라 椒聊且, 遠條且는 歎其枝遠而實益蕃也라 此는 不知其所指하니 序亦以爲沃也라하니라

흥이비(興而比)이다. '초(椒)'는 나무가 오수유(吳茱萸)와 비슷한데 찌르는 가시가 있고, 그 열매는 맛이 맵고 향기가 짙다. '료(聊)'는 어조사이다. '붕(朋)'은 견줌

··· 椒 : 후초 초 衍 : 남을 연 朋 : 쌍 붕 茱 : 수유 수 萸 : 수유 유

(짝함)이다. '저(且)'는 감탄사이다. '원조(遠條)'는 가지가 길게 뻗은 것이다.

○ 천초(산초)가 번성하면 열매를 채집함에 한 되에 가득할 것이요, 저기 그 사람은 장대하여 짝할 이가 없다. 천초여 가지가 멀리 뻗었다는 것은 그 가지가 멀리 뻗고 열매가 더욱 많음을 감탄한 것이다. 이는 그 무엇을 가리킨 것인지 알지 못하니, 〈서(序)〉에는 또한 곡옥(曲沃)을 말한 것이라고 하였다.

② 椒聊之實, 蕃衍盈匊[九六反]. 彼其之子, 碩大且篤. 椒聊且, 遠條且.

椒聊之實이여	천초의 열매여
蕃衍盈匊(국)이로다	번성하여 한 움큼에 가득하도다
彼其之子여	저기 그 사람이여
碩大且篤이로다	장대(壯大)하고 또 후(厚)하도다
椒聊且여	천초나무여
遠條且로다	가지가 멀리 뻗었도다

興而比也라 兩手曰匊이라 篤은 厚也라

흥이비(興而比)이다. 두 손의 웅큼을 '국(匊)'이라 한다. '독(篤)'은 후(厚)함이다.

椒聊二章이니 章六句라

〈초료(椒聊)〉는 2장이니, 장마다 6구이다.

【毛序】 椒聊는 刺晉昭公也라 君子見沃之盛彊하여 能修其政하고 知其蕃衍盛大하여 子孫將有晉國焉하니라

〈초료〉는 진나라 소공(昭公)을 풍자한 시(詩)이다. 군자가 곡옥이 강성하여 그 정사를 잘 닦는 것을 보고는 그 번성하고 성대(盛大)해져 자손이 장차 진국(晉國)을 소유하게 될 줄을 안 것이다.

【辨說】 此詩는 未見其必爲沃而作也로라

이 시는 그 반드시 곡옥(曲沃)을 위하여 지은 것임을 볼 수 없다.

··· 匊 : 움킬 국

5. 주무(綢繆)

① 綢〔直留反〕繆〔芒侯反〕束薪, 三星在天〔叶鐵因反〕. 今夕何夕, 見此良人. 子兮子兮, 如此良人何.

綢繆束薪일새	칭칭 감아 섶을 묶을 적에
三星在天이로다	삼성이 하늘에 있도다
今夕何夕고	오늘밤은 어떤 밤인고
見此良人호라	이 좋은 님을 만났노라
子兮子兮여	그대여! 그대여!
如此良人何오	이 좋은 님을 어찌하리오

興也라 綢繆는 猶纏(전)綿也라 三星은 心也요 在天은 昏始見(현)於東方이니 建辰之月也라 良人은 夫稱也라

○ 國亂民貧하여 男女有失其時[132]而後에 得遂其婚姻之禮者하니 詩人이 敍其婦語夫之詞曰 方綢繆以束薪也에 而仰見三星之在天하니 今夕不知其何夕也러니 而忽見良人之在此라하고 旣又自謂曰 子兮子兮여 其將奈此良人何哉오하니 喜之甚而自慶之詞也라

흥(興)이다. '주무(綢繆)'는 전면(纏綿;감아 돌려 묶음)과 같다. '삼성(三星)'은 심성(心星)이요, '재천(在天)'은 이 별이 어둘 때(초저녁)에 처음 동방(東方)에 나타나는 것이니, 북두칠성 자루가 진방(辰方)을 가리키는 달(3월)이다. '양인(良人)'은 남편을 칭한 것이다.

○ 나라가 혼란하고 백성들이 가난하여 남녀가 제때를 잃은 뒤에 혼인의 예(禮)를 이룬 자가 있었다. 시인은 그 부인이 남편에게 이른 말을 서술하기를 "막 섶을 칭칭 감아 묶을 적에 하늘을 쳐다보니 삼성이 떠 있었다. 오늘밤이 어떤 밤인지 알지 못하였는데, 갑자기 양인이 여기에 있음을 보았다." 하고, 또 스스로 말

132 男女有失其時 : 실기시(失其時)는 혼인할 시기를 놓친 것을 말한다. 모형(毛亨)은 혼인의 때를 농한기인 계추(季秋)에서 맹춘(孟春)까지로 보았고, 정현(鄭玄)은 계추에서 중춘(仲春)까지로 보았다.《毛詩正義》

… 綢 : 얽을 주 繆 : 얽을 무(규) 纏 : 얽을 전 綿 : 얽힐 면

하기를 "그대여! 그대여! 장차 이 양인을 어찌하리오." 하였으니, 그 기쁨이 심하여 스스로 경하(慶賀)하는 말이다.

② 綢繆束芻〔叶側九反〕, 三星在隅〔叶語口反〕. 今夕何夕, 見此邂〔戶懈反〕逅〔胡豆反 叶狠口反〕. 子兮子兮, 如此邂逅何.

綢繆束芻(추)일새	칭칭 감아 꼴을 묶을 적에
三星在隅로다	삼성이 동남쪽 귀퉁이에 있도다
今夕何夕고	오늘밤은 어떤 밤인고
見此邂逅호라	이렇게 우연히 만났노라
子兮子兮여	그대여! 그대여!
如此邂逅何오	이 우연히 만난 것을 어찌하리오

興也라 隅는 東南隅也니 昏見(현)之星이 至此면 則夜久矣라 邂逅는 相遇之意라 此는 爲夫婦相語之詞也라

흥(興)이다. '우(隅)'는 동남쪽 귀퉁이이니, 어두울 때에 나타난 별이 이에 이르렀으면 밤이 오랜 것이다. '해후(邂逅)'는 우연히 서로 만나는 뜻이다. 이것은 부부(夫婦)가 서로 말한 내용이다.

③ 綢繆束楚, 三星在戶〔侯古反〕. 今夕何夕, 見此粲〔采旦反〕者〔叶章與反〕. 子兮子兮, 如此粲者何.

綢繆束楚일새	칭칭 감아 나뭇단을 묶을 적에
三星在戶로다	삼성이 문에 있도다
今夕何夕고	오늘밤은 어떤 밤인고
見此粲者호라	이 아름다운 분을 만났노라
子兮子兮여	그대여! 그대여!
如此粲者何오	이 아름다운 분을 어찌하리오

興也라 戶는 室戶也라 戶必南出하니 昏見之星이 至此면 則夜分矣라 粲은 美也라

… 芻 : 꼴 추 邂 : 우연히만날 해 逅 : 우연히만날 후 粲 : 아름다울 찬

此는 爲夫語婦之詞也라 或曰 女三爲粲이니 一妻二妾也라하니라

흥(興)이다. '호(戶)'는 집의 문이다. 문은 반드시 남쪽으로 내니, 어둘 때에 나타난 별이 이에 이르렀으면 밤이 깊은 것이다. '찬(粲)'은 아름다움이다. 이것은 남편이 부인에게 말한 내용이다. 혹자는 말하기를 "여자 셋을 찬(粲)이라 하니, 한 아내에 두 첩이다." 한다.

綢繆三章이니 章六句라

〈주무(綢繆)〉는 3장이니, 장마다 6구이다.

【毛序】 綢繆는 刺晉亂也니 國亂이면 則昏姻不得其時焉하나니라

〈주무〉는 진(晉)나라가 혼란함을 풍자한 시(詩)이니, 나라가 혼란하면 혼인을 제때에 하지 못하게 된다.

【鄭註】 不得其時는 謂不及仲春之月이라

그 때를 얻지 못했다는 것은 중춘(仲春)의 달에 미치지 못함을 이른다.

【辨說】 此는 但爲昏姻者相得而喜之詞니 未必爲刺晉國之亂也니라

이는 다만 혼인하는 자가 마음이 서로 맞아서 기뻐하는 글이니, 반드시 진(晉)나라의 혼란함을 풍자한 것은 아니다.

6. 체두(杕杜)

① 有杕〔徒細反〕之杜, 其葉湑湑〔私敍反〕. 獨行踽踽〔俱禹反〕. 豈無他人, 不如我同父〔扶雨反〕. 嗟行之人, 胡不比〔毗志反〕焉. 人無兄弟, 胡不佽〔七利反〕焉.

有杕(체)之杜여	우뚝 선 팥배나무여
其葉湑(서)湑로다	그 잎이 무성하고 무성하도다
獨行踽(우)踽호니	외로이 홀로 길을 가니
豈無他人이리오마는	어찌 타인이 없으랴마는
不如我同父니라	내 형제만 못하니라

••• 杕 : 나무우뚝할 체 杜 : 팥배나무 두 湑 : 성할 서 踽 : 외로울 우

嗟行之人은　　　　　　아! 길 가는 사람들은
胡不比焉고　　　　　　어찌 도와주지 않는고
人無兄弟어늘　　　　　사람이 형제가 없는데
胡不佽(차)焉고　　　　어찌 도와주지 않는고

興也라 杕는 特也요 杜는 赤棠也라 湑湑는 盛貌요 踽踽는 無所親之貌라 同父는 兄弟也라 比는 輔요 佽는 助也라
○ 此는 無兄弟者 自傷其孤特而求助於人之詞라 言杕然之杜도 其葉이 猶湑湑然이어늘 而人無兄弟면 則獨行踽踽하니 曾杜之不如矣라 然이나 豈無他人之可與同行也哉리오 特以其不如我兄弟라 是以로 不免於踽踽耳라 於是에 嗟嘆行路之人은 何不閔我之獨行而見親이며 憐我之無兄弟而見助乎아하니라

홍(興)이다. '체(杕)'는 우뚝함이요, '두(杜)'는 붉은 팥배나무이다. '서서(湑湑)'는 성한 모양이요, '우우(踽踽)'는 친한 사람이 없는 모양이다. '동부(同父;부모를 함께 함)'는 형제이다. '비(比)'는 도움이요, '차(佽)'는 도움이다.

○ 이것은 형제가 없는 자가 스스로 그 외로움을 서글퍼하여 남에게 도움을 구하는 말이다. "우뚝 선 팥배나무도 그 잎이 오히려 무성하고 무성하거늘, 사람이 형제가 없으면 외로이 홀로 길을 가니 일찍이 팥배나무만도 못한 것이다. 그러나 어찌 함께 동행할 만한 타인이 없겠는가. 다만 나의 형제만 못하기 때문에 외로움을 면치 못한다." 하였다. 이에 탄식하기를 "길가는 사람들은 어찌 내가 홀로 길 가는 것을 민망히 여겨 친해주지 않으며, 나의 형제가 없음을 불쌍히 여겨 도와주지 않는가." 한 것이다.

② 有杕之杜, 其葉菁菁〔子零反〕. 獨行睘睘〔求螢反〕. 豈無他人, 不如我同姓〔叶桑經反〕. 嗟行之人, 胡不比焉. 人無兄弟, 胡不佽焉.

有杕之杜여　　　　　　우뚝 선 팥배나무여
其葉菁(정)菁이로다　　그 잎이 푸르고 푸르도다
獨行睘(경)睘호니　　　외로이 홀로 길을 가니
豈無他人이리오마는　　어찌 타인이 없으랴마는
不如我同姓이니라　　　나의 동성만 못하니라

··· 比 : 도울 비　佽 : 도울 차　棠 : 아가위 당　菁 : 무성할 정　睘 : 외로울 경

嗟行之人은	아! 길 가는 사람은
胡不比焉고	어찌 도와주지 않는고
人無兄弟어늘	사람이 형제가 없는데
胡不佽焉고	어찌 도와주지 않는고

興也라 菁菁은 亦盛貌라 睘睘은 無所依貌라

홍(興)이다. '정정(菁菁)' 또한 성한 모양이다. '경경(睘睘)'은 의지할 바가 없는 외로운 모양이다.

杕杜二章이니 章九句라

〈체두(杕杜)〉는 2장이니, 장마다 9구이다.

【毛序】 杕杜는 刺時也라 君不能親其宗族하여 骨肉離散하여 獨居而無兄弟하여 將爲沃所幷爾니라

〈체두〉는 시대를 풍자한 시(詩)이다. 〈진(晉)나라〉 군주가 그 종족을 친애하지 못하여 골육지친(骨肉之親)이 이산되어 홀로 거처하고 형제가 없어서 장차 곡옥(曲沃)에게 겸병(兼倂)당하게 된 것이다.

【辨說】 此乃人無兄弟而自歎之詞니 未必如序之說也라 況曲沃은 實晉之同姓이요 其服屬이 又未遠乎아

이것은 바로 사람 중에 형제가 없어서 스스로 한탄한 글이니, 반드시 〈서설〉과는 같지 않을 것이다. 더구나 곡옥은 실로 진나라의 동성(同姓)이요 진나라에게 복속(服屬)함이 또 멀지(오래지) 않음에 있어서랴.

7. 고구(羔裘)

① 羔裘豹祛〔起居起據二反〕, 自我人居居〔斤於斤御二反〕. 豈無他人, 維子之故〔攻乎古慕二反〕.

羔裘豹祛(거)로소니	염소 갖옷에 표범 가죽으로 단 소매이니

… 羔 : 염소 고 裘 : 갖옷 구 祛 : 소매 거

自我人居居로다	우리 사람의 거거(居居)함이로다
豈無他人이리오마는	어찌 타인이 없으랴마는
維子之故니라	그대의 연고 때문이니라

賦也라 羔裘는 君純羔요 大夫以豹飾이라 袪는 袂(메)也라 居居는 未詳이라

부(賦)이다. 염소 갖옷은, 인군은 〈옷 전체를〉 순전히 염소가죽으로 만들고, 대부는 표범가죽으로 선을 두른다. '거(袪)'는 소매이다. '거거(居居)'는 미상이다.

② 羔裘豹褎〔徐救反〕, 自我人究究. 豈無他人, 維子之好〔呼報反 叶呼侯反〕.

羔裘豹褎(유)로소니	염소 갖옷에 표범 가죽으로 단 소매이니
自我人究究로다	우리 사람의 구구(究究)함이로다
豈無他人이리오마는	어찌 타인이 없으랴마는
維子之好니라	그대를 좋아하기 때문이니라

賦也라 褎는 猶袪也라 究究亦未詳[133]이라

부(賦)이다. '유(褎)'는 거(袪;소매)와 같다. '구구(究究)' 또한 미상이다.

羔裘二章이니 章四句라

〈고구(羔裘)〉는 2장이니, 장마다 4구이다.

此詩는 不知所謂하니 不敢强解로라

이 시(詩)는 무엇을 말한 것인지 알지 못하니, 감히 억지로 해석하지 못하노라.

【毛序】 羔裘는 刺時也니 晉人이 刺其在位하여 不恤其民也하니라

〈고구〉는 세상을 풍자한 시(詩)이니, 진(晉)나라 사람들이 높은 지위에 있으면서 백성을 근심하지 않음을 풍자한 것이다.

••••••

133 究究亦未詳 : 위의 거거(居居)와 함께 《집전》에는 '모두 미상이다' 하였으나 모형(毛亨)의 《시전(詩傳)》에는 "거거(居居)는 나쁜 마음을 품고 서로 가까이하는 모양이다. 구구(究究)도 거거와 같다.〔居居, 懷惡不相親比之貌. 究究, 猶居居也.〕" 하였다.

••• 袂 : 소매 메 褎 : 옷깃 유

【鄭註】 恤은 憂也라

휼(恤)은 근심함이다.

【辨說】 詩中에 未見此意로라

시 가운데에 이러한 뜻을 볼 수 없다.

8. 보우(鴇羽)

① 肅肅鴇羽, 集于苞栩〔況禹反〕. 王事靡盬〔音古〕, 不能蓺稷黍. 父母何怙〔候古反〕. 悠悠蒼天, 曷其有所.

肅肅鴇(보)羽여	푸드덕 날아가는 너새의 깃이여
集于苞栩(허)로다	총생(叢生)하는 도토리나무에 앉았도다
王事靡盬(고)라	왕사를 견고히 하지 않을 수 없어
不能蓺(藝)稷黍호니	서직을 심지 못하니
父母何怙(호)오	부모가 무엇을 믿으실고
悠悠蒼天아아	아득하고 아득한 창천아!
曷其有所오	언제나 그 살 곳이 있을꼬

比也라 肅肅은 羽聲이라 鴇는 鳥名이니 似雁而大하고 無後趾라 集은 止也라 苞는 叢生也라 栩는 柞櫟(작력)也니 其子爲皁(조)斗니 殼(각)可以染皁者是也라 盬는 不攻緻也라 蓺는 樹요 怙는 恃也라

○ 民從征役而不得養其父母라 故로 作此詩라 言鴇之性은 不樹止어늘 而今乃飛集于苞栩之上하니 如民之性은 本不便於勞苦어늘 今乃久從征役하여 而不得耕田以供子職也라 悠悠蒼天아 何時使我得其所乎아하니라

비(比)이다. '숙숙(肅肅)'은 새의 깃 소리이다. '보(鴇;너새)'는 새 이름이니, 기러기와 비슷한데 크고 뒷발가락이 없다. '집(集)'은 앉음이다. '포(苞)'는 총생(叢生)함이다. '후(栩)'는 도토리나무이니, 그 열매는 조두(皂斗;도토리)라 하는데, 껍질은 검정물을 들일 수 있다. '고(盬)'는 견고하지 못함이다. '예(蓺)'는 심음이요, '호(怙)'는 믿음이다.

••• 鴇 : 너새 보 苞 : 다북할 포 栩 : 도토리 허(후) 盬 : 견고하지못할 고 蓺 : 심을 예(藝同) 怙 : 믿을 호
柞 : 갈참나무 작 櫟 : 상수리 력 皁 : 검을 조 殼 : 껍질 각 緻 : 치밀할 치

○ 백성들이 오랫동안 정역(征役)에 종사하여 그 부모를 봉양할 수 없으므로 이 시(詩)를 지은 것이다. 너새의 성질은 나무에 앉지 않는데 이제 마침내 날아서 총생하는 상수리나무 위에 앉았으니, 이는 마치 백성의 성질이 본래 노고(勞苦)를 편안히 여기지 않는데 이제 마침내 오랫동안 정역에 종사하여 밭을 갈아 자식의 직분을 바치지 못함과 같은 것이다. 〈그리하여〉 아득하고 아득한 창천(蒼天)아! 어느 때에나 나로 하여금 그 살 곳을 얻게 할고 라고 한 것이다.

② 肅肅鴇翼, 集于苞棘. 王事靡盬, 不能蓺黍稷, 父母何食. 悠悠蒼天, 曷其有極.

肅肅鴇翼이여	푸드덕 날아가는 너새의 깃이여
集于苞棘이로다	총생하는 가시나무에 앉았도다
王事靡盬라	왕사를 견고히 하지 않을 수 없어
不能蓺黍稷호니	서직을 심지 못하니
父母何食고	부모가 무엇을 잡수실꼬
悠悠蒼天아	아득하고 아득한 창천아!
曷其有極고	언제나 그 그침이 있을꼬

比也라 極은 已也라

비(比)이다. '극(極)'은 난이 그침(다함)이다.

③ 肅肅鴇行〔戶郎反〕, 集于苞桑. 王事靡盬, 不能蓺稻粱, 父母何嘗. 悠悠蒼天, 曷其有常.

肅肅鴇行(항)이여	푸드덕 날아가는 너새의 항렬이여
集于苞桑이로다	총생하는 뽕나무에 앉았도다
王事靡盬라	왕사를 견고히 하지 않을 수 없어
不能蓺稻粱호니	벼와 조를 심지 못하니
父母何嘗고	부모가 무엇을 맛보실꼬
悠悠蒼天아	아득하고 아득한 창천아!

··· 棘 : 가시나무 극 極 : 다할 극 行 : 줄 항 粱 : 조 량 嘗 : 맛볼 상

曷其有常고　　　　언제나 그 정상(正常)으로 돌아갈꼬

比也라 行은 列也라 稻는 卽今南方所食稻米니 水生而色白者也라 粱은 粟類也니 有數色이라 嘗은 食也라 常은 復其常也라

비(比)이다. '항(行)'은 항렬이다. '도(稻)'는 바로 지금 남방(南方)에서 먹는 볍쌀이니, 물에서 자라며 색깔이 희다. '량(粱)'은 속(粟:조)의 종류이니, 여러 가지 색깔이 있다. '상(嘗)'은 먹음이다. '상(常)'은 그 정상을 회복함이다.

鴇羽三章이니 章七句라

〈보우(鴇羽)〉는 3장이니, 장마다 7구이다.

【毛序】 鴇羽는 刺時也라 昭公之後에 大亂五世하니 君子下從征役하여 不得養其父母하여 而作是詩也라

〈보우〉는 세상을 풍자한 시(詩)이다. 소공(昭公)의 뒤에 큰 혼란이 5세(世)에 이르니, 군자가 아래로 정역(征役)에 종사하느라 그 부모를 봉양하지 못하여 이 시(詩)를 지은 것이다.

【鄭註】 大亂五世者는 昭公、孝侯、鄂侯、哀侯、小子侯라

'큰 난리가 오세(五世)에 이르렀다.'는 것은 소공(昭公)과 효후(孝侯)·악후(鄂侯)·애후(哀侯)·소자 후(小子侯)이다.

【辨說】 序意得之나 但其時世는 則未可知耳로라

〈서〉의 뜻이 맞으나 다만 그 시대는 알 수 없다.

9. 무의(無衣)

① 豈曰無衣七兮, 不如子之衣, 安且吉兮.

豈曰無衣七兮리오　　　　어찌 칠 장(七章)의 옷이 없어서랴
不如子之衣　　　　천자가 주신 옷이
安且吉兮니라　　　　편안하고 또 길함만 못해서이니라

賦也라 侯、伯七命이니 其車旗衣服을 皆以七爲節이라 子는 天子也라

○ 史記에 曲沃桓叔之孫武公이 伐晉滅之하고 盡以其寶器로 賂周釐(禧)王한대 王以武公爲晉君하여 列於諸侯라하니 此詩는 蓋述其請命之意라 言我非無是七章之衣也로되 而必請命者는 蓋以不如天子之命服之 爲安且吉也라 蓋當是時하여 周室雖衰나 典刑猶在하니 武公이 旣負弑君簒國之罪면 則人得討之하여 而無以自立於天地之間이라 故로 賂王請命하고 而爲說如此라 然이나 其倨慢無禮 亦已甚矣라 釐王이 貪其寶玩하여 而不思天理民彝之不可廢라 是以로 誅討不加하고 而爵命行焉하니 則王綱於是乎不振하고 而人紀或幾乎絶矣라 嗚呼痛哉로다

부(賦)이다. 후(侯)와 백(伯)은 〈작명(爵命)이〉 7명(命)이니, 그 수레와 깃발과 의복을 모두 일곱으로 제한한다. '자(子)'는 천자이다.

○《사기(史記)》〈진세가(晉世家)〉에 "곡옥(曲沃) 환숙(桓叔)의 손자인 무공(武公)이 진(晉)나라를 공격하여 멸망시키고는 그 보기(寶器)를 모두 주(周)나라 희왕(釐王)에게 뇌물로 바치자, 희왕이 무공을 진나라의 군주로 삼아 제후에 반열하였다." 하였으니, 이 시(詩)는 〈천자에게〉 그 명(命)을 청한 뜻을 서술한 것이다. 내가 이 7장(章)의 옷이 없어서가 아닌데도 반드시 명(命)을 청하는 것은 천자의 명으로 입는 것이 편안하고 또 길함만 못해서라고 말한 것이다.

이때를 당하여 주(周)나라가 비록 쇠하였으나 전형(典刑;옛법)이 아직 남아 있었으니, 무공이 이미 군주를 시해하고 나라를 찬탈하는 죄를 지었다면, 사람들마다 그를 토벌하여 천지의 사이에 스스로 설 수가 없었을 것이다. 그러므로 왕(王)에게 뇌물을 주어 명(命)을 청하면서 이와 같이 말한 것이다. 그러나 그 거만하고 무례함이 또한 너무 심하다. 희왕이 그의 보물을 탐하여, 천리(天理)와 민이(民彝;사람의 떳떳한 성품)의 폐할 수 없음을 생각하지 않았다. 이 때문에 토벌을 가하지 않고 작명(爵命)을 행하였으니, 왕의 기강이 이에 떨쳐지지 못하고, 인기(人紀;인륜)가 혹 거의 끊어지게 된 것이다. 아! 애통하다.

② 豈曰無衣六兮, 不如子之衣, 安且燠[於六反]兮.

豈曰無衣六兮리오	어찌 육 장(六章)의 옷이 없어서랴
不如子之衣	천자가 주신 옷이
安且燠(욱)兮니라	편안하고 또 따뜻함만 못해서니라

··· 賂 : 줄 뢰, 뇌물 뢰 釐 : 복 희 簒 : 빼앗을 찬 彝 : 떳떳할 이 燠 : 따듯할 욱

賦也라 天子之卿은 六命이니 變七言六者는 謙也라 不敢以當侯、伯之命하여 得受六命之服하여 比於天子之卿도 亦幸矣라 燠은 煖也니 言其可以久也라

부(賦)이다. 천자의 경(卿)은 6명(命)이니, 칠(七)을 바꾸어 육(六)이라고 말한 것은 겸사이다. 감히 후(侯)·백(伯)의 작명을 감당할 수가 없어서 6명의 의복을 받아 천자의 경(卿)에 비할 수만 있어도 또한 다행이라고 한 것이다. '욱(燠)'은 따뜻함이니, 오래 입을 수 있음을 말한 것이다.

無衣二章이니 章三句라

〈무의(無衣)〉는 2장이니, 장마다 3구이다.

【毛序】 無衣는 美晉武公也라 武公이 始幷晉國하니 其大夫爲之請命乎天子之使하여 而作是詩也라

〈무의〉는 진(晉)나라 무공(武公)을 찬미한 시(詩)이다. 무공이 처음으로 진국(晉國)을 겸병하니, 그 대부가 무공을 위하여 천자의 사신(使臣)에게 작명을 청하면서 이 시(詩)를 지은 것이다.

【鄭註】 天子之使는 是時使來者라

천자의 사신은 이때 사신으로 온 자이다.

【辨說】 序는 以史記爲文하니 詳見本篇이라 但此詩 若非武公自作以述其賂王請命之意면 則詩人所作以著其事而陰刺之耳어늘 序乃以爲美之하니 失其旨矣라 且武公이 弑君簒國하여 大逆不道하니 乃王法之所必誅而不赦者라 雖曰 尙知王命之重하여 而能請之以自安이나 是亦禦人於白晝大都之中하고 而自知其罪之甚重하여 則分薄贓하여 餌貪吏하여 以求私有其重寶而免於刑戮이니 是乃猾賊之尤耳라 以是爲美는 吾恐其獎姦誨盜하여 而非所以爲敎也로라 小序之陋固多나 然其顚倒順逆하여 亂倫悖理가 未有如此之甚者라 故予特深辨之하여 以正人心하고 以誅賊黨하니 意庶幾乎大序所謂正得失者니 而因以自附於春秋之義云이로라

〈서〉는 《사기(史記)》를 가지고 글을 만들었으니, 본편에 자세히 보인다. 다만 이 시가 만약 무공(武公)이 스스로 지어서 그 왕(천자)에게 뇌물을 바쳐 명을 청한 뜻을 기술한 것이 아니라면 시인이 이 시를 지어서 이 일을 드러내어 은밀히 풍자한 것일 터인데, 〈서〉에는 도리어 무공을 찬미했다고 하였으니, 그 본지(本旨)를 잃은 것이다.

••• 贓 : 장물 장 禦 : 사나울 어, 강도질할 어

또 무공(武公)이 군주를 시해하고 나라를 찬탈해서 대역무도(大逆無道)하니, 이는 바로 왕법(王法)에 반드시 주벌하고 용서할 수 없는 자이다. 비록 '그가 오히려 왕명의 소중함을 알아서 왕명을 청하여 스스로 편안히 하려 했다.'고 할지라도 이 또한 대낮의 큰 도시 가운데에서 사람을 죽여 강도질하고는 자기의 죄가 심히 무거움을 스스로 알아서 작은 장물(贓物)을 나누어 탐욕스런 관리에게 낚시밥으로 주고는 그 중한 보물을 사사로이 소유하고 형육(刑戮)에서 면하기를 구한 것이니, 이는 바로 교활한 역적 중에 더욱 심한 것이다. 이것을 가지고 찬미했다면 나는 그 간악함을 장려하고 도둑질을 하도록 가르쳐서 가르침이 되는 바가 아닐 듯하다.

〈소서〉의 누추하고 고루함이 진실로 많으나 그 순역(順逆)을 거꾸로 말해서 윤리를 어지럽히고 이치를 위배함이 이와 같이 심한 경우는 있지 않았다. 그러므로 나는 다만 이것을 깊이 변론하여 사람의 마음을 바로잡고 역적의 무리를 주벌하였으니, 짐작컨대 이렇게 하면 거의 〈대서(大序)〉에서 이른바 '득실(得失)을 바로잡았다.'는 것이니, 인하여 스스로 《춘추(春秋)》의 대의(大義)에 붙이노라.

10. 유체지두(有杕之杜)

① 有杕之杜, 生于道左. 彼君子兮, 噬〔韓詩作逝〕肯適我. 中心好〔呼報反〕之, 曷飮〔鴆於反〕食〔音飼〕之.

有杕之杜여	우뚝 선 팥배나무여
生于道左로다	길 동쪽에 자라도다
彼君子兮	저 군자여
噬(逝)肯適我아	기꺼이 나에게 오시려나
中心好之나	중심으로 그를 좋아하나
曷飮食(임사)之오	어떻게 하면 음식을 자시게 할꼬

比也라 左는 東也라 噬는 發語詞라 曷은 何也라
○ 此는 人好賢而恐不足以致之라 故로 言此杕然之杜 生于道左하여 其蔭不足以休息이 如己之寡弱하여 不足恃賴하니 則彼君子者 亦安肯顧而適我哉리오 然이나

••• 杕 : 나무우뚝할 체 噬 : 깨물 서 飮 : 마시게할 임 食 : 먹일 사 蔭 : 덮을 음

其中心好之則不已也로되 但無自而得飮食之耳라 夫以好賢之心如此면 則賢者安有不至하여 而何寡弱之足患哉리오

비(比)이다. '좌(左)'는 동쪽이다. '서(噬)'는 발어사(發語詞)이다. '갈(曷)'은 어찌이다.

○ 이는 사람이 현인(賢人)을 좋아하면서 그를 초치(招致)하지 못할까 걱정하였다. 그러므로 말하기를 "이 우뚝 선 팥배나무가 길 동쪽에 자라서 그늘이 충분히 휴식할 수 없음이 마치 자기가 과약(寡弱)하여 충분히 의뢰할 수 없음과 같다. 그렇다면 저 군자가 또한 어찌 즐겨 돌아보아 기꺼이 나에게 오겠는가. 그러나 〈나는〉 중심으로 좋아함이 그치지 않는데, 다만 내 그에게 음식을 마시고 먹게 할 길이 없을 뿐이다." 한 것이다. 현자를 좋아하는 마음이 이와 같다면 현자가 어찌 이르지 않음이 있어 어찌 과약(寡弱)함을 걱정하겠는가.

② 有杕之杜, 生于道周. 彼君子兮, 噬肯來遊. 中心好之, 曷飮食之.

有杕之杜여	우뚝 선 팥배나무여
生于道周로다	길 굽이에 자라도다
彼君子兮	저 군자여
噬肯來遊아	기꺼이 나에게 와서 노시려나
中心好之나	중심으로 그를 좋아하나
曷飮食之오	어떻게 하면 음식을 자시게 할꼬

比也라 周는 曲也라

비(比)이다. '주(周)'는 굽이이다.

有杕之杜二章이니 章六句라

〈유체지두(有杕之杜)〉는 2장이니, 장마다 6구이다.

【毛序】 有杕之杜는 刺晉武公也니 武公寡特하여 兼其宗族하고 而不求賢以自輔焉하니라

〈유체지두〉는 진(晉)나라 무공(武公)을 풍자한 시(詩)이다. 무공이 과특(寡特:독불장군)하여 그 종족(宗族)을 겸병하고 현자(賢者)를 구하여 자신을 돕게 하지 않았다.

… 周 : 모퉁이 주

【辨說】 此序는 全非詩意니라

이 〈서〉는 전혀 시의 뜻이 아니다.

11. 갈생(葛生)

① 葛生蒙楚, 蘞〔音廉〕蔓于野〔叶上與反〕. 予美亡此, 誰與獨處.

葛生蒙楚하며	칡이 자라 가시나무에 덮이며
蘞(렴)蔓于野로다	거지 덩굴이 들에 뻗었도다
予美亡(無)此하니	내가 아름답게 여기는 분은 여기에 없으니
誰與獨處[134]오	누구와 더불어서 나 홀로 지내게 하는고

興也라 蘞은 草名이니 似栝樓하고 葉盛而細라 蔓은 延也라 予美는 婦人指其夫也라 ○ 婦人以其夫久從征役而不歸라 故로 言葛生而蒙于楚하고 蘞生而蔓于野하여 各有所依託이어늘 而予之所美者는 獨不在是하니 則誰與而獨處於此乎아하니라

흥(興)이다. '렴(蘞:거지덩굴)'은 풀 이름이니, 괄루(栝樓:하늘타리)와 비슷한데 잎이 무성하고 가늘다. '만(蔓)'은 뻗어남이다. '여미(予美:내가 아름답게 여기는 분)'는 부인이 자기 남편을 가리킨 것이다.

○ 부인이 자기 남편이 오랫동안 정역(征役)에 종사하여 돌아오지 못하므로 말하기를 "칡이 자라 가시나무에 덮이고 거지덩굴이 자라 들에 뻗어서 각각 의탁할

••••••

134 誰與獨處:《언해》에 '誰與獨處로다.'로 현토(懸吐)하고 "누로 더브러(누구와 더불어) 혼자 處하얏난고"로 해석하였다. 이에 대해 호산은 "살펴보건대 정현의 《전주(箋註)》에 '누구와 더불어 거처할꼬 나 홀로 집에 거처할 뿐이다.〔雖與居乎, 獨處家耳.〕' 하였으니, 이는 여(與)와 독(獨) 두 글자가 서로 모순됨을 혐의한 것이다. 그러나 이 《집주》에는 이것을 한 뜻으로 만들어 여(與)와 독(獨) 두 글자에 그리 구애하지 않았으니 '수여(雖與)'는 집에 타인이 없음으로 말하였고 '독처(獨處)'는 남편이 집에 있지 않음으로 말한 것이다.〔按箋云, 雖與居乎. 獨處家耳. 蓋嫌與、獨 二字之相矛盾也. 然此註則釋作一意, 不甚拘於此二者. 蓋誰與, 以家無他人而言, 獨處, 以夫不在家而言也.〕" 하였다. 그리고 "또 살펴보건대 이 주는 분명히 차(此) 자를 말하였는데 《언해》의 해석은 처(處) 자를 남편의 일로 삼은 것은 어째서인가.〔又按, 此註分明言此字, 而諺解處字, 作夫事, 何也.〕" 하였다. 이에 따라 위와 같이 해석하였으나 《전주》를 따라 '誰與오 獨處로다.'로 현토하여 해석하는 것이 문리에 순할 듯하다. 아래의 '誰與獨息'과 '誰與獨旦'의 경우도 이와 같다.

••• 蒙 : 덮을 몽 蘞 : 덩굴진풀 렴 亡 : 없을 무 栝 : 하늘타리 괄 樓 : 누대 루

바가 있는데, 내 아름답게 여기는 분은 유독 여기에 있지 않으니, 누구와 더불어서 내 홀로 지내게 하는고." 한 것이다.

② 葛生蒙棘, 蘞蔓于域. 予美亡此, 誰與獨息.

葛生蒙棘하며	칡이 자라 가시나무에 덮이며
蘞蔓于域이로다	거지 덩굴이 묘역(墓域)에 뻗었도다
予美亡此하니	내가 아름답게 여기는 분은 여기에 없으니
誰與獨息고	누구와 더불어서 나 혼자 머물게 하는고

興也라 域은 塋域也라 息은 止也라

홍(興)이다. '역(域)'은 영역(塋域:묘역)이다. '식(息)'은 그침이다.

③ 角枕粲兮, 錦衾爛兮. 予美亡此, 誰與獨旦.

角枕粲兮며	네모진 베개가 찬란하며
錦衾爛兮로다	비단 이불이 곱도다
予美亡此하니	내가 아름답게 여기는 분은 여기에 없으니
誰與獨旦고	누구와 더불어서 나 홀로 날을 새게 하는고

賦也라 粲、爛은 華美鮮明之貌라 獨旦은 獨處至旦也라

부(賦)이다. '찬(粲)'과 '란(爛)'은 화미(華美)하고 선명한 모양이다. '독단(獨旦)'은 홀로 거처하여 아침에 이른 것이다.

④ 夏之日, 冬之夜〔叶羊茹反〕. 百歲之後, 歸于其居〔叶姬御反〕.

夏之日과	여름의 긴 해와
冬之夜여	겨울의 긴 밤이여
百歲之後에나	백세의 뒤에나
歸于其居호리라	그 묘로 돌아가리라

… 域 : 지경 역 塋 : 무덤 영

賦也라 夏日永하고 冬夜永이라 居는 墳墓也라

○ 夏日冬夜에 獨居憂思가 於是爲切이라 然이나 君子之歸無期하여 不可得而見矣니 要死而相從耳라 鄭氏曰 言此者는 婦人專一하니 義之至요 情之盡이니라 蘇氏曰 思之深而無異心하니 此는 唐風之厚也니라

부(賦)이다. 여름엔 낮이 길고 겨울엔 밤이 길다. '거(居)'는 분묘(墳墓)이다.

○ 여름의 긴 해와 겨울의 긴 밤에 홀로 거처하면서 근심함이 이때에 간절하였다. 그러나 군자의 돌아옴이 기약이 없어 만나볼 수가 없으니, 요컨대 죽어서 서로 따를 뿐인 것이다.

정씨(鄭氏)가 말하였다. "이것을 말한 것은 부인은 전일(專一;한 지아비만을 섬김)하니, 의(義)가 지극하고 정(情)이 극진한 것이다."

소씨(蘇氏)가 말하였다. "그리움이 깊고 딴 마음이 없으니, 이는 〈당풍(唐風)〉의 후함이다."

⑤ 冬之夜〔同上〕, 夏之日, 百歲之後〔叶胡故反〕, 歸于其室.

冬之夜과	겨울의 긴 밤과
夏之日이여	여름의 긴 해여
百歲之後에나	백세의 뒤에나
歸于其室호리라	무덤 속으로 돌아가리라

賦也라 室은 壙也라

부(賦)이다. '실(室)'은 무덤 속이다.

葛生五章이니 章四句라

〈갈생(葛生)〉은 5장이니, 장마다 4구이다.

【毛序】 葛生은 刺晉獻公也라 獻公이 好攻戰하니 則國人多喪矣하니라

〈갈생〉은 진(晉)나라 헌공(獻公)을 풍자한 시(詩)이다. 헌공이 공격과 전쟁을 좋아하니, 국인(國人) 중에 도망한 이가 많았다.

【鄭註】 喪은 棄亡也라 夫從征役하여 棄亡不反하니 則其妻居家而怨思하니라

··· 壙 : 구덩이 광

상(喪)은 버리고 도망한 것이다. 남편이 정역(征役)에 종사해서 버리고 도망하여 돌아오지 못하니, 그 아내가 집에 있으면서 원망하여 생각한 것이다.

11. 채령(采苓)

① 采苓采苓, 首陽之巓〔叶典因反〕. 人之爲言, 苟亦無信〔叶斯人反〕. 舍〔音捨 下同〕旃〔之然反〕舍旃, 苟亦無然. 人之爲言, 胡得焉.

采苓采苓을	감초를 캐고 감초를 캐기를
首陽之巓(전)가	수산(首山) 남쪽의 산마루에서 하려는가
人之爲言을	남이 하는 말을
苟亦無信이어다	진실로 또한 믿지 말지어다
舍旃(전)舍旃하여	그 말을 버려두고 버려두어
苟亦無然이면	또한 옳게 여기지 않는다면
人之爲言이	참소하는 사람의 말이
胡得焉이리오	어찌 먹혀들 수 있으리오

比也라 首陽은 首山之南也라 巓은 山頂也라 旃은 之也라
○ 此는 刺聽讒之詩라 言子欲采苓於首陽之巓乎아 然이나 人之爲是言以告子者를 未可遽以爲信也라 姑舍置之하여 而無遽以爲然하고 徐察而審聽之면 則造言者無所得而讒止矣리라 或曰 興也라하니 下章放此하니라

비(比)이다. '수양(首陽)'은 수산(首山)의 남쪽이다. '전(巓)'은 산마루이다. '전(旃)'은 지(之:조사(助辭:그것))이다.

○ 이것은 참소하는 말을 들어줌을 풍자한 시(詩)이다. "그대는 수산 남쪽의 산마루에서 감초를 캐고자 하는가. 그러나 사람들이 이러한 말을 하여 그대에게 고(告)해주는 것을 대번에 믿어서는 안된다. 우선 그 말을 버려두어 대번에 옳게 여기지 말고, 서서히 살피고 자세히 들어본다면 말을 날조한 자가 먹혀들 수가 없어 참소가 그쳐질 것이다."라고 한 것이다. 혹자는 말하기를 "흥(興)이다." 하니, 하장(下章)도 이와 같다.

··· 苓 : 감초 령 巓 : 산꼭대기 전 旃 : 어조사 전 讒 : 참소할 참

② 采苦采苦, 首陽之下〔叶後五反〕. 人之爲言, 苟亦無與. 舍旃舍旃, 苟亦無然. 人之爲言, 胡得焉.

采苦采苦를	씀바귀를 뜯고 씀바귀를 뜯기를
首陽之下아	수산 남쪽의 아래에서 하려는가
人之爲言을	남이 하는 말을
苟亦無與어다	진실로 또한 허여(許與)하지 말지어다
舍旃舍旃하여	버려두고 버려두어
苟亦無然이면	또한 옳게 여기지 않는다면
人之爲言이	그 말을 참소하는 사람의 말이
胡得焉이리오	어찌 먹혀들 수 있으리오

比也라 苦는 苦菜也니 生山田及澤中하니 得霜이면 甛脆(첨취)而美라 與는 許也라

비(比)이다. '고(苦)'는 쓴나물(씀바귀)이니, 산전(山田)과 택중(澤中)에서 자라는데, 서리를 맞으면 달고 연하여 맛이 좋아진다. '여(與)'는 허여함이다.

③ 采葑采葑, 首陽之東. 人之爲言, 苟亦無從. 舍旃舍旃, 苟亦無然. 人之爲言. 胡得焉.

采葑采葑을	순무를 캐고 순무를 캐기를
首陽之東가	수산 남쪽의 동편에서 하려는가
人之爲言을	남이 하는 말을
苟亦無從이어다	진실로 또한 따르지 말지어다
舍旃舍旃하여	그 말을 버려두고 버려두어
苟亦無然이면	또한 옳게 여기지 않는다면
人之爲言이	참소하는 사람의 말이
胡得焉이리오	어찌 먹혀들 수 있으리오

比也라 從은 聽也라

비(比)이다. '종(從)'은 들어줌이다.

··· 甛 : 달 첨 脆 : 연할 취

采苓三章이니 章八句라

〈채령(采苓)〉은 3장이니, 장마다 8구이다.

【毛序】 采苓은 刺晉獻公也니 獻公이 好聽讒焉하니라

〈채령〉은 진(晉)나라 헌공(獻公)을 풍자한 시(詩)이니, 헌공이 참언(讒言)을 듣기 좋아하였다.

【辨說】 獻公이 固喜攻戰而好讒佞이나 然未見此二詩之果作於其時也로라

헌공이 진실로 공격하고 전쟁하기를 좋아하며 참소와 아첨을 좋아하였으나, 이 두 시가 과연 그때에 지어진 것임은 볼 수 없다.

唐國은 十二篇이니 三十三章이요 二百三句라

〈당풍(唐風)〉은 12편이니, 33장이고 203구이다.

〈진풍(秦風)〉 1-11[一之十一]

秦은 國名이니 其地在禹貢雍州之域하니 近鳥鼠山하니라 初에 伯益이 佐禹治水有功하여 賜姓嬴(영)氏러니 其後에 中潏(율)이 居西戎以保西垂(陲)하니라 六世孫大駱이 生成及非子러니 非子事周孝王하여 養馬於汧(견)渭之間하여 馬大繁息한대 孝王이 封爲附庸而邑之秦하니라 至宣王時하여 犬戎이 滅成之族한대 宣王이 遂命非子曾孫秦仲爲大夫하여 誅西戎이러니 不克하여 見殺하니라 及幽王爲西戎犬戎所殺하고 平王東遷에 秦仲孫襄公이 以兵送之한대 王이 封襄公爲諸侯하고 曰 能逐犬戎이면 卽有岐、豐之地라하니 襄公이 遂有周西都畿內八百里之地하고 至玄孫德公하여 又徙於雍하니라 秦은 卽今之秦州요 雍은 今京兆府興平縣이 是也라

진(秦)은 국명(國名)이니, 그 지역은 〈우공(禹貢)〉의 옹주(雍州) 경내에 있었으니, 조서산(鳥鼠山)과 가깝다. 처음에 백익(伯益)이 우왕(禹王)을 도와 홍수를 다스려 공을 세워 영씨(嬴氏) 성(姓)을 하사받았는데, 그 후 중율(中潏)이 서융(西戎)에 거하여 서쪽 변방을 차지하였다. 6세손 대락(大駱)이 성(成)과 비자(非子)를 낳았는데, 비자가 주 효왕(周孝王)을 섬겨 견수(汧水)와 위수(渭水) 사이에서 말을 길러 말이 크게 번식하자, 효왕(孝王)이 그를 부용국(附庸國)으로 봉하고 진(秦) 땅에 도읍을 정하게 하였다. 선왕(宣王) 때에 이르러 견융(犬戎)이 성(成)의 종족을 멸하자, 선왕은 마침내 비자(非子)의 증손인 진중(秦仲)을 명하여 대부로 삼아 서융(西戎)을 토벌하게 하였는데 이기지 못하여 견융에게 살해당하였다.

유왕(幽王)이 서융의 견융(犬戎)에게 살해되고 평왕(平王)이 동쪽(낙읍)으로 천도하자, 진중(秦仲)의 손자인 양공(襄公)이 군대를 동원하여 평왕을 호송하니, 평왕은 양공을 봉하여 제후로 삼고 말하기를 "능히 견융을 축출하면, 곧 기주(岐州)와 풍(豐) 땅을 소유하게 하겠다." 하였다. 그리하여 양공은 마침내 주(周)나라 서도(西都)의 기내(畿內) 8백 리의 땅을 소유하였고, 현손(玄孫)인 덕공(德公)에 이르러 또다시 도읍을 옹(雍) 땅으로 옮겼다. 진(秦)은 바로 지금의 진주(秦州)이며, 옹(雍)은 지금의 경조부(京兆府) 흥평현(興平縣)이 이 곳이다.

··· 嬴 : 성 영 潏 : 물흐를 율 垂 : 변방 수 駱 : 낙대 락 汧 : 물이름 견

1. 거린(車鄰)

① 有車鄰鄰, 有馬白顚〔都田反 叶典因反〕. 未見君子, 寺人之令〔力呈反〕.

有車鄰鄰이며	수레 소리 덜컹거리며
有馬白顚(전)이로다	말은 이마가 희도다
未見君子호니	군자를 만나보지 못하니
寺人之令이로다	시인을 시켜 통지하도다

賦也라 鄰鄰은 衆車之聲이라 白顚은 額有白毛니 今謂之的顙이라 君子는 指秦君이라 寺人은 內小臣也라 令은 使也라

○ 是時에 秦君이 始有車馬及此寺人之官하니 將見(현)者 必先使寺人通之라 故로 國人創見而誇美之也니라

부(賦)이다. '린린(鄰鄰)'은 여러 대의 수레가 지나가는 소리이다. '백전(白顚)'은 이마에 흰 털이 있는 말이니, 지금은 적상(的顙)이라 이른다. 군자는 진(秦)나라 군주를 가리킨 것이다. '시인(寺人)'은 궁내의 작은(낮은) 신하이다. '령(令)'은 부림이다.

○ 이때에 진나라 군주가 처음으로 거마(車馬)와 이 시인(寺人)의 관직을 소유하니, 장차 군주를 뵈려는 자는 반드시 먼저 시인으로 하여금 군주에게 통하게 하였다. 그러므로 국인들이 이것을 처음 보고는 과시하고 찬미한 것이다.

② 阪〔音反〕有漆, 隰有栗. 旣見君子, 竝坐鼓瑟. 今者不樂〔音洛〕, 逝者其耋〔田節反 叶地一反〕.

阪(판)有漆이며	산비탈에는 옻나무가 있으며
隰有栗이로다	진펄에는 밤나무가 있도다
旣見君子라	이미 군자를 만났기에
竝坐鼓瑟호라	함께 앉아 비파를 타노라
今者不樂(락)이면	지금 즐거워하지 않으면
逝者其耋(질)이리라	세월이 흘러가 늙게 되리라

… 顚 : 이마 전 的 : 표적 적 顙 : 이마 상 創 : 비롯할 창 誇 : 자랑할 과 阪 : 비탈 판 耋 : 늙은이 질

興也라 八十日耋이라
○ 阪則有漆矣요 隰則有栗矣라 旣見君子면 則竝坐鼓瑟矣니 失今不樂이면 則逝者其耋矣리라

흥(興)이다. 80세(歲)를 '질(耋)'이라 한다.

○ 산비탈에는 옻나무가 있고, 습지에는 밤나무가 있다. 이미 군자를 만났으면 함께 앉아 비파를 타야 하니, 지금 기회를 놓치고 즐거워하지 않으면 세월이 흘러가서 늙게 될 것이다.

③ 阪有桑, 隰有楊. 旣見君子, 竝坐鼓簧[音黃]. 今者不樂, 逝者其亡.

阪有桑이며	산비탈에는 뽕나무가 있으며
隰有楊이로다	진펄에는 버드나무가 있도다
旣見君子라	이미 군자를 만났기에
竝坐鼓簧(황)호라	함께 앉아 생황을 부노라
今者不樂이면	지금 즐거워하지 않으면
逝者其亡이리라	세월이 흘러가 죽게 되리라

興也라 簧은 笙中金葉이니 吹笙則鼓動之以出聲者也라

흥(興)이다. '황(簧)'은 생(笙) 가운데에 쇠로 된 잎이니, 생을 불면 〈금엽(金葉:쇠로 된 얇은 잎)이〉 고동하여 소리를 낸다.

車鄰三章이니 一章은 四句요 二章은 章六句라

〈거린(車鄰)〉은 3장이니, 한 장은 4구이고 두 장은 장마다 6구이다.

【毛序】 車鄰은 美秦仲也니 秦仲始大하여 有車馬禮樂侍御之好焉하니라

〈거린〉은 진중(秦仲)을 찬미한 시(詩)이니, 진중이 처음으로 나라를 강대(强大)하게 만들어 거마(車馬)와 예악(禮樂)과 시어(侍御)의 아름다움이 있었다.

【辨說】 未見其必爲秦仲之詩라 大率秦風은 唯黃鳥、渭陽이 爲有據요 其他諸詩는 皆不可考니라

그 반드시 진중의 시가 됨을 볼 수 없다. 대체로 〈진풍(秦風)〉은 오직 〈황조(黃

… 簧 : 생황 황

鳥)〉와 〈위양(渭陽)〉만이 근거가 있고, 그 나머지 여러 시는 모두 상고할 수 없다.

2. 사철(駟驖)

① 駟驖〔田結反〕孔阜〔符有反〕, 六轡在手. 公之媚〔眉冀反〕子, 從公于狩〔叶始九反〕.

駟驖孔阜하니	네 마리 검은 말 매우 장대(壯大)하니
六轡在手로다	여섯 고삐 손에 있도다
公之媚子	공의 사랑하는 사람이
從公于狩로다	공을 따라 사냥하도다

賦也라 駟驖은 四馬皆黑色如鐵也라 孔은 甚也라 阜는 肥大也라 六轡者는 兩服、兩驂이 各兩轡로되 而驂馬兩轡는 納之於觖(결)이라 故로 惟六轡在手也라 媚子는 所親愛之人也라 此亦前篇之意[135]也라

부(賦)이다. '사철(駟驖)'은 말 네 마리가 모두 흑색이어서 쇠빛과 같은 것이다. '공(孔)'은 심함이다. '부(阜)'는 비대(肥大)함이다. '육비(六轡)'는 두 복마(服馬)와 두 참마(驂馬)가 각각 고삐가 둘씩이나, 참마의 두 고삐는 수레의 고리에 넣었기 때문에 오직 여섯 고삐만이 손에 있는 것이다. '미자(媚子)'는 친애하는 사람이다. 이 또한 전편(前篇)의 뜻이다.

② 奉時辰牡. 辰牡孔碩〔叶常灼反〕. 公曰左之, 舍〔音捨〕拔〔蒲末反〕則獲〔叶黃郭反〕.

奉時辰(신)牡하니	이 제철 사냥감 몰아오니
辰牡孔碩이로다	이 제철 사냥감이 매우 크도다

135 此亦前篇之意 : 앞의 〈거린〉과 마찬가지로 진(秦)나라가 처음 거마를 구비하여 사냥하였으므로 사람들이 이를 처음 보고 자랑하였음을 뜻한다.

··· 媚 : 사랑할 미 觖 : 고리 결

公曰左之하시니　　　　　　공(公)께서 왼쪽으로 몰아라 하시니
舍拔(발)則獲이로다　　　　　화살을 쏠 적마다 잡도다

賦也라 時는 是라 辰은 時也요 牡는 獸之牡者니 辰牡者는 冬獻狼, 夏獻麋, 春秋獻鹿豕之類라 奉之者는 虞人翼以待射(석)也라 碩은 肥大也라 公曰左之者는 命御者하여 使左其車하여 以射(석)獸之左也라 蓋射必中其左라야 乃爲中殺[136]이니 五御所謂逐禽左者는 爲是故也라 拔은 矢括也라 曰左之而舍拔無不獲者는 言獸之多而射御之善也라

부(賦)이다. '시(時)'는 이것이다. '신(辰)'은 때(제철)이고, '무(牡)'는 짐승의 수컷이니, 신무(辰牡)는 겨울에는 이리를 바치고, 여름에는 큰 사슴을 바치고, 봄과 가을에는 사슴과 멧돼지를 바치는 따위이다. 받든다는 것은 우인(虞人)이 좌우에서 날개를 펼치듯이 짐승을 몰이하여 쏘아 맞추기를 기다리는 것이다. '석(碩)'은 비대함이다. '공왈좌지(公曰左之)'는 공이 어자(御者)에게 명하여 수레를 왼쪽으로 몰게 해서 짐승의 왼쪽을 쏘아 맞추는 것이다. 활을 쏠 때에는 반드시 그 왼쪽(심장)을 맞혀야 가장 알맞은 죽임이 되니, 《주례(周禮)》 〈대사도(大司徒)〉의 오어(五御)에 이른바 "짐승을 왼쪽으로 쫓는다."는 것은 이 때문이다. '발(拔)'은 화살의 오늬이다. '왼쪽으로 몰라 하시자, 화살을 쏨에 잡지 않음이 없다.'는 것은 짐승이 많고 공(公)이 사어(射御)를 잘함을 말한 것이다.

③ 遊于北園, 四馬旣閑〔叶胡田反〕. 輶〔音由〕車鸞鑣〔彼驕反〕, 載獫〔力驗反〕歇〔許竭反〕驕〔許喬反〕.

遊于北園하니　　　　　　북쪽 동산에 노니니
四馬旣閑이로다　　　　　네 마리 말이 잘 길들여졌도다

••••••

136　蓋射必中其左 乃爲中殺 : 중살(中殺)은 짐승의 심장부를 쏘아 맞추어 빨리 죽임을 이르며, 오어(五御)는 다섯 가지 수레를 모는 법으로 첫째는 화(和)와 란(鸞)의 방울을 울리는 명화란(鳴和鸞)이고, 둘째는 수세(水勢)의 굴곡에 따라 달리는 축수곡(逐水曲)이고, 셋째는 군주의 자리를 표시한 곳을 지날 때의 의식인 과군표(過君表)이고, 넷째는 길거리에서 달릴 적에 춤추는 절도에 맞추어 도는 무교구(舞交衢)이고, 다섯째는 짐승을 왼쪽으로 모는 축금좌(逐禽左)이다. 짐승은 왼쪽 허구리를 맞추어 빨리 죽게 한 것을 상살(上殺)이라 하여 말려서 종묘의 제사에 올린다.

••• 拔 : 오늬 발　狼 : 이리 랑　麋 : 큰사슴 미　括 : 오늬 괄

輶(유)車鸞鑣(란표)로소니　가벼운 수레에 방울 단 재갈이니
載獫歇驕(험헐교)로다　여러 사냥개를 싣고 가도다

賦也라 田事已畢이라 故로 遊于北園이라 閑은 調習也라 輶는 輕也라 鸞은 鈴也니 效鸞鳥之聲이라 鑣는 馬銜也라 驅逆之車는 置鸞於馬銜之兩旁하여 乘車則鸞在衡하고 和在軾也라 獫、歇驕는 皆田犬名이니 長喙曰獫이요 短喙曰歇驕라 以車載犬은 蓋以休其足力也라 韓愈畫記에 有騎擁田犬者하니 亦此類라

부(賦)이다. 사냥하는 일이 이미 끝났기 때문에 북원(北園)에서 노는 것이다. '한(閑)'은 길들고 익숙한 것이다. '유(輶)'는 가벼움이다. '란(鸞)'은 방울이니, 란새의 소리를 본딴 것이다. '표(鑣)'는 말재갈이다. 짐승을 몰고 맞이하는 수레는 란을 말재갈의 양 옆에 다는데, 타는 수레는 란(鸞) 방울이 형(衡)에 있고 화(和) 방울이 식(軾)에 있다. '험(獫)'과 '헐교(歇驕)'는 모두 사냥개의 이름이니, 주둥이가 긴 것을 험(獫)이라 하고, 주둥이가 짧은 것을 헐교(歇驕)라 한다. 수레에 개를 싣고 가는 것은 사냥개 발의 힘을 쉬게 하고자 해서이다. 한유(韓愈)의 〈화기(畫記)〉에 '말을 타면서 사냥개를 끼고 간다.'는 내용이 있으니, 또한 이러한 따위이다.

駟驖三章이니 章四句라

〈사철(駟驖)〉은 3장이니, 장마다 4구이다.

【毛序】 駟驖은 美襄公也니 始命하여 有田狩之事, 園囿之樂焉하니라

〈사철〉은 양공(襄公)을 찬미한 시(詩)이니, 비로소(처음으로) 명하여 사냥하는 일과 짐승이 노니는 동산의 즐거움이 있었다.

【鄭註】 始命은 命爲諸侯也니 秦始附庸也라

시명(始命)은 명하여 제후가 된 것이니, 진(秦)나라가 처음에는 부용국(附庸國)이었다.

3. 소융(小戎)

① 小戎俴〔錢淺反〕收, 五楘〔音木〕梁輈〔陟留反〕, 游環脅驅〔叶俱懼反 又居錄反〕,

… 輶 : 가벼울 유 鸞 : 방울 란 鑣 : 재갈 표 獫 : 부리긴개 험 歇 : 사냥개 헐 銜 : 재갈 함 喙 : 부리 훼
擁 : 낄 옹

陰靷〔音引〕鋈〔音沃〕續〔叶辭屢反 又如字〕, 文茵〔音因〕暢〔敕亮反〕轂〔叶又去聲〕, 駕我騏馵〔之樹反 又之錄反〕. 言念君子, 溫其如玉. 在其板屋, 亂我心曲.

小戎俴(천)收로소니	병거(兵車)라서 수레 뒤턱이 얕으니
五楘(목)梁輈(주)로다	다섯 곳을 묶은 굽은 끌채로다
游環脅驅며	돌아다니는 고리이며 가슴의 끈이며
陰靷鋈(옥)續이며	속에 끈을 매되 이음새에 도금을 하였으며
文茵(인)暢轂이로소니	문채나는 호피(虎皮) 방석이며 긴 바퀴통이로소니
駕我騏馵(기주)로다	나의 얼룩말과 발이 흰 말을 멍에하도다
言念君子호니	군자를 생각하니
溫其如玉이로다	온화함이 옥(玉)과 같도다
在其板屋하여	판잣집에 계시어
亂我心曲이로다	나의 마음속을 어지럽히도다

賦也라 小戎은 兵車也라 俴은 淺也라 收는 軫也니 謂車前後兩端橫木이니 所以收斂所載者也라 凡車之制는 廣皆六尺六寸이며 其平地任載者는 爲大車니 則軫深八尺이요 兵車則軫深四尺四寸이라 故로 曰小戎俴收也라하니라 五는 五束也라 楘은 歷錄然文章之貌也라 梁輈는 從前軫以前으로 稍曲而上하여 至衡則向下鉤之하여 橫衡於輈下하니 而輈形穹隆上曲하여 如屋之梁이요 又以皮革으로 五處束之하여 其文章이 歷錄然也라 游環은 靷環也니 以皮爲環하여 當兩服馬之背上하여 游移前却無定處하여 引兩驂馬之外轡하여 貫其中而執之하니 所以制驂馬하여 使不得外出이라 左傳曰 如驂之有靷(靳)이 是也라 脅驅는 亦以皮爲之하니 前係於衡之兩端하고 後係於軫之兩端하여 當服馬脅之外하니 所以驅驂馬하여 使不得內入也라 陰은 揜軓(엄범)也니 軓在軾前而以板橫側揜之하니 以其陰映此軓이라 故로 謂之陰也라 靷은 以皮二條로 前係驂馬之頸하고 後係陰版之上也라 鋈續은 陰板之上有續靷之處에 消白金하여 沃灌其環하여 以爲飾也라

부(賦)이다. '소융(小戎)'은 병거(兵車)이다. '천(俴)'은 얕음이다. '수(收)'는 수레의 뒤턱나무이니, 수레의 앞뒤 두 끝에 가로댄 나무를 이르는데, 수레에 실은 짐을 거두는 것이다. 일반적으로 수레의 제도는 너비가 모두 6척(尺) 6촌(寸)이며, 평지에 짐을 싣는 것은 대거(大車:소가 끄는 짐수레)이니, 대거는 진(軫)의 깊이가

… 俴 : 얕을 천 收 : 수레뒤턱나무 수 楘 : 묶을 목, 빛날 목 輈 : 끌채 주 靷 : 가슴걸이 인 鋈 : 도금할 옥
茵 : 자리 인 暢 : 길 창 騏 : 얼룩말 기 馵 : 왼발흰말 주 軫 : 수레뒤턱나무 진 鉤 : 걸 구 輈 : 끌채 주
穹 : 높을 궁 靳 : 가슴걸이 근 揜 : 가릴 엄 軓 : 차앞턱나무 엄 沃 : 물댈 옥

8척이고, 병거(兵車)는 진(軫)의 깊이가 4척 4촌이다. 그러므로 소융천수(小戎俴收)라고 말한 것이다. '오(五)'는 다섯 곳을 묶은 것이다. '목(楘)'은 역록연(歷錄然;찬란함)히 문장(문채)이 드러나는 모양이다. 양주(梁輈;끌채)는 앞의 진(軫)으로부터 앞으로 점점 굽어져 올라가 형(衡;수레의 채 끝에 단 가로나무(멍에))에 이르면 아래를 향하여 갈고리를 걸어서 형(衡)을 주(輈;끌채)의 아래에 가로로 대니, 주(輈)의 형상이 중간이 높이 솟아 위가 굽은 것이 지붕의 들보와 같으며, 여기에 또 가죽으로 다섯 곳을 묶어서 그 문장이 역록연(歷錄然)한 것이다.

'유환(游環)'은 가죽끈으로 만든 고리이니, 가죽으로 고리를 만들어, 두 복마(服馬)의 등 위에 닿게 하여, 앞뒤로 옮겨 다니고 일정한 곳이 없게 해서 두 참마(驂馬)의 바깥 고삐를 잡아당겨 이 가운데에 꿰어 묶으니, 참마를 제재해서 밖으로 나가지 못하게 하는 것이다. 《춘추좌씨전》 정공(定公) 9년에 "〈내가 공(公)을 따라〉 참마에 근(靳;가슴걸이 끈)이 있는 것과 같이 하였다."는 것이 이것이다. '협구(脅驅)' 또한 가죽으로 만드니, 앞은 형(衡)의 양 끝에 매달고, 뒤는 진(軫)의 양 끝에 매달아서 복마(服馬)의 가슴 밖에 닿게 하니, 참마를 몰 때에 안으로 들어오지 못하게 하는 것이다. '음(陰)'은 범(軓;수레앞턱 나무)을 가리킨다. 범(軓)은 식(軾)의 앞에 있는데, 판자로 옆을 가로대어 가려서 이 범(軓)을 은은히 비추기 때문에 음(陰)이라고 이른 것이다. '인(靷)'은 두 가닥의 가죽으로써 앞은 두 참마의 목에 매고 뒤는 음판(陰板)의 위에 매는 것이다. '옥속(鋈續)'은 음판의 위 인(靷)을 이은 곳에 백금(白金;은)을 녹여서 그 고리에 부어 꾸밈을 만든 것이다.

蓋車衡之長이 六尺六寸이라 止容二服하니 驂馬之頸이 不當於衡이라 故로 別爲二靷以引車하니 亦謂之靳이라 左傳曰 兩靷將絶이 是也라 文茵은 車中所坐虎皮褥(욕)也라 暢은 長也라 轂者는 車輪之中이니 外持輻하고 內受軸者也라 大車之轂은 一尺有半이요 兵車之轂은 長三尺二寸이라 故로 兵車曰暢轂이라 騏는 騏文也라 馬左足白曰馵라 君子는 婦人目其夫也라 溫其如玉은 美之之詞也라 板屋者는 西戎之俗이 以板爲屋이라 心曲은 心中委曲之處也라

형(衡)의 길이는 6척(尺) 6촌(寸)이라서 다만 두 복마(服馬)만을 용납하여, 참마의 목은 형(衡)에 닿지 못한다. 그러므로 별도로 두 끈을 만들어 수레를 끌게 하는 것이니, 또한 근(靳)이라 이른다. 《춘추좌씨전》 양공(襄公) 14년에 "두 인(靷)이 장차 끊어지려 한다."는 것이 이것이다. '문인(文茵)'은 수레 가운데 깔고 앉는 호

··· 褥 : 요 욕 輻 : 바퀴살 복 軸 : 속바퀴 축

피(虎皮)의 요(방석)이다. '창(暢)'은 길이다. '곡(轂)'은 거륜(車輪:수레바퀴)의 가운데에 있으니, 밖으로는 복(輻)을 지탱하고 안으로는 축(軸)을 받(끼)는 것이다. 대거(大車)의 곡(轂)은 1척 반이요, 병거(兵車)의 곡은 3척 2촌이다. 그러므로 병거를 창곡(暢轂:긴 곡)이라 한 것이다. '기(騏)'는 얼룩무늬 말이다. 말의 왼쪽 발이 흰 것을 '주(馵)'라 한다. '군자'는 부인(婦人)이 그 남편을 지목한 것이다. '온기여옥(溫其如玉)'은 그를 찬미한 말이다. '판옥(板屋)'은 서융(西戎)의 풍속에 판자로써 지붕을 만든 것이다. '심곡(心曲)'은 마음 속의 깊은 곳이다.

○ 西戎者는 秦之臣子所與不共戴天之讎[137]也라 襄公이 上承天子之命하고 率其國人하여 往而征之라 故로 其從役者之家人이 先誇車甲之盛如此하고 而後及其私情하니 蓋以義興師면 則雖婦人이라도 亦知勇於赴敵而無所怨矣니라

○ 서융(西戎)은 진(秦)나라의 신자(臣子)들이 더불어 같은 하늘 아래에서 살 수 없는 원수이다. 양공(襄公)이 위로 천자의 명령을 받들어 국인들을 거느리고 가서 서융을 정벌하였다. 그러므로 그 종역(從役)하는 자의 가인(家人)들이 먼저 수레와 갑옷의 성대함을 과시하기를 이와 같이 하고, 뒤에 그 사사로운 정(情)에 미쳤으니, 의(義)로써 군대를 일으키면 비록 부인(婦人)이라도 또한 적에게 달려들기를 용감하게 해야 함을 알아 원망하는 바가 없는 것이다.

② 四牡孔阜〔扶有反〕, 六轡在手, 騏駵〔音留〕是中〔叶諸仍反〕, 騧〔古花反〕驪是驂〔叶疏簪反〕, 龍盾〔順允反〕之合, 鋈以觼〔古穴反〕軜〔音納〕. 言念君子, 溫其在邑〔叶烏合反〕. 方何爲期, 胡然我念之.

四牡孔阜하니	네 마리의 숫말이 매우 장대하니
六轡在手로다	여섯 고삐가 손에 있도다
騏駵(류)是中이요	얼룩말과 월따말이 중앙에 있는 복마(服馬)이고
騧驪(와리)是驂이로소니	누런 공골마와 검은 말이 곁말이니

••••••

137 西戎者 秦之臣子所與不共戴天之讎 :《예기》〈곡례 상(曲禮上)〉에 "아버지를 죽인 원수는 그와 함께 한 하늘을 이고 살지 않는다.〔父之讎, 弗與共戴天.〕"라고 보이는 바, 이는 아버지의 원수를 반드시 갚아야 함을 말한 것인데, 진나라의 양중(襄仲)이 서융(西戎)을 토벌하다가 이기지 못하여 살해되었으므로 말한 것이다.

••• 駵 : 월다말 류 騧 : 공골마 와

龍盾(순)之合이요	용(龍)을 그린 방패 두 개를 합하고
鋈以觼軜(결납)이로다	고리가 있는 안쪽 고삐를 도금하였도다
言念君子호니	군자를 생각하니
溫其在邑이로다	온화하게 읍(邑)에 있도다
方何爲期오	장차 언제로 기약할꼬
胡然我念之오	어찌하여 나를 그리워하게 하는고

賦也라 赤馬黑鬣(렵)曰騮라 中은 兩服馬也라 黃馬黑喙曰騧라 驪는 黑色也라 盾은 干也라 畫龍於盾하고 合而載之하여 以爲車上之衛하니 必載二者는 備破毁也라 觼은 環之有舌也요 軜은 驂內轡也니 置觼於軾前以係軜이라 故로 謂之觼軜이니 亦消沃白金以爲飾也라 邑은 西鄙之邑也라 方은 將也라 將以何時爲歸期乎아 何爲使我思念之極也오

부(賦)이다. 붉은 말에 검은 갈기가 있는 말을 '류(騮;월따말)'라 한다. '중(中)'은 중앙에 있는 두 복마(服馬)이다. 누런 말에 주둥이가 검은 것을 '와(騧;공골마)'라 한다. '리(驪)'는 흑색이다. '순(盾)'은 방패이니, 용(龍)을 방패에 그리고 두 개를 합하여 실어서 수레 위의 호위로 삼으니, 반드시 두 개를 싣는 것은 파손됨을 대비해서이다. '결(觼)'은 고리에 혀〔舌;잠금장치〕가 있는 것이요, '납(軜)'은 참마의 안쪽 고삐이니, 결(觼)을 식(軾) 앞에 설치하여 납(軜)에 매단다. 그러므로 결납(觼軜)이라고 이르니, 또한 백금을 녹여 부어서 장식한다. '읍(邑)'은 서비(西鄙;서쪽 변방)의 읍(邑)이다. '방(方)'은 장차이다. "장차 어느 때로 돌아올 기약을 할꼬. 어찌하여 나로 하여금 사념(思念)하기를 지극하게 하는고."라고 한 것이다.

③ 俴駟孔羣, 厹〔音求〕矛鋈錞〔徒對反 叶朱倫反〕, 蒙伐有苑〔叶音氳〕, 虎韔〔敕亮反〕鏤〔音漏〕膺, 交韔二弓〔叶姑弘反〕, 竹閉緄〔古本反〕縢〔直登反〕. 言念君子, 載寢載興. 厭厭〔於鹽反〕良人, 秩秩德音〔叶一陵反〕.

俴駟孔羣이어늘	철갑(鐵甲)한 네 마리 말이 매우 조화로운데
厹矛鋈錞(구모옥대)로다	세모진 창에 창고달을 도금하였도다
蒙伐有苑(원)이어늘	여러 가지 깃털을 그린 방패가 빛나는데
虎韔(창)鏤(루)膺이로다	호피 활집이며 강철로 만든 가슴걸이로다

… 盾 : 방패 순 觼 : 고리 결 軜 : 속고삐 납 鬣 : 갈기 렵 俴 : 얕을 천 厹 : 세모난창 구 錞 : 창고달 대 蒙 : 섞일 몽 伐 : 방패 벌 苑 : 문채날 원 韔 : 활집 창 鏤 : 새길 루

交韔二弓하니	두 활을 활집에 마주 넣으니
竹閉緄縢(곤등)이로다	대나무 도지개를 끈으로 묶었도다
言念君子하여	군자를 생각하여
載寢載興호라	자다가 일어났다 하노라
厭(염)厭良人이여	편안한 양인(군자)이여
秩秩德音이로다	덕음이 질서정연하도다

賦也라 俴駟는 四馬皆以淺薄之金爲甲이니 欲其輕而易於馬之旋習也라 孔은 甚이요 羣은 和也라 厹矛는 三隅矛也라 鋈錞는 以白金沃矛之下端平底者也라 蒙은 雜也라 伐은 中干也니 盾之別名이라 苑은 文貌니 畫雜羽之文於盾上也라 虎韔은 以虎皮爲弓室也라 鏤膺은 鏤金以飾馬當胸帶也라 交韔은 交二弓於韔中이니 謂顚倒安置之라 必二弓은 以備壞也라 閉는 弓檠也니 儀禮에 作柲(비)라 緄은 繩이요 縢은 約也니 以竹爲閉하고 而以繩約之於弛弓之裏하여 檠弓體하여 使正也라 載寢載興은 言思之深而起居不寧也라 厭厭은 安也요 秩秩은 有序也라

부(賦)이다. '천사(俴駟)'는 네 마리의 말에 모두 얇은 쇠로 갑옷을 만들어 입힌 것이니, 가벼워서 말이 돌고 익힘에 쉽게 하고자 한 것이다. '공(孔)'은 심함이요, '군(羣)'은 조화로움이다. '구모(厹矛)'는 날이 세모진 창이다. '옥대(鋈錞)'는 백금을 창의 하단(下端) 편편한 밑부분에 부어 만든 것이다. '몽(蒙)'은 뒤섞임이다. '벌(伐)'은 중간 크기의 방패이니, 순(盾)의 별명이다. '원(苑)'은 문채나는 모양이니, 여러 깃털의 문양을 방패 위에 그린 것이다.

'호창(虎韔)'은 호피(虎皮)로 활집을 만든 것이다. '루응(鏤膺)'은 강철에 금박(金箔)을 새겨 말의 가슴띠에 닿는 부분을 꾸민 것이다. '교창(交韔)'은 두 활을 활집 안에 엇갈리게 넣는 것이니, 서로 반대로 안치(安置)함을 이른다. 반드시 두 활을 넣는 것은 파손됨을 대비해서이다. '폐(閉)'는 활의 도지개이니, 《의례(儀禮)》〈기석례(旣夕禮)〉에는 비(柲)로 되어 있다. '곤(緄)'은 노끈이요 '등(縢)'은 묶음이니, 대나무로 도지개를 만들고, 노끈으로써 풀어놓은 활의 안쪽을 묶어서 활몸통을 도지개에 묶어놓아 활을 바르게 하는 것이다. '재침재흥(載寢載興)'은 그리움이 깊어서 기거(起居)가 편안하지 못함을 말한 것이다. '염염(厭厭)'은 편안함이요, '질질(秩秩)'은 차례가 있는 것이다.

… 閉 : 도지개 폐 緄 : 노끈 곤 縢 : 묶을 등 胸 : 가슴 흉 檠 : 도지개 경 韠 : 활도지개끈 비 約 : 묶을 약

小戎三章이니 章十句라

〈소융(小戎)〉은 3장이니, 장마다 10구이다.

【毛序】 小戎은 美襄公也라 備其兵甲하여 以討西戎호되 西戎方强하여 而征伐不休하니 國人은 則矜其車甲하고 婦人은 能閔其君子焉하니라

〈소융〉은 양공(襄公)을 찬미한 시(詩)이다. 병기와 갑옷을 장만하여 서융(西戎)을 토벌하였는데, 서융이 한창 강성하여 정벌이 그치지 않으니, 국인(國人)들은 수레와 갑옷을 자랑하고 부인들은 그 군자를 걱정한 것이다.

【鄭註】 矜은 夸大也니 國人夸大其車甲之盛하여 有樂伐之意也라 婦人이 閔其君子면 恩義之至也라 作者敍外內之志는 所以美君政敎之功이니라

긍(矜)은 과시하고 큰체하는 것이니, 국인(國人)이 그 수레와 갑옷의 성함을 과시하여 정벌을 즐거워하는 뜻이 있었다. 부인이 그 군자를 민망히 여김은 은혜와 의리가 지극한 것이다. 작자(作者)가 밖과 안의 뜻을 서술함은 군주의 정교(政敎)의 공을 찬미한 것이다.

【辨說】 此詩는 時世未必然이나 而義則得之하니 說見本篇하니라

이 시는, 시대는 반드시 옳지 않으나 의리는 맞으니, 설명이 본편에 보인다.

4. 겸가(蒹葭)

① 蒹〔古恬反〕葭〔音加〕蒼蒼, 白露爲霜. 所謂伊人, 在水一方. 遡〔所路反〕洄〔音回〕從之, 道阻且長. 遡游從之, 宛在水中央.

蒹葭(겸가)蒼蒼하니	갈대빛이 바래어 창창하니
白露爲霜이로다	흰 이슬이 서리가 되었도다
所謂伊人이	이른바 저분이
在水一方이로다	저 물가의 한쪽에 있도다
遡洄(소회)從之나	물결을 거슬러 올라가 따르려 하나
道阻且長이며	길이 막히고 또 길며
遡游從之나	물결을 따라 내려가 따르려 하나

··· 蒹 : 갈대 겸 葭 : 갈대 가 遡 : 거스를 소 洄 : 물거슬러흐를 회

宛在水中央이로다　　　　　완연(宛然)히 물의 중앙에 있도다

賦也라 蒹은 似萑(환)而細하고 高數尺이니 又謂之薕(렴)이라 葭는 蘆也라 蒹葭未敗에 而露始爲霜하니 秋水時至하여 百川灌河之時也라 伊人은 猶言彼人也라 一方은 彼一方也라 遡洄는 逆流而上也요 遡游는 順流而下也라 宛然은 坐見貌라 在水之中央은 言近而不可至也라
○ 言秋水方盛之時에 所謂彼人者 乃在水之一方하여 上下求之而皆不可得이라 然이나 不知其何所指也로라

부(賦)이다. '겸(蒹)'은 환(萑;갈대)과 비슷한데 가늘고 높이가 몇 자쯤 되니, 또 렴(薕)이라고도 이른다. '가(葭;갈대)'는 노(蘆)이다. 겸가(蒹葭)가 아직 시들지 않았을 때에 흰 이슬이 비로소 서리가 되었으니, 이는 가을 비(장마)가 제때에 이르러 온갖 냇물이 황하로 흘러들어가는 때이다. '이인(伊人)'은 피인(彼人)이란 말과 같다. '일방(一方)'은 저 한쪽이다. '소회(遡洄)'는 물결을 거슬러 올라감이요, '소유(遡游)'는 물결을 순(順)히 따라 내려감이다. '완연(宛然)'은 앉아서 보는 모양이다. 물의 중앙에 있다는 것은 가까워도 도달할 수 없음을 말한 것이다.

○ 추수(秋水;가을 홍수)가 한창 성할 때에 이른바 피인(彼人)이라는 자가 마침내 물가의 한쪽에 있어서 상하(上下)로 구하려 해도 다 얻을 수 없음을 말한 것이다. 그러나 그 무엇을 가리킨 것인지는 알지 못하겠다.

② 蒹葭凄凄, 白露未晞. 所謂伊人, 在水之湄. 遡洄從之, 道阻且躋. 遡游從之, 宛在水中坻〔直尸反〕.

蒹葭凄凄하니　　　　갈대가 푸르니
白露未晞(희)로다　　　흰 이슬이 마르지 않았도다
所謂伊人이　　　　　이른바 저분이
在水之湄로다　　　　저 물가의 한쪽에 있도다
遡洄從之나　　　　　물결을 거슬러 올라가 따르려 하나
道阻且躋(제)며　　　길이 막히고 또 높으며
遡游從之나　　　　　물결을 따라 내려가 따르려 하나
宛在水中坻(지)로다　　완연히 물의 모래섬에 있도다

··· 萑 : 갈대 환　凄 : 싸늘할 처　晞 : 마를 희　湄 : 물가 미　躋 : 오를 제　坻 : 모래섬 지

賦也라 凄凄는 猶蒼蒼也라 晞는 乾也라 湄는 水草之交也라 躋는 升也니 言難至也라 小渚曰坻라

부(賦)이다. '처처(凄凄)'는 창창(蒼蒼;갈대의 빛바랜 색깔)과 같다. '희(晞)'는 마름이다. '미(湄)'는 물과 풀이 교차하는 곳이다. '제(躋)'는 오름이니, 도달하기 어려움을 말한 것이다. 작은 모래섬을 '지(坻)'라 한다.

③ 蒹葭采采〔叶此禮反〕, 白露未已. 所謂伊人, 在水之涘〔叶以始二音〕. 遡洄從之, 道阻且右〔叶羽軌反〕, 遡游從之, 宛在水中沚.

蒹葭采采하니	갈대를 채취하고 채취하니
白露未已로다	흰 이슬이 그치지 않도다
所謂伊人이	이른바 저분이
在水之涘(사)로다	물가에 있도다
遡洄從之나	물결을 거슬러 올라가 따르려 하나
道阻且右며	길이 막히고 또 오른쪽으로 빗나가며
遡游從之나	물결을 따라 내려가 따르려 하나
宛在水中沚로다	완연히 물의 모래섬에 있도다

賦也라 采采는 言其盛而可采라 已는 止也라 右는 不相直(値)而出其右也라 小渚曰沚라

부(賦)이다. '채채(采采)'는 무성하여 채취할 만함을 말한 것이다. '이(已)'는 그침이다. '우(右)'는 서로 만나지 못하여 오른쪽으로 빗나간 것이다. 작은 모래섬을 '지(沚)'라 한다.

蒹葭三章이니 章八句라

〈겸가(蒹葭)〉는 3장이니, 장마다 8구이다.

【毛序】 蒹葭는 刺襄公也니 未能用周禮하여 將無以固其國焉하니라

〈겸가〉는 양공(襄公)을 풍자한 시(詩)이니, 주(周)나라 예(禮)를 쓰지 못하여 장차 그 나라를 견고하게 할 수 없었다.

••• 涘 : 물가 사 沚 : 물가 지

【鄭註】 秦이 處周之舊土하니 其人民이 被周之德敎日久矣라 今襄公이 新爲諸侯하여 未習周之禮法이라 故國人未服焉이니라

진(秦)나라가 주나라의 옛 땅에 거처하니, 그 인민(人民)이 주나라의 덕교(德敎)를 입은 지가 오래되었다. 이제 양공(襄公)이 새로 제후가 되어서 주나라의 예법을 익히지 못하였다. 그러므로 국인이 복종하지 않은 것이다.

【辨說】 此詩는 未詳所謂라 然序說之鑿은 則必不然矣리라

이 시는 무엇을 말한 것인지 자세하지 않다. 그러나 〈서설〉의 천착(穿鑿)함은 반드시 옳지 않을 것이다.

5. 종남(終南)

① 終南何有, 有條有梅〔叶莫悲反〕. 君子至止, 錦衣狐裘〔叶渠之反〕. 顏如渥〔於角反〕丹, 其君也哉〔叶將黎反〕.

終南何有오	종남산에 무엇이 있는고
有條有梅로다	가래나무와 매화나무가 있도다
君子至止하시니	군자(군주)가 이곳에 이르시니
錦衣狐裘샷다	여우 갖옷에 비단옷을 입으셨도다
顏如渥(악)丹하시니	얼굴이 붉고도 윤택하시니
其君也哉샷다	군주다우시도다

興也라 終南은 山名이니 在今京兆府南이라 條는 山楸也니 皮葉白, 色亦白이요 材理好하여 宜爲車板이라 君子는 指其君也라 至止는 至終南之下也라 錦衣狐裘는 諸侯之服也니 玉藻曰 君衣狐白裘하고 錦衣以裼(석)之라하니라 渥은 漬(지)也라 其君也哉는 言容貌衣服이 稱其爲君也라 此는 秦人美其君之詞니 亦車鄰、駟驖之意也라

흥(興)이다. '종남(終南)'은 산 이름이니, 지금의 경조부(京兆府) 남쪽에 있다. '조(條)'는 산 추자나무(가래나무)이니, 껍질과 잎이 희고 나무 색깔도 희며, 목재의 결이 좋아서 수레의 판자를 만들기에 마땅하다. '군자'는 그 군주를 가리킨 것이다. '지지(至止)'는 종남산의 아래에 이른 것이다. '금의호구(錦衣狐裘)'는 제후의

••• 渥 : 담글 악 楸 : 가래나무 추 理 : 결 리 藻 : 마름 조 裼 : 덧입을 석 漬 : 담글 지(자)

의복이니, 《예기》〈옥조(玉藻)〉에 "군주는 호백구(狐白裘)를 입는데, 비단옷을 갖옷 위에 덧입는다." 하였다. '악(渥)'은 물에 담가 더욱 붉음이다. '기군야재(其君也哉)'는 용모와 의복이 그 군주됨에 걸맞음을 말한 것이다. 이는 진(秦)나라 사람들이 그 군주를 찬미한 말이니, 또한 〈거린(車鄰)〉과 〈사철(駟驖)〉의 뜻이다.

② 終南何有, 有紀有堂. 君子至止, 黻〔音弗〕衣繡裳, 佩玉將將〔七羊反〕, 壽考不忘.

終南何有오	종남산에 무엇이 있는고
有紀有堂이로다	모퉁이가 있고 평평한 곳이 있도다
君子至止하시니	군자가 이곳에 이르시니
黻(불)衣繡裳이로다	불의(黻衣)와 수놓은 치마로다
佩玉將將하시니	패옥 소리 쟁쟁히 울리시니
壽考不忘이로다	편안히 장수하시기를 바라도다

興也라 紀는 山之廉角也요 堂은 山之寬平處也라 黻之狀은 亞니 兩己相戾也라 繡는 刺繡也라 將將은 佩玉聲也라 壽考不忘者는 欲其居此位, 服此服하여 長久而安寧也라

흥(興)이다. '기(紀)'는 산의 모서리요, '당(堂)'은 산의 평평한 곳이다. 불(黻)의 모양은 아(亞) 자이니, 두 기(己) 자가 서로 등지고 있다. '수(繡)'는 자수(刺繡)이다. '장장(將將)'은 패옥(佩玉)의 소리이다. '수고불망(壽考不忘)'은 이 지위에 거하고 이 옷을 입어서 장구히 안녕(安寧)하시기를 바란 것이다.

終南二章이니 章六句라

〈종남(終南)〉은 2장이니, 장마다 6구이다.

【毛序】 終南은 戒襄公也라 能取周地하여 始爲諸侯하여 受顯服하니 大夫美之라 故로 作是詩以戒勸之하니라

〈종남〉은 양공(襄公)을 경계한 시(詩)이다. 주(周)나라 땅을 취하여 비로소 제후가 되어 훌륭한 명복(命服)을 받으니, 대부가 이를 아름답게 여겼다. 그러므로 이

••• 紀 : 산모서리 기 黻 : 보불 불 廉 : 모날 렴

시(詩)를 지어 경계하고 권면한 것이다.

6. 황조(黃鳥)

① 交交黃鳥, 止于棘. 誰從穆公, 子車奄息. 維此奄息, 百夫之特. 臨其穴〔叶戶橘反〕, 惴惴其慄. 彼蒼者天〔叶鐵因反〕, 殲〔子廉反〕我良人. 如可贖兮, 人百其身.

交交黃鳥여	이리저리 나는 황조(꾀꼬리)여
止于棘이로다	가시나무에 앉았도다
誰從穆公고	누가 목공을 따라 죽는고
子車奄息이로다	자거 엄식이로다
維此奄息이여	이 엄식이여
百夫之特이로다	뭇사람 중에 뛰어난 자로다
臨其穴하여	그 구덩이에 임하여
惴(췌)惴其慄이로다	두려워 벌벌 떨도다
彼蒼者天이여	저 푸른 하늘이여
殲(섬)我良人이로다	우리의 훌륭한 사람을 죽이도다
如可贖兮인댄	만일 대신할 수 있을진댄
人百其身이로다	사람마다 자신을 백 번이라도 바치리라

興也라 交交는 飛而往來之貌라 從穆公은 從死也라 子車는 氏요 奄息은 名이라 特은 傑出之稱이라 穴은 壙也라 惴惴는 懼貌라 慄은 懼요 殲은 盡이요 良은 善이요 贖은 貿也라

○ 秦穆公卒에 以子車氏之三子爲殉하니 皆秦之良也라 國人哀之하여 爲之賦黃鳥하니 事見春秋傳하니 卽此詩也라 言交交黃鳥는 則止于棘矣라 誰從穆公고 則子車奄息也라하니 蓋以所見起興也라 臨穴而惴惴는 蓋生納之壙中也라 三子는 皆國之良이어늘 而一旦殺之하니 若可貿以他人인댄 則人皆願百其身以易之矣라

흥(興)이다. '교교(交交)'는 날아 왕래하는 모양이다. 목공(穆公)을 따른다는 것

… 奄 : 가릴 엄 惴 : 두려울 췌 慄 : 두려울 률 殲 : 죽일 섬 贖 : 살 속, 바꿀 속 貿 : 바꿀 무

은 따라 죽는 것이다. '자거(子車)'는 씨(氏)요, '엄식(奄息)'은 이름이다. '특(特)'은 걸출한 이의 칭호이다. '혈(穴)'은 묘 구덩이〔墓穴〕이다. '췌췌(惴惴)'는 두려워하는 모양이다. '율(慄)'은 두려워함이요, '섬(殲)'은 다함(다 죽임)이요, '량(良)'은 선(善)이요, '속(贖)'은 바꾸는(대신하는) 것이다.

○ 진 목공(秦穆公)이 죽자, 자거씨(子車氏)의 세 아들로써 순장(殉葬)하니, 이들은 모두 진(秦)나라의 훌륭한 사람이었다. 그러므로 국인(國人)들이 슬퍼하여 그를 위해 〈황조(黃鳥)〉를 읊었으니, 이 사실이 《춘추좌씨전》 문공(文公) 6년에 보이는 바, 바로 이 시(詩)이다. "이리저리 나는 황조는 가시나무에 앉아 있다. 누가 목공을 따라 죽는가. 자거 엄식이다." 하였으니, 이는 보이는 것을 가지고 기흥(起興)한 것이다. 구덩이에 임하여 두려워함은 아마도 그를 산채로 묘혈(墓穴) 속에 넣은 것이다. 세 사람은 모두 나라의 훌륭한 사람이었는데 하루아침에 죽였으니, 만일 다른 사람으로 바꿀 수 있다면 사람들이 모두 자기 몸을 백 번이라도 바꾸기를 원할 것이다.

② 交交黃鳥, 止于桑. 誰從穆公, 子車仲行〔戶郎反〕. 維此仲行, 百夫之防. 臨其穴, 惴惴其慄. 彼蒼者天, 殲我良人. 如可贖兮, 人百其身.

交交黃鳥여	이리저리 나는 황조여
止于桑이로다	뽕나무에 앉았도다
誰從穆公고	누가 목공을 따라 죽는고
子車仲行(항)이로다	자거 중항이로다
維此仲行이여	이 중항이여
百夫之防이로다	백 명을 당해낼 만하도다
臨其穴하여	그 구덩이에 임하여
惴惴其慄이로다	두려워 벌벌 떨도다
彼蒼者天이여	저 푸른 하늘이여
殲我良人이로다	우리 훌륭한 사람을 죽이도다
如可贖兮인댄	만일 대신할 수 있을진댄
人百其身이로다	사람마다 자신을 백 번이라도 바치리라

興也라 防은 當也니 言一人可以當百夫也라

흥(興)이다. '방(防)'은 당해냄이니, 한 사람이 백 명의 지아비를 당해낼 수 있음을 말한 것이다.

③ 交交黃鳥, 止于楚. 誰從穆公, 子車鍼〔其廉反〕虎. 維此鍼虎, 百夫之禦. 臨其穴, 惴惴其慄. 彼蒼者天, 殲我良人. 如可贖兮, 人百其身.

交交黃鳥여	이리저리 나는 황조여
止于楚로다	가시나무에 앉았도다
誰從穆公고	누가 목공을 따라 죽는고
子車鍼(겸)虎로다	자거 겸호로다
維此鍼虎여	이 겸호여
百夫之禦로다	백 명을 당해낼 만하도다
臨其穴하여	그 구덩이에 임하여
惴惴其慄이로다	두려워 벌벌 떨도다
彼蒼者天이여	저 푸른 하늘이여
殲我良人이로다	우리 훌륭한 사람을 죽이도다
如可贖兮인댄	만일 대신할 수 있을진댄
人百其身이로다	사람마다 자신을 백 번이라도 바치리라

興也라 禦는 猶當也라

흥(興)이다. '어(禦)'는 당(當;당해냄)과 같다.

黃鳥三章이니 章十二句라

〈황조(黃鳥)〉는 3장이니 장마다 12구이다.

春秋傳曰 君子曰 秦穆公之不爲盟主也 宜哉인저 死而棄民이로다 先王은 違世에 猶貽之法이어늘 而況奪之善人乎아 今縱無法하여 以遺後嗣하고 而又收其良以死하니 難以在上矣라 君子是以로 知秦之不復東征也라하니라 愚按 穆公於此에 其罪不可逃矣라 但或以爲穆公遺命如此어늘 而三子自殺以從이라하니 則三子亦不得爲無罪어니와 今觀臨穴惴慄之言하면 則是康公從父之亂命하여 迫而納之於壙이

··· 鍼 : 이름 겸 貽 : 줄 이 縱 : 방종할 종 迫 : 핍박할 박

니 其罪有所歸矣니라 又按史記컨대 秦武公卒에 初以人從死하여 死者六十六人이러니 至穆公하여 遂用百七十七人하여 而三良與焉하니 蓋其初特出於戎狄之俗이어늘 而無明王賢伯以討其罪라 於是에 習以爲常하니 則雖以穆公之賢而不免이라 論其事者 亦徒閔三良之不幸하고 而歎秦之衰요 至於王政不綱하여 諸侯擅命하여 殺人不忌 至於如此하여는 則莫知其爲非也하니 嗚呼라 俗之弊也 久矣로다 其後始皇之葬에 後宮을 皆令從死하고 工匠을 生閉墓中하니 尙何怪哉리오

《춘추좌씨전》 문공(文公) 6년에 "군자가 말하기를 '진 목공(秦穆公)은 맹주(盟主)가 되지 못함이 당연하다. 죽으면서도 백성을 버렸기 때문이다. 선왕(先王)은 세상을 떠날 때에도 오히려 좋은 법을 남겨 주었는데, 하물며 선인(善人)을 빼앗아 감에 있어서랴. 이제 불법(不法)한 일을 방종히 행하여 후사(後嗣)에게 물려주고, 또 그 선량한 사람을 거두어 죽게 하였으니, 윗자리에 있기가 어렵다.' 하였으니, 군자가 이 때문에 진(秦)나라가 다시는 동쪽으로 정벌하지 못할 줄을 안 것이다 했다." 하였다.

내가 살펴보건대, 목공은 이에 대하여 그 죄를 피할 수가 없다. 다만 혹자가 이르기를 "목공이 유명(遺命)하기를 이와 같이 하였는데, 삼자(三子)가 자살하여 따라 죽었다." 하니, 그렇다면 삼자 또한 죄가 없을 수 없다. 그러나 이제 구덩이에 임하여 두려워하였다는 말을 가지고 보면, 이는 강공(康公)이 아버지의 난명(亂命; 정신이 혼몽할 때의 유명)을 따라 핍박해서 구덩이 속에 들어가게 한 것이니, 그 죄가 돌아갈 곳이 있는 것이다.

또 살펴보건대 《사기(史記)》 〈진기(秦紀)〉에, 진 무공(秦武公)이 죽었을 적에 처음으로 사람을 따라 죽게 하여 죽은 자가 66명이었는데, 목공 때에 이르러는 마침내 1백 77명을 사용하여 삼량(三良)이 여기에 참여한 것이니, 처음에는 다만 융적(戎狄)의 풍속에서 나온 것이었는데, 명왕(明王)과 현명한 방백(方伯)으로 그의 죄를 토벌하는 자가 없었다. 이에 이것을 익혀 보통으로 여겼으니, 비록 목공과 같은 현군(賢君)으로도 순장(殉葬)시킴을 면치 못하였다.

이 일을 논하는 자 또한 삼량의 불행함을 민망히 여기고 진나라의 쇠함을 탄식했을 뿐이요, 왕정(王政)의 기강이 떨치지 못해서 제후가 명령을 제멋대로 행하여 사람을 죽이기를 꺼려하지 않음이 이와 같음에 이름에 대해서는 이것이 잘못임을 알지 못하였으니, 아! 풍속의 병폐가 오래되었다. 그 후 시황(始皇)을 장사할 때에 후궁(後宮)들을 모두 따라 죽게 하고 공장(工匠)들을 산 채로 무덤 속에 묻었

••• 狄 : 오랑캐 적 擅 : 멋대로할 천

으니, 이것을 어찌 괴이하게 여길 것이 있겠는가.

【毛序】 黃鳥는 哀三良也니 國人이 刺穆公以人從死하여 而作是詩也하니라

〈황조(黃鳥)〉는 삼량을 슬퍼한 것이니, 국인(國人)들이 목공(穆公)이 사람을 따라 죽게 함을 풍자하여 이 시(詩)를 지은 것이다.

【鄭註】 三良은 三善臣也니 奄息、仲行、鍼虎也라 從死는 自殺以從死라

삼량(三良)은 세 명의 선한 신하이니, 엄식(奄息)과 중항(仲行)·겸호(鍼虎)이다. 종사(從死)는 자살하여 죽은 이를 따라죽는 것이다.

【辨說】 此序는 最爲有據라

이 〈서〉는 가장 근거가 있다.

7. 신풍(晨風)

① 鴥〔伊橘反〕彼晨風〔叶孚愔反〕, 鬱彼北林. 未見君子, 憂心欽欽. 如何如何, 忘我實多.

鴥(율)彼晨風이여	휙휙 나는 저 새매여
鬱彼北林이로다	울창한 북쪽 숲에 앉았도다
未見君子라	군자를 만나보지 못한지라
憂心欽欽호라	마음에 근심하여 잊지 못하노라
如何如何로	어쩐 일로 어쩐 일로
忘我實多오	나를 실로 까맣게 잊는가

興也라 鴥은 疾飛貌라 晨風은 鸇(전)也라 鬱은 茂盛貌라 君子는 指其夫也라 欽欽은 憂而不忘之貌라

○ 婦人以夫不在하여 而言 鴥彼晨風은 則歸于鬱然之北林矣라 故로 我未見君子하여 而憂心欽欽也라 彼君子者 如之何而忘我之多乎아하니 此與扊扅(염이)之歌

··· 鴥 : 휙날 율 鸇 : 새매 전 扊 : 문빗장 염 扅 : 문빗장 이

同意[138]하니 蓋秦俗也라

흥(興)이다. '율(鴥)'은 빨리 나는 모양이다. '신풍(晨風)'은 새매이다. '울(鬱)'은 무성(울창)한 모양이다. '군자'는 그 남편을 가리킨 것이다. '흠흠(欽欽)'은 근심하여 잊지 못하는 모양이다.

○ 부인이 남편이 집에 있지 않으므로 말하기를 "훽훽 나는 저 새매는 울창한 북쪽 숲으로 돌아간다. 그러므로 내 군자를 보지 못하여 마음에 근심하기를 흠흠(欽欽)히 하는 것이다. 저 군자는 어쩐 일로 나를 잊기를 많이 하는가?"한 것이니, 이는 〈염이가(扊扅歌)〉와 뜻이 같으니, 진(秦)나라의 풍속이다.

② 山有苞櫟〔盧狄反 叶歷各反〕, 隰有六駁〔邦角反〕. 未見君子, 憂心靡樂〔音洛〕. 如何如何, 忘我實多.

山有苞櫟(력)이며	산에는 총생(叢生)하는 떡갈나무가 있으며
隰有六駁(박)이로다	진펄에는 여섯 그루의 가래나무가 있도다
未見君子라	군자를 만나보지 못한지라
憂心靡樂(락)호라	마음에 근심하여 즐겁지 못하노라
如何如何로	어쩐 일로 어쩐 일로
忘我實多오	나를 실로 까맣게 잊는가

興也라 駁은 梓楡也니 其皮青白如駁이라

○ 山則有苞櫟矣요 隰則有六駁矣어늘 未見君子하니 則憂心靡樂矣라 靡樂이면 則憂之甚也라

••••••

138 此與扊扅之歌同意 : 염이(扊扅)는 문의 빗장으로 염이의 노래는 거문고 곡조의 이름인데, 춘추시대 백리해(百里奚)의 아내가 지은 것이다. 모두 세 편으로 되어 있는데, 그 첫 번째에 "백리해야! 다섯 장의 양(羊)가죽으로 군주를 만났지. 작별할 때를 기억하는가? 씨암탉 삶아 주고 문빗장으로 불 때서 밥 지어 드렸는데, 오늘날 부귀(富貴)하게 되자 나를 잊는가.〔百里奚, 五羊皮, 憶別時, 烹伏雌, 炊扊扅, 今日富貴忘我爲.〕" 하였다. 이는 백리해의 아내가 곤궁하여 서로 헤어질 때에 씨암탉을 잡고 문빗장으로 불을 때서 밥을 지어 드렸는데, 그 후 백리해는 다섯 장의 양(羊)가죽을 밑천으로 진(秦)나라 목공(穆公)을 섬겨 재상이 되었으나 자신을 잊고 찾지 않으므로 남편을 찾아가 이 노래를 불렀다 한다. 이에 백리해는 옛 아내임을 알고 다시 그를 맞아들였다 한다.《古詩紀 卷四》

••• 櫟 : 상수리 력 駁 : 얼룩말 박 梓 : 가래나무 재 楡 : 느릅나무 유

흥(興)이다. '박(駮)'은 재유(梓楡)이니, 그 껍질이 청백색이어서 얼룩말과 같다.

○ 산에는 총생하는 떡갈나무가 있고, 진펄에는 여섯 그루의 가래나무가 있는데, 군자를 보지 못하니, 마음에 근심하여 즐겁지 못하다. 즐겁지 못하다면 근심이 심한 것이다.

③ 山有苞棣〔音悌〕, 隰有樹檖. 未見君子, 憂心如醉. 如何如何, 忘我實多.

山有苞棣(체)며	산에는 총생하는 산앵두나무가 있으며
隰有樹檖(수)로다	진펄에는 심어놓은 돌배나무가 있도다
未見君子라	군자를 만나보지 못한지라
憂心如醉호라	마음에 근심하여 술 취한 듯하노라
如何如何로	어쩐 일로 어쩐 일로
忘我實多오	나를 실로 까맣게 잊었는가

興也라 棣는 唐棣也라 檖는 赤羅也니 實似梨而小하고 酢(초)可食이라 如醉면 則憂又甚矣라

흥(興)이다. '체(棣;산앵두나무)'는 당체(唐棣)이다. '수(檖;돌배나무)'는 적라(赤羅)이니, 열매는 배와 비슷한데 작고 시며 먹을 수 있다. 술 취한 듯하다면 근심이 더욱 심한 것이다.

晨風三章이니 章六句라

〈신풍(晨風)〉은 3장이니, 장마다 6구이다.

【毛序】 晨風은 刺康公也니 忘穆公之業하여 始棄其賢臣焉하니라

〈신풍〉은 강공(康公)을 풍자한 시(詩)이니, 목공(穆公)의 기업(基業)을 잊어 비로소 어진 신하를 버린 것이다.

【辨說】 此는 婦人念其君子之辭니 序說이 誤矣라

이는 부인이 그 남편을 생각한 글이니, 〈서설〉이 잘못되었다.

··· 棣 : 산앵두나무 체 檖 : 돌배나무 수 酢 : 실 초

8. 무의(無衣)

① 豈曰無衣, 與子同袍〔抱毛反 叶步謀反〕. 王于興師, 修我戈矛, 與子同仇.

豈曰無衣라	어찌 옷이 없어
與子同袍리오	그대와 솜옷을 함께 입으리오
王于興師어시든	왕명으로 군대를 일으키시거든
修我戈矛하여	우리 과모(戈矛)를 수선하여
與子同仇(逑)호리라	그대와 한 짝이 되리라

賦也라 袍는 襺(견)也라 戈는 長六尺六寸이요 矛는 長二丈이라 王于興師는 以天子之命而興師也라

○ 秦俗强悍하여 樂於戰鬪라 故로 其人이 平居而相謂曰 豈以子之無衣하여 而與子同袍乎아 蓋以王于興師어시든 則將修我戈矛하여 而與子同仇也라하니 其懽愛之心이 足以相死如此하니라 蘇氏曰 秦本周地라 故로 其民이 猶思周之盛時而稱先王焉하니라 或曰 興也니 取與子同三字爲義라하니 後章放此하니라

부(賦)이다. '포(袍)'는 솜옷이다. '과(戈)'는 길이가 6척(尺) 6촌(寸)이요, '모(矛)'는 길이가 이장(二丈)이다. '왕우흥사(王于興師)'는 천자의 명령에 따라 군대를 일으키는 것이다.

○ 진(秦)나라 풍속이 강하고 사나워 전투를 좋아하였다. 그러므로 그 백성들이 평소에 서로 말하기를 "어찌 그대가 옷이 없어 그대와 솜옷을 함께 입겠는가. 왕명으로 군대를 일으키시거든 장차 우리 과(戈)·모(矛)를 수선하여 그대와 함께 한 짝이 되겠다." 하였으니, 그 기뻐하고 사랑하는 마음이 충분히 서로를 위해 죽을 수 있음이 이와 같았다.

소씨(蘇氏)가 말하였다. "진(秦)나라는 본래 주(周)나라 땅이었다. 그러므로 그 백성들이 아직도 주나라의 융성했을 때를 생각하여 선왕(先王)이라 칭한 것이다."

혹자는 말하기를 "흥(興)이니, 여자동(與子同) 세 글자를 취하여 뜻을 삼았다." 하니, 후장(後章)도 이와 같다.

··· 仇 : 짝 구 襺 : 핫솜옷에둘 견 悍 : 사나울 한

② 豈曰無衣, 與子同澤〔叶徒洛反〕. 王于興師, 修我矛戟〔叶訖約反〕, 與子偕作.

豈曰無衣라	어찌 옷이 없어
與子同澤(襗)이리오	그대와 속옷을 함께 입으리오
王于興師어시든	왕명으로 군대를 일으키시거든
修我矛戟하여	우리 모극(矛戟)을 수선하여
與子偕作호리라	그대와 함께 나가리라

賦也라 澤은 裏衣也니 以其親膚하여 近於垢澤이라 故로 謂之澤이라 戟은 車戟也니 長丈六尺이라

부(賦)이다. '택(澤)'은 속옷이니, 살갗에 직접 닿아서 때와 기름을 가까이 한다. 그러므로 택(澤)이라 이른 것이다. '극(戟:갈라진 창)'은 수레의 창이니, 길이가 1장(丈) 6척(尺)이다.

③ 豈曰無衣, 與子同裳. 王于興師, 修我甲兵〔叶晡茫反〕, 與子偕行〔叶戶郎反〕.

豈曰無衣라	어찌 옷이 없어
與子同裳이리	그대와 치마를 함께 입으리오
王于興師어시든	왕명으로 군대를 일으키시거든
修我甲兵하여	우리 갑옷과 병기를 수선하여
與子偕行하리라	그대와 함께 가리라

賦也라 行은 往也라

부(賦)이다. '행(行)'은 감이다.

無衣三章이니 章五句라

〈무의(無衣)〉는 3장이니, 장마다 5구이다.

··· 澤 : 속옷 택, 못 택 襗 : 속옷 탁 戟 : 창 극

秦人之俗이 大抵尙氣槪하고 先勇力하여 忘生輕死라 故로 其見(현)於詩如此라 然이나 本其初而論之하면 岐、豐之地를 文王用之하여 以興二南之化하여 如彼其忠且厚也러니 秦人用之未幾에 而一變其俗이 至於如此하니 則已悍然有招(翹)八州而朝同列之氣矣[139]니 何哉오 雍州는 土厚水深하여 其民厚重質直하여 無鄭、衛驕惰浮靡之習이라 以善導之면 則易興起而篤於仁義요 以猛驅之면 則其强毅果敢之資가 亦足以强兵力農而成富强之業이니 非山東諸國[140]所及也라 嗚呼라 後世欲爲定都立國之計者는 誠不可不監乎此요 而凡爲國者는 其於導民之路에 尤不可不審其所之也니라

진(秦)나라 사람들의 풍속은 대체로 기개(氣槪)를 숭상하고 용력(勇力)을 앞세워, 삶을 잊고 죽음을 가볍게 여겼다. 그러므로 그 시(詩)에 나타남이 이와 같았다. 그러나 그 처음을 근본하여 논한다면 기(岐)·풍(豐)의 땅을 문왕(文王)이 사용하여 이남(二南)의 교화를 일으켜서 저와 같이 충후(忠厚)하였다. 그런데 진나라 사람이 사용한 지 얼마 되지 않아 한 번 그 풍속을 변화시킴이 이와 같음에 이르렀으니, 곧 이미 사나워 팔주(八州)를 차지하고 동렬(同列)에게 조회 받으려는 기상이 있었다.

이는 어째서인가? 옹주(雍州)는 땅이 두텁고 물(수위)이 깊어서 그 백성들이 후중(厚重)하고 질직(質直)하여, 정(鄭)·위(衛)처럼 교만하고 게으르며 부미(浮靡;가볍고 화려함)한 풍습이 없었다. 이 때문에 선(善)으로써 인도하면 쉽게 흥기하여 인의(仁義)에 독실하고, 사나움으로써 몰면 강의(强毅)하고 과감(果敢)한 자질이 또한 충분히 군대를 강성하게 하고 농사를 힘써 부강(富强)의 업(業)을 이룰 수 있었으니, 산동(山東)의 여러 나라가 미칠 수 있는 바가 아니다. 아! 후세에 도읍을 정하고 나라를 세울 계책을 하고자 하는 자는 진실로 이것을 살펴보지 않을 수 없으

••••••

139 悍然有招八州而朝同列之氣矣 : 이 내용은 가의(賈誼)의 〈과진론(過秦論)〉에 보이는데, 교(招)는 드는 것으로 완전히 차지함을 이르며 팔주(八州)는 8개 주로 진나라 땅인 옹주(雍州)를 제외한 기주(冀州)·연주(兗州)·청주(靑州)·형주(荊州)·량주(梁州)·예주(豫州)·서주(徐州)·양주(楊州)를 이른다.

140 山東諸國 : 여기의 산동은 지금의 산동성(山東省)을 가리킨 것이 아니고, 태항산(太行山)의 동쪽임을 말한 것이다. 옛날에는 태항산을 기준하여 그 동쪽 지역을 산동, 그 서쪽 지역을 산서(山西)라 하였는바, 산동에는 문신(文臣)이 많이 배출되고 산서에는 무장(武將)이 많이 배출되었으며, 산서는 주로 진(秦)나라를, 산동은 제(齊)·한(韓)·위(魏)·조(趙) 등을 가리켰다. 태항산은 산서성(山西省)과 하북성(河北省)의 경계를 이루는 600km의 거대한 산맥이다.

••• 岐 : 갈래 기 招 : 들 교 靡 : 사치할 미 毅 : 굳셀 의

며, 나라를 다스리는 자들은 백성을 인도하는 길에 더더욱 그 갈 바를 살피지 않을 수 없는 것이다.

【毛序】 無衣는 刺用兵也라 秦人이 刺其君好攻戰하여 亟(기)用兵하여 而不與民同欲焉하니라

〈무의(無衣)〉는 용병(用兵)을 풍자한 시(詩)이다. 진(秦)나라 사람들은 그 군주가 공격과 전쟁을 좋아하여 자주 용병을 해서 백성들과 하고자함을 함께 하지 않음을 풍자한 것이다.

【辨說】 序意는 與詩情不協하니 說이 已見本篇矣라

〈서〉의 뜻은 시의 실정과 부합하지 않으니, 해설이 이미 본편에 보인다.

9. 위양(渭陽)

① 我送舅氏, 曰至渭陽. 何以贈之, 路車乘〔繩證反〕黃.

我送舅氏하여	내 외숙을 전송하여
曰至渭陽호라	위수 북쪽에 이르노라
何以贈之오	무엇을 선물하는고
路車乘黃이로다	수레와 네 마리 황색 말이로다

賦也라 舅氏는 秦康公之舅니 晉公子重耳也라 出亡在外러니 穆公이 召而納之하니 時康公爲太子하여 送之渭陽而作此詩라 渭는 水名이라 秦이 時都雍하니 至渭陽者는 蓋東行하여 送之於咸陽之地也라 路車는 諸侯之車也라 乘黃은 四馬皆黃也라

부(賦)이다. '구씨(舅氏)'는 진 강공(秦康公)의 외숙이니, 진(晉)나라 공자(公子) 중이(重耳)이다. 망명하여 밖에 있었는데, 목공(穆公)이 불러 본국으로 들여보내니, 이때 강공이 태자가 되어 그를 위수 북쪽에서 전송하면서 이 시(詩)를 지은 것이다. '위(渭)'는 물 이름이다. 진나라가 이때 옹(雍)에 도읍하였으니, 위수 북쪽에 이른 것은 동쪽으로 가서 그를 함양(咸陽)의 땅에서 전송한 것이다. '노거(路車)'는 제후의 수레이다. '승황(乘黃)'은 네 마리 말이 모두 황색인 것이다.

… 舅 : 외삼촌 구 乘 : 넷 승

② 我送舅氏, 悠悠我思〔叶新齎反〕. 何以贈之, 瓊瑰〔古回反〕玉佩〔叶蒲眉反〕.

我送舅氏호니	내 외숙을 전송하니
悠悠我思로다	아득하고 아득한(끝없는) 내 그리움이로다
何以贈之오	무엇을 선물하는고
瓊瑰(경괴)玉佩로다	옥돌과 패옥(佩玉)이로다

賦也라 悠悠는 長也라 序에 以爲時康公之母穆姬已卒이라 故로 康公이 送其舅而念母之不見也라하고 或曰 穆姬之卒을 不可考니 此但別其舅而懷思耳라하니라 瓊瑰는 石而次玉이라

부(賦)이다. '유유(悠悠)'는 긺이다. 《소서(小序)》에 이르기를 "이때 강공(康公)의 어머니인 목희(穆姬)가 이미 별세하였다. 그러므로 강공이 그 외숙을 전송하면서 어머니가 돌아가는 그를 볼 수 없음을 생각한 것이다."라고 하였고, 혹자는 말하기를 "목희가 죽은 것을 상고할 수 없으니, 이는 다만 그 외숙을 작별하면서 그리워한 것이다." 한다. '경괴(瓊瑰)'는 옥돌로서 옥(玉)의 다음가는 것이다.

渭陽二章이니 章四句라

〈위양(渭陽)〉은 2장이니, 장마다 4구이다.

按春秋傳컨대 晉獻公이 烝於齊姜하여 生秦穆夫人, 太子申生하고 娶犬戎胡姬하여 生重耳하고 小戎子生夷吾하고 驪(려)姬生奚齊하고 其娣生卓子러니 驪姬譖申生한대 申生自殺하고 又譖二公子한대 二公子皆出奔하다 獻公卒에 奚齊、卓子繼立이라가 皆爲大夫里克所弑한대 秦穆公이 納夷吾하니 是爲惠公이요 卒에 子圉(어)立하니 是爲懷公이라 立之明年에 秦穆公이 又召重耳而納之하니 是爲文公이라 王氏曰 至渭陽者는 送之遠也요 悠悠我思者는 思之長也요 路車乘黃, 瓊瑰玉佩者는 贈之厚也니라 廣漢張氏曰 康公爲太子하여 送舅氏而念母之不見하니 是固良心也로되 而卒不能自克於令狐之役[141]은 怨欲이 害乎良心也라 使康公知循是心하여 養其端而充之런들 則怨欲可消矣리라.

••••••

141 而卒不能自克於令狐之役 : 영호(令狐)는 산서성(山西省)에 있었던 지명으로 진(晉)·진(秦) 두 나라가 이 곳에서 싸운 일을 가리키는바, 《춘추좌씨전》 문공(文公) 7년에 보인다.

••• 瓊 : 옥 경 瑰 : 구슬 괴 烝 : 위로간통할 증 圉 : 마부 어

살펴보건대《춘추좌씨전》에 진 헌공(晉獻公)이 어머니에 해당하는 제강(齊姜)과 간음[烝]하여 진(秦)나라 목부인(穆夫人)과 태자(太子) 신생(申生)을 낳았고 견융(犬戎)의 호희(胡姬)를 아내로 맞이하여 중이(重耳)를 낳았고, 소융자(小戎子)는 이오(夷吾)를 낳았고, 여희(驪姬)는 해제(奚齊)를 낳았고, 그 여동생은 탁자(卓子)를 낳았다. 여희가 신생를 참소하니 신생은 자살하였고, 또 두 공자(公子;중이와 이오)를 참소하니 두 공자가 모두 국외로 도망하였다.

헌공이 죽자, 해제와 탁자가 뒤를 이어 즉위하였다가 모두 대부(大夫) 이극(里克)에게 시해당하였다. 진 목공(秦穆公)이 이오(夷吾)를 본국(진(晉))으로 들여보내니, 이가 혜공(惠公)이요, 그가 죽자 아들 어(圉)가 즉위하니, 이가 회공(懷公)이다. 그가 즉위한 다음해(노 희공(魯僖公) 24년)에 진 목공이 또다시 중이를 〈초(楚)나라에서〉 불러 본국으로 들여보내니, 이가 문공(文公)이다.

왕씨(王氏)가 말하였다. "위양(渭陽;위수 북쪽)에 이른 것은 전송하기를 멀리 한 것이요, 아득하고 아득한 내 그리움이라는 것은 그리움이 긴 것이요, 노거 승황(路車乘黃)과 경괴 옥패(瓊瑰玉佩)는 선물을 후하게 한 것이다."

광한 장씨(廣漢張氏)가 말하였다. "강공이 태자가 되어 외숙을 전송하면서 어머니를 보지 못함을 생각하였으니, 이는 진실로 양심(良心)이었다. 그런데도 끝내 영호(令狐)의 전역(戰役)에서 사욕을 이겨내지 못하였음은, 이는 원망과 욕심이 양심을 해친 것이다. 가령 강공이 이 마음을 따를줄 알아 그 단서를 길러 채웠더라면 원망과 욕심을 사라지게 할 수 있었을 것이다."

【毛序】 渭陽은 康公이 念母也라 康公之母는 晉獻公之女니 文公이 遭驪姬之難하여 未反而秦姬卒하니라 穆公이 納文公하니 康公이 時爲太子하여 贈送文公于渭之陽할새 念母之不見也하여 我見舅氏하니 如母存焉이라 及其卽位하여 思而作是詩也하니라

〈위양(渭陽)〉은 강공(康公)이 어머니를 생각한 시(詩)이다. 강공의 어머니(진희(秦姬))는 진(晉)나라 헌공(獻公)의 딸이었는데, 진 문공(晉文公)이 〈공자일 때에〉 여희(驪姬)의 난(難)을 만나 〈진(秦)나라로 도망와 있다가〉 본국으로 돌아가지 못하였을 때에 여동생인 진희(秦姬)가 죽었다. 그 후 진 목공(秦穆公)이 문공을 본국으로 들여보냈는데, 강공이 이때 태자가 되어 문공을 위수 북쪽에서 전송하면서 어머니가 〈별세하여〉 돌아가는 외숙을 볼 수 없음을 생각하여 내 구씨(舅氏)를 보니

어머니가 생존해 계신 듯하다 하였다. 강공이 즉위하자, 이를 생각하여 이 시(詩)를 지은 것이다.

【辨說】 此序得之라 但我見舅氏 如母存焉兩句는 若爲康公之辭者면 其情이 哀矣라 然無所繫屬하여 不成文理하니 蓋此以下는 又別一手所爲也라 及其卽位而作是詩는 蓋亦但見首句云康公하고 而下云時爲太子라 故生此說하니 其淺暗拘滯가 大率如此하니라

이 〈서〉는 맞다. 다만 '내가 외숙을 보니 어머니가 생존해 계신 듯하다.〔我見舅氏, 如母存焉.〕'는 두 구는 만약 이것이 강공(康公)이 지은 말이라면 그 정이 애처롭다. 그러나 매달(소속할) 곳이 없어서 문리(文理)를 이루지 못하니, 이 이하는 또 별도로 딴 사람 손에서 지어진 것이다. '그가 즉위하여 이 시를 지었다.〔及其卽位而作是詩〕'고 한 것은 이 또한 다만 수구(首句)에 강공을 말하고 아래에 강공이 이때 태자가 되었다는 것을 보았으므로 이러한 말을 억지로 만들어낸 것이니, 〈시서〉의 천박하고 어둡고 구속되고 막힘이 대체로 이와 같다.

10. 권여(權輿)

① 於我乎, 夏屋渠渠, 今也每食無餘. 于〔音吁〕嗟乎, 不承權輿.

於我乎에	나에게
夏屋渠渠러니	큰 집이 깊고 넓더니
今也엔 每食無餘로다	이제는 밥 먹을 때마다 남음이 없도다
于(吁)嗟乎라	아!
不承權輿[142]여	처음을 잇지 못함이여

賦也라 夏는 大也라 渠渠는 深廣貌라 承은 繼也라 權輿는 始也라

○ 此는 言其君始有渠渠之夏屋하여 以待賢者러니 而其後에 禮意寖衰하고 供億

••••••

142 權輿 : 저울을 만들 때에는 저울대〔權〕부터 만들고, 수레를 만들 때에는 수레의 깔판〔輿〕부터 만들기 때문에 모든 일의 처음을 일컫는 말로 쓰이게 되었다.

••• 渠 : 클 거 輿 : 수레판자 여 億 : 편안할 억

寖薄하여 至於賢者每食而無餘라 於是嘆之하여 言不能繼其始也하니라

부(賦)이다. '하(夏)'는 큼이다. '거거(渠渠)'는 집이 깊고 넓은 모양이다. '승(承)'은 이음(계속함)이다. '권여(權輿)'는 처음이다.

○ 이는 그 군주가 처음에는 거거(渠渠)한 큰 집을 소유하여 현자(賢者)를 대우했었는데, 그 뒤에는 예우하는 뜻이 점점 쇠해지고 의식(衣食)을 공급하는 것〔供億〕이 점점 박해져서 현자가 매양 밥을 먹을 때마다 남음이 없음에 이르렀다. 이에 탄식하여 그 처음을 잇지 못한다고 말한 것이다.

② 於我乎, 每食四簋〔叶已有反〕, 今也每食不飽〔叶捕苟反〕. 于嗟乎, 不承權輿.

於我乎에	나에게
每食四簋(궤)러니	밥먹을 때마다 성찬을 주더니
今也엔 每食不飽로다	이제는 매번 배불리 먹지 못하도다
于(吁)嗟乎라	아!
不承權輿여	처음을 잇지 못함이여

賦也라 簋는 瓦器니 容斗二升이라 方曰簠요 圓曰簋니 簠盛稻粱하고 簋盛黍稷이라 四簋는 禮食之盛也라

부(賦)이다. '궤(簋)'는 질그릇이니, 1두(斗) 2승(升)이 들어간다. 네모진 것을 보(簠)라 하고, 둥근 것을 궤(簋)라 하니, 보(簠)에는 쌀밥과 찰기장밥을 담고, 궤(簋)에는 기장밥과 조밥을 담는다. '사궤(四簋)'는 예식(禮食)의 성함이다.

權輿二章이니 章五句라

〈권여(權輿)〉는 2장이니, 장마다 5구이다.

漢楚元王이 敬禮申公、白公、穆生하여 穆生이 不嗜酒어늘 元王每置酒에 嘗爲穆生設醴러니 及王戊卽位에 常設이라가 後忘設焉한대 穆生退曰 可以逝矣로다 醴酒不設하니 王之意怠라 不去면 楚人이 將鉗(겸)我於市라하고 遂稱疾하다 申公、白公이 强起之曰 獨不念先王之德歟아 今王이 一旦失小禮어늘 何足至此오한대 穆生曰 先王之所以禮吾三人者는 爲道之存故也어늘 今而忽之하니 是는 忘道也

••• 簋 : 보궤 궤 簠 : 대나무제기 보 嘗 : 항상 상(常通) 醴 : 단술 례 鉗 : 목사슬 겸

라 忘道之人을 胡可與久處하여 豈爲區區之禮哉리오하고 遂謝病去[143]하니 亦此詩之意也니라

한(漢)나라의 초 원왕(楚元王)이 신공(申公)·백공(白公)·목생(穆生)을 공경하였다. 목생이 술을 좋아하지 않자, 원왕은 술자리를 베풀 때마다 항상 목생을 위하여 단술을 진설해 놓았었는데, 왕 무(王戊)가 즉위하자, 항상 단술을 놓다가 뒤에는 놓는 것을 잊었다. 목생이 물러가면서 말하기를 "떠날 만하다. 단술을 놓지 않으니, 왕의 뜻이 태만해진 것이다. 내가 지금 떠나가지 않으면 초나라 사람들이 장차 나의 목에 사슬을 씌워 시장에 끌고 다니며 부역을 시킬 것이다." 하고는 마침내 병을 칭탁하였다.

신공·백공이 억지로 나와서 벼슬하라고 강권하면서 말하기를 "홀로 선왕(先王)의 은덕을 생각하지 않는가. 지금 왕이 하루아침에 작은 예(禮)를 실수하였는데, 어찌 여기에 이르는가?" 하자, 목생이 말하기를 "선왕이 우리 세 사람을 예우한 까닭은 우리에게 도(道)가 있기 때문이었는데 이제 우리를 소홀히 하니, 이는 도를 잊은 것이다. 도를 잊은 사람과 어찌 함께 오래 처하여, 어찌 구구(區區)한 예(禮)를 할 수 있겠는가." 하고는 마침내 병으로 사양하고 떠나갔으니, 또한 이 시(詩)의 뜻이다.

【毛序】 權輿는 刺康公也니 忘先君之舊臣與賢者하여 人有始而無終也하니라.

〈권여(權輿)〉는 공(康公)을 풍자한 시(詩)이니, 선군(先君)의 옛 신하와 현자(賢者)를 잊어 사람이 처음만 있고 끝이 없었다.

秦國은 十篇이니 二十七章이요 一百八十一句라

〈진풍(秦風)〉은 10편이니, 27장이고 181구이다.

143 漢楚元王……遂辭病去 : 이 내용은 《한서(漢書)》〈초원왕열전(楚元王列傳)〉에 보인다.

〈진풍(陳風)〉 1-12[一之十二]

陳은 國名이니 大(太)皞伏羲氏之墟니 在禹貢豫州之東이라 其地廣平하여 無名山大川하여 西望外方하고 東不及孟諸라 周武王時에 帝舜之冑有虞閼父(알보)爲周陶正하니 武王이 賴其利器用하고 與其神明之後라하여 以元女大(太)姬로 妻其子滿하고 而封之于陳하여 都於宛丘之側하여 與黃帝、帝堯之後로 共爲三恪[144]하니 是爲胡公이라 大姬婦人尊貴하여 好樂(요)巫覡(격)歌舞之事하니 其民化之하니라 今之陳州 卽其地也라

진(陳)은 국명(國名)이니, 태호 복희씨(太皞伏羲氏)의 옛 도읍터이니, 〈우공(禹貢)〉의 예주(豫州) 동쪽에 있었다. 이 지역은 넓고 평평하여 명산(名山)·대천(大川)이 없어서 서쪽으로는 외방산(外方山)이 바라보이고, 동쪽으로는 맹저택(孟諸澤)에 미치지 못하였다.

주 무왕(周武王) 때에 제순(帝舜)의 후손인 유우(有虞) 알보(閼父)가 주나라 도정(陶正)이 되었는데, 무왕은 그가 기용(器用)을 잘 만든 것을 의뢰하고, 또[與] 신명(神明)의 후손이라 하여 원녀(元女;큰따님)인 태희(太姬)를 그의 아들인 만(滿)에게 시집보내고, 진(陳)나라에 봉해서 완구(宛丘)의 곁에 도읍하여 황제(黃帝)·제요(帝堯)의 후손과 함께 삼각(三恪)이 되게 하였으니, 이가 호공(胡公)이다. 태희 부인(太姬婦人)은 존귀(尊貴)하여 무격(巫覡:무당)과 가무(歌舞)의 일을 좋아하니, 백성들이 이에 교화되었다. 지금의 진주(陳州)가 바로 그 지역이다.

······

144 共爲三恪 : 삼각(三恪)은 주(周)나라에서 공경하는 제후국으로, 《예기》 〈악기(樂記)〉에 "무왕(武王)은 은(殷)나라를 정벌한 다음 수레에서 내리기도 전에 황제(黃帝)의 후손을 계(薊)에, 제요(帝堯)의 후손을 축(祝)에, 제순(帝舜)의 후손을 진(陳)에 봉했으며, 수레에서 내린 뒤에 하후씨(夏后氏)의 후손을 기(杞)에, 은(殷)의 후손을 송(宋)에 봉했다." 하였다. 《춘추좌씨전》 양공(襄公) 25년에도 삼각(三恪)이 보이는데, 그 주(註)에 "주(周)나라는 천하를 통일한 뒤에 하(夏)의 후손을 기(杞)에, 은(殷)의 후손을 송(宋)에 봉하였으며, 다시 제순(帝舜)·제요(帝堯)·황제(黃帝)의 후손을 봉하고 이들을 삼각이라 하였는데, 이들 삼국(三國)은 기(杞)·송(宋) 두 나라에 비하여 예우가 다소 낮아 존경하지 않고 단지 공경함을 보일 뿐이기 때문이다." 하였다. 그러므로 삼각을 삼강(三降)으로 쓰기도 하며, 각(恪)을 객(客)의 뜻으로 해석하기도 한다. 그러나 우(虞)·하(夏)·은(殷)의 후손을 삼각으로 보는 것이 일반적인 견해이기도 한다.

··· 皞 : 흴 호 羲 : 복희 희 墟 : 옛터 허 閼 : 막을 알 恪 : 공경할 각 覡 : 무당 격

1. 완구(宛丘)

① 子之湯〔他郎他浪二反〕兮, 宛丘之上〔辰羊辰亮二反〕兮. 洵〔音荀〕有情兮, 而無望〔武方武放二反〕兮.

子之湯兮여	그대 방탕하게
宛丘之上兮로다	완구의 위에서 놀도다
洵有情兮나	진실로 정감(情感)이 있으나
而無望兮로다	우러러볼 것이 없도다

賦也라 子는 指遊蕩之人也라 湯은 蕩也라 四方高, 中央下曰宛丘라 洵은 信也라 望은 人所瞻望也라

○ 國人이 見此人常遊蕩於宛丘之上이라 故로 敍其事以刺之라 言雖信有情思而可樂矣나 然無威儀可瞻望也라

부(賦)이다. '자(子)'는 유탕(遊蕩;놀고 방탕함)하는 사람을 가리킨 것이다. '탕(湯)'은 유탕이다. 사방이 높고 중앙이 낮은 것을 '완구(宛丘)'라 한다. '순(洵)'은 진실로이다. '망(望)'은 사람들이 바라보고 우러르는 것이다.

○ 국인(國人)들이 이 사람이 항상 완구의 위에서 유탕하는 것을 보았다. 그러므로 이 일을 서술하여 풍자한 것이다. 비록 진실로 정사(情思)가 있어 즐거울 만하나, 우러러볼 만한 위의(威儀)가 없음을 말한 것이다.

② 坎其擊鼓, 宛丘之下〔叶後五反〕. 無冬無夏〔叶與下同〕, 値〔直置反〕其鷺羽.

坎其擊鼓여	둥둥 북을
宛丘之下로다	완구의 아래에서 치도다
無冬無夏히	겨울 여름 할 것 없이
値(植)其鷺羽로다	백로 깃을 꽂고 있도다

賦也라 坎은 擊鼓聲이라 値는 植(치)也라 鷺는 舂鉏(용서)니 今鷺鷥(사)니 好而潔白하고 頭上有長毛十數枚라 羽는 以其羽爲翳하니 舞者持以指麾也라 言無時不出

… 蕩 : 방탕할 탕 坎 : 북치는소리 감 値 : 꽂을 치 鷺 : 백로 로 植 : 꽂을 치 舂 : 방아찧을 용 鉏 : 호미 서 鷥 : 해오라기 사 翳 : 깃일산 예 麾 : 휘두를 휘

遊而鼓舞於是也라

부(賦)이다. '감(坎)'은 북을 둥둥 치는 소리이다. '치(値)'는 꽂음이다. '로(鷺)'는 용서(舂鉏)이니, 지금의 로사(鷺鷥;백로와 해오라기)인데, 아름답고 결백(깨끗)하며, 머리 위에 긴 털 십수(十數) 개가 있다. '우(羽)'는 그 깃털로 가리개(큰 부채)를 만든 것이니, 춤추는 자가 잡고서 휘두르는 것이다. 때마다 놀러 나와 여기에서 북치고 춤추지 않음이 없음을 말한 것이다.

③ 坎其擊缶〔方有反〕, 宛丘之道〔叶徒厚反〕. 無冬無夏, 値其鷺翿〔音導 叶殖有反〕.

坎其擊缶여	둥둥 질장구를
宛丘之道로다	완구의 길에서 치도다
無冬無夏히	겨울 여름 할 것 없이
値其鷺翿(도)로다	백로 일산을 꽂고 있도다

賦也라 缶는 瓦器니 可以節樂이라 翿는 翳也라

부(賦)이다. '부(缶)'는 질장구이니, 〈두드려서〉 음악을 절주(節族;리듬을 조절)할 수 있다. '도(翿)'는 깃일산이다.

宛丘三章이니 章四句라

〈완구(宛丘)〉는 3장이니, 장마다 4구이다.

【毛序】 宛丘는 刺幽公也니 淫荒昏亂하고 游蕩無度焉[145]하니라

〈완구〉는 유공(幽公)을 풍자한 시(詩)이니, 음황(淫荒;방탕)하고 혼란하며 유탕(游蕩)하여 절도가 없었다.

【辨說】 陳은 國小하여 無事實이요 幽公이 但以諡惡故로 得游蕩無度之詩하니 未

••••••

145 淫荒昏亂 游蕩無度焉 : 공영달(孔穎達)은 "'음황(淫荒)'은 여색(女色)을 탐하는 것이고, '혼란(昏亂)'은 정사(政事)를 폐기하는 것이고, '유탕무도(游蕩無度)'는 출입(出入)이 때에 맞지 않고 성악(聲樂)에 빠져 방탕한 놀이에 절도가 없는 것을 말한다."라고 하였다.

••• 翿 : 깃일산 도

敢信也로라

진(陳)나라는 나라가 작아서 〈《춘추》와 《사기》에〉 나온 사실이 없고 유공(幽公)이 다만 시호가 나쁘기 때문에 '유탕하여 절도가 없다.〔游蕩無度〕'는 시를 얻었으니, 감히 믿을 수 없다.

2. 동문지분(東門之枌)

① 東門之枌〔符云反〕, 宛丘之栩〔況浦反〕. 子仲之子, 婆娑〔素何反〕其下〔叶後五反〕.

東門之枌(분)과	동문의 흰느릅나무와
宛丘之栩(허)에	완구의 상수리나무에
子仲之子	자중씨의 딸이
婆娑(파사)其下로다	그 아래에서 너울너울 춤추도다

賦也라 枌은 白楡也니 先生葉하고 卻著莢(착협)하며 皮色白이라 子仲之子는 子仲氏之女也라 婆娑는 舞貌라

○ 此는 男女聚會歌舞하고 而賦其事以相樂也라

부(賦)이다. '분(枌)'은 흰느릅나무이니, 먼저 잎이 나오고 틈새에 꼬투리가 붙으며, 껍질 색깔이 희다. '자중지자(子仲之子)'는 자중씨(子仲氏)의 딸이다. '파사(婆娑)'는 춤추는 모양이다.

○ 이는 남녀가 모여 가무(歌舞)하고 그 일을 읊어 서로 즐거워한 것이다.

② 穀旦于差〔初佳反 叶七何反〕, 南方之原〔無韻 未詳〕. 不績其麻〔叶謨婆反〕, 市也婆娑.

穀旦于差하여(하니)	좋은 아침을 가려
南方之原이로다	남방의 언덕에 모이도다
不績其麻요	삼을 길쌈하지 않고

··· 枌 : 흰느릅나무 분 栩 : 상수리나무 허(우) 婆 : 춤출 파 娑 : 춤출 사 卻 : 틈 극 著 : 붙을 착 莢 : 꼬투리 협
穀 : 좋을 곡 差 : 가릴 차

市也婆娑로다	시장에서 너울너울 춤추도다

賦也라 穀은 善이요 差는 擇也라
○ 旣差擇善旦하여 以會于南方之原이라 於是에 棄其業하고 以舞於市而往會也라

부(賦)이다. '곡(穀)'은 좋음이요, '차(差)'는 가림(선택함)이다.

○ 이미 좋은 아침을 가려 남방의 언덕에서 모였다. 이에 그 일을 버려두고 시장에서 춤추려고 가서 모인 것이다.

③ 穀旦于逝, 越以鬷〔子公反〕邁〔叶 力制反〕. 視爾如荍〔祁饒反〕, 貽我握椒.

穀旦于逝하니	좋은 아침에 가니
越以鬷(종)邁로다	이에 많은 무리를 데리고 가도다
視爾如荍(교)호니	그대 보기를 금규화처럼 여기니
貽我握椒로다	나에게 한 줌의 천초(川椒)를 주도다

賦也라 逝는 往이요 越은 於라 鬷은 衆也요 邁는 行也라 荍는 芘芣也요 又名荊葵니 紫色이라 椒는 芬芳之物也라
○ 言又以善旦而往하니 於是에 以其衆行而男女相與道其慕悅之詞하여 曰 我視爾顔色之美를 如芘芣之華라 於是에 遺我以一握之椒하여 而交情好也라

부(賦)이다. '서(逝)'는 감이요, '월(越)'은 어(於:이에)이다. '종(鬷)'은 많음이요, '매(邁)'는 감이다. '교(荍)'는 비부(芘芣:금규화)이고 또 형규(荊葵)라고도 하니, 자주색이다. '초(椒:천초)'는 향기가 나는 물건이다.

○ 또 좋은 아침에 만나러 가니, 이에 무리로 떼지어 가면서 남녀가 서로 사모하고 좋아하는 말을 하여 이르기를 "내 그대의 얼굴이 아름다움을 보기를 마치 비부(芘芣)의 꽃처럼 여기도다. 이에 나에게 한 줌의 천초를 선물하여 사귀는 정(情)이 좋다." 한 것이다.

東門之枌三章이니 章四句라

〈동문지분(東門之枌)〉은 3장이니, 장마다 4구이다.

··· 越 : 이에 월 鬷 : 많을 종 荍 : 금규화 교 握 : 한줌 악, 쥘 악 芘 : 풀이름 비 芣 : 질경이 부 葵 : 아욱 규 芬 : 향기날 분 芳 : 향기날 방

【毛序】 東門之枌은 疾亂也라 幽公淫荒하니 風化之所行에 男女棄其舊業하고 亟(기)會於道路하여 舞於市井爾니라

〈동문지분〉은 혼란함을 미워한 시(詩)이다. 유공(幽公)이 음황(淫荒)하니, 풍화(風化)가 행하는 바에 남녀가 옛날의 업(業;하던 일)을 버리고 자주 도로에 모여 시정(市井)에서 가무(歌舞)한 것이다.

【辨說】 同上이라

해설이 위와 같다.

3. 횡문(衡門)

① 衡門之下, 可以棲〔音西〕遲. 泌〔悲位反〕之洋洋, 可以樂〔音洛〕飢.

衡(橫)門之下여	횡문의 아래여
可以棲遲로다	쉬고 놀 수 있도다
泌(비)之洋洋이여	졸졸 흐르는 샘물이여
可以樂(락)飢로다	즐거워 굶주림을 잊을 수 있도다

賦也라 衡門은 橫木爲門也라 門之深者는 有阿、塾、堂、宇어늘 此惟衡(橫)木爲之라 棲遲는 遊息也라 泌는 泉水也라 洋洋은 水流貌라

○ 此는 隱居自樂而無求者之詞라 言衡門雖淺陋나 然亦可以遊息이요 泌水雖不可飽나 然亦可以玩樂而忘飢也라

부(賦)이다. '횡문(衡門)'은 나무를 가로대어 문을 만든 것이다. 문의 깊은(높은) 곳은 기둥과 〈문 곁에〉 글방, 대청마루와 지붕이 있는데, 이것은 오직 나무를 가로대어 만든 것이다. '서지(棲遲)'는 놀고 쉼이다. '비(泌)'는 샘물이다. '양양(洋洋)'은 물이 흐르는 모양이다.

○ 이는 은거(隱居)하면서 스스로 즐거워하여 구함이 없는 자의 말이다. 횡문(衡門)이 비록 얕고 누추하나 또한 놀고 쉴 수 있으며, 샘물이 비록 배부를 수 없으나 또한 구경하고 즐거워하면서 굶주림을 잊을 수 있음을 말한 것이다.

… 棲 : 쉴 서 泌 : 샘물졸졸흐를 비 阿 : 마룻대 아 塾 : 문옆방 숙

② 豈其食魚, 必河之魴〔音房〕. 豈其取〔音娶〕妻, 必齊之姜.

豈其食魚를	어찌 물고기를 먹기를
必河之魴이리오	반드시 황하의 방어(魴魚)라야 하리오
豈其取(娶)妻를	어찌 아내를 얻기를
必齊之姜이리오	반드시 제(齊)나라의 강씨(姜氏)라야 하리오

賦也라 姜은 齊姓이라

부(賦)이다. '강(姜)'은 제(齊)나라의 성씨(姓氏:국성)이다.

③ 豈其食魚, 必河之鯉. 豈其取妻, 必宋之子〔叶獎里反〕.

豈其食魚를	어찌 물고기를 먹기를
必河之鯉리오	반드시 황하의 잉어라야 하리오
豈其取妻를	어찌 아내를 얻기를
必宋之子리오	반드시 송(宋)나라의 자씨(子氏)라야 하리오

賦也라 子는 宋姓이라

부(賦)이다. '자(子)'는 송(宋)나라의 국성(國姓)이다.

衡門三章이니 章四句라

〈횡문(衡門)〉은 3장이니, 장마다 4구이다.

【毛序】 衡門은 誘僖公也니 愿而無立志라 故로 作是詩하여 以誘掖其君也라

〈횡문〉은 희공(僖公)을 타이른 시(詩)이니, 근후(謹厚)하기만 하고 뜻을 세움이 없었다. 그러므로 이 시를 지어 그 군주를 유액(誘掖:이끌어 도와줌)한 것이다.

【鄭註】 誘는 進也요 掖은 扶持也라

유(誘)는 이끌어 나옴이요, 액(掖)은 붙들어 세워줌이다.

【辨說】 僖者는 小心畏忌之名이라 故以爲愿無立志라하여 而配以此詩하니 不知其爲賢者自樂而無求之意也니라

… 魴 : 방어 방

희(僖)라는 시호는 조심하여 두려워하는 명칭이다. 그러므로 '삼가기만 하고 뜻을 세움이 없다.〔愿無立志〕'고 말하여 이 시로써 배합하였으니, 이는 현자가 스스로 즐거워하여 구함이 없는 뜻이 됨을 알지 못한 것이다.

4. 동문지지(東門之池)

① 東門之池, 可以漚〔烏豆反〕麻〔叶謨婆反〕. 彼美淑姬, 可與晤〔五故反〕歌.

東門之池여	동문의 못(해자)이여
可以漚(구)麻로다	삼을 담글 수 있도다
彼美淑姬여	저 아름다운 숙희여
可與晤歌로다	더불어 노래할 수 있도다

興也라 池는 城池也라 漚는 漬也니 治麻者는 必先以水漬之라 晤는 猶解也라
○ 此亦男女會遇之詞니 蓋因其會遇之地의 所見之物하여 以起興也라

흥(興)이다. '지(池)'는 성(城)에 있는 못(해자)이다. '구(漚)'는 담금이니, 삼을 다스리는 자는 반드시 먼저 물로써 삼을 담근다. '오(晤)'는 해(解;할 수 있음)와 같다.

○ 이 또한 남녀가 모여서 하는 말이니, 그 만난 곳에서 보이는 바의 물건을 인하여 기흥(起興)한 것이다.

② 東門之池, 可以漚紵〔直呂反〕. 彼美淑姬, 可與晤語.

東門之池여	동문의 못이여
可以漚紵(저)로다	모시를 담글 수 있도다
彼美淑姬여	저 아름다운 숙희여
可與晤語로다	더불어 말할 수 있도다

興也라 紵는 麻屬이라

흥(興)이다. '저(紵:모시)'는 삼의 등속이다.

••• 漚 : 담글 구, 마전할 구 晤 : 알 오 紵 : 모시 저

③ 東門之池, 可以漚菅〔古顔反 叶居賢反〕. 彼美淑姬, 可與晤言.

東門之池여	동문의 못이여
可以漚菅(간)이로다	왕골을 담글 수 있도다
彼美淑姬여	저 아름다운 숙희여
可與晤言이로다	더불어 말할 수 있도다

興也라 菅은 葉似茅而滑澤하고 莖有白粉하니 柔韌(인)하여 宜爲索(삭)也라

홍(興)이다. '간(菅:왕골)'은 잎이 띠풀과 비슷한데, 매끄럽고 윤택하며 줄기에 흰 가루가 있으니, 부드럽고 질겨 새끼줄을 만들기에 적당하다.

東門之池三章이니 章四句라

〈동문지지(東門之池)〉는 3장이니, 장마다 4구이다.

【毛序】 東門之池는 刺時也니 疾其君之淫昏하여 而思賢女以配君子也라

〈동문지지〉는 세상을 풍자한 시(詩)이니, 그 군주가 음탕하고 혼우함을 미워하여 현녀(賢女)로써 군자에 짝할 것을 생각한 것이다.

【辨說】 此는 淫奔之詩니 序說이 蓋誤라

이는 음분(淫奔)의 시이니, 〈서설〉이 잘못되었다.

5. 동문지양(東門之楊)

① 東門之楊, 其葉牂牂〔子桑反〕. 昏以爲期, 明星煌煌.

東門之楊이여	동문의 버들이여
其葉牂(장)牂이로다	그 잎이 무성하도다
昏以爲期호니	저물녘에 만나기로 약속하였는데
明星煌煌이로다	계명성(啓明星)이 매우 빛나도다

··· 菅 : 왕골 간 韌 : 질길 인 牂 : 성할 장 煌 : 빛날 황

興也라 東門은 相期之地也라 楊은 柳之揚起者也라 牂牂은 盛貌라 明星은 啓明也라 煌煌은 大明貌라

○ 此亦男女期會而有負約不至者라 故로 因其所見以起興也라

흥(興)이다. '동문(東門)'은 남녀가 서로 만나기로 약속한 장소이다. '양(楊)'은 버들 중에 가지가 위로 올라간 것이다. '장장(牂牂)'은 성한 모양이다. '명성(明星)'은 계명성(啓明星)이다. '황황(煌煌)'은 크게 밝은 모양이다.

○ 이 또한 남녀가 만나기로 약속하였는데, 약속을 저버리고 오지 않은 자가 있었다. 그러므로 그 보이는 바를 인하여 기흥한 것이다.

② 東門之楊, 其葉肺肺〔普計反〕. 昏以爲期, 明星晢晢〔之世反〕.

東門之楊이여	동문의 버들이여
其葉肺(폐)肺로다	그 잎이 무성하도다
昏以爲期호니	저물녘에 만나기로 약속하였는데
明星晢(제)晢로다	계명성이 매우 밝도다

興也라 肺肺는 猶牂牂也요 晢晢는 猶煌煌也라

흥(興)이다. '폐폐(肺肺)'는 장장(牂牂)과 같고, '제제(晢晢)'는 황황(煌煌)과 같다.

東門之楊二章이니 章四句라

〈동문지양(東門之楊)〉은 2장이니, 장마다 4구이다.

【毛序】 東門之楊은 刺時也라 昏姻失時하고 男女多違하여 親迎女로되 猶有不至者也니라

〈동문지양〉은 시속을 풍자한 시(詩)이다. 혼인이 제때를 잃고 남녀가 회합(會合)의 약속을 어기는 경우가 많아, 여자를 친영(親迎)하였으나 오히려 이르지 않는 자가 있었던 것이다.

【辨說】 同上이라

해설이 위와 같다.

··· 肺 : 성할 폐 晢 : 별반짝일 제

6. 묘문(墓門)

① 墓門有棘, 斧以斯〔所宜反〕之. 夫也不良, 國人知之. 知而不已, 誰昔然矣.

墓門有棘이어늘	묘문에 가시나무가 있거늘
斧以斯(시)之로다	도끼로 쪼개도다
夫也不良이어늘	그 사람이 불량하거늘
國人知之로다	나라 사람들이 모두 알도다
知而不已하나니	알아도 그만두지 않으니
誰昔然矣로다	옛날부터 그러하였도다

興也라 墓門은 凶僻之地니 多生荊棘이라 斯는 析也라 夫는 指所刺之人也라 誰昔은 昔也니 猶言疇昔也라

○ 言墓門有棘이면 則斧以斯之矣요 此人不良이면 則國人知之矣라 國人知之로되 猶不自改하니 則自疇昔而已然이요 非一日之積矣라하니라 所謂不良之人은 亦不知其何所指也로라

흥(興)이다. '묘문(墓門)'은 흉하고 궁벽한 지역이니, 형극(荊棘:가시나무)이 많이 자란다. '시(斯)'는 쪼갬(장작을 팸)이다. '부(夫:그 사람은)'는 풍자하려는 사람을 가리킨 것이다. '수석(誰昔)'은 옛날이니, 주석(疇昔)이란 말과 같다.

○ "묘문에 가시나무가 있으면 도끼로 쪼개며, 이 사람이 불량하면 국인들이 모두 알고 있다. 국인들이 아는데도 오히려 스스로 고치지 않으니, 이는 옛날부터 이미 그랬던 것이요, 하루에 쌓인 것이 아니다."라고 말한 것이다. 이른바 불량한 사람이란 또한 그 어느 사람을 가리킨 것인지 알지 못하겠다.

② 墓門有梅, 有鴞萃止. 夫也不良, 歌以訊〔叶息悴反〕之. 訊予不顧〔叶果五反〕, 顚倒思予〔叶演女反〕.

墓門有梅어늘	묘문에 매화나무가 있거늘
有鴞(효)萃止로다	올빼미가 모여 앉았도다

··· 斯 : 쪼갤 시(사) 僻 : 궁벽할 벽 疇 : 누구 주 鴞 : 올빼미 효 萃 : 모일 췌

夫也不良이어늘	그 사람이 불량하거늘
歌以訊之로다	노래하여 알려주도다
訊予不顧하나니	알려주어도 나를 돌아보지 않으니
顚倒思予리라	낭패를 보고서야 나를 생각하리라

興也라 鴟鴞는 惡聲之鳥也라 萃는 集이요 訊은 告也라 顚倒는 狼狽之狀이라
○ 墓門有梅면 則有鴞萃之矣요 夫也不良이면 則有歌其惡以訊之者矣라 訊之而不予顧하니 至於顚倒然後思予면 則豈有所及哉리오 或曰 訊予之予는 疑當依前章作而字라하니라

흥(興)이다. '치효(鴟鴞:올빼미)'는 소리가 나쁜 새이다. '췌(萃)'는 모여 앉음이요, '신(訊)'은 고(告)함이다. '전도(顚倒)'는 낭패한 모양이다.

○ 묘문에 매화나무가 있으면 올빼미가 모여 앉으며, 그 사람이 불량하면 그의 악(惡)함을 노래하여 알려주는 자가 있다. 알려주어도 나를 돌아보지 않으니, 낭패함에 이른 뒤에야 나를 생각한다면 어찌 미칠 수 있겠는가. 혹자는 말하기를 "신여(訊予)의 여(予)는 마땅히 전장(前章)에 따라 이(而) 자가 되어야 할 듯하다."고 한다.

墓門二章이니 章六句라

〈묘문(墓門)〉은 2장이니, 장마다 6구이다.

【毛序】 墓門은 刺陳佗也라 陳佗無良師傅하여 以至於不義하여 惡加於萬民焉[146]하니라

〈묘문〉은 진타(陳佗)를 풍자한 시(詩)이다. 진타가 훌륭한 스승이 없어 불의(不義)한 행동을 하여 악(惡)이 만민(萬民)에 가(加)해짐에 이르렀다.

【鄭註】 不義者는 謂弑君而自立이라

불의(不義)라는 것은 군주를 시해하고 스스로 즉위함을 이른다.

••••••

146 陳佗無良師傅……惡加於萬民焉 : 진타(陳佗)는 진 문공(陳文公)의 아들인데, 문공의 아들 환공(桓公)이 병이 들었을 때 태자(太子) 면(免)을 죽이고 자신이 제후가 되었다. 나라가 크게 혼란해지자 뒤에 채(蔡)나라가 출병하여 진타를 죽이고 난을 수습하였다.《春秋左氏傳 桓公 6年》

••• 訊 : 고할 신 鴟 : 올빼미 치, 솔개 치, 수리부엉이 치

【辨說】 陳國君臣은 事無可紀요 獨陳佗以亂賊被討하여 見書於春秋라 故以無良之詩與之라 序之作이 大抵類此하니 不知其信然否也로라

진(陳)나라의 군주와 신하는 역사책에 기록할 만한 일이 없고 홀로(오직) 진타(陳佗)가 난신 적자(亂臣賊子)로서 토벌을 받아《춘추좌씨전》에 쓰여졌다. 그러므로 어진 사부가 없다는 시를 그에게 가(加)해준 것이다. 〈서〉를 지은 것이 대체로 이와 같으니, 그 말이 과연 옳은지 알 수 없다.

7. 방유작소(防有鵲巢)

① 防有鵲巢, 邛〔其恭反〕有旨苕〔徒雕反 叶徒刀反〕. 誰侜〔陟留反〕予美, 心焉忉忉〔都勞反〕.

防有鵲巢며	제방에는 까치집이 있으며
邛(공)有旨苕(초)로다	언덕에는 맛있는 완두콩이 있도다
誰侜(譸)予美하여	누가 나의 미인을 속여서
心焉忉(도)忉오	내 마음에 근심하게 하는고

興也라 防은 人所築以捍水者라 邛은 丘요 旨는 美也라 苕는 苕饒也니 莖如勞豆而細하고 葉似蒺藜而靑하며 其莖葉綠色이요 可生食하니 如小豆藿也라 侜는 侜張也니 猶鄭風之所謂迋也라 予美는 指所與私者也라 忉忉는 憂貌라

○ 此는 男女之有私而憂或間之之詞라 故로 曰防則有鵲巢矣요 邛則有旨苕矣어늘 今此何人이 而侜張予之所美하여 使我憂之而至於忉忉乎아하니라

흥(興)이다. '방(防;제방)'은 사람이 쌓아서 물을 막은 것이다. '공(邛)'은 언덕이요, '지(旨)'는 아름다움이다. '초(苕;완두콩)'는 초요(苕饒)이니, 줄기는 노두(勞豆)와 비슷한데 가늘고, 잎은 질려(蒺藜)와 비슷한데 푸르며, 그 줄기와 잎은 녹색(綠色)이고 생식(生食)할 수 있으니, 팥잎과 같다. '주(侜)'는 주장(侜張;속이고 과장함)이니, 〈정풍(鄭風)〉의 〈〈양지수(揚之水)〉에〉 이른바 광(迋;속임)이라는 것과 같다. '나의 미인〔予美〕'은 함께 사통(私通)하는 자를 가리킨 것이다. '도도(忉忉)'는 근심하는 모양이다.

··· 邛 : 언덕 공 苕 : 능초풀 초 侜 : 속일 주 忉 : 근심할 도 蒺 : 납가새 질 藜 : 명아주 려(리) 藿 : 콩잎 곽
張 : 속일 장 迋 : 속일 광

○ 이는 사통하는 남녀가 혹시라도 이간을 당할까 걱정하는 말이다. 그러므로 말하기를 "제방에는 까치집이 있으며, 언덕에는 맛있는 완두콩이 있다. 그런데 지금 어떤 사람이 내가 아름답게 여기는 분을 속여서 나로 하여금 근심하여 도도함에 이르게 하는가." 한 것이다.

② 中唐有甓〔蒲歷反〕, 邛有旨鷊〔五歷反〕. 誰侜予美, 心焉惕惕〔吐歷反〕.

中唐有甓(벽)하며	사당 길에는 벽돌이 있고
邛有旨鷊(역)이로다	언덕에는 맛있는 칠면조풀이 있도다
誰侜予美하여	누가 나의 미인(美人)을 속여서
心焉惕(척)惕고	내 마음 애타게 하는고

興也라 廟中路를 謂之唐[147]이라 甓은 瓴甋(령적)也라 鷊은 小草니 雜色如綬라 惕惕은 猶忉忉也라

흥(興)이다. 사당 가운데의 길을 '당(唐)'이라 이른다. '벽(甓)'은 벽돌이다. '역(鷊)'은 작은 풀이니, 여러 색의 인끈처럼 색깔이 뒤섞여 있어 인끈과 같다. '척척(惕惕)'은 도도(忉忉)와 같다.

防有鵲巢二章이니 章四句라

〈방유작소(防有鵲巢)〉는 2장이니, 장마다 4구이다.

【毛序】 防有鵲巢는 憂讒賊也라 宣公이 多信讒하니 君子憂懼焉하니라

〈방유작소〉는 참소하여 해침을 걱정한 시(詩)이다. 선공(宣公)이 참언(讒言)을 많이 믿으니, 군자가 이를 걱정하고 두려워하였다.

【辨說】 此非刺其君之詩니라

이는 그 군주를 풍자한 시가 아니다.

······

147 廟中路謂之唐 : 공씨(孔氏)는 "이는 당 아래에서 문에 이르는 지름길이다.〔堂下至門之徑也.〕" 하였다. 《詳說》

··· 甓 : 벽돌 벽 鷊 : 칠면조풀 역 惕 : 근심할 척 瓴 : 암기와 령 甋 : 벽돌 적 綬 : 끈 수

8. 월출(月出)

① 月出皎兮, 佼〔吉卯反〕人僚〔音了〕兮. 舒窈〔烏子反〕糾〔己小反〕兮. 勞心悄〔七小反〕兮.

月出皎兮어늘	달이 떠서 환하거늘
佼(교)人僚兮로다	아름다운 사람 예쁘기도 하도다
舒窈糾(교)兮[148]어뇨	어이하면 그윽한 시름을 풀꼬
勞心悄(초)兮호라	노심하여 애태우노라

興也라 皎는 月光也라 佼人은 美人也라 僚는 好貌라 窈는 幽遠也요 糾는 愁結也라 悄는 憂也라
○ 此亦男女相悅而相念之詞라 言月出則皎然矣요 佼人則僚然矣니 安得見之而舒窈糾之情乎아 是以로 爲之勞心而悄然也라하니라

흥(興)이다. '교(皎)'는 달빛이다. '교인(佼人)'은 미인이다. '료(僚)'는 아름다운 모양이다. '요(窈)'는 그윽하고 멂이요, '교(糾)'는 근심이 맺힌 것이다. '초(悄)'는 근심함이다.

○ 이 또한 남녀가 서로 좋아하면서 서로 그리워하는 말이다. 달이 나오면 환하며, 아름다운 사람은 예쁘기도 하니, 어이 하면 그를 만나 가슴 속에 쌓인 정(情)을 펼 수 있겠는가. 이 때문에 노심(勞心)하여 초초(悄悄)하다고 말한 것이다.

② 月出皓〔胡老反〕兮, 佼人懰〔力久反 叶朗老反〕兮. 舒懮〔於久反〕受〔叶時倒反〕兮, 勞心慅〔七老反〕兮.

月出皓兮어늘	달이 떠서 환하거늘
佼人懰(류)兮로다	아름다운 사람 예쁘기도 하도다

148 月出皎兮……舒窈糾兮 : 동파(東坡) 소식(蘇軾)의 〈적벽부(赤壁賦)〉에 "명월시를 외며 요조장을 노래했다.〔誦明月之詩, 歌窈窕之章.〕"는 것은 바로 이 시를 원용한 것이라 한다. 〈적벽부〉의 '요교(窈糾)'는 그리운 사람을 멀리 생각하며 애닳아하는 마음을 이른다.

… 皎 : 달밝을 교 佼 : 예쁠 교 僚 : 예쁠 료 窈 : 그윽할 요 糾 : 맺힐 교 悄 : 근심할 초 懰 : 좋아할 류

舒懮(우)受兮어뇨　　　어이하면 걱정을 풀꼬
勞心慅(초)兮호라　　　노심하여 애태우노라

興也라 懰는 好貌라 懮受는 憂思也라 慅는 猶悄也라

흥(興)이다. '류(懰)'는 아름다운 모양이다. '우수(懮受)'는 근심하는 생각이다. '초(慅)'는 초(悄;근심함)와 같다.

③ 月出照兮, 佼人燎〔力召反〕兮. 舒夭〔於表反〕紹〔實照反〕兮, 勞心慘〔當作懆七弔反〕兮.

月出照兮어늘　　　달이 떠서 비추거늘
佼人燎(료)兮로다　　　아름다운 사람 환하기도 하도다
舒夭紹兮어뇨　　　어이하면 맺힌 시름을 풀꼬
勞心慘(懆)兮호라　　　노심하여 애태우노라

興也라 燎는 明也라 夭紹는 糾緊之意라 懆는 憂也라

흥(興)이다. '료(燎)'는 밝음이다. '요소(夭紹)'는 맺혀 있는 뜻이다. '조(懆)'는 근심이다.

月出三章이니 章四句라

〈월출(月出)〉은 3장이니, 장마다 4구이다.

【毛序】 月出은 刺好色也니 在位不好德而說美色焉하니라

〈월출〉은 여색(女色)을 좋아함을 풍자한 시(詩)이니, 지위에 있는 자들이 덕(德)을 좋아하지 않고 아름다운 여색을 좋아하였다.

【辨說】 此는 不得爲刺詩니라

이는 풍자한 시가 될 수 없다.

··· 懮 : 근심할 우 慅 : 근심할 초 燎 : 밝을 료 紹 : 이을 소 懆 : 근심할 조 緊 : 급할 긴

9. 주림(株林)

① 胡爲乎株林, 從夏〔戶雅反〕南〔叶尼心反 下同〕. 匪適株林, 從夏南.

胡爲乎株林고	어찌하여 주림에 왔는고
從夏南이니라	하남을 따라왔느니라
匪適株林이라	주림에 온 것이 아니라
從夏南이니라	하남을 따라 온 것이니라

賦也라 株林은 夏氏邑也라 夏南은 徵舒의 字也라

○ 靈公이 淫於夏徵舒之母하여 朝夕而往夏氏之邑이라 故로 其民이 相與語曰 君胡爲乎株林乎아 曰從夏南耳니라 然則非適株林也요 特以從夏南故耳라하니 蓋淫乎夏姬를 不可言也라 故로 以從其子言之하니 詩人之忠厚如此하니라

부(賦)이다. '주림(株林)'은 하씨(夏氏)의 읍(邑;식읍)이다. '하남(夏南)'은 징서(徵舒)의 자(字)이다.

○ 진 영공(陳靈公)이 하징서(夏徵舒)의 어미와 간음하여 조석으로 하씨(夏氏)의 읍(邑)에 갔다. 그러므로 그 백성들이 서로 말하기를 "임금이 어찌하여 주림에 왔는가? 하남을 따라온 것이다. 그렇다면 주림에 온 것이 아니요, 다만 하남을 따라 왔을 뿐이다."라고 한 것이다. 〈영공이〉 하희(夏姬)와 간음함을 말할 수 없었다. 그러므로 그 아들을 따른다고 말한 것이니, 시인(詩人)의 충후(忠厚)함이 이와 같다.

② 駕我乘〔繩證反〕馬〔叶滿補反〕, 說〔音稅〕于株野〔叶上與反〕. 乘〔平聲〕我乘駒. 朝食于株.

駕我乘馬하여	내 네 마리 말을 타고서
說(세)于株野로다	주림의 들에 머물러 있도다
乘我乘駒하여	나의 네 마리 망아지를 타고서
朝食于株로다	아침에 주림에서 밥을 먹도다

··· 適 : 갈 적 說 : 머무를 세

賦也라 說는 舍也라 馬六尺以下曰駒라

부(賦)이다. '세(說)'는 머무름이다. 말이 6척(尺) 이하인 것을 '구(駒 ; 망아지)'라 한다.

株林二章이니 章四句라

〈주림(株林)〉은 2장이니, 장마다 4구이다.

春秋傳에 夏姬는 鄭穆公之女也라 嫁於陳大夫夏御叔이러니 靈公이 與其大夫孔寧、儀行父(보)通焉하다 洩冶(예야)諫호되 不聽而殺之러니 後卒爲其子徵舒所弑하고 而徵舒는 復爲楚莊王所誅하니라

《춘추좌씨전》 선공(宣公) 9년, 10년, 11년에 "하희(夏姬)는 정 목공(鄭穆公)의 딸인데, 진나라 대부인 하어숙(夏御叔)에게 시집을 갔었다. 영공(靈公)이 대부인 공녕(孔寧), 의행보(儀行父)와 함께 하희와 간통하자, 대부인 예야(洩冶)가 간하였으나 듣지 않고 그를 죽였다. 영공은 뒤에 마침내 그녀의 아들인 징서(徵舒)에게 시해를 당하였고, 징서는 다시 초 장왕(楚莊王)에게 죽임을 당했다." 하였다.

【毛序】 株林은 刺靈公也니 淫乎夏姬하여 驅馳而往하여 朝夕不休息焉하니라

〈주림〉은 영공(靈公)을 풍자한 시(詩)이니, 하희(夏姬)와 간음하여 수레를 몰고 달려가서 조석으로 쉬지 않았다.

【鄭註】 夏姬는 陳大夫妻요 夏徵舒之母니 鄭女也라 徵舒는 字子南이요 夫는 字御叔이라

하희는 진(陳)나라 대부의 아내요 하징서(夏徵舒)의 어미이니, 정(鄭)나라 임금의 딸이다. 징서(徵舒)는 자(字)가 자남(子南)이고, 남편의 자는 어숙(御叔)이다.

【辨說】 陳風에 獨此篇爲有據니라

〈진풍(陳風)〉에 오직 이 편이 근거가 있다.

10. 택피(澤陂)

① 彼澤之陂〔叶音波〕, 有蒲與荷〔音何〕. 有美一人, 傷如之何. 寤寐無爲, 涕〔他弟反〕泗〔音四〕滂〔普光反〕沱〔徒何反〕.

••• 洩 : 퍼질 예 冶 : 대장간 야

彼澤之陂에	저 못의 둑에
有蒲與荷로다	부들과 연꽃이 있도다
有美一人이여	아름다운 한 사람이여
傷如之何오	서글퍼한들 어쩌리오
寤寐無爲하여	자나 깨나 하염없이(아무일도 못하고)
涕泗滂沱(체사방타)호라	눈물과 콧물만 흘리노라

興也라 陂는 澤障也라 蒲는 水草니 可爲席者라 荷는 芙蕖(부거)也라 自目曰涕요 自鼻曰泗라

○ 此詩之旨는 與月出相類라 言彼澤之陂엔 則有蒲與荷矣로다 有美一人而不可見하니 則雖憂傷而如之何哉오 寤寐無爲하여 涕泗滂沱而已矣라하니라

흥(興)이다. '피(陂)'는 못의 둑이다. '포(蒲:부들)'는 수초(水草)이니, 자리를 만들 수 있다. '하(荷)'는 부거(芙蕖:연꽃)이다. 눈에서 나오는 것(눈물)을 '체(涕)'라 하고, 코에서 나오는 것(콧물)을 '사(泗)'라 한다.

○ 이 시(詩)의 뜻은 〈월출(月出)〉과 서로 유사하다. "저 못의 둑에는 부들과 연꽃이 있도다. 아름다운 한 사람이 있으나 만나볼 수가 없으니, 비록 근심하고 서글퍼한들 어쩌겠는가. 자나깨나 하염없이 눈물과 콧물만 줄줄 흘릴 뿐이다."라고 말한 것이다.

② 彼澤之陂, 有蒲與蕑〔古顏反 叶居賢反〕. 有美一人, 碩大且卷〔其員反〕. 寤寐無爲, 中心悁悁〔烏玄反〕.

彼澤之陂에	저 못의 둑에
有蒲與蕑(간)이로다	부들과 들 난초가 있도다
有美一人이여	아름다운 한 사람이여
碩大且卷(鬈)이로다	장대하고 또 수염이 잘 났도다
寤寐無爲하여	자나 깨나 하염없이
中心悁(연)悁호라	중심에 근심하노라

興也라 蕑은 蘭也라 卷은 鬈髮之美也라 悁悁은 猶悒悒也라

… 荷 : 연꽃 하 涕 : 눈물 체 泗 : 콧물 사 滂 : 비퍼부을 방 沱 : 큰비 타 芙 : 연꽃 부 蕖 : 연꽃 거 蕑 : 난초 간 卷 : 수염아름다울 권 悁 : 근심할 연 悒 : 근심할 읍

흥(興)이다. '간(蕑)'은 들 난초이다. '권(卷)'은 수염과 머리털이 아름다운 것이다. '연연(悁悁)'은 읍읍(悒悒;근심함)과 같다.

③ 彼澤之陂, 有蒲菡〔戶感反〕萏〔大感反 叶待檢反〕. 有美一人, 碩大且儼〔魚檢反〕, 寤寐無爲, 輾轉伏枕〔叶知險反〕.

彼澤之陂에	저 못의 둑에
有蒲菡萏(함담)이로다	부들과 연꽃이 있도다
有美一人이여	아름다운 한 사람이여
碩大且儼이로다	장대하고 또 엄숙하도다
寤寐無爲하여	자나 깨나 하염없이
輾轉伏枕호라	뒤척이며 베개에 엎드려 있노라

興也라 菡萏은 荷華也라 儼은 矜莊貌라 輾轉伏枕은 臥而不寐니 思之深且久也라

흥(興)이다. '함담(菡萏)'은 연꽃이다. '엄(儼)'은 장엄한 모양이다. '전전복침(輾轉伏枕)'은 누웠어도 잠을 자지 못하는 것이니, 그리움이 깊고 또 오랜 것이다.

澤陂三章이니 章六句라

〈택피(澤陂)〉는 3장이니, 장마다 6구이다.

【毛序】 澤陂는 刺時也라 言靈公君臣이 淫於其國하니 男女相說하여 憂思感傷焉하니라

〈택피〉는 세상을 풍자한 시(詩)이다. 영공(靈公)의 군주와 신하가 그 나라에서 음탕한 짓을 하니, 남녀가 이를 본받아 서로 좋아하여 근심하고 그리워하며 감상(感傷)한 것이다.

【鄭註】 君臣淫於國은 謂與孔寧、儀行父也라 感傷은 謂涕泗滂沱라

군주와 신하가 나라에서 음탕했다는 것은 진(陳)나라 임금이 공녕(孔寧)과 의행보(儀行父)와 함께 음탕함을 말한 것이다. 감상(感傷)은 눈물을 줄줄 흘림을 이른다.

··· 菡 : 연꽃봉우리 함 萏 : 연꽃봉우리 담 儼 : 엄숙할 엄 矜 : 씩씩할 긍

陳國은 十篇이니 二十六章이요 一百二十四句라

〈진풍(陳風)〉은 10편이니, 26장이고 124구이다.

東萊呂氏曰 變風이 終於陳靈[149]하니 其間男女夫婦之詩 一何多邪요 曰 有天地然後有萬物하고 有萬物然後有男女하고 有男女然後有夫婦하고 有夫婦然後有父子하고 有父子然後有君臣하고 有君臣然後有上下하고 有上下然後禮義有所錯(措)하니 男女者는 三綱之本이요 萬事之先也라 正風之所以爲正者는 擧其正者以勸之也요 變風之所以爲變者는 擧其不正者以戒之也라 道之升降과 時之治亂과 俗之汙隆과 民之死生이 於是乎在하니 錄之煩悉과 篇之重複을 亦何疑哉리오

동래 여씨(東萊呂氏)가 말하였다. "변풍(變風)이 진 영공(陳靈公)에서 끝났으니, 그 사이에 남녀간과 부부간의 시(詩)가 마침내 어쩌면 이리도 많은가. 천지(天地)가 있은 연후에 만물이 있고, 만물이 있은 연후에 남녀가 있고, 남녀가 있은 연후에 부부가 있고, 부부가 있은 연후에 부자(父子)가 있고, 부자가 있은 연후에 군신(君臣)이 있고, 군신이 있은 연후에 상하(上下)가 있고 상하가 있은 연후에 예의(禮義)를 시행할 곳이 있는 것이니, 남녀는 삼강(三綱)의 근본이요, 만사의 우선이다. 정풍(正風)이 정풍이 된 까닭은 그 바른 것을 들어서 권면했기 때문이요, 변풍(變風)이 변풍이 된 까닭은 그 바르지 못한 것을 들어서 징계했기 때문이다. 세도(世道)의 오르고 내림과 시대의 다스려지고 어지러움과 풍속의 높고 낮음과 백성의 죽고 사는 것이 여기(남녀)에 달려 있으니, 기록하기를 번거롭고 상세히 함과 편(篇)의 중복됨을 또한 어찌 의심할 것이 있겠는가."

••••••

149 變風終於陳靈 : 아래 〈낭발(狼跋)〉이 〈빈풍(豳風)〉의 마지막 편이므로 당연히 변풍(變風)의 마지막 편이 되어야 하는데, 주자(朱子)의 《시경집전(詩經集傳)》에 "정자(程子)는 '《시경》에 〈비풍(匪風)〉과 〈하천(下泉)〉이 이 때문에 변풍의 마지막에 있는 것이다.[詩匪風下泉, 所以居變風之終也.]'라 하였고, 동래 여씨(東萊呂氏)는 정자의 말씀과 달리 '변풍이 진나라 영공에서 끝났다.[變風終於陳靈.]'라고 했다." 하였다. 이는 정자는 〈빈풍〉은 비록 변하였으나 다시 바르게 되었다고 여겨 변풍에서 뺀 것이고, 동래 여씨는 회(檜), 조(曹), 빈(豳) 세 나라는 작은 나라이기 때문에 제외시키고 변풍이 진(陳)나라에서 끝났다고 말한 것이다.

••• 錯 : 둘 조 汙 : 낮을 와

신역 시경집전 (상) – 新譯 詩經集傳 (上)

1판 1쇄 발행 | 2024년 1월 11일
1판 1쇄 인쇄 | 2024년 1월 02일

역주 | 성백효

발행처 | 한국인문고전연구소 발행인 | 조옥임
출판등록번호 | 2012년 2월 1일(제 406-251002012000027호)
주소 | 경기 파주시 가람로 70 (402-402) 전화 | 02-323-3635 팩스 | 02-6442-3634
이메일 | books@huclassic.com

디자인 | 씨오디
지류 | 상산페이퍼
인쇄 | 이지프레스

ISBN | 978-89-97970-89-6 04140
978-89-97970-88-9 (set)